黄德宽 ◎ 主编

首届古文字与中华文明国际学术论坛论文集

清华大学出土文献研究与保护中心 ◎ 编

清华大学出版社
北京

内 容 简 介

本书收录清华大学首届古文字与中华文明国际学术论坛发表的学术论文。论坛以古文字与中华文明传承发展研究为主题，围绕"中国早期国家与社会""清华简专题研究""商周文字研究""战国秦汉文字研究"四个方面，从世界眼光探讨古文字与中华文明的传承发展问题，深入发掘甲骨文等古文字的思想文化内涵，发扬和传承中华优秀传统文化，扩大中华文化的国际影响力。

图书在版编目（CIP）数据

首届古文字与中华文明国际学术论坛论文集 / 黄德宽主编；清华大学出土文献研究与保护中心编. -- 北京 ：清华大学出版社，2025. 7. -- ISBN 978-7-302-69332-1

Ⅰ. H121-53；K203-53

中国国家版本馆 CIP 数据核字第 2025B4D315 号

责任编辑：张维嘉
封面设计：何凤霞
责任校对：王淑云
责任印制：丛怀宇

出版发行：清华大学出版社
网　　址：https://www.tup.com.cn，https://www.wqxuetang.com
地　　址：北京清华大学学研大厦 A 座　　邮　编：100084
社 总 机：010-83470000　　邮　购：010-62786544
投稿与读者服务：010-62776969，c-service@tup.tsinghua.edu.cn
质量反馈：010-62772015，zhiliang@tup.tsinghua.edu.cn
印 装 者：三河市东方印刷有限公司
经　　销：全国新华书店
开　　本：170mm×240mm　　印　张：37.5　　字　数：733 千字
版　　次：2025 年 7 月第 1 版　　印　次：2025 年 7 月第 1 次印刷
定　　价：198.00 元

产品编号：110452-01

目 录

在首届"古文字与中华文明"国际学术论坛上的致辞

邱 勇

（清华大学）

尊敬的洪大用主任、田立新司长，各位嘉宾，女士们、先生们、朋友们：

大家上午好！

天高云碧、秋色清华。在北京最美的时节，我们相聚在一起，共同见证首届"古文字与中华文明"国际学术论坛开幕。首先，我代表清华大学向莅临清华园的各位嘉宾表示热烈的欢迎，向长期以来关心支持清华大学发展、清华人文学科建设的各位领导、朋友和在线上参加论坛的各位专家致以衷心的感谢！

"观乎天文，以察时变，观乎人文，以化成天下。"文明特别是思想文化是一个国家、一个民族的灵魂[1]。2023 年 10 月 7—8 日，全国宣传思想文化工作会议召开，会议首次提出并系统阐释了习近平文化思想，这是党的宣传思想文化事业发展史上的重要里程碑。习近平文化思想为我们在新的起点上继续推动文化繁荣、建设文化强国、建设中华民族现代文明[2]提供了强大思想武器和科学行动指南。中国的大学作为中华优秀文化传承弘扬的重要载体，必须坚定文化自信、历史自信，增强文化自觉、历史主动，努力成为促进中华优秀传统文化创造性转化、创新性发展和人类文明繁荣进步的重要力量。

语言文字是一个文明和民族形成发展的基石和标志。古文字蕴藏着文明赓续发展、民族繁衍兴盛的基因和根脉，具有重要的文化价值和传承意义[3]。清华大学深入贯彻习近平文化思想，为进一步挖掘甲骨文等古文字的历史思想和文化价值[4]，

---

① 习近平 2014 年 9 月 24 日在纪念孔子诞辰 2565 周年国际学术研讨会暨国际儒学联合会第五届会员大会开幕会上的讲话。

② "在新的起点上继续推动文化繁荣、建设文化强国、建设中华民族现代文明，是我们在新时代新的文化使命。"——习近平在文化传承发展座谈会上的讲话。

③ "要重视发展具有重要文化价值和传承意义的'绝学'、冷门学科。这些学科看上去同现实距离较远，但养兵千日、用兵一时，需要时也要拿得出来、用得上。还有一些学科事关文化传承的问题，如甲骨文等古文字研究等，要重视这些学科，确保有人做、有传承。"——习近平 2016 年 5 月 17 日在哲学社会科学工作座谈会上的讲话。

④ "希望广大研究人员坚定文化自信，发扬老一辈学人的家国情怀和优良学风，深入研究甲骨文的历史思想和文化价值，促进文明交流互鉴，为推动中华文明发展和人类社会进步作出新的更大的贡献。"——习近平致甲骨文发现和研究 120 周年的贺信。

主办首届"古文字与中华文明"国际学术论坛。期待与会专家围绕古文字的跨学科研究的主题，以世界文明的视角对古文字与中华文明的传承发展问题开展热烈研讨、发表真知灼见，有力推进古文字与中华文明传承发展工程，共同打造一个促进中华文明与世界各文明交流互鉴的高端国际学术平台，传播好中国声音、中国理论、中国思想。

清华自建校之初就非常重视古文字等"冷门绝学"的研究工作，积淀了深厚的学术底蕴。1925 年，清华成立国学研究院，聘请王国维、梁启超、陈寅恪和赵元任担任导师。王国维先生是古文字研究的一代大家，他在清华执教期间总结了殷墟甲骨、汉晋简牍、敦煌遗书、大库档案、中国民族古文字和中国境内的外国古文字"五大发现"，将"思古之情"与"求新之念"融会贯通，为清华古文字研究奠定了鲜明的学术风格和坚实的研究基础[①]。之后，陈梦家、闻一多等知名学者也都在清华开展古文字研究。1952 年院系调整后，清华文科办学一度中断。改革开放后，清华复建人文学科。2008 年 8 月，学校成立出土文献研究与保护中心，延请著名学者、清华校友李学勤先生担任中心主任，承继老清华学术传统，开展对清华简以及包括甲骨文、金文在内的古文字的保护、整理与研究工作[②]。近年来，学校又引进组建了高水平甲骨文研究团队，让这门学科焕发出新的生机活力[③]。

习近平总书记指出："要确保甲骨文等古文字研究有人做、有传承。"冷门绝学代有传承，关键在于培养高水平研究人才。近年来，清华已经培养了一批古文字研究方向的博士，他们中的近九成毕业后都进入高校和科研院所从事古文字学及相关学科的研究和教学工作[④]。同时，学校设置古文字学本科专业方向，制定专门的培养方案和教学计划，把甲骨文、金文、战国文字等古文字学的主要分支，以及文献学、语言学、音韵学等古文字研究相关课程列为专业核心课程，夯实学生基础学科知识基础。同时，着力教育引导青年人立志做大学问、做真学问，崇尚"士以弘道"的价值追求，树立"板凳要坐十年冷，文章不写一句空"的执着坚守，在博学、审问、慎思、明辨、笃行的过程中开启学术人生，淡泊明志、宁静致远。

文明因交流而多彩，文明因互鉴而丰富[⑤]。1948 年，清华校友钱钟书先生在《谈艺录》的序言中写道："东海西海，心理攸同；南学北学，道术未裂。"人类

---

① 《王国维对中国考古百年发展的影响和启示》，清华新闻网，https://www.tsinghua.edu.cn/info/1182/98595.htm。

② 《清华大学藏战国竹简（捌）成果公布　纪念清华简入藏暨清华大学出土文献研究与保护中心成立十周年》，清华新闻网，https://www.tsinghua.edu.cn/info/1177/22545.htm。

③ 《整理研究珍贵出土文献　传承弘扬中华优秀传统文化——清华藏战国竹简的研究与阐释》，《清华大学新时代一流大学建设探索与实践案例（第一辑）》。

④ 出土文献中心自 2019 年实体化建设以来，毕业的博士研究生共 9 人，有 8 人进入高校从事古文字学及相关学科的科研和教育工作，其中不乏复旦大学、浙江大学、武汉大学等重点高校，1 人进入中国文化遗产研究院从事研究工作。

⑤ 习近平 2018 年 10 月 18 日致太湖世界文化论坛第五届年会的贺信。

一切优秀文明成果都具有跨越时空、跨越文明的力量。20 世纪 40 年代,清华中文系教授陈梦家先生就曾用三年的时间在美国芝加哥大学讲授中国古文字学,历游英国、法国、瑞典等国,对中西学界古文字研究的沟通交流作出了卓越贡献。李学勤先生 1992 年就在清华牵头组建了国际汉学研究所,与海内外汉学界建立了广泛的交流关系。2013 年,清华在联合国总部举办的"写在竹简上的中国经典——清华简与中国古代文明"专题展览,是中国首次在海外举办的考古文献展览。时任联合国副秘书长格图指出,清华简不仅展示了中国文化的独特魅力,而且表明中国古老哲学对当今世界仍有重要启示①。2017 年,清华简《算表》被吉尼斯世界纪录认证为目前发现的人类最早十进制计算工具。清华大学与芝加哥大学的学者紧密合作,在 2023 年 4 月推出了《〈清华大学藏战国竹简〉研究与英译》系列丛书首卷。我们举行本次论坛也是为了深化和拓展古文字研究的国际学术交流合作,让中国古文字之美、中华文明之美更好地展现在世界面前。

古文字学不仅是冷门绝学,也是交叉学科。习近平总书记强调:"要运用现代科技手段加强古籍典藏的保护修复和综合利用,深入挖掘古籍蕴含的哲学思想、人文精神、价值理念、道德规范。"2018 年,学校以建成世界一流文科研究中心为目标,充分发挥多学科优势,积极促进出土文献与语言学、历史学、文学、哲学、艺术学等学科的交叉融合。2021 年,清华牵头组建全国性协同创新平台,承担国家重大文化工程——"古文字与中华文明传承发展工程"的组织实施。我相信,清华的古文字研究一定会秉承"中西融会、古今贯通、文理渗透"的办学风格,坚持守正创新,不断从对新材料的研究中获得新知识、新观点、新思想,赓续历史文脉、谱写时代华章②。

根本固者,华实必茂;源流深者,光澜必章。③中华文明是源远流长、博大精深的文明,也是生生不息、辉光日新的文明。在全面建设社会主义现代化国家、全面推进中华民族伟大复兴的新征程上,清华大学将深刻理解"两个结合"的重大意义,深刻把握"明体达用、体用贯通"的理论内涵和实践要求,与社会各界同仁一道,努力筑牢人类文明新形态的文化根基,为中华文明重焕荣光、世界文明交相辉映作出新的更大贡献。

最后,预祝本届论坛取得圆满成功,谢谢大家!

---

① 《中国竹简走进联合国总部》,新华网,https://www.tsinghua.edu.cn/info/1182/36496.htm。

② "新时代的文化工作者必须以守正创新的正气和锐气,赓续历史文脉、谱写当代华章。"——习近平在文化传承发展座谈会上的讲话。

③ 见[明]张居正《翰林院读书说》,意谓根本坚固的树木,必定花繁果累累;源泉深邃的水源,一定是水清浪涌。

商周时期艺术和文字的关系
——以"蛇"为例

艾兰（Sarah Allan）[1]　韩　鼎[2]

（[1]达特茅斯学院　[2]河南大学历史文化学院）

韩宇娇　译

（故宫博物院故宫学研究院　"古文字与中华文明传承发展工程"协同攻关创新平台）

摘要： 本文以蛇为例，讨论了艺术形式的动物纹、现实生活中的动物与文字书写系统三者之间明显的协同发展关系。同时，西周早期纹饰和文字形体的演变也从一个侧面反映了众所周知的商周文化转向，即商代祭祀注重人或动物等牺牲的使用，而周人则强调青铜礼器的社会功能，以此来提高社会及政治的凝聚力。

本文具体对以下几个方面进行了讨论：

（1）在新时期晚期和商代的纹饰里，蛇纹有两种不同的背纹。一种是最早在山西襄汾陶寺遗址发现的两排盾纹的形式，也就是双盾纹。其后，双盾纹又简化成顶部带尖儿的单盾形，或者径直简作两条弧线组成的波浪线。这类蛇纹对应的是现实中的亚洲蝮蛇。亚洲蝮蛇背脊线两侧各分布一排深色圆斑，有时成对的圆斑并合为一个横斑。蛇纹中的波浪线形鳞纹就是横斑与横斑中间浅色的鳞纹。同时，亚洲蝮蛇头部均成椭圆形。

（2）另一种蛇纹最早见于河南偃师二里头遗址，其背纹呈菱形。这一蛇纹对应的是现实中的尖吻蝮蛇，此类蛇具有较大且成三角形的头部，最重要的特征是尖而上翘的吻部。

（3）这两种蛇纹在殷墟时期纹饰里均有发现。在一般情况下，一件器物纹饰中蛇纹的选择没有特定的规律，既可以使用盾形鳞纹蛇纹，也可使用菱形鳞纹蛇纹。但是，有时也会同时使用两种蛇纹，即一种鳞纹的蛇（龙）纹在一面出现，另一种则使用在反面。这也说明两种蛇纹具有二元性。

（4）进入西周时期，二元的蛇纹消失不见。周人不再使用菱形鳞纹的蛇纹，盾形鳞纹蛇纹虽有使用，但盾纹也成了一种独立纹饰。商代的两种蛇纹被西周开始出现的新形式蛇纹所取代，这种蛇纹的背纹是由一条较深的纵向中脊线及两侧各一条较浅的纵线组成。这种蛇纹对应着现实中的黄脊游蛇。

（5）殷墟时期蛇纹的二元现象在同时期的甲骨文中也存在。甲骨文"🐍""🐍"通常被释作"它（蛇）"，二者互为异体，可以换用。它们的形体特征可以对应于亚洲蝮蛇和尖吻蝮蛇。二字的简体写作"🐍""🐍"，也同样对应于这两种蛇。但是简体字形突出的是两种蛇不同的头部形状，一作椭圆形头部，另一个作三角形并带有尖吻。文字上的二元现象在甲骨文中与"它"相关的字形中均有呈现，但是没有明显的断代或者组类差异。

（6）对纹饰与文字之间关系的认识与释读，有助于进一步地理解《说文解字》中"它（蛇）""虫（虺）"二字本形的问题。西周金文的"🐍"是"它"的本形字，是依照于黄脊游蛇所作的新字形，并没有沿袭甲骨文中的字形。基于亚洲蝮蛇所作的甲骨文"🐍"，是"虫（虺）"的本形字。

关键词：蝮蛇；蛇纹；艺术母题；它（蛇）；虫（虺）

本文首先阐述了从山西襄汾陶寺（前 2300—前 1900 年）到西周时期中国古代艺术中蛇纹的演变，然后对甲骨文、金文中的象形字"蛇"及包含"蛇"构件的字进行讨论，继而指出蛇纹来源于现实生活中的两类蝮蛇（pit viper）：一是亚洲蝮属（Gloydius）下部分种类的蝮蛇（下文称"亚洲蝮蛇"）；二是尖吻蝮蛇（*Deinagkistrodon acutus*, Sharp-snouted pit viper）。纹饰上对应存在两种来源不同的蛇纹，二者背纹区别明显：其一是带有盾形鳞纹，与亚洲蝮蛇体背的脊线及其两侧纵行圆斑相对应，这类蛇纹最早见于山西襄汾陶寺遗址出土的文物上；其二是带有菱形鳞纹，这类则最早见于河南偃师二里头遗址出土的文物上。但是到了殷墟时期，两种蛇纹同时存在，并且以二元对立的形式出现。

基于纹饰的研究，我们考察了殷墟甲骨文中与"蛇"相关的独体字及合体字。此类字通常被隶定作"它（蛇）"或"虫（虺）"，同时学界对两类字的释读也有广泛讨论。可以确定的是，在殷墟时期这些字形呈现出与纹饰上二元化相一致的两种序列的异体字。但是，进入西周早期，无论是纹饰还是文字写法都发生了变化，二元现象消失了。这反映了由殷商到两周时期文化的转型。在纹饰上，菱形鳞纹的蛇纹消失不见，而盾形鳞纹成为独立纹饰。同时，出现了一种新型蛇纹，其体背饰一条或多条贯穿的纵纹。这种蛇纹来源于现实中的黄脊游蛇（*Orientocolubar spinalis*），也是两周金文"它（蛇）"字字形的现实参照。而基于亚洲蝮蛇产生的甲骨文简体字形，是"虫（虺）"字的本形[①]。

---

① 本文为相关观点的简述，更详尽内容将另文别论，参艾兰、韩鼎：《祖灵在望：中国早期青铜时代的艺术与信仰》（*In the Eyes of the Ancestral Spirits: Art and Religion in China's Early Bronze Age*），待出。

一、盾形鳞纹蛇纹

（一）襄汾陶寺

山西襄汾陶寺遗址（前2300—前1900年）是青铜时代的前身，青铜时代在河南偃师二里头文化（约前1750—前1530年）时期逐渐形成。襄汾陶寺的四座高等级大型墓各出土一件朱绘或彩绘蛇纹陶盘，绘制的蛇纹盘曲在内壁上。商代青铜盘内部饰以蟠蛇纹或其他水生生物的传统，应就是由陶寺这一纹饰样式奠定的基础。陶寺盘中蛇纹可能反映了与黄泉（入口）相关的观念[①]。

四件陶盘中蛇纹图案绘制最细致的是 M3072 出土的陶盘（图1）。纹饰中表现的是蛇头的侧视图，圆眼，与自然界中蛇类无异。但是，在蛇头位置，又上下绘制了一对圆角矩形的耳朵，突出的长吻内有上下两排锯齿形细齿，从口里伸出细长的多分叉舌头。因此，陶盘中所描绘的并不是现实生活中的蛇，而是想象出来的超自然形象。然而，如下文将要论述的，蛇背花纹是以蝮亚科（Crotolinae）亚洲腹属（Gloydius）的一些种类蝮蛇为现实原型绘制的。

图1　朱绘蛇纹陶盘（襄汾陶寺 M3072:6）[②]

该陶盘（M3072:6）蛇纹图案蛇尾部分磨蚀不清，不能分辨出是单尾还是双尾。但比较陶寺遗址中其他三件图案完整的、相对简单的蛇纹（图2）来看，可以推测 M3072 描绘的蛇纹也应是单尾，也即是说该图案展现的不是一首双身的生物。

---

① 相关问题将另文详论。

② 图1采自中国社会科学院考古研究所、山西省临汾市文物局：《襄汾陶寺：1978—1985年考古发掘报告》，北京：文物出版社，2015年，彩版一七。

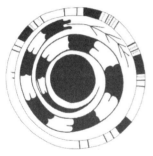

a. 襄汾陶寺M3016:9　　　　b. 襄汾陶寺M2001:74　　　　c. 襄汾陶寺M3073:30

图 2　襄汾陶寺出土朱绘或彩绘蛇纹陶盘线图①

观察比较其他三件陶盘上相对简单的蛇纹，可以发现这些陶盘蛇纹背纹样式，是 M3072:6（图 1）中以蛇背中脊纵线为轴相对排列的两列盾纹，由成对的一组盾纹合并为的一个图样，可称之为"双盾纹"。襄汾陶寺时期以后的蛇纹，蛇背为简化的盾形鳞纹，其源头即是"双盾纹"（图 3）。

图 3　双盾纹的简化

（二）蛇的辨识

现今中国的自然生态与公元前第二千纪有极大的不同，当时可能存在的蛇类现在已经灭绝了②。此外，现在人们利用如基因序列检测等科技手段，依照现代科学标准，对蛇进行目、科、属、种的分类与再分，但对于公元前第二千纪时的先民来说，这是不可能实现并且没有意义的。因此，将现代生物学对蛇的科学分类套用在公元前第二千纪的纹饰研究上，是存在问题的。另外，当时先民一眼即可分辨其活动区域附近的蛇类，尤其是那些毒蛇，一定十分熟悉它们的习性。

陶寺遗址出土的这些蛇纹陶盘上，蛇背鳞纹图案是由一条纵线分开，纵线两侧有成对排列的盾形鳞纹，但是成对的盾纹并没有严格对齐，也存在二者合一的情况。这样的蛇背鳞纹可以比照于蝮蛇背部类椭圆形的大斑纹，带有这种类型背

---

① 图版采自中国社会科学院考古研究所、山西省临汾市文物局：《襄汾陶寺：1978—1985 年考古发掘报告》，第 614 页，图 4-118；第 617 页，图 4-120；第 618 页，图 4-121。

② Brain Lander, *The King's Harvest: A Political Ecology of China from the First Farmers to the First Empire,* New Haven: Yale University Press, 2021.（兰德：《惟王受年：从农业起源到秦帝国的中国政治生态学》，纽黑文：耶鲁大学出版社，2021 年；中译本请参兰德：《惟王受年：从农业起源到秦帝国的中国政治生态学》，王泽、杨姚瑶译，北京：东方出版社，2023 年。）

鳞的蝮蛇，从科学分类来看，属于亚洲蝮属。亚洲蝮蛇背部斑纹有多种不同形态，这些边缘颜色较深且成对排列的斑纹，排列时又有不同变化，如成对的斑纹在背脊线处相接，就会形成一整个深色的横斑[①]，换个角度观察，也可看作背部呈现出一条条横向的浅色斑纹。因此，如图 3d 所示，相较于盾纹而言，其实更接近中间相交凸起的弧线，或者如下文将讨论的甲骨文字形，直接使用直线来表示鳞纹。短尾蝮蛇（Gloydius brevicaudus, Short-tailed pit viper）是亚洲蝮属中为人熟知的种类，也最有可能是陶寺陶盘蛇纹原型。日本有一种比较常见的蝮蛇，被称为"mamushi"，与短尾蝮蛇十分相似，有时二者被归为同一品种，有时又被区分开来，另称"日本蝮蛇"（Gloydius blomhoffii）（图 4）。此外，短尾蝮蛇有不同的地方俗称，两栖爬行动物学家赵尔宓认为这些地方名说明它在历史上是一种分布范围广且十分常见的蛇。江苏、上海一带称之为"虺蛇"，湖南地区称之为"土灰蛇"，也说明古代典籍中"虺"指称的或是短尾蝮蛇。在中国境内，短尾蝮蛇分布非常广泛，在现今南方地区则更为普遍。[②]

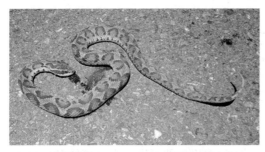 

a. 短尾蝮蛇，Amaël Borzée 摄于江苏镇江　　　　b. 日本蝮蛇，摄于日本天狗仓山

图 4　短尾蝮蛇与日本蝮蛇[③]

亚洲蝮属下其他种类也常带有相似的鳞纹，很可能与短尾蝮蛇归为一类，如中国东北地区的黑眉蝮（Gloydius intermedius, Intermediate Asian pit viper, Black-eyebrowed pit viper）[④]。该蛇较短尾蝮蛇体型更大，但其他外部特征二者相似。图 5 中所列举的黑眉蝮，拍摄于吉林省，从头部下方开始，背中线两侧分布了两列明显的斑纹，但至蛇身下部时，成对的斑纹渐渐并合，形成了横斑。黑眉蝮双眼后各有一条深色宽纵纹，这一特征即其名字得来之由。

① 郭鹏等编著：《中国蝮蛇》，北京：科学出版社，2022 年，第 12 页。

② 赵尔宓：《中国蛇类》，合肥：安徽科学技术出版社，2006 年，第 121-123 页；郭鹏等编著：《中国蝮蛇》，第 12-74 页。

③ 图 4a 采自 www.inaturalist.orgobservations94816476；图 4b 采自 animalia.bio/Mamushi, https://images.app.goo.gl/YpJL3HES6ueBby6Y8。

④ 郭鹏等编著：《中国蝮蛇》，第 33-37 页。

图 5　黑眉蝮[1]

夏家店下层文化的大甸子墓地 M659 出土一件陶罐盖，其上彩绘蟠蛇纹，黑眉蝮很可能是就是这一蛇纹的原型。蛇纹出现的位置有别于襄汾陶寺的蛇纹陶盘，大甸子墓地的蛇纹被绘制在平底陶罐的钮盖上，襄汾陶寺则绘制在陶盘内壁上。但是，大甸子蛇纹的蛇背纹饰与陶寺蛇纹相似，都是双盾纹，大甸子陶罐盖蛇纹头部为正面俯视图，在眼后绘有两条黑色眉毛（图 6）。

图 6　陶罐盖蛇纹（大甸子 M659:4）[2]

此外，庙岛蝮（*Gloydius lijianlii*）蛇背两列深色的圆斑，彼此并列交错，合而形成了大块的横斑，因此庙岛蝮蛇背呈现出深浅交错、粗细相间的横纹（图 7）。这种蛇背纹的特征变化，有助于我们理解纹饰和文字中使用横纹表示蛇背纹的情况。庙岛蝮是江帆与赵尔宓在 2009 年发现的新种，该蝮蛇现今仅栖息在中国山东省北部[3]。此外，这种蛇除了被称为"蝮蛇"外，没有其他的地方性名称，说明将庙岛蝮从相近的蝮蛇种类中区别独立出来，是依据的现代科学，而非传统经验。

亚洲蝮蛇的外部特征整体上具有相似性，并且它们在古代书籍中也没有更加复杂、系统的分类，这也表明在研究分析纹饰时不应作过于细致精确的判别。对于殷墟时期蛇纹的二元现象，我们倾向将其原型归为两大类蝮蛇。一是与现在科学分类的亚洲蝮蛇相对应，但根据关注的部位不同，视觉效果不同，则蛇纹形式

---

① 图版采自郭鹏等编著：《中国蝮蛇》，第 33 页。

② 图版采自中国社会科学院考古研究所编：《大甸子：夏家店下层文化遗址与墓地发掘报告》，北京：科学出版社，1996 年，第 137 页，图七三，6。

③ 郭鹏等编著：《中国蝮蛇》，第 38-42 页。

图 7　庙岛蝮[1]

有所差异。包括上文提到的三种蝮蛇及其他的蝮蛇，它们一般都具有椭圆形的头部，较为明显的背中线，背中线两侧有成对的圆斑（或并合为横斑）。在蛇纹里，背纹则以双盾纹为特征，后期双盾纹又进一步简略化（图3）。因为对蛇背纹的视觉焦点也可以变化，以前后相邻的深色圆斑中间浅色鳞纹为关注点，则蛇纹背纹可以用横纹表示。

其二则是我们下文将要讨论的，以蛇背菱形鳞纹进行判断，其原型应来源于尖吻蝮蛇（Sharp-snouted pit viper）。尖吻蝮蛇归属于尖吻蝮属（*Deinagkistrodon acutus*），该属只有一种蛇[2]，其俗名又称"五步蛇"。与亚洲蝮蛇比较而言，尖吻蝮蛇头部较大，呈三角形，有明显的吻部，且吻端向上尖出。与之相对应的蛇纹最早出现在二里头时期，并延续到商代。

二、尖吻蝮蛇

尖吻蝮蛇是尖吻蝮属下面唯一的种类（图8）[3]，其主要特征为菱形蛇背鳞纹，三角形的较大头部，上翘的尖吻。尖吻蝮蛇又被称为"五步蛇""百步蛇"，意思是说被其咬伤后，在几步范围内即可致人死亡，从这些耳熟能详的俗称上，就可以看出它是相当著名的毒蛇。尖吻蝮蛇去除内脏，干燥后，可入中药，即"蕲蛇"[4]。

---

① 图版采自郭鹏等编著：《中国蝮蛇》，第38页。

② 一些蛇曾被归为尖吻蝮属，但后被划入亚洲蝮属。

③ 动物学家张孟闻和日本学者林巳奈夫都曾提出龙（蛇）的原型为尖吻蝮蛇（五步蛇）的观点。详参张孟闻：《四灵考》，李国豪、张孟闻、曹天钦主编：《中国科技史探索》，上海：上海古籍出版社，1982年，第526页；[日]林巳奈夫著，常耀华等译：《神与兽的纹样学——中国古代诸神》，北京：生活·读书·新知三联书店，2009年，第41-44页。

④ 赵尔宓：《中国蛇类》，第119-120页。

图 8　尖吻蝮蛇

（一）偃师二里头

在二里头及二里岗时期，蛇纹背部通常不用盾形鳞纹，而饰菱形鳞纹。二里头遗址的 2002V M3 墓葬出土的绿松石龙形器，是目前可见最早菱形鳞纹的蛇背纹，但需要指出的是该龙形器的头部不是蛇头，而是其他某一种动物。更确切的蛇纹，即将头部表现为蛇头形状的蛇纹，见于陶片上刻画的纹饰。例如，二里头三期出土的陶器残片上刻有单首双身蛇纹（图 9a）。与绿松石龙形器及图 9b 中陶片刻画花纹相同，蛇背纹均呈菱形，蛇头为俯向正视图，蛇眼作"臣"字目形，并且额头上刻有单体菱形。

在二里头四期的陶片（图 9b）上也有类似的蛇头及残身的刻画花纹。该陶片的蛇纹前方刻有龟纹，说明其为陶盘残片。蛇纹吻部与图 9a 中类似，但是它更加突出了末端的尖出形状，与现在扑克牌中的黑桃（♠）相似，以此来描绘尖吻蝮蛇的尖吻。黑桃形吻部和蛇头中间相连，在两侧留有空隙，这可能是对蝮蛇区别特征之一——颊窝（Loreal pits）的描绘方式。颊窝是位于蛇头部两侧，眼鼻之间的凹陷区域，是蝮蛇特有的一种热感应器官。"臣"字目则说明该蛇形是想象而成的超自然形象神话之物，现实中并不存在。二里头遗址蛇纹额头上的单体菱形纹，在二里岗时期的饕餮纹中也有出现，继而又扩散到其他动物纹上。但其代表的意义尚不明确，很可能喻意蛇具有超自然的能力[1]。

二里头二期灰坑出土的两件陶透底器（图 9d、图 9e）器表上，肩腹部堆塑有蛇纹，蛇背部饰菱形鳞纹[2]。透底器的用途现在尚无定论。透底器堆塑的蛇头大多数已经残损，考古人员修复为写实风格的蛇头和圆形的蛇眼。但是，其中一件（92YLⅢ H2:2）折肩上残存的一个蛇头（图 9f）上，圆形蛇眼周围刻画了眼睑轮廓，与二里头其他蛇纹眼睛部分处理一致，作"臣"字目。另一件（92YLⅢ H2:1）的器表及蛇身上都刻有菱形图案。

① 韩鼎：《早期艺术中"兽面——菱形"主题研究》，《中国美术研究》第 27 辑，上海：上海书店出版社，2018 年，第 22 页。

② 中国社会科学院考古研究所：《二里头陶器集粹》，北京：中国社会科学出版社，1995 年，第 160-161 页，图版 170、图版 171。

a. 单首双身蛇纹陶器残片（Ⅳ H57）　　　　b. 龟蛇纹陶片（Ⅴ·Ⅱ T107③:2）

c. 菱形蛇背纹陶片（Ⅳ T17②:4）　　　　d. 陶堆塑蛇纹透底器（92YLⅢ H2:1）

e. 陶堆塑蛇纹透底器（92YLⅢ H2:2）　　　f. 陶堆塑蛇纹透底器（92YLⅢ H2:2）残留蛇头细节

图9　偃师二里头遗址出土蛇纹陶器①

（二）二里岗时期蛇纹

二里岗时期（约前1600—前1300年）铜器纹饰以饕餮纹为主。此时期的铜器纹饰相对简单，几乎在纹饰中找不到蛇纹，仅在郑州商城向阳食品厂窖藏提梁

---

① 图9a采自中国社会科学院考古研究所：《中国社会科学院考古研究所考古博物馆洛阳分馆》，北京：文物出版社，1998年，第41页；图9b、图9c采自中国社会科学院考古研究所：《偃师二里头：1959年—1978年考古发掘报告》，北京：中国大百科全书出版社，1999年，第302页，图199.6，第303页，图200.1；图9d采自中国社会科学院考古研究所：《二里头陶器集粹》，第160页，图版170；图9e、图9f采自"二里头夏都遗址博物馆"微博账号，https://weibo.com/6824518481/O0fPdrhkm。

卣的提梁上有菱形背纹的蛇纹。但在郑州小双桥遗址的两件纹饰相似的青铜建筑饰件上，发现有蛇纹。两件青铜建筑饰件正面为饕餮纹，侧面为蛇、虎、人组合图案（图10）[①]。蛇纹的描绘与二里头时期一致，均通体饰菱形鳞纹，额上有单体菱形图案，并有"臣"字目及黑桃形吻部。

图10　郑州小双桥青铜饰件侧面拓本及蛇纹线图（89ZX 采:01）[②]

三、殷墟时期蛇纹二元现象

在殷墟时期，蛇（龙）纹中对背鳞纹有两种不同的描绘方式：一是与亚洲蝮蛇相关的盾形鳞纹，二是与尖吻蝮蛇相关的菱形鳞纹。在这一阶段里，这两种不同的蛇背鳞纹通常又可换用。此外，有时候为了有意识地表现二元性，两种蛇纹还会被同时使用。二元性具体有什么含义，目前还不明确。但是在商代甲骨文中与蛇有关的整字及构件也同样具有二元性。

（一）人像上的蛇纹

在一些自然主义风格的人像上，铸刻有蛇纹，其中包括法国赛努奇博物馆（Musée Cernuschi）和日本泉屋博物馆所藏两件著名的虎食人卣（图21），以及妇好墓出土的玉人（图11）。虎食人卣里，虎口中的人从其臀部延伸到膝盖处铸有蛇纹，蛇背布满浅浮雕菱形鳞纹。这个人物形象很可能是巫师[③]。

殷墟妇好墓中出土玉人上的蛇纹生动自然，与现实中的蛇一样，蛇眼雕作圆点状，蛇背或作菱形鳞纹（图11a），或作盾形鳞纹（图11b）。与殷墟中其他蛇纹一致，盾形鳞纹不再是陶寺时期出现的双盾纹（图3a）形式，而是简化为顶部带

[①] 河南省文物考古研究所：《郑州小双桥：1990—2000 年考古发掘报告》，北京：科学出版社，2012 年，上册，第16-19 页；下册，彩版26、27。本文采用韩鼎关于该建筑饰件纹饰图案的意见，详参氏著：《郑州小双桥商代青铜建筑饰件纹饰研究》，《三代考古》第 7 辑，北京：科学出版社，2017 年，第91-99 页。

[②] 图片采自河南省文物考古研究所：《郑州小双桥：1990—2000 年考古发掘报告》，上册，第 19 页，图8。

[③] 参 Sarah Allan, "He Flies like a Bird; He Dives like a Dragon; Who Is That Man in the Tiger Mouth? Shamanic Images in Shang and Early Western Zhou Art", *Orientations*, vol. 41, issue 3(2010), pp.45–51；中译本参艾兰：《商代和西周早期艺术中的巫师图案》，王进锋译，《美成在久》2015 年总第 4 期，第 7-15 页。

尖儿的单盾形（图3c）。在图11b玉人腰部左侧，蛇纹从大腿上部延伸出去，蛇尾向上卷曲，成为宽柄器柄部的上半。蛇的颈部饰有相同的尖盾形，后面蛇身花纹则使用波浪形线条（图3d）。这些线条表现的是亚洲蝮蛇背圆斑并合后，形成的浅色斑纹，也是盾形鳞纹的简化形式。

a. 小屯 M5:372 玉人   b. 小屯 M5:371 玉人

图 11　殷墟妇好墓出土玉人[①]

（二）鸮形器翅膀上的蟠蛇纹

蛇纹的二元现象也见于妇好墓出土的青铜鸮尊（图12a）及殷墟侯家庄大墓M1001出土大理石鸮形立雕（图12b）上，两种不同蛇纹卷曲成匜，盘绕在鸟身翅膀部位。妇好鸮尊的蛇纹为菱形鳞纹，而侯家庄石鸮则为盾形鳞纹。

a. 妇好鸮尊（M5:785）   b. 大理石鸮形立雕（侯家庄 M1001:R10756）

图 12　鸮形器上蛇纹[②]

侯家庄石鸮翅膀上的蛇纹，在盾形鳞纹外侧有一列弧形横纹组成的外边缘。殷墟时期，两种蛇纹都有这种边缘纹饰。蝮蛇的一个共性特征就是，从头到肛板之间的腹部由一列非常大的、单块横排的腹鳞组成，腹鳞衔接处看起来像一列曲

---

① 图11采自中国社会科学院考古研究所编：《殷墟妇好墓》，北京：文物出版社，1980年，第153页，图八〇：2；第152页，图七九：1。

② 图12a采自中国社会科学院考古研究所：《殷墟妇好墓》，北京：文物出版社，1980年，第55页，图三六。图12b采自梁思永、高去寻：《侯家庄第二本：1001号大墓》，台北："中央研究院"历史语言研究所，1962年，下册，图版七。另，妇好鸮尊盖上立体的冠部，内侧所饰瓶角龙纹中龙身鳞纹也呈菱形。

线（图13）。现在这一特征有时可以被用来判断蛇是不是有毒[1]，在古代的时候，中国先民很可能已经使用了这种辨识方法。如果所论无误，那么把腹鳞鳞纹作为蛇背纹的边缘，应该就是为了强调蛇的毒性。无论如何，在纹饰中加入了腹鳞鳞纹，也进一步证实了我们将蛇纹判断为蝮蛇这一论断的正确。

图13　幼体短尾蝮蛇腹面，摄于辽宁省[2]

（三）骨柶上成对蛇纹

上文论述的两种蛇背鳞纹互换的情况，说明这两种蛇是一种二元等位关系。但这种关系通常是隐形的，也就是说一些蛇（龙）纹背部使用菱形鳞纹，一些则使用盾形鳞纹。侯家庄大墓中出土的一些刻纹骨柶和彩绘骨柶，在同一件骨柶正反两面分别雕刻或绘制不同鳞纹蛇（龙）纹：一面装饰菱形鳞纹的蛇（龙）纹，另一面则装饰盾形鳞纹的蛇（龙）纹（图14、图15），也说明制作者有意地使用二元化纹饰。

a. 骨柶拓片（侯家庄 M1001:R7645）　　　　b. 骨柶拓片（侯家庄 M1001:R7605）

图14　殷墟侯家庄大墓出土骨柶上蛇（龙）纹[3]

---

① 参 MedlinePlus[Internet]. Bethesda (MD): National Library of Medicine (US), https://medlineplus.gov/ency/presentations/100138_3.htm#:~:text=One%20way%20to%20determine%20if,plate%2C%20the%20snake%20is%20venomous。（MedlinePlus 网站，马里兰州贝塞斯达：美国国家医学图书馆主办。）

② 图片采自赵尔宓：《中国蛇类》，下册，第21页，图13-4。

③ 图版采自陈钟玉：《殷虚骨柶上的装饰艺术》，《"中央研究院"历史语言所集刊》第66本第3分，1995年，第915页，图15：7；第913页，图14：5。

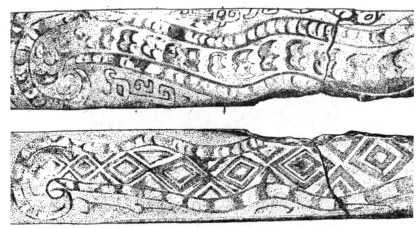

图 15　彩绘蛇（龙）纹骨柶[侯家庄 M1001 3:3518（1）][①]

四、同时期的甲骨文

商代甲骨文中与"蛇"相关的字或包含相关构件的字，字形是如何演变的，应隶定或释读成哪个字，长期以来一直存在争议。争论的焦点主要集中在象形字的演变，及这些字与《说文解字》中"它（蛇）""虫（虺）"之间的对应关系。《说文解字》中将"它""虫"均训为蛇，这也是造成这一争论的原因之一。下文我们拟结合上文讨论的纹饰二元性，对甲骨文字形进行重新阐释，并对甲骨文字形中出现的相同的二元化现象进行讨论。其后，再进一步讨论西周早期相关金文字形。

（一）蛇

表 1 中的象形字曾被认为象蚕之形，释为"蚕"字初文。在甲骨文中此字可用在"示"字前，二者搭配成语。所谓"蚕示"更被认为是反映了商代时期的蚕神崇拜。这种释读虽然仍被一些参考文献收录，但学界已基本摒弃了这一说法。张政烺先生首先反对了释"蚕"说，与蚕的形态相比较而言，这些字形表现出的细颈、曲身更接近蛇的形态[②]。在卜辞中，该字与"示"连用时，有时与"元示"对文。裘锡圭先生及其他学者指出象蛇之"它"字在卜辞中用假借义，训"其他"之意。例如：

---

① 图版采自梁思永、高去寻：《侯家庄第二本：1001 号大墓》，上册，第 285 页，插图九十.1。

② 张政烺：《释它示——论卜辞中没有蚕神》，《古文字研究》第 1 辑，北京：中华书局，1979 年，第 63-70 页。

（1）贞：元示五牛，它示三牛。　　　　　　　　　　　　《合补》①4139，宾出

因此，该字应释为"它"字，蛇之初文。目前关于"它"字的释读已无争议②。

表 1　甲骨文中"它"字

A1	A1	A2	A2
a.《合集》③14353，自宾	b.《合集》4813，典宾	c.《合集》32509，历二	d.《合集》10065，宾组

（二）繁体：A1 与 A2

"它"字的主要字形写法可以分为两种：A1、A2（参表1）。以李宗焜《甲骨文字编》中收录的字形为范围，可归为A1类字例的，其中宾组6例，历组1例。A2类的四例字形中，宾组2例，历组2例④。但从这一统计区别上，看不出字体的历时演变规律，也没有体现出组类分布差异。因此，这一现象背后应另有原因。

A1类与A2类字形上的二元化与商代装饰艺术的蛇纹二元化是一致的，都来源于现实生活中不同的蝮蛇。A1类字形中象蛇身的部分上画有短横线，有些短线或组成">""<"形。部分字形为突出眼睛部分，在头部画出两点（参表1a、b）。也就是说，甲骨文字形中蛇身上的线条都做简化处理，使用直线或者由直线组合成尖角样式。我们认为这一形体来源于现实中亚洲蝮蛇的盾形鳞纹蛇类。相对地，A2类字形中蛇身上的花纹形式则近似菱形鳞纹，并且突出尖吻部位（参表1c）。根据A2类字形特征，A2类字应以尖吻蝮蛇为原型。

---

① 彭邦炯、谢济、马季凡：《甲骨文合集补编》，北京：语文出版社，1999年。本文简称"《合补》"，下同，不赘注。

② 裘锡圭：《释"虫"》，《裘锡圭学术文集》第1册，上海：复旦大学出版社，2015年，第206-211页；陈剑：《试说甲骨文的"杀"字》，《古文字研究》第29辑，北京：中华书局，2012年，第9-19页；刘云：《释"杀"及相关诸字》，复旦大学出土文献与古文字研究中心网站，2012年11月21日，http://www.fdgwz.org.cn/Web/Show/1963。

③ 郭沫若主编，胡厚宣总编辑：《甲骨文合集》，北京：中华书局，1978—1982年。本文简称"《合集》"，下同，不赘注。

④ 李宗焜：《甲骨文字编》，北京：中华书局，2012年，第667-668页。其中一字形，《甲骨文字编》摹作，属于黄组（《合集》36960）。该版卜辞现藏于旅顺博物馆，据公布的彩色照片作"　"（中国社会科学院甲骨学殷商史研究中心、旅顺博物馆：《旅顺博物馆所藏甲骨》上册，上海：上海古籍出版社，2014年，第352页，2079号），头部中心为一圆点，非十字线条，象线条交叉的部分实际为骨板的裂痕。根据孙亚冰、林宏明先生的缀合，可知该字用在地名后，释为"云"，读为"阴"，详参孙亚冰：《释〈合集〉36960中的"　"字》，《甲骨文与殷商史》新7辑，上海：上海古籍出版社，2017年，第113-115页。

（三）简体：B1 与 B2

甲骨文中还有两种简化字形，从字形写法来看，与蛇的形体类似，我们将其分为 B1 类和 B2 类。有学者将其看作 A1 类或 A2 类字的异体，释为"它"，也有学者则认为与"它"无关，当释为"虫"[①]。

B 类字形通常作为合体字中的构件出现，B1 类和 B2 类都可作为构件。如表 2 所示，在由 B1 类和 B2 类组成的合体字里，二者均对照出现。但是，B 类字并不是 A 类字的异体。在甲骨文中，B 类字如果不作为合体字的构件使用，独立成字的时候，其所记录的词与 A 类字形所记录的是不同的，反而表示的是它们所组成的合体字，如表 2 中 C 组字和 D 组字。B1 和 B2 代表它们组成合体字的最常见例子，是与"止"组成会意字，写作 C1 与 C2，释作"害"，伤害之意，通常用在否定副词"亡"之后，组成短语"亡害"。因此，B 类形体即 A 类的简体，是为在合体字中作为构件使用而简化创造的。B 类形体所代表的意义需要在其所代表的合体字中凸显，承载的不是繁体 A 类字的字义。同时，B 类也同样保留了 A1 与 A2 二元对立的形式，但 B1 类与 B2 类的区别不体现在背部花纹上，而用头部特征来表现。B1 类突出椭圆形的头部，与 A1 类对应的亚洲蝮蛇相似，B2 类则是写作箭矢一样的尖头。B2 类写作尖头状，反映的是尖吻蝮蛇这一原型的三角形头部和上翘窄长的特殊吻部，省略了背部的菱形鳞纹，与 A2 写法不同。

（四）B1 与 B2 组成的合体字

从下面表 2 中所列字形可以看出，B1 与 B2 作为合体字的构件时，是平行等位出现的。E1 和 E2 是由重复的 B1 和 B2 构件组成的合体字，E 组字形也反映了"它（虫）"类字的二元性。

表 2 甲骨文中含有"它（虫）"构件的两类字形

A1	B1	C1	D1	E1	F1	G1	H1
A2	B2	C2	D2	E2	F2	G2	H2

---

① 详参于省吾：《甲骨文字诂林》第 2 册，北京：中华书局，1996 年，第 1777-1785 页，1841 号、1842 号。

另外，C 至 H 这些合体字选择 B1 或 B2 作为组成构件的原因，难以从时代差异或者组类差异等角度进行解释。我们仍然以《甲骨文字编》所收字形为考察范围，共收录 94 例 C1 类&字形。其中，自宾间类 2 例，宾组 55 例，出组 4 例，何组 2 例，历组 30 例，另有非王卜辞 2 例。C2 类&共有 83 例，自组 3 例，宾组 6 例，出组 23 例，何组 1 例，黄组 4 例，历组 35 例，无名类 2 类，非王卜辞 8 例，含花东卜辞 6 例[1]。由上可见，宾组更倾向使用 C1 字形，出组则倾向使用 C2 字形，历组则兼用 C1、C2 二形。这也是对卜辞内容某种程度的反映。从这种分布情况或可看出不同组类的用字习惯，但需要注意的是，这两种形体均可出现在不同的组类中，出现在不同时期的卜辞中。

在我们可见的材料范围内，仅有一个例外，即 F1 蛊，隶作"蛊"。F1 在通常情况下使用 B1 形体作为构件，使用 B2 作为构件，即写作 F2 蛊 的仅有 1 例，其中构件"皿"省去圈足，简写作"凵"形。

（五）中间过渡字形

（2）屮（侑）于成、大丁、大甲、大庚、大戊、中丁、祖乙、祖辛、祖丁一牛，它羊。 二告 《合补》100 正+[2]，宾一

卜辞（2）中"它"字写作"蛊"，一般被看作 A 类的异体字。此条卜辞贞问的是向成汤至祖丁九示举行侑祭使用一头牛，其他祖先则使用羊。"它"用作"其他"之义，与卜辞（1）中"它示"同义。值得注意的是，卜辞（2）的"它"字"蛇身"上没有描绘鳞纹的样式，仅以双钩曲线勾勒出"蛇身"轮廓。除此字之外，所有繁体"它"字都以交叉线条或直线表现鳞纹。这个形体的"蛊"在"它"字的演进序列中十分重要，西周金文"它"字或被认为是由此字演变而来。

如上文所论，A1 与 A2 类繁体（蛇身部分书写完整，包括蛇身轮廓及鳞纹）是独立使用的成字，不作为合体字的构件。而 B1 与 B2 类简体（蛇身以单钩曲线表现）则一般用在合体字中，作为构件出现。在繁体 A 类与简体 B 类中存在着过渡字形，即蛇身部分是双钩线条。该形体适用于 A 类和 B 类，但过渡字形也很少作为合体字构件出现，在甲骨文中，我们仅找到一例，写作 蛊（《甲骨续存补编》[3]5.394.2，自组）。该字是 D1 蛊 与 D2 蛊 的异体字，D 类从攴、它（虫），点状象水滴或血滴之形（参表 2）。这个过渡字形 蛊（宾一）和其组成的合体字 蛊（自组）都是早期的武丁卜辞中出现的字体，那么这个字形不太可能是两周金文的直接来源。

---

[1] 李宗焜：《甲骨文字编》，第 668-673 页。

[2] 本版缀合详参蔡哲茂主编：《甲骨缀合汇编》第 541 组，新北：花木兰文化出版社，2013 年。

[3] 胡厚宣：《甲骨续存补编》，天津：天津古籍出版社，1996 年。

裘锡圭、陈剑等多位学者将 D 类字释为"杀",其本义可解释为击杀或椎杀,词义慢慢扩大后,泛指所有的"杀"[①]。这种词义的变化,与"伐"相似,本义为砍杀,后发展为其他形式的杀。D1 与 D2 通常按照字形解释为击杀蛇,其中点画象蛇血之形。但是,这种说法又有些难以融通,在卜辞中,D 类字作为祭祀动词,后面所接的牺牲为动物或人牲,而非蛇。此外,据目前所见卜辞及考古材料,在商代没有以蛇作为牺牲之例。因此,我们认为 D 类字包含两个含有"杀"意的构件。其中的"它/虫"(蛇)为声符,即死亡的代指,点画是水滴的象形,指代黄泉,"攵"则表示杀的方式。

(六)商代二元化的意义

综上所论,商代艺术中存在两种不同鳞纹样式的蛇纹,其来源于现实生活中不同类别的蝮蛇。而在商代艺术的语境中,两种蛇纹可以相互替换,也可以成对出现,说明蛇纹具有二元性。甲骨文中也存在同样的二元化,在相关字形序列中,可以找到基于两种蝮蛇原型的、两种形体平行相对的甲骨文异体字群。这就带来了更多的问题。以在艺术形式和文字上一致的表现来看,可以肯定这种二元化的现象是有意为之的,商代人会有意识地决定使用其中一种。但是,我们现在难以得知他们如何选择或者这种选择表达了什么样的含义。即使商代人有意识地进行二元化,也很可能是他们凭直觉地选择,或也可以说是从审美角度进行的选择。另外,甲骨文里二元化的一组字形是否存在读音差异,我们也难以得知。

虽然我们目前还难以解释商代二元化背后的原因,但是进入两周时期,与蛇相关的艺术纹饰和文字写法都发生了变化,说明这种二元现象是商代特有的。下文我们将讨论西周时期蛇纹的变化及与之相应的西周金文中与蛇相关异体字形的变化,继而可以更好地理解两周金文中"它""虫"二字的来源与演变。

(七)S 形小蛇纹

在商代及西周早期铜器的主纹饰带上下,经常出现自身弯曲成 S 形的小蛇纹,作为一个单元重复展开,也充当纹饰带的作用。这种小蛇纹大多使用盾形鳞纹,同时期中个别使用纵纹蛇背蛇纹的例子,其代替的也并非菱形鳞纹。如图 16b、图 16d 所示的蛇纹,这种体背纵纹线靠近蛇头处作箭矢形状。这一纹饰模仿了甲骨文"🐍"的形体,是尖吻蝮蛇的简体形式,在甲骨文独体字中多写作菱形盾纹的形式。因此,S 形的小蛇纹也延续着上文所论的商代蛇纹二元性。综上,纵线蛇纹需要与下文我们所讨论的西周蛇纹区别开来。

---

① 于省吾:《甲骨文诂林》,第 2 册,第 1796-1802 页,1858 号;陈剑:《试说甲骨文的"杀"字》;刘云:《释"杀"及相关诸字》等。

a. 商代铜觚蛇纹纹饰带（西北冈 M2006:R1044）

b. 上海博物馆藏商代铜觚纹饰

c. 西周铜鼎蛇纹纹饰带

d. 山西天马-曲村西周铜尊圈足（M6081:86）

图 16　商周时期 S 形身蛇纹拓本 ①

五、西周时期蛇纹的演变

在周灭商之后的最初几十年内（约前 1050 年），周人沿用了包括饕餮纹在内的许多商代成熟流行的纹饰。但在不到一个世纪的时间里，周人便摒弃了商人的艺术审美偏好。与饕餮纹等其他商代主流纹饰类似，西周早期的蛇纹及蛇身纹继承了商代样式，但是慢慢地周文化取代商文化后，蛇纹及蛇身纹样则不再使用，或形式发生了变化。在装饰艺术中，蝮蛇纹的二元现象也消失了。进入西周中期后，很快就看不到带有菱形鳞纹的蛇（龙）纹踪迹，而带有盾形鳞纹的蛇身形象则存在时间较长，并且盾纹演变为独立纹饰。另一种通体由一条中心线纵贯背部的蛇（龙）纹类型，变成了主流。与此同时，金文中出现了一个新的"它"字形，该字与同时期蛇纹一致，在体背写有一纵向线条。

（一）双身蛇纹

在殷墟装饰艺术中，常见纹饰为单首双身蛇纹。我们所见到最早的例子是偃师二里头出土的陶鬲残片纹饰②（图 9a）。到殷墟时期，此类动物纹带有足、角、蛇身，演变为双身龙纹，如妇好墓出土一对方壶（M5:794、807）壶身上腹部所饰浅浮雕单首双身龙纹（图 17）。妇好墓方壶的双身龙纹与二里头的双身龙纹具

① 图 16a 采自李济、万家保：《殷墟出土青铜觚形器之研究》，台北："中央研究院"历史语言研究所，1964 年，第 94 页；图 16b 采自上海博物馆青铜器研究组编：《商周青铜器纹饰》，北京：文物出版社，1984 年，第 220 页，图 615；图 16c 采自[日]林巳奈夫著，[日]广濑薰雄、近藤晴香译：《殷周青铜器综览·殷周时代青铜器纹饰之研究》第二卷（图片），上海：上海古籍出版社，2019 年，第 296 页，10-128；图 16d 采自北京大学考古学系商周组、山西省考古研究所：《天马-曲村 1980—1989》第 2 册，北京：科学出版社，2000 年，第 345 页，图五〇九：3。

② 该陶片为二里头 IV 区 H57 所出陶鬲残片，年代为二里头三期。详参前第二（一）部分所论。

有渊源关系，二者都背饰菱形鳞纹。殷墟时期，对菱形鳞纹的倾向性选择可能反映出了其来源。

图 17　司弓母方壶壶身上腹龙纹（殷墟妇好墓 M5:807）①

在西周早期，也仍然使用双身蛇（龙）纹，但是蛇（龙）身饰以盾形鳞纹，而非菱形鳞纹。例如，令方彝根据其铭文可断代为西周早期铜器，但其纹饰仍延续殷墟的艺术审美传统，器身腹部四面中间分别饰有饕餮纹，器口下方四面各饰一浮雕单首双身龙纹。殷墟的单首双身龙纹，一般是带有瓶形角的饕餮头部，而令方彝的单首双身龙纹头部则饰有一对虎耳，双身背部则中间各以一条沟形曲线由头至尾分为两列，每列均填饰盾形鳞纹（图 18）。事实上，具有盾形鳞纹的短尾蝮蛇背部也纵贯有一条中心线。需要注意的是，这条蛇背的中心线十分重要，此后不久，蛇纹背部就仅饰有一条纵向中心线。

图 18　令方彝双身龙纹，西周早期②

饕餮纹及与其组合出现的纹饰不再流行或是被加以改造的同时，盾形鳞纹的蛇纹也省掉了鳞纹。但是，这不意味着盾纹消失了，它反而成了一种重要的独立纹饰，不再代表蛇（龙）身。例如，宝鸡扶风窖藏的斧（图 19）及瘌簋器身和盖部的纹饰带（图 20）。

（二）商代纵纹蛇背的蛇（龙）纹

西周时期，背部带有一条纵向中心线的、纵纹蛇背的蛇（龙）纹取代了原有的菱形鳞纹或者盾形鳞纹的蛇（龙）纹。但西周时期的这种蛇（龙）纹也并不是

---

① 图版采自张孝光：《殷墟青铜器的装饰艺术》，中国社会科学院考古研究所：《殷墟青铜器》，北京：文物出版社，1985 年，第 119 页。

② 图版采自 Freer Gallery of Art, *The Freer Chinese bronzes*, Washington, DC: Smithsonian Institution, 1967, vol. 1, p. 213, no. 38.（弗利尔美术馆：《弗利尔馆藏中国青铜器》，华盛顿特区：史密森学会，1967 年，第 1 卷，第 213 页，第 38 号。）

图 19　盾纹青铜斧，陕西宝鸡扶风庄白村窖藏，西周中期①

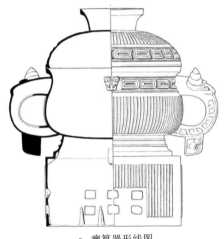

a. 痶簋器形线图

b. 痶簋颈部纹饰拓片

图 20　痶簋，陕西扶风庄白西周青铜器 1 号窖藏（76FZH1:14）②

完全新产生的。在日本泉屋博物馆收藏的商代晚期虎食人卣上，就已有这种身背仅有一条纵线的蛇纹出现。卣身上铸有一对对称的浮雕蛇纹，蛇头与人头的位置相应，蛇身从人肩部上方沿手臂至指尖，另有一对对称的浮雕龙纹，从虎双肩处沿虎臂至虎爪，就是纵纹蛇背的蛇纹。而从人臀部延伸至膝盖处的对称蛇纹则是菱形鳞纹（图 21）。

（三）取代商代二元蛇纹的新兴蛇纹

西周时期新出现的蛇纹是在蛇背中心纵纹两侧，带有两条浅些长纹的形式。例如，西周晚期的单五父方壶是这一时期饰以此类蛇纹的典型例子（图 22）。在

---

① 图版采自李伯谦编：《中国出土青铜器》第 17 册，北京：科学出版社，1998 年，第 497 号。

② 图版采自北京大学考古文博学院、北京大学古代文明研究中心编：《吉金铸国史——周原出土西周青铜器精粹》，北京：文物出版社，2002 年，第 146、149 页。

图 21　日本泉屋博物馆藏虎食人卣（局部）①

a. 单五父方壶乙照片

b. 单五父方壶乙正面拓本

图 22　眉县杨家村单五父方壶乙纹饰（2003MYJ:19）②

这个时期，铸器者更强调包括形制及纹饰在内的器皿所呈现的整体性，而非纹饰图像的具体内容。单五父方壶腹部纹饰是以一个双身龙首为主，缠绕多条蛇身的交龙纹。壶身侧面与正面的纹饰相似。缠绕的龙纹难以判断一个躯干到哪里结束，

---

①　图版采自中国青铜器全集编辑委员会编：《中国青铜器全集》第四册，北京：文物出版社，1998 年，第 148 页，图 152。

②　陕西省考古研究所等：《陕西眉县杨家村西周青铜器窖藏发掘简报》，《文物》2003 年第 6 期，图 29、图 31。

另一个又从哪里开始，但共同点是龙纹的体背都有一条纵纹，并且两侧各有与之平行的细纵线。铜器纹饰上不同蛇背鳞纹说明可能是基于现实生活中其他种类的蛇，或为黄脊游蛇（*Orientocoluber spinalis*，Slender Racer），蛇体细长，又称黄脊蛇、白脊蛇。黄脊游蛇背脊贯穿一条非常明显的纵向黄色或白色脊线，蛇体两侧又各有一条浅色的纵线（图 23），对应来看，这也解释了铜器纹饰中为什么会在蛇背中心纵纹两侧，添加两条相对浅些的长纹。[①]尽管不常见，但这种蛇类仍然广泛分布于中国境内，包括周人祖地——现今陕西省。

图 23 黄脊游蛇，摄于辽宁省[②]

西周时期蛇纹的发展演变说明从两种不同的蝮蛇产生的、隐含着二元性的蛇纹，是晚商时期的特有现象，周人则摒弃了二元化的文化偏好。值得一提的是，黄脊游蛇无毒。如果西周时期蛇纹来源于黄脊游蛇，或者其他无毒蛇类，那么蛇纹所代表的意义已然发生了变化。

（四）两周纹饰与金文字形

周代没有延续商代蛇纹二元化，同样地，甲骨文字形的二元化也没有被西周金文继承。西周早期时，菱形鳞纹的蛇纹就快速消失了，盾形鳞纹的蛇纹（短尾蝮蛇）延续时间稍长，并且演变成了独立的盾纹，在两周装饰艺术中占据了一席之地。两周时期盛行的是体表具有一条纵纹的蛇纹样式（表 3）。这一蛇纹样式与金文字形相互对应，是"它（蛇）"字的本形。新型的蛇纹取代商代二元蛇纹，而两周金文新字形也相应地取代了商末字形。

---

① 参赵尔宓：《中国蛇类》上册，第 188 页；书中使用了 Coluber spinalis 的旧名称。此处纹饰与黄脊游蛇的识别，蒙韩宇娇提示，在论文翻译中，她还提出了其他建议及校对意见，在此一并致谢。

② 图版采自赵尔宓：《中国蛇类》下册，第 112-113 页。

表 3　两周金文的"它（蛇）"字

沈子它簋（《集成》①4330），西周早期	师遽方彝（《集成》9897），西周中期	齐侯盘（《集成》10159），春秋晚期

（五）小结

商代蛇纹二元现象的象征意义目前尚不明确，但是毋庸置疑，在商代贵族信仰体系中，是具有特别的意义的，而对于周代统治者则无关紧要。这些字形发展演变序列中难以解决的诸多问题，都与"虫""它"的对应关系密切相关。在《说文解字》中，"虫""它"都是部首。如所论无误，那么商代的二分蛇纹在进入西周之后，则逐渐消失。两周金文中对"蛇"这个词记录的字是一个全新字形，字形特征是蛇体背部是一条纵线，该字形与商代甲骨文字形无关。

那么，古代汉语中表示蛇义的另一个字"虫"的本源是什么呢？时代较晚的《说文解字》对"它"和"虫"的分析，认为二者有一定的联系。《说文解字·虫部》：

> 虫，一名蝮，博三寸，首大如擘指。象其卧形。物之微细，或行，或毛，或蠃，或介，或鳞，以虫为象。

《说文解字》"虫"字下的解释牵合了两种似不相关的说解，很可能是有不同的依据来源。许慎首先将"虫"解释作另名为"蝮"，认为是一种特定的蛇类。而"物之微细"之后的文句，是对昆虫，也包括蛇在内的动物分类依据的阐释。

此处"蝮"字先作为"虫"的别名，而后演变为蝮蛇的通名。蝮蛇的分类依据其较大的头部和较宽厚的身躯，《说文解字》的解释具有一定的道理。在一些地区的方言里，如短尾蝮蛇也被称为虺蛇（江苏、上海地区）、土虺蛇（湖南地区）等②，"虺"被用来指称短尾蝮蛇，可能是一种历史遗留，也说明蝮蛇是"虫"的原型。这实际上也符合我们对蛇纹的观察，解释了为什么在推翻商代之后，蛇纹及盾纹在两周艺术中仍然具有一定重要性。

《说文解字》第二层的解释说明"虫"是昆虫的类名。但是，在实际使用中，包括许慎自己在内，将"它/虫"的范围扩大到了如蛇、龙一类披有鳞片的大型动物。《说文解字·它部》：

> 它，虫也。从虫而长，象冤曲垂尾形。

---

① 中国社会科学院考古研究所编：《殷周金文集成》（修订增补本），北京：中华书局，2007 年。本文简称《集成》，下同，不赘注。

② 赵尔宓：《中国蛇类》上册，第 121-123 页。

许慎以"虫"解释"它"并作区别，也说明"它"是另一种蛇。黄脊游蛇较之亚洲蝮蛇及尖吻蝮蛇，体态更加纤长卷曲，"从虫而长"也说明这一特征。

如我们所论，若纵纹蛇纹是两周金文"它（蛇）"的同源形态，是蛇的一般形式，那么商代字形仍然可以看作"虫"的本形。上文我们讨论认为简体的 B1 和 B2 主要作为合体字的构件出现。B 类字，特别是突出椭圆形头部的 B1 形体或与背部带有盾形鳞纹的亚洲蝮蛇相关，是两周文字中"虫"的来源。

六、结　论

综上，我们可以得出以下结论：

（1）新石器时代晚期和商代的纹饰里，蛇纹有两种不同的背纹。一种是最早在山西襄汾陶寺遗址发现的两排盾纹的形式，也就是双盾纹。其后，双盾纹又简化成顶部带尖儿的单盾形，或者径直简作两条弧线组成的波浪线。这类蛇纹对应的是现实中的亚洲蝮蛇。亚洲蝮蛇背脊线两侧各分布一排深色圆斑，有时成对的圆斑并合为一个横斑。蛇纹中的波浪线形鳞纹就是横斑与横斑中间浅色的鳞纹。同时，亚洲蝮蛇头部均成椭圆形。

（2）另一种蛇纹最早见于河南偃师二里头遗址，其背纹呈菱形。这一蛇纹对应的是现实中的尖吻蝮蛇，此类蛇具有较大且成三角形的头部，最重要的特征是尖而上翘的吻部。

（3）这两种蛇纹在殷墟时期纹饰里均有发现。在一般情况下，一件器物纹饰中蛇纹的选择没有特定的规律，既可以使用盾形鳞纹蛇纹，也可使用菱形鳞纹蛇纹。但是，有时也会同时使用两种蛇纹，即一种鳞纹的蛇（龙）纹在一面出现，另一种则使用在反面。这也说明两种蛇纹具有二元性。

（4）进入西周时期，二元的蛇纹消失不见。周人不再使用菱形鳞纹的蛇纹，盾形鳞纹蛇纹虽有使用，但盾纹也成了一种独立纹饰。商代的两种蛇纹被西周开始出现的新形式蛇纹所取代，这种蛇纹的背纹是由一条深色纵向中脊线及两侧各一条浅色纵线组成。这种蛇纹对应着现实中的黄脊游蛇。

（5）殷墟时期蛇纹的二元现象在同时期的甲骨文中也存在。甲骨文"　""　"通常被释作"它（蛇）"，二者互为异体，可以换用。它们的形体特征可以对应于亚洲蝮蛇和尖吻蝮蛇。二字的简体写作"　""　"，也同样对应于这两种蛇。但是简体字形突出的是两种蛇不同的头部形状，一作椭圆形头部，另一个作三角形并带有尖吻。文字上的二元现象在甲骨文中与"它"相关的字形中均有呈现，但是没有明显的断代或者组类差异。

（6）对纹饰与文字之间关系的认识与释读，有助于进一步理解《说文解字》中"它（蛇）""虫（虺）"二字本形的问题。西周金文的"　"是"它"的本形字，是依照黄脊游蛇所作的新字形，并没有沿袭甲骨文中的字形。基于亚洲蝮蛇所作的甲骨文"{"，是"虫（虺）"的本形字。

如本文分析无误，那么至少就蛇纹而言，可以说明纹饰中的动物纹与现实自然界中的动物，以及文字构形系统间，存在清晰且同步演变的对应关系。另外，西周早期纹饰与文字形体的变化，折射出了众所周知的商周文化变革，即商代祭祀中以人牲、牺牲为核心，而周则用青铜礼器和铭文来加强社会和政治凝聚力。这些问题需进一步深入研究。

The Relationship between Art and Writing during the Shang and Western Zhou Dynasties: Snakes as an Example

Sarah Allan   Han Ding

Abstract: This article argues that, at least in the case of snakes, there was a clear and evolving relationship between zoological motifs in art, animals in the natural world, and the writing system. Moreover, the evolution of the art motifs and graphic forms in the early Western Zhou reflects the well-known cultural shift from Shang rites, which focused on human and animal sacrifice, to those of the Zhou, in which ritual bronzes were used primarily to enhance social and political cohesion.

More specifically, it argues that:

(1) The snake motifs in the art of the late Neolithic and Shang period had two types of back designs. One, first found at Xiangfen Taosi 襄汾陶寺 in Shanxi province as two rows of shield shapes. In later representations, these could be represented as a double-shield design, abbreviated into a single shield with a point at the center, or reduced to a single line with a point at the center. This type of design refers to snakes of the Gloydius genus (Asian pit viper, Mamushi), which have two rows of dark blotches on both sides of a central line, which sometimes merge. The single line corresponds to the light-colored line between the merged blotches. Gloydius species have oval heads.

(2) The other is first found at Yanshi Erlitou 偃师二里头 in Henan province. It is

represented by diamond shapes. It refers to *Deinagkistrodon acutus* (Sharp-snouted pit viper). This snake has a large, triangular head with a pointed nose.

(3) Both types of snake-back motifs are found at Yinxu. In most contexts, either snake-back motif can be used. Moreover, on some artifacts, the two motifs are paired; that is, a snake or dragon with one type of snake-back motif is found on one side, and a snake or dragon with the other type of snake motif is found on the other side. This suggests a dualism.

(4) This dualism disappears in the Western Zhou period. Diamond-backed snake motifs are abandoned; the shield shape continues but as an independently occurring motif. Both Shang snake-back motifs are replaced by a new snake-back motif that has a strong central line down the center with light lines on the sides. This motif corresponds to another type of snake, the *Orientocolubris spinalis*.

(5) The dualism found in the art motifs of the Yinxu period is also found in oracle bone script. The oracle bone characters, written as 𝕝 and 𝕝, usually transcribed as *tuo* 它 (蛇), are used interchangeably, but they depict the same two types of snake, the Gloydius, and the *Deinagkistrodon acutus*. The simplifications, written as 𝕝 and 𝕝, refer to the same snakes, but are based on their differently shaped heads (oval and triangular with a pointed nose).This dualism is found throughout the oracle bone corpus and is not based on chronological period or diviner group.

(6) The recognition of the relations between the art motifs and script allows us to understand the much-debated problem of the origin of the ancient characters, 它 (*she* 蛇) and 虫 (*hui* 虺) found in the *Shuowen Jiezi* 说文解字. The Western Zhou bronze inscription form 𝕝, which is based upon the *Orientocolubris spinalis* and does not derive from an oracle bone character, is the earliest form of the character: 它. The oracle bone form, 𝕝, based on Gloydius species, is the original form of 虫 (*hui* 虺).

Key words: pit vipers; snake motif; art motif; *she* (它-蛇); *hui* (虫-虺)

想要与致使：四论周代"甶/思"字用法和意思

夏含夷（Edward L. Shaughnessy）

（芝加哥大学）

　　摘要：周原卜辞几乎每一条最后一个短语都由"甶"字开始，诸如"甶又正""甶尚""甶克史""甶亡眚""甶亡咎"等，"甶"和"思"是古今字，"思"是命令副词，据《诗经》郑笺注，意思是"思，愿也"，也就是现代汉语的"想要"。因此，"思有正""甶亡咎"等是祷告，希望所提出的贞卜内容是正确的、没有问题的。这种用法也见于战国时代贞卜纪录，作"甶/思攻除于宫室"，意思是"希望除掉宫室的问题"。"甶/思"字也多见于战国时代出土文献，语法与卜辞语法相同，都是命令副词，意思也应该相同。虽然如此，中国国内现在"公认""甶/思"字应该破读为"使"，即"致使"。本文指出两个用法虽然有相同意义，但是语感完全不一样。这些"甶/思"字也有"想要"的意思，与读为"致使"的"使"字是两个不同的词。

　　在 2023 年 5 月于芝加哥大学香港中心召开的"中国古代的未来"学术研讨会上，山东大学教授黄杰先生宣读了《清华简〈参不韦〉校读札记（八则）》一文，第四则关系着《参不韦》第 30—32 简，黄氏作释文如下（古文字利用他的破读）：

　　启，乃秉民之中，以诘不宜（义），专忘（妄），罚不周（修）。乃劝秉则，思（使）毋堕，罚凶则思（使）毋盈，思（使）万民毋懈弗敬，懈乃罚。

黄氏发言完了以后，在座的香港理工大学教授李伯威（David Lebovitz）先生对这个句子的三个"思"字读作"使"的释文表示疑义，说读如字更顺。此后，也是参加会议的清华大学出土文献研究与保护中心的程浩教授说他知道外国学者喜欢"读如字"，但是国内的学者"公认"出土文献的"思"字应该读为"使"[①]。因为我过去针对这个问题已经发表了几篇文章[②]，在座的学者大概都知道了我的看法，所以本来我不想参加这个讨论。然而，会议结束了以后，颇觉仍有再详细解说的

---

　　① 这个见解也见于清华大学出土文献研究与保护中心教授石小力：《上古汉语"兹"用为"使"说》，《语言科学》2017 年 11 月，第 660 页。"上举祝祷文中的'凶'或者'思'，陈斯鹏（2006）读为'使'，现在已经获得学术界的公认。"

　　② 夏含夷：《试释周原卜辞甶字——兼论周代贞卜之性质》，《古文字研究》17（1989 年），第 304-308 页；《再论周原卜辞甶字与周代卜筮性质诸问题》，载于《2007 年中国简帛学国际论坛论文集》（台湾大学中国文学系，2011 年），第 17-47 页；《〈诗〉之祝诵：三论"思"字的副词作用》，《清华简研究》第 2 辑（2015 年），第 52-62 页。

余地。本文第一部分不免对过去发表的文章再进行赘述，第二部分乃是对近十几年发表的清华简作系统的梳理，以便得到比较全面的认识。这个认识和"公认"的认识不同，可是我们在第一部分会发现"公认"的认识并不公认。"囟"或者"思"的读法并不是那么简单。

一、问题的出发点

我第一次提出"囟"应该读为"思"，并理解为"愿"或"願"字，是四十年前在我的博士学位论文《〈周易〉的编纂》①中，论文相关部分用中文写成题为《试释周原卜辞囟字：兼论周代贞卜之性质》的论文②，对周原卜辞作了系统的分析。当时我指出几乎每一条周原卜辞的最后一个短语均由"囟"开始，后面都是某种祈求，诸如"囟又（有）正"（H11：1）、"囟尚"（H11：2）、"囟克史"（H11：6、H11：21、H11：32）、"囟亡晋"（H11：20）、"囟亡咎"（H11：26、H11：35、H11：77、H11：96、H31：3、H31：4）、"囟不大追"（H11：47）、"囟正亡左"（H11：82）、"囟正"（H11：84、H11：114、H11：130）、"囟克往㝨"（H11：136）、"囟不妥王"（H11：174）、"㝨囟城"（H31：5）等。"囟"后面都是意义肯定的短语，尽管语法可能是否定的。这个短语属于贞卜的命辞，是卜者所希望发生的结果。我这个论点依据的是司礼义（Paul L-M Serruys）神父对商代甲骨卜辞的研究③，以及我自己根据《左传》和《国语》所载贞卜纪录指出贞卜不应该理解为一种客观的询问，而是一种主观的愿望，是"卜人向鬼神之祈求"，也就是说是一种祷告。

在《试释周原卜辞囟字：兼论周代贞卜之性质》中，我还论述了春秋战国时代的贞卜纪录也反映了同样的性质，只是以"尚"字代替了"囟"（"思"）。《左传》有不少贞卜纪录，仅以带有贞卜命辞为例，可以举出下面两个纪录为例：

> 春，齐侯戒师期而有疾。医曰："不及秋将死。"公闻之，卜曰："尚无及期。"惠伯令龟，卜楚丘占之曰："齐侯不及期，非疾也。君亦不闻，令龟有咎。"（《左传·文公十八年》）④

> 吴伐楚，阳匄为令尹，卜战，不吉。司马子鱼曰："我得上流，何故不吉？且楚故，司马令龟。我请改卜。"令曰："鲂也以其属死之，楚师继之，尚大克之！"吉。（《左传·昭公十七年》）⑤

① Edward L. Shaughnessy: "The Composition of the *Zhouyi*"，斯坦福大学亚洲语言系博士学位论文，1983 年。

② 夏含夷：《试释周原卜辞囟字：兼论周代贞卜之性质》，"中国古代占卜国际研讨会"论文，1983 年 6 月。

③ Paul L-M Serruys: "Studies in the Language of the Shang Oracle Inscriptions," *T'oung Pao* 60.1-3 (1974)，第 21-120 页。

④《左传》文公十八年。

⑤ [清]阮元校刻：《十三经注疏·春秋左传正义》，北京：中华书局，2009 年，第 4527 页。

《左传》贞卜命辞的最后一短语一律以"尚"字开首：

文公十八年：尚无及期。

昭公五年：　尚克知之。

昭公十三年：余尚得天下。

昭公十七年：尚大克之。

昭公七年：　元尚享卫国，主其社稷。

　　　　　　余尚立縶，尚克嘉之。

关于文公十八年"尚无及期"的"尚"字，杜预注谓"庶几也"，与《说文》和郑玄注《仪礼》同。《仪礼正义》更清楚谓："云'尚，庶几也'者，《说文》同，盖愿望之辞。"《尔雅》曰"庶几，尚也"，《尔雅疏》谓："尚为心所希望也。"

李学勤和王宇信于《周原卜辞选释》一文首次将"甶"隶定为"思"，可是在这篇文章里他们解释"甶"为虚词，与"隹"同意①。李学勤先生看了拙作小文以后，又撰文谈及周原甲骨文，谓：

《左传》《国语》所载卜筮命辞，辞的末句常冠以"尚"字，"尚"当以《尔雅》训为"庶几"，杨树达先生认为是命令副词。西周卜辞的"甶（斯）"字应训为"其"，也是义为"庶几"的命令副词。

必须注意的是，"斯……"或"尚……"这样以命令副词开首的句子，绝不是问句。这表明，西周卜辞都不是问句。②

如下面还要论证，李先生对贞卜的解释完全对，贞卜命辞最后一短语"以命令副词开首"，"绝不是问句"。然而，他将"甶"读为"斯"（训为"其"）没有必要，"思"本来就有命令副词的作用。其实，我在《试释周原卜辞甶字：兼论周代贞卜之性质》里，对"思"字在传统文献的用法已经做了简单的介绍：

"甶"（"思"）乃应该为动词，即"愿"之意思。《诗·大雅·文王》"思皇多士"，《郑笺》谓"思，愿也"，《尔雅·释诂》"愿，思也"，《方言·一》"愿，欲思也"，皆说明"思"有"愿"之意。……《鲁颂·駉》谓：

駉駉牡马，……思无疆，思马斯臧。

駉駉牡马，……思无期，思马斯才。

駉駉牡马，……思无斁，思马斯作。

駉駉牡马，……思无邪，思马斯徂。

清陈奂《毛诗说》谓"皆祝辞也"，很有见地。如此，无论是"甶又正""甶

---

① 李学勤、王宇信：《周原卜辞选释》，《古文字研究》第四辑（1980年），第250页。

② 李学勤：《续论西周甲骨》，《中国语文研究》第7辑（1984年），第1-8页；并见《续论西周甲骨》，《人文杂志》1986年第1期，第68-72页；也载于《人文杂志》1986年第3期，第71页。

亡咎"或者"甶克事"，以"甶"释作"愿"皆可通，即"愿意是正确的""愿意没有灾难""愿意能够做得到"祝辞一类的用语。[①]

《鲁颂·駉》"思无邪"是《诗经》最有名的一句诗之一，孔子引之为《诗》之总结："子曰：'《诗》三百，一言以蔽之，曰"思无邪"。'"[②]《论语》注疏家多以为孔子的意思是"在思想里没有邪念"。然而，孔子完全没有说明是什么意思，说不定他的意思和陈奂的理解不是一致的，而是一种"祝辞"："希望没有邪念"。《駉》的本意和思想当然没有关系，是一种御马的祷告，希望牡马不邪跑，"思"可以理解为动词，或者更确切地理解为命令副词。

在《诗》里，不难找到相似的用法，特别是在《周颂》和《大雅》里头：

> 思文后稷，克配彼天。《诗·周颂·思文》
> 率见昭考、以考以享、以介眉寿。永言保之、思皇多祜。
> 烈文辟公、绥以多福、俾缉熙于纯嘏。《诗·周颂·载见》
> 思皇多士，生此王国。《诗·大雅·文王》
> 笃公刘、匪居匪康、乃埸乃疆、乃积乃仓。
> 乃裹糇粮、于橐于囊、思辑用光。《诗·大雅·公刘》

《诗经》注疏家多以为这些"思"字应该是虚词无义，然而这些用法多与周原卜辞相似，"思文后稷，克配彼天"与周原卜辞"由克史"基本一致；"思皇多祜"显然表示希望有多福；"思皇多士，生此王国"《郑笺》谓"思，愿也"，意思是希望多士"生此王国"。如果将"思"读作虚词，就失去了它的语感。其实，《诗经》的早期读者不仅仅是郑玄对"思"字如此解释，《诗·序》往往有同样的例子：

> 《泉水》，卫女思归也。嫁于诸侯，父母终，思归宁而不得，故作是诗以自见也。《诗·邶风·泉水·序》
> 《载驰》，许穆夫人作也。闵其宗国颠覆，自伤不能救也，卫懿公为狄人所灭，国人分散，露于漕邑，许穆夫人闵卫之亡，伤许之小，力不能救，思归唁其兄，又义不得，故赋是诗也。《诗·墉风·载驰·序》
> 《出其东门》，闵乱也。公子五争，兵革不息，男女相弃，民人思保其室家焉。《诗·郑风·出其东门·序》
> 《东门之池》，刺时也。疾其君子淫昏，而思贤女以配君子也。《诗·陈风·东门之池·序》
> 隰有苌楚，疾恣也。国人疾其君之淫恣，而思无情欲者也。《诗·邻风·隰有苌楚·序》

---

① 夏含夷：《试释周原卜辞甶字——兼论周代贞卜之性质》，《古文字研究》17（1989年），第305-306页。
② 《论语·为政》。

《车舝》，大夫刺幽王也。褒姒嫉妒，无道并进，谗巧败国，德泽不加于民。周人思得贤女以配君子，故作是诗也。《诗·小雅·车舝·序》

《隰桑》，刺幽王也。小人在位，君子在野。思见君子，尽心以事之。《诗·小雅·隰桑·序》

这些用法中，有的当然可以理解为"思考"或"考虑"，但是多半的应该理解为"想要""宁愿"。《载驰·序》说"许穆夫人闵卫之亡，伤许之小，力不能救，思归唁其兄，又义不得，故赋是诗也"，并不是说她"考虑"回家，而是说她"想要"回家。《车舝·序》说"周人思得贤女以配君子"也不是说他们"考虑"得到贤女，而是说他们"希望"得到这样的女人配君子。这个用法在《诗·序》里相当频繁。诗的这个用处也见于《清华简（7）》《治政之道》第 1 号简："六诗者，所以节民辨位，思君臣、父子、兄弟毋相逾，此天下之大纪"。清华编者虽然将"思"字破读为"使"，可是这完全没有必要，"思君臣、父子、兄弟毋相逾"，就是一种希冀，希望君臣、父子、兄弟不要互相侵犯。

其实，《汉语大词典》"思"字第一个动词定义说得很清楚：

怀念；想望。《诗·小雅·我行其野》："不思旧姻，求尔新特。"《史记·魏世家》："家贫则思良妻，国乱则思良相。"唐李白《静夜思》诗："举头望明月，低头思故乡。"清刘大櫆《再与左君书》："足下之于人，何其思无已也。"郭沫若《渔翁吟》："我辈何德能，饱食尚思鲜。"

这些例子当中，"思"当然可以理解为"思考"或"考虑"，可是至少《史记·魏世家》"国乱则思良相"和郭沫若的"饱食尚思鲜"两个例子带有很浓厚的"想要"或"愿望"的味道。从这样的动词作用很自然引申到命令副词的作用。

二、辩论的进展

我和李学勤先生提出了这个观点以后，地不爱宝，有关"甶"字的祷词作用有不少新的资料。譬如，1987 年出土的包山楚简载有的贞卜纪录往往有两个命辞，一个以"尚"开首，一个以"甶"开首，如：

大司马悼滑将楚邦之师徒以救郙之岁，荆夷之月己卯之日，陈乙以共命为左尹𩵦贞："出入事王，自荆夷之月以就集岁之荆夷之月，尽集岁，躬身尚毋有咎。"▨占之，恒贞吉，少有戚于宫室，以其故敚之。举祷宫行一白犬，酒食："甶攻除于宫室。"五生占之曰：吉。[①]

---

① 湖北省荆州铁路考古队：《包山楚简》，北京：文物出版社，1991 年，第 228-229 号简。

"躬身尚毋有咎"当然与《左传》"尚无及期""尚克知之""余尚得天下""尚大克之"是同一个用法，与周原卜辞频繁出现的"由亡咎"也相似，"尚"也为命令副词，"躬身尚毋有咎"的意思是"希望他的身体没有问题"。不但如此，这些贞卜纪录第二个命辞都冠以"由/思"，诸如此条"由攻除于宫室"，也是同样的用法，意思是"想要（所举祷之'白犬，酒食'）会去掉在宫室（的'少有戚'）"。

更能说明"由/思"字的用法是1981年在湖北江陵县九店596号墓发掘的《告武夷》的祷词。

【皋】！敢告□繪之子武墫（夷）：「厽（尔）居遆（復）山之既（基），不周之埜（野）。帝胃（谓）厽（尔）无事，命厽（尔）司兵死者。含（今）日某牆（将）欲飤（食），某敢吕（以）亓（其）妻□妻（齎）女（汝）【墅（聂）肖（币）】，芳粮，吕（以）謹（量）睪（赎）某于武墫（夷）斋二（之所）。君向（飨）受某之墅（聂）肖（币）、芳粮，由（思）某迷（来）遆（归）飤（食）【如】故。」

最后一句话，"君向受某之聂币、芳粮，由某来归食如故"的形式像贞卜的命辞一样，显然也是一种祝祷。李家浩先生翻译为"你今夜受享某人的聂币芳粮之后，诚恳地希望你能使某人之魂归来，饮食如故"[1]，很清楚地理解为一种祈求，只是他将"你能使"三个字插进去似乎没有必要，不如翻译为"希望某人之魂归来饮食如故"更为妥当。

有了这些新出土的文献以后，中国不少学者表示同意我和李学勤先生对"思"为命令副词及贞卜为表示祈求的读法：仅以比较权威的学者为例，至少可以举出李零[2]、陈伟[3]、李家浩[4]、周凤五[5]和曹玮[6]诸位先生。沈培先生长文《周原甲骨文里的"由"和楚墓竹简里的"由"或"思"》说法比较一致，只不过提出了另外一种假借释读。[7]这篇文章引用丁声树1936年发表的《〈诗经〉"式"字说》[8]，说《诗经》里"大多数用为虚词的'式'都是'劝令之词'"，"殆若今之言'应'言'当'"，[9]提出"由"应该读作"式"。沈氏还引用了裘锡圭先生对丁文所做的"很重要的修正"：

① 李家浩：《九店楚简〈告武夷〉研究》，第一届简帛学术塔轮回论文，"中国文化大学"，台北1999年，第12页。
② 李零：《包山楚简研究（占卜类）》，《中国典籍与文化论丛》第1辑（1993年），第425-448页。另见他对上海博物馆藏《容成氏》的解释；马承源主编：《上海博物馆藏战国楚竹书（二）》第253页。
③ 陈伟：《包山楚简初探》，武汉：武汉大学出版社，1996年，第31页。
④ 李家浩：《九店楚简〈告武夷〉研究》，第一届简帛学术塔轮回论文，"中国文化大学"，台北1999年，第12页。
⑤ 周凤五：《九店楚简〈告武夷〉重探》，《"中央"研究院语言研究所专刊》第72.4号，第944页。
⑥ 曹玮：《周原新出西周甲骨文研究》，《考古与文物》2003年第4期，第45页。
⑦ 沈培：《周原甲骨文里的"由"和楚墓竹简里的"由"或"思"》，载于河北大学汉字研究中心编：《汉字研究》第一辑（2005年），第345-366页。
⑧ 丁声树：《〈诗经〉"式"字说》，《"中央"研究院历史语言研究所集刊》第6.4本（1936年），第487-494页。
⑨ 丁声树：《〈诗经〉"式"字说》，《"中央"研究院历史语言研究所集刊》第6.4本（1936年），第487页。

"异—翼""式—弋"可以表示可能、意愿、劝令等意义。这些看起来不同的意义实际上是相通的。英语的 will 本来是纯粹表示意愿的,后来逐渐引申来表示动作将要发生,不过仍旧带着表意愿的色彩,最后才变成纯粹表示将来时的助动词。可是 will 在第二人称 you 的后头时,却不表示意愿而表示命令,也就是丁文所谓的"劝令",现代汉语的助动词"要"情形也类似。它可以表示意愿(要喝水),可以表示将要发生的事(要下雨了),也可以表示劝令(你要小心)。①

丁文和裘文指出甲骨文、金文和古书含有的一系列的"同音或音近的字"表示"应""当"的意思,沈氏说周原甲骨文所用"由"和楚墓竹简里的"由"或"思"也应该包括在这个词组之中,还说:"由于丁文的影响较大,下面我们就用'式'来代表这个词。"②沈文对这个词组做了比较全面的分析,很有见地,然而说"由"或"思"是"式"的假借字好像将假借的方向颠倒了,不如用"由"或"思"来代表这个词。丁文实在较有影响,可是他的文章毕竟是 1936 年发表的。之前两千年的训诂学家都没有注意"式"的这个用法。与此不同,"由"或"思"不但出现在周原卜辞和楚墓竹简中,并且也凡用于《诗经》和其他古书上。更重要的,如上面所示,古书注疏家早在郑玄时已经指出"思"训为"思,愿也",等于现代汉语"想要",用法和裘先生说英语的"will"的演变非常相似。"思"表示"意愿"是理所当然,"式"与"意愿"的关系颇难理解,不如说和"思"是音近通假关系。

虽然有相当多的学者如此同意"由"或"思"是劝令副词,表示"愿也",也有不少学者反对这个观点。他们的出发点是坚持贞卜是为了"决疑",因此以为贞卜命辞应该是问句的传统说法。这些学者中最显著的例子是中山大学中文系教授陈斯鹏先生,其所撰长文题作《论周原甲骨和楚系简帛中的"由"与"思":兼论卜辞命辞的性质》③。陈氏抓住了关键问题:"由"或"思"如果训为"愿",表示"愿望之辞",一百年以来甲骨学者几乎都以为甲骨卜辞是问句(因此,命辞后面多加问号)的观点则成了一种误解。为了维护这个"公认"的传统观点,他最好的办法是论证"由"或"思"不但不应该训为"愿",并且本来就不是"思"词,而应该是"使"词的假借字。

为了支持贞卜命辞不应该表示愿望,陈氏不但讨论了"由"或"思"字,而且也不同意《左传》和楚墓竹简贞卜纪录所用"尚"字"庶几也"的训读表示愿望。与此不同,他说贞卜"只是表达一种揣度":

① 裘锡圭:《卜辞"异"字和诗、书里的"式"字》,《中国语言学报》1983 年第 1 期,第 173-188 页。《裘锡圭学术文集·甲骨文卷》,上海:复旦大学出版社,2012 年(2015 年重印),第 212-229 页。

② 沈培:《周原甲骨文里的"由"和楚墓竹简里的"由"或"思"》,载于河北大学汉字研究中心编:《汉字研究》第一辑(2005 年),第 346 页。

③ 陈斯鹏:《论周原甲骨和楚系简帛中的"由"与"思":兼论卜辞命辞的性质》,《第四节国际中国古文字学研讨会论文集》(香港中文大学中国语言文系,2003 年),第 393-413 页;以后再版于陈斯鹏:《桌庐古文字学丛稿》,上海:中西书局,2017 年,第 17-41 页。

这里要说的是，即使把周原卜辞中的"甶"解作"庶几"，也不能证明"甶"字句是问句。《左传》《国语》所载卜辞和楚卜筮简中的"尚"，传统训为"庶几"，应该不错，但恐怕不是表示命令，而是表示揣度。这一类句子，如果把它们理解为问句也是完全没有困难的。"尚吉"就是"应该吉利吧"，"尚毋有咎"就是"差不多没有祸咎吧"。同理，如果认定"甶"等于"尚"，则"甶"字句也完全可以这样理解。又假如"甶"读为"斯"，作"此""如此"解，同样可以理解为"这样没什么不妥吧"。①

夏含夷先生认为"尚"是希冀的意思，并引《仪礼正义》"云'尚，庶几也'者，《说文》同，盖愿望之辞"等为证。但其实"尚"在命辞中只是表达一种揣度。就以例（1）"躬身尚毋有咎"来说，我们知道占卜者内心是希望"毋有咎"的，但不能直接解释为"希望自身没有差错"，而应理解为"自身差不多没有差错吧"。一般情况下，人民当然只往好的方面"揣度"，另如"尚吉"、"尚无有恙"、"尚速瘥"、"尚毋死"（包山卜筮简）、"尚无及期"（《左传·文公十八年》）、"余尚得天下"（《左传·昭公十三年》）、"尚大克之"（《左传·昭公十七年》）等等，所谓希冀、愿望，实际上都是语言背后的心理期待，而非语言形式层面的东西，古人或有"愿望之辞"之说，正是未辨此间关系所致。②

他说"'尚毋有咎'就是'差不多没有祸咎吧'"。如果我们按此理，则楚灵王说"余尚得天下"意思是不是"我差不多得到天下吧"？对我来说，这样理解远不如古人之辨析为"我愿意得到天下"通顺。

在陈思鹏的长篇文章别处，为了否认李学勤先生和王宇信先生第一篇文章说"甶"是发语词，相当于"惟"，他加了一个相当长的注解。这个注解正好说明问题，值得全部引用，但是注解的结论和陈氏所想象的正好相反：

以往认为"思"作发语词的例子有《诗·小雅·车辖》"闲关车之辖兮，思娈季女逝兮"、《大雅·文王》"思皇多士，生此王国"、《大雅·思齐》"思齐大任，文王之母，思媚周姜，京室之妇"、《大雅·公刘》"于橐于囊，思辑用光"、《大雅·思文》"思文后稷，克配彼天"、《鲁颂》"思乐泮水，薄采其芹"等。参王引之：《经传释词》第78页，江苏古籍出版社2000年。杨树达《词诠》另举《书·皋陶谟》"予未有知，思日赞赞襄哉"和《左传·昭公二十六年》"思肆其罔极"二例为证。但此二例都有问题，前一例依《尚书正义》的解释，"思"字应属上读，且"日"应作"曰"；后一例从上下文义看，"思"当训"欲"，说参杨伯峻：《春秋左传注（修订本）》第1478页，中华书局1990年。

---

① 陈斯鹏：《论周原甲骨和楚系简帛中的"甶"与"思"：兼论卜辞命辞的性质》，载于陈斯鹏：《桌庐古文字学丛稿》，上海：中西书局，2017年，第36-37页。

② 陈斯鹏：《论周原甲骨和楚系简帛中的"甶"与"思"：兼论卜辞命辞的性质》，载于陈斯鹏：《桌庐古文字学丛稿》，上海：中西书局，2017年，第37页。

不但《左传》"思肆其罔极"的"思"字应该读作"欲"，其实他所列举的其他例子也都当训"欲"或"愿"。陈氏对《书·皋陶谟》"予未有知，思日赞赞襄哉"的理解有问题。"日"原来作"曰"，是宋蔡沈改读为"日"，显然有道理。虽然《孔传》和《尚书正义》将"思"上读，作"予未有知思"，可是《史记·夏本纪》引作"余未有知，思赞道哉"，司马迁很清楚地将"思"当作命令副词。"思日赞赞襄哉"应该理解为"希望每天能够佐而助成"。《皋陶谟》开头还有同样的用法："都！慎厥身修，思永惇叙九族"，虽然历来也有不同的读法，可是应该理解为"鸣呼，应该小心你自己的修养，希望永远治理九族"。

陈氏文章发表了以后，再版的时候载有 2005 年 11 月 3 日加的《补记》，这个《补记》的最后一个例子与他所想象的证据也正好相反，也值得全部引用：

近日重读新蔡楚简，又检得如下一例：
j. ……疾，丕由郣亥敚于五世……（新蔡乙四 27）

"五世"以下虽残，但同批竹简有"就祷三世之殇"（乙四 109），可资比较。"敚"即包山简的"祝"。"俾亥"当为人名，"郣"见于包山简，为地名，此用作姓氏，盖属于以地为氏。"由"仍应读作"使"。"丕"读同"亟"，训"急"。与此简文例相似的有：

……筮，悉祈福于犬……（新蔡零 448）

"恒祈福于犬"和"恒由郣亥敚于五世……"一样，都属于禳祓方案。"丕"加"心"旁以表义，同样应读作"亟"（关于楚简中"亟"的释读请参阅陈伟先生《郭店楚简别释》，《江汉考古》1998 年第 4 期）。二例互相印证。而"丕由（使）郣亥敚于五世……"一句的释读，意义实颇重大。很明显，就其在卜筮纪录中的地位而言，此句和本文例（1）中的"由（使）攻叙于宫室"，以及例（2）中的"命攻解于渐木位，且徙其处而树之"是相当的。例（1）及例（2）的"由（使）""命"后面都没有出现人名，以前发现的许多由"由"或"思"开头的同类句子，情况也基本上类似。而这里"由"后带出人名"郣亥"，此人当即"敚于五世……"的具体执行者，整个句子无疑是一个兼语句，这充分证明将卜筮简中同样用法的"由"和"思"读作使令动词"使"是合适的。再加"由"上可以用副词"亟"来修饰，就再充分地证明了将卜筮中同样用法的"由"和"思"看成发语词或其他含义的虚词都是不合适的。[1]

陈斯鹏在他的文章里一心一意地尝试把"由"读为"使"，论证方法一直都像这个样子，繁复地说"由"读为"使"。正如他说"'丕由（使）郣亥敚于五世……'一句的释读，意义实颇重大"，这个例子和另外引用的"……筮，悉祈福于犬……"

---

[1] 陈斯鹏：《论周原甲骨和楚系简帛中的"由"与"思"：兼论卜辞命辞的性质》，载于陈斯鹏：《桌庐古文字学丛稿》，上海：中西书局，2017 年，第 39-40 页。

实在颇重大。然而，意义和他所想象的迥然不同。陈氏完全忽略了这两个卜辞"甶"和"祈"的并行性。正如"祈"显然应释读为"祈求"的意思，起同样作用的"甶"也当释读"希冀"的意思。这和古书的训读完全一致，无庸多说。

三、上博简和包山简其他文献上的"甶"字

陈氏在辨析中提出了各种带"思"字的例子，据他说均应该读作"使"。这里无庸一一分析所有的这些例子，仅以所提上海博物馆藏《容成氏》和包山法律文书作代表：

> 禹然后始为之号旗，以辨左右，思民不惑。(《容成氏》第18号简）
>
> 视盂炭其下，加圆木其上，思民道之。(《容成氏》第44号简）
>
> 知天之道，知地之利，思民不疾。(《容成氏》第49号简）
>
> 夏尸之月己酉之日，甶一职狱之主以致命；不致命，阩门有败。(《包山楚简》第128号简）
>
> 子郜公属之于阴之數客，甶断之。(《包山楚简》第134-135号简）
>
> 事人属阴人……之狱于阴之正，甶听之。(《包山楚简》第131-136号简）
>
> 甶㧾之仇叙于㧾之所证。(《包山楚简》第138号简反）

陈氏一律都把"思"字读为"使"，意思与"让"相似。这个讲得通，但是没有必要。"思民不惑""思民道之"和"思民不疾"通通都像贞卜命辞和《告武夷》祷词一样，表示一种祈求：禹为什么"为之号旗"和"辨左右"？因为有了这样的分别，他愿意人民就不会迷惑。同样，有了天地作为教材以后，愿人民不生病。这不是更通顺吗？关于包山法律文书，也有同样的道理；这里将"甶/思"读作"派遣"的"使"，也讲得通，但是也完全没有必要。在他所提第一个例子中，"甶"读作"想要""职狱之主"致命也完全讲得通。其实，因为下面有相反的结果，即"他如果不这样作，法庭的进行就会失败"，所以我们可以确知这不会是一种命令。"职狱之主"可以致命，也可以不致命，但是希望他致命，就会避免不好的结果。关于第二和第三例，"甶断之""甶听之"都表示愿意某某人判断。这里完全不用利用假借字释读。第四个例子没有足够上下文可以知道应该怎么读。

上博简当中还有不少文件载有"甶/思"字，用法和包山贞筮记录颇相似，如下面几个例子：

> 脽既与吾同车，有【被穀】，甶邦人皆见之。(上博4《昭王与龚之脽》简10)
>
> 于今而后，楚邦甶为诸侯正。(上博七《郑子家丧·甲》简2)
>
> 郑人命以子良为执命，甶子家梨木三寸，疏索以纮，毋敢当门而出，掩之城基。(上博七《郑子家丧·甲》简5)

民有不能也，鬼亡不能也，民作而**由**祟之。(上博 7《君人者何必安哉·甲》简 7-8)

第一个例子的"**由**邦人皆见之"可以翻译为"希望国人都看见他"。《郑子家丧·甲》第一个例子，即"于今而后，楚邦**由**为诸侯正"，是关系将来的事情，楚人当然希望楚国当作诸侯的领导。《郑子家丧·甲》第二个例子，即"郑人命以子良为执命，**由**子家梨木三寸"等，有读者以为"**由**"当读作"使"，以为郑人会使子家埋葬，可是下一句话说"今晋人将救子家"，很清楚"**由**子家梨木三寸"只是郑人的愿望，没有实现。关于最后一个例子，周凤五作了这样的说明：

> 简文记范戊对昭王说，假如君王继续一意孤行，可能招百官贵族反对，群起祭告先旺与祖先，要求在天之灵作祟，降灾难于昭王。[①]

这些都说明"**由/思**"通常应该读如字，有"愿"的意思。很多学者认为上举例子中的"**由/思**"应该读作"使"，正如上面所述，在大多数的例子当中，这种读法不但没有必要，而且失去了原文的深意。虽然如此，我必须承认上博简也有证据说明在某些场所，"**由/思**"也可以读作"使"。上博简《曹沫之陈》有一句话将"史（使）"和"思"对立，也许含有不同的意义，但是至少说明两个字都有相同的意思：

能治百人，史（使）长百人；能治三军，思率。(上博 4《曹沫之陈》简 36)

虽然如此，安徽大学收藏的竹简中也有《曹沫之陈》的文献，同一段文字将"使"写作"**由/思**"：

能治百人，**由**（思）长百人；能治三军，**由**（思）率。(安大 2《曹沫之陈》，简 21-22)

这似乎说明"**由/思**"和"使"对某一抄手都可以代替"**由**"，或者"**由**"可以代替"使"[②]。本文最后一个部分会提出更多的证据。但是，先要看看清华简的证据，更能说明"**由/思**"和"使"的不同用法。

四、清华简"由/思"和"使"的不同用法

出土文献也载有真正写为"使"字的，与"**由**"字的用法很不一样。清华简《系年》有一段文字更能说明"使"读作"派遣"和"**由/思**"读作"想要"的分别。《系年》第 16 章关系着一次楚国和晋国的战争。在战争的开头，晋的属国郑俘虏了楚国的贵族郧公仪，把他献给晋景公。过了一年以后，景公想要和楚寻求

[①] 周凤五：《上博 7〈君人者何必安哉〉新探》，《台大中文学报》2009 年第 63 页。
[②] 这一点是陈剑教授给我指出来的，2023 年 9 月 4 日私人信，在此深表感谢。

和平，解放了郧公仪，让他回国"求成"。然后，楚共王派遣郧公去晋和平谈判。此后，景公又派遣晋国贵族翟之伐去楚结束战争。翟之伐还在楚国的时候，景公死了，晋厉公即位。因此，共王又派遣了楚国贵族王子辰去晋，再次和平谈判，他又派遣了楚属国宋国大将军华孙元去晋结束和谈。

> 楚共王立七年，命尹子重伐郑，为泛之师。晋景公会诸侯以救郑，郑人捷郧公仪，献诸景公，景公以归。一年，景公欲与楚人为好，乃说郧公，由归求成。共王使郧公聘于晋，且许成。景公使翟之伐聘于楚，且修成。未还，景公卒，厉公即位。共王使王子辰聘于晋，或修成，王或使宋右师华孙元行晋楚之成。（《系年》第16章第85-88号简）

在这一段文字里，"由/思"和"使"都出现，显然是不同的字。虽然如此，清华编者在"由"字后面利用括号将之破读为"使"。这只能说是一个基本误解。这段文字的"由/思"和"使"不但是两个不同的字，从语法和历史环境都可以知道也是两个不同的词。这段文字的语法很清楚："由/思"后面直接接着动词（"归"），肯定是一种副词。与此不同，"使"后面都接着人名，又是"使"的宾语，又是后面行动（即"聘于晋""聘于楚"等）的主语，"使"只能是一个动词，意思是"派遣"。历史环境也很清楚：郧公仪是楚国的贵族，晋景公本来不会"派遣"他做事，只能"希望"他回去"求成"。与此不同，"使"后面的人名都是景公或共王属下的官员，都可以被国君命令。

《清华简（6）》《郑武夫人规孺子》也载有一段文字含有"使"和"思"，也显示和《系年》第16章文字同样的不同：

> 二三老臣，使御寇也，布图于君。昔吾先君使二三臣，抑早前后之以言，思群臣得执焉，毋交于死。（《清华简（6）》：《郑武夫人规孺子》第13-9-14号简）

《清华简（6）》页107注28虽然谓"思，通'斯'，训'而'，见《古书虚字集释》（第七〇三页）"，但这样释读不太有说服力。两个"使"字显然是"派遣"的意思，"思"读作"愿"，"愿意群臣能够任职，不遇到死亡"，就很通顺。

《清华简（9）》《治政之道》也有一句话含有"使"和"思"：

> 故上下相安，百姓和悦，每數一正，民若解冻。其使民以时，其思（息）民以时。（《清华简（9）》：《治政之道》第14-15号简）

《清华简（9）》页137注62谓："思，读为'息'。息民，与'使民'对举，使人民得到休养生息"。这样释读当然讲得通，但是也至少反映清华简编者通常把"思"读作"使"并不合理。

除了上面引用一段文字以外，在《系年》里"由"字一共还出现七次（包括"思"字一次），用法如下：

秦穆公乃内惠公于晋。惠公略秦公曰："我句果内，由君涉河至于梁城"。惠公既内，乃背秦公弗叙。（《系年》第6章33-34号简）

怀公自秦逃归。秦穆公乃召文公于楚，由袭怀公之室。晋惠公辛。怀公即位。秦人起师以内文公于晋。晋人杀怀公而立文公。秦晋焉始会好，穆力同心。（《系年》第6章第37-38-39号简）

晋文公立四年，楚成王率者侯以回宋伐齐戍谷居缗。晋文公由齐及宋之德，乃及秦师围曹，及五鹿伐卫以脱齐之戍及宋之围。（《系年》第7章第41-42号简）

秦穆公与楚人为好，焉脱申公义，由归求成。秦焉始与晋执卫与楚为好。（《系年》第8章48-49号简）

穆王思驱孟诸之麋，徙之徒林。（《系年》11章第56-57号简）

今春其会诸侯子其与临之齐。顷公由其女子自房中观驹之克。驹之克将受齐侯币女子笑于房中。驹之克降堂而誓曰：所不复䣁于齐，毋能涉白水。（《系年》第14章第67-68号简）

楚灵王立，既县陈蔡，景平王即位，改邦陈蔡之君，由各复其邦。（《系年》第19章第104号简）

除了第7章第41—42号简的"晋文公由齐及宋之德，乃及秦师围曹，及五鹿伐卫以脱齐之戍及宋之围"，清华简编者将"由"读作"思"（好像是"思考"还是"考虑"的意思）以外，其他六个例子一律都破读为"使"，都不加解释。第48—49号简的"秦穆公与楚人为好，焉脱申公义，由归求成"（即《系年》第8章）与上面分析的第16章第85—88号简正好相似，申公仪（即申公子仪，亦即鬬克）是楚国的贵族，被秦穆公俘虏了（见《左传》僖公二十五年）。此时，秦穆公想要和楚和平谈判，就解放申公仪，希望他回国求成。像上面第16章分析的郹公仪一样，申公仪是楚国的贵族，虽然是秦国的俘虏，秦穆公仍然没有资格"派遣"他做事，只能"想要"他做事。

第6章是晋惠公与秦穆公的对话，惠公对穆公说"由君涉河至于梁城"，当然也不是惠公命令穆公"涉河"，更不用说"派遣"他，而只是说希望穆公这样做。同章还纪录秦穆公"召"（"邀请"）晋文公从楚去秦，"由袭怀公之室"，也不可能是秦穆公命令晋文公娶怀公的妻子，而只是表示这样的愿望。清华简编者把这些"由"字读作"使"当然可以说意思比"派遣"要轻一点，只是"让"的意思；然而，"让"也失去了"由"作为"想要"的语感。

《系年》的作者如果要表示"派遣"的意思，他完全可以利用"使"字，正如下面三个例子所示：

哀侯妻之息侯弗训，乃使人于楚文王曰。（《系年》第5章第24号简）

秦之属人使人归告曰。（《系年》第8章第46号简）

穆王即世，庄王即位，使申伯亡畏于齐，段路于宋。宋人是古杀孙白亡畏，夺其玉帛。(《系年》第 11 章第 58-59 号简)

在这些例子当中，"使" 后一律都有宾语，要么是 "人"，要么是 "申伯"，与 "由/思" 的用法迥然不同。因此，从语法上把 "由/思" 读作 "使" 也不合适。

在清华简里，除了在《系年》以外，"由/思" 也比较常见，以第 12 卷为止，一共出现 57 次 (见本文附录 1)。最多，也是最清楚的例子载于《清华简 (3)》的《周公之琴舞》，一共有 15 个例子，5 个例子都在第二首诗：

> 通 (再) 啟曰：　假哉古之人，夫明思慎。
> 　　　　　　　用仇其有辟，允丕承丕顯。
> 　　　　　　　思修亡斁。
> 乱曰：　　　已，丕造哉！
> 　　　　　　　思型之，思毘彊之。
> 　　　　　　　用求其定，欲彼起不落。
> 　　　　　　　思慎。(《周公之琴舞》第 4-5 号简)

与《清华简》其他卷子不同，这些 "思" 字都不破读，只是在第一个例子加了简短的注解 "思，句中助词"[1]，在第二个例子也加了简短的注解 "思，句首助词"[2]。虽然如此，负责这篇文献编辑的李守奎先生在别处对《周公之琴舞》这首诗做了这样的解释：

> 此诗以乱为界，前后两部分显然分明而又文意相贯，前半首意在毖劝其辅臣继承其先人之光烈，辅弼其君，乱的部分是讲国家尚未安定，尚未有成，要效法前人，继承光大，以求家、国之安定，希望其兴盛不落，永有光耀。这即是对辅臣的劝勉，也是对自己的儆戒。[3]

李守奎说这首诗前半 "毖劝其辅臣继承其先人之光烈" 显然是针对 "思修亡斁" 的短语，说乱的部分让国家 "要效法前人" 是针对 "思型之" 的短语，说 "希望其兴盛不落" 是对整首诗的总结，正好抓住了它的祷词用法。

《周公之琴舞》其他十个 "思" 字例子也多相似，也多为命令副词，表示诗人的希望。

> 乱曰：遹其显思，皇天之工。(《周公之琴舞》第 8 号简)
> 五启：诸尔多子，逐思忱之。(《周公之琴舞》第 9 号简)

---

[1] 李学勤主编，清华大学出土文献研究与保护中心编：《清华大学藏战国竹简 (叁)》，上海：中西书局，2012 年，第 136 页注 22。

[2] 李学勤主编，清华大学出土文献研究与保护中心编：《清华大学藏战国竹简 (叁)》，上海：中西书局，2012 年，第 137 页注 25。

[3] 李守奎：《清华简〈周公之琴舞〉与周讼》，《文物》2012 年第 8 期第 74 页。

五乱：思辅余于艰。迺是惟民，亦思不忘。（《周公之琴舞》第10号简）

七启：思有息，思惪在上。七乱：余泉思念，畏天之载，勿请福之愆。（《周公之琴舞》第12号简）

笃其谏劢，余逮思念。（《周公之琴舞》第13号简）

九乱：思丰其复，惟福思用。（《周公之琴舞》第16号简）

第五首乱的"思辅余于艰"显然是国王希望"诸尔多子""辅助我在艰难情况之下"，"亦思不忘"是说"他们也不要忘掉"。第九首的"思丰其复，惟福思用"与《诗·周颂·载见》"思皇多祜"相似，是一种祷词。唯有第8号简的"通其显思"不是这样的命令副词，清华编者说是句末语气词似乎不误[①]。

除了《系年》8个例子和《周公之琴舞》15个例子以外，《清华简》的其他的"由/思"例子不一定这样清楚，但是多半可以做同样的解释。附录1是《清华简》第1—12卷的所有的例子。

《清华简（1）》的《程寤》载有1例，即"朕闻周长不弌，务亡物用不期，思卑柔和顺，生民不灾"，清华简编者如常把"思"读作"使"，当然可以讲得通，但是也没有必要，整个句子可以翻译为"我听说周的领导没有毛病，勉励他们不做不合时宜的事务，希望谦卑和气，人民没有灾难"，也完全通顺。下面不一一分析，仅列下最典型的例子。《清华简（6）》《子仪》"阴者思阳，阳者思阴"当然是"阴者想要阳，阳者想要阴"，清华简编者虽然将《子仪》另外两处的"思"读作"使"，可是这里不破读，"思"好像读如字。"思"当然也可以读作"思考"，就是"阴者想了阳，阳者想了阴"，但是连这样释读也带有"想要"的味道。《清华简（7）》《子犯子余》载有"乃各赐之剑带衣裳而善之，思还"，清华编者如常把"思"读作"使"，然而这个像《系年》的几个例子一样，是一国之国君对他国之贵族的要求。这里关系着秦穆公与晋国的贵族子犯和子余。秦穆公可以给他们礼物，"希望"他们回家，可是连他也没有权力"派遣"他们。《清华简（11）》的《五纪》载有"后曰：高大尚民之祖，凡彼百生、万族、貌民、贵贱、长短、男女、皆思仰皇天之三德"，清华编者也读作"使"，但是读作"想要"更说明百姓的愿望。

五、"由/思"字的不同用法

这不是说每一"由"或"思"字都一定要读作"愿"。肯定有几处应该读作"思考"，诸如《清华简（3）》《周公之琴舞》一处、《清华简（5）》《殷高宗问于三寿》一处和《清华简（7）》《越公其事》的两处：

---

① 李学勤主编，清华大学出土文献研究与保护中心编：《清华大学藏战果竹简（叁）》，上海：中西书局，2012年，第139页注48。

　　七乱：余泉思念，畏天之载，勿请福之愆。(《清华简（3）》《周公之琴舞》第 12 号简）

　　我思天风，既回又止，吾勉自抑畏，以敬夫滋怠。(《清华简（5）》《殷高宗问于三寿》第 8-9 号简）

　　无王闻越使之柔以刚也，思道路之修险，乃惧。(《清华简（7）》《越公其事》第 9 号简）

　　王思邦游民。(《清华简（7）》《越公其事》第 30 号简）

这四个例子的语法与上面讨论的命令副词用法也不同，后面都带有名词的宾语，与命令副词后面都带有动词显然不同。

　　上面已经指出《清华简（9）》《治政之道》的"其使民以时，其思民以时"的"思"似乎可以读作"息"，正如清华简编者的释读。除此之外，同卷的《成人》和《祷词》各有一处"思"好像也应该读作"息"：

　　察辞思（息）屈。(《清华简（9）》《成人》第 25 号简）

　　病者于我于思（息），饥者于我于食。(《清华简（9）》《祷词》第 14 号简）

　　《清华简》里还有几处"由"或"思"似乎应该确实读作"使"，如下面几例。

　　帝命后土为二陵屯，共居后之床下，其上刺后之体，是思后之身疴痛，不可及于席。(《清华简（3）》《赤鹄之集汤之屋》第 8-9 号简）

　　帝命二黄蛇与二白兔，居后之寝室之栋，其下舍后疾。是思后棼棼恂恂而不知人。帝命后土为二篜笋，共居后之床下，其上刺后之身，是思后混乱甘心。(《清华简（3）》《赤鹄之集汤之屋》第 12-13 号简）

　　《成人》：毋则贡祀不恭？毋则刑是不度？毋则司典失常，以进退晦朔？毋则五音是乱易，思民德不获？。(《清华简（9）》《成人》第 3 号简）

　　秉德专忘（妄），共𪅂不皇，走趋不行，乃自营自谤，征祀不章，乱天之纪纲，思春秋冬夏寒暑懈不以其时行。(《清华简（12）》《参不韦》第 92 号简）

清华编者把这五个"思"字都如常读作"使"，在这些地方似乎是妥当的释读，我并不反对。在这些例子当中，"思"字后面不直接带有动词，并且后面的短语都是消极的意思，不太可能表示一种愿望。上面已经指出上博简《曹沫之陈》"能治百人，史（使）长百人"在安大简《曹沫之陈》中写作"能治百人，由长百人"，说明在某些场所"使"和"由/思"是通用的。我反对的只是一律将"思"读作"使"。如上面所分析的那样，那样的释读往往失去"思"字的含义。

六、结　论

　　"由"或"思"字释读的开发点无疑是周代贞卜性质的问题。《左传》贞卜纪录的命辞一律用"尚"，诸如"尚大克之""尚克知之"，特别是楚灵王的"余尚得天下"，都是一种祷告，表示卜者的愿望。20世纪80年代战国楚国贞卜纪录陆续出土，命辞也都冠以"尚"字，诸如"出入事王，尽卒岁，躬身尚毋有咎"（《包山楚简》第197-198号简）、"既腹心疾，以上气，不甘飤，久不瘥，尚速瘥，毋有祟"（《包山楚简》第242-244号简）、"以其迟出之故，尚毋有祟"（新蔡葛陵楚简第甲三112号简）、"既説处其新室，尚宜焉长处之"（天星观楚简第15-01号简）等。古书上一直训"尚"字为"庶几也"，它后面都提出好结果，表示卜者的"心所愿望"。周代贞卜早在西周初期周原卜辞已经含有同一个性质，只是贞卜命辞最后一个短语均冠以"由"字，诸如"由有正"（H11：1）、"由亡咎"（H11：96）、"由克使"（H11：21）等，几乎没有例外，也都表示卜者的希冀。李学勤先生把周原卜辞"由"字读作"斯"，训为"其"，说"西周卜辞的'由（斯）'字应训为'其'，也是义为'庶几'的命令副词"，沈培先生把"由"读为"式"，"义为'应、当'"，与这样的理解都一致，只是没有必要利用假借释读方法理解"由"字。"由"字就是"思"字，毫无疑问，"思"字在古书上相当常见，训为"愿"（《毛诗郑笺》），训为"欲"（《春秋左传注》），相当于现代汉语的"要"。这个用法与"其"和"式"的用法相似，但是更为直接，"思"很可能是这个词组的源头。

关于"思"训为"要"，上面引用裘锡圭先生讨论"式"字的时候提出的很恰当的比较说：

"异—翼""式—弋"可以表示可能、意愿、劝令等意义。这些看起来不同的意义实际上是相通的。英语的will本来是纯粹表示意愿的，后来逐渐引申来表示动作将要发生，不过仍旧带着表意愿的色彩，最后才变成纯粹表示将来时的助动词。可是will在第二人称you的后头时，却不表示意愿而表示命令，也就是丁文所谓的"劝令"，现代汉语的助动词"要"情形也类似。它可以表示意愿（要喝水），可以表示将要发生的事（要下雨了），也可以表示劝令（你要小心）。

我们也可以采用裘先生的比较语言方法看陈斯鹏和清华简编者往往把"由"或"思"读作"使"的"公认"习惯。我们都知道两个不同的字可以起相同的作用，但是这并不是说这两个字就是一个词。很简单的例子是"会"和"能"，这两个词非常相似，其实往往可以通用，翻译成英文两个词都可以翻成"can"。然而，我们也知道这两个词有重要不同，我们读书的时候不应该忽视。"思"和"使"也反映这样的差别。"思"有的时候有动词的作用，有"希望"的意思，但是更严格地说，有副词的作用，相当于"要"或"想要"的意思，有的时候甚至有"让"的含义。"使"作动词用的时候往往有"致使"或"派遣"的意思，但是有的时候比这个要软一点，也相当于"让"。两个词都可以有"让"的含义，但是这并不说明两个词可以互相通用。"思某某人做事"和"使某某人做事"有的时候可以混用，就像"会"和"能"可以混用，但是语感有重要不同。

本文开始的时候，提到《清华简》前不久发表的《参不韦》里的一句话，清华简编者的释文为：

启，乃秉民之中，以诘不宜，专忘（妄），罚不周。乃劝秉则，思（使）毋堕，罚凶则，思（使）毋盈，思（使）万民毋懈弗敬，懈乃罚。（《清华简（12）》《参不韦》第 31-32 号简）①

清华简编者只做文字学方面的解释，说明誥读作"诘"，亖读作"懈"，这两个释读似乎没有问题。然而编者没有做更多的解释，更不用说做白话翻译。他们将最后一句话读作"思（使）万民毋懈弗敬，懈乃罚"好像不成话；根据他们的标点，似乎应该理解为"让万民不要懈怠、不尊敬之，如果懈怠则刑罚"。也许他们以为"弗敬"像"懈"一样也是"毋"的宾语，但是这个语法和"弗"字的功能很不协调。有关本文关键问题，即"思"字读如"使"，清华简编者的释读有显著的矛盾："思"字后面的否定词是"毋"，就是"不要"。如果是"致使"的"使"，后面的否定词应该是"亡"还是"无"？因为《清华大学藏战国竹简》不做语意的解释，读者只能猜出编者的理解。

我自己的释文和白话翻译是：

启，乃秉民之中，以诘不宜、专妄，罚不周。乃劝秉则，思毋堕。罚凶则，思毋盈，思万民毋懈。弗敬、懈乃罚。

启，（你）就要秉持人民的"中道"，这是为了禁止（那些）不正常、（那些）专擅、（那些）狂妄，而刑罚那些不具备善行的人。（你）就要劝勉（人民）秉持刑则，这是想要（他们）不要懒惰。（如果得）刑罚（那些）不好刑则，这是想要（他们）不要过分；（两边："劝"和"罚"）是想要万民不要懈怠。（如果他们）不尊敬这个而懈怠，则得刑罚。

这样理解就很通顺，毫无假借的必要。"由有正"，也"思断之"。

附录 1：《清华简》第 1—12 卷 "由/思" 的用例

1. 呜呼，敬哉！朕闻周长不忒，务[六]　亡物用不期，思卑柔和顺，生民不夭，怀允。（《清华简（1）》:《程寤》第 8 号简）

2. 至盦绎与屈紃，思若嗌卜徙于夷屯，为楩室。室既成，无以内之，乃窃鄀人之犝以祭，惧其主，夜而内尸，抵今日夕，夕必夜。（《清华简（1）》:《楚居》第 4 号简）

---

① 黄德宽主编，清华大学出土文献研究与保护中心编：《清华大学藏战国竹简（拾贰）》，上海：中西书局，2022 年，第 118 页。

3. 秦穆公乃内惠公于晋。惠公略秦公曰："我句果内，白君涉河至于梁城"。惠公既内，乃背秦公弗[余+又]。（《清华简（2）》:《系年》第33-34号简）

4. 怀公自秦逃归。秦穆公乃訋文公于楚，白袭怀公之室。晋惠公卒。怀公即位。秦人起师以内文公于晋。晋人杀怀公而立文公。秦晋焉始会好，穆力同心。（《清华简（2）》:《系年》第37-38-39-34号简）

5. 晋文公立四年，楚成王率者侯以回宋伐齐戍 x 居 y。晋文公白齐及宋之德乃及秦师回曹及五鹿伐卫以脱齐之戍及宋之回。（《清华简（2）》:《系年》第41-42号简）

6. 秦穆公与楚人为好，焉脱申公义，白归求成。秦焉始与晋执卫与楚为好。（《清华简（2）》:《系年》第48-49号简）

7. 穆王思驱孟诸之麋，徙之徒禀。（《清华简（2）》:《系年》第56-57号简）

8. 今春其会诸侯子其与临之齐。顷公白其女子自房中观驹之克。驹之克将受齐侯币女子笑于房中。驹之克降堂而誓曰：所不复詢于齐，毋能涉白水。（《清华简（2）》:《系年》第67-68号简）

9. 一年，景公欲与楚人为好，乃说芸公，白归求成。共王使芸公聘于晋，且许成。景公使翟之伐聘于楚，且修成。未还，景公卒，厉公即位。共王使王子辰聘于晋，或修成，王或使宋右师华孙元行晋楚之成。（《清华简（2）》:《系年》第86-87-88号简）

10. 楚灵王立，既县陈蔡，景平王即位，改邦陈蔡之君，白各复其邦。（《清华简（2）》:《系年》第104号简）

11. 王曰："敚，余既訳劫惢汝；思（使）若玉冰，上下罔不我 [七] 义"。（《清华简（3）》:《傅说之命下》第7号简）

12/13. 通（再）启曰：假哉古之人，夫明思慎。用仇其有辟，允丕承丕顯。思修亡斁。

14/15/16. 亂曰：已，丕造哉！思型之，思毗彊之。用求其定，欲彼起不落。思慎。（《清华简（3）》:《周公之琴舞》第4-5号简）

17. 乱曰：遹其显思，皇天之工。（《清华简（3）》:《周公之琴舞》第8号简）

18. 五启：诸尔多子，逐思忱之。（《清华简（3）》:《周公之琴舞》第9号简）

19/20. 五乱：思辅余于艰。廼是惟民，亦思不忘。（《清华简（3）》:《周公之琴舞》第10号简）

21/22/23/24. 七启：思有息，思憙在上。七乱：余彔思念，畏天之载，勿请福之懲。（12）

笃其谏劭，余逯思念。（《清华简（3）》:《周公之琴舞》第13号简）

25/26. 九乱：思丰其復，惟福思用。（《清华简（3）》:《周公之琴舞》第16号简）

27. 民不日幸，尚忧思。（《清华简（3）》:《芮良夫》第9-10号简）

28. 帝命后土为二陵屯，共居后之床下，其上剌后之体，是思后之身疴痛，不可及于席。（《清华简（3）》:《赤鹄之集汤之屋》第8-9号简）

29/30. 帝命二黄蛇与二白兔，居后之寝室之栋，其下舍后疾。是思后梦梦恂恂而不知人。帝命后土为二篾笋，共居后之床下，其上刺后之身，是思后混乱甘心。（《清华简（3）》：《赤鹄之集汤之屋》第12-13号简）

31. 今小臣有疾。如思召，少闲于疾，朝而讯之。（《清华简（5）》：《汤处于汤丘》第4-5号简）

32. 能其事而得其食，是名曰昌。未能其事而得其食，是名曰丧。必思事与食相当。（《清华简（5）》：《汤处于汤丘》第6-7号简）

33. 远有所极，劳有所思，饥有所食。（《清华简（5）》：《汤处于汤丘》第17-18号简）

34. 我思天风，既回又止，吾勉自抑畏，以敬夫滋怠。（《清华简（5）》：《殷高宗问于三寿》第8-9号简）

35. 恐枉思修，纳谏受訾，神民莫责，是名曰智。（《清华简（5）》：《殷高宗问于三寿》第20号简）

36. 二三老臣，使御寇也，布图于君。昔吾先君使二三臣，抑早前后之以言，思群臣得执焉，毋交于死。（《清华简（6）》：《郑武夫人规孺子》第13-9-14号简）

37. 远人分离宿，君有寻言，余谁思于告之？（《清华简（6）》：《子仪》第8号简）

38. 余畏其忒而不信，余谁思于协之。（《清华简（6）》：《子仪》第9号简）

39/40. 阴者思阳，阳者思阴。（《清华简（6）》：《子仪》第15号简）

41. 乃各赐之剑带衣裳而善之，思还。（《清华简（7）》：《子犯子余》第7号简）

42. 无王闻越使之柔以刚也，思道路之修险，乃惧。（《清华简（7）》：《越公其事》第9号简）

43. 王思邦游民。（《清华简（7）》：《越公其事》第30号简）

44. 六诗者，所以节民辨位，思君臣、父子、兄弟毋相逾，此天下之大纪。（《清华简（7）》：《治政》第1号简）

45. 故上下相安，百姓和悦，每敷一正，民若解冻。其使民以时，其思民以时。（《清华简（7）》：《治政》第14-15号简）

46. 毋则贡祀不恭？毋则刑是不度？毋则司典失常，以进退晦朔？毋则五音是乱易，思民德不获？（《清华简（7）》：《成人》第3号简）

47. 察辞思屈。（《清华简（7）》：《成人》第25号简）

48. 病者于我于思，饥者于我于食。（《清华简（7）》：《祷词》第14号简）

49. 后曰：高大尚民之祖，凡彼百生、万族、貌民、贵贱、长短、男女、皆思仰皇天之三德。（《清华简（11）》：《五纪》第31号简）

50. 后曰：吾所得，司亦得之，吾所食，万亦食之，勿隐勿匿，皇后之式。后敔（阅）其数，府受其饬，非佻非窃，劳人以思，百官百工，百府司司，观天四时，毋谜绪事，由乃好美，发乃劳力。（《清华简（11）》：《五纪》第56-57-58号简）

51. 天之正曰明视，人之德曰深思，行之律曰远虑。（《清华简（11）》:《五纪》第125号简）

52. 六官六府，民之裕财率杀明礼，道义思来。（《清华简（11）》:《五纪》第129号简）

53/54/55. 《参不韦》: 乃劝秉则，思毋堕，罚凶则，思毋盈，思万民毋懈弗敬，懈乃罚。（《清华简（12）》:《参不韦》第31-32号简）

56. 秉德专妄，共××不皇，走趋不行，乃自营自谤，征祀不章，乱天之纪纲，思春秋冬夏寒暑懈不以其时行。（《清华简（12）》:《参不韦》第92号简）

附录2:《清华简》第1—12卷 "疌/使" 的用例

1. 息妫乃入于蔡，蔡哀侯妻之。息侯弗顺，乃使人于楚文王曰: "君来伐我，我将求救于蔡，君焉败之"。（《系年》第24号简）

2. 郑人属北门之管于秦之戍人，秦之戍人使人归告曰。（《系年》第46号简）

3. 穆王即世，庄王即位，使申伯无畏聘于齐，假路于宋，宋人是故杀申伯无畏，夺其玉帛。（《系年》第58号简）

4/5/6/7. 楚共王立七年，命尹子重伐郑，为泛之师。晋景公会诸侯以救郑，郑人捷郧公仪，献诸景公，景公以归。一年，景公欲与楚人为好，乃说郧公，由归求成。共王使郧公聘于晋，且许成。景公使翟之伐聘于楚，且修成。未还，景公卒，厉公即位。共王使王子辰聘于晋，或修成，王或使宋右师华孙元行晋楚之成。（《系年》第85-88号简）

8. 有夏之德，使货（过）以惑，春秋改则，民人趄惑，刑亡攸赦。（《汤处于汤丘》第12号简）

9. 若自使朕身已桀之疾，后将君有夏哉！（《汤处于汤丘》第14号简）

10. 古之先圣人所以自爱，不使（事）问，不处疑。（《汤处于汤丘》第15号简）

11. 使人遥问于邦，邦亦无大縣赋于万民。（《孺子》第3号简）

12/13. 二三老臣，使御寇也，布图于君。昔吾先君使二三臣，抑早前后之以言，思群臣得执焉，毋交于死。（《孺子》第9号简）

14. 小祥，大夫聚谋，乃使边夫于君曰。（《孺子》第13号简）

15. 二三臣使（事）于邦。（《孺子》第14号简）

16. 及幽王之身，好使佞人而不信慎良。（《管仲》第23号简）

17. 乃使大夫种行成于吴师（《越公其事》第1号简）

（"使"字的语言用法往往是动词，后接的宾语多是"人"还是"人名"，一目了然这和"由"的命令副词不同。）

"To Wish" vs. "to Make" : A Fourth Discussion of the Usage and Meaning of the Word "甹/思"

Edward L. Shaughnessy

Abstract: The Zhouyuan oracle-bone inscriptions routinely end with a phrase the first word of which is "甹", as in the phrases "甹又正" "甹尚" "甹克史" "甹亡眚" "甹亡咎". "甹" is the original form of the graph"思", which, as noted by Zheng Xuan 郑玄 in his commentary to the *Classic of Poetry*, serves as a modal auxiliary with the meaning "to wish; would that." Thus, these phrases are prayers, wishing that the content of the divination "be correct" or "have no trouble." A similar usage is also seen in Warring States divination records, often ending with the phrase "甹/思攻除于宫室", meaning "would that this dispel the trouble in his home." The word "甹/思" also appears regularly in other Warring States unearthed manuscripts, where it has the same grammatical function as a modal auxiliary, such that its meaning should be similar. Despite this, in mainland China there is a "general recognition" that "甹/思" should be read as a phonetic loan for "使" meaning "to make" or "to send." This essay argues that although the two words have some overlap in meaning, their nuances are not at all the same, and that in these cases too, "甹/思" should have the meaning of "to wish" or "would that," and is a different word from "使" meaning "to make."

论原始史料及其传承、整理和调整：从清华简《系年》看先秦史学作品的可信度

尤 锐（Yuri Pines）

（耶路撒冷希伯来大学）

摘要：周代历史文本的可靠性问题，长期以来一直是学术界讨论的焦点。近年来的古文字学革命进一步揭示出史料的复杂性，并为深入探究其本质提供了新的视角。本文讨论清华简《系年》，并将其信息与相关传世文献，如《春秋》和《左传》等进行比较。本文探讨《系年》的原始史料及其所反映出史料的不同传播方式（书面或口头），以及整理者对文本可靠性的影响。《系年》虽然篇幅较短，但其复杂性警示我们不应对文本的可靠性采取"一刀切"（one size fits all）的态度。每段文本都值得被单独对待；应避免笼统的概括；对待传世及新发现的文本，建议采取"敬而疑之"的态度。

关键词：史学；口述；可靠性；《系年》；《左传》

新出土文献在中国古代史相关的诸多研究领域都引发了重大革新，尤其是在史学史领域，更是具有翻天覆地的革命性意义。新出土及已刊布的文献不仅让我们更深刻地了解一些古代的史实，也让我们得以窥见先秦史学作品的多元性，注意到不同作品不仅有不同作者，而且其受众和写作目标也都有所不同，同时也让我们能够重新审视历史信息的来源及历史文献的整理和传承过程。将新资料与传世文献相映证，还可以让我们对史学史中至关重要的问题，即不同作品的可信度，打开新思路。

史学作品的可信度对于先秦史研究是一个关键问题。在先秦传世文献中，纯历史作品是非常罕见的，实际上只有《左传》基本上像后代的"正史"一样，系统地叙述春秋时代的历史。[①]而有关春秋之前和春秋之后的历史阶段，如西周（或更早），以及战国时代，可靠的历史叙事明显有所缺乏。因而，司马迁在编纂《史记》时不得不依靠许多"半史学"作品，如《国语》和《战国策》之类的历史"轶闻体"资料（historical anecdotes）。因而，《史记》中有关春秋以前和春秋以后（主

[①] 由于梁启超否认《左传》的可靠性，曾断言称中国"司马迁以前无所谓史学"（见梁启超，《中国历史研究法》，石家庄：河北教育出版社，2000年，第16页）。尽管梁启超的判断值得商榷，但他敏锐地察觉出先秦和汉代以后的史学风格存在着巨大区别，这一点无疑是可以接受的。

要是战国初期）的叙事有诸多不尽如人意之处。①而新出土的文献不但有利于证明《史记》等传世文献中部分叙事的可靠性，同时也对其他叙事提出较大的挑战。例如，西晋时代盗墓者发掘的《竹书纪年》和清华简《系年》第一章都证明，《史记·周本纪》中所记载的"召公、周公二相行政，号曰'共和'"是错误的，实际上"共和"应该是共伯和的简称，这意味着周厉王被推翻以后是共伯和执政而不是所谓的"二相行'共和'之政"。②此外，《系年》第二章中对西周灭亡和东周复兴过程的描述与《史记》所记截然不同，因此引发关注及较大的学术分歧。③这里所涉及的关键问题是：如何评价新出土文献与传世文献的可信度？目前学术界尚未提出共同标准以解决这个问题。笔者在此敬陈管见，以求教方家。

在本文第一节中，我将就史料可信度提出一些概括性的意见；之后再以清华简《系年》为例，系统地讨论其叙事的可信度。之所以选择《系年》，并非偶然。首先，在迄今所刊布的出土史学作品中《系年》是篇幅最长、内容最丰富的作品。④其次，《系年》大半章节与《左传》的叙事具有密切的关系，基本上记述了同样的时代和同样的事件，这让我们能够进行系统的比较。最后，尽管《系年》应该是楚国史官的作品，但其原始资料是多元的，既有西周、春秋、战国初叶（约前1046—前395年）的记录，也包括晋国和楚国史料（可能还有西周时代的原始资料，但篇幅所限，不在此进行讨论）。⑤《系年》资料来源的多元性，有助于我们对影响史料可信度的诸多因素进行深入的讨论和分析。

---

① 在讨论战国时代的历史时，司马迁主要依赖的是"秦记"（其缺点也由太史公在《六国年表》中提出）；其他的可靠资料则是零散的，因而《史记》中许多有关战国时代的信息仍然基于当时轶闻体资料（参见藤田胜久，《史记战国史料研究》，上海：上海古籍出版社，2008年）。有关《史记》对西周及战国初叶的叙事的不足，可见拙作，*Zhou History Unearthed: The Bamboo Manuscript* Xinian *and Early Chinese Historiography* (New York: Columbia Univ. Press, 2020年)，第95-121页。

② 李学勤先生早已注意到《系年》第一章和《竹书纪年》可以互相印证，详见其《清华简〈系年〉及有关古史问题》，《文物》2011年第3期第71页。有关"共和"（共伯和）的相关学术分歧，详见佐藤信弥（Satō Shinya），《歴史評価としての共和和》，《中国古代史论丛》第9集（2017年），第1-30页；并见拙作 *Zhou History Unearthed*，第97-100页。

③ 有关《系年》第二章及其与《史记》叙事的关系，许多国内外学者都提出过自己的意见，如王晖、朱凤瀚、徐少华、李零、沈载勋（Shim Jae-hoon）、吉本道雅（Yoshimoto Michimasa）等，详见 Chen Minzhen 陈民镇 and Yuri Pines, "Where is King Ping? The History and Historiography of the Zhou Dynasty's Eastward Relocation." *Asia Major* (Third Series) 31.1 (2018): 1-27 及其脚注。

④《系年》以外还有两篇尚未出版的出土历史文献，一篇属于安徽大学所藏的战国竹简（见黄德宽，《安徽大学藏战国竹简概述》，《文物》2017年第9期，第58-59页），另一篇则是龙会河北岸第324号墓地所出土楚简中的楚国历史书。在《系年》刊布以前，在出土文献中没有系统的史学作品，只有许多"半史学"文献，参见 *Zhou History Unearthed*，第254页脚注10；更详细的讨论可见李零，《简帛古书与学术源流》，北京：生活·读书·新知三联书店，2004年，第260-280页；以及杨博，《战国楚竹书史学价值探研》，上海：上海古籍出版社，2019年，第38-114页。在更早期的出土文献中，史学作品占主流，如汲冢竹书。可惜的是，大部分汲冢资料已久不流传，失传已久，而且其原始面貌也早就被整理者改变了。详见 Edward L. Shaughnessy（夏含夷），*Rewriting Early Chinese Texts* (Albany: State University of New York Press, 2016年)，第131-256页。

⑤ 有关《系年》的性质、写作年代和地点及其原始资料，详参拙作 *Zhou History Unearthed* 及其脚注。

一、关于先秦史料可信度的概述

历史学并不是自然科学，没有百分百可信的叙事，甚至连所谓的"实录"也都是基于史学家（史官）的选择，对哪一项史实进行报告、对哪些则予以忽视。然而，不同史料明显具有不同的可信度；一些叙事基本上反映史实，而其他的则有较多的虚构成分，乃至全部都是虚构的。而且，有些史料尽管不算是虚构的，但出于各种原因并不与史实完全相符。

那么先秦史料为什么会缺乏足够的可信度呢？笔者认为有三方面因素值得关注，即历史作品的资料来源、写作目的，及其传承和整理过程。我将从后者开始讨论。我们可以很容易发现，几乎所有的先秦传世文献都不是个人作品而是作者（们）和整理者（们）的共同产物。这些文献大多是到了西汉末（甚至更晚）才有定本；甚至从文字角度也可以清楚看出汉代整理的痕迹。①在漫长的传承过程中，许多文献都经过反复调整，其中既包括对内容的意外改动（如错简、错字、旧注进入原文等），也包括故意的"修整"。整理者会调整一些细节，甚至删除那些不符合自己立场的内容并窜入新的内容。正如许多学者早已指出的，《左传》中的部分资料是战国末叶及西汉（甚至更晚）的整理者窜入或调整过的，恐怕其他文献也不能例外。②相比较而言，出土文献的整理过程较短，但也无法完全避免传承者和整理者对原始资料进行调整，在《系年》中就存在着这类调整痕迹（详见下文）。

第二是作者（编纂者）的写作目的会影响其作品的可信度。几乎所有的作者都拥有自己的政治立场，同时也有意要满足或者影响其读者。关于写作目的对作品可信度的影响，笔者曾在另外一篇文章中建议把先秦历史与半历史的作品分为两大类，第一类是"信息类"的历史（informative histories），第二类则是"解释类"或"教训类"的历史（interpretative of didactic histories）。③前者基于史官的实

---

① 例如，绝大多数先秦传世文献中只使用"国"字，而"邦"字则非常罕见（如在《左传》中"邦"字仅出现一次），这应该是西汉时期为避讳刘邦之名而进行了修改［见吉本道雅（Yoshimoto Michimasa），《国语小考》，《东洋史研究》1989年，第48卷，第3号，第443页］。而在出土文献中"邦"字频繁出现，而"国"字则相对罕见。

② 二十世纪的学者在讨论《左传》写作年代时常常指出后人窜入了许多内容，有关学术分歧也比较大。许多著名学者，如顾颉刚、张汉东、赵光贤、胡念贻、王和等，都提出过宝贵意见。笔者也曾对此问题加以讨论［参见拙作，*Foundations of Confucian Thought*（Honolulu: University of Hawaii Press, 2002），第221-226页和第233-246页及相关脚注］。近年来，徐建委在其《文本革命：刘向·汉书·艺文志与早期文本研究》（北京：中国社会科学出版社，2017年）第181-246页，乔治忠在其《〈左传〉〈国语〉被刘歆窜乱的一项铁证——历史年代学刘坦之说申论》（《北京师范大学学报（社会科学版）》2016年第三期，第68-78页）中，都提到西汉末叶刘歆如何调整《左传》的内容。

③ 见拙作 "Zuozhuan Source Materials in Light of Newly Discovered Manuscripts," in: Zuozhuan *and Early Chinese Historiography*, ed. Yuri Pines, Martin Kern, and Nino Luraghi（Leiden: Brill, 2023），第23-29页。

时记载，其重点是 who, when, where, and what（谁，何时，何地，做了什么）等问题，而 why（为什么）的问题，即历史事件的前因后果，几乎不被讨论。笔者认为，信息类历史与中国早期史官制度起源具有密切关系，在甲骨文及青铜器铭文中都可以看到"信息类"历史的痕迹，如西周铭文所记载册命仪式、部分战役叙事等，都具有浓厚的信息类历史的特点。① 鲁国的《春秋》在本质上也属于信息类历史，尽管其并非纯粹的"实录"[其记录常常反映出所谓"礼仪现实"（ritual reality），即基于周礼制等级而非真正的权力平衡；此外，作者们"避讳"的风格也致使其对一些史实进行掩盖]，但从根本上看，其可信度还是比较高的。②

与"信息类"历史相反，"解释类"的作品则聚焦于"为什么"的问题，要解释成败、兴衰的原因，让读者"以史为鉴"，意在教会读者通过理解历史吸取教训。《左传》是"解释类"历史的代表性著作，通过各种方式，如贤人的言论、预言、"君子曰"评价等，教导读者如何"读懂征兆"、"观察和预测"未来事件，如何了解历史过程中的主要因素等。③ 同时，《左传》也具有极为丰富的"信息类"历史成分。实际上，在先秦历史文献中，只有《左传》很好地维持了信息类和解释类成分的平衡，前者是《左传》叙事的骨架，后者则是其血肉。④ 与此相反，战国时代绝大多数的历史和"半历史"作品只重视历史解释，把一些"不必要的细节"予以删除⑤，常常忽略或者调整一些史实，以便让读者更容易吸取历史教训。例如《国语》这部著作，其原始资料很可能与《左传》相同，即列国的"国史"（详见下文），但其编纂者只重视贤人的言论及其所提出的历史教训，而"信息类"成分则微不足道。到了《战国策》和诸子百家作品中的历史轶闻，其可信度就更低了；为了便于传达教训类信息，这些文献有时甚至会完全摈弃对历史事件的准确

---

① 例如，《晋侯稣编钟》可以说是有代表性的信息类历史记载，详见 Shim Jae-hoon, "The 'Jinhou Su *bianzhong*' Inscription and Its Significance." *Early China* 22 (1997): 43-75。

② 有关《春秋》经的可信度及其局限性，参见拙作 *Zhou History Unearthed*，第 17-23 页；并参见杨伯峻注：《春秋左传注》（北京：中华书局，1990 年修订本）第 7-18 页以及 Newell Ann Van Auken, *Spring and Autumn Historiography: Form and Hierarchy in Ancient Chinese Annals* (New York: Columbia University Press, 2023)。关于"礼仪现实"的概念，参见 Joachim Gentz（耿幽静），"The Past as a Messianic Vision: Historical Thought and Strategies of Sacralization in the Early *Gongyang* Tradition," in: *Historical Truth, Historical Criticism and Ideology: Chinese Historiography and Historical Culture from a New Comparative Perspective*, ed. Helwig Schmidt-Glintzer, Achim Mittag and Jörn Rüsen (Leiden: Brill, 2005), 第 227-254 页。

③ 参见 David Schaberg（史嘉柏），*A Patterned Past: Form and Thought in Early Chinese Historiography* (Cambridge, Mass.: Harvard Univ. Asia Center, 2001); Li Wai-yee, *The Readability of the Past in Early Chinese Historiography* (Cambridge, Mass.: Harvard Univ. Asia Center, 2007)。

④ 有关信息类历史在《左传》叙事中的重要性，见拙作 "*Zuozhuan* Source Materials," 第 29-38 页；以及 Stephen Durrant（杜润德），"The Problem of 'Other Annals' Embedded in *Zuozhuan*," in *Zuozhuan and Early Chinese Historiography*, 第 89-124 页。

⑤ 关于"不必要的细节"概念，见 Li Wai-yee（李惠仪），"Inconvenient and Unnecessary Details in *Zuozhuan*," in *Zuozhuan and Early Chinese Historiography*, 第 125-152 页。

描述，甚至创造纯属虚构的故事（如尧舜禅位等传说）。出土文献中也有不少与史实不相符的轶闻以及基本上纯属虚构的作品。[①]

与许多新出土的"半历史"作品不同，《系年》没有浓厚的教训类色彩，其内容跟信息类作品是比较相近的。然而值得注意的是，作者们也拥有自己的政治立场，在某些条件下也会操纵历史叙事（详见下文第四节）。

在研究历史作品可信度时，学者们常常聚焦于上面两个因素，但在这篇文章中我主要讨论的是第三个因素，即原始资料的问题。对于任何历史作品，原始资料的可信度都是至关重要的。如果没有可靠的史料，任何学者都无法对过去事件进行可信的描述，古今中外都一样。例如上文中我提出的《史记》在西周和战国初期叙事中存在一些错误，但这并不意味着司马迁缺乏史学学术操守，而是因为缺乏可靠的资料。那么，在讨论先秦史时，我们必须首先理解当时史料的特征及其传承方式（如口述和写在简帛上的传承之间就存在着较大的区别，详见下文）。在这里，笔者将通过对《系年》的分析，解读春秋时代史料及其传承方式的多元性，以及其对《系年》叙事的可信度产生的影响，希望该讨论有助于深化对先秦史料可信度问题的研究。

二、《系年》中的晋国史料：晋国国史

在讨论《左传》原始资料的来源时，许多古代学者，如杜预（222—285）、刘知几（661—721）、啖助（724—770）、顾炎武（1613—1682）等，都提出该资料应该来自列国的"国史"（别称列国"史记"）[②]。不过，前辈学者难以确认这些"国史"

[①] 有关历史轶闻（historical anecdotes）及其在战国时代的普遍性及在思想史上的作用，参见 David Schaberg, "Chinese History and Philosophy," in *The Oxford History of Historical Writing*, vol. I: *Beginnings to AD 600*, ed. Andrew Feldherr and Grant Hardy（Oxford: Oxford University Press, 2011, 第 394-414 页）以及 Paul van Els and Sarah Queen, eds., *Between Philosophy and History: Rhetorical Uses of Anecdotes in Early China*（Albany: State University of New York Press, 2017）。有关《战国策》的轶闻如何背离事实，见 David Schaberg, "On Quoted Speech in Anecdotal History: *Zhanguoce* as Foil to *Zuozhuan*," in *Zuozhuan and Early Chinese Historiography*，第 209-243 页。有关禅让故事的虚构特征，参见拙作，"Disputers of Abdication: Zhanguo Egalitarianism and the Sovereign's Power," *T'oung Pao* 91.4-5 (2005)，第 243-300 页，及 Sarah Allan（艾兰），*The Heir and the Sage: Dynastic Legend in Early China* (rev. ed.) (Albany: State University of New York Press, 2016). 有关出土文献中的教训类故事及其可信度的有限性，参见拙作《教训类叙事与自强之道——读清华简〈越公其事〉》，《出土文献》2023 年第 4 期，第 124-144 页。有关出土文献中的虚构故事，如上博简《容成氏》中所云，参见拙作 "Political Mythology and Dynastic Legitimacy in the *Rong Cheng shi* Manuscript." *Bulletin of the School of Oriental and African Studies* 73.3 (2010)，第 503-529 页。

[②] 刘知几将"国史"与"史记"名称交替使用，见《史通通释》（浦起龙注；台北：里仁书局，1993 年）卷 14，第 408 和 420 页；并见杜预，《春秋经集解·序》（载于《春秋左传正义》卷 1，第 1705 页）；啖助（被陆淳引用，见陆淳的《春秋集传纂例》四库全书电子版本，卷 1，第 5 页）；顾炎武，《日知录集释》（黄如成注；长沙：岳麓书社，1996 年），卷 4，第 112 页。

的性质。而最近，在《系年》刊布以后，我们能够通过其与《左传》的比较来尝试解答这个问题。

笔者认为，《系年》大部分资料来自两个国家的"国史"，即晋国与楚国（除前四章外，其他章节中都使用了这两国的纪年方式）。首先来看《系年》中使用的晋国资料。《系年》一共有八章都采用了晋国的纪年方式（第6—10、14、17、20章）；此外第18章同时采用了楚和晋的纪年，可能是因为同时使用了两国的资料。而关于晋国的这八章的内容（除第20章后半部分外）与《左传》是非常相近的。在下文，我将对其中最长的章节（第6章）进行分析，通过将其与《左传》进行比较来讨论其原始资料和传承方式。表1将《系年》第6章分为9个小节，并将每节内容分别与《左传》中的记述做简略比较。

表1 《系年》第6章与《左传》相关内容的比较

序号	《系年》	《左传》[①]及笔者注
1	晋献公之嬖妾曰骊姬，欲其子奚齐之为君也，乃谗太子共君而杀之，或（又）谗【31】惠公及文公，文公奔翟（狄），惠公奔于梁。	庄28.2和僖4.6。据《左传》，公子夷吾（惠公）及公子重耳（文公）先逃到晋之要塞蒲和屈，之后才逃到狄、梁（僖5.2、6.1）。
2	献公卒，乃立奚齐。其大夫里之克乃杀奚齐，【32】而立其弟悼子，里之克又杀悼子。	僖9.4。《系年》中这句话有误，"而立其弟悼子"的主体应该是骊姬，并不是里克。
3	秦穆公乃内（纳）惠公于晋，惠公赂秦公曰："我【33】句（苟）果内（入），使君涉河，至于梁城。"惠公既内（入），乃背秦公弗予。	僖9.6+15.4a。
4	立六年，秦公率师与【34】惠公战于韩，捷惠公以归。	僖15.4。
5	惠公焉以其子怀公为质于秦，秦穆公以其子妻之。	僖17.2。《系年》省略了惠公回国的故事（僖15.8）。
6	文公十又二年居翟（狄），翟（狄）甚善之，而弗能内（入）；乃适齐，齐人善之；适宋，宋人善之，亦莫【36】之能内（入）；乃适卫，卫人弗善；适郑，郑人弗善；乃适楚。	公子重耳出亡的故事：僖23.6。《左传》中记述重耳所走的路线基于其先后到了什么国家（狄、卫、齐、曹、宋、郑、楚、秦；《国语·晋语1》与此大同小异），而《系年》则是按每个国君对待重耳的不同态度进行的排序。值得注意的是，《系年》省略了曹国，也没有提及楚国是如何对待重耳的。

① 文中所引《左传》，其中鲁公执政的年份所加的条号是按照 Stephen Durrant, Li Wai-yee, and David Schaberg 译，*Zuo Tradition / Zuozhuan Commentary on the "Spring and Autumn Annals."* Seattle: University of Washington Press, 2016（该译本的条号是基于杨伯峻注，《春秋左传注》）。

序号	《系年》	《左传》及笔者注
7	怀公自秦逃归,秦穆公乃召【37】文公于楚,使袭怀公之室。	僖22.5;然而在《左传》中,怀公"逃归"与秦穆公支持重耳之间没有直接关系。
8	晋惠公卒,怀公即位。秦人起师以内(纳)文公于晋。晋人杀【38】怀公而立文公。	惠公卒:僖23.4;重耳回国:僖24.1。据《左传》,重耳亲自派人杀怀公。
9	秦晋焉始会(合)好,戮力同心。二邦伐鄀,徙之中城,围商密,捷【39】申公子仪以归。【40】	僖25.3。

《系年》第六章讨论的是晋国历史上最不平静的 25 年(前 660—前 635 年),其间发生了骊姬之乱、晋惠公执政与韩之战,以及公子重耳(晋文公)出亡、回国、走向霸业等。在《左传》中这部分故事长达 7 千字,包括信息类、解释类和教训类的资料,并带有浓厚的文学色彩。①与之相反,《系年》第六章只有 400 多字,因而许多细节被省略,比如既孝且顺的公子申生(太子共君)的悲剧、骊姬的诡计,以及晋国大臣的艰难选择——要忠于国君个人还是忠于"社稷"(即国家的长远利益)等②。对《系年》编纂者来说,晋国内部事务及其潜在的历史教训是次要的,最重要的是介绍晋国崛起的过程,及其如何成为楚国的主要对手。

尽管《系年》省略了许多细节,但其叙事的事实骨架与《左传》基本上是一致的。不过《系年》省略了两个比较重要的细节,即楚王如何对待重耳(晋文公)以及重耳如何帮助周襄王复辟。前者是个很重要的故事:据《左传》,楚成王厚待重耳,重耳感谢他说:"若以君之灵,得反晋国。晋、楚治兵,遇于中原,其辟君三舍"(《左传·僖 23.6e》)。此后,楚令尹子玉请杀重耳而成王不肯。这个故事对于理解晋国与楚国之间的关系及了解城濮之战的背景是非常重要的,但在《系年》中对此并无记述。这种缄默是否基于楚国的某种政治敏感尚有待考证。而省略晋文公与周襄王复辟这一故事的原因,可能是因为它跟晋、楚之间的关系无关,因而在《系年》第六章最后一节中涉及了晋、秦的联盟及其与楚国的冲突,却忽略了晋文公与周王的关系。

由于《系年》与《左传》的叙事相近,部分读者可能会认为《系年》是《左传》的缩写版,但其实并不一定。无论是从年代跨度或纪年方式看,《系年》都有别于《左传》,也就是说《左传》不太可能是《系年》所依据的原始资料。这两个文本具有相似性,也许是因为其编纂者使用了共同的原始资料(在上文这个例子中是晋国的"国史"),都用了"剪切、粘贴"(cut and paste)方式,不过《系年》省略了更多资料,而《左传》可能跟原来的国史更为相近(或添加了部分信息)。此

---

① 详见拙作,"*Zuozhuan* Source Materials",第 32—36 页。
② 详见拙作,*Foundations of Confucian Thought*,第 150—152 页。

外，应该注意到《系年》编纂者的一个缺陷。上述第二节中这句话——"献公卒，乃立奚齐。其大夫里之克乃杀奚齐，【32】而立其弟悼子，里之克又杀悼子"存在着较大的问题，因为"而立其弟悼子"的主体应该是骊姬，而不是里克。这个错误是怎么产生的呢？笔者认为，在"剪切和粘贴"的过程中，楚国史官犯了错误，但由于他认为所有的读者都应该知道"立悼子"的人是骊姬，而不是里克，因此并没有修改这一错误。类似的在省略过程中出现的错误，甚至在《史记》引用《左传》时都发生过①，在《系年》中出现也是正常的。

如果上述分析成立，我们可以进一步推测，在使用晋国"国史"的时候，《系年》的编纂者依赖的是写在简帛上的版本。实际上，不仅是第六章，《系年》中所有有关晋国的章节，以事实所建构的骨架来说，与《左传》是基本一致的，这也说明两部书的编纂者都利用了写在简帛上的晋国史。然而，在与楚国相关的章节中，就是另一番景象了。

三、《系年》中的楚国史料：楚国国史与口述传承

《系年》应该是楚国的作品。它不但主要使用楚文字，而且其中关于楚国的章节是最多的，篇幅也最长。此外，《系年》最后几章——甚至与楚国历史无关的第 22 章——都采用了楚国的纪年方式，这也意味着编纂者应该是楚国人。在总共23 章中，10 章采用了楚国的纪年方式（第 5、11—13、15—16、19、21—23 章），在第 18 章中并用了楚国和晋国的纪年，这些章节都应该是基于楚国的"国史"。而除断代于战国初叶的最后三章外，其他采用楚国纪年方式的章节都跟《左传》内容相近。然而，这种相近与晋国资料跟《左传》的相近又有所不同。为突出这一点，我首先将对楚国资料中的最长的章节之一，即第 15 章进行分析。

表 2 《系年》第 15 章与《左传》比较

序号	《系年》	《左传》及笔者注
1	楚庄王立，吴人服于楚。【74】	《左传》没有相关的记载，除了《左传·宣 8.3》（楚庄王 13 年）：楚初"盟吴、越"。
2	陈公子征舒取妻于郑穆公，是少孟。【74】	（宣 9.6+10.4）：征舒不是公子（可能是公孙），他是不是少孟（夏姬）的丈夫，在《左传》中并没有明确记载，但几乎所有的解释者都得出了同样的结论：认为征舒是夏姬的儿子。
3	庄王立十又五年，【74】陈公子征舒杀其君灵公，庄王率师围陈。	（宣 10.4+11.5）：围陈应该发生在楚庄王第 16 年。

---

① 例见 William H. Nienhauser, Jr.（倪豪士），"For Want of a Hand: A Note on the 'Hereditary House of Jin' and Sima Qian's 'Chunqiu.'" *Journal of the American Oriental Society* 127.3 (2007): 229-247，特别是第 241-246 页。

续表

序号	《系年》	《左传》及笔者注
4	王命申公屈巫适秦求师，得师以【75】来。	《左传》无。
5	王入陈，杀征舒，取其室以予申公。连尹襄老与之争，挖（夺）之少𥊹。连尹戢（捷）于河【76】澨，其子黑要也或（又）室少𥊹。	（宣11.5+成2.6）：大同小异。
6	庄王即世，共王即位。黑要也死，司马子反与申【77】公争少𥊹，申公曰："是余受妻也。"取以为妻。王命申公聘于齐，申【78】公窃载少𥊹以行，自齐遂逃适晋，自晋适吴，焉始通吴晋之路，教吴人反楚。【79】	（成公2.6+7.5）：《左传》所记更为详细，并记载了司马子反杀掉申公家族之事。此事成为申公"通吴晋之路"的主要原因（《国语·楚语上4》记载与《系年》相近）。
7	以至灵王，灵王伐吴，为南怀（淮？）之行，执吴王子蹶由，吴人焉或（又）服于楚。	（昭5.8）有："楚无功而还，以蹶由归"；但其所称"吴人焉又服于楚"是不准确的，因为"南淮之行"以后，楚吴仍争战不休。
8	灵王即世，【80】景平王即位。少师无极谗连尹奢而杀之，其子伍员与伍之鸡逃归吴。	（昭19.2+20.2）：《左传》更详细地记载了伍员（即伍子胥）的故事，但伍子胥的哥哥伍尚被楚王而杀，并没有另外的兄弟与伍子胥一起出逃到吴。在其他文献中也没有"伍之鸡"其人。
9	伍鸡将【81】吴人以围州来，为长壑而湢之，以败楚师，是鸡父之湢。	《春秋·昭23.7》+《左传·昭23.5》都提到鸡父之役，但没有提到伍鸡其人。
10	景平王即世，昭王即【82】位。伍员为吴太宰，是教吴人反楚邦之诸侯，以败楚师于柏举，遂入郢。	（《左传·昭30.4》以及昭31.4+定4.3）记载"伍员谋楚"的过程及柏举之战、吴人入郢。据《左传》伍员担任了吴国的"行人"；但是否当过太宰则待考。
11	昭王归【83】随，与吴人战于析（沂）。	（定4.3+5.5）；但在沂之战并非昭王亲自率兵而是楚、秦联合作战（另见《系年》第19章）。
12	吴王子晨将起祸于吴，吴王阖卢乃归，昭王焉复邦。【84】	（定5.5）。据《左传》，吴国撤兵的原因除了王子晨乱以外，还有"越入吴"（《左传·定5.3》）以及吴国被楚、秦联军打败。

　　《系年》第15章总结了约一个世纪（即前599—前505年）楚吴关系的起起落落。要把这个长远且极为复杂的历史浓缩在400多个字中，肯定要有取舍；例如，许多在《左传》中被详述的细节（如干支纪日、地名、人名、官名等）都被省略了。尽管如此，像前文第6章一样，《系年》第15章仍然保持了与《左传》相近的事实框架。

《系年》第 15 章具有信息类历史的表征，但也包括了一些解释性的内容。该章可以分为两大部分：第一部分（节 1—6）聚焦于申公巫臣（屈巫）的故事；第二部分（节 7—12）则专注于伍员（伍子胥）的故事。屈巫和伍子胥都是楚国的贤臣，然而由于内部斗争或诽谤，不得不离开故国并成为敌人。二者先后到了楚国的对手——吴国，并把它变成楚国的死敌。这种将吴国的崛起归于楚国内政问题造成的不幸后果，反映的应该是楚国独特的历史视角。然而，这个论辩并非《系年》第 15 章的主要内容。解释性色彩在其叙事中只承担着次要角色，因而其叙事省略了跟屈巫、伍子胥有关的戏剧性细节，如屈巫的家族被楚人杀灭、楚平王要招回伍子胥，保证"来，吾免而父"，但伍子胥仍然出逃，其父亲与其哥哥因此被杀等①。类似细节无疑会提高故事的文学性及教训价值，但《系年》编纂者却将它们简略掉，意味着其叙事的主要目的并非解释历史或教育读者，而只是简要地介绍楚吴关系的变化过程。

与第 6 章相比，《系年》第 15 章与《左传》的叙事明显有更多不同之处。有些细节是无关紧要的，如陈国夏征舒的身份（第 2 节：《系年》称其为公子，而实际上征舒是陈宣公的曾孙）及伍子胥是否为吴国的太宰（第 10 节）等。②此外，《系年》中以夏姬为征舒的妻子（第 2 节），而《左传》尽管没有直接记载夏姬和夏征舒之间的关系，但许多注释家（及《国语·楚语》第 4 章的作者）都认为夏姬是征舒的母亲。如果她真是征舒的母亲，那在楚国大臣因她而争斗时，夏姬应该已经年约 50。这个年龄的女人仍能保持其"蛇蝎美人"的吸引力是颇令人难以置信的，正如汉代刘向所质疑："其状美好无匹，内挟伎术，盖老而复壮者"（《列女传·孽嬖》）。③因而，有学者早前指出，在这一点上，《系年》好像比其他文献更接近史实。④此外，《系年》与《左传》不同之处，还表现在第 1 节、第 7 节的记载本来是吴国"服于楚""又服于楚"，这可能反映了楚国的历史视角，尽管与《左传》有所不同，但并没有根本性的区别。

然而，我们要特别注意《系年》第 15 章中的有些细节是《左传》所未涉及的。如第 4 节中的"王命申公屈巫适秦求师，得师以来"。笔者认为这个记载不太可靠，首先，从当时的政治形势来说，楚庄王侵略陈国的时候用了"讨夏征舒"的借口，因而其征伐并没有引起其他诸侯的对抗，完全不需要向秦"求师"；其次，秦离陈较远，所以从军事角度来看不太可能派兵支持楚军。笔者认为《系年》第 15 章中记述的屈巫赴秦的使命与前 506 年楚大夫申包胥的使命被混淆了。在吴国入郢以

---

① 分别参见《左传·成公 7.5a》和《左传·昭公 20.2b》。

② 有关伍员在吴国的职位，详见刘光，《清华简〈系年〉所见伍子胥职官考》，《管子学刊》2017 年第 3 期，第 112-118 页。

③ 后人认为夏姬通过房中术来恢复青春活力；详见 The Zuo Tradition，第 726 页，第 84 脚注。

④ 参见魏慈德，《〈清华简·系年〉与〈左传〉中的楚史异同》，《东华汉学》17 号（2013 年），第 25 页；张崇依，《从〈春秋左氏传〉看清华简〈系年〉所用史料——以夏姬史事为例》，《殷都学刊》2017 年第 2 期，第 54-58 页。

后，申包胥确实到过秦，向秦公求师以助楚王抵抗吴国侵略者（《左传·定4.3f》）。《系年》编纂者把申包胥的姓氏"申"与屈巫的爵位"申公"搞混了，因而发生了这个错误。

与此相同，第8—9节所记伍之鸡（伍鸡）的故事应该也是虚构的。按照《系年》，除伍子胥以外，伍奢还有另一个儿子名叫伍鸡，他也出逃到吴并任吴国将军。网友子居早已指出，伍鸡很可能只是由于"鸡父"这一地名（即吴军在前519年打败楚军的地点，《春秋经》和《左传》都有记载）而被衍生出来的虚构人物。[①]这个杜撰出来的人物很可能是楚人口头传说的产物，也许在楚国国史的某一个传承阶段这个人物被添加了进去，也可能是《系年》的编纂者自己增加了这个细节（笔者认为前者更为可信）。无论如何，上述两个例子都证明，除了利用比较可靠的楚国史书外，《系年》在讨论楚国历史的时候还增加了一些口传的故事。

除第15章以外，《系年》中许多其他有关楚国的章节也包含着与《左传》不同的细节，其中部分应该是《系年》编纂者的粗心造成的。例如，第11章把宋国右师华元与其父亲华御事混为一谈，同时还把楚国大臣申公叔侯与另一大臣申舟混淆了；第16章则把前579年楚国与晋国的盟誓与前546年"弭兵之盟"的盟誓混同了（详见下一节），第19章又把楚国灭陈与灭蔡的年代混淆了，等等。[②]然而，《系年》中一些有关楚国的章节也含有比《左传》更可靠或更详细的信息，如上述夏姬为征舒的妻子而不是其母亲，又如第12章中所记"楚庄王立十又四年，王会诸侯于厉，郑成公自厉逃归"——这句话解释了《左传》注释者所无法理解的"楚子为厉之役故，伐郑"的记载（宣9.7）。[③]此外特别值得注意是《系年》第18章后四枚竹简对楚昭王时期楚、晋、吴的关系的记载，比在《左传》中更详细，且更准确，能够弥补《左传》叙事中的一些不足。[④]总结而言，《系年》的编纂者肯定引用了楚国的历史书（即楚国的"国史"），并非只依靠口述传承的故事。然而，上述的错误或者部分虚构的细节应该都与口述传承资料有关。那么，为什么在《系年》的楚国资料中有许多口述传承的痕迹，而晋国资料中则几乎没有呢？

笔者认为，《系年》的楚国相关章节中这些漫不经心的记录恰恰反映出作者（编纂者）是楚国史官。我们都认识到，如果要讨论自己并不熟悉的历史，肯定要先看

---

① 子居，《清华简〈系年〉12～15章解析》，http://xianqinshi.blogspot.com/2017/09/1215.html。

② 这些例子都被《清华大学藏战国竹简第二卷》的整理者讨论过，又参见苏建州、吴雯雯和赖怡璇编，《清华二〈系年〉集解》（台北：万卷楼，2013年）以及拙作，*Zhou History Unearthed*。此外，参见熊贤品，《简牍文献商周史事记载的改编与讹误》，《西部史学》第8辑，第26-29页。

③ 然而值得注意的是，厉之会的时候，郑国的统治者是襄公而不是成公；《系年》仍然具有讹误。

④《系年》第18章记载："晋与吴合为一，以伐楚，门方城，遂盟诸侯于召陵。"《春秋·定4.2》也记载"公会……于召陵，侵楚"，而《左传·定4.1a》的叙事，"会于召陵"的时候，晋国不愿意伐楚，因而"失诸侯"。由于《系年》与《春秋经》相近，笔者认为是《左传》有误，而《系年》则更接近史实。值得注意的是，《左传》定、哀部分的叙述不如襄、昭年代的内容丰富，并有一些讹误。《左传》定、哀部分叙事的风格及其与之前的叙事有所不同的原因值得另行讨论。

相关的历史书。与此相反，在讨论自己非常熟悉的题目时，我们常常依靠自己的记忆。而记忆，可惜，常常会有错误。楚国史官在讨论晋国历史的时候利用了相关的史书（即晋国国史），而在讨论故国历史时则不需要不断地查阅历史文献，许多细节可能都是根据自己的记忆再现的。也就是说，史官越熟悉故国的历史，其叙述可能在某些细节方面就越不可靠。然而值得提醒的是，从总体而言，《系年》的叙事是可信的；无论其中有多少讹误，起码其根本的叙事应该是与事实相符的。

四、操纵历史：《系年》中的楚国立场

笔者在上文多次指出，《系年》在根本上属于信息类的历史，起码其中教训类的叙述是极简的。然而，《系年》并不是纯粹的"实录"。正如《春秋》经一样，它遵循"避讳"规则，特别是关于楚国内乱、弑君等情况，从来没有直率地进行记录。①此外，其编纂者也会对历史记录进行些微篡改，给楚国的外交政策营造出更良好的印象。在这个方面，第16章具有特殊的地位。

楚共王立七年，令尹子重伐郑，为沶（泛？）之师。晋景公会诸侯以救郑，郑人戭（捷）郧公仪，献【85】诸景公，景公以归。一年，景公欲与楚人为好，乃脱郧公，使归求成，共王使郧公聘于【86】晋，且许成。景公使籴之茷聘于楚，且修成，未还，景公卒，厉公即位。共王使王【87】子辰聘于晋，又修成，王又使宋右师华孙元行晋楚之成。明岁，楚王子罢会晋文【88】子燮及诸侯之大夫，盟于宋，曰："弭天下之甲兵。"明岁，厉公先起兵，率师会诸侯以伐【89】秦，至于泾。共王亦率师围郑，厉公救郑，败楚师于鄢。厉公亦见祸以死，亡（无）后。【90】

这一叙事的重点是楚国与晋国如何首次尝试建立持久和平关系及这一尝试失败的原因。故事的第一部分（第85—89简）讨论的是双方谈判过程，与《左传》中的记述大同小异，这里不再赘述。②这部分唯一值得注意的不同细节是前579年"盟于宋"的参加者及盟誓的内容。据《左传·成公12.2》"盟于宋"的并不是"诸侯之大夫"，而只有晋国、楚国以及楚国附庸——许国的大夫，而盟誓的内容则是"凡晋、楚无相加戎，好恶同之，同恤菑危，备救凶患。若有害楚，则晋伐之；在晋，楚亦如之"云云。与此相反，《系年》中所记为："楚王子罢会晋文子燮及诸侯之大夫，盟于宋，曰：'弭天下之甲兵。'"这一差别可能是由于《系年》编纂者

---

① 无论楚国国王是被杀还是自然地去世，《系年》一直记载某王"即世"；只有一次记载楚灵王"见祸"（《系年》第18章）。而对其他的统治者则没有类似的"避讳"记录。

② 有关一些不同的细节，详见拙作，*Zhou History Unearthed*，第206-209页。

混淆了前 579 年宋之盟与前 546 年"弭兵之盟"（同样的"盟于宋"）的参加者及盟誓内容①，但也可能是编纂者故意调整了盟誓，以便谴责是晋国违背了盟约。

盟约之后究竟发生了什么？《左传》坚持认为是楚国背信弃义：盟约签订后不久，楚国司马子反就警告来访的晋国大臣郤至，如果两国国君见面，"无亦唯是一矢以相加遗"（《左传·成公 12.4》）；也是说，势在必战。公元前 578 年晋国对秦国的攻击与晋楚和平协议无关，只是在报复秦国的反晋阴谋。公元前 576 年，楚国攻击郑国，则违反了楚与晋的盟约；《左传》中多次引用楚国和晋国贤臣的言论，指责楚国统治者违反了和平协议，如引用司马子反所主张："敌利则进，何盟之有？"因而楚国贤人申叔时警告，"子反必不免"（《左传·成公 15.3》）。据《左传》，是楚国的无信及其见利忘义的态度导致了公元前 575 年鄢陵之战的灾难性后果（对楚国而言）。直到鄢陵之战，《左传》才开始对晋国采取更为严厉的批评态度，称晋国的胜利是亡羊补牢式的，很快就会导致国内动乱。

《系年》对这些事件的解释则大相径庭。晋国对秦国的攻击被视作违反了"弭天下之甲兵"的盟誓，因而楚国对郑国的攻击则像是一种报复措施。此外，《系年》的编纂者在叙述中还做了手脚：摈弃公元前 578 年之后的准确年代顺序，把跨度超过五年的所有事件（楚国攻郑、晋国报复、鄢陵之战和晋厉公被推翻）都说成是在晋国反秦的直接影响下相继发生的。这种压缩造成了与事实不符的情况：如在鄢陵之战前夕郑国不是楚国的受害者，而是楚国的盟友②，而《系年》认为"厉公……败楚师于鄢"是因为要"救郑"。此外，《系年》的叙事旨在引导读者得出结论：晋厉公在鄢陵之战一年后被弑，可视为上天对其背信弃义的报复。在《系年》叙事中，楚国是受害者；这与《左传》是正好相反的。表 3 总结了这两种叙述的异同。

表 3 《系年》第 16 章与《左传》比较

《左传》	《系年》
前 582 年以后楚、晋求和	前 582 年以后楚、晋求和
前 579 年宋之盟：两国誓言互不侵犯	前 579 宋之盟：所有的诸侯誓言"弭天下之甲兵"
楚国暗示将背信弃义，准备再次攻击晋国及其盟友	—
前 578 年：晋国攻击秦国（与楚无关）	前 578：晋国攻击秦国因而违犯宋之盟的誓言
前 576 年：楚攻击晋国的盟友郑	楚攻击郑为了使晋放弃对秦的攻击
前 575 年：郑与楚联盟，晋国攻击郑和楚并在鄢陵将它们击败	晋救郑，在鄢陵击败楚军
前 574 年/前 573 年晋国内乱	晋国内乱：是否是上天的惩罚？

① 前 546 和前 541 年的"弭兵之盟"记载于《系年》第 18 章。又参见河野收（Kōno Osamu），《中国古代的或る非武装平和运动——向戌の弭兵战略とその批判》，《军事史学》第 13 辑（1978 年），第 64-74 页。

② 《春秋经·成公 16.6》也明显地记载"晋侯及楚子、郑伯战于鄢陵"，楚子、郑师败绩。

《系年》第 16 章是唯一明显带有亲楚倾向的章节（值得注意的是，第 18 章将前 546 年"弭兵之盟"协议的破裂完全归咎于楚灵王）。有趣的是，《左传》对公元前 579 年盟约之后事件的描述，同样也表现出强烈的亲晋和反楚倾向。也许，通过这些倾向，我们可以窥见两国精英的不同观点。谁应该为违反盟约承担责任，在当时是非常重要的。晋国和楚国的史书反映出了这种敏感性。在公元前 6 世纪的政治生活中，获得道德制高点的重要性不亚于今天；而为了切合自己的政治立场而调整历史叙述，更是古今中外的共同现象。

五、结　论

《系年》在先秦史学中具有较为特殊的地位。笔者认为，这篇文献代表着一种前所未见的历史体裁，即为统治者提供具有实用价值的信息。其写作的主要目的似乎在于让楚国的统治者更好地了解当时的"天下大势"，向他们介绍国际关系和局势的要点，以及楚国与其对手之间关系的变迁。与大多数同时代历史作品相比，《系年》较少关注从历史中吸取教训或娱乐读者。因而，从根本上它有着浓厚的"信息类"历史的色彩。①

通过《左传》与《系年》的相关比较，我们可以推断出二者都利用了共同的第三方资料，即列国的国史。这些国史应该是基于各国史官的实时记录，但也包括了教训类和娱乐类的成分，以及基于口头传说的资料。后一种资料在《左传》中更为明显，但在《系年》中也能看到它的痕迹。尽管类似资料的可信度不大，但仍要注意到：《左传》和《系年》这两篇文献中的历史叙事是非常相近的。这让我们可以得出结论：两本书基本上是可靠的，起码在讨论"天下大势"的时候，两篇文献的编纂者并没有从根本上背离事实。

然而，我们也不能忽略这两篇文献中也包括了许多不可靠的细节。我在上文提出，弱化《系年》可信度的因素主要可以归于三方面。第一，编纂者依赖口述材料或自己个人的记忆因而弄乱了一些历史细节。第二，其原始资料，尤其是楚国的国史可能已经吸收了部分口述传承的传说，而这些传说应该是虚构的。第三，在一些章节中（如上述第 16 章），编纂者故意调整了叙述内容以使其符合自己的政治立场。类似弱化可信度的因素不但在《系年》中出现，在《左传》及其他出土和传世文献中也都不例外；甚至在基本上可靠的资料中也会有许多不可靠的成分。在研究先秦史的时候，我们必须注意各种史料具有的不同可信度。

上文所讨论的一些例子让我们能够重新考虑先秦史料的复杂性。笔者认为，我们必须走出"一刀切"（one size fits all）的态度，必须认识到每一篇文献、每一章

---

① 详见拙作，*Zhou History Unearthed*，第 65-67 页。

节，甚至每一句话都可能具有完全不同的历史可信度。那么，在"走出疑古时代"的同时，要避免纠枉过正地进入"信古时代"；对传世和出土文献都保持古犹太贤人所主张的"כבדהו וחשדהו"（敬而疑之）的态度。

On Transmission, Editing, and Modification of Primary Sources: Discussing Reliability of Preimperial Historical Texts on the Basis of *Xinian* 系年 Example

Yuri Pines

Abstract: The question of reliability of historical texts that deal with the Zhou era have long been at the focus of scholarly debates. Paleographic revolution of recent decades offers new insights into the immense complexity of our sources. My article focuses on the recently discovered historical manuscript *Xinian* 系年 (Linked years), the information of which I compare to relevant transmitted texts, such as *Chunqiu* 春秋 *Annals* and *Zuo Tradition* (*Zuozhuan* 左传). The article examines *Xinian*'s primary sources, the different modes of transmission of historical knowledge therein (written or oral), and the editors' impact on the text's accuracy. The complexity of even a relatively short manuscript, such as *Xinian*, cautions against the "one size fits all" approach toward the texts' reliability. Every textual segment should be treated separately; sweeping generalizations should be avoided; and the preferred approach toward transmitted and recently discovered texts should be "respect but suspect."

Key words: historiography; orality; reliability; *Xinian*; *Zuozhuan*

中国商代文字与古埃及早王朝时期文字材料中
大事纪年的比较研究

阿列霞（Olesia Volkova）

（复旦大学出土文献与古文字研究中心
"古文字与中华文明传承发展工程"协同攻关创新平台）

摘要： 本文对中国古文字与古埃及古文字材料中现存最早的大事纪年记录进行比较，并在此基础上指出，两种文明在纪时方式上呈现出一定的相似性，最初都将时间与王权观念在一定程度上联系在一起。在两种文明的早期记载中，具有纪时作用的大事均以王为核心，所记录的内容主题都是王室军事和祭祀仪式活动。这表明，大事纪年法与王国形成的需求有直接相关性，为我们理解文字起源与国家起源之间的关系提供了一个线索。

关键词： 比较研究；甲骨文；商代金文；古埃及文字；纪时方式；大事纪年

本论文所说的"大事纪年"是指早期文字采用的一种特殊纪时方式，即以一年内所发生的某种重大事件作为这一年的提示。这种纪时方式在古埃及和中国现存最早的文字材料中都能看到，均与早期国家形成的需求有关。本论文将对有关材料进行说解，从两种文明大事纪年的记录形式和内容以及使用目的这三个方面进行比较。

一、古埃及早王朝时期文字材料中的大事纪年

古埃及最早的文字符号可以追溯到前王朝晚期（约公元前 3250 年），但较为完整的可阅读的文字记录出现得晚一些，即在第一王朝初期（约公元前 3100 年），也就是早王朝时代的开端。①上埃及阿拜多斯（Abydos）墓地中，在第一王朝（约公元前 3100—前 2870 年）的王墓内及其周围出土了大量被称作"标签"（label）的文物。这种标签材料主要是象牙、河马牙或乌木，浅色的木质标签很可能是金合欢、悬铃木或雪松木的。标签之中也有用牛或羚羊的掌跖骨和肩胛骨制造的。

---

① 古埃及早王朝时期包括最初的三个王朝（约公元前 3100—前 2575 年）。参见：Wilkinson, Toby A. H., *Early Dynastic Egypt*. London, New York: Routledge, 2001, pp. 60-61.

标签表面刻有文字和图像符号的记录，有些符号仍保留颜料的痕迹，是刻划后加以装饰化的，还有一些符号是用墨水书写的。所记录的内容与标签的用途直接相关。在标签上角钻了一个小孔，被普遍认为是为了将它们串在一起或系到各种随葬品之上，如酒或油罐、纺织品、鞋子、皮包和木箱子等。标签上所记的内容就是随葬品的种类、数量和产地。[1]类似的标签在前王朝晚期统治者的墓葬已经出现[2]，只是与第一王朝的标签相比，后者大一些，并且所记的内容更为丰富，包括生产（或运送）祭品的年份。年份是用大事纪年方式记录的，年份专名（year-name）是整体标签记载中最突出的部分，因此，第一王朝的标签也常被称为"纪年标签"（year-labels）。

从标签的分布情况来看，绝大部分集中在上埃及阿拜多斯王室墓地，有些标签出现在更远的北方贵族墓地中。后者数量不多，只占总数的十分之一，但这一批材料表明，标签不仅是在王的葬礼中展示和使用的，也可以作为王的馈赠随王室家族成员或高地位的职官入葬。[3]

标签属于古埃及文字产生阶段，为我们理解文字的最初面貌和用途提供了主要证据。其实，这类记录原来的意图是什么，一直存有争议。雷德福（Donald Redford）先生早在 1986 年出版的《古埃及法老的王表、编年记和日志》一书中说，标签记录应是由负责王室储藏室的官员设计与使用的，最初兼有两个目的：纪念大事与登记日期，但很快就成为纯粹行政记录。[4]有学者以标签记录为证据，提出文字产生的行政模式。[5]其实，从标签出现的场合来看，它们绝不是普通的登记工具。温各楼（David Wengrow）先生在《古埃及考古》一书中指出，标签与珍贵的随葬和祭祀品之间存在紧密的关联，标签本身也是贵重物品，都是在葬礼仪式前后活动中展示和使用的，务必要把它们当作人与神之间交流过程中的一个重要环节来考虑它们的意义和价值。[6]关于标签具体是如何使用的，墓葬仪式中用的

---

① 刘钊师提示笔者，这一标签同中国古代的"楬"性质和用途接近。

② Dreyer, Günter, et al., *Umm el-Qaab I: Das prädynastische Königsgrab U-j und seine frühen Schriftzeugnisse.* Deutsches Archäologisches Institut, Abteilung Kairo, Archäologische Veröffentlichungen 86. Mainz am Rhein: Philipp von Zabern, 1998. （德文）Dreyer, Günter, *Tomb U-j: A Royal Burial of Dynasty 0 at Abydos*, in *Before the Pyramids: The Origins of Egyptian Civilization*, E. Teeter (ed.). Oriental Institute Museum Publications 33. The Oriental Institute of the University of Chicago, 2011, pp. 127-136. （英文）中文论文可参考：颜海英：《阿拜多斯 U-j 号墓发现的埃及早期文字》，《古代文明》第 2 卷，文物出版社，2003 年，第 364-394 页。

③ 关于标签的整理与研究可参考：Piquette, Kathryn E., *An Archaeology of Art and Writing: Early Egyptian Labels in Context.* Cologne: University of Cologne, Modern Academic Publishing, 2018.

④ Redford, Donald B., *Pharaonic King-Lists, Annals and Day-Books: A Contribution to the Study of the Egyptian Sense of History.* SSEA Publication IV. Mississauga, Canada: Benben Publications, 1986, pp. 86-88.

⑤ Postgate, Nicholas, et al., *The Evidence for Early Writing: Utilitarian or Ceremonial?* Antiquity 69 (264), 1995, p. 466. Dreyer, Günter, *Early Writing in Ancient Egypt*, in *Journey of Writing in Egypt*, K. Azab and A. Mansour (eds.). Bibliotheca Alexandrina, 2008, pp. 20-22.

⑥ Wengrow, David, *The Archaeology of Early Egypt: Social Transformations in North-East Africa, 10,000 to 2650 BC.* Cambridge University Press, 2006, p. 165.

物品为什么需要这些标记，目前仍没有完全令人信服的解释。有学者认为，标签被放置在墓葬中，应是在死后世界对墓主有一定的作用与重要性。①大事纪年的意图，也应该从这个角度去考虑。

从标签记录形式和主题内容也可以看出，值得纪念的事件都以王为核心，将多种王权标志结合在一起，不可能在行政管理领域有实际应用。标签刻有符号的数量可以达到五十多个，各符号的象征意义很高，行政管理活动显然需要更为有效的记录方式②，只是因为缺乏考古证据，当时管理机构到底是通过什么方式保存相关信息的，还不得而知。

关于标签记载的内容解读，主要难点在于，当时古埃及书写者只能通过图像表现（iconography）与文字的结合形式来表达相关的意图，所记录的内容只能从两种符号的整体来解释。③不过，如何解读没有标准。至少可指出，前辈学者早就发现，在形体上，第一王朝时期的符号多数与一千多年后的文字符号大体一致。④不能忽略的是，一个文字符号出现在同时期不同的载体上，在不同的语境中有不同的含义，随着时间的流逝，它所表达的意义也有所变化。尽管如此，古埃及研究者特别强调，古埃及思想观念的传承性很强，基本主题与表现形式倾向于保持不变。这些主题已可以从第一王朝的记录中提取出来。因此，为了复原当时的单个符号或符号组合的意思，用后世文字和艺术材料是合理的。我们这里很感兴趣的是，这些基本主题之中，最突出的是学界称为"打击敌人"（smiting enemies）的主题。⑤

1996 年德国考古研究所在阿拜多斯王室墓地进行发掘时，发现了一个保存较为完整的象牙标签，表面所刻的记录被涂上黑色的颜料⑥，是第一王朝历史上已知最早的标签，属于第一王朝第一位王纳尔迈（Narmer）统治时期（图一）。标签记录分为两栏。下部保存下来的记录开头的字符是 "🐊"（ḥȝt）⑦，是指"质量上乘的油"，在其左边还能看出数字"300"，即祭品的数量。此标签原来可能是系到

---

① Silverman, David P., Text and Image and the Origin of Writing in Ancient Egypt, in Dawn of Egyptian Art, D. Craig Patch (ed.). *The Metropolitan Museum of Art*, New York. Yale University Press, New Haven and London, 2011, p. 205.

② Wengrow, David, *The Archaeology of Early Egypt: Social Transformations in North-East Africa, 10,000 to 2650 BC*, 2006, pp. 206, 239.

③ Baines, John, *Visual and Written Culture in Ancient Egypt*. New York: Oxford University Press, 2007, pp. 285-286.

④ 与后来文字符号进行比较，学者们用伽丁内尔（Alan Gardiner）先生在《古埃及语法》一书中附上的字符表。此字符表反映出中王国时期（约从公元前 2240 年起）文字的状态（所谓 "Middle Egyptian"），参见：Gardiner, Alan, *Egyptian Grammar: Being an Introduction to the Study of Hieroglyphs*. 3rd ed. Oxford: Griffith Institute, 1957, Sign-list, pp. 442-548.

⑤ Wilkinson, Toby A. H., *Early Dynastic Egypt*, 2001, p. 197.

⑥ Dreyer, Günter, et al., Umm el-Qaab. Nachuntersuchungen im frühzeitlichen Königfriedhof, 9./10. Vorberich. MDAIK 54, 1998: 139.

⑦ 字符参见：Gardiner, Alan, *Egyptian Grammar*. 3rd ed., 1957, Sign-list, F-4.

油罐上的。标签上部是大事纪年的记录，是通过一种战胜场景来表示的。在场景中，纳尔迈以鲶鱼身人手的形象表现，一手持一种棍棒，也就是王的权杖（mace），准备打击敌人，另一手抓住敌人头上的纸草茎。这种植物在古埃及文字中很早就用来表示尼罗河三角洲地区和下埃及，写作"🦅"（*mḥw*）。[①]纳尔迈王被画作一条鲶鱼，不是偶然的，而是因为鲶鱼形符号"🐟"是他名字中的表音符号（读为 *n'r*）。王名被书写在场景右边的方框之内。这个方框，即所谓的"*serekh*"（*srḫ*），代表王宫（或王墓建筑）外观[②]，到第一王朝初期，其与鹰鸟图形相配，普遍用来记录王在加冕仪式中获得的称号。根据后世文献记载得知，鹰鸟形符号"🦅"（*ḥrw*）代表太阳神荷鲁斯（Horus）。[③]此鸟在王名框之上体现出一种基本的王权观念：王是荷鲁斯神在俗世的化身，他统治权的合法性是由神赋予和保证的。[④]在场景中，在王后面有一种象征物（所谓"王旗"standard，王权的标志之一）也代表荷鲁斯神鸟。在王后面还飞着一只秃鹫，是后来代表上埃及的涅赫贝特（Nekhbet）女神，保护王权的神之一。标签这一部分的记录残缺不全，但所描绘的显然是王室游行队伍，意味着王庆祝胜利。

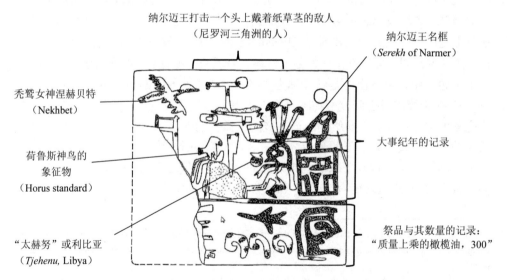

图一 古埃及第一王朝纳尔迈（Narmer）王统治时期的象牙标签（约公元前 3100 年），上埃及
阿拜多斯（Abydos）墓地 B 号墓区出土，德国考古研究所[⑤]

---

① 字符参见：Gardiner, Alan, *Egyptian Grammar*. 3rd ed., 1957, Sign-list, M-15, M-16.

② 字符参见：Gardiner, Alan, *Egyptian Grammar*. 3rd ed., 1957, Sign-list, O-33.

③ 字符参见：Gardiner, Alan, *Egyptian Grammar*. 3rd ed., 1957, Sign-list, G-5.

④ Gardiner, Alan, Egyptian Grammar: Being an Introduction to the Study of Hieroglyphs. 3rd ed. *The Titulary and Other Designations of the King*. Oxford: Griffith Institute, 1957, p. 72.

⑤ 线图来源：Dreyer, Günter, Early Writing in Ancient Egypt, in *Journey of Writing in Egypt*, K. Azab and A. Mansour (eds.). Bibliotheca Alexandrina, 2008, pp. 19-20, Fig. 9b.

德国考古队队长德赖尔（Günter Dreyer）认为，以上场景反映出与上埃及和下埃及统一有关的真实的历史事件。建立第一王朝的统治者出自上埃及地区。除了敌人头上的纸草茎标志下埃及之外，在敌人的身边可见有一个罐形符号，在当时的记录系统中已经有音值，作为表音符号（读为 nw）应是指"太赫努"（ṯhnw），即后来用作利比亚和附近地区的专名或指来自此地的居民。①前王朝末期，太赫努人很有可能居住于尼罗河三角洲的西部。这个符号与标签上部的其他符号结合起来，可以解读为：②

（1）纳尔迈王（王名框）征服利比亚（人）之年。（图一）

King Narmer (the king's *serekh*). Year of subduing the *Tjehenu*-people.

纳尔迈王标签所纪念的大事表面看是战事，不过，从记录形式来看，更为可信的解释是白恩斯（John Baines）先生在谈到古埃及王权观念的起源时所提出的说法。他认为，标签上的场景具有仪式的性质，不一定反映真正的历史事件本身，而反映此事的仪式性证据（ritual affirmation）。③这不是说标签完全没有体现出历史信息，只是说标签记录形式接近于仪式活动和展演，很可能与现实中的庆祝王胜利的仪式有关。从早期国家形成与确立思想观念这个角度来看，如果没有军事活动，国家统一很难实现，因此，这一时期军事胜利很自然地成为核心观念之一。胜利能够表达很高的思想意义：埃及王在战争中获胜，不仅意味着王拥有军事实力征服敌人，维护埃及王国（在古埃及人心目中，就是理想的社会状态），更意味着他有强大的神圣力量维持生命秩序。王征服外敌类似于秩序（m3ʿt）战胜混乱（isft），从前王朝晚期以来，这就是古埃及图像表现和文字记载中一直延续的经典主题。在这个意义上，白恩斯先生说，战争胜利也可以看作了恢复宇宙秩序而施行的仪式类活动。④

第一王朝初期与中期，古埃及人在大事纪年方式上对于战事特别重视。这一时期的标签之中，最有名的是阿拜多斯墓地登（Den）王墓出土的象牙标签，现藏于伦敦大英博物馆（图二）。标签背面刻有一双鞋子的图形，原来就是系到王鞋子上的。该标签上有戏剧性场景，与以上纳尔迈王标签对比，是更为直接的表达，即直接描绘王手握权杖，强迫他的敌人跪下。在场景之上有登王名框，表明那次胜利是在登王统治之下获得的。场景附属文字开头的是"◉❘"（sp tpi）两字，意

---

① 字符参见：Gardiner, Alan, *Egyptian Grammar*. 3rd ed., 1957, Sign-list, W-24.

② Dreyer, Günter, *Egypt's Earliest Historical Event*. Egyptian Archaeology 16, 2000, pp. 6-7. Dreyer, Günter, *Early Writing in Ancient Egypt*, 2008, pp. 19-20.

③ Baines, John, Origins of Egyptian Kingship, in *Ancient Egyptian Kingship*, D. O'Connor and D. Silverman (eds.). Leiden: Brill, 1995, pp. 116-117.

④ "Conquest can itself be a ritual." 参见：Baines, John, *Origins of Egyptian Kingship*, 1995, p. 116.

义为"第一次某种活动"。①当时，王举行某次某种仪式活动，已成为一种固定的纪年格式。②登王标签上的此句说明，那一年是登王"初次征伐东方"之年，句中的"东方"应是指邻接尼罗河谷地东北部的西奈半岛或巴勒斯坦南部：

（2）登王（王名框）初次征伐东方（人）之年。（图二）

King Den (the king's *serekh*). Year of smiting the East for the first time.

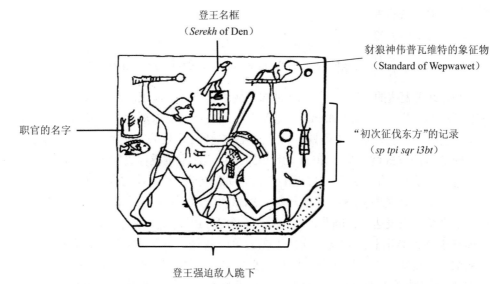

登王名框
（*Serekh* of Den）

豺狼神伟普瓦维特的象征物
（Standard of Wepwawet）

职官的名字

"初次征伐东方"的记录
（*sp tpi sqr i3bt*）

登王强迫敌人跪下

图二　古埃及第一王朝登（Den）王统治时期的象牙标签（约公元前 3000 年），上埃及阿拜多斯乌姆・卡博（Umm el-Qaab）墓地登王墓出土，伦敦大英博物馆藏③

标签场景以沙丘为背景，不仅是指敌人的据点，也是指埃及边界之外的荒漠，象征被王征服的无秩序的世界。④值得注意的是，在登王标签上首次出现了两种象征物，代表王与神之间存在密切的关系。一是王的眼镜蛇形头饰（uraeus），与保护王权的蛇女神瓦吉特（Wadjet）有关。二是在王前面所描绘的旗子上面带着站立豺狼的图形⑤，代表伟普瓦维特（Wepwawet）神。⑥伟普瓦维特这一称号的意义

---

① 字符参见：Gardiner, Alan, *Egyptian Grammar*. 3rd ed., 1957, Sign-list, O-50, T-8.

② "Year of the First/Second Occasion (of a particular ritual)"，参看：Baines, John, *Visual and Written Culture in Ancient Egypt*. New York: Oxford University Press, 2007, p. 125.

③ 线图来源：Wilkinson, Toby A. H., *Early Dynastic Egypt*, 2001, p. 156, Fig. 5.1 (1).

④ Craig Patch, Diana, *Early Dynastic Art*, in *Dawn of Egyptian Art*, D. Craig Patch (ed.). The Metropolitan Museum of Art, New York. Yale University Press, New Haven and London, 2011, p. 142.

⑤ 从前王朝末期起，旗子与其上面的象征成为重要的王权标志，原来很可能与王室祖先崇拜有关。参见：Wilkinson, Toby A. H., *Early Dynastic Egypt*, 2001, pp. 197-199, Fig. 6.4.

⑥ 这种豺狼之旗的形体第一次出现在登王标签上。参看：Johnson, Sally B., *The Cobra Goddess of Ancient Egypt. Predynastic, Early Dynastic and Old Kingdom Periods*. London, New York: Kegan Paul International, 1990, pp. 52-53.

是"道路的开辟者"(*Opener of the Ways*),意味着他为王打开世界上所有的道路。从第一王朝时期起,伟普瓦维特神(其象征物)往往伴随王,他在战斗场景中出现,确保王的胜利。从此时起,神对王统治的认可与支持,以多种象征符号为形式,成为各种王室记录中的重要组成部分,纪时也不例外。

登王作为征服者的这个姿态出现在年代更早的其他载体上(如纳尔迈调色板),到第一王朝中期已经完全定型了,并与文字相配用作大事纪年。从大背景来看,当时所记录的大事不仅用作某一年的提示,就是说不仅用于纪念与纪时,更重要的是,这些大事构成王行为的标准,即王在神支持之下守卫埃及领土和社会秩序。①这个理想的标准在古埃及王朝历史上延续了三千多年。

标签之中还有一个特例。在阿哈(Aha)王墓出土的乌木标签上,大事纪年是通过文字直接表达的,但文字符号的组合方式很特别,使王名本身成为所记录的战事的积极参与者。"阿哈"称号的意思是"斗士"(*ḥ3*),是由棍棒(权杖)和盾牌这两个字符构成的。标签上,这位王的王名框有特殊的写法:权杖和盾牌出现在神鸟的爪子里,方框两边还加上人手臂,左手握着权杖"⚲"(就是表示"打击"smite 的字符)②,右手抓着束缚的俘虏——"🖾"字符,意为"敌人"③(图三)。④在古埃及记录系统中,字符加上人手这一手段往往用于表示动作,使字符变得有活力,更突出地表达记录的意图。⑤从图三中可以看出,通过这个手段,阿哈王名本身变成了一个斗士。在王名框右边有两个字符的组合:弓形符号指代"弓之地"(*T3-Sti*)⑥,即埃及以南的努比亚地区,另一个字符被释为"反对"(*r*)。⑦"反对努比亚"是说那一年阿哈王征服比亚地区的一个敌国。从考古证据来看,该标签所纪念的大事很有可能是埃及王朝战胜了下努比亚库斯图尔(Qustul)地区的王国。⑧

---

① Wengrow, David, *The Archaeology of Early Egypt: Social Transformations in North-East Africa, 10,000 to 2650 BC*, 2006, pp. 128, 204.

② 字符参见:Gardiner, Alan, *Egyptian Grammar*. 3rd ed., 1957, Sign-list, T-2, T-3.

③ 字符参见:Gardiner, Alan, *Egyptian Grammar*. 3rd ed., 1957, Sign-list, A-13.

④ Roth, Ann Macy, *Objects, Animals, Humans, and Hybrids: The Evolution of Early Egyptian Representations of the Divine*, in *Dawn of Egyptian Art*, D. Craig Patch (ed.). The Metropolitan Museum of Art, New York. Yale University Press, New Haven and London, 2011, p. 201.

⑤ 这个手段白恩斯先生称为 "emblematic personification",参看:Baines, John, *Visual and Written Culture in Ancient Egypt*, 2007, pp. 285-286.

⑥ 字符参见:Gardiner, Alan, *Egyptian Grammar*. 3rd ed., 1957, Sign-list, Aa 32, pp. 512, 593.

⑦ 字符参见:Hoch, James E., *Middle Egyptian Grammar*. SSEA Publication XV. Mississauga: Benben Publications, 1997, *Egyptian Vocabulary*, p. 267.

⑧ 前王朝晚期(约公元前3400—前3100年),下努比亚的所谓"A-Group"文化群与上埃及文化的关系很紧密,随着埃及王朝的建立与繁荣发展,两地之间产生了利益冲突,下努比亚的王国很快就灭亡了。参见:Williams, Bruce B., *Relations between Egypt and Nubia in the Naqada Period*, in *Before the Pyramids: The Origins of Egyptian Civilization*, E. Teeter (ed.). Oriental Institute Museum Publications 33. The Oriental Institute of the University of Chicago, 2011, p. 91. 相关中文论文可参考:刘金虎:《试论史前时代至新王国时期古代埃及与努比亚地区的交往》,《杭州师范大学学报》第 1 期,2021 年,第37-48 页。

阿哈王标签中间还有两个字符的组合：卧豺狼的形状记录墓地守护神阿努比斯（'*Inpw*, Anubis）的名字①，其下面的字符（*ms(.t)*）意义为"出生"（give birth）②，是指一种与制造神祇塑像有关的仪式活动。"阿努比斯出生"这一句的意思是，阿努比斯神塑像被制造后，王举行一种仪式，是后来所谓的"开口"仪式。有关这种仪式的文献记载最早出现在第五王朝末期《金字塔铭文》（*Pyramid Texts*）中，具体在乌纳斯（Unas）王金字塔墓室内所刻的铭文中（约公元前 2400 年），也就是古埃及现存最早的文献材料，但此仪式的原始形式可以上溯到早王朝时期。此仪式以动词"出生"来表达，是因为起源于新生儿出生后的一系列魔法咒语和动作，主要是与进行初次喂食有关的，后来引申为神庙中举行的仪式活动，目的是使新造的某神塑像能看、能听以及接受王或祭司供奉的祭祀饮食。③在阿哈王标签纪年记录中，此仪式配合庆祝战胜的活动。另外，最右边还有方框里面的文字，被认为是与建立某城堡有关的，却还没有可靠的解释。标签整体释文可以写出如下：④

（3）阿哈王（王名框）征服努比亚（人），制造阿努比斯神塑像，建立城堡的那一年。（图三）

King Aha (the king's *serekh*). Year of beating the Nubians. Birth of Anubis. Foundation of the Fortress.

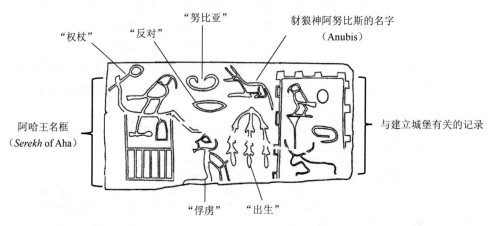

图三　古埃及第一王朝阿哈（Aha）王统治时期的乌木标签（约公元前 3100 年），上埃及阿拜多斯墓地 B 号墓区阿哈王墓出土，牛津阿什莫林艺术与考古博物馆⑤

① 字符参见：Gardiner, Alan, *Egyptian Grammar*. 3rd ed., 1957, Sign-list, E-15.

② 字符参见：Gardiner, Alan, *Egyptian Grammar*. 3rd ed., 1957, Sign-list, F-31.

③ 关于"开口"（Opening of the Mouth）仪式的起源与内容，参看：Roth, Ann Macy, *The Psš-Kf and the 'Opening of the Mouth' Ceremony: A Ritual of Birth and Rebirth*. The Journal of Egyptian Archaeology 78, 1992, pp. 113-147.

④ 释文见：Jiménez Serrano, Alejandro, *Royal Festivals in the Late Predynastic Period and the First Dynasty*. Oxford: BAR International Series 1076, 2002, p. 87, Fig. 50.

⑤ 线图来源：Roth, Ann Macy, *Objects, Animals, Humans, and Hybrids: The Evolution of Early Egyptian Representations of the Divine*, 2011, p. 201, Fig. 46.

　　标签记录中，战事与仪式活动，或两个以上仪式活动，并用纪年的情况较为常见。属于登王统治时期的乌木标签划分为左右两个部分（图四 1）。左边列出随葬的祭品和其数量，王室管理机构和负责职官。用于纪年的大事原来安排在右边的四栏，但因为下部破损了，现存的只有三栏记录，是通过文字和图像符号混用的方式来表达的。第三栏右侧附加一个钩形字符"⸗"（rnpt），其意义为"年"①，表示这三栏内的记录共同构成那一年的专名。②最上面的一栏有登王名框和两个场景，都表现古埃及最早的王室仪式之一——塞德庆典（Sed-festival）。在右边场景中，王在两套石头标记（图中是半月形符号，读为 dnbw）之间奔跑，反映出塞德庆典核心活动，即所谓"跑"仪式（ritual run）。这两套石头标记代表埃及领土，王通过这种"跑"仪式环绕全埃及，是为了再次宣称他自己是埃及土地的所有者。在左边的场景中，在"跑"仪式结束之后，王出现在台阶的王座之上，意味着他已更新自己的所有权与统治权，重复加冕仪式。③举行塞德庆典的目标不仅是恢复王自身的活力和统治权，更是为了借助王的行为恢复全国（宇宙）秩序，也就是埃及王的神圣职责。到第一王朝中期，此庆典仪式已用作重要的时间标志，作为"某次某种仪式"这一纪年格式中的大事④，出现在早王朝时期的其他载体上（如王室的石制容器、浮雕石碑等）。这表明，塞德庆典在古埃及王权观念中早就处于核心地位，后来一直延续到古埃及王朝时代晚期。

　　登王标签大事纪年的部分中间有一些字符的组合，所记录的内容与攻打敌方城堡有关。此记录开头的"⩗"（wp）字符（牛角的象形）有"分裂""打开"的意思。⑤其下面有一个圆框形的符号，表示有围墙之城，圆框里面的文字记录此城的名字（ꜣꜥn，"美门"）。从图中可以看出，城墙的圆框缺少一部分，表明此城被攻破。这一组可以释读为"打开敌方城堡"，左边还加上捕获俘虏的记录。⑥内容相同的记录也出现在其他登王统治时期的标签中，所提到的被征服的古城的所在地，大致认为处于巴勒斯坦南部（图四 2）。考古发掘证明，此时期在埃及与巴勒斯坦之间的线路上建立了几个行政中心，主要目的是保护埃及的商队，因此，埃及统治者在此地区发动了军事活动是很有可能的，应与安全地进行贸易往来的需要有关（又见图二）。

---

　　① "年"字形是一棵没有叶子的棕榈树，作为计时单位用来表示"年"，而进一步引申为"时间"。文字符号参见：Gardiner, Alan, *Egyptian Grammar*. 3rd ed., 1957, Sign-list, M-4.

　　② "年"字符最早出现在第一王朝中期的标签上，到第一王朝末期定为大事纪年的标记。参见：Jiménez Serrano, Alejandro, *Royal Festivals in the Late Predynastic Period and the First Dynasty*, 2002, pp. 21-22.

　　③ Friedman, Florence Dunn, *The Underground Relief Panels of King Djoser at the Step Pyramid Complex*. JARCE 32, 1995, pp. 7-8, 22.

　　④ "*Year of the n'th Occasion (of a particular ritual)*"，参看：Baines, John, *Visual and Written Culture in Ancient Egypt*. New York: Oxford University Press, 2007, p. 125.

　　⑤ 字符参见：Gardiner, Alan, *Egyptian Grammar*. 3rd ed., 1957, Sign-list, F-13.

　　⑥ Wilkinson, Toby A. H., *Early Dynastic Egypt*, 2001, pp. 155-157.

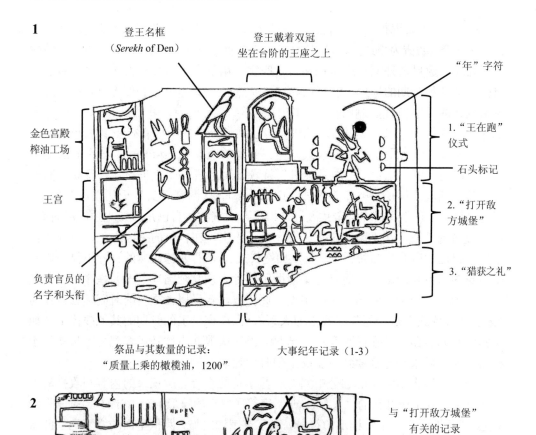

1

登王名框
（*Serekh* of Den）

登王戴着双冠
坐在台阶的王座之上

"年"字符

金色宫殿
榨油工场

王宫

负责官员的
名字和头衔

1. "王在跑"
仪式

石头标记

2. "打开敌
方城堡"

3. "猎获之礼"

祭品与其数量的记录：
"质量上乘的橄榄油，1200"

大事纪年记录（1-3）

2

与"打开敌方城堡"
有关的记录

图四　古埃及第一王朝登王统治时期的标签（约公元前 3000 年）：1. 乌木标签，上埃及
阿拜多斯乌姆·卡博墓地登王墓出土，伦敦大英博物馆藏；[①] 2. 木质标签残片[②]

　　标签下部保存下来的信息，除了王的头衔"上、下埃及之王"，还提到"猎鸟"
与"猎鱼"。根据法国学者各德龙（Gérard Godron）的考释，此部分原来还包括"猎
河马"（字面上是"使河马摔倒"）的记载。[③]尽管这些王室活动的具体内容难以解
释清楚，但在象征意义上，野兽（尤其是河马）和鸟类体现无序力量，在野生自
然中猎杀和捕获动物，类似于在战斗中杀掉和捕获俘虏。这两个主题均包含秩序
统御混乱（order over chaos）的意思，在前王朝时期的艺术作品中（早在约公元

　　① 线图来源：Wengrow, David, *The Invention of Writing in Egypt*, in *Before the Pyramids: The Origins of Egyptian Civilization*, E. Teeter (ed.). Oriental Institute Museum Publications 33. The Oriental Institute of the University of Chicago, 2011, p. 101, Fig. 11.1.

　　② 线图来源：Wilkinson, Toby A. H., *Early Dynastic Egypt*, 2001, p. 156, Fig. 5.1 (3).

　　③ Godron, Gérard, *Études sur l'Horus Den et quelques problèmes de l'Égypte archaïque*. Genève, 1990: 61-66, Planche III–V.

前 4000 年）已表现得很突出，并关联在一起，延续到王朝时代。①统一王朝形成之后，狩猎活动成为王室贵族生活的标志，其象征内涵也渗透在各种王权仪式中。②王战胜埃及边界之外的无序世界的形象规范化了，与文字互补用来纪年。

以上登王时期的标签把一种王权仪式、战胜和狩猎组合起来纪年。这三个主题可以充分反映当时大事纪年的内容。该标签全部释文如下③：

（4）登王（王名框）举行塞德庆典仪式，征服名为"美门"的敌方城堡，攻击与捕捉敌人，上、下埃及之王举行猎鸟、猎鱼、猎河马之礼的那一年。（图四 1）

King Den (the king's *serekh*). Year of celebrating the *Sed*-festival. Sending an expedition. Dismantling (opening) the Fortress ("the Beautiful Door"). Smiting and taking captives. Hunting birds by the King of Upper and Lower Egypt. Harpooning the fish. Harpooning (lit. throwing) the hippopotamus.

总之，在古埃及，大事纪年主要强调统治者的军事实力和祭司特权。与此类似，中国殷商时期的人使用王室军事和仪式活动来标志时间的流逝。对于军事记录来说，在古埃及，提到敌国的名字一直是大事纪年中很重要的组成部分。我们这里还要举一个例子，此例子中，除了敌国之外，还突出敌族首领的名字。这一点与中国殷商人的想法十分契合。

第一王朝之后，纪年标签似乎不再出现，但根据王室活动来命名年份的方式保存下来了，偶尔出现于其他载体上。第二王朝最后一位王哈塞海姆（Khasekhem）统治时期（约公元前 2685 年）的花岗石容器就是一个例子，是古埃及编年记载中的一个重要环节。哈塞海姆王在不能掌握全国的情况下即位，此时他所掌握的地区只有上埃及（埃及南部），不过，他通过对埃及北部地区的军事行动顺利地完成了这一过渡。以上提到的这件容器被认为是纪念那次重新统一埃及的重大内战（图五）。该容器铭文中最右边是"年"字符，表示所记录的就是大事纪年。记录中王名框上面的荷鲁斯神鸟戴着白冠（White Crown），是象征上埃及的符号" " （*ḥḍt*）④，而被权杖（王的标志之一）打击的俘虏头上戴着纸草茎，上文已提到，此植物用来表示下埃及（埃及北部）。秃鹫符号" "代表上埃及的保护神涅赫贝特（见图一）⑤，这位女神站在所谓名圈（cartouche）之上⑥，框起来的名字属

---

① Hendrickx, Stan, and Merel Eyckerman, 2012. *Visual Representation and State Formation in Egypt*. Archéo-Nil 22, 2012, pp. 23-72.

② 相关中文论文可参考：薛江、颜海英：《古埃及前王朝时期的王权表达》，《美术大观》，2021 年，第 31-32 页。

③ 释文见：Jiménez Serrano, Alejandro, *Royal Festivals in the Late Predynastic Period and the First Dynasty*, 2002, pp. 66-67.

④ 字符参见：Gardiner, Alan, *Egyptian Grammar*. 3rd ed., 1957, Sign-list, S-1.

⑤ 字符参见：Gardiner, Alan, *Egyptian Grammar*. 3rd ed., 1957, Sign-list, G-14.

⑥ 字符参见：Gardiner, Alan, *Egyptian Grammar*. 3rd ed., 1957, Sign-list, V-9.

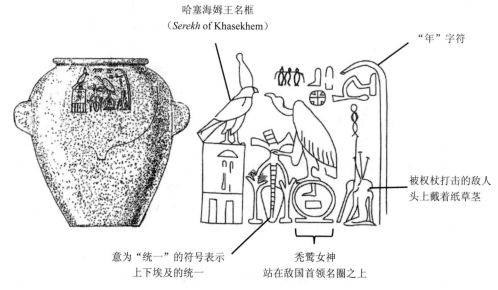

哈塞海姆王名框
（*Serekh* of Khasekhem）

"年"字符

被权杖打击的敌人
头上戴着纸草茎

意为"统一"的符号表示
上下埃及的统一

秃鹫女神
站在敌国首领名圈之上

图五　古埃及第二王朝哈塞海姆（Khasekhem）王统治时期的花岗石容器铭文（约公元前 2685 年），
　　　上埃及希拉康波利斯（Hierakonpolis）神庙遗址出土，埃及开罗博物馆藏[①]

于敌方首领，读为"贝什"（*bš*, Besh）。由多种符号组成的这个场景与附属的几个
字符结合起来，可以翻译如下：[②]

（5）哈塞海姆王（王名框）征服名为贝什的北方（人）首领之年。（图五）

King Khasekhem (the king's *serekh*). Year of fighting the Northerners and their
ruler named Besh.

上引铭文中的纪年方式很显然与第一王朝的标签相呼应。学界普遍认为，从
第一王朝起，纪年记录在王宫或神庙中存档，相关档案材料为后世编年记载奠定
了基础。尽管还没有考古证据能够直接证明这一说法，大体应该是正确的。早王朝
时代结束之后，年份专名的编纂出现于第五王朝末期石碑（约公元前 2350 年）中，
其中最为著名的是巴勒莫石碑（Palermo Stone），还有相关的几块石碑残片，分别
藏于伦敦和开罗博物馆。[③]这些石碑表现古埃及最早的按各王统治时间系统化的编

---

① 线图来源：Kemp, Barry J., *Ancient Egypt: Anatomy of a Civilization*. 3rd ed., 2018, p. 95, Fig. 2.18 (4). Dodson,
Aidan, *The First Pharaohs: Their Lives and Afterlives*, 2021, p. 54, Fig. 40.

② Kemp, Barry J., *Ancient Egypt: Anatomy of a Civilization*. 3rd ed. London: Routledge, 2018, p. 95. Dodson, Aidan, *The
First Pharaohs: Their Lives and Afterlives*. The American University in Cairo Press, 2021, pp. 53-54.

③ 巴勒莫石碑记载从第一王朝到第五王朝时期（约公元前 3100—前 2575 年）的王名与大事，前文还包括几位
前王朝末期（或所谓"0 王朝"）或神话中统治者的名字。关于巴勒莫石碑及其相关残片的专门著作参见：Wilkinson,
Toby A. H., *Royal Annals of Ancient Egypt. The Palermo Stone and Its Associated Fragments*. London, New York: Kegan
Paul International, 2000.

年记录（annals）。从使用上看，石碑被安装在神庙里，在神庙仪式过程中展示和使用，石碑铭文是奉献给神的，没有任何实际（行政）作用。①

从记录形式和主体内容上看，石碑编年记录与第一王朝的纪年标签很明显属于同一个传统。石碑上，用于纪年的大事分栏排列，每一栏由"年"字符划分为几个部分，每个部分记载一件或几件重大的王室活动。举例说明，巴勒莫石碑上，第三栏全部记载上文提到的第一王朝登王统治时期发生的大事（图六），开罗残片中也有属于这一位王统治时期的事件（图七）。石碑记录中所采用的文字格式（patterns）之中，可以辨认出来第一王朝时期定型的符号和符号组，包括"年"字符

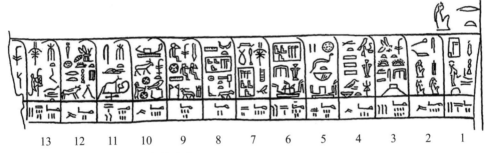

| 13 | 12 | 11 | 10 | 9 | 8 | 7 | 6 | 5 | 4 | 3 | 2 | 1 |

石碑上的位置	大事纪年的内容
第三栏第二列 （PS r.III.2）	征服名为"弓手"的外敌② Smiting *Iwntiw* or the Bowmen
第三栏第三列 （PS r.III.3）	上下埃及之王公开露面仪式，塞德庆典仪式 Appearance of the Dual King. *Sed*-festival
第三栏第五列 （PS r.III.5）	第二次杰特庆典仪式 Second Occasion of the *Djet*-festival
第三栏第八列 （PS r.III.8）	打开圣湖仪式，猎河马 Opening the (sacred) Lake (at the building) "Thrones of the Gods". Spearing the Hippopotamus
第三栏第十一列 （PS r.III.11）	制造伟普瓦维特神的塑像（字面：伟普瓦维特神出生） Creating (an image of) Wepwawet (or Sed)

图六　古埃及第五王朝末期巴勒莫石碑（Palermo Stone）局部（约公元前2350年），所记录的是第一王朝登王统治时期的各年大事。意大利巴勒莫考古博物馆藏③

---

① Baines, John, *Ancient Egypt*, in *The Oxford History of Historical Writing: Volume 1: Beginnings to AD 600*, A. Feldherr and G. Hardy (eds). Oxford University Press, 2011, pp. 57-59.

② 可能是指东沙漠地区的游牧民族。

③ 巴勒莫石碑全部线图参见：Wilkinson, Toby A. H., *Royal Annals of Ancient Egypt. The Palermo Stone and Its Associated Fragments*. London, New York: Kegan Paul International, 2000, p. 289, Fig. 1. 释文见：Wilkinson, Toby A. H., 2000, pp. 103-119.

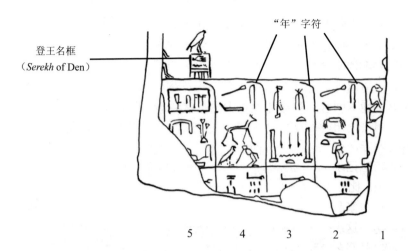

石碑上的位置	大事纪年的内容
下栏第二列 （CF5 r.L.2）	征服名为"亚人"的外敌① Smiting *Stt(i)* or the Asiatics
下栏第三列 （CF5 r.L.3）	制造阿努比斯神的象征物 Creating an *Imiut* fetish in a shrine
下栏第四列 （CF5 r.L.4）	征服名为"似狗"的外敌② Smiting *iwti* or the dog-like (people)

图七　古埃及第五王朝末期编年石碑残片，即开罗五号残片（Cairo Fragment 5），所记录的是第一王朝登王统治时期的几年大事。埃及开罗博物馆藏③

本身，各王统治时期的主要纪时单位。从图六、图七中的几个文例可以看出，大事之中，比较突出的是"▱"（skr），"打击"，这一动作是用"权杖"表意符号来记录的，就是征服敌人的工具，是最早的表达王权的符号。如第一王朝标签一样，石碑上刻写的仪式活动用"出生"字符加神名（或象征物）来记录与制造神雕像有关的仪式，用"某次活动"说明某种王室庆典是第几次举行的。王权的标志、与神有关的象征符号大部分都是在第一王朝及更早时期产生的。

　　与标签类比，从石碑所记的内容更可以看出，每一王朝各王的统治时间是由不断延续的仪式活动构成的，包括以仪式形式表现的战事活动。这些仪式活动反复循环，将各王统治时期关联起来，强调王权统治理想的延续性。④这些仪式，严格

---

① 此名后来指北西奈与巴勒斯坦南部的居民。

② 此名属于哪一地区的居民仍不明。

③ 释文及线图来源：Wilkinson, Toby A. H., *Royal Annals of Ancient Egypt. The Palermo Stone and Its Associated Fragments*, 2000, pp. 240-247; p. 298, Fig. 10.

④ Wilkinson, Toby A. H., *Royal Annals of Ancient Egypt. The Palermo Stone and Its Associated Fragments*, 2000, pp. 61-64.

地说，不一定反映真实发生的历史事件，而主要是为统治行为构建规范的框架。[①]也可以说，这类往事记录，为后世统治者提供仪式行为的标准。只要王的行为符合这个标准，由神赋予的社会（生命）秩序就会得到维持。从后世文献记载看，这些记录确实被后代当做王权的标准，在古埃及人心目中正确地履行这个职责的统治者，死后被视为伟大的神，能够保佑新王的统治。古埃及各王都愿意按照神的意志行事，大事纪年就是突出这一点，实际上表达理想的，或意愿建构的现实。

总结以上内容，在古埃及，大事纪年作为神圣记载的一部分而出现，纪年的目标不在于准确地记录时间，也不在于真实地记录历史事件，当时书写者头脑里似乎没有此意识。比较中国和古埃及纪时方式时，值得注意的一点是，在古埃及，大事纪年最初是与祭品名单（offering list）结合在一起的，与祭品本身及祭祀仪式的关系很密切。这表明，大事纪年的目标受众不在人间。在商代中国，大事纪年原来的意图也跟祭祀活动相关，具有一定的神秘色彩。

二、中国商代文字材料中的大事纪年

殷商时期的甲骨刻辞，就是中国现存最早的文字材料，已见有"岁"字前加数字的记录，很可能是指时王在位的年数。[②]"岁"字甲骨文作"𢧕"或"𢦏"[③]，像斧钺之形，有割牲以祭祀的意思，是指一种祭祀方式。关于用"岁"纪年的来源，最近有学者提出，"岁"祭是一年中每个月轮番举行的，年复一年，因此而引申指历法上的一年。[④]如果这一说法是正确的，那么就可以将"年"概念与祭祀仪式之间的关联推到最早的武丁时代（约公元前 1200 年）。

到了殷商末期，甲骨刻辞中纪年用"隹（唯）王几祀"。这个格式中，"祭祀"之"祀"（祀）是当作"年"使用的[⑤]，来源于王室祭祀活动。早在祖甲统治时期（约公元前 1170—前 1150 年），也许更早，商王开始对王室祖先进行特定的祭祀仪式，具体是"翌""祭""𡘭""𠦪（协）"和"彡（肜）"五种仪式，或称作"祀典"。[⑥]这一套祀典是一年内按一定的顺序循环往复举行的。随着时间的流逝，接受祭祀的祖先不断增多，祀典的程序越来越系统化，终于形成了一种固定的祭祀周期，所谓"周祭"。[⑦]"唯王几祀"之"几祀"本来就是指"第几个祭祀周期"，

---

① Baines, John, *Origins of Egyptian Kingship*, 1995, pp. 128-131.

② 常玉芝：《殷商历法研究》，长春：吉林文史出版社，1998 年，第 351 页。

③ 刘钊主编：《新甲骨文编》（增订本），福州：福建人民出版社，2014 年，第 88-89 页（《合集》1575、25155）。

④ 李凤英：《论商代纪年用"岁"的甲骨文证据——与周祭纪年用"祀"比较》，《甲骨文与殷商史》新 12 辑，上海：上海古籍出版社，2022 年，第 421-432 页。

⑤ 刘钊主编：《新甲骨文编》（增订本），2014 年，第 8 页（《合集》37398）。

⑥ 常玉芝：《殷商历法研究》，第 353-360、365 页。

⑦ 关于周祭祭祀最全面的研究，参见：常玉芝：《商代周祭制度》，北京：线装书局，2009 年（1987 年首次出版）。

但由于此祭祀周期所需要的时间（即三十六旬）正好与一个太阳年的时间相近，为了方便或其他原因，殷人将这个祭祀周期与历法之年合并。①"唯王几祀"不说是属哪一位王在位的年（祭祀周期），但以新王即位为起点，为每一位新的王重新开始记录年数。这意味着，与古埃及一样②，当时在殷商文字中已形成了以"某位王统治时期"（reign）为主要纪时单位的时间观念。

在我们看来，"唯王几祀"这一格式是大事纪年一类的，在客观上就是根据商王所举行的重大祭祀活动来命名年份的方式。

殷商末期，在黄类材料中，在刻辞末尾出现"隹（唯）王来正（征）"，也是一种纪年方式，与"唯王几祀"并存。可以说，这一时期殷商刻写者更加关注纪年。"唯王来征"很突出地用一年内所发生的重大事件作为此年的提示，所记的事件具体是王室军事活动。③殷人与古埃及人一样，在纪年方式上重视军事活动。下面举例说明这一点。

在商朝最后两位王帝乙与帝辛统治时期，商国主要针对两个方国作战，即所谓"盂"方和"夷"方，分别位于商国西部和东部的边界。在帝辛时期，商王朝与夷方之间发生了两次大规模的战争：一次在王即位的第十年，另一次在第十五年。④有关第十年大战的甲骨材料丰富，曾引起了学术界高度关注。那一年，夷方从今山东省中东部入侵商王朝的东土，商王从王都"大邑商"出发，联合名字叫"喜"的侯（即当时军事防御地的首领）去讨伐夷方。商王在决定出征时亲自举行占卜仪式，有关占卜记录的内容保存完整，释文如下：⑤

（6）甲午王卜，贞：作余酚，朕肇（祷）氘余步比侯喜正（征）尸（夷）方，上下、徹示受余又（有祐），不甹（缓）戋（翦），屮（肩）告于大邑商，亡㦸（害）才（在）畎（忧）。王囟（占）曰："吉。"才（在）九月。遘上甲㢟，隹（唯）十祀。

牛肩胛骨刻辞，《合集》36482（黄类）⑥

例（6）卜辞的内容是说，甲午这一天商王占卜，是否能得到神祇的保佑："我要出征配合侯喜征伐夷方，希望神祇都会给我祐助，不要犹豫剪灭他们，能够向大邑商报告复命，没有灾祸。"王占卜后说："吉。"卜辞尾部附记时间：在九月，这

---

① 蒋玉斌教授，个人交流，2024 年 4 月。

② 关于古埃及第一王朝时期产生的时间观念，可参见：Redford, Donald B., *Pharaonic King-Lists, Annals and Day-Books: A Contribution to the Study of the Egyptian Sense of History*, 1986, p. 138.

③ 商艳涛：《略论先秦古文字材料中的大事纪年》，《中国历史文物》2008 年第 1 期，第 83 页。

④ 李学勤：《商代夷方的名号和地望》，《中国史研究》2006 年第 4 期，第 3-7 页。李学勤：《帝辛征夷方卜辞的扩大》，《中国史研究》2008 年第 1 期，第 15-20 页。

⑤ 这版卜辞最初的拓本见于《殷虚书契前编》。

⑥ 本论文将《甲骨文合集》一书简称为《合集》。

位王即位的第十年，就是"王十祀"。纪年之前的一句说明，当时正赶上祭祀先王"上甲"的仪式。这一时期，甲骨刻辞中往往直接采取周祭中的祀典名及受祭的先王称谓来纪时，表示所占卜之事的内容记录在某种周祭祭祀仪式即将开始或刚刚开始的时候。这种纪时手段与纪年互补使用，这表明，正如我们在古埃及文字材料中发现的一样，一年（王年）的时间被视为一系列仪式时间的总和。

根据与帝辛"十祀"战争相关的材料可知，神祇听到了商王的祈祷，他获得了胜利。在学者们排入此次战争的材料中，至今保存下来了不少在战斗前后进行占卜的记录。这些记录形式较为简单，内容主要是关于战争过程中进行某项军事活动，或者是每旬福祸的占卜，如下面的两条卜辞。但就是这些记录中的占卜时间和地点，使学者们复原商国军队的往返行程与日程表，确知这次战争时间从帝辛即位的第十年九月开始，到第十一年四月结束，是商王朝历史上规模最大的军事行动之一。①

（7）癸巳卜，黄贞：王旬亡畎（忧）。才（在）十月二，隹（唯）正（征）尸（夷）方，才（在）忧。

癸卯卜，黄贞：王旬亡畎（忧）。才（在）正月，王来正（征）尸（夷）方，才（在）攸侯喜啚（鄙）泳。

牛肩胛骨刻辞，《合集》36484（黄类）

例（7）卜辞的内容很正常，都是贞人"黄"卜问下一句是否顺利的，但后一条卜辞中涉及"攸侯喜"的边鄙之处（名为"泳"），这些信息很重要，与例（6）有交叉。开战前的例（6）中说明，商王这次战争是在侯喜大军的配合之下进行的，侯喜就是"攸"封地的君长。这次主要战场就在攸地附近，很可能因为攸地与夷地相距不远。战胜夷方前后，商王都停留在侯喜的属地。例（7）卜辞是在商朝军队返程时记录的，两次占卜时间相差一旬，从十二月癸巳日（在王即位的第十年）至一月癸卯日（在王即位的第十一年）。我们这里感兴趣的是，卜辞后用"王来征夷方"纪年，标志着征伐夷方的事已经达到了目标。②

下面例（8）卜辞的性质与例（7）相近，只是比例（7）要早一些，属于商王帝乙统治时期。在帝乙即位的第九年秋天，商朝与盂方（位于今山西省东南部的一个方国）开战，在商代晚期历史上，也是一场大规模的战争，延续一年，到帝

---

① 有关"十祀征伐夷方"（有学者称"人方"）的材料整理，可参见罗琨：《商代战争与军制》，北京：中国社会科学出版社，2010 年，第301-326 页。门艺：《黄组征人方卜辞及十祀征人方新谱》，《黄河文明与可持续发展》2014 年第 8 辑，第56-71 页。李发：《甲骨军事刻辞整理与研究》，北京：中华书局，2018 年，第 146-183 页。唐英杰：《帝辛十祀征夷方卜辞排谱补论》，《甲骨文与殷商史》新 12 辑，上海：上海古籍出版社，2022 年，第38-51 页。

② 罗琨：《商代战争与军制》，第 303-306 页。

乙即位的第十年秋天才结束。例（8）就是此次战争材料中的一版卜辞[①]，所记录的内容是商王占卜福祸的事：

（8）［癸未王卜］，在溨，贞：旬亡畎（忧）。［王占曰］："引吉。"才（在）三月，甲申祭小甲［壹大甲］。隹（唯）王来正（征）盂方白（伯）炎。

牛肩胛骨刻辞，《合集》36509＝《殷虚书契后编》上18.6

例（8）是说，癸未这一天，商王在"溨"地占卜贞问在这一旬是否有忧祸。王占卜说，此旬会有好运大吉。卜辞尾部的几句都有纪时的性质。在纪月后，再加上当时正值的周祭祭祀的日期，包含具体的干支日期，所进行的周祭中的两种祀典"祭"和"壹"以及对应受祭的祖先称谓。意思是，在占卜后一天举行周祭祭祀，这一天为甲日，所以祭祀对象是日名为"甲"的先王（即小甲和大甲）。卜辞应是在祭祀活动之后来记录的，所以记录的日期就是祭祀的日期。卜辞尾部最后一句将征服盂方之事记述成纪年大事，与例（7）类似，作为商王战胜的标志。有趣的是，除了被征服的敌方名之外，在纪年格式中还出现敌方首领的名字，说明那一年商王征服盂方名字叫"炎"的首领。这一点与例（5）中古埃及大事纪年的内容十分接近（又见图五）。

下面的例（9）属于同一次战争。这一条刻辞不是占卜的记录，而是所谓的记事刻辞，所记录的事件与王室狩猎有关。帝乙与盂方的大战顺利地完成之后，在商朝军队回程中，商王和他的随从进行田猎，很可能作为庆祝胜利的礼仪活动之一。例（9）就是纪念那一时段中的某一次田猎[②]：

（9）▨于□麓，隻（获）白兕，燎于▨，才（在）二月，隹（唯）王十祀，彡（肜）日，王来正（征）盂方白（伯）▨。

兕头骨刻辞，《合集》37398、《甲编》3939[③]
河南省安阳小屯遗址出土，"中研院"历史语言研究所藏

例（9）是说，那一天商王在某地的山林中捕获了一只白色的野牛，并在某地举行"燎"祭祀活动。这次打猎发生在这位王即位的第十年二月，当时正赶上"肜"的祀典。刻辞尾部再加上"王来征盂方伯…"纪年，只是残缺了盂方首领的名字。甲骨刻辞中，"唯王来征"一般代替出现在"唯王几祀"的位置上，但两者也可以并用纪年。[④]这种文例却不多，例（9）就是其中之一。这可以表明，殷商人也

---

① 罗琨：《商代战争与军制》，第328-330页。

② 释文见刘钊：《书馨集：出土文献与古文字论丛》，《安阳殷墟大墓出土骨片文字考释》，上海：上海古籍出版社，2013年，第11页。

③ 本论文将《小屯·殷墟文字甲编》简称为《甲编》。

④ 商艳涛：《略论先秦古文字材料中的大事纪年》，第83-84页。

如古埃及人一样，把两个突出的主题，即王室军事与祭祀仪式，组合起来纪年。

例（9）所纪念的这次打猎的收获很特别——白皮的动物，殷商人十分珍惜。商王战胜外敌之后进行田猎，炫耀武力，捕获了那么珍稀的白牛，此时应该被视为与战胜有关的一种"祥瑞"。[1]例（9）刻辞是在牛头骨上刻写的，应就是所获的白牛，商王将此牛献祭给王室祖先之后，命令做这一条记录留念，很可能贡献于宗庙，或赏赐给此次田猎的参与者（近臣）。

从以上刻辞可以看出，大事纪年在保有历史信息的同时，也兼有神秘的作用，在仪式活动过程中定格商王胜利的时刻。在某种程度上，这也是历史事件的"仪式性证据"。

关于上引卜辞，值得注意的一点是，在殷商晚期的卜辞中，占辞，即占卜的结论，绝大部分有"吉祥"的意思。另外，在数量较少的验辞中，一般说商王得出的这种结论是对的。吉德炜（David Keightley）先生早就提出，这个记录形式所表达的内容对将来很乐观，是故意设计出来的，被赋予神秘的意义，目的很可能是通过仪式把握现实。[2]不愿意记录失败，而强调各方面的胜利，或就是说建构理想的现实，是我们理解早期文字记录时不能忽略的一大特点。[3]尤其是，在与战事有关的刻辞中，这一点表现得很突出：战胜敌人、捕获俘虏、用敌方首领来祭祀祖先等。这些内容都与古埃及材料中的主题接近。从这个角度看，殷商末期文字中，大事纪年也有建构王的理想形象这一作用。其实，与古埃及一样，当时王国与王自身之间似乎没有分离，国家并不是一种抽象存在，王就是国家。由此可见，商王所进行的祭祀、军事、打猎活动都是商国的大事。

大事纪年不仅见于甲骨文中，在贵族成员祭祀家族祖先时使用的青铜器上也能看到。殷商末期，在青铜器上开始出现记事性的长篇铭文。这类记事铭文数量不多，所记录的内容主要是王室赏赐仪式，即商王在某地赐给作器者某种礼物（如贝或玉器）。[4]当时，在殷商贵族心目中，这是最值得纪念的事件，也就是最值得告知家族祖先的事件。现存的记事铭文中，有一部分采用纪年。[5]作器者选择纪年或不纪年的原因，目前还无法解释清楚，但需要强调的一点是，殷商贵族在他们的祭祀活动中，或许也需要纪时，在纪时中，也要把王室军事与祭祀仪式当作纪时的标准。

---

① 刘钊：《书馨集：出土文献与古文字论丛》，《安阳殷墟大墓出土骨片文字考释》，第10-17页。

② Keightley, David N. 吉德炜, *Shang Divination and Metaphysics*, in *These Bones Shall Rise Again: Selected Writings on Early China*. State University of New York Press, Albany, 2014, pp. 134-138.

③ Shaughnessy, Edward L. 夏含夷, *History and Inscriptions, China*, in *The Oxford History of Historical Writing: Volume 1: Beginnings to AD 600*, A. Feldherr and G. Hardy (eds). Oxford University Press, 2011, pp. 374-377.

④ 严志斌：《商代赏赐金文研究》，《南方文物》2008年第4期，第100-103页。

⑤ 收入谢明文先生《商代金文研究》的220篇铭文中，共有62长篇铭文，其中13篇使用纪年方式。参见：谢明文：《商代金文研究》，上海：中西书局，2022年，上册，第44-425页。

　　铭文纪年与甲骨刻辞大体一致，只是青铜器是在比较隆重的场合和语境中使用的，要比甲骨刻辞记录更为庄重，在一定程度上，使我们能更清楚地看到当时的正规纪时形式。现藏于美国旧金山亚洲艺术博物馆的犀牛形尊就是一个例子，该尊腹内铸有如下铭文：①

　　（10）丁子（巳），王省𩵋全（京），王易（锡）小臣俞𩵋贝。隹（唯）王来正（征）尸（夷）方，隹（唯）王十祀又五，彡（肜）日。

小臣俞尊，《集成》5990②，图八

图八　小臣俞尊及其铭文，《集成》5990，商代晚期，山东省寿张县（今梁山县）
梁山下出土，美国旧金山亚洲艺术博物馆藏

　　上文已提到，在商朝最后一位王帝辛统治时期的第十五年，商朝与夷方之间发生了另一场大战，例（10）铭文很有可能就是属于这一时期的记录。③商王此次作战也取得了胜利，回程停留在"𩵋"地。④例（10）所记录的内容是说，丁巳这一天，王省察𩵋地之京，王赏赐给一位名字叫作"俞"的臣属𩵋地之贝。臣属俞因此铸作铜器表示纪念。铭文尾部并用两种纪年方式，明确赏赐仪式的时间在王继位的第十五年，这一年王征服夷方，这一天也正赶上"肜日"的祭祀活动。

　　殷商末期铜器铭文中，还有一篇铭文与例（10）类似，即《集成》9894 号铭文。此铭文所属的青铜方彝不是考古发掘品，它被发现于宋代，原器已散佚。此铭文的内容大意是说，某一天作器者参与进献肉肴的礼仪活动，王赏赐给他贝十朋，作

---

　　① 释文见：谢明文：《商代金文研究》，第 272-273 页。

　　② 本论文将《殷周金文集成》一书简称为《集成》。

　　③ 可看看罗琨：《商代战争与军制》，第 307-308 页。韦心滢：《从流散海外殷末青铜器见帝辛十五祀征夷方史事》，《古代史与文物研究》2015 年第 3 期，第 43-53 页。

　　④ 韦心滢：《从流散海外殷末青铜器见帝辛十五祀征夷方史事》，第 51 页。

器者因此为他的祖先铸造铜器以纪念。①铭文附记时间如下：

（11）……才（在）九月，隹（唯）王十祀叀日五，隹（唯）来东。

戍铃方彝，《集成》9894

例（11）时间是在王继位的第十五年九月，这一天也正赶上"叀日"的祭祀活动，这一年王征伐东方。"唯来东"格式中的"东"被认为就是指商国东部的夷方，此征伐夷方的事是否发生于帝辛时期，目前难以推断。有趣的是，以此大事为纪年，正如古埃及登王征伐东方［见例（2）、图二］。

青铜器不仅是作器者在祭祀祖先仪式中展示和使用的，作器者死亡之后，也往往随死者入葬。因此，青铜器铭文所记录的意义和价值，包括大事纪年在内，也应该从葬礼仪式中的行为去考虑。从比较角度看，本文涉及的古埃及纪年标签都是在王墓中挖掘出来的，其实有些标签出现在王家成员和高级官员的墓葬中。学者们一般认为，这些标签作为王的馈赠随死者入葬，被用来表达墓主自身的贵族身份。与王关系越密切，社会身份地位越高，死后也不例外。也许在神秘的意义上，殷商铭文通过提到与商王有关的活动，在作器者自己的生活范围与王室生活范围之间建立和保持关联，而这个关联在死后也有一定的作用。

根据甲骨、金文材料，殷商末期，商朝取得了多次胜利。尽管如此，商朝也没有逃脱灭亡的命运。随着商朝的灭亡，其祭祀制度也大都消失了。但殷商时期的大事纪年方式一直延用到战国晚期，保留在编年史记载中。《左传·成公十三年》说："国之大事，在祀与戎。"中国上古时期，战争和祭祀在国家事务中保留着举足轻重的地位，变成了一种政治哲学，因而延续被用来辅助纪年。

小　结

崔格尔（Bruce Trigger）先生在《理解早期文明：比较研究》一书中提出"商代晚期的中国—古王国时期的古埃及"这一比较模式。②本论文集中关注古埃及早王朝时期，尤其是第一王朝。商代无疑是更好的记录的时代，但我们认为，判断两种文明是否适合比较，不在于其文字记录是否一样成熟。古埃及文字出现在前王朝时代末期，伴随第一王朝成立（这一点很关键），却在几百年之后才达到成熟的

---

① 释文见谢明文：《商代金文研究》，第404-407页。

② 古埃及古王国时期从第四王朝开始，到第八王朝末期结束（约公元前2575—前2150年）。参见：Trigger, Bruce G., *Understanding Early Civilizations: A Comparative Study*. Cambridge University Press, 2003, pp. 28-39.（英文）此书中文版见：（加）崔格尔·布鲁斯（Bruce G. Trigger）：《理解早期文明：比较研究》，徐坚译，北京：北京大学出版社，2014年，第22-30页。

程度。尽管如此，从以上材料来看，很显然，第一王朝的文字记录反映出当时的埃及王朝已经具备了"经典"的思想观念，也就是说，此时记录形式足够表达十分复杂的内容，这些内容一直延续到文明末期。在我们看来，古埃及历史上的这一时期相当于中国殷商时期，作为思想形成过程中的一个关键转折点，为后世经典文化奠定了基础。

这两个期间内，两大文明在王权与时间观念之间产生了紧密的关联，这种关联在大事纪年方式上表现得很突出。古埃及和中国最初的纪年，具有很大的可比较性。大事纪年的出现不在文字形成最早的阶段中，而是随着早期国家礼仪制度的系统化而定型。当时书写者使用纪年，头脑里没有准确地记录时间的目标，也没有编写历史的需求。在古埃及和中国，大事纪年最初带有一样的意味，都是围绕着王的活动，主要强调两个主题：一是王征服外敌；二是王举行各种仪式活动。克姆普（Barry Kemp）先生在《解剖古埃及》一书中指出，对开始形成的早期国家来说，最基本的是确立理想化的自我形象和一套思想观念，思想观念需要过去、历史。①大事纪年就是记录历史最早的方式，其价值主要在于，通过仪式化的历史事件表现出王权至上的形象。

Conquest and Ritual: Inscriptions Naming Years in Late Shang China and Early Dynastic Egypt

Olesia Volkova

Abstract: In the present paper, I attempt to compare Late Shang Dynasty China and Early Dynastic Egypt. For both China and Egypt, these were the periods of great social changes accompanied by the development of writing. It is in the written culture of these periods where we first find the codified expression of an ideology of power. It is also where we can locate the origins of values and concepts that would later come to characterize "classical" China and Egypt for the next three thousand years

Invention of the past in the form of year-names was an important aspect of the

---

① Kemp, Barry J., *Ancient Egypt: Anatomy of a Civilization*. 1st ed. London: Routledge, 1991, pp. 19-20, 32.（英文）此书中文版见：［英］克姆普·巴里（Kemp Barry）：《解剖古埃及》，穆朝娜译，杭州：浙江人民出版社，2000年，第21-23页。

early state and its authority in both China and Egypt. Although its original motivation is difficult to determine precisely, it is clear that a new concept of "year", which can be seen rapidly taking shape in early writing, was unthinkable without the king's rule. In this paper, I focus on seeing how the formulaic year-names can be read as ideological statements about a king's rule, incorporating his military and ritual duties, which in general appear to be expressed in remarkably similar ways.

Key words: Late Shang Dynasty; Early Dynastic Egypt; early writing; year-names; oracle-bone inscriptions; bronze inscriptions

《史记》与出土文献中的秦二世[*]

陈侃理

（北京大学中国古代史研究中心）

摘要：近几十年来，出土简帛中不时出现有关秦二世的资料，有些与《史记》所载相同或近似，有些则大相径庭。本文从胡亥是不是指定继承人、秦二世即位后的举措以及他在汉代的历史地位这三个方面，比较《史记》与出土文献的记述，尝试突破《史记》的框架，考察汉代人秦史观念的演变，以及如何通过秦史认识汉朝自身。

关键词：秦二世；《史记》；出土文献

秦始皇的小儿子胡亥，是中国历史上的第二个皇帝，后世习称其为"秦二世"。二十世纪中叶以前，人们对秦二世的印象完全得自于《史记》。《史记》记载，始皇帝在最后一次出巡途中突然死亡，赵高趁机与李斯密谋，矫诏诈立胡亥为二世皇帝；秦二世残暴昏庸，重用赵高，强化严刑峻法，诛杀群公子和将相名臣蒙恬兄弟、李斯、冯去疾等。他将秦政的酷烈发展到极致，促成了秦之灭亡。

然而，《史记》编成距离秦亡已逾百年。作者记述秦史，所能依据的秦编年史《秦纪》极为简略，不得不广泛采纳私人著述和口头传说，在彼此歧异的说法中选择、剪裁、整合，而"成一家之言"。其中的宫廷阴谋、君臣密语，不可能有现场的记录，令人生疑。吕思勉在初版于1947年的《秦汉史》中，就依据政治情理和古书体例，断言"史所传李斯、赵高废立之事，必非其实"，而"《李斯列传》所载赵高之谋、二世之诏、李斯之书，皆非当时实录"。[①]宫崎市定也在1977年发表的文章中指出《李斯列传》中的沙丘之谋、狱中上书等皆出自构拟。[②]不过，当时没有什么同期史料可以用来检验《史记》的成说。即便吕氏、宫崎氏是中日两国公认的史学大家，他们的上述看法却没有产生多大的影响。

近几十年来，出土简帛中不时出现有关秦二世的资料，有些与《史记》所载相同或近似，有些则大相径庭。后一类中最引人注目的是，北京大学藏西汉竹书《赵正书》记载秦始皇临终前立胡亥为继承人，与《史记》所说的矫诏诈立截然

---

* 本文为"古文字与中华文明传承发展工程"规划项目"北京大学藏秦汉简牍整理与研究"（G1404）阶段性成果。

① 说见吕思勉：《秦汉史》第二章第四节《二世之立》，上海：上海古籍出版社，2005年，第20、22页。

② 见宫崎市定：《史记李斯列传を読む》，原载《东洋史研究》第35卷第4号，1977年。中译文《读〈史记·李斯列传〉》，收入《东洋的古代——从都市国家到秦汉帝国》，北京：中信出版社集团股份有限公司，2018年。

不同①，引发学界的热烈讨论。我受《赵正书》启发，尤为关注《史记》如何叙述秦二世及秦亡的历史，发表过几篇论文。②文中都涉及秦二世形象在《史记》和出土文献中的异同，但因诸文均别有主旨，故而还未及系统地探讨这一问题。本文试图弥补这一遗憾，从胡亥是不是指定继承人、秦二世即位后的举措以及他在汉代的历史地位这三个方面，比较《史记》与出土文献的记述。出土文献和《史记》的时代先后与内容差异，将为探究《史记》的编撰方式和思想倾向提供新的参照，并帮助我们更加深入地了解汉人对秦史的认识有过怎样的变化。

一、胡亥是不是生前指定的继承人

《史记·秦始皇本纪》叙述了秦始皇死后赵高、胡亥、李斯三人在沙丘密谋，矫诏赐死长子扶苏，拥立少子胡亥的事件梗概。③《李斯列传》则以洋洋千言，记述了赵高如何先后说服胡亥、李斯听从其计谋。在这段记载中，胡亥和李斯最初都坚决不同意矫诏，而赵高强调扶苏即位、蒙恬用事对于两人的威胁，分别说服了他们。④可想而知，这样的密谋不会有旁人在场，当事人更不会泄露，具体的言辞无疑是后人捕风捉影，构拟成文。⑤

值得注意的是，《秦始皇本纪》对此事的记载与《李斯列传》在对话前后对事件背景的交代，共享了不少文句，在表1中用灰色底纹标出。

表1 《秦始皇本纪》与《李斯列传》相关记载

序号	《秦始皇本纪》	《李斯列传》
①	上病益甚，乃为玺书赐公子扶苏曰："与丧会咸阳而葬。"书已封，在中车府令赵高行符玺事所，未授使者。七月丙寅，始皇崩于沙丘平台。	其年七月，始皇帝至沙丘，病甚，令赵高为书赐公子扶苏曰："以兵属蒙恬，与丧会咸阳而葬。"书已封，未授使者，始皇崩。
②	丞相斯为上崩在外，恐诸公子及天下有变，乃秘之，不发丧。棺载辒凉车中，故幸宦者参乘，所至上食、百官奏事如故，宦者辄从辒凉车中可其奏事。	见④。

① 收入北京大学出土文献研究所编：《北京大学藏西汉竹书（叁）》，上海：上海古籍出版社，2015年。

② 陈侃理：《〈史记〉与〈赵正书〉——历史记忆的战争》，日本中国史学会编：《中国史学》第26卷，京都：朋友书店，2016年，第25-37页；陈侃理：《司马迁与〈过秦〉篇》，《岭南学报》复刊第10辑，上海：上海古籍出版社，2018年，第147-159页；陈侃理：《如何定位秦代——两汉正统观的形成与确立》，《史学月刊》2022年第2期，第5-18页；陈侃理：《继承危机与二世亡秦》，《文史哲》2024年第5期，第44-50页。

③《史记》卷六《秦始皇本纪》，北京：中华书局，1982年，第265页。

④《史记》卷八七《李斯列传》，第2549-2553页。

⑤ 参看宫崎市定：《读〈史记·李斯列传〉》，《东洋的古代——从都市国家到秦汉帝国》，第205-207页。

续表

序号	《秦始皇本纪》	《李斯列传》
③	独子胡亥、赵高及所幸宦者五六人知上死。	书及玺皆在赵高所，独子胡亥、丞相李斯、赵高及幸宦者五六人知始皇崩，余群臣皆莫知也。
④	见②。	李斯以为上在外崩，无真太子，故秘之。置始皇居辒辌车中，百官奏事、上食如故，宦者辄从辒辌车中可诸奏事。
⑤	赵高故尝教胡亥书及狱律令法事，胡亥私幸之。高乃与公子胡亥、丞相斯阴谋，破去始皇所封书赐公子扶苏者，而更诈为丞相斯受始皇遗诏沙丘，立子胡亥为太子。更为书赐公子扶苏、蒙恬，数以罪，赐死。语具在《李斯传》中。	于是乃相与谋，诈为受始皇诏丞相，立子胡亥为太子。更为书赐长子扶苏曰："……扶苏为人子不孝，其赐剑以自裁！将军恬与扶苏居外，不匡正，宜知其谋。为人臣不忠，其赐死。……"封其书以皇帝玺，遣胡亥客奉书赐扶苏于上郡。……使者还报，胡亥、斯、高大喜。
⑥	……行从直道至咸阳，发丧。太子胡亥袭位，为二世皇帝。	至咸阳，发丧，太子立为二世皇帝。

从两者的相似性推断，《秦始皇本纪》和《李斯列传》的这段文字很可能是对同一史料来源的不同改写。为避免重复，《秦始皇本纪》省略了三人的对话和扶苏收到的玺书内容，《李斯列传》则缩写了背景交代部分，并把"李斯以为上在外崩"一段移后。如果背景交代部分与后人构拟的三人对话本出一源，则其来自可靠记录的可能性也就比较低了。

《史记》中还保存着一些对"胡亥诈立说"不利的记载。《秦始皇本纪》称，秦始皇三十七年最后一次出游时，"少子胡亥爱慕请从，上许之"。在秦始皇诸子中还未加其他随驾出巡的例子，胡亥请从能够被允许，说明他与始皇帝的关系尤为亲密。雷依群甚至认为，秦始皇已经表现出对胡亥情有独钟，故而有意将他带在身边，培养其能力。他还指出《史记·蒙恬列传》中记载蒙毅说："……太子独从周旋天下，去诸公子绝远，臣无所疑矣。夫先主之举用太子，数年之积也。"这表明当时的大臣已经看出秦始皇有立胡亥为继承人之意。[①]

当然，蒙毅之语也很可能出自构拟，但胡亥随行却无疑是事实，而且据我观察，很可能不止一次。《秦始皇本纪》记录秦始皇二十八年琅琊台刻石中记载的从游者衔名如下：

列侯武城侯王离、列侯通武侯王贲、伦侯建成侯赵亥、伦侯昌武侯成、伦侯武信侯冯毋择、丞相隗状、丞相王绾、卿李斯、卿王戊、五大夫赵婴、五大夫杨樛从，与议于海上。[②]

---

① 雷依群：《论扶苏不得立为太子》，《咸阳师范学院学报》2014 年第 5 期。
② 隗状，今本讹作"隗林"，据《史记索隐》引颜之推等说及传世秦始皇二十六年诏书刻辞改。

其中，建成侯赵亥名列所有伦侯之首①，更高于当时的丞相、诸卿，引人注目。从他与秦始皇赵正一样"姓赵氏"来看，无疑是宗室近亲，最有可能的就是胡亥。如果这一推测不误，胡亥年仅十二岁即已随驾东巡，那么秦始皇三十七年最后一次出巡带上他就不是偶然心动，而是依循旧例。在这组衔名中，还有两位赵姓宗室。一位是昌武侯成，应当也姓赵，蒙前文"赵亥"而省略了"赵"字；②还有一位五大夫赵婴，爵五大夫，尚未为卿，应该不是秦始皇的直系亲属，很可能就是后来的秦王子婴。胡亥在从游者和宗室中的显要位置，也可以说明他秦始皇时地位特殊，很可能早就是被属意的继承人选。

北大汉简《赵正书》的出现，终于提供了与《史记》截然不同的另一个故事。《赵正书》记载，秦始皇出巡行至柏人而病，本想尽快赶回关中，但半路自觉不支，要求从游的丞相李斯等商议继承人选。经过一番推脱和辩白，李斯与御史大夫冯去疾等最终上奏："请立子胡亥为代后。"秦始皇表示同意，说"可"，不久就死去了。据此，胡亥是由秦始皇生前指定的合法继承人。

不过，《赵正书》作为考证秦二世即位过程的史料也有明显的缺陷。我曾在《〈史记〉与〈赵正书〉》一文中指出，《赵正书》性质是"小说家"言，借用当时流行的"事语"体裁，截取多个故事的片段拼凑起来，劝诫君主纳谏。其宗旨体现在结尾的"胡亥所谓不听间（谏）者，立三年而身死国亡"一句。《赵正书》是编者采写故事，目的在于说理，不太计较事情本身的真实性，而书中的叙事也有重复拖沓乃至自相矛盾之处。③

因此，不少学者将《赵正书》的性质与《史记》对立起来，强调《史记》是出于"职业史官"之手的"信史"，史料价值远远高于《赵正书》这类"虚构"的"小说家"言。④对此，我在《〈史记〉与〈赵正书〉》中已预先做过辨析。《赵正书》与《史记》之间除了明显的差异，还有大量同源的文本。"追溯《史记》的编纂过程，不难认识到，《史记》所依据乃至抄录的大量资料，本就与《赵正书》性质相似，甚或内容近同。"⑤因此，《史记》的记载应还原到史源中去辨析和评判其价值，不能因后人将《史记》列入"正史"而一概目为"信史"。反之，作为"小说家言"的《赵正书》事实上与《史记》共享了大量文本，不必要也不可能全都为说理而歪曲史实。《赵正书》开头即称秦始皇为"秦王赵正"，不承认其帝位，显然无意

---

① 秦统一后，改称"关内侯"为"伦侯"，见里耶秦简8-455（图版号四六一）书同文字木方。湖南省文物考古研究所编：《里耶秦简（壹）》，北京：文物出版社，2012年，第14页。

② 赵高有弟赵成，《史记·秦始皇本纪》载赵高杀秦二世前曾"与其婿咸阳令阎乐、其弟赵成谋"（第275页）。如果题名中的赵成与此为同一人，则赵高当是秦王族的庶子，大约因为生母出于隐官，为下妻，而不能为后装爵。

③ 陈侃理：《〈史记〉与〈赵正书〉》，日本中国史学会编：《中国史学》第26卷，第27-28页。

④ 此说的代表性论述见孙家洲：《兔子山遗址出土〈秦二世元年文书〉与〈史记〉纪事抵牾释解》，《湖南大学学报（社会科学版）》2015年第3期，第17-20页；辛德勇：《生死秦始皇》，北京：中华书局，2019年，第62、65、72、74页；孙家洲：《秦二世继位"迷案"新考》，《史学集刊》2022年第1期，第78-87页。

⑤ 陈侃理：《〈史记〉与〈赵正书〉》，日本中国史学会编：《中国史学》第26卷，第35-36页。

回护秦朝。书中记载秦始皇生前指定胡亥继承，对主旨并无特殊意义，不会是作者有意编造不同于"胡亥诈立说"的新故事，更可能只是采用了同时流行的另一种成说，另一种历史记忆。现在，我们已无从验证两者孰是孰非，但至少可以说，《赵正书》反映史实的程度并不逊色于胡亥诈立之说。

胡亥诈立恐非史实，但这一说法的流传却能够反映出秦二世在继承的合法性方面遭遇了危机。《史记·陈涉世家》记载，陈胜起兵时曾与吴广商议：

> 吾闻二世少子也，不当立，当立者乃公子扶苏。……今诚以吾众诈自称公子扶苏、项燕，为天下唱，宜多应者。[①]

这段话出自后人所记，不排除构拟的可能，但其中仍包含有部分的真实。陈胜、吴广起兵是秦汉之际人所共知的大事。他们初起之时是否曾质疑秦二世即位的合法性，并假托扶苏、项燕之名作为号召，理应知者甚广，不易无中生有。我曾推测，《史记》中的"沙丘密谋"的故事，正是基于反秦势力借以鼓动的胡亥诈立传言，增加情节而逐渐发展出来的。[②]在此还可进一步指出，陈胜、吴广等人起兵之前就风闻胡亥不当立，表明这个说法已经在民间广为流传，影响了大众的观念。究其来源，最有可能是咸阳的宫廷。秦廷的一部分朝臣、贵戚由于秦始皇没来得及在咸阳举行仪式，公开指定继承人，对胡亥的继位心存怀疑和不满。这种怀疑传播到东方"新地"，由于六国人在文化心理上更习惯于嫡长子继承制而被进一步放大，形成广泛传播的流言。这样的流言威胁着秦二世的继承地位，秦二世即位后的种种异常之举，也可以用他所面临的合法性危机来解释。[③]

二、秦二世即位后的举措

众所周知，秦二世即位后采取了一系列反常的残酷措施。《史记》与《赵正书》叙述胡亥继位的过程截然不同，对这些措施的记载却颇为近似。《史记·秦始皇本纪》云：

> 更为书赐公子扶苏、蒙恬，数以罪，其赐死。……乃行诛大臣及诸公子，以罪过连逮少近官，三郎无得立者，而六公子戮死于杜。……宗室振恐。[④]

《赵正书》云：

> 王死而胡亥立，即杀其兄夫（扶）胥（苏）、中尉恬。……因夷其宗族，坏其社稷，燔其律令及古（故）世之藏。

---

① 《史记》卷四八《陈涉世家》，第 1950 页。

② 陈侃理：《〈史记〉与〈赵正书〉》，日本中国史学会编《中国史学》第 26 卷，第 34 页。

③ 详见陈侃理：《继承危机与二世亡秦》。

④ 《史记》卷六《秦始皇本纪》，第 264、268 页。

二者都称秦二世即位后诛杀长兄扶苏及群公子，并杀死扶苏亲信、地位崇高的名将蒙恬、蒙毅兄弟。①如果肯定这些为史实，就不能不承认，如此屠戮手足、重臣在历史上并不多见，一般只出现在争夺最高权力的斗争之中。可以推测，胡亥的目的是剪除潜在竞争者及其党羽，巩固合法性遭到质疑的皇帝之位。《秦始皇本纪》称胡亥即位后"阴与赵高谋曰"："大臣不服，官吏尚强，及诸公子必与我争，为之奈何？"赵高劝说他"除去上生平所不可者"，"贱者贵之，贫者富之，远者近之"。二世称"善"，于是"行诛大臣及诸公子"。这段对话恐怕也出自构拟，但应该基本符合胡亥的意图。大肆杀戮，是他应对合法性危机的一种方式。

涉及秦二世即位后的其他一些措施，《史记》和出土简帛也可互相印证。

其一，秦二世极力尊崇其合法性的来源秦始皇。《史记·秦始皇本纪》记载，胡亥初即位，便"令群臣议尊始皇庙"，最终确定的方案是将始皇庙升格为"帝者祖庙"，超越秦的历代先王先公，而独享皇帝亲祭，永不迭毁。②他还命令增刻秦始皇所立刻石和度量衡标准器的铭文，以免被误以为是后世皇帝所为，而掩盖了始皇帝的"成功盛德"。《史记》收录了诏书全文：

> 皇帝曰："金石刻尽始皇帝所为也。今袭号而金石刻辞不称始皇帝，其于久远也，如后嗣为之者，不称成功盛德。"丞相臣斯、臣去疾、御史大夫臣德昧死言："臣请具刻诏书刻石，因明白矣。臣昧死请。"制曰："可。"③

从中可见，明确始皇帝历史功绩的要求是胡亥亲自提出的，大臣们只是补充了具体方案。这道诏书不仅补刻入分布在东部沿海地区的各处秦始皇刻石，还被刻在当时行用的度量衡标准器上，广泛流传。④《史记》的上述记载也被 2013 年出土于湖南益阳兔子山遗址 9 号井的秦二世元年诏书木牍所证实。诏书曰：

> 天下失始皇帝，皆惧恐悲哀甚。朕奉遗诏，今宗庙吏及著以明至治大功德者具矣，律令当除定者毕矣。以元年，与黔首更始，尽为解除故罪，令皆已下矣。朕将自抚天下吏、黔首。其具行事，毋以徭赋扰黔首，毋以细物苛劾县吏。亟布。⑤

---

① 《史记·秦始皇本纪》省略了杀蒙毅事，详见《史记》卷八八《蒙恬列传》，第 2569-2571 页。

② 事见《史记》卷六《秦始皇本纪》，第 266 页。关于秦二世的宗庙改革，参看李开元：《秦始皇第一次巡游到西县告庙祭祖说——兼及秦统一后的庙制改革》，梁安如、徐卫民主编：《秦汉研究》第 10 辑，西安：陕西人民出版社，2016 年，第 10-17 页；田天：《在县道与郡国：论秦及西汉宗庙制度的演进》，《史学月刊》2022 年第 10 期，第 32 页。

③ 事见《史记》卷六《秦始皇本纪》，第 267 页。

④ 现存不少秦代度量衡标准器在秦始皇二十六年诏书之外加刻有秦二世诏书，比如上海博物馆藏两诏铜椭量等各"两诏"器，见国家计量总局、中国历史博物馆、故宫博物院主编：《中国古代度量衡图集》，北京：文物出版社，1984 年，第 65、66、67、136、137 页。

⑤ 照片及录文见湖南省文物考古研究所、益阳市文物处：《湖南益阳兔子山遗址九号井发掘简报》，《文物》2016 年第 5 期。此后学者又有校改，见陈伟：《秦二世元年十月甲午诏书》校释，《秦简牍校读及所见制度考察》，武汉：武汉大学出版社，2017 年，第 356-362 页；何有祖：《湖南益阳兔子山九号井秦二世元年牍释读》，收入《新出秦汉简帛丛考》，北京：科学出版社，2021 年，第 75-82 页。今参考诸家之说，以宽式释文录出。

其中，"今宗庙吏及著以明至治大功德者具矣"，当是指立始皇帝庙和增金石刻二事。诏书发布的元年岁首十月，表明二事都是在改元之前，也就是胡亥即位当年的两三个月中就付诸施行了。可见，这确实是他的头等大事。

其二，秦二世还模仿、延续秦始皇的行为和政策。他重走始皇帝之路，巡行天下，并在其父建立的刻石上一一留下自己的印迹。《史记·秦始皇本纪》记载，这一年春天"二世东行郡县"，"到碣石，并海，南至会稽，而尽刻始皇所立刻石"，最后"至辽东而还"，夏四月才回到咸阳。《赵正书》说胡亥"欲起属车万乘以抚天下"，即是指准备巡行天下。他还整理、修订过律令。《史记》记载秦二世"遵用赵高，申法令"。① 所谓"申法令"，具体说来应即编定和重申秦始皇时期颁布的法令，就像秦始皇曾编定、重申先王的法令那样。② 二世元年十月诏书号称"律令当除定者毕矣"，可证确有此事，并且完成得相当之早。《赵正书》称胡亥"燔律令"，也可能是除定律令的讹传。

其三，秦二世改元，还配合以大赦，并作出优抚吏民的姿态。《史记·六国年表》和《赵正书》都记载胡亥即位后"大赦罪人"③，而秦二世元年十月诏书说："以元年，与黔首更始，尽为解除故罪，令皆已下矣。"可见，在此诏以前已经下令改元，对"黔首"过去所犯之罪免于追究、处罚，以此"与民更始"，开启属于自己的新时代。诏书还要求"毋以徭赋扰黔首，毋以细物苛劾县吏"，意即不以徭役、赋敛侵扰人民的生产生活，对县及以下的亲民官吏要施以宽大，不得因小事苛责，动辄纠劾问罪。在秦二世看来，如此宣扬恩德应会有利于加强统治的合法性。但在秦亡以后，人们对此的评价却是负面的。贾谊《过秦论》称二世"重之以无道，坏宗庙，与民更始，作阿房宫，繁刑严诛，吏治刻深，赏罚不当，赋敛无度"。④ 宗庙制度改革被视作破坏，而"与民更始"也被认为是"无道"之举。《赵正书》在胡亥准备出巡，自称"且与天下更始"后，紧接子婴的谏言。书中收录的所谓李斯临终上书也说："及中人之功力而求更始者，王勉之矣。斯见其央（殃）今至矣。"⑤ 意思是胡亥用普通人的功德、能力而追求"与民更始"，是力所不及的，

---

① 以上三事依次见《史记》卷六《秦始皇本纪》，第267、269、268页。

② 岳麓秦简中存在律令重新编辑排比的迹象。还有一些条文重复出现，而内容、用语则有规律性的变化，应该主要是秦王政、秦始皇时期更定、整理的结果。

③《史记》卷一五《六国年表》二世元年条："十月戊寅，大赦罪人。"第758页。

④ "坏宗庙，与民更始，作阿房宫"，通行点校本《史记》标点为"坏宗庙与民，更始作阿房宫"（北京：中华书局，1982年，第284页；2014年，第357页），是不正确的。我曾做过辨析，参看陈侃理：《司马迁与〈过秦〉篇》，《岭南学报》复刊第10辑，第150页。

⑤ "及中人之功业"，原从上读，作"燔其律令及中人之功力"，费解。我认为当从下读，"及"训为"以"，意思是使用、凭借。《史记》卷九六《张丞相列传》载赵尧对刘邦说："陛下独宜为赵王置贵强相，及吕后、太子、群臣素所敬惮乃可。"（第2678页）《汉书》卷四二《赵尧传》略同，"敬惮"下有"者"字（第2096页）。此即"及"训为"以"的例证。

反而会遭受灾殃。这些都表达了作者认为秦二世有过"更始"之举，并且与贾谊一样，持明确的否定态度。

其四，任用赵高，诛杀李斯。《史记》与《赵正书》都记载秦二世即位后，任用赵高为郎中令。《史记·秦始皇本纪》和《李斯列传》还记载秦二世在赵高的哄骗之下，深居禁中，使赵高能够隔绝中外，独掌权柄，并设计诬陷李斯，诱骗秦二世将之杀死。《赵正书》则只是简单地说胡亥"又欲杀丞相斯"，李斯如何上书自辩，而在李斯死后记载"立高行丞相、御史之事"，没有说赵高在李斯之死中起了什么作用。在《史记》中，赵高被认为是秦朝灭亡和李斯之死的关键人物，因此收录了有关赵高的大量传说故事。宫崎市定推测曾有一系列以赵高为中心人物的故事素材，是有道理的。不过，他误解了《蒙恬列传》中所谓"赵高者，诸赵疏远属也"，以为他是赵国王族，为赵复仇。[①]实则司马迁明确说秦王"姓赵氏"，所谓"诸赵"指的是秦之王族。这样更能够解释为何赵高有机会担任秦始皇的近臣和胡亥的师傅。至于赵高为宦官的旧说，则是由于《蒙恬列传》中的"隐官"在传世通行本中讹成"隐宫"而导致误会。[②]《赵正书》所见的赵高形象远不如《史记》突出，可能是因为作者将咎责归结于胡亥"不听谏"，舍弃了有关赵高的素材。李斯的两篇上书和子婴的谏言，则因属于对胡亥的劝谏而被《赵正书》收录进来，内容与《史记·李斯列传》和《蒙恬列传》相近，很可能同出一源。

其五，秦二世与赵高之死。《史记·秦始皇本纪》记载赵高谋杀秦二世而立子婴，又被子婴所杀，其事甚详。《赵正书》的记载仅作为故事的结尾，十分简略，说赵高"行丞相、御史之事"后"未能终其年而果杀胡亥"，与《史记》所记相通；但此后又说"将军张（章）邯入夷其国，杀高"，则与《史记》不同。

迄今所见的出土简帛中保存的秦二世即位后史事不如《史记》丰富，但大都能够印证《史记》的记载，表明西汉前中期人们对秦二世行为的历史记忆相当一致。有趣的是，一些后人眼中的恶行，却曾经被秦二世用来自我标榜，比如改革宗庙、删定律令、"与民更始"。对此，应该如何解释呢？我想，较为合理的解释是，君主的超常规作为需要政治合法性支撑，而秦二世在后人心目中的历史地位降低，被认为不具备统治资格，不配行使皇帝权力，有所作为当然也是错误的。

三、秦二世在汉代的历史地位

秦二世在历史上被公认为庸主、暴君。不仅如此，他在位时间仅有三年，且

---

① 宫崎市定：《读〈史记·李斯列传〉》，《东洋的古代——从都市国家到秦汉帝国》，第 211 页。

② 此事最早由陈直指出，近来又得到学者的充分证明，见李开元：《说赵高不是宦阉——〈补史记·赵高列传〉》，《史学月刊》2007 年第 8 期。

即位不出一年就有陈胜起兵反秦张楚，自号为王。因此，汉初人往往不看重秦二世的历史地位，甚至不愿意承认他曾经做过皇帝或最高统治者。

《史记》没有为秦二世单列本纪，而是附在《秦始皇本纪》之末。这样做，可能有三方面的原因。第一，《史记》本纪模拟十二辰、《春秋》十二公，取十二为数，数量有限。不仅秦二世，汉惠帝也没有单独的本纪，而是附在《吕太后本纪》中。第二，秦二世享国日浅，记事不多，不足以单独成篇。第三，司马迁认为陈胜起兵后，秦二世已经不再是天下政令所出，不配享有本纪的地位。《秦楚之际月表》序云"五年之间，号令三嬗"，《史记·太史公自序》作"八年之间，天下三嬗"，认为秦汉之间有楚为中介，第一嬗是秦政权在秦二世元年转移到了"张楚"陈胜手中。①这样，秦二世统治的时期就可以忽略不计了。

这种忽略秦二世统治时期的做法，并非《史记》首创，而是西汉前期人的惯例。我在《如何定位秦代——两汉正统观的形成与确立》一文中曾探讨这一问题，在此稍作复述。《史记·高祖功臣侯者年表》记载侯功，述列侯从起之年，有"前元年"一词，凡十一见，又有"前二年"，凡两见。《汉书》沿袭，颜师古注云："前元年，谓初起之年，即秦胡亥元年。"②颜注推测合理，经得起验证。所谓"前若干年"，指从刘邦最初起兵之年起算的第若干年。刘邦起兵在秦二世元年九月，前元年也就相当于秦二世元年。"前"应是取"建汉以前"之意，用以指代秦始皇三十七年到汉元年（不含本年）之间的秦二世在位时期。《史记·高祖功臣侯者年表》的记载袭用吕后二年所定功状③，"前元年"云云自然也是汉初朝廷的用语。

这一点在出土简帛中也能得到印证。汉初长沙国相轪侯利苍之子墓（马王堆三号汉墓）中出土的帛书《五星占》和《刑德》甲、乙篇中均有秦至汉初的纪年标注。《刑德》甲、乙篇都用秦纪年来表示汉兴以前的历史，但在相当于秦二世元年的位置，都不注"秦二世皇帝元"而标注"张楚"，抹去了秦二世在位的纪年。帛书《五星占》则将"秦始皇帝"或"秦始皇"纪年一直编到四十年，其下紧接汉元，秦二世纪年被实际上并不存在的秦始皇三十八、三十九、四十年所取代。④最新的证据来自2018年出土的荆州胡家草场汉简中的编年记事书——《岁纪》。该书大约抄写于汉文帝时期，包含两组简册，第一组记秦昭王元年至秦始皇时的大

① 参看田余庆：《说张楚——关于"亡秦必楚"问题的探讨》，初刊《历史研究》1989年第2期，收入《秦汉魏晋史探微》，北京：中华书局，2011年。

②《汉书》卷一六《高惠高后文功臣表》，第551页。

③《史记》《高祖功臣侯者年表》照录功状，就连"吕宣王"（吕后之父）、"悼武王"（吕后之兄周吕侯吕泽）等后来被废除的称号也照录不改，可见十分忠实于原文。参看朱东润：《读〈高祖功臣侯者年表〉书后》，《史记考索（外二种）》，上海：华东师范大学出版社，1996年，第56-63页。

④ 裘锡圭主编：《长沙马王堆汉墓简帛集成》第一册，北京：中华书局，2014年，第177-183页（图版）；第四册，第238-242页（释文）。

事，第二组记秦二世至汉文帝时的大事，形制、格式不同。[①]可见，秦二世时期的记事不与秦始皇编为一册，而是下属于汉。这很可能是因为秦二世元年爆发了陈胜起义，被视为汉朝前史的开端。

不过，《史记》对秦二世的态度是复杂的。《秦始皇本纪》在胡亥即位之后，例称其为"二世皇帝"，简称"二世"，承认其皇帝身份。这背离了汉初的习惯。《赵正书》开篇即说"昔者秦王赵正"，又说"王死而胡亥立"，称"王"而不称"皇帝"，还直呼"赵正""胡亥"之名，并不因即位改号而变更。这样的称呼有意贬低秦代帝王，包含轻蔑和敌意，应是沿袭了秦楚之际东方六国遗民的做法。

在汉朝统治下，秦始皇的地位很快得到承认，但秦二世却不是这样。湖北荆州松柏 M1 号汉墓中出土了编写于汉武帝七年（元光元年，前 134）的《葉书》，其中记载从秦昭王至汉武帝的各个帝王在位年数，写道：

> 始皇帝卅七年死。
> 胡胲（亥）三年死。[②]

这块木牍是基层官吏工作所用。[③]其中秦始皇纪年到三十七年为止，以下三年虽用胡亥纪年，但不称"二世皇帝"，与对待"始皇帝"的态度明显不同。

相比之下，写作于武帝后期的《史记》不再因为胡亥的继承合法性问题或品行而贬低其称号，这或许反映出汉朝的"承秦"意识在加强（虽然并不稳固）；相应地，否定秦二世而肯定"张楚"在秦汉间的中介地位的观念正在衰退。

四、结　语

《史记》关于胡亥继承皇位过程的记载采取"诈立说"。其中，沙丘密谋的对话显然出自后人构拟，与出土简帛所见当时流行的其他叙事差异较大，而《史记》内部也残存着与之矛盾的其他叙事的痕迹。"胡亥诈立说"可能在秦二世即位之初就已出现，后来被反秦的楚人势力所利用；建立汉朝的刘邦集团脱胎于反秦的楚人，自然继承了这一说法。[④]《赵正书》则代表了西汉前期在山东地区还保存着的

---

① 李志芳、蒋鲁敬：《湖北荆州市胡家草场西汉墓 M12 出土简牍概述》，《考古》2020 年第 2 期，第 22 页。不过文中还没有披露简文是如何称呼秦二世的。

② 此牍照片未正式发表，此录文据荆州博物馆展品陈列及说明。参见游逸飞：《战国至汉初的郡制变革》，台湾大学历史学系博士学位论文，2014 年 6 月，第 194 页。

③ 参看陈侃理：《时间秩序》，陈侃理主编：《重写秦汉史：出土文献的视野》第八章，上海：上海古籍出版社，2023 年，第 471-473 页。

④ 叔孙通曾对刘邦指出秦始皇不早定扶苏为太子，使赵高有机会诈立胡亥，导致秦朝灭亡，以此劝诫不要废长立幼。事见《史记》卷九九《叔孙通传》，第 2724-2725 页。

另一种历史记忆，认为秦始皇临终确实指定了胡亥为继承人，进而将秦之灭亡归咎于二世不听谏言。这与贾谊《过秦论》中的看法——二世若为中庸之主，改弦更张，即可挽救秦朝——倒有几分相似。

关于秦二世即位以后的举措，《史记》和《赵正书》的记载基本一致。秦二世元年诏书也印证了《史记》的部分记载。不过，诏书是从正面宣扬这些措施，与秦亡以后人们的评价截然相反。

对于秦二世的历史地位，汉初人持严格的否定态度，不仅抹杀其纪年，而且直呼其名"胡亥"，不承认其皇帝地位。《史记》的态度则较为复杂，一方面不为秦二世立本纪，另一方面则承认他是"二世皇帝"，不再贬低其称号。究其原因，或许有二。第一，西汉建立既久，"张楚"的影响逐渐削弱，被"承秦"的意识所取代。司马迁重视秦始皇，并认为汉当继秦水德而用土德，即是一证。第二，秦二世个人对于秦亡的影响在人们心目中的印象正在减退，而反思整个秦政与秦制，并力求从中走出的想法占据了主流。因此，否定秦二世的地位就不再那么有意义了。

直到二十世纪中叶，我们对于秦史的认识几乎都来自于《史记》。《史记》的作者司马谈、司马迁，论时代是汉人，论地域则是世代生活在关中的秦人。相比西汉前期的东方六国故民，司马氏父子更重视秦朝。[①]他们整理众说，形成自己的论述，既受时代影响，也加入了作者自身对秦的复杂感情和思想。这是读《史记》时不能不留意的。

出土文献反映西汉前期人们对秦的历史记忆和认知的更多原始断面，它们彼此有别，但与《史记》相比又呈现出共同的特征。这些特征可以帮助我们突破《史记》的框架，对考察汉代人秦史观念的演变，以及如何通过秦史认识汉朝自身，具有十分重要的意义。就《史记》而言，也只有了解了与之不同的历史记忆，才能明白作者有哪些依据，做了何种取舍，从而认识其著述之意。由此看来，出土文献的意义不在于证明或否定了史书的某个记载，而在于让我们重新发现和感受史书以及历史本身的丰富性。

2023 年 6 月初稿

2024 年 7 月改定

2025 年 4 月校定

---

① 祝总斌指出，司马迁"与一般儒家对秦一味诋毁不同"，"认为既要记载、批评秦之暴政，证明它不足以成为三统中的一统，又要看到秦'成功大'，有些大一统政策与制度，汉代容易接受、推行，应予继承"。见祝总斌：《有关〈史记〉崇儒的几个问题》，《材不材斋史学丛稿》，北京：中华书局，2009 年，第 35 页。

The Second Emperor of Qin in *Records of the Grand Historian* and Unearthed Documents

Chen Kanli

Abstract: In recent decades, there have often been materials about the Second Emperor of Qin in the unearthed documents, some of them are similar to the *Records of the Grand Historian*, some are very different. From three aspects: whether Huhai 胡亥 was the designated successor, what he did after took the throne, and his historical status in Han Dynasty, this paper compares the *Records of the Grand Historian* with the unearthed documents, tries to break through the framework of the *Records of the Grand Historian*, examines the evolution of the Qin history concept of Han people, and how to understand the Han Dynasty itself through the history of Qin.

Key words: Second Emperor of Qin; *Records of the Grand Historian*; unearthed documents

古汉字与古埃及圣书字意音结合表词法的异同

陈永生

（中国海洋大学）

摘要：意音结合表词法是汉字和圣书字共同使用的一种重要表词法。在此法使用上，两种文字有如下相同点和不同点。相同点：（1）都成为文字系统的主流表词法；（2）有着相似的生成动机；（3）意音结构中大多数意符是从词语所属类别上进行意义提示的，可称为"类符"，而且两种文字的类符有相似的意义引导机制。不同点：（1）在意符和音符的数量搭配模式上，汉字主要使用"单音符+单意符"模式，而圣书字除了此模式还有"多音符+单意符""多音符+多意符"等模式；（2）在意符和音符的顺序配置模式上，汉字倾向于意符居前音符居后，而圣书字则正好相反；（3）在结合稳固程度上，汉字较为稳固，而圣书字较为松散；（4）在空间组装模式上，汉字倾向于方块拼接，而圣书字倾向于线性铺排。

关键词：汉字；圣书字；意音结合表词法；形声字

古汉字和古埃及圣书字同属人类第一批自源文字，在记录语言的方式上既有若干共同点，也有不少差异。对于这些异同，笔者曾经在《古汉字与圣书字表词方式的几点异同——兼谈圣书字的性质》一文中做了一些宏观的勾勒。本文将对二者共同使用的一种表词方式——意音结合表词法——进行较为微观的比较。所谓意音结合表词法，就是通过组合表意图符和谐音图符形成一个意音结构[①]，来记录一个词语，如表1两例。

表 1　意音结合表词法举例

	意音结构	音符	意符（类符）
汉字	室	至	宀
圣书字	ʕt 室[②]	ʕ + t	房子

---

① 汉字学界一般称这种结构为"形声字"，"意音结构"是更具普通文字学意义的表述。

② 本文所用圣书字例子，如不特别标出出处，都出自 Gardiner 的 *Egyptian Grammar* 一书中的字符表和词汇表。（Gardiner, Alan, *Egyptian Grammar: Being an Introduction to the Study of Hieroglyph*. 3rd ed. Oxford: Oxford University Press, 1957, pp.442-629.）圣书字字形是用 Jsesh 输入法软件输出的印刷字体形式。

构成意音结构的谐音图符，后文将简称"音符"。构成意音结构的表意图符，后文将简称"意符"。鉴于大多数意符是从词语所属类别上提示意义的，我们强调这一点时会采用"类符"的说法。

意音结合表词法对于汉字和圣书字而言都非常重要，此法使用上的异同是理解两种文字异同的关键问题之一。下文将从相同点和不同点两方面分别阐述笔者在比较中的一些发现。

一、相 同 点

（一）成为优选和主流表词法

在古汉字和圣书字文字系统刚形成时，意音结合表词法的使用还不是特别普遍。但由于此法在便利性、能产性和准确性等方面的优势，它逐渐成为两种文字发展和优化过程中的优选表词法，并最终成为两种文字的主流构形模式。就汉字而言，意音结构在战国时期迅猛增加，达到文字总量的80%以上。[①]就圣书字而言，意音结构在中王国时期（尤其是第12王朝）迅猛增加，此时大多数词语都具备了意音结构的书写形式。[②]

（二）产生途径相似

林沄、吴振武、黄德宽等先生都认为古汉字意音结构的产生途径主要有三种[③]，虽然表述方式不尽相同，但实质基本一样，即补加音符、补加类符、音意同取。笔者发现其实古埃及圣书字意音结构的产生途径也主要是这三种。下面分别举例说明。

1. 补加音符

（1）为提示读音，补加音符

有些意符使用的图像比较复杂，较难画得像（尤其是在追求书写效率的时候），于是书写者通过加音符的办法来明确所记词语。例如：

（甲）→（甲），"雞"，甲骨文最初作公鸡之形，但是因为字形烦琐，当写得草率的时候容易与一般的"鳥""隹"相混，故而后来加音符[④]"奚"提示

---

① 据黄德宽等统计，战国时期形声字占已识字的比例从春秋时期的69.2%发展到81.38%。参黄德宽等：《古汉字发展论》，北京：中华书局，2014年，第285、358页。

② Schenkel, Wolfgang, "The structure of hieroglyphic script", *RAIN*, No. 15 (1976): pp.4-7.

③ 参林沄：《古文字学简论》，北京：中华书局，2012年，第34-37页；黄德宽：《形声结构的类型》，《汉字理论丛稿》，北京：商务印书馆，2006年，第45-65页。

④ 形为手牵一人之发辫，意为奴隶。

读音。[①]

（甲）→ （甲），"黽"，甲骨文最初作蜘蛛之形（有八条腿），但是由于字形烦琐，难以画得逼真，后来加音符 [②] "束"，强化读音信息。[③]

（甲）→ （金），"裘"，甲骨文初为带毛的皮衣之形，西周金文有提示读音加音符"又"的写法。

→ [④]，*štyw* "龟"，本来只写作乌龟之形，后加音符 *š*、 *t*、 *tyw*，强化读音信息。

→ 、 [⑤]，*mɜi* "狮子"，最初只写作狮子之形，后加音符 *mɜ*、 *ɜ*（充当音补[⑥]，有时不写）、 *i*，强化读音信息。

→ [⑦]，*sr* "官员，贵族"，最初只写作一手持棍一手握手帕的男人之形，后加音符 *s* 和 *r*，强化读音信息。

（2）为分化兼职，补加音符

有些意符既可以表示自身所象之物，也可以转指相关联的事物。这种用法有时会造成自指和转指的混同，为了区分，可以通过添加音符分化出一个新的书写形式。例如：

、 （甲）→ 、 （甲），"災"，甲骨文最初写法与"川"字相同（或者说相近），用奔流之水转指灾害。后来为了区别于"川"，加音符 [⑧] "才"。

（甲）→ （甲），"禽"，甲骨文最初用捕猎之网形转指擒获，可能因为此形还表示田网之 （畢，《说文》小篆），所以后加音符 [⑨] "今"以示区别。

→ ，*rˤ* "太阳"，最初只作太阳形，因与 *hrw* "白天"共用一形，后来加注音符 *r*、 *ˤ*，以示区别。后来，*hrw* "白天"也有加音符的写法 ，这样二者便毫不相混了。

→ [⑩]，*sḏm* "听"，最初只写作牛耳之形，与 *msḏr* "耳朵"共用一形，后有加音符 *m* 的写法，既提示最后一个辅音，又显示区别。

---

① 再后来，因为有了音符的提示，干脆不再去描绘鸡形，直接简化为类符"隹"或"鸟"。

② 形为束缚大口袋之两端，意为束缚。

③ 参刘钊：《释甲骨文耤、羲、蟺、敫、栽诸字》，《吉林大学学报》，1990 年第 2 期。

④ Faulkner, Raymond O, *A Concise Dictionary of Middle Egyptian*. Oxford: Griffith Institute: Ashmolean Museum, 1962, p.273.（出自该词典的例子，后文简注为"CDME+页码"。）

⑤ CDME 101.

⑥ 埃及文字经常使用"音补"，即在表示两个辅音或三个辅音的音符后面用单辅音音符提示其中的某个辅音。例如，此例中的 ɜ 并不是多出的一个音，它只是提示 *mɜ* 中的第二个辅音。

⑦ CDME 235.

⑧ 陈剑先生认为象木橛之形，甲骨文常借来表示"在"。

⑨ 形为倒口下加一点，学者们多认为是"吟"的初文。

⑩ CDME 259.

2. 补加类符

（1）为分化兼职，补加类符

一个图符除了最初的表意功能，可能还兼有假借或引申用法，为了加以区分，为其中某一种用法加上表示意义类别的意符。

a. 为假借义加类符

①（甲）→、（甲），"麓"，甲骨文初用音符"录"表示山"麓"（意为山脚之林木），后来在音符上加类符"艸"或"林"专表山麓。

②（甲）→③（金），"妣"，甲骨文用音符"匕"表示祖妣之"妣"，西周金文中出现了加类符"女"的专用字。

→④，mwt "母亲"，最初用音符（形为秃鹫，读音为 mwt）表示，后来多加表示"女性"的类符。⑤

→⑥，z3 "儿子"，最初用音符（形为鸭子，读音可能是 z3t）表示，后来多加表示"男性"的类符。

b. 为本义加类符⑦

、（甲、金）→⑧（简），"蛇"，甲金文作蛇形，因为该形还用作音符表示第三人称代词的"它"，因此后来加表示"虫蛇类"的类符"虫"作为"蛇"的专字。

（金）→（睡虎地秦简），"酒"，甲金文多以"酉"（酒樽之形）转指。该图符还用为音符表示地支之"酉"。睡虎地秦简中加表示"水、液体"的类符，作为"酒"的专字。

→⑨，z "门闩"，最初只作门闩之形，因为此图符还常借用为单辅音音符 z，所以，为了区别，"门闩"有加类符⑩的写法。

→⑪，š "湖，池塘"，最初只作池塘之形，因为此图符还借用为单辅音音符 š，所以，为了区别，"湖，池塘"后来有加类符⑫的写法。

---

① 录，汲水辘轳之形。

② 匕，匙类器具之形。

③ 妣，佣丏簋，西周早期，《殷周金文集成》3667。

④ CDME 106.

⑤ t 用作 mwt 的音补。

⑥ CDME 207.

⑦ 原意符虽不同于借音符，但也有表音作用，所以这种结构可以认为是意音结构里的一种特殊类型。

⑧ 上博竹书八·兰赋·3。

⑨ CDME 205.

⑩ 为树枝形，表示的类属意义是"树木、木质"。

⑪ CDME 260.

⑫ 为灌溉水渠形，表示的类属意义是"灌溉地"。

c. 为引申义加类符

⚑（甲）→ ⚑（战国楚简），甲骨文以正面人形立于地面之图符表示站立之"立"，西周金文中此图符也用来表示所立之"位"，战国时期，楚简文字对后一义常加类符"人"进行区分，中山国文字则有加音符"胃"的区分写法⚑。

⚑（*zh3* "书写"）→ ⚑（*zh3* "文字"）→ ⚑（*zh3w* "书吏"）[①]，埃及文中由词根 *zh3* 衍生出的"书写""文字""书吏"本都由意符⚑（一套埃及人使用的书写工具，包括研墨板、颜料袋和笔筒）转指，后来为了区别加类符 ⚑（莎草纸卷）和复数类符ı ı ı表示"文字"；加类符⚑表示"书吏"。

（2）因类推作用，在意符上加类符

在意音结构大量制造和普遍使用时，会产生一种意音化类推作用，使得一些并无兼职的表意字也累加类符。例如：

⚑（甲）→ 牀（战国楚简），"牀"，甲骨文写作竖置的床形，战国时期开始有加类符"木"的写法。

⚑ → ⚑ 或 ⚑，*t3* "土地"，初作平坦的冲积土地（小点表示颗粒状的沙子）之形，后加表示土地的类符⚑（字形是灌溉水渠）或 ⚑（字形是伸向水中的尖形陆地）。

3. 音意同取

除了将原有书写形式优化改造为意音结构的途径外，应该还有另外一类意音结构是为尚无文字形式的词语直接选取意符和音符一次性合成的。这种办法非常适合为同范畴事物的细类批量造字。[②] 甲骨文和圣书字中的如下树名很可能就是通过音意同取的途径产生的。[③]（其中甲骨文树名皆以⚑为类符，圣书字树名皆以⚑为类符。）

⚑ "柳"，从木卯声；⚑ "杞"，从木己声；⚑ "檀"，从木亶声；

⚑ "桐"，从木同声；⚑ "梌"，从木余声；⚑ "柏"，从木白声。

⚑ ⚑ ⚑ *mrw* "雪松"，音符是⚑ *mr*、⚑ *r*（音补）、⚑ *w*；

⚑ ⚑ ⚑ *b3k* "橄榄树"，音符是⚑ *b3*、⚑ *k*；

---

① 参 Allen, James P, *Middle Egyptian: An Introduction to the Language and Culture of Hieroglyphs.* 3rd ed. Cambridge: Cambridge University Press, 2014, p. 528.

② 黄德宽先生将此类称之为"形声同取式"，并认为甲骨文中从"木"的一系列树名字、从"水"的一系列水名字、从"马"的一系列马名字、从"犬"的一系列类犬动物字，以及战国楚简文字中从"竹"的一系列竹制品字、从"糸"的一系列纺织品字，很可能就是一次合成的。他还指出，其中后两类与当时楚地竹器生产的发达和桑蚕业的兴盛有密切关系。参黄德宽：《形声结构的类型》，《汉字理论丛稿》，北京：商务印书馆，2006 年，第 56-58 页。

③ 不过，我们往往难以断然认为某些意音图组就是直接拼合而成的，因为我们不可能见到古代的全部文字材料，也就无法排除它们经历过词符书写或音符书写的阶段。

𓅱𓏏𓊪𓆭① *wʿn* "刺柏"，音符是𓅱*w*、𓂝*ʿ*、𓈖*n*；

𓇋𓐍𓆭 *iḫ* "iḫ-树"（具体树种不明），音符是𓇋*i*、𓐍*ḫ*；

𓈖𓂝𓂋𓏏𓆭 *nʿrt* "nʿrt-树"②，音符是𓈖*n*、𓂝*ʿ*、𓂋*r*、𓏏*t*；

𓆓𓆑𓏏𓆭 *nḏft* "nḏft-树"③，音符是𓈖*n*、𓆓*d*、𓆑*f*、𓏏*t*。④

（三）类符引导机制相似

如前文所言，大多数意音结构中的意符是从词语所属类别上提示意义的"类符"。从认知心理学"范畴化理论"的角度来看，类符的意义引导机制是借助类符所表范畴来引导目的词所表范畴。在此视角下，笔者通过比较，发现汉字和埃及文的类符都有两种主要的引导机制：原型引导机制和转喻引导机制。

1. 原型引导机制

"原型"（Prototype，或译为"类典型"）是指一个自然范畴中的典型成员。20世纪下半叶认知心理学研究发现，自然范畴（非科学范畴）内的各成员地位往往是有等级的，有典型成员和非典型成员之分；"原型"处于范畴的核心地位，其他成员根据与原型相似性的多少，有的靠近范畴的核心，有的则处于范畴的边缘。例如，认知心理学家 Rosch（1975）的实验表明，在美国人心目中北美洲极其常见的知更鸟（robin）是【鸟】范畴的原型，企鹅、火鸡等则处于【鸟】范畴的边缘。⑤

两种文字都有不少以原型来引导意音结构的"原型类符"。例如，表2是汉字中的原型类符𩵋（鱼）及其引导的非鱼水族，表3是圣书字中的原型类符𓅬（白额雁）及其引导的非雁鸟类。

表2 原型类符"鱼"

原型类符	非鱼水族				
𩵋 鱼	鰂 （乌贼）	鰒 （鲍鱼）	鰝 （大虾）	魧 （大贝）	鲐 （蚌）

---

① 𓊪 是类符 𓂝（木材）的讹变。

② 具体树种不明。

③ 具体树种不明。

④ 参 Goldwasser, Orly, *Prophets, Lovers and Giraffes: Wor(l)d Classification in Ancient Egypt*. Wiesbaden: Harrassowitz, 2002, pp. 46-48.

⑤ 当然，某范畴成员是否典型取决于认知主体的生活经验，或者说认知主体对它的熟悉程度或关注程度。因此，原型是据文化而定的。对于古埃及人和古华夏人，【鸟】范畴的原型就不是知更鸟了，因为在古埃及和古中国可能根本就没有知更鸟。

表3　原型类符"雁"

原型类符	非雁鸟类			
 雁	 *mnwt* 鸽	 *st* 针尾鸭	 *d3t* 灰鹤 ①	 *niw* 鸵鸟

其实一般的表现上位范畴的类别类符也往往具有原型性质，如下面三例都以 □ （房子）为类符。

② *is* "墓"　　　　 ③ *ihw* "厩"　　　　 ④ *ššy* 巢

笔者曾在"The prototypical determinatives in Egyptian and Chinese writing" ⑤ 一文中专门探讨和比较汉字和圣书字中的原型类符，读者有兴趣可以参看。

2. 转喻引导机制

转喻类符通过类符所表范畴与目的词所表范畴之间的邻近关系，来引导目的词，如下面两例：

（水）→ （*i°i*，洗）　　　（水）→ （洒，涤也）

埃及文和汉字都使用了表示"水"的类符来引导"洗"这个动作，因为水是洗的凭借，二者具有邻近关系。表4、表5是两对可比性很强的汉埃转喻意符。

表4　转喻类符"肉"

转喻类符	意音结构				
 肉	 肢	 肝	 肾	 肺	 肠
 肉	 *°t* 肢	 *mist* 肝	 *ggt* 肾	 *sm3* 肺	 *k3b* 肠

表5　转喻类符"木"

转喻类符	意音结构			
 木	 柱	 楬	 杖	 楫

---

① DZA 31.538.790.

② *CDME* 29.

③ *CDME* 29.

④ *CDME* 246.

⑤ Chen, Yongsheng, "The prototypical determinatives in Egyptian and Chinese writing," *SCRIPTA,* Vol. 8 (2016), pp. 101-126.

转喻类符	意音结构			
木	*wḥ3* 柱	*fdt* 箱	*i33t* 杖	*wsr* 桨

笔者曾在"The metonymic determinatives in Egyptian and Chinese writing"[1]一文中专门探讨和比较汉字和圣书字中的转喻类符，读者有兴趣可以参看。

二、不 同 点

（一）数量搭配模式不同

在音符和意符的数量搭配模式上，汉字主要使用"单音符+单意符"模式，而圣书字则有"单音符+单意符""多音符+单意符""多音符+多意符"等多种模式。圣书字中最常见的是"多音符+单意符"模式，其次是"多音符+多意符"模式，"单音符+单意符"较少见。请看表6中的例子。

表 6　圣书字意音结构数量搭配模式举例

	意音结构	所含音符	所含意符
单音符+单意符	*z3* "儿子"	*z3*	（男人、人）
多音符+单意符	*dm* "锋利"	*d*、*m*	（刀）
	mrw "雪松"	*mr*、*r*[2]、*w*	（树）
多音符+多意符	*sw3* "路过"	*s*、*w3*、*3*	（路） （行走的双腿[3]）
	nds "普通人"	*n*、*d*、*s*	（麻雀[4]） （男人）

---

① Chen, Yongsheng, "The metonymic determinatives in Egyptian and Chinese writing," *Journal of Chinese Writing Systems*, Vol 8, No. 2 (2024), pp. 140-148.

② 音补。

③ 表示行动。

④ 表示坏、不令人满意。

（二）意音顺序模式不同

从主流来看，两种文字的意音结构有着不同的意符音符顺序配置。汉字意音结构倾向于将类符前置（即先写，对于左右结构来讲是居左，对于上下结构来讲是居上），而圣书字意音结构倾向于将类符后置（即后写，当文字从左至右书写时居右，当文字从右至左书写时居左）。[1]如下表中我们选取的战国秦文字中的例子（皆出自睡虎地秦简）和古埃及中王国时期的例子。

表 7　意音顺序模式举例

汉字意音结构及其前置类符		圣书字意音结构及其后置类符	
犬（犬）	狼（狼）	(wnš 狼)	(兽皮)
木（木）	横（横）	(fdt 箱)	(木头)
水（水）	洒（洒）	(iʿi 洗)	(水)
宀（宀）	室（室）	(ʿt 室)	(房子)
辵（辵）	随（随）	(šms 跟随)	(行进的双腿)

（三）结合稳固程度不同

汉字的意音结构形成以后，较为稳固，一般不会省略类符。而圣书字的意音结构则较为松散，常有省略类符的情况，尤其是在周围有图象场景的时候。下图为一座中王国时期岩窟墓中的壁画片段的摹本[2]，其中下方是烤鹅场景，上方是圣书字，圣书字中有两个词语（圈出部分）本是意音结构，但这里省略了类符。

图 1　中王国岩窟墓壁画（片段）

---

① 我们这里说的是总体倾向，例外也是存在的。

② Blackman, A.M., *The rock tombs of Meir: Part. III*, Egypt Exploration Fund, 1915, Pl.23.

这两个词语的一般写法如下：

       m^ck "烧烤"   *srw* "鹅"

前者含有类符 （冒火焰的炉子），后者含有类符 （绑缚的鹅），但是当和场景共现时，由于场景的补充说明作用（有烤炉、烤鹅），便只写了音符。

（四）其他不同

前面提到，汉字意音结构的表音部分一般是单个音符，而圣书字意音结构的表音部分常为多个音符的组合，这是因为汉字表音是整体式的，而圣书字表音多为分析式的。整体式表音和分析式表音的差异，笔者在《古汉字与圣书字表词方式的几点异同——兼谈圣书字的性质》一文中已有探讨，读者可以参看。另外，在空间组装模式上，汉字采用方块拼接式，而圣书字倾向于线性铺排式。

三、结 论

汉字和圣书字在文字系统优化的过程中，都以意音结合表词法为记录词语的优选方法，并最终成为以此法为主流表词方式的文字系统。它们的意音结合表词法有着相似的生成途径，相似的类符引导机制。但另一方面，它们的意音结合表词法在数量搭配模式、顺序配置模式、空间组装模式和结合稳固程度上存在明显差异。以上异同，对于理解两种文字的性质异同有重要意义。

The Similarities and Differences between the Ideographic-phonographic Combination Method of Ancient Chinese Characters and that of Egyptian Hieroglyphs

Chen Yongsheng

Abstract: The ideographic-phonographic combination method is a significant method of word representation used in both Chinese characters and Egyptian hieroglyphs. The similarities and differences in the use of this method in the two writing systems are as follows. Similarities: 1) Both serve as the mainstream word representation method within their respective writing systems. 2) They share similar motivations for generation. 3) In the ideographic-phonographic structure, most of the ideographic components provide meaning clues based on the category to which the word belongs, thus can be referred to as "classifiers." The classifiers in both writing systems have similar mechanisms for guiding meaning. Differences: 1) In the patterns of quantity pairing between ideographic and phonetic components, Chinese characters primarily use a "single phonograph + single ideograph" model, while hieroglyphs also employ "multiple phonographs + single ideograph," and "multiple phonographs + multiple ideographs" models. 2) Regarding the sequential configuration of ideographic and phonographic components, Chinese characters tend to place the ideographic component before the phonetic component, whereas Egyptian hieroglyphs do the opposite. 3) In terms of the stability of the combination, Chinese ideographic-phonographic compounds are relatively stable, while the Egyptian ones are comparatively loose. 4) In spatial assembly modes, Chinese ideographic-phonographic compounds favor a block assembly, whereas hieroglyphs tend to be linearly arranged.

Key words: Chinese characters; Egyptian hieroglyphs; ideographic-phonetic combination; *xingshengzi* 形声字

分而未裂：新史料所见西周分封制的中央集权底色

程　浩

（清华大学出土文献研究与保护中心
"古文字与中华文明传承发展工程"协同攻关创新平台）

摘要：从近出金文资料以及清华简中的有关篇目来看，周初通过分封建立起的央地关系模式有着较强的中央集权属性。周公东征后在战略要冲设置了一批隶属于中央政府的地方军政机构，主要职能是候望异族与守卫国土。"诸'侯'"作为周王派遣到地方政区的主官，与同为外服组成部分的归顺之邦的"邦君"有所不同，其主要身份是王臣，因而需要接受中央的任免与监督。三卿等地方封国中的主要官僚，作为对诸侯的一种牵制，也由中央直接任命。与此同时，周王还会派驻专门的监察之官对诸侯进行督劾。除了不具备独立的人事权外，诸侯在封国的治理过程中享有的法政权力也是有限制的。而地方经营的收益亦非由诸侯独享，封国需要按时向中央上缴赋税，并有着供养军队、出兵勤王的义务。在这种"分寄式中央集权"体制的严格管控之下，西周的地方封国基本上都能够恪尽职守、勤恤王事，极少出现裂土自重、对抗中央的情况。

关键词：西周；分封制；央地关系；中央集权；清华简

中国古代的制度文化伴随中华文明而生，并于传承延续中不断创新发展。王国维先生在其名作《殷周制度论》中曾断言："中国政治与文化之变革，莫剧于殷周之际。"①殷周鼎革后广泛推行的宗法制与分封制，作为周代制度一体之两翼，不仅为两周政治秩序的建立夯实了基础，对于后代王朝的政治文化同样有着长远而深刻的影响。这其中应用于外服管理的分封制度，在中国古代央地关系的流变中颇具特色，因而广受史家与论政者的关注。②

---

① 王国维：《殷周制度论》，《观堂集林》，北京：中华书局，1959年，第451页。

② 学界关于周代分封制的研究可谓汗牛充栋。新中国初期的研究往往与"封建社会"的论题纠葛在一起，改革开放以来比较系统的成果则可举出王德培《西周封建制考实》（北京：光明日报出版社，1998年）、葛志毅《周代分封制度研究》（哈尔滨：黑龙江人民出版社，2004年）、任伟《西周封国考疑》（北京：社会科学文献出版社，2004年）、王健《西周政治地理结构研究》（郑州：中州古籍出版社，2004年）；王瑞杰《西周封国之自主与交融：周代封建性质的再检讨》（新北：花木兰文化事业有限公司，2009年）与李峰《西周的政体：中国早期的官僚制度和国家》（北京：生活·读书·新知三联书店，2010年）。

正是由于分封制有"分"的原生特性，古今学者往往把具有这种国家结构的政体与中央高度集权的单一制国家对立起来看待，并习惯性地将周代的覆亡归因于分封制造成的中央权力过于分散，以及由此导致的地方诸侯尾大不掉。如唐代柳宗元的《封建论》就批评周代的分封制乃"威分于陪臣之邦，国殄于后封之秦。则周之败端，其在乎此矣"。①近世一些学者主张把周代看作"城邦国家""都市国家"或"邑制国家""邑土国家"②，在这样的理论框架之下，便更加强调"诸侯对外可以成为独立的政治单位"③，倾向于把西周的封国视为"国中之国""半独立国家"甚至"完整的社会政治实体"。④代表当下学界主流观点的李峰先生的《西周的灭亡》一书，也同样认为"地方封国的高度自治权"给周王室带来的问题是"结构性"的。⑤

然而中华文明在很早的发展阶段就表现出了对政治统一与文化统一的极致追求，西周王朝作为内外服体系密切结合、君统与宗统高度统一的"复合制国家"⑥，对代表中央权力的王权不断进行加强，才应是其政治建构的主轴。⑦难道像文、武、周公这些后人口中的圣君，在进行制度设计之时当真意识不到放任地方自治对王朝统治的危害吗？地方封国中的诸侯，是否被中央全面放权，在自己的领地中享有高度自治的权力？秦汉以后分封制被郡县制所取代，是否意味着王朝国家的地方治理逻辑发生了骤然转变？

这些问题，以往只能从《尚书》等有限的西周史料以及《左传》《国语》和礼书中后人的追述与构拟里寻觅答案。然而春秋时期的央地关系模式较之西周已有本质上的不同，礼书的记载如果没有更早的材料加以印证，更是难以令人信服。虽然学界对于西周封国的性质以及央地关系的讨论已经开展了几十年，但囿于资料的限制，迄今为止并没有形成一致性的意见，甚或说仍处在持续的争议之中。大部分学者即便承认西周存在中央权力，但仍以"弱势的中央政权"⑧"比较集中的中央

---

① 柳宗元：《封建论》，《柳宗元集》第 3 卷，北京：中华书局，1979 年，第 71 页。

② 杜正胜：《周代城邦（修订本）》，台北：联经出版公司，1981 年；宫崎市定：《关于中国聚落形体的变迁》，刘俊文主编：《日本学者研究中国史论著选译》第三卷《上古秦汉》，黄金山等译，北京：中华书局，1993 年，第 1-29 页；伊藤道治：《中国古代王朝的形成——以出土资料为主的殷商史研究》，江蓝生译，北京：中华书局，2002 年，第 165 页；松丸道雄：「殷周国家の構造」、『岩波講座 世界歴史 4 東アジア世界の形成 I』、東京：岩波書店、1970 年、第 59 页。

③ 徐复观：《西周政治社会的结构性格问题》，《周秦汉政治社会结构之研究》，香港：新亚研究所，1972 年。

④ "半独立的国家"曾被徐中舒先生用以形容西周晚期以后诸侯国的性质，见徐中舒：《西周史论述（下）》，《四川大学学报（哲学社会科学版）》1979 年第 4 期。"完整的社会政治实体"是李峰先生的定义，参见李峰：《西周的政体：中国早期的官僚制度和国家》，第 244 页。

⑤ 李峰：《西周的灭亡：中国早期国家的地理和政治危机》，上海：上海古籍出版社，2007 年，第 163 页。

⑥ 相关定义参见王震中：《中国王权的诞生——兼论王权与夏商西周复合制国家结构之关系》，《中国社会科学》2016 年第 6 期。

⑦ 晁福林：《先秦国家制度建构的理念与实践》，《历史研究》2020 年第 3 期。

⑧ 郭伟川：《两周史论》，北京：北京图书馆出版社，2006 年，第 37 页。

权力的国家"视之[①]，对于王朝与封国之间是否存在央地两级行政关系则持谨慎态度。此前仅有少数学者认为西周的封国有"政区性质"[②]，进而主张周王室对诸侯掌管的地方政区施行的是中央集权化统治[③]，但整体来看并没有产生广泛的影响。

国家制度的演进与央地关系的变迁作为富于思想性与解释性的领域，在材料有限的前提下，相关研究确实会呈现出言人人殊的局面。所幸近几十年来随着考古工作的不断深入，燕国、应国、曾国、楷国等周代重要封国的早期墓地相继得到发掘，其中出土的大量青铜器金文极大地丰富了有关周代封国的材料。而清华简中新公布的《系年》《封许之命》《四告》等篇目，更是有着对于分封卫国、许国、鲁国具体过程的直接记载。本文拟结合这些新史料，深化学界此前关于西周王室与地方封国之间的关系及其权力分配模式的讨论，并尝试将其置于古代中国央地关系发展的整体脉络中进行历史性的思考。

一、守土守民：从"侯"的性质说起

此前关于周初分封的研究，基本上都会征引《左传》中的几则材料，一是僖公二十四年周富辰语："昔周公吊二叔之不咸，故封建亲戚以蕃屏周"[④]，二是昭公二十六年王子朝云："昔武王克殷，成王靖四方，康王息民，并建母弟以蕃屏周，亦曰吾无专享文武之功，且为后人之迷败倾覆而溺入于难，则振救之"。[⑤]而最为详尽的，要数定公四年对鲁、卫、晋三国之封的追溯：

> 昔武王克商，成王定之，选建明德，以蕃屏周……分鲁公以……殷民六族……分之土田陪敦，祝、宗、卜、史，备物典策，官司彝器。因商奄之民，命以《伯禽》，而封于少皞之虚。
>
> 分康叔以……殷民七族……封畛土略，自武父以南，及圃田之北竟，取于有阎之土，以共王职。取于相土之东都，以会王之东蒐。聃季授土，陶叔授民，命以《康诰》，而封于殷虚，皆启以商政，疆以周索。
>
> 分唐叔以……怀姓九宗，职官五正。命以《唐诰》，而封于夏虚，启以夏政，疆以戎索。[⑥]

---

① 谢维扬：《中国早期国家》，杭州：浙江人民出版社，1995年，第383页。

② 李志庭：《西周封国的政区性质》，《杭州大学学报》1981年第3期；朱凤瀚：《商周家族形态研究》，天津：天津古籍出版社，1990年，第258页。

③ 葛志毅：《周代分封制度研究》，第14-15页；王晖：《论周代王权与中央集权化的统治形式》，《学术月刊》2000年第9期。

④ 《春秋左传正义》，阮元校刻：《十三经注疏》，北京：中华书局，2009年，第3944页。

⑤ 《春秋左传正义》，阮元校刻：《十三经注疏》，第4591页。

⑥ 《春秋左传正义》，阮元校刻：《十三经注疏》，第4635-4637页。

从这些记载来看，周初进行大规模的分封，最主要的目的当然是"以蕃屏周"，即依靠宗室血亲镇抚异族、护卫王室。为了实现这一目标，周王则需要对封建的诸侯"授土授民"，并赐予配套的彝器、臣仆，赞助他们在封地快速立足。西周早期的宜侯夨簋（《集成》①4320）也印证了这一点。根据此铭的记载，周王命夨为宜侯时，便是在省阅了"伐商图""东国图"等地图后对其进行了"赐土"与"赐人"。②

但这里还需要思考一个问题，那就是周王对所封诸侯的"授土授民"，究竟有没有王子朝所说的"无专享文武之功"的意涵在里面？因为如果国土与人民乃是诸侯作为文武后代所获得的恩赏，就意味着地方封国天然地享有它们的直接所有权。但考虑到王子朝的这番话是他奔楚后告于诸侯的檄文，带有很强的政治目的，因而并不能轻易据信。

实际上，春秋时人所谓的周王对诸侯的"授土授民"，在西周的语境中其本意只是由诸侯替王"守土守民"而已。在分封的具体操作过程中，王室并没有让渡任何核心权利，更没有发生土地与人口所有权的转移。近些年陆续公布的西周金文以及书写西周历史的简帛材料中，都不约而同地体现了这一点。清华简的《祭公之顾命》记录了周穆王与祭公谋父的对话，其中祭公便回顾了周初分封之事：

> 我亦上下辟于文武之受命，广戡方邦，不惟周之旁，不惟后稷之受命是永厚。惟我后嗣，方建宗子，不惟周之厚屏。呜呼，天子，监于夏商之既败，不则亡遗后，至于万亿年，亿年参叙之。③

类似的表述，亦见于清华简《四告》的第二篇。该篇为伯禽就封鲁侯时所作，他在篇中说：

> 唯皇上帝命周文王据受殷命，烈祖武王大戡厥敌，今皇辟天子图厥万亿之无后嗣孙，乃建侯，设卫、甸、出分子。④

除此之外，清华简《系年》的第四章曾言及卫国的分封，其文为：

> 周成王、周公既迁殷民于洛邑，乃追念夏商之亡由，旁设出宗子，以作周厚屏，乃先建卫叔封于康丘，以侯殷之余民。卫人自康丘迁于淇卫。⑤

这些表述皆源自周人的自述，内容各有取舍又互相因应，是了解周初分封实质的直接史料。综合其文，可以得出以下几点认识。

---

① 中国社会科学院考古研究所编：《殷周金文集成》（修订增补本），北京：中华书局，2007 年（以下简称《集成》）。本文使用的古文字资料采宽式隶定，并酌情进行改读，下同。

② 铭文的理解参考了李学勤：《宜侯夨簋与吴国》，《文物》1985 年第 7 期。

③ 李学勤主编：《清华大学藏战国竹简（壹）》，上海：中西书局，2010 年，第 174 页。

④ 黄德宽主编：《清华大学藏战国竹简（拾）》，上海：中西书局，2020 年，第 117 页。

⑤ 李学勤主编：《清华大学藏战国竹简（贰）》，上海：中西书局，2011 年，第 144 页。

首先，周初对诸侯的大规模分封是在成王世由周公推动的。①虽然《史记·周本纪》说武王克商后曾大封"功臣谋士"②，但所举的鲁、燕等国，从各种史料的记载来看始封都是在成王时期。上引清华简的材料中，《系年》即明确将分封之事系于"周成王、周公"。《四告》里伯禽口中"建侯"的"今皇辟天子"，从前文已称"文""武"之谥来看，也显然应指成王。其实从前述《左传》之文就可以看出，即便是春秋时期的人，对于分封制是由周公代表成王推行的这件事依然是十分清楚的。而此后历代周王虽然也有分封之举，但均零星分散，建设诸侯的功能与职事与周初也已大有不同。

其二，实施分封的原因是吸收了前朝覆亡的教训。清华简《祭公之顾命》论说周人之所以行分封之制，乃是由于"监于夏商之既败"，《系年》亦云成王、周公"乃追念夏商之亡由"。西邑夏与天邑商的一触即溃，并最终被外服邦伯取代，给周人带来了强烈的震撼。周公摄政期间，就曾屡次强调不要重蹈夏商的覆辙。③除了日常的宣教外，他还着手对周人承继的殷商旧制进行了大刀阔斧的改革。无论是内服的王官，还是外服的诸侯，都大大加强了王朝对他们的统御力。在王权不断提升的背景下，畿内的王官之于王，体现出了严格的人身依附。④而随着统治疆域的不断扩大，商代实行的相对松散的地方管理制度已不适应周初的政治形势，所以也势必要通过制度的革新来改变此前"诸侯之于天子犹后世诸侯之于盟主"的局面⑤，把更多的权力收归中央。

其三，通过分封制实现地方管理的具体方式是封建亲戚。《祭公之顾命》"惟我后嗣，方建宗子"，《系年》的"旁设出宗子"，都明确讲被封建的是"宗子""出宗子"。《四告》所"建侯"即包括"出分子"，亦与之同谓。从文献来看，周初分封的诸侯也确实大部分都是与周王血缘极近的姬姓贵族。如《左传》昭公二十八年载："昔武王克商，光有天下，其兄弟之国十有五人，姬姓之国者四十人"⑥，《荀子·儒效》也说周公之时"立七十一国，姬姓独居五十三人"。⑦当然，除了姬姓的宗亲之外，有一些外戚在周初也是被分封为诸侯的。《国语·周语中》载富辰云："昔挚、畴之国由大任，杞、缯由大姒，齐、许、申、吕由大姜，陈由大姬，

① 关于分封制起源于周代还是更早的时期，学界尚有不同的意见，可参看李雪山、韩燕彪：《分封制起源与形成问题研究综述》，《中国史研究动态》2018 年第 2 期。但无论如何，分封制开始作为地方管理的主要制度并大规模推行是在周初之时，应该是没有太多疑问的。

② 《史记》卷 4《周本纪》，北京：中华书局，1982 年，第 127 页。

③ 如他在《尚书》的《召诰》中就说："我不可不监于有夏，亦不可不监于有殷。"（《尚书正义》，阮元校刻：《十三经注疏》，第 452 页）清华简《皇门》记录了周公对群臣的训诫，也是举用了夏商败亡的例子，并呼吁周人要"监于兹"（李学勤主编：《清华大学藏战国竹简（壹）》，第 164 页）。

④ 详见程浩：《西周王臣附属初命王的观念与君臣彝伦的重建》，《史学月刊》2022 年第 8 期。

⑤ 王国维：《殷周制度论》，《观堂集林》，第 466 页。

⑥ 《春秋左传正义》，阮元校刻：《十三经注疏》，第 4601 页。

⑦ 王先谦：《荀子集解》，北京：中华书局，1988 年，第 114 页。

是皆能内利亲亲者也。"①其中虽不乏齐、申这样的地处东、西二土的"周之厚屏"，但总体力量与姬姓诸侯相比仍有不小的差距。

周人之所以更倾向于选用"宗子""出分子"等同姓作为地方的管理者，大致有两方面的原因。一是这些王室宗亲在克商与东征等周初的重大历史事件中与周王勠力同心、团结一致，确实展现出了很强的凝聚力与战斗力。长时间的患难与共，使得周王室与宗亲贵族之间建立了牢固的信任。在《左传》昭公二十四年引用的《太誓》之文中，武王就说："余有乱臣十人，同心同德。"②按照东汉大儒马融的说解③，这"乱臣十人"中就至少有周公、召公、毕公、荣公、散宜生、南宫适等六人为姬姓贵族。④而武王死后成王"犹幼在位"之时，除了摄政的周公之外，召公、毕公等勋贵也在稳定政局的过程中发挥了至关重要的作用。二是与分封制密切关联的宗法制，以血缘或拟血缘关系为纽带，紧密联结着天子与诸侯。《四告》说皇辟天子是基于"图厥万亿之无后嗣孙"的有利条件才进行的分封，《祭公之顾命》也说"丕则亡遗后，至于万亿年"，可见周人向来是笃信周室子孙能够万年无穷尽且恪守宗法、服膺大宗的。

而几篇简文所流露出的最重要的信息，其实是关于周初分封之目的的描述。《祭公之顾命》讲"方建宗子"的目标是"丕惟周之厚屏"，《系年》也明确说成王、周公"旁设出宗子"是为了让他们"作周厚屏"。我们知道，武王虽然完成了对商纣的致命一击，但彼时仍然"天下未集"⑤，周人是在成王之世通过周公东征的"二次革命"，才最终达成了真正意义上的统一。而东方的殷遗民及其支持者对周人来说始终如芒刺在背，是一个不容忽视的不安定因素。为了巩固广大的新征服地域，对当地蠢蠢欲动的原住民进行镇抚，周人就必须在一些军事要冲以及斗争形势比较复杂的地区委任宗亲来管理，此便是"作周厚屏"的本义。因此，周初对于宗室亲戚的分封，并非"切蛋糕"式地让功臣勋贵享受胜利的果实，而是带有很强的政治与军事目的。

《系年》对于分封卫国的描述，就清晰地表达了地方封国的这一职能。简文说卫叔最初"封于康丘"，是为了"侯殷之余民"。"侯"在此句中用作动词，大多数学者都将之理解为"作殷余民的诸侯"。⑥这当然是由于在传统的认识中，"侯"作为"五等爵"之一，长期被视作一种象征身分的爵称。然而随着相关研究的不断

---

① 徐元诰：《国语集解》，北京：中华书局，2002 年，第 46-47 页。

② 《春秋左传正义》，阮元校刻：《十三经注疏》，第 4573 页。

③ 《论语注疏》，阮元校刻：《十三经注疏》，第 5402 页。

④ 关于散氏为姬姓的辨析，见陈颖飞：《清华简〈良臣〉散宜生与西周金文中的散氏》，清华大学出土文献研究与保护中心编：《出土文献》第 9 辑，上海：中西书局，2016 年，第 73-88 页。

⑤ 《史记》卷 4《周本纪》，第 131 页。

⑥ 参见李松儒：《清华简〈系年〉集释》，上海：中西书局，2015 年，第 98-100 页。

深入，越来越多的学者已经认识到"公侯伯子男"等所谓"五等爵"制，其实是出自后人构拟，并不能反映商周国家政体的实际。①关于"侯"的本义，劳干与裘锡圭等先生很早就指出乃是"斥候""为王斥候的武官"。②最近，朱凤瀚先生又结合卜辞与金文的材料进行了详细申说③，进一步明确了周初"侯"的性质乃是"驻在边地保卫王国、有较强武力的武官"④，是极有启发性的意见。借由此论，便可知《系年》所谓的"侯殷之余民"，并不是让康叔去康丘享爵，而是派他候望、监视此地的敌对势力殷遗民。⑤

值得注意的是，清华简中还发现了周成王册封吕丁于许的命书《封许之命》。篇中有"今朕永念乃勋，命汝侯于许"一句⑥，是成王自述念及吕丁在文、武两朝勤劳王事的过往，便命他到许地做"侯"。此前邵蓓先生已经敏锐地指出，许国国君在文献与金文中一般被称为"许男"，这里的"侯于许"显然与他的爵位没有什么关系，强调的乃是其军事职能。⑦在我们看来，金文中大量的"侯于某"的句例，如麦方尊（《集成》6015）的"侯于邢"、伯晨鼎（《集成》2816）的"侯于垣"以及宜侯夨簋（《集成》4320）的"侯于宜"，都应该解释为派遣受命者去某地担当候望与守卫的职责。在"侯殷之余民""侯于许"等句中作动词用的"侯"，与其理解为"做……的侯"，不如直接译作"监视某人""候望某地"更贴合文意。而一旦受命者被委任了候于某地的职事之后，就可称某地的"侯"，此时"侯"的词性也随之"名动相因"，成了一种职称。根据李峰先生的统计，"陕西渭河流域发现的青铜器上从未出现'侯'这个称谓"。⑧这就说明"侯"的设置仅限于西周王朝的外服，而"侯"的辖区则具有鲜明的地方政治军事组织特色。⑨

---

① 相关讨论可参看刘源：《"五等爵"制与殷周贵族政治体系》，《历史研究》2014 年第 1 期。

② 劳干：《"侯"与"射侯"后记》，《历史语言研究所集刊》二十二本。裘锡圭：《甲骨卜辞中所见的"田""牧""卫"等职官的研究——兼论"侯""甸""男""卫"等几种诸侯的起源》，《裘锡圭学术文集》第 5 卷，上海：复旦大学出版社，2015 年，第 153-168 页。

③ 朱凤瀚：《殷墟卜辞中"侯"的身分补证——兼论"侯""伯"之异同》，李宗焜主编：《古文字与古代史》第 4 辑，台北：台湾"中研院"历史语言研究所，2015 年，第 1-36 页。

④ 朱凤瀚：《关于西周封国君主称谓的几点认识》，陕西省考古研究院、上海博物馆编：《西周封国论衡——陕西韩城出土芮国文物暨周代封国考古学研究国际学术研讨会论文集》，上海：上海古籍出版社，2014 年，第 284 页。

⑤ 朱凤瀚先生已言："简文'以侯殷之余民'，即用以检查、监视、防守殷余民"（《清华简〈系年〉所记西周史事考》，李宗焜主编：《第四届国际汉学会议论文集——出土材料与新视野》，"中研院"，2013 年，第 441-459 页）。

⑥ 李学勤主编：《清华大学藏战国竹简（伍）》，上海：中西书局，2015 年，第 118 页。引文中有部分文句是后来缀补进去的，参见贾连翔：《〈封许之命〉缀补及相关问题探研》，《出土文献》2020 年第 3 期。

⑦ 邵蓓：《〈封许之命〉与西周外服体系》，《历史研究》2019 年第 2 期。

⑧ 李峰：《西周的政体：中国早期的官僚制度和国家》，第 48 页。

⑨ 这种地方军事组织很容易让我们联想到汉代的候望系统。西汉王朝开拓西北后，在边塞设有负责警戒防御的军事机构"候官"，其长官即称"候"。陈梦家等学者曾结合西北简牍的发现专门做过考述，可参看陈梦家：《汉简缀述》，中华书局，1980 年，第 46-51 页。

明确了"侯"在西周是一个职事词而非爵称①、"某侯"就是某地负责候望的官员"侯"之后，我们再来看一下"诸侯"这个称谓的演变。"诸侯"又可称"多侯"，清华简《四告》就有"多侯邦伯"。②所谓"多侯""诸侯"，其本义只是周王广泛设置于地方的诸多的"侯"，严格来讲应该写作复合词"诸'侯'"。只不过春秋以后随着王权衰落，地方的"侯"擅用其征伐之权而不断坐大，"诸侯"一词便被赋予了更多的权威色彩，成为地方割据势力的专称。③

由学者的研究可知，西周的复合制国家结构行用的是内外服有别的管理体制。④内服即中央王畿地区，由周王通过复杂的官僚体系直接进行管理。⑤至于外服，过去一般都只强调地方的诸侯。但最新的研究已经提示我们，西周的外服与商代一样包含着外服封建区和外服归服区两部分。⑥我们知道，在西周的地方组织中，除了"以藩屏周"的封国之外，还广泛存在着一些并非周王分封而自然形成的土著势力。《吕氏春秋·先识览》载："周之所封四百余，服国八百余。"⑦所谓"服国"，即殷周鼎革后转而投入周人阵营的在商代就存在的地方势力。刘源先生既已指出"商周金文所见人物有少数与殷代之侯有关"，说明"殷代的侯有一小部分延续到西周时代，得到周天子的承认"。⑧除此之外，周代建国后还"褒封"了一批古贤王的遗胄作为封国，如《史记·周本纪》就记载了武王"乃褒封神农之后于焦，黄帝之后于祝，帝尧之后于蓟，帝舜之后于陈，大禹之后于杞"。⑨

这些"褒封"之国以及先前已经存在的"旧邦"，与周初分封的"侯"虽然同属于外服体系，但中央对其施行的却是两种不同的管理模式。其间的差异，着重体现在两者的称谓上。前者一般被称为"邦君""邦伯"⑩，如武王在《牧誓》中

① 邵蓓先生此前已有类似的认识，见邵蓓：《西周的诸侯与邦君》，杜勇主编：《叩问三代文明：中国出土文献与上古史国际学术研讨会论文集》，北京：中国社会科学出版社，2014年，第162-176页。

② 黄德宽主编：《清华大学藏战国竹简（拾）》，第110页。

③ 其实诸侯最初所监管的也并非"封国"，而是隶属于中央政府的地方辖区。只不过为了方便叙述，本文仍继续沿用"诸侯""封国"这类约定俗成的概念。

④ 王震中：《中国王权的诞生——兼论王权与夏商西周复合制国家结构之关系》，《中国社会科学》2016年第6期；刘源：《"五等爵"制与殷周贵族政治体系》，《历史研究》2014年第1期。卜辞与金文的材料显示，商周内外服制度的内涵远比古书所表达的更为复杂，相关研究可参看张利军：《商周服制与早期国家管理模式》，上海：上海古籍出版社，2016年。

⑤ 关于其组织结构与运转机制，李峰《西周的政体：中国早期的官僚制度和国家》的第二至第五章已有详细的论述。

⑥ 王宇信、徐义华：《商代国家与社会》，宋镇豪主编：《商代史》第4卷，北京：中国社会科学出版社，2011年，第333页；邵蓓：《〈封许之命〉与西周外服体系》，《历史研究》2019年第2期。

⑦ 许维遹：《吕氏春秋集释》，北京：中华书局，第400页。

⑧ 刘源："五等爵"制与殷周贵族政治体系》，《历史研究》2014年第1期。

⑨ 《史记》卷4《周本纪》，第127页。

⑩ 有的学者认为"邦君"与"邦伯"之间亦有差异，见李凯：《〈尚书·酒诰〉"侯甸男卫邦伯"断句新证》，《古籍整理研究学刊》2020年第3期。另外，周的畿内又有"邦君"，其性质比较复杂，尚待进一步讨论。

就呼喊协助他作战的异族首领为"我友邦冢君"①，周公作《大诰》唤其为"我友邦君"②。随州叶家山墓地出土的斗子鼎（《铭图》③2385）记载了"王赏多邦伯"之事，受赏的"多邦伯"应该均是服于周王的友邦之君。至于后者，则多作"多侯""诸侯"，经常与"邦君""邦伯"并列却从不混同。《诗经·小雅·雨无正》有"邦君诸侯，莫肯朝夕"④，义盉盖（《集成》9453）铭文有"佮即邦君诸侯"。清华简《系年》第二章记载幽王灭后，"周亡王九年，邦君诸侯焉始不朝于周"⑤，均是将"邦君"与"诸侯"并列。而清华简《四告》第一篇中周公对武王去世后政局的描述是"商邑兴反，四方祸乱未定，多侯邦伯率去不朝"⑥，这里同样不朝于周的"多侯""邦伯"，显然可与《系年》的"诸侯""邦君"分别对应。

实际上，从地理分布的角度来看，"邦君"的设置也不局限于"王畿"之外的外服，而是遍布内外。清人阎若璩已举出初封之郑以及雍、毕、酆等例来论证王畿之内亦有邦国⑦，然未辨析封建的诸侯与旧有的邦伯之别。王坤鹏先生系统梳理了出土地点明确的西周前期邦伯作器的分布情况，其中即以王畿地区最为集中，且多为臣服于周人的异姓族群。⑧他们当中有些可能本来就是协助周人克商的盟国友邻，如居于宝鸡地区的㪤国；⑨有的则是殷周鼎革后归顺于周的殷遗民，被周人安置在周原进行监管，如史墙盘（《集成》10175）记载的子姓微国。⑩这些位于畿内的异族邦国，虽然所处的位置已非常接近王都，但既未经周王封建而成为诸侯，也不属于内服的组成部分，其性质仍应归为外服的邦君。

同样地处于王畿，且容易与邦君、诸侯的领地相混淆，进而被视作独立政区的，还有畿内的采邑。担任内服王官的宗族长，在畿内往往领有一片土地作为采邑，这都是学界所熟知的。近年有一些学者主张采邑就是畿内的诸侯，本质上应归于诸侯一类⑪，并认为西周王朝畿内的"王土"也有一个逐渐"诸侯国化"的过程。⑫然而从考古学的角度对近年考古发掘的关中地区西周聚落遗址进行考察，可

---

① 《尚书正义》，阮元校刻：《十三经注疏》，第 388 页。

② 《尚书正义》，阮元校刻：《十三经注疏》，第 421 页。

③ 吴镇烽编著：《商周青铜器铭文暨图像集成》，上海：上海古籍出版社，2012 年（以下简称《铭图》）。又，2016 年出版的《商周青铜器铭文暨图像集成续编》，以下简称《铭续》。

④ 《毛诗正义》，阮元校刻：《十三经注疏》，第 960 页。

⑤ 李学勤主编：《清华大学藏战国竹简（贰）》，第 138 页。

⑥ 黄德宽主编：《清华大学藏战国竹简（拾）》，第 110 页。

⑦ 阎若璩：《古文尚书疏证》，上海：上海古籍出版社，1987 年，第 444-447 页。

⑧ 王坤鹏：《越在外服：殷商西周时期的邦伯研究》，北京：商务印书馆，2022 年，第 253-256 页。

⑨ 罗泰：《宗子维城：从考古资料的角度看公元前 1000 至前 250 年的中国社会》，上海：上海古籍出版社，2017 年，第 81 页。

⑩ 李学勤：《论史墙盘及其意义》，《考古学报》1978 年第 2 期。

⑪ 吕文郁：《西周采邑制度述略》，《历史研究》1991 年第 3 期。

⑫ 王健：《西周政治地理结构研究》，第 386-416 页。

以发现采邑的基本功能仍然是"封赐给众多王公贵族进行经营管理，以获取各自家族的生产资料和生活需求"。①周天子在王畿内设置采邑的根本目的是推动内服的王官在经济上自给自足，与外服的诸侯主要发挥的军事功能判然有别。

西周的地方势力包括"邦君"与"诸侯"两部分，还可以得到《尚书·酒诰》的印证。篇中的"越在外服，侯甸男卫邦伯"一句，过去都将"侯甸男卫"与"邦伯"混为一谈。②现在从《四告》所述"乃建侯，设卫、甸、出分子"来看，"侯""卫""甸""男"（或许相当于"出分子"）乃是周王新分封的地方军事机构的负责人，与此前旧有的"邦伯"共同构成了西周的外服体系。而"侯""卫""甸""男"四者应即基于分封建立起的西周地方候卫体系中的常规组成部分与基本的层级结构。此前的研究或将"卫"排除在外，但《酒诰》的"侯、甸、男、卫；邦伯"，《康王之诰》的"庶邦；侯、甸、男、卫"，以及《四告》的"侯""卫""甸""出分子"，均展现了这种层级。从这些材料的表述来看，周王朝建设的"侯""卫""甸""男"四者中，又以"侯"的地位最高，是分封建立的地方政区组织的代表。余下的"卫""甸""男"则等而次之，很多时候都被涵盖在"侯"的概念中而泯然不显。至于其与"侯"的关系究竟是"同级尊卑"抑或"上下从属"，则尚待新材料的发现与进一步的研究去揭示。

虽然同为地方组织，但周王封建的"侯"辖区的独立性显然不如土著邦国。首先，邦国的首领可以称"君"，而据学者研究，诸侯被称为"国君"其实是春秋以后的事了。③再者，他们的领地被视为一个"邦"，而周初的文献中，其实极少有称诸侯的管辖范围为"邦"或"国"的情况。④时代约为成王的保尊（《集成》6003）、保卣（《集成》5415）载有"王令保及殷东国五侯"，非常值得玩味。我们知道，西周的"国"大约是一个地理区位概念，金文中屡见"东国""南国"的称述。此铭称"东国五侯"而不谓"东国五邦"，正是由于太保统领的"侯"所管辖的地方政区，并不属于"邦"的范畴。而分封的"侯"的封地被冠以"邦"或"国"，应该也是王权下移之后才出现的。《左传》僖公四年载有召公代表中央向太公宣命："五侯九伯，女实征之。"⑤"五侯"应指周王室在东方分封的诸侯，"九伯"或即归顺而来的嬴姓、偃姓古国。将这两种地方势力分别进行归类，恰恰反映了周代的东土乃是一种"侯"与"邦"并行的政治地理格局。

① 张天恩：《西周社会结构的考古学观察》，《考古与文物》2013 年第 5 期。

② 李凯先生已有细致辨析，详见李凯：《〈尚书·酒诰〉"侯甸男卫邦伯"断句新证》，《古籍整理研究学刊》2020 年第 3 期。

③ 刘源：《"五等爵"制与殷周贵族政治体系》，《历史研究》2014 年第 1 期。

④ 有几则材料需要稍作解释：《尚书·酒诰》的"明大于妹邦"，虽是命令康叔去治理，但"妹邦"应是沿袭自殷商旧称；《康王之诰》的"庶邦；侯、甸、男、卫"，"庶邦"相当于"邦伯"，同样是对旧有邦与封建的侯的分述。

⑤ 《春秋左传正义》，阮元校刻：《十三经注疏》，第 3891 页。

以上诸种特征，都说明了周初的"侯"所统领的其实是一种有着较强军事特征的地方政区组织，与传统理解中裂土封疆、高度自治的"诸侯国"有着本质的不同。从其护卫重点地区的职能来看，其实与北魏的"镇戍"、唐朝的"藩镇"以及清朝的"八旗"等后代军政一体的地方组织略有近似之处。首先，诸侯所"侯"的区域可以被改变，类似后世的"换防"机制。比如宜侯夨簋（《集成》4320）的器主夨在被周王命令"迁侯于宜"之前，其实是在"虞"地作"侯"的。而清华简《系年》记载康叔被封于康丘后"卫人自康丘迁于淇卫"，亦可与沬司土疑簋（《集成》4059）的"令康叔鄙于卫"合观。而根据《诗经·大雅·崧高》"王命申伯，式是南邦"之文①，可知周宣王曾将其母舅申伯从西申改派至南土的南申作"侯"。再者，作为一个中央的派出机构，"侯"可以根据周王的意愿而被裁撤。据《国语·周语上》载，周恭王就曾经由于密康公不献三女而"灭密"②，取消了在"密"地的"侯"。③此外，"侯"作为一级政区，与代表中央的周王之间可能还隔着一个层级。文献中有成王时周、召"分陕而治"的说法，《春秋公羊传》云："自陕而东者，周公主之；自陕而西者，召公主之"。④《尚书·康王之诰》载康王即位之时"太保率西方诸侯，入应门左；毕公率东方诸侯，入应门右"⑤，可知周公死后又由毕公接续了管理东方诸侯的职责。由此可见，西周初年应该是将诸侯所守之土划为了东、西两大"战区"，而诸侯作为更基层的地方军政单位的主官，除了听命于王外，同时还需要接受更高一级的"诸侯之正"的约束。⑥

二、亦君亦臣：地方诸"侯"的王臣身份

长期以来，作为周代地方政区的最主要组成部分"侯"的领袖，诸侯由于自领一方土民的职能以及后期不断壮大的声势，学界皆以战国以后才出现的概念"封君"称之，以突显其"君"的身份。总体来看，地方诸侯在其领地内确实享有一定的治理权，在某种程度上相当于领地内的"君主"。但是作为周王委派到地方行使候望、监视职责的军政机构的主官，诸"侯"最主要的身份其实还是王臣。

王国维认为周初分封的重要意义便在于锚定了天子与诸侯的君臣之分，从此

① 《毛诗正义》，阮元校刻：《十三经注疏》，第 1221 页。

② 徐元诰：《国语集解》，第 10 页。

③ 一般认为密本为姞姓之国，商周之际为文王所灭后，分封给姬姓周人进行守卫。详细的辨析见陈槃：《春秋大事表列国爵姓及存灭表撰异（三订本）》，上海：上海古籍出版社，2009 年，第 590-595 页。

④ 《春秋公羊传注疏》，阮元校刻：《十三经注疏》，第 4792 页。

⑤ 《尚书正义》，阮元校刻：《十三经注疏》，第 518 页。

⑥ 前引《左传》之文讲太公有"五侯九伯，女实征之"的权力，说明太公很可能担任过东方的"诸侯之正"。而据清华简《系年》的记载，即便在东迁之后，仍有过郑武公"正东方之诸侯"之事。

天子"非复诸侯之长而为诸侯之君"。①《礼记·玉藻》载："诸侯之于天子，曰某土之守臣某"②，诸侯虽属外服的官员，但在天子面前则与内服的卿士大夫同例，都是需要称臣的。而且诸侯所自称的"某土之守臣"，也与我们上文所论述的"侯"的职责高度吻合，正是其守土之臣身份的体现。礼书的这一记载，已经得到青铜器铭文的印证。周康王时期的邢侯簋（《集成》4241）记载了邢侯接受王命后的表态，其中就有"朕臣天子，用典王令"的说法。所谓"朕臣天子"，语义与金文中内服官员经常自我标榜的"峻臣天子""农臣天子"相一致，所表达的乃是作为诸侯的邢侯之于天子的臣事、臣属关系。此外，山西北赵晋侯墓地出土的西周早期铜器叔虞鼎（《铭图》2419），大多数学者都认为是晋国的始封君唐叔虞所作。③在此铭中，身为晋侯的器主自称为周成王的"厥士"，而"士"一般被视作内服王官的称谓。实际上，诸侯为天子守臣的说法并不局限于西周，即便是礼崩乐坏后的春秋时期依然沿袭着这种观念。《左传》襄公二十一年记载了晋国大夫栾盈向王室报告自己与国君的矛盾时说"天子陪臣盈，得罪于王之守臣"④，可见此时的晋侯仍是被视作周王的守臣的。

周代地方诸"侯"的身份是王臣，还体现在他们随时会被周王举用为王朝卿士，由地方政区的主官转变为中央机构的负责人。根据《史记·卫世家》的记载，康叔封是在周公摄政时期被派遣到卫地做侯的，而此后"成王长，用事，举康叔为周司寇"⑤，成王执政后他又被调回了中央担任王朝司寇一职。而《尚书·顾命》载有成王死前留给康王的六位"顾命大臣"，其中就有"卫侯"。⑥西周晚期的历史公案"共和行政"，根据清华简《系年》的相关记载可知其本指乃是厉王奔彘后由执政卿士"共伯和"代行王政。⑦关于"共伯和"的身份，学界一般认为即卫国国君卫武公，或者将其视作共国的国君。准此，则其人本为外服的诸侯，是在王室的这场大难之中入朝为卿的。《史记正义》引《鲁连子》说宣王即位后"共伯复归国于卫"⑧，也说明了诸"侯"作为王的臣子是可以在"出将入相"间按需流动的。⑨需要指出的是，在西周王朝的二百多年历史中，由地方诸侯直接转任中央官员并

---

① 王国维：《殷周制度论》，《观堂集林》，第 467 页。

② 《礼记正义》，阮元校刻：《十三经注疏》，第 3217-3218 页。

③ 李伯谦：《叔矢方鼎铭文考释》，《文物》2001 年第 8 期。

④ 《春秋左传正义》，阮元校刻：《十三经注疏》，第 4380 页。

⑤ 《史记》卷 37《卫世家》，第 1590 页。

⑥ 《尚书正义》，阮元校刻：《十三经注疏》，第 505 页。

⑦ 参见杜勇：《西周"共和行政"历史真相新探》，《人文杂志》2019 年第 5 期。

⑧ 《史记》卷 4《周本纪》，第 144 页。

⑨ 西周灭亡之后，东迁的周王依然有以诸侯充任王朝卿士的习惯。《左传》隐公三年就有"郑武公、庄公为平王卿士"的记载（《春秋左传正义》，阮元校刻：《十三经注疏》，第 3740 页），而且从襄公二十五年郑人"先君武、庄为平、桓卿士"之语来看（《春秋左传正义》，阮元校刻：《十三经注疏》，第 4311 页），郑庄公在周平王、桓王两朝都担任了王卿。

非常态①，卫康叔与共伯和的情况，整体来看仅是"特例"。但这样的特例，正体现了周王有此"特权"。

地方诸"侯"作为周王的臣子，其职务的赓续虽然有世袭的传统，但前提条件则是继承人必须得到周王的认可。近年公布的西周早期铜器龏觯（《铭图》10655），铭文为："唯伯初命于宗周，史龏赐马匹，用作父癸宝尊彝。"其中的器主史龏曾在山东滕州庄里西滕国墓地出土铜器铭文中出现过，可知此觯应为滕国器物，铭中提到的"伯"即滕国国君。铭文说滕伯"初命于宗周"，即初次在宗周获得了周王的任命、正式继嗣成为滕地之侯②，可见接任诸侯的仪式必须在王廷举行，如此才能获得合法的政治地位。一般定于西周中晚期的伯晨鼎（《集成》2816），记载了一次周王对垣侯伯晨的委任仪式，周王命他"嗣乃祖考侯于垣"，并进行了相应的赏赐。这就说明对于因血缘关系获得"侯"这一职位继承权的候任者来说，得到王的亲身任命仍是必不可少的程序。③值得注意的是，根据师晨鼎（《集成》2817）、大师虘簋（《集成》4251）等铭的记载，伯晨在出任垣侯之前，还曾在王朝担任过"师"一职。可见周王对地方诸侯的任命十分谨慎，除了基于血缘这一基本要素外，还需要历经近前考察与轮转历练多个环节。④

既然周王才是判定继任者能否成为合法诸侯的裁决者，那么他也一定拥有对相关候选人的继承权进行否决的权力。据《史记·鲁世家》记载："武公与长子括、少子戏西朝周宣王，宣王爱戏，欲立戏为鲁太子。"⑤宣王意欲废长立幼，虽然遭到了仲山甫等朝臣的强烈反对，但待到鲁武公去世，继嗣为鲁侯的依然是王所钦定的少子戏。《齐世家》亦载周宣王曾听信了纪侯的谗言"烹哀公而立其弟静"⑥，可见周王确实拥有对诸侯杀伐废立的绝对权威。只不过出于对嫡长子继承制的守护以及维系与地方势力之间和睦关系的考虑，很少有周王会轻易行使自己的否决权来左右封国的君位继承。但凡一意孤行滥用此权者，都会受到舆论的谴责，背上暴虐之君的骂名。

除了将诸侯任免的大权独握，从根本上对地方封国进行持续性的约束，为了

---

① 甚至对于外服诸侯可否到王廷任职，学界的意见都尚未统一。近年王治国先生有专文讨论（《西周诸侯入为王官有无考》，《史学月刊》2014 年第 5 期），此后卢中阳先生又作了驳答（《西周诸侯任王官述论》，《东岳论丛》2021 年第 11 期），有兴趣的读者可以参看。

② 根据朱凤瀚先生考证，此铭中的"伯"不会是滕国始封君、周文王子错叔绣，而是成康之际的后代滕侯。参见朱凤瀚：《滕州庄里西滕国墓地出土龏研究》，上海博物馆、香港中文大学文物馆编：《中国古代青铜器国际研讨会论文集》，香港：香港中文大学文物馆，2010 年，第 25 页。

③ 有学者认为铭中的"垣侯"即见于《诗经·大雅·韩奕》的"韩侯"，而此诗也强调"韩侯受命"乃"王亲命之"。

④ 马恩斯：《西周诸侯就封前的培养与考察》，《中国社会科学报》2022 年 1 月 17 日。

⑤《史记》卷 33《鲁世家》，第 1527 页。

⑥《史记》卷 32《齐世家》，第 1481 页。

防止这些地方政区逐渐疏离，周王朝还采取了一系列的措施加强对出官于外的诸侯的管制。而这些措施的背后，也隐含着诸"侯"的王臣属性。

首先是定期的朝觐与汇报。《诗经·大雅·韩奕》记载了周宣王时期的韩侯受封后，"韩后入觐，以其介圭，入觐于王"。①诸侯于周王处获得任命，赴任后还需要回朝觐见汇报，应是一种定制。北京房山琉璃河燕国墓地出土的青铜器金文揭示了西周早期燕侯的世系，其中第二代燕侯燕侯旨所作的鼎（《集成》2203）有"燕侯旨初见事于宗周"之铭，所记录的应是旨在继承其父燕侯克的燕侯之职后第一次觐见周王之事。而一般认为铸造于成康之世的麦方尊（《集成》6015），则记载了邢侯受王命"侯于邢"后的第二个月，就匆匆赶到宗周觐见周王进行了汇报与复命。《礼记·王制》："诸侯之于天子也，比年一小聘，三年一大聘，五年一朝。"②如果这种说法准确的话，地方诸侯是需要周期性地到王廷觐见周王，汇报在领地的政绩的。《史记·鲁世家》载"鲁公伯禽之初受封之鲁，三年而后报政周公"，受到了周公"何迟也"的责问③，正可说明中央对地方诸侯的述职有着严格的期限规定。

除了要求诸侯逐一进行朝觐，周王还会定期召开盟会。《左传》昭公四年载椒举曰："周武有孟津之誓，成有岐阳之蒐，康有酆宫之朝，穆有涂山之会"④，从近出的青铜器铭文中可知其所言非虚。斗子鼎（《铭图》2385）的铭文讲述了器主斗子参与了一次由周成王主持的"大祓"仪式，并与"多邦伯"一起受到了王的赏赐。李学勤先生敏锐地将其与保尊（《集成》6003）、保卣（《集成》5415）联系起来，指出两铭中的"王令保及殷东国五侯……遣于四方会，王大祀祓于周"与斗子鼎记载的是同一史事，即周成王的"岐阳之蒐"。⑤周王之所以要兴师动众召集天下诸侯，其实就是意欲通过集体会议的形式完成礼仪秩序的内化，以更好地宣示权威、统一思想。《礼记·乐记》云"朝觐，然后诸侯知所以臣"⑥，此正是周代在地方政区的管理过程中施行朝觐盟会制度的题中应有之义。

再者，周王对诸侯的挟制也并不局限于王都之内的号令，而是会外出对这些地方政区进行考察巡狩。大盂鼎（《集成》2837）记载了周康王对于器主盂的一次训诰，其中提到了王室的责任有"通省先王受民受疆土"一条，即对整个国土进行巡察省视。按照《尚书·尧典》的说法，天子"五载一巡守"。⑦西周地域广大，不见得每一任王都能够真正做到每五年将天下诸侯巡视一过。但是从金文的记载来看，周王确有外出巡狩的职责。一般认为时代在西周早中期的蔡尊（《集成》

① 《毛诗正义》，阮元校刻：《十三经注疏》，第 1230 页。

② 《礼记正义》，阮元校刻：《十三经注疏》，第 2874 页。

③ 《史记》卷 33《鲁世家》，第 1524 页。

④ 《春秋左传正义》，阮元校刻：《十三经注疏》，第 4418 页。

⑤ 李学勤：《斗子鼎与成王岐阳之盟》，《中国国家博物馆馆刊》2012 年第 1 期。

⑥ 《礼记正义》，阮元校刻：《十三经注疏》，第 3346 页。

⑦ 《尚书正义》，阮元校刻：《十三经注疏》，第 268 页。

5974），铭文中就有"王在鲁"的记录，其历史背景应是一次周王对东国诸侯的巡视。而穆王时期的穆公簋盖（《集成》4191），则详细记载了周王出巡的具体路线："唯王初如寁，乃自商次复，还至于周"。"寁"与"商次"的地望据学者考证皆在东土①，可知铭文记载的亦是一次周王远赴东土的巡狩。《孟子·梁惠王下》云"天子适诸侯曰巡狩，巡狩者，巡所守也"②，明确地告诉我们周王巡狩的目的就是考察作为地方主官的诸侯"守土守民"的职事履行得如何。

三、设监设辅：中央对地方封国的监督

学界对于西周分封制的研究，由于在很长一段时间内受到了西方学术范式的深刻影响，习惯于将其与欧洲中世纪的"封建制"（Feudalism）相比附。③特别是中世纪欧洲"领地—封臣"制度下领主与再下一级封臣之间"我的封臣的封臣，不是我的封臣"的独特关系，经常被用来解释周代诸侯国内部的层级隶属。若西周的制度果真如此，那么当然可以据之论说诸侯有较大的自治权、诸侯国类似于独立的国家。但实际的情况却是，诸侯之于周王除了有政治上的层级隶属外，同时还受到基于血缘关系的"宗法制"的严格约束。这种西周央地关系中独有的"双重组织架构"，与以分割政治权力为特征的西欧封建制度显然是不可等量齐观的。

近年陆续发现的新材料渐次表明，"侯"的辖区作为西周王朝的一级地方政区组织，非但其属地的主官诸侯要接受周王的管辖，为了保障中央的有效控制，政区内主要官员的任命权与统御权也牢牢掌握在周王的手上。

根据学者的研究，地方封国的政府组织与官僚体系在很大程度上是在效法中央政府的基础上建立起来的④，最突出的表现就是诸侯国与王室一样也有司马、司土、司工三有司作为侯的辅佐。⑤而按照《礼记·王制》的说法，"大国三卿，皆命于天子……次国三卿，二卿命于天子，一卿命于其君"⑥，周王对于封国人事任免权的控制深入到了诸侯宰辅的层级。《尚书》的《酒诰》是康叔就封前周公对他的训诫，其中要求康叔朝夕惩的臣属就有"圻父薄违，农父若保，宏父定辟"，孔传云"圻父，司马；农父，司徒；宏父，司空"⑦，即康叔封地的三有司。而此

---

① 陈絜：《"梁山七器"与周代巡狩之制》，《汉学研究》（台北）第 34 卷第 1 期，2016 年 3 月，第 19-22 页。

② 《孟子注疏》，阮元校刻：《十三经注疏》，第 5819 页。

③ 这种不恰当的比附在很大程度上脱离了西周的实际，具体的论述可看冯天瑜《"封建"考论》一书（武汉：武汉大学出版社，2006 年），以及前揭李峰《西周的政体》第七章与《西周的灭亡》第二章第二节。

④ 李峰：《西周的政体：中国早期的官僚制度和国家》，第 48 页。

⑤ 张亚初、刘雨：《西周金文官制研究》，北京：中华书局，1986 年，第 8-26 页。

⑥ 《礼记正义》，阮元校刻：《十三经注疏》，第 2869 页。

⑦ 《尚书正义》，阮元校刻：《十三经注疏》，第 440 页。最近赵平安先生在战国玺印材料中找到了名为"祈父"的职官，可以进一步验证此说。参见赵平安：《试释战国玺印封泥中的"祈父"》，《文物》2021 年第 8 期。

时康叔尚未就封，三有司已有人选，想必这三位地方政府的核心官员都是由周公代表王室委派与任命的。

地方封国三卿由中央直接进行任免的制度设计，在新获著录的西周中期铜器左右簋（《铭续》449）中体现得最为明确。此铭的前半段为：

> 唯正月初吉丁亥，王格于穆宫，桓伯佑左右即位。王命左右曰："更乃祖考作冢司工于蔡……"

蔡国的司工须由周王在王室宗庙进行任命，且其规格程式都与天子册命王官并无本质差异。[①]除此之外，与前引㝬觯一同公布的㝬簋（《铭图》5106），一般认为与㝬觯为同时所作，所载之事紧接于㝬觯的滕伯"初命于宗周"之后。[②]而簋铭开篇的"唯九月，诸子俱服"，反映的很可能是前任滕侯的诸子陪同其兄滕伯到王廷受命袭滕侯之职，并且各自都从周王处获得了服事。我们知道，诸侯的卿士大多由其近亲担任，《左传》襄公十四年载"诸侯有卿……自王以下，各有父兄子弟以补察其政"。[③]此次周王在承认滕伯继嗣为侯的同时，把他的几位昆弟也任命为了滕地的卿大夫。

周王对外服封国三卿的选任，其人选甚至不必局限于当地的人员。西周晚期的梁其钟（《集成》189）记载了"天子肩事梁其身邦君大正"之事。"肩事"，可读为"转使"。[④]"邦君大正"类似于"诸侯正卿"，即地方政区的属官之长。从梁其在铭文中的追述可知，他的父祖世代都是服事周王的王官。而据梁其簋（《集成》4147—4151）之铭，他本人还曾担任过周王的膳夫。此次周王命梁其由中央官员转任邦国大正，就是选用了自己身边的亲信"空降"地方，加强对邦国的管制与监督。

既然诸侯之卿乃是天子直属的官员，周王自然也可以根据工作需要将其由地方政府调入中央机关。新获西周晚期铜器伐簋（《铭图》5321）的铭文便反映了这种情形：

> 唯王七年正月初吉甲申，王命伐遗鲁侯，伯頯蔑厥老父伐历……伐拜稽首，敢对扬朕公子鲁侯丕显休，用作吕姜□宝尊簋。

其中的伯頯即此时在任的鲁侯。而受王命慰问鲁侯的王朝卿士伐，从时任鲁侯称他为"老父"来看，应是前任鲁侯的兄弟行。值得注意的是，伐对时任鲁侯的称

---

① 文章在修改的过程中，读到了新刊布的王晖先生《西周春秋周王册命方国卿士之制初探》一文（《陕西师范大学学报（哲学社会科学版）》2022 年第 5 期），其中又举出了西周金文中的一些例证，读者可以参看。

② 韩巍：《读〈首阳吉金〉琐记六则》，朱凤瀚主编：《新出金文与西周历史》，上海：上海古籍出版社，2011 年，第 208 页。

③ 《春秋左传正义》，阮元校刻：《十三经注疏》，第 4250 页。

④ "肩"及其异文"宂"读若"转"是晁福林先生的意见，见晁福林：《从相关彝铭看西周的荐臣之事》，《北京师范大学学报（社会科学版）》2009 年第 6 期。而"事"可读"使"则是常识。

呼是"朕公子鲁侯"，颇为费解。朱凤瀚先生已经指出该称应当理解为"'朕公'之子鲁侯"[①]，而从伐称前任鲁侯为"朕公"来看，他应是做过鲁国之卿的。只不过在他辅佐的前任鲁侯死后，伐就被周王征召到王廷担任中央官员了。

西周王朝的这种诸侯之卿由中央直接任命和管理的制度，很容易让我们联想到西汉时期地方王国的官制中，最重要的太傅与国相二职，也是由天子代置的。担任此职者虽然名义上是王国的属官，但更多时候则是直接听命于中央，除了对诸侯王有辅佐、教导之责外，还肩负着向天子举奏、督劾的任务。实际上，仅凭中央任命的宰辅之官对出镇一方的诸侯进行监督往往是不够的。就像汉代还专门设置了刺史以省察郡国守相一样[②]，西周时期也曾实行过监国制度，由中央直接派遣官员驻于地方专事监督。

西周晚期的仲几父簋（《集成》3954）记载了器主受命"使于诸侯、诸监"之事，可见周代的地方政区除了有军政主官"侯"外，还设有负责政工与督察的官员"监"。而且从铭文将"诸监"与"诸侯"并举来看，"监"在封国内的地位应该非常之高，很可能仅次于"侯"。与作为"某地之侯"的"某侯"一样，在金文中也经常可以看到"某监"的称呼。比如20世纪50年代江西余干出土的西周早期铜器应监甗（《集成》883），对于其器主"应监"，郭沫若先生很早就指出是中央"派往应国的监国使臣"。[③]值得注意的是，最近又有一件私人收藏的应监甗（《铭图》3329）见于著录，时代被定于西周晚期，其中也有"应监"之名。如果该器可靠的话，那么"应监"一职的设置是贯穿整个西周时期的。此外，管监引鼎（《集成》2367）中的"管监"，以及句监鼎（《铭图》1617）中的"句监"[④]，一般也都被视作周王派到管、句等地的监官。

21世纪以来，又有不少"某监"所作之器被陆续发现。2013年入藏中国国家博物馆新的鄂监簋（《铭图》4441），时代为西周早期，田率等先生已经指出："是周王朝设置在鄂国的监国之官为其父辛所作之器。"[⑤]同样在2013年，湖北随州叶家山曾国墓地出土了西周早期铜器"𤔲监簋"。对于器主之名"𤔲监"，王子杨先生最近将其改释为"邓监"，认为是周王派到邓国的监官[⑥]，是很正确的意见。这些有关封国监官的新材料的出现，为我们认识西周王朝为分封制匹配的监国制度提供了新的证据。过去有一种看法认为只有非姬姓的地方封国才会设监官，但应

---

① 朱凤瀚：《关于西周金文历日的新资料》，《故宫博物院院刊》2014年第6期。

② 对于"刺史"初置时究竟是皇帝派出的监察使者还是具有部分行政职能的地方官，学界尚有争议，参见侯旭东：《西汉"君相委托制度"说剩义：兼论刺史的奏事对象》，《汉家的日常》，北京：北京师范大学出版社，2022年，第269-280页。

③ 郭沫若主编：《中国史稿》第一册，北京：人民出版社，1976年，第268页。

④ 朱凤瀚：《中国青铜器综论》，上海：上海古籍出版社，2009年，第1400页。

⑤ 田率：《新见鄂监簋与西周监国制度》，《江汉考古》2015年第1期。

⑥ 王子杨：《叶家山邓监簋铭文考释——兼及周初的监官制度》，《江汉考古》2022年第2期。

和管都明确是姬姓诸侯，说明当时未有此限。而从地理空间的角度来看，周代设监的范围也应是普遍而广泛的。仅现有的材料所展现的，就既有东土的管、句，也有南土的鄂、邓，甚至还包括更靠近王畿的应。总体来看，周王派遣监官到封国常驻督察①，应是一种遍及所有地方政区的政治安排，而且在整个西周时期都是一以贯之的。

除了通过常设地方的诸监对诸侯进行掣肘，周王用以督察地方政区的措施还包括派遣临时性的使者巡省诸侯。金文中这样的例子有很多，比较典型的可举出昭王时的中方鼎（《集成》2751），其铭云："唯王令南宫伐反虎方之年，王令中先省南国……中乎归生凤于王"。器主中受昭王之命对南土的诸侯进行了广泛的省察，复命时还给王带来了一只在南土捕获的"生凤"。②这些被派往地方进行巡察的官员，一般都不是专司监察的专官，而是另有职事。西周中期的史颂鼎（《集成2787》）载："唯三年五月丁巳，王在宗周，令史颂省苏"。这里被周王派去巡察苏国的器主史颂，从称名来看是一位在内服担任史职的王官，但当周王有需要时，也会临时将其外派行巡按之事。

当然周王对待地方诸侯的态度也并非一味地压制，在进行严密监督的同时，也会予以怀柔。除了常规的金玉、车马、臣仆等赏赐，周初分封时对主要封国采取的"长子就封，次子留相王室"原则③，也可以视作一种恩典。司马贞《史记索隐》云："周公元子就封于鲁，次子留相王室，代为周公"④，"（召公）亦以元子就封，而次子留王室，代为召公"。⑤留在王畿的周公、召公的次子一脉世袭祖爵，从文献与金文来看，终西周一世均有不同代际的"周公""召公"活跃于朝堂之上。让这些出身世家大族的子弟用事于周王，一方面可以起到缓解缺员、稳定朝局的作用，另一方面的用意则是利用他们与诸侯的宗亲关系，将其作为联结中央政府与地方封国的纽带。⑥

这种情况在有关燕国的材料中表现得最为显豁。北京房山琉璃河燕国墓地出土的堇鼎（《集成》2703），学界一般定为康王时器，铭文记载了"燕侯令堇饴太保于宗周"之事。冯时先生将"饴"字读为"颐"⑦，认为是颐养之义。此时作为

---

① 此类监官与周初专门监视商王遗胄的管蔡霍"三监"职责尚有不同，似不能一概而论。

② 马承源先生认为"生凤"是周人称呼"凤"的方言，见马承源主编：《商周青铜器铭文选（三）》，北京：文物出版社，1988年，第76页。

③ 最近杨坤先生专门讨论了这一现象，但他认为曾国与燕国是"庶子就封，长子留王畿"，恐怕是难以成立的。详见杨坤：《西周宗法制度的演变》，上海：上海古籍出版社，2021年，第243-268页。

④ 《史记》卷33《鲁世家》，第1524页。

⑤ 《史记》卷34《燕世家》，第1549页。

⑥ 根据王震中先生的研究，商代就已经有了这种制度，参见《中国王权的诞生——兼论王权与夏商西周复合制国家结构之关系》，《中国社会科学》2016年第6期。赵庆淼先生最近也专文讨论了金文中的"诸侯大亚"所起到的联结王朝与封国的作用，见《从"诸侯大亚"看西周央地关系》，《历史研究》2023年第6期。

⑦ 冯时：《堇鼎铭文与召公养老》，《考古》2017年第1期。

地方主官的燕侯，仍不忘派人去宗周为其父祖召公养老。另外同出于该墓地的两件西周早期的觯（《铭图》10652、10653）中，都出现了一个名字"公仲"。而其人又见于传世的罞簋（《集成》10581），是在宗周对器主进行了赏赐。从此人驻于宗周且与燕国关系密切来看，很可能就是后来"代为召公"的召公奭之次子。清华简《四告》的第四篇记载了周厉王时的重臣召伯虎对"北方尸"的一次祷告，我们曾指出这可能与其先祖召公奭获封于北方之燕有关。[1]而他在祷辞中屡屡向"先公""大宗"祈福，所乞求的对象也只能是召公奭和召氏的大宗燕侯一脉。这样的记载看似与礼书中"庶子不祭祖"的原则相违背，但其实学者已经指出所谓"支子不祭"只是战国礼学家抽绎的祭祀规则[2]，并没有完全限定住当时祭祀活动的范围。实际上，作为召公支脉的召氏一族不仅有资格祭祀先祖并攀附大宗燕侯，有的时候甚至可以僭称燕氏。最近发掘的山西运城垣曲北白鹅墓地，从所出燕仲鼎所载的"太保燕仲"之名来看，埋葬的很可能就是两周之际随王室东迁成周的召公次子之族。[3]而世袭太保一职的召氏家族，为什么此时放弃了长期使用的"召"氏而易之为"燕"呢？这就类似于中古时期"攀附先世"的风气[4]，根本原因在于大宗燕侯的实力已经远远超过了此时仍在江河日下的周王室中服事的召氏。而召公次子一族在分宗两百余年后仍有资格以大宗的"燕"为氏[5]，恰恰反映了整个西周时期召公的两支后人之间一直有着频繁的互动。

上述这些人事行用与监督控驭方面的措施，无论是诸侯之卿由周王直属，还是天子派专员对封国进行督察巡视，抑或在中央留有诸侯的宗亲作为联系人，其目的均是加强周王对地方封国的统御，避免诸侯的权限过大，以长期保持"强干弱枝"的格局。如果以上论述没有太大谬误的话，就可知悉周初分封时对相关限权制度的配套设计其实已经相当成熟、完备了。

四、用命用型：地方封国的法政权力由中央统辖

周王在通过人事和监察手段对诸侯的权力进行限制的同时，出于地方治理的实际需要，也有意识地在行政与司法等方面对地方进行了分权。但事权的合理分配作为平衡中央与地方关系的重要手段，中央对地方事务的管理不可能完全放

---

① 程浩：《清华简〈四告〉的性质与结构》，《出土文献》2020年第3期。

② 罗新慧：《周代宗法家族支庶祭祀再认识》，《历史研究》2021年第2期。

③ 杨及耘：《山西垣曲北白鹅墓地M5出土有铭铜器》，《考古与文物》2021年第3期。关于该墓地的族属，另有姞姓南燕之说，参见韩巍：《垣曲北白鹅墓地族姓解谜——兼论春秋初年关中世族的东迁》，《出土文献研究》第20辑，上海：中西书局，2022年，第26-47页。

④ 仇鹿鸣：《"攀附先世"与"伪冒士族"——以渤海高氏为中心的研究》，《历史研究》2008年第2期。

⑤ 根据《史记·秦本纪》记载，秦人"以造父之宠，皆蒙赵城，姓赵氏"，而封于赵城的造父乃是秦人的旁系先祖，实与召公次子一族以"燕"为氏异曲同工。

任，因而诸侯享有的治理权也并非毫无限制。李峰先生曾认为，"周代地方封国对其领土内的国民行使着政府的全部权利"①，与一些材料所反映的情况并不能完全契合。

对法律权柄的牢固把持是王朝统治力的重要象征，也是衡量中央与地方权力配置的基本指标。西周时期未必已有完备的成文法②，但从大量的与诉讼有关的金文来看，此时已经有了名目繁多的律条与明确的司法原则。比如西周早期的令方彝（《集成》9901）记载了周公子明保受王命治理"三事四方"，他的执政依据就是"三事令"与"四方令"。《逸周书·尝麦》篇中，也有周王"命大正正刑书"的记载。③此外，西周金文与《尚书》的相关篇目中屡屡出现的"型""明型"，结合上下文来看应是一种至高的法度准则。④而"明型"的施用范围，应该是兼及内外服的，王畿外的诸侯也须依照执行。如春秋时期秦国的秦公镈（《集成》270）就有"睿敷明型"的说法，齐国的叔夷镈（《集成》285）也强调要"中敷明型"。

这些法则律令由谁创设，直接关乎西周王朝基本统治意志与最高执事权力的归属。综合各种史料来看，当时有权力制定法律的，只有代表中央权利的周王。⑤西周中期的牧簋（《集成》4343）记载了周王对器主牧的册命，特别提醒他要对当下"不用先王作型"的风气引以为戒，"毋敢弗帅先王作明型用"。西周晚期的毛公鼎（《集成》2841）也说"毋弗帅用先王作明型"，可见"明型"由先王所作乃是周人的常识。而清华简的相关篇目更是明确地告诉我们，制定西周法律体系的这位"先王"就是文王。清华简《封许之命》公布之初，学界只关注到了其中关于"武王司明型"的记载。而该篇新缀的第4简中，犹有成王自述的"余唯申文王明型"一句⑥，可见由周王世代司管的"明型"实出自文王奠基。清华简《四告》的第一篇是周公的告神之辞，他在篇中表达的对时局的担忧就包括"畏闻丧文武所作周邦型法典律"。⑦按照这种说法，西周王朝行用的乃是一套"型""法""典""律"俱全的法令体系，盖由文王草创蓝图、武王毕成其功。

有的读者或许会认为，西周时期的基本法令虽然由周王执掌，但诸侯在其封地内享有的执事权力则是完全独立自主的。实际情况却未必尽然。大量的金文都

---

① 李峰：《西周的政体：中国早期的官僚制度和国家》，第243页。

② 学界一般把春秋时期的子产铸刑鼎作为中国古代产生成文法的标志，参见王沛：《刑鼎、宗族法令与成文法公布——以两周铭文为基础的研究》，《中国社会科学》2019年第3期。

③ 黄怀信等：《逸周书汇校集注》，上海：上海古籍出版社，2007年，第722页。

④ 把"刑（型）"理解为"法度"是常训，但也有学者认为，西周时期的"刑"亦兼有"刑罚"之义，参见王沛：《"刑"字古义辨正》，《上海师范大学学报（哲学社会科学版）》2013年第4期。

⑤ 王沛先生认为周王将立法权下放给了诸侯，与本文的观点有所不同，参见王沛：《西周邦国的法秩序构建：以新出金文为中心》，《法学研究》2016年第6期。

⑥ 贾连翔：《〈封许之命〉缀补及相关问题探研》，《出土文献》2020年第3期。

⑦ 黄德宽主编：《清华大学藏战国竹简（拾）》，第110页。

显示，王及其代理人不仅会在王畿内的诉讼中现身①，对于诸侯封地内的案件也有权进行干涉。发生在晋侯领地的几次诉讼，就很好地体现了这种权限。西周中期的智鼎（《集成》2838）记载了器主智辅助王朝中主管狱讼的卿士井叔处理了"翼"地的争讼，而众所周知翼乃是晋国的都邑。2009 年发掘的山西翼城大河口墓地，距离晋国的核心区只有 20 公里。其中发现了一件西周中期的铜器霸姬盘②，器主霸姬与气之间的诉讼是由穆公进行判决的。穆公其人又见于穆公簋盖（《集成》4191）、盠方尊（《集成》6013）等，是活跃在西周中期前段的一位重要王臣。作为王官的井叔、穆公都可以在晋国的核心区处理狱讼，并且越过了地方军政长官晋侯，可见王室在诸侯的领地内也是有着法政事务的管辖权的。

2005 年发掘的山西绛县横水西周墓地 M2，学界一般认为是倗国的国君倗伯之墓。③该墓所出的穆王时期铜器渊卣④，记载了因"伯氏赐渊仆六家"而引起的一次诉讼。"伯氏"为倗地之君，器主渊或是其族弟兼下属。伯氏要对渊进行赏赐，本是其领地与宗族之内的事务，按理说应属于地方长官的责权范围。但由于涉及要改变被择选为仆者的身份，违背了周王定下的法令原则（铭文中王明确说这种行为属于"非令"），遂引起了六家庶人的不满。⑤铭文有"大宫争"等语，是说双方一直争讼到了王廷。而最后也是由周王出面把这些仆从"复付渊"，并给出了明确的判词，才平息了这场争端。有学者由此铭出发阐释了西周时期的直讼制度⑥，即民众对地方君长的司法判决若有不满，可以直接向周王申诉。这既是对地方司法权力的一种监督，也体现了周王的权威深入基层、无所不至。而此事发生在较之诸侯领地更具独立性的邦国——倗，更加说明了周王所掌握司法权的普世性。

当然，由中央直接对地方的司法案件进行审判绝非常态，而是一种悬之不用的权力威慑。领地内的具体法政事务，更多时候还是由诸侯及其司法官员负责处理。然而周王对诸侯在领地内的审判权也并不是全权赋予，这突出体现在他们很可能并没有掌握死刑裁量权。按照《书序》的说法，《尚书》中的《康诰》《酒诰》《梓材》三篇都是康叔就封前周公对他的训诫，其中《康诰》尤其强调要"敬明乃罚"，以谨慎的刑罚治民。篇中有一句"非汝封刑人杀人，无或刑人杀人"⑦，是

① 具体的例子可参看王沛：《审判权与西周国家权力的构建》，《四川大学学报（哲学社会科学版）》2022 年第 2 期。

② 山西省考古研究所等：《山西翼城大河口西周墓地 2002 号墓发掘》，《考古学报》2018 年第 2 期。

③ 李学勤：《绛县横北村大墓与郿国》，《中国文物报》2005 年 12 月 30 日。

④ 山西省考古研究所、运城市文物工作站、绛县文化局：《山西绛县横水西周墓发掘简报》，《文物》2006 年第 8 期。

⑤ 李学勤：《绛县横水二号墓卣铭释读》，《晋阳学刊》2014 年第 4 期。裘锡圭先生认为把六家选为"仆"是提升了他们的地位，见裘锡圭：《瞰卣铭文补释》，《中华文史论丛》2021 年第 1 期。

⑥ 王进锋：《渊卣铭文与西周时期的直诉》，《杭州师范大学学报》2018 年第 1 期。

⑦ 《尚书正义》，阮元校刻：《十三经注疏》，第 432-433 页。

周公对康叔封的明确要求。王安石将此句解释为"非汝所刑杀，乃天讨有罪，汝无或妄刑杀人"①，林之奇认为此说"远胜先儒"②，蔡沈《书集传》亦从之。③按照这种理解，作为地方长官的康叔，即便是在自己的领地内也是没有权力判决死刑的。④而死刑裁量权由中央独揽的司法分权模式，在同组的《酒诰》中就有体现。该篇讲到周公要求康叔推行禁酒令，对于聚众饮酒的违令者，则"汝勿佚，尽执拘以归于周，予其杀"。⑤对于封地内的违法人员，康叔能做的仅是把他们押送到中央，而有权将其处决的，只有此时代天子行政的周公。⑥

由此可见，出于限制地方权力、维护中央权威等目的，西周王朝并未真正将立法权以及司法权中的生杀大权下放给地方的诸侯。如此一来，诸侯在封地的日常治理过程中就只能朝夕听于"王命"、事事合于"明型"，自主权是极其有限的。

五、服贡服劳：地方封国财政与军事的有限独立

在考虑中央与地方关系以及地方封国的独立程度等问题时，地方经营开发的收益由谁享有也应视作一项重要指标。

财税是政府开展社会治理的物质基础和调配公共资源的政策工具。周王室除了把控着王畿内的税收之外⑦，针对地方政区也颁布了定期向中央上缴贡赋的明确要求。《左传》昭公十三年载子产曰"昔天子班贡，轻重以列，列尊贡重，周之制也"⑧，则根据诸侯大小尊卑的不同，其纳贡义务还有等第差异。《国语·周语上》追溯先王对于外服义务的规定，有"日祭、月祀、时享、岁贡、终王"⑨，其中的"岁贡"便指明了地方邦国每年都要对中央进行贡赋。

---

① 王安石：《尚书新义 诗经新义》，王水照主编：《王安石全集》第 2 册，上海：复旦大学出版社，2017 年，第 205 页。

② 林之奇：《尚书全解》，北京大学《儒藏》编纂与研究中心编：《儒藏》精华编第 14 册，北京：北京大学出版社，2014 年，第 466 页。

③ 蔡沈：《书集传》，南京：凤凰出版社，2010 年，第 167 页。

④《康诰》还有一句"人有小罪非眚，乃惟终，自作不典；式尔，有厥罪小，乃不可不杀"（《尚书正义》，阮元校刻：《十三经注疏》，第 432 页），其实是对司法原则的阐释。"不可不杀"强调的是"应该杀"，但并不意味着诸侯就"可以杀"。

⑤《尚书正义》，阮元校刻：《十三经注疏》，第 441 页。

⑥ 这种死刑由中央直接裁量、诸侯不可妄刑杀人的规定，仅限于一般的内部矛盾造成的普通案件。在战争和叛乱等重大政治事件中，本着"事急从权"的原则，诸侯还是可以未经请示直接将敌人处决的。对于这类情形，《康诰》中周公就要求康叔封"乃其速由文王作罚，刑兹无赦"，"汝乃其速由兹义率杀"（《尚书正义》，阮元校刻：《十三经注疏》，第 434 页）。

⑦ 根据珅生诸器的记载，即便是已经赐予贵族的土地，对于其上的物产，王室依然要"藉其二"，即抽取百分之二十的收成。参见裘锡圭：《珅生三器铭文新解》，《中华文史论丛》2021 年第 4 期。

⑧《春秋左传正义》，阮元校刻：《十三经注疏》，第 4500 页。

⑨ 徐元诰：《国语集解》，第 7 页。

非但数额、频次都有严格的规定，王室对于诸侯纳贡的品类也有具体的要求。《国语·鲁语下》载孔子之语："昔周武王克商，通道于九夷百蛮，使各以其方贿来贡，使无忘职业。"①如果仅从这条材料来看，似乎地方邦国向周王的供奉只是各地的特产，那么这种具有"羁縻"特征的贡赋关系便是象征性的，很难称得上是严格的税收。但是金文的相关记载告诉我们，地方邦国对周王的纳贡义务绝没有此前想象的那样简单。宋代出土的西周晚期铜器兮甲盘（《集成》10174），有这样一段铭文：

> 王令甲征司成周四方积，至于南淮夷，淮夷旧我帛晦人，毋敢不出其帛、其积。

兮甲受王命负责征收的"积"，《左传》僖公三十三年有"居则具一日之积"，杜预注云"积，刍、米、菜、薪"②，其实就是粮草。"帛"即布匹，"晦"即田亩，对于"旧我帛晦人"，郭沫若已经指出："犹言赋贡之臣也。"③这就说明南淮夷作为周之外服邦国，亦有向王室纳贡之责。铭文说南淮夷面对来征税的王使，"毋敢不出其帛、其积"，献上了布帛、粮草。西周早期的中甗（《集成》949）记载了器主中奉命"先省南国"，王特别提到"余命汝使小大邦，厥有舍汝刍、粮"，也说明地方对于王室最基本的贡赋就是草粮。而粮、布两物，正是古代中国最主要的税收形式。对于这类物资，地方诸侯在领地内虽有征收之权，但能够留用的只是其中一部分。邦国需要定期、定量向周王上缴粮食布匹，很好地体现了中央优先的财税体系中地方收入由中央统一支配的鲜明特征。

值得注意的是，为了保障地方税收中属于中央财政的那一部分足额上缴，周王还会派专员到邦国进行税务的巡检和稽查。兮甲盘中的"王令甲征司成周四方积"，反映的就是兮甲被钦命为巡税之官一事。此外，一般认为是宣王时器的驹父盨盖（《集成》4464），记载了器主驹父受王卿之命视察南淮夷、"厥取厥服"之事。在王权的威慑下，南淮夷"不敢不敬畏王命，迎视我，厥献厥服"。国家博物馆于2001年征集的西周中期铜器士山盘（《铭图》14536）中，周王命令士山"于入中侯，遂征都、荆、方服"，前往南阳盆地中的都、荆、方等小国征收贡赋。由此可见，地方邦国虽然从中央分得了一定的财税之权，但地方主官对领地内田土产出的支配是比较有限的，不但要按规定向周王进行贡赋，还必须接受中央的财税监督。

周王朝对国家经济资源的严密控制，除了对作为税赋的粮食布帛进行常规征收外，还表现为对"山林川泽"物产的予取予求。宣王时期的逨盘（《铭图》14543）记载了器主受王命"飘司四方虞林"。对于其中的"飘"字，过去一直都没有很好地释读。直到最近，学界才形成了读为"总"的一致性意见④，方知"总司"就是

---

① 徐元诰：《国语集解》，第 204 页。

② 《春秋左传正义》，阮元校刻：《十三经注疏》，第 3978 页。

③ 郭沫若：《两周金文辞大系图录考释》，上海：上海书店出版社，1999 年，第 120 页。

④ 关于此字的认识过程可参见晁福林：《金文"飘"字补释》，《出土文献》2022 年第 1 期。

全面掌管的意思。逨盘的器主能够替王"总司四方虞林",正说明王朝对于天下的物产有着普遍的所有权。①这里我们仅以盐卤为例,来展现中央对地方经济资源的掌控。我们知道,盐业作为社会经济的命脉与国家财政的主要来源之一,至少从汉代开始就由国家进行专营。有学者根据甲骨文的材料指出,商代已经设置了专门的职官对盐政进行管理。②山西翼城大河口墓地新出的西周中期铜器霸伯簋③,铭文中有"井叔来求盐"的记载,与周王朝的盐业管理政策密切相关。④"求"的常训是"索",《礼记·檀弓上》"瞿瞿如有求而弗得",郑玄注"求,犹索物"。⑤此时身为王朝重臣的井叔,代表王室赶赴晋国腹地索取河东盐池出产的盐卤,并对负责采盐的霸伯进行了赏赐。这条材料虽不足以证明西周已施行盐业国营,但封地内的盐产并不为诸侯专享,而是由中央派员参与管理,则体现得非常清楚。

根据学者的研究,商代外服之"侯"向商王朝的纳贡,主要以占卜祭祀物品等象征性物资为主⑥,其贡赋关系尚有较典型的"羁縻"性质。而西周王朝这种以粮食布帛为常规赋税形式和对于地方盐产、铜矿等主要经济资源进行占有的财政模式,对于地方的控制力较之于商代已经有了长足的进展。

除了在经济上持续进行奉献,地方封国之于王室的另外一项重要义务则是无条件地对周王发动的军事行动予以支持。根据《礼记·明堂位》的说法,"成王以周公为有勋劳于天下,是以封周公于曲阜,地方七百里,革车千乘"⑦,可见周初之时地方封国就已经有了自己统领的武装力量。这些由诸侯管理的部队,不仅要在封国内卫戍领土、威慑敌人,还有协同中央军作战的职责。一般定于周昭王时期的过伯簋(《集成》3907),铭文有"过伯从王伐反荆"等辞,记录了过国国君参与的一次周王的亲征。班簋(《集成》5401)是西周中期的器物,其中的周王在命令毛公"伐东国瘄戎"时,同时要求吴侯"以乃师左比毛父"、吕侯"以乃师右比毛父",是以诸侯的力量护卫王师的两翼。厉王时期针对南土的一次广泛征伐,目前已有十几件铜器从不同角度进行了描述。其中的应侯视工鼎(《铭图》2436)、簋(《铭图》5231),以及翼城大河口墓地新获的况盆⑧,都记载了应侯受王命率部

---

① 根据《史记·周本纪》的记载,周厉王在位时曾施行过"专利"政策。这种"竭泽而渔"的统治方式虽然不被提倡,但至少说明周王是保有这项权力的。

② 冯时:《古文字所见之商周盐政》,《南方文物》2009年第1期。

③ 山西省考古研究所等:《山西翼城大河口西周墓地1017号墓发掘》,《考古学报》2018年第1期。

④ "求盐"二字为韩巍先生释出,参见韩巍:《西周王朝与河东盐池——新出霸伯青铜器的启示》,《"商周国家与社会"国际学术研讨会论文集》,北京师范大学,2019年,第285-301页。

⑤《礼记正义》,阮元校刻:《十三经注疏》,第2767页。

⑥ 张利军:《殷卜辞所见外服"侯"考》,《中国历史研究院集刊》2022年第2辑,北京:社会科学文献出版社,2023年,第1页。

⑦《礼记正义》,阮元校刻:《十三经注疏》,第3224-3225页。

⑧ 山西省考古研究所、山西大学北方考古研究中心、临汾市文物局、翼城县文物旅游局:《山西翼城大河口西周墓地M6096发掘简报》,《文物》2020年第1期。

从征之事。西周晚期的师寰簋（《集成》4313）记载了周王室打击淮夷的一次军事行动。在这场战斗中，器主师寰就受王命率领齐、纪、莱、釐等山东诸侯的部队进行了联合作战。这类的例子在金文中还有很多，而且时代贯穿整个西周，足见西周的诸侯自始至终都有着助王征伐的军事义务。

需要特别指出的是，地方封国的军队虽然在实际操作中由诸侯负责训练和管理，但名义上却是属于天子的武装力量。《国语·鲁语下》："天子作师，公帅之，以征不德；元侯作师，卿帅之，以承天子"①，可见无论诸侯还是公卿，都只是替周王统领部队。这种观念落实在具体的军事行动中，就表现为王室可以直接指挥封国的军队。西周中期的臣谏簋（《集成》4237），作器背景是周王与邢侯共同抵御戎人的一次作战。其中作为邢国将领的臣谏，据铭文"处于軝，从王"可知，在战役中是与王师合兵一处，直接听周王指挥的。一般断于懿孝之间的史密簋（《铭图》5327），记载了王室对南夷与东国的一次广泛征伐。在这场战争中，周王阵营的军队兵分两路：左路军包括齐师、遂人，由师俗统率；右路军则由莱国、釐国的部队组成，由史密负责指挥。而西周晚期的柞伯鼎（《铭图》2488）所记的一次"广伐南国"，器主柞伯也是在王卿虢仲的指挥下，"率蔡侯左至于昏邑"，将敌人围困起来。在这些由王室发动的军事行动中，虽然都召集了封国的部队参与，但真正握有指挥权的不是周王就是王朝卿士，可见中央对于地方武装力量的统御有着更高的优先级。

如此一来，地方封国的部队从某种意义来说就更像是中央的驻军。周王不但可以直接调动、指挥诸侯的部队，甚至还可以派员到其驻地进行执掌。山东高青陈庄西周墓地出土的西周中期铜器引簋（《铭图》5299），铭文中有周王对器主引的训诰："余既命汝更乃祖觵（总）司齐师"。从引的祖父就曾"总司齐师"来看，这个职位应该属于常设之官②，并非为了某次战事临时任命的统帅。齐国军队的最高将领乃是由周王直接任命③，这就说明王室是把驻于地方的武装力量视作自己的资产严格进行把控的。对于领地内的"中央驻军"，地方封国除了要负责兵员的组织、部队的训练，还有义务提供后勤给养。《逸周书·作雒》载成王二年，周公"作师旅，临卫政殷"④，中央军中的精锐"殷八师"在周初的很长一段时间内应该是驻扎于卫地的。而据西周早期的小臣逨簋（《集成》4238）所载，康叔之子卫康伯曾依照王的命令率殷八师征伐东夷，而后就班师返回了属于卫国领地的牧野驻地。⑤此时的卫国，很可能担负着为王养兵的职责。

---

① 徐元诰：《国语集解》，第181页。

② 李学勤先生曾将其与齐国的天子守臣国、高二卿联系起来，参见李学勤：《高青陈庄引簋及其历史背景》，《文史哲》2011年第3期。

③ 此铭中引的册命即是由王亲自宣命，册命地点也是在王室的宗庙"共大室"。

④ 黄怀信等：《逸周书汇校集注》，第517页。

⑤ 马承源主编：《商周青铜器铭文选（三）》，第50页。

朱凤瀚先生综理了甲骨卜辞中关于外服"侯"的记载,指出其基本职能只是驻守边域。当王朝军队对外征战时,"侯"虽会被就近征调配合王师作战,但也仅作为协助王师的辅助兵力。[1]相对于西周诸侯为王养兵、大规模跨区域协同作战的职责,商代对外服"侯"的军事力量把控显然要松散得多。

六、立纲立纪:中央集权原则在西周的奠定

通过以上对西周分封的新史料以及王室与诸侯权责分配模式的综合考察,就可以发现西周时期的央地关系有这样几个鲜明的特点:第一,作为中央设置于战略要冲的防卫组织,"侯"所管辖的是一种带有较强军事特色的地方政区,与"邦"一同构成了王朝的外服系统;第二,作为地方政区长官的"诸'侯'",其主要身份是王臣,任免、调动都要听命于天子,并向周王尽朝觐、汇报等臣子义务;第三,为了对这些地方政区进行有效的监督,封国的主要官员三卿都由王直接统属,并且还派驻专员对诸侯进行督察;第四,为了对诸侯在封国内的事权进行限制,中央没有把立法权与司法权中的生死之权完全下放;第五,诸侯经营地方的收益并不归封国独有,在贡赋财货的同时,还要承担为王养兵、助王征伐的义务。

凡此种种,无不昭示着西周央地关系中的中央集权属性。有学者曾把中国古代的央地关系概括为"分割式的地方分权""极端的中央集权""分寄式中央集权"三种模式,并认为夏商周三代都属于第一种情况。[2]而按照本文的分析,西周时期的这种诸侯从天子处领受部分权力、在地方政区内受中央委任行事的模式[3],或许归为"分寄式中央集权"更为妥帖。

与后世的"分寄式中央集权"最大的不同在于,周代的诸侯虽为天子之官,但职位的传承却采用了世袭的模式。这当然是由于在西周所处的社会发展阶段,任用宗族血亲中的"效士弟男","以傅辅王身,咸作左右爪牙,用经纬大邦周"[4],依然是周人的不二之选。这些王室宗亲在克商与东征等周初的重大历史事件中与周王勠力同心、团结一致,确实展现出了很强的凝聚力与战斗力。长时间的患难与共,使得周王室与宗亲贵族之间建立了牢固的信任。

众所周知,在早期国家形态之中,血缘一直都是国家统治的核心与支柱。[5]西

---

① 朱凤瀚:《殷墟卜辞中"侯"的身分补证——兼论"侯""伯"之异同》,第11-13页。

② 李治安主编:《中国五千年中央与地方关系》,北京:人民出版社,2010年,第2页。

③ 李峰先生把西周定义为"权力代理的亲族邑制国家",其实也是承认了诸侯的权力为周王委任而并非真正持有。参见李峰:《西周的政体:中国早期的官僚制度和国家》,第48页。

④《四告》第一篇周公语,见黄德宽主编:《清华大学藏战国竹简(拾)》,第110页。

⑤ 正如恩格斯在《家庭、私有制和国家的起源》中指出的:"劳动愈不发展,劳动产品的数量,从而社会的财富愈受限制,社会制度就愈在较大程度上受血族关系的支配"(《马克思恩格斯选集》第4卷,北京:人民出版社,2012年,第2页)。

周初期相对低下的社会发展水平，决定了其国家制度的建立很大程度上需要获得血缘宗族的支持。而文、武、周公等人在进行制度设计时，其实也已经清醒地意识到了代际传承后"血缘纽结的松弛"可能会带来的地方封国对王室的疏离。我们可以看到，西周王朝时刻警惕着诸侯世袭可能带来的地方割据局面，并施用了一系列的制度来弥补血缘淡化后宗亲凝聚力的不足。除了上文所列举的限权措施外，宗法制在一定程度上也是对血缘关系的补充。正如晁福林先生所说："宗法制度虽然植根于传统的血缘关系，但是它在许多方面又减弱了血缘关系的社会作用，这是因为在血缘与等级二者之间，它更为注重的是社会的等级。"①在如此严密的等级秩序与叠床架屋的制度限制之下，西周的地方封国其实并没有太多的空间去裂土自重、脱离中央的管制。

实际上，非但以同姓为主的"诸侯"时刻被王权牢固扼制，即便是异族的"邦君"，也同样被中央严密监管。前文在论及中央对地方司法的干预以及贡赋制度时，已经举出一些外服"邦国"的例子。新近披露的山西翼城大河口西周墓地 M2002 所出西周中期铜器格姬簋②，更加印证了这一点。簋铭记载了霸国宗妇格姬意欲在母家晋国的支持下立其子引为霸国之君一事，而引很可能就是 M2002 墓主、前代霸君霸伯的母弟霸仲。格姬的这次以"兄终弟及"模式承继霸国君位的谋划，很快就"胎死腹中"。周王室获悉此议后，立即派员制止，并正告格姬："先王既有型，曰：弗能违有家"，再次强调了文、武等先王制定的宗法制及嫡长子继承制度。霸国是晋的附庸，其族一般认为就是周初封与唐叔的"怀姓九宗"。即便是这样名不见经传的异姓邦国，也依然难逃于王化之外，君位继承等重要事务必须要受中央王朝的制约。

殷周鼎革后因时因势改革完善的分封制度，以及与之相匹配的一揽子限权措施，十分有效地保障了西周时期中央与地方关系长期维持在一种"分而未裂"的状态。

有的学者或许会认为，西周中期以后王室对诸侯的领导权与控制力也会相应地逐渐松弛。然而前文所举的青铜器铭文材料，时代绝大多数都属于西周中期甚至晚期。西周中期的士山盘、引鼎、格姬簋，西周晚期的兮甲盘、伐簋，所展示的中央对地方人事、司法、财税、军事等各方面的把控，与周初的制度设计并无明显的不同。朱凤瀚先生通过对西周晚期柞伯簋铭文的研究，也得出了"终西周一世，西周各诸侯国始终对于周王室担负有军事义务"的判断。③在西周二百多年的历史当中，极少有分封的诸侯意欲篡权或出于不服于王而掀起叛乱。④更多的时

① 晁福林：《试论宗法制的几个问题》，《夏商西周史丛考》，北京：商务印书馆，2018 年，第 1039 页。

② 严志斌、谢尧亭：《格姬簋铭研究》，《中国国家博物馆馆刊》2023 年第 9 期。

③ 朱凤瀚：《柞伯鼎与周公南征》，《文物》2006 年第 6 期。

④ 禹鼎（《集成》2833）记载了西周晚期鄂侯驭方勾结南淮夷、东夷发动的一场叛乱，但是从《史记·殷本纪》"（纣）以西伯昌、九侯、鄂侯为三公"的记载（《史记》卷 3《殷本纪》，第 106 页），以及此铭中称驭方为鄂国之"君"来看，鄂乃是旧有的邦国，而非周王分封之侯。至于驭方被称为"鄂侯"，或是由于到了西周晚期"邦君"与"诸侯"之称已经没有如周初般严格的区别了。

侯，这些设置于地方的军政机构都很好地完成了以藩屏周、拱卫王室的使命。即便到了西周覆亡二王并立的乱局中，犹有晋侯、郑侯、卫侯等宗亲诸侯挺身而出①，扶助岌岌可危的周室。仅就结果来看，西周王朝实施的这套中央集权的央地关系模式可以说非常成功，基本达成了周初分封时"作周之厚屏"与"为后人之迷败倾覆而溺入于难，则振救之"的初衷。

李学勤先生在讨论士山盘时曾发出这样的感叹："共王命士山前往以法律手段处理莽侯的君位一事，与前引《周礼》云大司寇有权定诸侯之狱讼相合。这表明，在西周时期，王朝对诸侯国的事务拥有干预的能力……如果以东迁以后王朝衰弱的情形，认为西周王朝与诸侯的关系也是那样松散，就不符合历史事实了。"②在西周末年的乱局之中，平王以庶子身份勾结外戚，先后弑杀幽王、惠王，最终继周室之统，对周人恪守三百年的宗法制度以及以此为根基的王权威严造成了极大冲击。③周室东迁以后，随着王权的急剧衰落，周王与诸侯的关系也发生了根本性的改变。东周的央地关系模式虽然仍然披着分封制的外衣，但与西周之时已不可同日而语。过去的论者，由于未得见金文、简帛等新出土材料，只能从《左传》《国语》关于春秋时期的记载中去逆推西周的制度，难免会落入"威分于陪臣之邦，国珍于后封之秦"的认知窠臼。西周王朝的中央权力虽然尚不及秦汉以后那样极致，但相比春秋战国时的分散割裂状态还是要集中得多。

中华文明从"满天星斗"的多区系发展模式，经过夏商周三代的赓续与迭变，在秦代归于一统，并最终形成了中央高度集权的国家结构。过去学者评价中华文明具有"超时代的政治早熟"④，聚焦的均是秦制，并且都习惯性地把中国古代中央集权体制的肇始定诸秦代。但从周初分封就在制度设计上有意识地限制诸侯权力、突出天子权威来看，古代中国在政治制度与央地关系方面的"早熟"，完全可以追溯到更早的时代。西周王朝在殷商旧制基础上革新而成的这套具有鲜明中央集权特征的分封制度，与以血缘为基础的宗法制共同组成了西周政治结构的"双重组织架构"，有效地破解了地域与族群对于早期国家治理的限制，在中国古代央地关系的发展演变中具有承前启后的里程碑意义。

随着社会形势的不断发展，西周国家的政治形态与治理体系也在逐渐演进。西周中期以后，外服诸侯所卫戍的地区纳入国土日久年深，原本属于前线的东土等

---

① 《左传》隐公六年载周桓公云"我周之东迁，晋郑焉依"（《春秋左传正义》，阮元校刻：《十三经注疏》，第 7360 页），《史记·卫世家》云"犬戎杀周幽王，武公将兵往佐周平戎，甚有功"（《史记》卷 37《卫世家》，第 1591 页）。

② 李学勤：《论士山盘——西周王朝干预诸侯政事一例》，《当代名家学术思想文库·李学勤卷》，沈阳：万卷出版公司，2010 年，第 210-215 页。

③ 详见程浩：《〈竹书纪年〉"同惠王子多父伐郐"释疑——兼论两周之际的政治分野》，中国先秦史学会第十二届年会会议论文，武汉，2023 年 9 月。

④ 黄仁宇：《赫逊河畔谈中国历史》，北京：生活·读书·新知三联书店，1992 年，第 15 页。

地的反抗势力渐渐偃旗息鼓。按照原初的设计，那些出封在外的诸侯所辖政区，在局面稳定之后，最终都要"内服化"——成为周天子直辖的领土。《诗经·北山》所谓"溥天之下，莫非王土"，反映的就是周人统御天下的终极追求。只不过厉王以来的周室衰微，尤其是幽王之乱的剧烈冲击，彻底断绝了周人所规划的这条由"新地"变"故土"、从"外服"到"内服"，逐步实现中央高度集权的政治路线。

进入春秋战国以后，随着社会形势的剧烈变化，强有力的中央政权不复存在，原有的央地关系模式也一度失去了政治基础。然而西周分封制中所凸显的对中央集权的极致追求，并没有随之湮灭，而是深刻影响着此后的制度建设与政治实践。起源于春秋并在秦统一后广泛施行的郡县制，如果仔细求索其渊源，其央地关系模式中的中央集权原则，很难说没有获益于周制。实际上，无论是西周的分封制，还是秦汉以后的郡县制，其制度底色都是中央权力的高度集中以及对地方政区的牢固把控。只不过受限于所处时代的社会历史条件，西周王朝对地方的掌控尚不足以做到后世那般极致。秦汉之变中分封制的废止与郡县制的推行，应当视作殷周之变以来地方治理体系的一次重要历史演进，而非传统认识中治理逻辑的本质性变革。

（本文经删改后以《大一统视野下的西周分封制》为题刊发在《历史研究》2024年第 5 期，引用请据论文集收录之全稿）

Divided but Unbroken: The Centralizing Background of the Western Zhou Feudal System in Light of New Historical Evidence

Cheng Hao

Abstract: Based on newly discovered bronze inscriptions and related texts from the Tsinghua Bamboo Manuscripts, it is evident that the central-local relations established through the enfeoffment system during the early Zhou Dynasty had a strong centralizing aspect. After the Duke of Zhou's eastern campaigns, a number of military and administrative institutions directly subordinated to the central government were established at key strategic points. Their main functions were to monitor foreign tribes and defend the kingdom's borders. The term *zhu hou* 诸侯 (feudal lords; *lit*. the many lords) referred to local administrators appointed by the Zhou king to govern regional political districts. Unlike the *bang jun* 邦君 rulers of submissive states, which formed part of the external territories, the feudal lords were primarily considered royal subjects, meaning they were subject to appointment, dismissal, and oversight by the central government. Additionally, key officials in the regional states, such as the "Three Ministers" 三卿, were appointed directly by the central government as a means to counterbalance the power of the feudal lords. The Zhou king also dispatched special supervisory officials to monitor and investigate the activities of the feudal lords. The feudal lords had limited administrative and judicial authority in their territories and lacked independent control over appointments. Moreover, the economic revenues generated from local administration were not solely enjoyed by the lords. The enfeoffed states were required to regularly pay taxes to the central government and had obligations to supply and support military forces, as well as provide troops in times of need. Under this tightly controlled "distributed centralization" system, the regional states of the Western Zhou period largely fulfilled their duties and loyally supported the royal government. Cases of regional lords attempting to secede or challenge the authority of the central government were extremely rare.

Key words: Western Zhou; Feudal System; Central-local Relation; Centralized Authority; Tsinghua Bamboo Manuscripts

清华简与夏史重建

杜 勇

（天津师范大学历史文化学院）

摘要： 清华简中发现了丰富的夏史资料，开启了重构夏代文明的新境界。但它与传世文献一样，都是由口头传说生成的晚出文献史料。依照兰克史学的治史规则，这种非原始资料的可靠性大有问题。二十世纪二三十年代，疑古派正是利用传说资料的局限性，提出了风靡一时的层累地造成中国古史说，把夏代历史说成是传说的堆积，虚妄的伪造。然其论说证据不密，逻辑不畅，经不起新出清华简中夏史材料的验证，无法支撑疑古派建立的学术大厦。上古史研究是一个非常特殊的领域，兰克史学那套敝弃传说资料的研究方法未必适用。不管传说性文献形成的早晚如何，也不管它存在多少问题，其中具有客观历史的质素，事实真相的颗粒，不是仅凭主观怀疑就可以彻底否定的。坚持文献与考古资料相须为用，其归一揆，才能真正重构出"充实而有光辉"的夏代文明史。

关键词： 清华简；夏史重建；疑古派；传说史料

清华简今已整理出版十三辑，其中丰富的夏史资料超过以往出土文献所见的总和，为研究上古文明史创造了有利条件。诸如《尹至》《尹诰》《厚父》《虞夏殷周之治》《参不韦》等篇，即从不同侧面揭示了"既丰瞻以多姿"的夏代史事。与传世文献相比，这些资料看上去平淡无奇，然因其成书不晚于战国中期，对探索中国古代文明起源，厘清疑古迷障，重构夏代历史，具有非同寻常的学术意义。本文拟就清华简中有关夏史资料的文献价值略作分析，以期对夏史重建有所助益。

一、清华简涤荡疑古迷障

探索中华文明起源，重构夏史，当然不是一项简单的工作。首先遇到的问题就是，如何应对过去疑古派对夏代历史的全面否定。

1923 年，顾颉刚先生在《读书杂志》第 9 期公开发表《与钱玄同先生论古史书》，提出"禹是上帝派下来的神，不是人"，力申"层累地造成的中国古史"说。[①]

---

① 顾颉刚：《古史辨》第一册，上海：上海古籍出版社，1982 年，第 60 页。

随后又连载《讨论古史答刘胡二先生》，进一步否定了大禹作为人王的历史地位，夏史的开篇也就成了空中楼阁。十三年后，顾颉刚、童书业二氏又联名发表长文《夏史三论》，除了坚持禹为社神的看法外，着重探讨了启继禹业、太康失国、羿浞代夏、少康中兴等夏初史迹，概以虚妄目之。如谓"自禹和夏发生关系之后，禹才与启发生了父子的关系"；又说"启本是有神性的人物"，经过儒家对神话的改造，"天下归启的说法便成为世人公认的夏代史"。[①]杨宽先生服膺顾氏的见解，大加称扬说："禹本为社神，前顾颉刚氏已明证之。近顾颉刚、童书业二氏复作《夏史考》，明证夏史之皆属虚无，无不由于神话传说展转演变。"[②]这些意见在中外学术界的影响既深且广，迄今余波未息。

疑古派对夏史的否定，牵涉面广，问题繁多，不是一篇小文可以厘清是非的。此前我们曾对大禹的真实性问题有过论析[③]，这里仅就夏启的真伪问题略加讨论，以观层累造成中国古史说的流弊。

疑古派通过对传世文献先后关系的排比，分辨其真伪异同，观察有关传说的演变，来证明夏史的虚无。他们认为启为禹子，继为夏王，不过是儒家层累造伪的结果。其根据在于，早于《孟子》成书的《墨子》中，启不过是一个乐神，与禹没有半点关系。《墨子·非乐上》说：

> 于《武观》曰："启乃淫溢康乐，野于饮食，将将铭，苋磬以力，湛浊于酒，渝食于野，万舞翼翼，章闻于大[天]，天用弗式。"故上者天鬼弗戒[式]，下者万民弗利。[④]

墨子引用《武观》之语，以启为反面教材，说明统治者沉湎音乐的危害，重者如启"天鬼弗式（用）"，轻者则"万民弗利"。《山海经·海外西经》对启的神性描绘更为具体："大乐之野，夏后启于此儛《九代》；乘两龙，云盖三层。左手操翳，右手操环，佩玉璜。"[⑤]《九代》或即乐名《九韶》，为天帝之乐。启不只好乐，还是乘龙御云的神人。启的出生也充满神话色彩。《楚辞·天问》云："启棘宾商，《九辩》《九歌》。何勤子屠母，而死分竟地？"[⑥]所谓"屠母"不是说启杀了他的母亲，而是指启母化为石，石破而生启的神话。《随巢子》说："禹娶塗山，治鸿水，通轘辕山，化为熊。塗山氏见之，惭而去，至嵩高山下化为石。禹曰：'归我

---

① 顾颉刚、童书业：《夏史三论》，原载《史学年报》第二卷第三期，1936年；又载吕思勉、童书业编著：《古史辨》七（下），上海：上海古籍出版社，1982年。

② 杨宽：《中国上古史导论》，吕思勉、童书业编著：《古史辨》七（上），上海：上海古籍出版社，1982年，第281页。

③ 杜勇：《大禹真实性问题再认识》，《中华文化论坛》2023年第4期。

④ [清]孙诒让：《墨子间诂》，北京：中华书局，2011年，第262-263页。

⑤ 袁珂：《山海经校注》（最终修订版），北京：北京联合出版公司，2014年，第192页。

⑥ [宋]洪兴祖：《楚辞补注》，北京：中华书局，1983年，第98-99页。

子。'石破北方而生启。"①从这些资料来看，未言启为禹子，更不涉及启为夏朝国君，而是一个"淫溢康乐""湛浊于酒"的坏人，一个上天不用的神人。

在疑古派看来，启的形象到了儒家孟子那里才为之一变。《孟子·万章上》云：

> 万章问曰："人有言：'至于禹而德衰，不传于贤而传于子。'有诸？"
> 孟子曰："否，不然也。天与贤，则与贤；天与子，则与子。昔者，舜荐禹于天，十有七年，舜崩，三年之丧毕，禹避舜之子于阳城。天下之民从之，若尧崩之后不从尧之子而从舜也。禹荐益于天，七年，禹崩。三年之丧毕，益避禹之子于箕山之阴。朝觐讼狱者不之益而之启，曰：'吾君之子也。'讴歌者不讴歌益而讴歌启，曰：'吾君之子也。'丹朱之不肖，舜之子亦不肖。舜之相尧，禹之相舜也，历年多，施泽于民久。启贤，能敬承继禹之道。……孔子曰：'唐虞禅，夏后殷周继，其义一也。'"②

孟子的学生万章勤学善思，他问孟子是否真有禹传子而不传贤这件事。孟子认为不是禹要传位给他的儿子启，而是上天安排的，即"天与贤，则与贤；天与子，则与子"。孟子极富辩才，回答巧妙，既说明了事实，又维护了大禹光辉的道德形象。启虽禹子，但"启贤，能敬承继禹之道"，故传子与禅让都是与贤，并无实质性的区别。所以启继承天下共主之位，得到了民众的讴歌和拥戴。由于《墨子》不曾提及启为禹子，而《孟子》成书又在《墨子》之后，因而疑古派认为这是经过了儒家的改造，把启从一个乐神变成了人王，这才与禹产生了父子关系。至于《大戴礼记·帝系》说："禹娶于塗山氏之子，谓之女憍氏，产启。"《史记·夏本纪》说："夏后帝启，禹之子，其母塗山氏之女也。"都不过是陈陈相因的虚妄之言。其他文献所载与启相关的史事，如古本《竹书纪年》称"益干启位，启杀之"③，《尚书·甘誓》说启与有扈氏"大战于甘"，也就统统成了后世层累造作的伪史。

疑古派否定夏启史事的论证方式并不复杂，结论却惊世骇俗，也得到不少人的崇信。今验之新旧史料，实难成立。如《尚书·皋陶谟》（即今本《益稷》）中即有禹启父子关系的明确记载，斑斑可考。篇中禹曰：

> 予创若时，娶于涂山，辛壬癸甲。启呱呱而泣，予弗子，惟荒度土功。④

此记禹娶涂山氏女为妻，四天后就治水去了。待启呱呱坠地，他也顾不上抚养儿子，而是忙着去考虑治理水土的事情。这里明确揭示了禹、启的父子关系，却不

---

① [清]马骕：《绎史》卷十二《夏禹受禅》引，文渊阁《四库全书》。此外，《汉书·武帝纪》颜师古注亦曾引及，谓其"事见《淮南子》"。

② 《孟子·万章上》，阮元校刻：《十三经注疏》，北京：中华书局，1980年，第2737页。

③ 方诗铭、王修龄：《古本竹书纪年辑证》（修订本），上海：上海古籍出版社，2005年，第2页。

④ 《尚书·益稷》，阮元校刻：《十三经注疏》，北京：中华书局，1980年，第143页。

为疑古派所采信。原因在于，他们认为《尧典》《皋陶谟》《禹贡》"决是战国至秦汉间的伪作"①，不可信实。实际上，《皋陶谟》是根据长期流播的古史传说写成的，成书并不算晚。《左传》僖公二十七年曾引其文句，称《夏书》曰："赋纳以言，明试以功，车服以庸。"《左传》庄公八年引《夏书》曰"皋陶迈种德"，也是《皋陶谟》的逸文。这说明《皋陶谟》的成书至少不会晚于战国中期成书的《左传》，也不会晚于稍后的《孟子》，禹、启父子关系的说法并非孟子一手杜撰。就算《皋陶谟》的制作年代不能完全确定，上引《孟子·万章上》转述孔子的话："唐虞禅，夏后殷周继，其义一也。"实已透露出启为禹子的信息，却不为顾氏所察。孔子所说的"唐虞"指尧舜，而夏后即是禹，大禹之后的王位继承由禅让变成父死子继，实已蕴含启为禹子、继为夏王的史事，这才有了孟子对孔子话语的引用。孔子死后，墨子才出生，可见早在墨子出生前就有了禹启父子同为夏君的传说，决非勇于作伪的战国、秦、汉间的历史家所造作。

非常庆幸的是，启为禹子不只传世文献有征，新出清华简《厚父》《参不韦》也提供了坚确的证据。《厚父》记王若曰：

通闻禹……川，乃降之民，建夏邦。启惟后，帝亦弗巩启之经德，少命皋繇下为之卿事，兹咸有神，能格于上，知天之威哉，闻民之若否，惟天乃永保夏邑。②

清华简《厚父》中"天降下民，作之君，作之师"诸语，曾被《孟子·梁惠王下》所引用，说明《厚父》之作必在《孟子》之前，更有可能"出自周武王时史官的手笔"③。这段话说到禹建夏邦，启继为国君，而"夏后殷周继"即指父死子继的王位继统法，则禹、启父子关系不言自明。清华简《参不韦》记参不韦说："启，而不闻而先祖伯鲧不已帝命，而不葬。启，而视而考父伯禹象帝命，而缄在裕裳。"④这里对鲧、禹、启祖孙三代亲属关系的交代更是明白无疑。《参不韦》可能是战国时期的作品，然从竹简制作的绝对年代（公元前 305±30 年）看，其成文年代亦应在孟子之前。尽管我们无法确知这些远古传说是何时转为文字记载的，但它早已存在则是不容置疑的事实。

疑古派对文献先后关系的排比是带有选择性的，无法支持他们否定夏史的结论，自然也经不起出土文献的验证。即使他们对文献先后关系的认识正确无误，也不能用以说明古史传说演变的真实情形，将其放大为层累地造成中国古史说。其一，不同文献性质或主题不同，取材亦必相异，两相对比并无意义。《孟子》成书晚于

---

① 顾颉刚编著：《古史辨》第一册，上海：上海古籍出版社，1982 年，第 202 页。

② 清华大学出土文献研究与保护中心、李学勤主编：《清华大学藏战国竹简》（五），上海：中西书局，2015 年，第 110 页。

③ 杜勇：《清华简与古史探赜》，北京：科学出版社，2018 年，第 102 页。

④ 清华大学出土文献研究与保护中心、李学勤主编：《清华大学藏战国竹简》（十二），上海：中西书局，2022 年，第 120 页。

《墨子》，所言夏启传说与《墨子》有异，是再也正常不过的事情。《墨子·非乐上》主要论说音乐无益于人，反对王公大人"厚措敛乎万民，以为大钟鸣鼓、琴瑟竽笙之声"①。所举反面例证即是"启乃淫溢康乐"，"天用不式"。而《孟子·万章》讲统治者传贤或传子，全在天意，认为禹虽传位于子，但由于"启贤"，故与禅让无别。这些文献的性质并不相同，它们从不同角度言说禹、启史事，并不代表他们在刻意造作古史。其二，今天我们所看到的有关上古历史的传世文献，并非先秦时期已有的全部作品。如清华简中的《尹诰》《尹至》《厚父》《参不韦》《五纪》《四告》等多篇文献，并未流传下来。有的司马迁可能读过，有的中经秦火恐怕连司马迁亦未见及。就是司马迁当年阅读过的文献材料，后来也有散佚。如果不是尽行掌握所有文献材料，对文献内容出现早晚的排比就不可能具有真实性和有效性。所谓"周代人心目中最古的人是禹，到孔子时有尧舜，战国时有黄帝神农，到秦有三皇，到汉以后有盘古等"的说法②，实际只是对文献的选择性排比得出来的结论，并非真正揭示出文献形成的先后关系。其三，文献形成的先后并不能说明某种传说出现的早晚。远古传说总是先于文字记录而存在的。如果古史传说的背后有其史事的质素，而史事的发生是有早晚的。但是，一旦具备文字记录的条件，不同时代的古史传说可能同时转化为文献记载。而同一时代的古史传说也可能因记录者的选择和好恶不同，在转化为文献记载时又有时间上的早晚。因此，文献形成的先后与某种传说故事发生的早晚，其间并无逻辑上的必然联系。用这种历史研究方法来决定传说中某些史实的有无，是根本行不通的。人们之所以对全盘否定夏史的说法表示怀疑，道理就在这里。

二、晚出夏史资料的价值评估

禹、启开创夏邦的历史，是否有了地上和地下的二重文献证据就可以得到确凿的证明呢？问题当然不是这样简单。因为无论是传世文献，还是出土文献，它们大都是战国以后的东西，即使个别文献的形成可能早至西周，仍与人们眼中的夏朝相距十分遥远。这种晚出的文献史料可靠性到底有多大？是否可以用于重建夏代信史？这才是问题的关键和核心。

近代兰克史学勃兴以后，主张"呈现往事真相"，强调运用出自当事人或当时人之手的原始史料，避免依赖转手资料，力求客观公正，不具成见，使史学成为科学。③流风所及，"对古史材料重新估价的口号高唱入云"④。德人伯伦汉的《史

① [清]孙诒让：《墨子间诂》，北京：中华书局，2001年，第252页。
② 顾颉刚编著：《古史辨》第一册，上海：上海古籍出版社，1982年，第60页。
③ 杜维运：《中国史学与世界史学》，北京：商务印书馆，2010年，第201-202页。
④ 徐旭生：《中国古史的传说时代》（序言），桂林：广西师范大学出版社，2003年，第1页。

学方法论》，法人朗格诺瓦、瑟诺博司合著的《史学原论》，无不把审查史料的真实性问题作为史学专业化的核心内容。"五四"前后，《史学原论》通过胡适《中国哲学史大纲》、梁启超《中国历史研究法》等名著的传述，在学术界迅速流播，"深刻影响了 20 世纪上半期中国史学的发展"。① 该书对传说时代的有关史料加以彻底否定，实际就是中国疑古思潮兴起的理论基石。《史学原论》说："在每个民族的早期历史中，都有一个传说时代：在希腊，在罗马，在日耳曼人和斯拉夫人中，关于本民族的远古记忆形成了一类传说。在文明时代，这些为人喜爱的传说继续广泛存在着……传说与逸闻随意地附会着各种历史人物，它们实际上是纯粹的大众信仰；它们属于民俗，而非历史。因而，我们必警惕那种诱惑，即把传说看做某种精确事实与错误的掺杂物；不能认为脱落掉错误，就可以通过分析得到历史真相的谷粒。传说是一种混合体，也许蕴含有一些真相的颗粒，甚至也能被分解出真相的各种要素；但是，没有任何手段能把得自现实的要素与想象产生的那些要素区分开来。……我们必须铁了心地把传说看做是想象的产物；……一种依赖传说资料的叙述，尽管貌似历史的也应该被抛弃掉；比方说，修昔底德著作的开头数章就同样应该被丢开。"② 顾颉刚先生受这种时代潮流的高浪激荡，远宗崔东壁，近法康有为，激情满怀地走上了疑古辨伪的道路。他在《夏史三论》中说：

> 我们不该用了战国以下的记载来决定商、周以前的史实。至于用了战国以下的记载来决定战国以下的某种传说的演变，这依然是该做的工作，我们决不该放弃这时代的责任。③

这话暗含深刻的逻辑力量。因为战国以下的文献记载并非原始史料，所以它无法决定商周以前的史实。换句话说，人们熟知的五帝史、夏代史均非当事人或当时人留下的原始记录，依照兰克的科学主义史学观，由这种间接史料支撑的古史系统自然算不上信史。这样，剩下的工作就只有通过研究某种传说的演变，剥掉古史的伪装，证明夏史及五帝史的虚妄。所以顾氏把夏史作为推翻伪古史的主攻方向，也就不足为怪了。

然而，上古史研究是一个非常特殊的领域。姑且不论兰克科学史观的是非，至少他所倡扬的史学方法并不完全适合人类早期文明历史的研究。因为人类社会的发展与文字的发明并不同步，不是所有的人类文明体都能留下即时的文献记录。杜维运先生分析说：

> 人类在未发明文字以前，已经在地球上不知生存了若干世纪了，其间发生过的惊心动魄的事件，或者神秘美妙的事件，往往在人们口中辗转的流传着；一旦

---

① 李孝迁：《观念旅行：〈史学原论〉在中国的接受》，《天津社会科学》2019 年第 1 期。
② （法）朗格诺瓦、瑟诺博司：《史学原论》，余伟译，郑州：大象出版社，2010 年，第 105-106 页。
③ 顾颉刚、童书业：《夏史三论》，原载《史学年报》第二卷第三期，1936 年；又载《古史辨》七（下）。

文字发明了，又遇到善于叙述故事的史学家，于是被记述下来，而变成远古时代的重要史料（或者即古史的一部分）。人类最早的记载，大多属于此类。世界各民族的上古史，极少不是根据此类史料以写成。①

这是符合历史实际的论断。早期人类社会的历史在不具备即时记录的条件下，先有口头传说，若干年后因文字发明使口头传说被记录下来，才变成了文献史料。古希腊的《荷马史诗》即是明显例证。利用《荷马史诗》作为研究古希腊历史的史料，"从年代上来说，与作者们描述的事件之间的距离，就像今天的史学家与诺曼证服之间一样邈远"。②蒙森《罗马史》第一章开首也说："人类最初迁入意大利的情形如何，没有史料，甚至也没有传说可考。……但是，史学研究者却有责任把各国人民如何陆续分化加以叙述，以便从尽可能早的时代起，追溯文明如何从不完美逐渐进入完美。"③都体现了传说资料对于研究上古史的重要性。当然，口头传说在长期流布中极易失真走样，真赝杂糅，甚至虚词诡说，张冠李戴，都是不可避免的。即使后来被文字记录下来也因记录者的好恶和选择不同，从而形成内容多元化的古史传说。而后世学人引用这些材料又各取所需，甚至添枝加叶，推演铺陈，致使本多歧异的古史传说愈见纷扰。因此，这种传说性质的文献史料，自然不具备百分之百的可信度。但是，如果我们对其视而不见，或一笔抹杀，其中被传说或神话包裹着的历史真相颗粒就会被一同汰弃，被无情地排除在人们的历史视野之外。历史学者的任务就是使用精确而合理的研究手段，认真审查鉴别这些资料，去伪存真，探赜索隐，考而后信，以追溯上古文明如何走向完美的历史进程。

就夏代历史来说，目前所看到的文献资料都是传说性质的。尽管如此，其中具有史实的质素却是否定不了的，对它们不能像倒洗澡水那样把浴盆中的孩子也一起倒掉。谢维扬先生认为，关于中国古代"层累地造成中国古史"的学说，"实际上就是关于各宗古书资料以及各种古代记述之间关系的一种假说。从今天来看，整个问题应该远比所谓'层累说'所论及的情况要复杂得多，有些方面'层累说'提出的事实也还有不准确或不切实的地方。因此这方面的研究尚须继续开展下去。""在未来古史史料理论中，可以设想，相对'传统的'史料学，对古书辨伪的问题不会再占据中心和重要位置，辨伪的重要性会大大减弱，史料学思考的重心将会放到对于现代古史研究的要求更具针对性的问题上（比如对古书内容来源的整理和对古书采用的事实素材的原则的分析等）。"④这种看法是切中肯綮的。对

① 杜维运：《历史方法论》，北京：北京大学出版社，2006年，第104页。
② [英]乔治·格罗特：《希腊史》，晏绍祥、陈思伟译，北京：北京理工大学出版社，2019年，第1页。
③ [德]特奥多尔·蒙森：《罗马史》（第一册），李稼年译，北京：商务印书馆，2017年，第12页。
④ 谢维扬：《古书形成研究与古史史料学问题》，上海：上海大学出版社，2023年，第32、11页。

于史料来源和事实素材的分析，是研究上古史必须高度重视的，铁了心把传说看作想象的产物，只会割裂文明发展的连续性。举例来说，《史记·殷本纪》记载上甲微到成汤的先公世系，能与甲骨卜辞相印证，必有共同的历史事实作为史料来源。《史记·殷本纪》说：

> （上甲）微卒，子报丁立。报丁卒，子报乙立。报乙卒，子报丙立。报丙卒，子主壬立。主壬卒，子主癸立。主癸卒，子天乙立，是为成汤。

这个世系也见于殷墟祭祀卜辞：

> 乙未，酌兹品上甲十、匸乙三、匸丙三、匸丁三、示壬三、示癸三、大乙十、大丁十、大甲十、大庚七、小甲三……（《合集》32384）

两相对比，可知《史记》所记商汤之前，殷人六代先公除报乙、报丙、报丁的世次略有小误外，余则密合。六代先公的延续时间约有一百多年，他们作为部族首领若不生存于商代，就必然活动于夏朝晚期，属于天下共主夏邦的藩属诸侯。值得注意的是，甲骨文中的"三报二示"并不见于其他先秦文献，唯独《史记》有载。可以肯定，《史记》的材料来源不是出自殷王室密藏的甲骨卜辞，而只能是今已佚失的其他文献。王国维以为"盖皆出于《世本》"[1]，应是合理的推测。战国时期成书的《世本》，虽与《史记》一样也是传说性质的晚出文献资料，却能与不同文献系统的甲骨文相契合，反映了传说资料也有得自历史现实的要素。尽管甲骨文关于"三报二示"的夏代资料也是晚出的，但殷人对历世先公先王的祭祀制度保障了资料的真实性。中国历代的史官制度，实际具有同样的作用。最初是瞽史对过往传说口耳相传，文字发明后便有了作册一类史官，把先前口耳相传的内容整理出来，从而成为流传后世的文献记录。这与《荷马史诗》先由希腊盲诗人搜集传颂，后来变成诗歌文献，并无二致。可见《世本》《史记》有关夏史的记载并非都是空穴来风，向壁虚构。这个事例说明，传说性质的晚出文献固然存在诸多缺憾，却有不可轻忽的史料价值。只要精心研析，科学运用，它们完全可以成为重建夏史的珍贵史料。

当然，传说时代的有关史料，不管是地上的，还是出自地下的，其真实程度和史料价值都需要认真加以鉴别和评估。文字的错讹自不必说，而史事的可靠与否尤须分辨。不能认为凡是出土文献所记录的都可信为真，其史料价值就一定高于传世文献。从史料的系统性看，传世文献当是我们认知上古史的基本史料，出土文献或考古资料主要起辅助作用。出土文献也不是只有清华简一种，他如上博简、郭店简等竹书，豳公盨、秦公簋等金文资料，也都是重建夏史可资利用的古史资

---

① 王国维：《观堂集林》（外二种），石家庄：河北教育出版社，2001年，第269-270页。

料。从最初的来源上说，它们与传世文献一样，也是通过口头传说转为记载的间接史料，晚于历史事件少则几百年，多则上千年，其中史事与神话交织，真知与伪妄并见，不经过一番精心的考证功夫，过滤出真实可信的信息，同样无法用于夏史的重建。这里不妨以清华简为例，分析其中有关夏史资料的可靠程度，以说明重建夏史的可行性路径。从史料的可靠程度看，清华简中的夏史资料大体可分为以下三类。

第一类，相对近实的材料。如清华简《虞夏商周之治》说："曰昔有虞氏用索（素）。夏后受之，作政用俉（御），首收……殷人代之以晶，教民以有威威之，首服作冔……周人代之用两，教民以仪，首服作冕"。①本篇简文涉及夏、商、周三代的礼乐制度，主要阐发崇俭戒奢的治国思想。文中"首服"指古人冠戴。此称三代冠名各有不同，夏曰收，商曰冔，周曰冕，与传世文献相合。《仪礼·士冠礼》云："周弁，殷冔，夏收。"郑注："收，言所以收敛发也。"即使三代冠名没有这样严格的区分，但简文所说夏商周是三个前后相承的历史朝代也决无可疑。清华简《天下之道》称"昔三王者之所以取之之器"②，所言"三王"指夏商周三代的开国之君。各种传注均以夏禹为三王之一，也是三代相续的证明。特别是清华简《厚父》历数夏代哲王，言及"（禹）建夏邦"，"启之经德"，说明周人对夏代开国之君不是一无所知。上博简《容成氏》记载："禹于是乎让益，启于是乎攻益自取。"③郭店简《尊德义》说："禹以人道治其民，桀以人道乱其民。"④说明并非像疑古派说的那样："桀是在古书里最早出现的夏代之王"。⑤

关于夏商之际的史事，清华简《尹至》《尹诰》也有反映。《尹至》记伊尹"自夏徂亳，逯至在汤"，向商汤报告有关夏邦的政治情况。他说："余闵其有夏众□吉好，其有后厥志其爽，宠二玉，弗虞其有众。民噂曰：'余及汝皆亡'。惟灾虐极暴瘧，亡典。夏有祥，在西在东……汤往征不服，挚度，挚德不僭。自西捷西邑，戡其有夏。"⑥这是说在夏桀统治下，政治腐败，疫病流行，民不聊生，百姓的怨恨达到极点。此与《尚书·汤誓》所说"时日曷丧，予及汝偕亡"，如出一辙。商汤正是利用桀失民心的有利形势，在伊尹的谋划和支持下，发起灭夏之战，"自西捷西邑，戡其有夏"。清华简《尹诰》亦云："惟尹既及汤咸有一德，尹念天之

① 清华大学出土文献研究与保护中心、李学勤主编：《清华大学藏战国竹简》（八），上海：中西书局，2018年，第162页。

② 清华大学出土文献研究与保护中心、李学勤主编：《清华大学藏战国竹简》（八），上海：中西书局，2018年，第154页。

③ 马承源主编：《上海博物馆藏战国楚竹书》（二），上海：上海古籍出版社，2002年，第276页。

④ 李零：《郭店楚简校读记》，北京：北京大学出版社，2002年，第139页。

⑤ 顾颉刚、童书业：《夏史三论》，原载《史学年报》第二卷第三期，1936年；又载《古史辨》七（下）。

⑥ 清华大学出土文献研究与保护中心、李学勤主编：《清华大学藏战国竹简》（一），上海：中西书局，2010年，第128页。

败西邑夏，曰：'夏自绝其有民，亦惟厥众，非民亡与守邑，厥辟作怨于民，民复之用离心，我捷灭夏。'"①《尹诰》又称《咸有一德》，是失而复出的真古文《尚书》。本篇记录了伊尹与汤的对话，伊尹明确指出，夏朝的灭亡是因为桀自绝于民众，民众用离心离德来报复他，结果西邑不守，夏朝陨灭。

第二类，带有神话色彩的材料。如清华简《厚父》称，禹、启成为夏邦国君都是上帝或天神安排的。说他们接受上帝的命令，治理下民，是时人宗教思维的反映，也是统治者立国合法性的政治宣传。与殷人信奉上帝，周人信奉天神一样，其中都有史实的颗粒。人类的历史总是从神话王国中走来，神话就是从历史的土壤中产生的。远古那些政治领袖或文化英雄，大都经历了一个历史的神话化过程，由人变成了神。神话不过是历史的曲折表述，历史才是神话的来源和母体。古史人物常被附加各种神话色彩，中国如此，西方亦然。禹、启的传说与神话相伴，具有人性与神性的双重特点，自不足异。当然，像鲧腹生禹，启破石而生之类的神话，根本违背人类生理现象，自是妄言。又如清华简《赤鹄之集汤之屋》说，天帝命"二黄蛇与二白兔居后（桀）之寝室之栋"②，致使夏桀身患重病，伊尹得知此事后设法解救了他的危难。这也只能作小说看，不可归为史实。

第三类，可能偏离史实的材料。如清华简《厚父》提到上帝命皋陶担任夏启的卿士，就未必符合历史实际。据《尚书·皋陶谟》记载，法制专家皋陶主要活动在舜、禹时期。清华简《良臣》也说："禹有伯夷，又有益，又有史皇，又有咎圂（囚）。"③简文中的"咎囚"即皋陶，即与禹处于同一时代。而上博简《容成氏》说："禹有子五人，不以其子为后，见皋陶之贤也，而欲以为后。皋陶乃五让以天下之贤者，遂称疾不出而死。禹于是乎让益，启于是乎攻益自取。"④《史记·夏本纪》说："帝禹立而举皋陶荐之，且授政焉，而皋陶卒。封皋陶之后于英、六，或在许。而后举益，任之政。"都说明《厚父》称上帝"命皋繇下为之（启）卿事"，未必符合事实。又如《厚父》说，孔甲以后"慝王乃渴（竭）失其命，不用先哲王孔甲之典刑，颠覆厥德，沉湎于非彝，天乃弗若（赦），乃坠厥命，亡厥邦"。⑤所谓"慝王"指邪恶之王。孔甲既称"先哲王"，则不应在"慝王"之列。然《史记·夏本纪》记载："帝孔甲立，好方鬼神，事淫乱。夏后氏德衰，诸侯畔之。天

① 清华大学出土文献研究与保护中心、李学勤主编：《清华大学藏战国竹简》（一），上海：中西书局，2010年，第133页。

② 清华大学出土文献研究与保护中心、李学勤主编：《清华大学藏战国竹简》（三），上海：中西书局，2012年，第167页。

③ 清华大学出土文献研究与保护中心、李学勤主编：《清华大学藏战国竹简》（三），上海：中西书局，2012年，第157页。

④ 马承源主编：《上海博物馆藏战国楚竹书》（二），上海：上海古籍出版社，2002年，第276页

⑤ 清华大学出土文献研究与保护中心、李学勤主编：《清华大学藏战国竹简》（五），上海：中西书局，2015年，第110页。

降龙二，有雌雄，孔甲不能食，未得豢龙氏。陶唐既衰，其后有刘累，学扰龙于豢龙氏，以事孔甲。"《国语·周语下》说："昔孔甲乱夏，四世而陨。"可见孔甲是夏末昏乱之主，《厚父》谓之"先哲王"，并不恰当。

由此可见，清华简中有关夏史资料的可信度是有差异的。有的可能接近事实，有的不免偏离事实，有的则全然不符合事实，其史料价值不可等视齐观。如今我们重构夏史，对这些晚出的传说资料既不能照单全收，也不能弃琼拾砾。必须对各种文献资料精心鉴别，综合运用，才能逐渐逼近历史真相。

结　　语

清华简中发现丰富的夏史资料，开启了重构夏代文明的新境界。但是，从文献来源上讲，它与传世文献一样，都是由口头传说生成的晚出文献史料。依照兰克史学的治史规则，这种非原始史料的可靠性似乎大成问题。二十世纪二三十年代，疑古派正是利用这种资料的局限性，提出了风靡一时的层累地造成中国古史说，把夏代历史说成是传说的堆积，虚妄的伪造。然其论说证据不密，逻辑不畅，经不起新出清华简等相关出土材料的验证，无法支撑疑古派建立的学术大厦。上古史研究是一个非常特殊的领域，兰克史学那套敝弃传说资料的研究方法未必适用。不管传说性文献史料形成的时间早晚如何，也不管这些资料存在多少问题，其中具有客观历史的质素，事实真相的颗粒，不是仅凭史料形成的早晚就可以彻底否定的。事实上，世界各国的历史学家也都是利用这种资料来建构上古文明史的，并取得了积极而有价值的成果。

过去人们过于强调传说性史料的局限，把重建夏史的希望更多地寄托在考古学的发展与进步上。当年顾颉刚先生曾略带揶揄的口吻说："好在夏代都邑在传说中不在少数，奉劝诸君，还是到这些遗址中做发掘的工作，检出真实的证据给我们瞧罢！"[①]一个世纪过去了，考古学一路辛苦走来，却未找到自证夏朝存在的材料，也不能展示丰富多彩的夏代历史画面。所以至今仍有不少东西方学者，一直怀疑夏朝的存在。显而易见，单凭考古工作的推进，即使获得更丰富更有价值的资料，也不能很好地完成夏史的重建工作。考古遗物遗迹若无文字材料的伴出，它通常是沉默无语的，所反映的历史内容也是很有限的。比如，我们挖出一个带有宫殿的都邑遗址，可以推断那里是国家政权的所在地，存在人类文明体的政治活动。但是，其政权是如何组织和运行的？是些什么人在掌握国家政权？有什么样的政制和政策来推动社会的发展？诸如此类关系国家社会和文明程度的关键问

---

① 顾颉刚、童书业：《夏史三论》，原载《史学年报》第二卷第三期，1936 年；又载《古史辨》七（下）。

题，考古学文化实际难于给出真确的答案。因此，必须是文献与考古资料相须为用，其归一揆，才能真正重构出"充实而有光辉"的夏代文明史。

（原载《中原文化研究》2024 年第 2 期）

The Tsinghua Bamboo Manuscripts and the Reconstruction of Xia History

Du Yong

Abstract: The Tsinghua Bamboo Manuscripts have revealed a wealth of historical material on the Xia Dynasty, opening up new possibilities for reconstructing Xia civilization. However, like transmitted texts, these sources are late-arriving historical evidence derived from oral traditions. According to the historiographical principles of Leopold von Ranke, the reliability of such non-primary sources is questionable. In the 1920s and 1930s, the School of Doubting Antiquity 疑古派 exploited the limitations of legendary materials to propose the once-popular "accretive hypothesis" of ancient Chinese history. This theory suggested that Xia history was merely an accumulation of myths and fabrications. However, their arguments lacked strong evidence and sound logic, and they could not withstand the scrutiny of the newly discovered Xia historical evidence from the Tsinghua Bamboo Manuscripts. As a result, the academic framework established by the School of Doubting Antiquity is unsustainable. Research on ancient Chinese history is a highly specialized field, and Rankean historiographical methods, which dismiss legendary materials, may not be entirely applicable. Regardless of when legendary documents were formed or how problematic they may seem, they contain elements of objective history and fragments of factual truth that cannot be entirely negated by subjective skepticism. By adhering to the combined use of textual and archaeological sources, we can genuinely reconstruct a "substantial and radiant" history of Xia civilization.

Key words: Tsinghua Bamboo Manuscripts; Reconstruction of Xia History; The School of Doubting Antiquity; Legendary Historical Evidence

中　国　论

冯　时

（中国社会科学院考古研究所）

摘要： 中华文明是人类历史上唯一传承八千年没有中断的文明，是什么原因造就了己身文明文脉的延续，其中最关键的一点就是先贤对于天地之中这一地理中央的追求，并直接导致居中而治传统政治观的形成，这当然是由君权天授的天命观所决定。准确地说，由于君权本为天帝所授，而天帝居于天之中央——北极，那么为君者配帝在下，也就必须居于地的中央，如此才可能建立人君与授予其天命的天帝最直接的联系。这意味着在己身文明的政治与宗教传统中，首先必须解决的问题就是对于地中的确定，这个工作只能借助立表测影的天文活动来完成。因此，见于早期文献的"中国"与今日作为国号的中国，其含义有着本质的区别，前者仅具政治地理中央的意义，故又称中域、中土、中原、中州。事实上，这种根深蒂固的守中传统不仅标志着王朝正统，而且也使由不同民族所建立的正统王朝同样肩负有传承中国文化的使命，从而使中华文明绵延不绝，最终形成多元一体的中华民族和中国文化。

关键词： 中国；中域；天地之中；居中而治；中华民族

中华文明是人类历史上唯一传承至少八千年没有中断的文明[①]，造成这一事实的原因固然很多，但其中最关键的一点莫过于涉及中国古代政治、宗教与哲学诸制度与思想的"中"的观念的形成，这从根本上决定了中国文化的本质特征是内敛而非扩张，是包容而非排他，是内向自强而非外向掠夺。事实上，传统文明观与"中"的观念具有着密切联系，这意味着对"中"的理解将直接关系到我们对中国文化的正确认识。

一、中国与中华

"中"的思想对中国文化影响之深，至今仍体现在我们的国号当中。"中华人民共和国"无论简称为"中国"还是"中华"，都鲜明地反映了"中"作为中国传统文化核心观念的事实。

[①] 冯时：《文明以止：上古的天文、思想与制度》，北京：中国社会科学出版社，2018年。

（一）中国考

居中而治传统政治观的形成直接导致了"中国"思想的产生。目前所知，"中国"一名最早的文献学证据见于西周成王五年何尊铭文引述的武王之语（见图一），文云：

唯武王既克大邑商，则庭告于天，曰："余其宅兹中或，自之乂民。"

铭文"中或"本应读为"中域"[①]。《说文·戈部》："或，邦也。域，或又从土。""中域"意即中土、中原、中州，当然也可以读为"中国"。《河图括地象》："天下九州，内效中域，以尽地化。"这里所说的"中域"显然是指禹别九州的中州，其称名正同于何尊铭文之"中或"。

图一　何尊铭文拓本（《集成》6014）

尽管武王所说的"中或"可以读为"中国"，但与传世文献中习见的"中国"一样，其基本内涵都与今日作为国号的中国不同，反映的是在居中而治政治观影响下所形成的政治地理概念。显然，古今不同的"中国"概念必须首先澄清。

早期文献有关"中国"的记载相当丰富。《礼记·中庸》云：

是以声名洋溢乎中国，施及蛮貊。

"中国"与"蛮貊"相对举，这里的"中国"显然是指传统五方空间体系中与四方相对的居中的一方，其作为地理概念是非常清楚的。《礼记·王制》云：

中国戎夷，五方之民，皆有性也，不可推移。

---

① 宋人所定大徐本《说文解字》注音为逼切，徐铉等曰："今俗作胡国切，以为疑或不定之意。"

孔颖达《正义》："五方之民者，谓中国与四夷也。"明言中国与蛮夷戎狄构成了天下五方，而"中国"自然是指其中居中的中央一方。《春秋经·僖公二年》云：

> 秋九月，齐侯、宋公、江人、黄人盟于贯。

《穀梁传》云：

> 中国称齐、宋，远国称江、黄。

此从地理上明确区分了"中国"和"远国"，可明"中国"与"远国"一样，都是地理概念，其与齐、宋、江、黄之类国名有着完全不同的含义。《孟子·滕文公上》云：

> 吾闻用夏变夷者，未闻变于夷者也。陈良，楚产也，悦周公、仲尼之道，北学于中国，北方之学者未能或之先也，彼所谓豪杰之士也。

赵岐《章句》："陈良生于楚，北游中国，学者不能有先之也。"陈良本属楚国土著，因仰慕周公和孔子的学说，遂至中原学习。显然，"中国"相对于南楚，其为地理之中土的含义非常清楚。

"中国"的本义既然是位居四方之中央的中土，那么其在中国传统的宗教与政治制度中就具有了特殊的意义，这便是居中而治传统政治观所体现的地理特征。《孟子·梁惠王上》引孟子曰：

> 然则王之所大欲可知已，欲辟土地，朝秦楚，莅中国而抚四夷也。

赵岐《章句》："莅，临也。言王意欲庶几王者莅临中国而安四夷者也。""中国"为帝王所居并安治天下的理想之地，故从这一意义引发的思考，便是以"中国"为王庭京师之所。《诗·大雅·民劳》云：

> 惠此中国，以绥四方。

毛《传》："中国，京师也。四方，诸夏也。"很明显，京师为王庭之地，因其必居天地之中，所以同样可以称为"中国"。事实上，由于"中"相对于外而有内的意义①，所以西周金文所记相对于外服的以京师王庭所在的内服之地又可称为"内国"②。

君王获得权力之后，其首先需要解决的问题就是王庭的选建地点。由于王权来源于天帝之所赐，而授命的天帝居住在天的中央——北极，因此配帝在下的人王也就必须居住在地的中央，如此才可能建立起人王与授与其天命的上帝最直接

---

① 《说文·丨部》："中，内也。"
② 冯时：《文明以止：上古的天文、思想与制度》，北京：中国社会科学出版社，2018年，第265页。

的联系，从而使王权获得政治与宗教两方面的合法性。《诗·大雅·皇矣》："帝作邦作对。"毛《传》："对，配也。"郑玄《笺》："作，为也。天为邦，谓兴周国也。作配，谓为生明君也。"显然，"作邦"的意思是建立国家，其称已见于西周康王世的大盂鼎铭文；而"作对"则指人王配帝在下。帝居天之中央，这决定了人王既然配帝在下，那就自然需要居于地的中央。事实上，这种建立在宗教与政治基础上的天命观直接导致了中国传统居中而治政治制度的形成，这意味着王庭的选建地点必须要围绕着天地之中。

武王克商之后，首先考虑的问题就是其配帝在下的合法性，故选建王庭唯求地中。《逸周书·度邑》云：

> 定天保，依天室。……其惟依天[室]①，其有宪命，求兹无远。虑天有求绎，相我不难。自洛汭延于伊汭，居易无固，其有夏之居。我南望过于三塗，我北望过于岳鄙，顾瞻过于有河，宛瞻于伊洛，无远天室。

"天室"即今河南的嵩山，其或称"中岳"，夏代晚期的王庭就建在这里，这就是考古发现的二里头遗址，那么西周的王庭当然也应围绕着以天室为中心的天地之中建设才行，而不可远离之，这个于周初新建的王庭就是洛邑成周。陈逢衡《逸周书补注》："依，倚也。宪命，天所出也。"传统政治观认为，只有依凭天室而于天地之中建作王庭，才可能作配在下而定天保，使天之保佑周，终获天命。很明显，周人居中而治以建王庭的诉求，于此表达得非常明白。

《尚书·召诰》所记成王营洛邑成周，反映了同样的居中而治的思想，文云：

> 王来绍上帝，自服于土中。旦曰："其作大邑，其自时配皇天，毖祀于上下，其自时中乂。"

伪孔《传》："言王今来居洛邑，继天为治，躬自服行教化于地势正中。周公言其为大邑于土中，其用是大邑配上天而为治。"所述甚明。经之"绍上帝"意即继承上帝之意旨，通过王庭的营造建立起人王与上帝最直接的联系，故可受有天命。"自服于土中"意谓于土中治民，"土中"当然就是天地之中。"作大邑"便是建造王庭，夏商和西周三代王庭都是以邑的形制呈现，即均为没有城墙的聚邑②。当然，与诸侯之邑相比，王庭之邑更多的时候应该名之曰"大邑"，亦即规模广大的聚邑。事实上，只有当王庭大邑筑作完成才可能"自时配皇天"，显然，营造大邑王庭的作用实际是为使人王可以完成其配帝在下的宗教与政治诉求。接下来所说的"毖祀于上下，其自时中乂"，则谓谨慎地祭祀天神地祇，在天地之中治理天下的人

---

① 朱右曾《逸周书集训校释》依陆麟书说"天"下增"室"字。唐大沛《逸周书分编句释》："其惟依天，'天'字下疑脱'室'字。"其说是，今据补。

② 冯时：《文明以止：上古的天文、思想与制度》，北京：中国社会科学出版社，2018年，第249-264页。

民。由此可见，周公旦于筑作成周时所表达的"其作大邑，其自时配皇天，毖祀于上下，其自时中乂"，与何尊铭文"余其宅兹中或，自之乂民"所体现的思想完全一致，二者遣词相同，真实地反映了周武王念兹在兹于居中而治的政治理想。

王庭选建于天地之中，这一事实决定了王庭所在之地其实也就是地中之地。《逸周书·作雒》云：

> 乃作大邑成周于土中。

《史记·刘敬列传》云：

> （成王）廼营成周洛邑，以此为天下之中也。

土中显然就是天下之中。古人居中而治，这种独特的政治观与宗教观至少在西周初年即已深刻地影响着中华文明的政治与宗教，其观念起源久远，传统根深蒂固。

周武王将王庭营造于天地之中的愿望，终于在成王五年实现了。何尊铭文云：

> 唯王初迁宅于成周，复禀武王礼祼自天。在四月丙戌，王诰宗小子于京室。……唯王五祀。

相同的内容还见于成王五年的𪿀方鼎铭文（见图二），其云：

> 唯三月王在成周，延武王祼自蒿（郊）。

故知于周成王五年的三月，成周落成，而在成王迁宅于洛邑之初，即效法武王的作为祭祀皇天。铭文"祼自天"或言"祼自郊"[1]，郊便是祭天之所。

图二　𪿀方鼎铭文拓本（《集成》2661）

---

[1] 唐兰：《西周青铜器铭文分代史征》，北京：中华书局，1986 年，第 71 页。

武王祭天的活动，于何尊铭文则称为"庭告于天"，"庭"义为中，因此"庭告于天"的意思就是在天地之中告天①。地中之地的自然标志实为嵩山，古称"天室"，已见于《度邑》所载对王庭的选建"无远天室"的追求，而作于武王灭商之初的天亡簋铭文则对武王于天室祭天的史实有着真切的记述（见图三）。簋铭云：

乙亥，王有大礼，王凡（般）三（四）方，王祀于天室，降。天亡佑王，衣（依）祀于（与）王，丕显考文王，事喜上帝。文王德在上，丕显王乍省，丕肆王乍赓，丕克讫衣王祀。

乙亥在甲子灭纣之后的第十二日，其时武王登临天室祭天。古以"十二"为法天之数②，而武王独取法天之数以定祭天之日，目的显然在于向上帝祭告旧商之覆灭，确定有周新的天命，从而强化其王权的合法性。《诗·大雅·文王》："文王在上，於昭于天。周虽旧邦，其命维新。有周丕显，帝命不时。文王陟降，在帝左右。"其与簋铭所述武王祭天之意甚合。

图三　天亡簋铭文拓本（《集成》4261）

簋铭之"大礼"即为祭天之礼，其系吉礼之最隆者，且唯天子为之，故称大礼。"天室"则是祭天之礼所行之地，后文言"降"，义即下山，故知"天室"必为山名，亦即《度邑》所言"无远天室"的天室嵩山。而"衣祀"当读为"依祀"，意同《度邑》之"依天室"。天室位居天地之中，其通于天命，故欲求定天保，受天命，就不能远离地中，故必依凭天室而祭天。同时，武王祭祀上帝必以文王配

---

① 冯时：《天亡簋铭文补论》，《出土文献》第一辑，上海：中西书局，2010年。
② 《左传·哀公七年》："制礼上物，不过十二，以为天之大数也。"又见《周礼·春官·冯相氏》。

享，其德在天，伴帝左右，此也正见《文王》之诗旨。故簋铭乃言武王克商后于位处地中的天室祭天之事较然明白。

天亡簋铭之"凡"，学者或释"同"①，谓系殷同之礼②，如此则铭文"王同四方"说的就应是武王会同天下四方诸侯，这种解释与史实颇不能合。殷同虽为合天下诸侯之礼③，然而在武王于天室祭天之时，去灭商之日甲子不过区区十二天而已，时天下未安，旧商之诸侯叛乱复辟犹恐不及，又岂有天下诸侯俯首会同于周庭新君的道理？况商周改朝换代，武王所面临的最紧迫工作莫急于将这一变革告祭上帝而定天保，确定有周新的天命，故分封诸侯必无暇顾及。况天保不定，天命未明，武王又有什么资格分封诸侯。诸侯未封，又何来会同！事实上，周人封建主要实行于成康时代，史墙盘铭文言成王曰"宪圣"，言康王曰"羲尹亿疆"，足见二王始定政令、封建设国之功业。况西周金文皆以"殷"字记述殷同之礼，并不言"同"，其礼之行，最早只见于成王时期④，亦充分印证了这一史实。

《逸周书·世俘》详述周灭商前后事，其间也并无会同之礼，然于武王祭天之事却有迹可循。文云：

戊辰，王遂禪，循自祀文王。时日，王立政。

孔晁《注》："是日立王政布天下。"朱右曾《集训校释》："《说文》：'禪，祀也。'盖祀天即位也。循，因也。追祀，以王礼祀之。《礼·大传》云：'牧之野，武王之大事也，已事而退柴于上帝，遂设奠于牧室。'即说此事也。"于鬯《香草校书》卷九云："禪盖祟字之误。祟禪二字形相近，又涉上文禪方来而误也。《说文·示部》云：'祟，烧柴燎祭天也。''王遂禪'当三字句，言王遂祭天。既祭天因追祀文王，故曰循追祀文王也。孔解以'禪循'二字连读，失矣。朱右曾《集训》据《说文》训禪为祀，亦未是。祀虽为禪字本义，然禪之为祀，乃禁禪不祥之祀，故引申即为禁禪之义。《说文》有连篆读之例，《示部》'禪祀也'，三字恐正当连读，盖非凡祀皆可称禪也，祀天尤不可云禪天。《小戴·大传记》云：'牧之野，武王之大事也，既事而退柴于上帝，祈于社，设奠于牧室。'郑注云：'柴祈，奠告天地及先祖也。'盖即此事。则禪为祟之误，可证彼之柴即此之祟，柴祟多通用。"知武王于灭商后确有祭天而以文王配享之祀，此与天亡簋铭文所言武王祭天而以文王配享之事甚合。唯"禪"不必如于鬯所云为"柴"字之讹，其习见于殷卜辞，且为祭天之常法⑤。故今据天亡簋铭文，可正《世俘》之戊辰祀天或行于其八日后的

① 吴式芬：《捃古录金文》卷三之一，民国二年（1913 年）西泠印社翻刻本；孙诒让：《古籀馀论》卷三，北京：中华书局，1989 年。

② 吴闿生：《吉金文录》卷三，民国二十二年（1933 年）南宫邢氏刻本。

③ 《周礼·春官·大宗伯》："以殷礼同邦国。"

④ 冯时：《周初二伯考——兼论西周伯老制度》，《中原文化研究》2018 年第 2 期。

⑤ 冯时：《中国古代的天文与人文》（修订版）第二章第一节，北京：中国社会科学出版社，2009 年。

乙亥。武王祭天以定天保，故而立政，知分封自在其后。

武王于灭商之后登临天室祭天，其事也见于《诗·周颂·般》，文云：

於皇时周，陟其高山，嶞山乔岳，允犹翕河。敷天之下，裒时之对，时周之命。

《般》诗所云，即于高山之巅般辟天地四方之祭，故"般"为祭名，实即天亡簋铭文所云之"凡"。古"凡""般"通用不别，如商王盘庚，甲骨文或作"般庚"，或作"凡庚"[①]，即其明证。般辟而告天地四方，则是告祭上帝的重要仪节，从而完成"时周之命"的天命转移。因此，《般》诗实为武王于灭商后的祭天实录。

综上所述，古今"中国"概念之不同是显而易见的，今之"中国"乃为国号，为国家政体，而古之"中国"则指天地之中的中土，为政治地理概念，故古之"中国"又可称为中域、中原、中州、中土或土中。

（二）中华考

与"中国"称谓类似的概念还有"中华"，这一观念的形成时间尽管较"中国"晚近，但其本义是指居于天地之中的华夏之地，因此在其政治地理概念之外，还具有着强烈的宗教意义。

"华夏"一名鲜明地体现着华夏族群的宗教崇拜传统。我们知道，上帝崇拜的本质其实就是祖先崇拜[②]，因此"帝"的本义就是嫡，其旨在确定人王与至上神上帝之间的一种亲密且直接的联系，这种密切联系在以格物为认知基础的中国文化中，则是借花与花蒂的关系表现出来的。事实上，"华"与"花"本为一字，而上帝的"帝"字，其形构即取于花蒂[③]，这意味着奉祀上帝为至上神祇的族群实际就犹如花蒂所生之花，这便是华夏族群之所以名"华"，同时以"帝"为其宗祖神的根本原因。

上古文明所呈现的夷夏东西格局，造就了太行山东西两域两种不同族属的文化，太行山以西的华夏文明故地分布着以仰韶文化、庙底沟文化为代表的典型考古学文化，而在庙底沟文化时期，则普遍流行着以花卉纹样作为器物装饰母题的风习（见图四），成为该文化的典型特征。与此构成因果关系的是，河南汝州洪山庙遗址已发现目前所见时代最早的汉字"帝"字（见图五），其本取花蒂的象形，与作为汉字祖先的商代甲骨文"帝"别无二致。这些证据不仅将花与蒂紧密地联系了起来，而且更可见华夏先贤将对植物的观察移用于具有开枝散叶、本枝百世特点的宗族的描述，从而建立起了以花卉所象征的华族与以花蒂所象征的华族宗祖神帝之间的宗教联络。

---

① 罗振玉：《殷虚书契考释》，石印本，1914 年，第 3 页。

② 胡厚宣：《殷卜辞中的上帝和王帝》，《历史研究》1959 年第 9、10 期。

③ 冯时：《中国古代的天文与人文》（修订版），北京：中国社会科学出版社，2009 年，第 71-73 页。

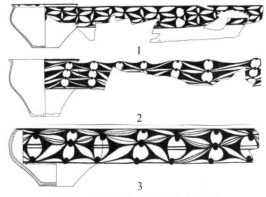

图四　庙底沟文化彩陶花卉母题

1.河南三门峡韩庄村庙底沟遗址 H111 出土陶盆；2.陕西西安高陵杨官寨遗址 H935 出土陶盆；
3.河南三门峡韩庄村庙底沟遗址 H408 出土陶钵

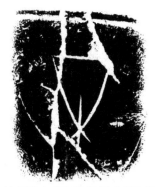

图五　河南汝州洪山庙陶器契刻"帝"字（W136:1）

以祖配天的原始宗教至少在公元前五千纪的中叶就已建立了起来，河南濮阳西水坡发现的属于这一时代的原始遗存，完整地展现了墓主人灵魂升天的壮丽场景①，是为目前所见时代最早且内涵最丰富的原始宗教遗存。祖先的灵魂为什么要升天？目的当然是为了陪伴于作为其宗祖神——帝——的周围，《诗·大雅·文王》所言之"文王陟降，在帝左右"，西周厉王器胡簋铭言"在帝廷陟降"，以及春秋秦公簋铭所言"在帝之坏"，表达的都是相同的以祖配天的思想。

如果说西水坡原始宗教遗存属于东夷文明的话，那么以花卉图像为其特征的庙底沟文化就应该属于前华夏文明。庙底沟文化的肇启年代约当公元前四千年前后②，这意味着至少在公元前第四千纪，不仅华族的概念已经形成，而且作为诞育华族的宗祖神——帝——的观念也已形成。

① 冯时：《文明以止：上古的天文、思想与制度》第二章，北京：中国社会科学出版社，2018 年。
② 中国社会科学院考古研究所：《中国考古学·新石器时代卷》，北京：中国大百科全书出版社，2010 年，第 226-227 页。

华族所建立的夏王朝——文或文夏——出现在公元前二十一世纪，考古学研究表明，夏启的王庭文邑位于今山西襄汾的陶寺，而夏代晚期的王庭则已南迁至今河南偃师的二里头。事实上，夏代早晚王庭的选建地点无不围绕着当时人们所认识的地中。换句话说，王庭地理位置的改变也就意味着地中的改变①，在这样的认知基础上，才最终形成了具有天下之中含义的政治地理概念——华夏，或称"中夏"，当然也更可以称为"中华"。伪《古文尚书·武成》："诞膺天命，以抚方夏。……华夏蛮貊，罔不率俾。"伪孔《传》："以抚绥四方中夏。"孔颖达《正义》："华夏谓中国也。""华夏"与"蛮貊"相对，即犹《中庸》以"中国"与"蛮貊"相对，自指中原。《三国志·蜀志·关羽传》："羽威震华夏，曹公议徙许都以避其锐。"许都地在中原，此正合华夏之意。《文选·班孟坚东都赋》："目中夏而布德，瞰四裔而抗棱。"吕向《注》："中夏，中国。"《左传·文公十八年》："投诸四裔。"杜预《集解》："裔，远也。放之四远。"是四裔即谓四方边裔。而"中夏"与"四裔"对称，是为中原华夏可明。《魏书·宕昌传》："其地东接中华，西通西域。"《三国志·蜀志·诸葛亮传》南朝宋裴松之《注》："若使游步中华，骋其龙光，岂夫多士所能沈翳哉。"后世随着各王朝所辖疆域的逐渐扩大，致使凡王朝所辖之地皆可称为"中华"。事实上，"中华"之"华"因本指华夏民族，其居天地之中而为四方之极，所以同时又具有着先进文化或民族文化的含义。《孟子》"用夏变夷者"是也。晋桓温《请还都洛阳疏》："自强胡陵暴，中华荡覆，狼狈失据。"《敦煌曲子词·献忠心》："见中华好，与舜日同，垂衣理，菊花浓。"亦见其意。

事实很清楚，"中华"之本义同样是天地之中的政治地理概念，其指相对于四方的中央，而有别于早期文明夷夏东西所取的南北之中。公元前第四千纪以降，居西的华族形成，并据花萼诞育花卉的认识，创造出以花蒂为基础的宗祖神——帝。诚然，直至华族创建了家天下的有夏王朝，"华夏"之名才可能出现。又因为有夏王庭地居四方之中央的事实，致使"中夏"及"中华"之名最终形成。

无论"中国"还是"中华"，皆强调其所具有的"中"的文化特性，在这样的政治传统中，居外者需要求中，居中者更需守中，这无疑决定了中华文化的特点必然是内敛自强的，是反之于己而非求责于外。这种政治作为直接促成了天下归附的一统追求，逐渐形成"大一统"的政治理想。当然，这使修己正身成为实现一统理想的关键，正所谓"远人不服，则修文德以来之"②。西周青铜器作册令方彝铭文记西周之政治规划为"三事四方"，"三事"即《尚书·立政》所云王朝之内外服③，而"四方"则即《尚书·禹贡》及《国语·周语上》所记五服制度中的

---

① 冯时：《文明以止：上古的天文、思想与制度》第三章第一节，北京：中国社会科学出版社，2018 年。

② 《论语·季氏》引孔子曰："丘也闻有国有家者，不患寡而患不均，不患贫而患不安。盖均无贫，和无寡，安无倾。夫如是，故远人不服，则修文德以来之。"

③ 郭沫若：《两周金文辞大系图录考释》第六册，第 6-7 页，北京：科学出版社，1957 年。

蛮夷要服和戎狄荒服①。要者，约信为好也。荒者，荒忽无常也②。其非我族类，心必生异，故须约束之，警惕之。要服、荒服之依附，唯因居中之王德行高尚，周康王肃哲③，故使四方归顺，天下大安，刑措征伐不用，至昭王初年，仍可布命于三事四方。而穆王乏德，则荒服不至④；夷王衰弱，更使荒服不朝⑤；厉王无道，以致戎狄寇掠⑥。天下板荡，无有安宁。故天下之中是为四方之极，王既然作配在下，对其的道德要求也就必使之成为天下的准则，这直接发展出敬德修身、谦逊不伐、自强不息的君子文化，体现了中国文化的鲜明特色。

二、中 与 地 中

"中国"与"中华"所强调的"中"的观念无疑是这一思想体系的核心内涵，显然，解决"中"字的形成及其影响已成为正确认识中国文化的关键问题。

（一）"中"字考

据目前所见的出土古文字材料，"中"字最早出现于商周时代的甲骨文和金文，其基本字形可归纳为三类结构。

第一类字形的"中"，其主体为一根竖直长杆，杆侧则饰有数组旗旒（见图六）。

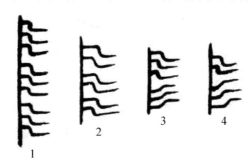

图六　金文"中"字
1. 中妇鼎；2. 作姒己觯；3、4. 𣄰卣

第二类字形的"中"字，其主体显然是旌旗的象形文，也就是汉字的"㫃"字，而在旗杆的中部则绘有一个圆圈（见图七）。

---

① 冯时：《文明以止：上古的天文、思想与制度》，北京：中国社会科学出版社，2018年，第276页。
② 参见韦昭《国语注》。
③ 见史墙盘铭文。
④ 参见《国语·周语上》。
⑤ 古本《竹书纪年》："夷王衰弱，荒服不朝，乃命虢公率六师伐太原之戎，至于俞泉，获马千匹。"
⑥ 古本《竹书纪年》："厉王无道，戎狄寇掠，乃入犬丘，杀秦仲之族。王命伐戎，不克。"

图七　甲骨文"中"字

1.《前》1.6.1；2.《前》6.2.3；3.《后下》40.11

第三类字形的"中"字与第一类字形相似，所不同的只是在竖杆的中部添加了圆圈（见图八、图九）。

图八　甲骨文"中"字

1.《伏》252；2.《续》4.7.1；3.《明藏》222；4.《甲》547；5.《掇二》132

图九　金文"中"字

1.中盉；2.中爵；3.中父辛爵；4.何尊；5.小盂鼎；6.企中且觯

根据对这三类字形的分析可知，"中"字的原始形体本来是由旌旗和竖直的长杆构成的，长杆上的飘旒实为旗旒，这个事实通过第二类字形可以看得非常清楚。事实上，三类"中"字所体现的差异与其说只是字形的不同，倒不如说是借字形的变化反映了字义取向的差异，这对我们正确认识"中"字的造字本义非常重要。

作为第一和第三类"中"字主体部分的竖直长杆显然不可能是对旌旗的省写，尽管"㫃"字有时可以简写作竖直长杆的形状，但"中"字从"㫃"的字形即使在形体变化不定的甲骨文中也属极个别的现象，而金文的"中"字却还没有一例明确从"㫃"的写法，故其与旗帜无关应显而易见。其实这两类"中"字字形中出现的竖直长杆，其原型应即测量日影的槷表，这意味着"中"字的创造一定与先民立表测影的观象活动密切相关。

根据《周礼·考工记·匠人》的记载，立表测影的基础工作就是"水地以悬"和"置槷以悬"。古人在测影之前须将地面修整水平，然后将表垂直地立于水平的地面上，显然，如何校正槷表处于垂直的状态便成为能否精确测影的关键一步。校正槷表垂直的朴素做法是从表的顶部引下八根绳子，并使八绳分别处于槷表的四正和四维的位置，当八绳全部依附于表体的时候，即可证明槷表已经处于了垂直的状态。很明显，槷表的这种垂直状态使"中"字形成了其最基本的内涵——中正。所谓中正，就是垂直的槷表不会向东、西、南、北任何一方倾倚，其居中正直，恰到好处。

事实上，"中"字所具有的中正本义很难仅据一根槷表就能明白无误地传达出来，槷表的中正状态本是相对于东、西、南、北四方而形成的概念，其所具有的空间意义是相当清楚的，这意味着相对于四方的中正概念只能借助对空间的规划才能体现出来。第一类"中"字的字形于竖直的槷表上装饰飘旒，以第二类字例加以佐证，可知这种飘旒实际就是旗旒，其所体现的意义无疑为确定"中"所具有的中正本义建立了空间的思考背景。显然，"中"字的本义应该是通过槷表与旌旗的共建体现出来的，这种表旗共建的造字理念在赋予了"中"字中正本义的同时，还使其具有了四方之中央的空间意义。

第二类字形的"中"字明显是借旌旗的设置强调了其位居中央的空间意义。其实，"中"字所具有的空间居中的内涵只能通过表旗共建的形式才可能实现，其制度基础就是《周礼·夏官·大司马》所记载的"司马建旗于后表之中"。由此可见，旌旗和槷表必须同时建立。

旌旗的作用本在于标明身份。王建太常，龙章而设日月；诸侯建旃，章绘交龙或降龙。画章徽识不同，身份自有分别。据上古制度，天子或司马集众，必先将标明其身份的旗帜立于所聚之旷地，以待四面八方之众望其旗而会聚于旗下，故从空间的意义讲，旌旗所在的位置相对于四面八方而言，自是中央，因此，旗帜所体现的空间居中的意义非常清楚[1]，这使"中"字形成了第二个基本内涵——中央。

事实上，旌旗本身并不具有中央的意义，旌旗必须落实到集众的制度中，空间居中的意义才可能体现出来，这意味着旌旗的使用必须要与槷表结合。换句话说，旌旗之所以具有中央的意义，那是由于其有机会与来自四面八方之众构成一种相互对比的关系，因为空间体系下的中央概念只有相对于四面八方才可能成立，没有四方的观念，自然也就不可能有中央，而这种中央与四方的对应关系只有在集众的活动中才能表现出来，没有聚合四方之众的活动，单独的旌旗也就失去了表达空间之中的可能。然而问题是，在集众活动中，仅靠树立旌旗标明集众的位置是远远不够的，除集众的地点标准之外，还必须确立另一个不可忽略的重要因素，这就是集众的时间标准，此亦即《大司马》所言"建旗于后表之中"的制度规范。很明显，君主集众不可能无限等待，这意味着与旌旗同时共建的一定还有计时之槷表，时辰一到，则"仆表决漏"[2]，或谓"质明弊旗，诛后至者"[3]。知上古集

---

① 唐兰：《殷虚文字记》，北京：中华书局，1981 年，第 53-54 页。

② 参见《史记·司马穰苴列传》。

③ 参见《周礼·夏官·大司马》。

众必须表旗共建，是为制度，旗以定中，表以计时，缺一不可。而古代先贤创造的第一和第三类"中"字以槷表与旗旒合而成字，其所反映的正是这种制度。

需要进一步讨论的是，第三类"中"字的字形在表现表旗共建的同时，还特意于字形中加绘了一个圆圈，这个圆圈其实就是"邑"字的象形初文。上古邑的形制本为没有城垣的聚邑，其以壕堑围之，故作圆圈之象。这种聚邑新石器时代即已出现，而甲骨文、金文"邑"皆从"口"以象之；与其相关的文字如"韋"或"衛"，其本义即为围邑以卫之；至于"同"字之本义，则为距中央邑最远之地，其所从之"口"同样也是邑的象形。中国上古政治制度的特点表明，夏商及西周时期，邑制本为帝王或诸侯所拥有，如夏代王庭名曰文邑、夏邑，商代王庭名曰亳中邑、商邑、大邑商或天邑商，西周王庭名曰洛邑、大邑成周，皆称邑。而王为天下共主，且王庭必居天地之中，这使邑自然具有了位居天下之中央的意义，从而建立了邑与中央的联系。故先贤创造"中"字，必将邑与表旗重叠，以见建中立邑之制，或谓王居中邑而测影建旗，此亦即殷卜辞"立中"所体现的思想。显然，"中"由于体现着中邑，其所具有的相对于四方之中央的空间意义便清晰明了。

值得注意的是，第二类"中"字只写旌旗，省略了槷表，这种形构对于表现"中"所具有的空间居中的意义其实很不利，然而如果在旌旗之上增添围邑的形象，中央的意义便可一目了然。与此相同的表现形式还见于甲骨文"帝"字，上帝居于天之中央，遂有"帝"字从圆形的围邑为形（见图十），目的同样是借位于天地之中的邑传达空间中央的意义。

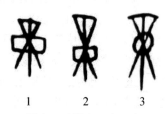

1　　　　2　　　　3
图十　甲骨文"帝"字
1.《河》383；2.《铁》109.3；3.《掇二》126

如果说"中"所具有的空间中央的内涵可以通过旗帜表现的话，那么旌旗的建立却并不足以表现中正的意义，事实上据上古制度，中正的内涵非得借助对槷表的校正表现不可，其所具有的中正谐和、不偏不倚的本义实际与旌旗难以建立起必然的联系。

对"中"字认识的另一种意见值得讨论，学者或以为，"中"字的字形应是测风仪的象形[①]，其主要根据就是卜辞在卜问"立中"的时候关心无风。事实上，商

---

① 李圃：《甲骨文选读》，华东师范大学出版社，1981年；黄德宽：《卜辞所见"中"字本义试说》，《文物研究》总第三期，黄山书社，1988年。

人立中之事除卜问无风之外，还卜天晴，这两件事情无疑都直接关系到测影致日的工作。上古的测影制度是以八绳附表以校正槷表的垂直，这是能否完成测影的先决条件，有风当然无法完成这一工作，而阴天无日更难以测影，故无风与天晴二事于测影活动至关重要，后渐成为《周礼·地官·大司徒》所记致日制度的主要内容[1]。罗振玉曾经指出，旗斿盖因风而左右偃，其不可能同时既偃于左，又偃于右[2]。尽管甲骨文、金文"中"字所装饰的飘斿多集中在槷表的一侧，但也不是没有左右兼具的字例，如企中且觯铭文之"中"即作"𝆑"（见图九之6），飘斿或左或右，若视之测风，则于风向无从判断。《尚书·盘庚》："各设中于乃心。"伪孔《传》："各设中正于汝心。"王先谦《孔传参正》："各合于中道。"所言皆是。汉石经"设中"本作"翕中"，故训合于中道，是谓于人之内心须建立正道。然有学者别以"设中"理解为设表，以斿喻心之相向[3]，但斿与表本不相同。《左传·闵公二年》："佩，衷之旗也。"杜预《集解》："旗，表也，所以表明其中心。"此谓佩犹表明中心之旗帜，并非以中为槷表。或以"设中"为于心中立有风向标[4]，说也可商。传统道德素以耿介为尚，而风向标不仅难以引申出分辨是非的意义，反而使人很容易将其与善观风向的劣行相联系。史墙盘铭文言成王之铮臣"左右受会刚鰥"，"刚"即《尚书·洪范》三德之刚克，"鰥"则为婞很耿直[5]，可明先贤素以刚鰥为臣之美德，而摒弃见风使舵的奸佞小人，此足见耿直之品德为世人所重。况甲骨文"中"字或又从"队"，而"队"为旌旗，与风向标也毫无关系。很明显，若以"中"为风向标，将很难形成中正或中央的空间意义。

"中"所呈现的三种字形结构赋予了其两个基本内涵，第一类字形所体现的本义是中正，而第二、三类字形所体现的本义则是中央。中正的思想本之于槷表不向四方之中任何一方倾斜的垂直状态，后世则由此发展出了中和与中庸的思想；而相对于四方的空间中央的观念则与政治制度相结合，最终形成了居中而治的传统政治观。这意味着对于更大空间范围内的中央的测量已经成为一项重要工作，这就是具有政治与宗教意义的天地之中的确认。

（二）天地之中

天地之中的确定关系到中国传统政治制度与宗教传统的形成，由于天地之中是较局部地理的中央更为广阔的空间概念，其实也就是帝王君治天下的中央，因

---

[1] 冯时：《文明以止：上古的天文、思想与制度》第二章第四节之三，中国社会科学出版社，2018年。

[2] 罗振玉：《增订殷虚书契考释》卷中，东方学会石印本，1927年。

[3] 姜亮夫：《"中"形形体及其语音演变之研究》，《杭州大学学报》1984年增刊。

[4] 裘锡圭：《说〈盘庚〉篇的"设中"——兼论甲骨、金文"中"的字形》，《出土文献与传世典籍的诠释》，中西书局，2019年。

[5] 《楚辞·离骚》："鰥婞直以亡身兮，终然夭乎羽之野。"

此其位置的确定实际决定着王庭地点的选定，显然，这一观念的建立在中国文化中具有着鲜明特点和重要意义。

中国的传统政治观始终恪守着居中而治的基本理念，这要求王庭必须建立在天地之中。先贤之所以做出这样的选择，原因就在于王权来源于天帝所授的天命观，这意味着求测地中事实上已成为体现王权合法性的重要工作，其不仅形成了中华文明独有的政治制度与文化传统，而且成为中华文明之所以绵延数千年不绝的重要原因。

天地之中位置的确定不可能取决于帝王的好恶，而必须建立天下公认的观测标准，这就是通过立表测影所形成的天学标准。根据《周礼·地官·大司徒》的记载，在夏至日的正午测影，如果八尺表的影长是一尺五寸，这里就是天地之中。夏代中晚期，商汤的六世祖先上甲微通过立表测影，将地中之地定在了今河南嵩山。其后商汤恪守这一地中伐灭了有夏，建立起名曰亳中邑的商王庭；而周武王灭商后使周公在嵩山测影，校正地中，建立洛邑成周。传为周公的测影碑表遗迹——周公测景台——至今还矗立在河南登封的告成镇，成为中华文明象征的不朽纪念碑。

古人所选定的地中之地不会是一成不变的，随着上古政治形势的变化，天下的格局也必然发生相应的改变，这使天地之中的位置一定要做出适合新形势的调整。中国新石器时代的上古文明呈现为夷夏东西的格局，这意味着夷夏两域文化都应各自遵循着其所认定的地中。准确地说，夷夏文化所认定的地中都只能是相对于南、北二方的中央而已，尚不具有真正意义上的四方之中的观念，显然，从南北之中向四方之中的转变不仅反映了地中的变化，同时也反映了中国上古文明的革命性变革。

战国竹书《保训》记载了文王姬昌讲述的一段鲜为人知的地中变迁的历史，目的是告诫后来开创西周霸业的武王恪守地中而受有天命。据文王所忆，最早的地中是由虞舜通过立表致日的方法测定的，其唯求"上下远迩"，也即仅据对南北远近的测量而求其中，这种做法明显是在上古文明夷夏东西形势下的选择。史载舜定十二州，那么其所定的地中也就必然体现着十二州地理的中央。然而当大禹规划九州，且夏启基于新的地理背景建立了家天下的夏王朝之后，情况却发生了根本改变，原本适合夷夏东西的地中已不可能再作为新王朝的地中，于是到夏代后期，商汤的六世祖先上甲微开始重新求测地中，并最终建立了真正具有四方之中意义的新的地中。

这个地中变迁的历史在传世文献所记载的地中测影数据上恰好有所反映。据《周髀算经》的记载可知，早期的地中之地，其夏至正午八尺之表的影长实为一尺六寸，而并不是《大司徒》所记的一尺五寸。根据古人遵循的"景差寸千里"的法则，两个影长数据相差一寸则说明测影的两个地点相去千里。众所周知，夏至正午影长一尺五寸所在的地中位于今河南嵩山登封的告成镇，那么同一时刻所测一尺六寸影长的地点就只能是在嵩山以北千里的地区。事实上，夷夏两域所求的地中不可能没有联系，因为在夷夏交胜的形势下，东西两域任何一域地中地点的确定都会直接影响着另一域地中的确定，否则便难以表现其文化的正统。传统的观象制度要求立表测影的工作必须为帝王所垄断，而帝王居中而治又是传统政治制度的必然反映，这意味着我们对早期天地之中的寻找实际可以通过对槷表遗存的研究得到解决。

目前考古发现具有王庭意义的上古髀表遗存共有两处，一处位于河南濮阳西水坡，属东夷文化，另一处则在山西襄汾陶寺，属华夏文化。令人惊叹的是，西水坡与陶寺两处遗址的位置几乎就处在同一条纬度线上，证明这一纬度地区应该就是上古先民最早认识的地中[①]。

商周古文字"中"字的研究对印证早期夷夏东西背景下的地中测量同样具有意义。甲骨文、金文的"中"字普遍饰有多组旗旒，这一做法到底具有怎样的意义，澄清这一问题非常重要。

第一类"中"字所饰之旗旒通常有三组，分别系于槷柱的上、中、下的位置，当然也有省却中间一组而仅存上、下两组的情况（见图六）。如果以其比较"中"字的第三类字形，可以明显看出，有些"中"字于在槷柱的中央加绘了圆邑之后，旗旒其实并没有消失，虽然圆邑占据了中央旗旒的位置，但旒饰仍然可以系于圆邑（见图八之5）。有学者认为，"中"字之旒饰应是对正表八绳的写实[②]，但这种认识显然使在槷柱不同位置装饰多组旒饰的做法难以理解。其实旗旒系于圆邑的字例很值得注意，如果说于槷柱添加圆邑的作用是要借邑制表达中央意义的话，那么与中央邑同系的旗旒就自然具有了相同的空间居中的含义，这意味着三组旗旒所表达的思想自是相对于南、北二方的取中。诚然，多组旗旒只能使人联想到于多处建旗的作为，所以上、中、下三置旗旒无疑具有于南、中、北三地建旗的象征。当然，假如以早期夷夏东西的政治格局作为"中"字产生的文化背景分析，先民的求中就只能是求南、北之中，那么三组旗旒居上和居下的两组就恰好分别象征着于南、北两地所建之旗，此正合《保训》有关求中唯测"上下远迩"之影的记载，而中央之旗旒则象征于天地之中建旗，故而可与位居中央之邑结系。这种理解使得作为行字的"仲"字本作"中"而不具旗旒的形构特点得到了合理的解释，因为"中"设旗旒的目的唯在表现空间的取中，而伯仲行次并不具有这一空间意义，故而需要将旗旒舍去。由此可见，"中"字的形构其实保留了早期夷夏东西形势下的求中制度，因此其应于有夏之前早就创造完成了。目前的考古材料

---

① 冯时：《文明以止：上古的天文、思想与制度》，北京：中国社会科学出版社，2018 年。
② 萧良琼：《卜辞中的"立中"与商代的圭表测景》，《科技史文集》第 10 辑，上海：上海科学技术出版社，1983 年。

已将汉字起源的历史追溯到了距今七千年前①，显然，这为相当一部分汉字有可能反映夏代一统之前文化现象的认识奠定了基础。

如果说早期适应着夷夏东西的地中之地还只能在南北之间取其中央的话，当然这也是为适应虞舜所定十二州地理的地中，那么在禹别九州之后，特别是当夏王朝的建立，夷夏之分终归一统，从而彻底打破了早期夷夏东西的格局，这促使商祖王亥重新勘测了大地，至其子上甲微时代，仅据南北取中的观念已不得不抛弃，重新选择地中势在必行，而这个新定的地中当然必须表现为建立在天下一统形势下的四方之中央。事实上，以嵩山作为新的地中之地，这一事实的认定绝不是偶然的，从嵩山告成镇的位置可以明显看出，新的地中之地不仅顾及了南、北的取中，更考虑到了东、西的取中。准确地说，如果将作为早期地中的西水坡与陶寺两地以直线相连，那么这条直线的垂直平分线就恰好穿过登封告成镇，而且不偏不倚，古人立表测影所达到的精度令人惊叹！这说明由上甲微所测定的新的地中真正实现了对东、西、南、北四方的取中，从而使天地之中的观念具有了四方之中的意义。其后商汤伐灭有夏，奉上甲微为其庙祭始祖，即以祭祀的形式确认了这一地中在政治和宗教上的合法性。而周武王翦除殷商，旋即登临嵩山天室而祭天告成，同时命周公重新校测地中，不仅反映了周代天子怀有的居中而治天下的政治理想，而且也体现了周人对这个由商人所确定的新的地中的重新确认。此后这一地中长期延续，成为传统认为的天地之中。

如果说上甲微改测地中是为天地之中的第一次变迁的话，那么元世祖忽必烈则完成了地中的第二次改变。元代的辽阔疆域使其统治者已不可能再遵循传统的地中建立王庭，否则将不利于对北方广大地区的统治。然而，元人新定的首都大都（今北京）并非传统的天地之中，这显然无法体现其王朝在政治和宗教上的合法性，于是忽必烈命郭守敬在大都和登封两地建造了两座形制相同的天文台，并将建于大都的天文台命曰"灵台"，以其彰显帝王垄断观象授时的王权传统，而将建于登封的天文台仅名曰"观星台"，以其次于灵台的称名突显了大都灵台的王权地位。显然，忽必烈通过于两地建立天文台的做法巧妙地建立了大都与登封的联系，从而将作为王权象征的传统地中从登封延续到了大都，完成了地中文脉的传承。

确定了天地之中，王庭的位置也就可以随之而明确。王庭为邑，且居天地之中，而帝王垄断着天文观测，故立表测影于商代卜辞也就可以称为"立中"②，此足见立表测影之地必为天地之中的事实。《论语·尧曰》言尧舜禹禅让云："天之历数在尔躬，允执其中。四海困穷，天禄永终。"这里所说的"中"，学者或谓即天地之中③，所言甚是。"中"相对于"四海"而言，自明其为四方之中央，也就是古来以为的"中国"之地。

① 冯时：《华夏文明考源——柳林溪先民的宇宙观》，《中国文化》第 57 期，2023 年。

② 萧良琼：《卜辞中的"立中"与商代的圭表测景》，《科技史文集》第 10 辑，上海：上海科学技术出版社，1983 年。

③ 郭梨华：《孔子哲学思想探源——以天、德、中三概念为主》，《哲学与文化》第 39 卷第 4 期，2012 年。

三、守中与中华文明

中华文明传承数千年而不绝，其重要见证就是我们的文字没有中断。文字不仅是人们交流的工具，更重要的则是承载文化的载体。文字体系的完整也就意味着其古老文明概念体系的完整，以及构建这一文明思想体系的文本元典的完整。毫无疑问，正是由于文字的传承有序，才建构起了中华文明数千年不断的绵永文脉。

文字是原始宗教的产物，先贤创造文字的根本目的是实现人与神灵的沟通，故就帝王而言，其沟通的主要对象当然就是有资格降授天命的上帝，这意味着文字的传承必须要以相应的政治制度作为保证。事实上，早期文明所呈现的夷夏东西格局造就了夷夏两种不同的文字，然而人们为什么非要以华夏文字作为正统文字，而不能以其他文字作为正统？政治制度的确定则是其中最关键的原因，这种具有正统意义的政治制度就是夏王朝的建立以及居中而治的政治传统。很明显，只有当夏王朝一统天下，改变了夷夏东西的政治格局，华夏文字作为正统文字的地位才能有所保证。

早期文字的宗教性使其成为沟通人神的媒介，而在夷夏交胜的史前时代显然还无法形成统一的至上神观念，这意味着夷夏先民只能以自己民族的文字与他们各自信仰的至上神进行沟通。具体地说，东方夷文化先民是以夷文字完成通神，而西方夏文化先民则以夏文字完成通神，各不相扰。然而在中国历史上第一个家天下的世袭王朝夏王朝建立之后，情况便不同了，不仅夷夏东西的形势被彻底破除，而且禹别九州的地理规划也奠定了新的政治格局，这使居于天地之中的夏王庭必然成为相对于四方之中的政治与宗教中心，从而具有了"四方之极"的意义。这种历史变革极大地强化了夏王朝作为正统王朝的合法性，而王朝的正统也就决定了夏文字的正统性质。于是，早期以两种不同文字各自完成通神的做法已不能被允许，夏后在确定其王朝的正统神明之后，首先就要确定与这一正统神明沟通的正统文字，显然那只能是华夏先民本所遵奉的至上神——上帝，以及为其上帝所感知的文字，这就是作为汉字祖先的华夏文字。在这样的宗教背景下，华夏文字事实上已成为夏王朝正统文字的唯一选择。

夏王朝正统宗教与相应的正统文字的确定，最终形成了统一的正统政治观和宗教观，从而导致后世所有新王朝的诞生，都必须在居中而治的前提下，无条件地继承已被有夏至上神认定的正统文字。无论商灭有夏还是周灭殷商，夏王庭所遵奉的至上神却并没有改变，其天命一贯，唯改命而已，这使至上神所认可的正统文字也不可能有所改变，这意味着商周先民只能继承夏文字才能实现与上帝的沟通，从而确定其王朝的合法性。而历代王朝更迭，为了显示其正统王权，后人同样必须接受这种自夏王朝就已确定了的正统文字。这个事实使汉字与中国文化传承有序，绵续不绝。

居中而治的传统政治观虽然强调了地理因素，但却不可避免地淡化了民族意识，所以中国文化并不特别注重民族的差异，而唯重通过地理的居中实现君王与授予其天命的上帝的联系。这种政教合一的文化传统使得王庭居中成为头等重要的大事，因此从居中而治的传统政治观思考，无论哪个民族建立王朝，只要其居于天地之中，于中土治理天下，就可以获得合法王权的正统地位，同时也就自然肩负起了传承这一文化的使命与责任。因此，民族的变迁并不会造成文化的中断，这既是中国文化形成多元一体文化特质的根本原因，也是中华文明绵延数千年而不绝的根本原因。当然，传承中华文明就必须通过对汉字以及由汉字所承载的中国文化的学习而实现，这使汉字的发展演变井然有序，传承至今。

事实上，纵观中国历代王朝的历史，不仅包括华夏民族的历史，同时也包括了其他民族如东夷、鲜卑、契丹、女真、蒙、满等民族的历史，但这并不影响以其为基础的二十四史或二十六史都可以成为中华文明的正史。至 19 世纪末，"中华民族"的概念逐渐形成，其与西方文化民族国家的概念完全不同，"中华民族"始终是指生活在中华大地各民族的集合称谓，而并非特指某一个或某几个民族。《义勇军进行曲》中唱到的"中华民族到了最危险的时候"，并不是说某个民族的危险，而是全国各民族共同面临着危险；今天我们追求中华民族的伟大复兴，更不是独指个别民族的复兴，而是中华大家庭全体民族的复兴。这种多元一体的文化整体性，构成了中华民族与中国文化的基本特质。很明显，中华文明的这些显著特征只能通过对"中"的观念的认识才能彻底澄清。

2023 年 9 月 10 日写于尚朴堂

（本文原刊《国际儒学》2024 年第 3 期）

Discussion on Zhongguo, the Central Land

Feng Shi

Abstract: Chinese civilization is the only civilization in human history that has endured for 8,000 years without interruption. The key to answer what have produced the continuity of *per se* civilization of China lies in the ancient sages' pursuit of the center of Heaven and Earth, the geographic centre, a practice directly contributing to the formation of the traditional political philosophy of governance from the center, which was determined, naturally, by the belief of the Mandate of Heaven, namely heavenly right of kings. Specifically, since the monarchs' power was granted by the Heavenly Di, who resided at the celestial center, i.e. the North Pole, the monarchs, as earthly counterparts underneath, must accordingly reside at the terrestrial center, thus establishing the most direct connection between the earthly monarchs and the Heavenly Di who granted the mandate. This underscores that, within the political and religious traditions of *per se* civilization of China, the primary issue to resolve was the determination of the center of the Earth, which could only be achieved through such astronomical practice as determining sun shadow lengths of the gnomon. Therefore, the term 'Zhongguo' 中国 found in early literature, which referred solely to the political and geographical center, also known as Zhongyu 中域 (Central Region), Zhongtu 中土 (Central Land), Zhongyuan 中原 (Central Plain), or Zhongzhou 中州 (Central State), fundamentally differs in meaning from 'Zhongguo' used as the title of China today. In fact, this deeply ingrained tradition of centrality observance not only symbolized dynastic legitimacy but also conferred the responsibility of preserving Chinese culture upon any legitimate dynasty, regardless established by which ethnic group, thus ensuring the continuous development of Chinese civilization and ultimately forming the multi-ethnic and unified Chinese nation and Chinese culture.

Key words: Zhongguo; Zhongyu; Center of Heaven and Earth; Governance from the Center; Chinese nation

甲骨文所见商代救月礼研究*

黄益飞

（中国社会科学院考古研究所）

摘要： 本文认为《屯南》726 所记商代月食由于没有验辞，因此应该是一次未能准确预报的月食。虽然《屯南》726 所记月食发生的具体时间暂时难以确定，但其所记"侑社，燎大牢"（侑祭于社神，并燎祭大牢）的救月礼则是目前仅见的商代救月礼的记载。商人通过祭社来救月是基于社的阴阳属性及社在帝庭的位置而定的，与周人通过祭社（攻阴救阳）来救日的思想完全不同。周代以后，正史罕见关于救月礼的记载，与周人认为月食是阳侵阴、君侵臣属正常现象的认识有密切关系。

关键词： 商代；甲骨文；救月礼；祭社

中国古人非常重视对月食的观测、记录，一方面由于古人以为月食预示着天灾，另一方面月食与历法有着紧密的关系①。因此，在中国最早的成体系的文字——商代甲骨文中就有关于月食的记载。古人认为月食与人间祸福有着密切关系，因此一旦发生月食，统治阶级就要采取相应的救护措施促使月亮尽快复原，此即救月礼。

根据殷卜辞的相关记载，商王武丁时期有五次时间可以推考的月食，即分别是发生在儒略历公元前 1227 年 5 月 31 日的乙酉月食、公元前 1218 年 11 月 15 日的庚申月食、公元前 1201 年 7 月 11 日的癸未月食、公元前 1198 年 11 月 4 日的甲午月食和公元前 1189 年 10 月 25 日的壬申月食②。可惜的是，武丁时期这五次月食皆未记相应的救月礼。

所幸，1973 年发掘的小屯南地甲骨文中有一版载月食占卜的记载，保留了商代救月礼的珍贵文献记载。该版卜辞内容如下：

壬寅贞：月有蚀③，王不于一人祸？

---

* 本文为中国社会科学院学科建设"登峰战略"资助计划（编号 DF2023TS06）和"古文字与中华文明传承发展工程"资助项目"商代礼制研究"（G3615）的阶段性研究成果。

① 温少锋、袁庭栋：《殷墟卜辞研究——科学技术篇》，成都：四川省社科院出版社，1983 年，第 27 页。

② 冯时：《殷历岁首研究》，《考古学报》1990 年第 1 期；《中国天文考古学》，北京：中国社会科学出版社，2010 年，第 296-313 页。

③ "蚀"字，本作"戠"（ ）。冯时师释为蚀，参见冯时：《殷卜辞乙巳日食的初步研究》，《自然科学史研究》第 11 卷第 2 期，1992 年；《中国天文考古学》，北京：中国社会科学出版社，2010 年，第 316-320 页。

有祸？

壬寅贞：月有蚀，其侑土（社），燎大牢？兹用。

癸卯贞：甲辰燎于社大牢？　　　《屯南》①726

卜辞首先贞问，发生月食会不会给商王带来祸祟，"一人"指商王自己。其次，贞问救月之事。

学者或根据《屯南》726来推定所谓"壬寅月食"发生的时间，比如张培瑜先生推定壬寅月食发生于儒略历公元前1173年7月2日②。事实上，就目前对商代月食和历法的认识而言，张培瑜先生的推算结果并不能让人满意。我们根据《夏商周断代工程丛书·夏商时期的天象和月相》收录的李广宇先生所制《5000年月食表（公元前2500—公元2500年）》和张培瑜先生所制《殷商时期月食及安阳地区见食情况（公元前1500—前1000年）》③，先将张培瑜先生推定的此次月食的相关情况列表如下（见表一）。

表一　辛丑月食（儒略历公元前1173年）相关情况

年	月	日	干支	食	食分	初亏		食甚		生光		复原		是否可见
前1173	7	2	辛丑	月全食	1.724	21	5	22	51	23	40	0	37	是

首先，张培瑜先生推定的月食发生在壬寅的前一日辛丑日，殷代以鸡鸣（丑时）为日首④，因此食甚在辛丑日（儒略历公元前1173年7月2日）22时51分（亥时，后世十二时之"人定"）、复原在7月3日0时37分（子时，十二时之中夜）的月食均属辛丑日，不能归入壬寅日。因此，如果这次月食果真发生在壬寅日，那么它发生的时间应该不在公元前1173年7月2日。根据《5000年月食表（公元前2500—公元2500年）》和《殷商时期月食及安阳地区见食情况（公元前1500—前1000年）》，可将安阳地区可见的壬寅月食列表如下（见表二）。

表二　公元前1500—前1027年安阳地区可见壬寅月食

年	月	日	干支	食	食分	初亏		食甚		生光		复原		是否可见
前1225	10	4	壬寅	月偏食	0.534	1	45	2	60			4	15	是
前1194	8	24	癸卯	月偏食	0.536	23	4	0	27			1	51	是
前1080	6	25	壬寅	月偏食	0.496	1	40	3	1			4	22	是

---

① 中国社会科学院考古研究所：《小屯南地甲骨》，北京：中华书局，1980-1983年。

② 张培瑜：《日月食卜辞的证认与殷商年代》，《中国社会科学》1999年第5期。

③ 李广宇、何玉囡、张健、张培瑜：《夏商周时期的天象和月相》，北京：世界图书出版有限公司，2007年，第221-327页。

④ 冯时：《百年来甲骨文天文历法研究》，北京：中国社会科学出版社，2011年，第146-153页。

根据前文的讨论，知食甚在儒略历公元前 1194 年 8 月 24 日这个癸卯日 0:27（子时）的月食，在商代仍应属于壬寅日，因此当天的月食应归入壬寅月食。儒略历公元前 1225 年 10 月 4 日的壬寅月食和公元前 1194 年 8 月 24 日的壬寅月食都属商王武丁时期[①]。该版卜辞按字体分类属历组卜辞，因此无论壬寅月食发生在武丁在位的公元前 1225 年或者前 1194 年，似乎都为李学勤先生提出的历组卜辞可早至第一期的认识[②]提供了年代学的证据。同样，如果以《古本竹书纪年》所记西周积年推算，武王克商在公元前 1027 年，那么公元前 1080 年 6 月 25 日的壬寅月食与《小屯南地甲骨》所推断的《屯南》726 的王世——武乙之世[③]似也相去不远。因此，这三个安阳地区可见的壬寅日发生的月食似乎都无法彻底被排除在《屯南》726 所谓的 "壬寅月食" 之外。

事实上，从《屯南》726 卜辞来看，由于所谓的 "壬寅月食" 没有验辞，因此此次月食究竟是否发生于 "壬寅" 日尚待更确切的证据。如果对读《合集》33697 所记武丁时期乙巳日食的一次不成功的预报[④]，我们更倾向于认为，《屯南》726 于壬寅日贞问的月食是一次未能准确预报的月食。我们将《合集》33697 移写如下：

乙丑贞：日有蚀，其告于上甲？

乙丑贞：日有蚀，其[告]于上甲，三牛？不用。

其五牛？不用。

其六牛？不用。

乙丑贞：日有蚀，其告于上甲……牢宜大牢？　　《合集》33697

对读《合集》33697 所记乙丑日对乙巳日食的未应验的预告，两者皆无验辞，似乎说明《屯南》726 第（3）辞也应是一次预告，只不过《屯南》726 的所记救月礼的用辞为 "兹用"，而《合集》33697 所记救日礼的用辞为 "不用"。从《屯南》726 第 4 辞来看，壬寅日的次日癸卯日又贞问甲辰日是否再举行 "燎于社大牢" 之祭，因此很可能壬寅日、癸卯日都未发生月食，故而于壬寅次日癸卯日再次占问次日甲辰是否会发生月食，并通过祭社来救月。因此，我们更倾向于认为《屯南》726 所记的 "壬寅月食" 的准确发生时间尚不可知。如此，《屯南》726 第（3）辞的用词 "兹用" 应该是针对月食发生之后应通过祭社来救月而言，即一旦月食发生，就以 "侑社，燎大牢" 的方式救月。甲辰日 "燎于社大牢" 即 "侑社，燎大牢"，因此可以确定这次日食无论发生在哪一天，救月的方式都是燎大牢于社，也

---

① 冯时：《殷卜辞乙巳日食的初步研究》，《自然科学史研究》第 11 卷第 2 期，1992 年；《中国天文考古学》，北京：中国社会科学出版社，2010 年，第 316-320 页。

② 李学勤：《论 "妇好" 墓的年代及有关问题》，《文物》1977 年第 11 期。

③ 中国社会科学院考古研究所：《小屯南地甲骨》，北京：中华书局，1983 年，第 892 页。

④ 冯时：《殷卜辞乙巳日食的初步研究》，《自然科学史研究》第 11 卷第 2 期，1992 年；《中国天文考古学》，北京：中国社会科学出版社，2010 年，第 320-338 页。

就是说壬寅日占卜选定的救月礼是一定要采有的"（兹用）"。但这并不妨碍我们通过《屯南》726 的记载来讨论商代的救月之礼。

根据《屯南》726，商代发生月食是通过祭社来救月的，准确地说是"侑社，燎大牢"，即侑祭于社神，并燎祭大牢。

关于《屯南》726 所记救月礼，李学勤先生曾经论及：

> 此次月食，卜问祭土（社），也值得注意。《左传》昭公十七年叔孙昭子云："日有食之，天子不举，伐鼓于社；诸侯用币于社，伐鼓于朝，礼也。"季平子则说："唯正月朔，慝未作，日有食之，于是乎有伐鼓、用币，礼也。其余则否。"月食便没有这一类仪式。卜辞于月食而祭社，体现了殷周观念和礼制的不同之处。①

李学勤先生之说很有启发性。事实上，商人通过祭社来救月，与周人通过祭社来救日，两者有着本质的不同。

首先，商人认为上帝是无所不能的至上神，是大自然和人类命运的主宰者，日月星辰、风云雷电、水涝旱暵、为祟降祐、年景丰欠等皆为上帝所操控②，但是包括商王在内的殷商时人都不能通过直接祭祀上帝来祈福禳灾，只能通过祭祀陪伴在上帝左右的先祖或帝庭臣僚来向上帝祈求祯祥。日月星辰为上帝所主宰，因此能救月食者恐怕唯有上帝了。由于商人不能直接祭祀上帝来救月，只能通过相关的帝庭臣僚来请求上帝救日。

其次，日月皆为上帝执掌，救日需要借伴帝左右的先王来求助于上帝③，救月同样需要借助神灵来求助于上帝。不过由于月属阴而日属阳，两者属性不同，因此商人救月便不能通过象征生养、属性为阳的先祖，而是通过属性为阴的社神来求助于上帝。关于社属阴，文献有明确的记载，如《礼记·郊特牲》："社祭土而主阴气也。"《白虎通·灾异》："社者，众阴之主。"等。

最后，殷人通过祭社来救月，也是基于社神在先民构建的帝庭的重要地位。先民所构建的帝庭与《周髀算经》所描绘的天宇世界是一致的，根据《周髀算经》的记载，先民将天中央的北天极视为中央凸耸的璇玑，而璇玑的顶点则为上帝居所④。这一帝庭结构不仅凸显了上帝居于天中央而"照临四方"的至尊形象，而且决定了帝庭的结构是立体的而非平面的。在先民所擘画的帝庭中，上帝居于北天极，其下是司掌分至四气的四方之神和中央社神所组成的"帝五臣"，而社神位于

---

① 李学勤：《日月又戠》，《文博》1998 年第 5 期。

② 陈梦家：《殷虚卜辞综述》，北京：科学出版社，1956 年，第 561-571 页；胡厚宣：《殷卜辞中的上帝和王帝》，《历史研究》1959 年第 9、10 期；冯时：《中国古代的天文与人文（修订版）》，北京：中国社会科学出版社，2017 年，第 72-77 页。

③ 拙作：《甲骨文所见商代救日礼研究》，《江汉考古》2025 年第 5 期。

④ 冯时：《中国天文考古学》，北京：中国社会科学出版社，2010 年，第 127-137 页。

上帝之下的中央，与四方之神相比距离上帝最近①。因此，基于社的阴阳属性及其在帝庭的地位，商人占卜选择通过祭社来救月再合适不过了。

然而商代的救月传统并未很好地传承下去。西周金文显示，周人非常重视月相的记录和观测，在西周金文和文献中所见月相名称有七个：旁死霸、哉死霸、既死霸、旁生霸、生霸、既望、初吉，关于西周金文月相所对应的时段冯时师有系统研究②，因无关本文旨趣，兹不赘引。虽然西周时期重视月相，但到目前为止尚未发现关于西周月食的完整记录及相应的救月礼，而《春秋经》也未见对月食及救月礼的记载，先秦典籍关于救月礼大约也只有《周礼》在论及救日礼时顺带提及，比如《周礼·地官·鼓人》③《周礼·夏官·太仆》④提到救月需要伐鼓，《周礼·秋官·庭氏》⑤提到救月所用的弓矢，但没有关于周人救月礼完整的史实记载。

周代以后正史罕有关于救月的记载，大致有几个方面的原因。

一是，可见日食皆发生在白天，对人们冲击和影响较大，尤其是日全食和日环食。直至明代，时人见日食犹感恐惧。正德九年（1514 年），巡抚江西的陈洪谟亲历了一次日食，陈氏谓："八月一日日食，昼晦星见。愚时官江藩，午未间救护，少顷即昏黑，咫尺不辨，人皆惊惧。"⑥而可见月食发生在夜间，则对当时人们的影响和冲击要比日食小得多。

二是，西周以后人们以日食为阴侵阳，是灾异之象。月食是阳侵阴，则属于正常现象。《诗·小雅·十月之交》⑦即谓："彼月而食，则维其常。此日而食，于何不臧。"毛《传》："月，臣道。日，君道。"郑玄《笺》："微谓不明也。彼月则有微，今此日反微，非其常，为异犹大。"⑧从《十月之交》及毛《传》和郑玄《笺》来看，诗人以月食来反衬日食，更显得日食非比寻常，而月食是自然之理。孔颖达对《十月之交》及毛《传》、郑玄《笺》的阐释更加透彻，孔氏谓："日，君道也；月，臣道也。君当制臣，似月应食；臣不当侵君，似日不应食，故言彼月而容有

---

① 冯时：《中国古代的天文与人文（修订版）》，北京：中国社会科学出版社，2017 年，第 87-100 页。

② 冯时：《中国古文字学概论》，北京：中国社会科学出版社，2021 年，第 481-490 页。

③《周礼·地官·鼓人》："救日月，则诏王鼓。"郑玄《注》："救日月食，王必亲击鼓者，声大异。《春秋传》曰：'非日月之眚，不鼓。'"

④《周礼·夏官·太仆》："凡军旅、田役，赞王鼓。救日月亦如之。"郑玄《注》："王通鼓，佐其余面。日月食时，《春秋传》曰：'非日月之眚，不鼓。'"

⑤《周礼·秋官·庭氏》："掌射国中之夭鸟。若不见其鸟兽，则以救日之弓与救月之矢夜射之。"郑玄《注》："郑司农云：'救日之弓、救月之矢，谓日月食所作弓矢。'玄谓日月之食，阴阳相胜之变也。于日食则射大阴，于月食则射大阳与？"

⑥ 转引自余煜：《明代官方日月食救护考论》，《安徽史学》2019 年第 5 期。

⑦ 冯时师接受赵光贤先生的看法，认为"十月之交"应是"七月之交"，这次日食发生在周幽王元年七月，即公元前 781 年 6 月 4 日。说详冯时：《〈诗经〉日食考》，《中国社会科学院大学学报》2025 年第 7 期。

⑧ 毛亨传，郑玄笺，孔颖达疏：《毛诗正义》，北京：北京大学出版社，2000 年，第 842 页。

被食不明，今此日反被食不明。以日被月食，似君被臣侵，非其常事，故为异尤大也。异既如此，灾害将生。"①用君臣之道来阐释日月之食，既生动形象，又将周人的阴阳观、道德观、天道观阐释得淋漓透彻。借助于君臣之道，孔颖达对月食的平常性又做了进一步的阐释，"彼月而食，虽象非理杀臣，犹则是其常道。今此日而反食，……为不善之大，是凶亡之征"②。孔氏用国君非理杀大臣来比拟月食，虽然是君非理侵臣，但仍然是常道。

周人对月食的认识，对汉人产生了深远的影响。比如董仲舒在《春秋繁露·精华篇》中说："大旱者，阳灭阴也。阳灭阴者，尊压卑也，固其义也，虽大甚，拜请之而已，无敢有加也。大水者，阴灭阳也；阴灭阳者，卑胜尊也，日食亦然，皆下犯上，以贱伤贵者，逆节也，故鸣鼓而攻之，朱丝而胁之，为其不义也。"③把洪水和日食联系在一起，认为都是阴侵阳，是以下犯上，是不义之举，因此需要攻伐之、劫迫之。那么月食和大旱一样，都是阳压阴，只需要"拜请之"而已。《说苑·辨物篇》也有类似的看法："大旱者，阳气太盛，以厌于阴，阴厌阳固，阳其填也，惟填厌之太甚，使阴不能起也，亦零祭拜请而已，无敢加也。至于大水及日蚀，皆阴气太盛而上灭阳精，故鸣鼓而慑之，朱丝萦而劫之。"④贾公彦在《周礼疏》中更直言："《春秋》不记救月食者，但日食是阴侵阳、臣侵君之象，故记之。月食是阳侵阴、君侵臣之象，非逆事，故略不记之也。"⑤因此，"月似无救理"⑥。贾公彦之说与孔颖达对《十月之交》的解释可互相印证。

贾公彦、孔颖达的说法都很有启发性。《周礼》所记救月多与救日连及，重点应在救日礼上。从《周礼》的记载看救月似乎也有伐鼓和陈兵的仪节，但救月伐鼓、陈兵与救日之伐鼓、陈兵的礼义应有所不同，即绝非攻阳之义。事实上，周代典籍基本不记载救月礼，最大的可能性是周代不重视救月之事，这也是从维护君臣纲常的角度出发，来维护统治阶级的利益。从《十月之交》诗文和先儒的解读中，我们不难发现周人认为月应有食与臣下无条件服从于君上一样，自然而且平常。既然月食是自然常理，周代典籍不记救月之事也非常自然。那么，《周礼》关于救月的零星记载也可能是特殊场合使用的救月礼。

《白虎通·灾异篇》是为数不多的记载救月礼的文献，《白虎通》提出，"月食救之者，阴失明也，故角尾交日。月食救之者，谓夫人击镜，孺人击杖，庶人之妻楔搔"。陈立《白虎通义疏》引用了《太平御览·天部》引《荆州占》关于救月

① 毛亨传，郑玄笺，孔颖达疏：《毛诗正义》，北京：北京大学出版社，2000 年，第 842 页。
② 毛亨传，郑玄笺，孔颖达疏：《毛诗正义》，北京：北京大学出版社，2000 年，第 846 页。
③ 苏舆：《春秋繁露义证》，北京：中华书局，1992 年，86-87 页。
④ 向宗鲁：《说苑校正》，北京：中华书局，1987 年，第 450 页。
⑤ 郑玄注，贾公彦疏：《周礼注疏》，北京：北京大学出版社，2000 年，第 377 页。
⑥ 郑玄注，贾公彦疏：《周礼注疏》，北京：北京大学出版社，2000 年，第 376 页。

礼的记载："月蚀，后自提鼓阶前，把棰击鼓者三中，良人、诸御者、宫人皆击柝救之。月已蚀，后乃入斋，服缟素，三日不从乐，以应其祥。"孙诒让《周礼正义》也引到了这两篇文献。根据《白虎通》和《荆州占》的相关记载，似乎救月的主力军是妇人，目的应该是助阴；用的方法同样是击打相应的仪具发出声音，应该有以声求阳，请求阳气不要侵扰阴气之意。这些救月的习俗不见于正史的记载，或可补正史之不备。

Research on the Ceremony of Saving Moon in Shang Dynasty based on Oracle Bone Inscriptions

Huang Yifei

Abstract: This article focuses to examine the Lunar Eclipse of Shang Dynasty recorded on the piece of oracle bone Tunnan 726 (《屯南》726). On Tunnan726, there was a record of Lunar Eclipse, but without words of verification. Therefore, this article tends to believe that this Lunar Eclipse was one that was not acurrately forecasted. Although the specific time of this Lunar Eclipse recorded in Tuennan 726 is difficult to determine, but the record of "侑社，燎大牢" (making You-sacrifice to the God of She, by burning cattles.) to save the Moon, is the only record of Moon-saving ceremony in Shang dynasty that we have today. The reason that Shang people made sacrifice to "She" (社) to save the Moon, is baced on the attribute of "She" (社), that is Yin (阴) and Yang (阳), as well as its position in the imperial court. This is completely different from Zhou people, who made sacrfice to "She" (社) to save the Sun, attacking the Yin to save the Yang (攻阴救阳). After Zhou Dynasty, there was rare record of Moon-saving ceremony in official history, which is closely related to Zhou people's belief that Lunar Eclipses are a normal phenomenon of Yang invading Yin, just like the Monarch invading his courtiers.

Key words: Shang Dynasty; Oracle Bone Inscriptions; the Ceremony of Saving Moon; Sacrifce to the God of She

西汉时期的"中府"

罗小华

（长沙市文物考古研究所）

摘要：从传世文献和出土文献的记载来看，西汉时期的"中府"，应为公主、诸侯王、王后、太后等高等级贵族的职官，并非"詹事"属官。从时间上看，目前只有景帝、武帝两个时期的"中府"机构能够确定。从地域上看，都城长安、齐国、鲁国、广陵国、清河国和长沙国等地，均设有"中府"机构，有遍布全国的迹象。

关键词：传世文献；出土文献；西汉；中府

2008 年 5 月，位于湖南省长沙市望城区（原望城县）星城镇戴公庙村 15 组的风盘岭汉墓（M1）西部出土了"中府"铜吊饰（见图一）："1 件（M1：14）。一端呈圆形，中有穿孔，孔径 0.4 厘米；器身中部呈圆形束腰状，孔从其一侧斜穿出；另一端呈方锥形，尖部残失，可见四棱四面，其中一面刻有'中府'二字。残长 2.9、宽 1.15 厘米。"发掘者指出："'中府'……考之古文献，《史记》《汉书》均有相关记载。在汉代，'中府'应为诸侯王或皇室公主的属官，其职能在于管理诸侯王或皇室公主的自有财物，即所谓'王之财物藏也'或'掌金帛之臧者也'。风盘岭一号墓'中府'铜吊饰与'半两'泥钱伴出，似可印证文献中关于中府掌管财物的记载。'中府'之名又见于江苏高邮天山一号墓，墓室内有'中府'题记的隔间 5 间。此墓墓主为西汉广陵王，'中府'应是其属官名称。汉代封泥及器物铭刻中也有'中府'名称，如'齐后中府''清河大（太）后中府锺容五斗重十七斤第六'等。依此推之，则风盘岭一号墓墓主为汉代诸侯王或王后的可能性较大。"①赵晓华先生推测："风盘岭汉墓墓主应为戴王刘庸的王后。"②

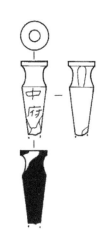

图一 "中府"铜吊饰

---

① 长沙市文物考古研究所、长沙市望城区文物管理局：《湖南长沙风盘岭汉墓发掘简报》，《文物》2013 年第 6 期。按：蒙雷海龙先生面告，所谓"铜吊饰"实际上是"琴轸"。

② 赵晓华：《长沙风盘岭汉墓墓主及相关问题探讨》，《中国国家博物馆馆刊》2016 年第 8 期。

据传世文献记载，窦太主与鲁恭王均有"中府"。《汉书·东方朔传》："初，帝姑馆陶公主号窦太主，堂邑侯陈午尚之。午死，主寡居，年五十余矣，近幸董偃。……主因推令散财交士，令中府曰：'董君所发，一日金满百斤，钱满百万，帛满千匹，乃白之。'"颜师古注："中府，掌金帛之藏者也。"①《史记·田叔列传》："梁孝王使人杀故吴相袁盎，景帝召田叔案梁，具得其事，还报。……景帝大贤之，以为鲁相。鲁相初到，民自言相，讼王取其财物百余人。田叔取其渠率二十人，各笞五十，余各搏二十，怒之曰：'王非若主邪？何自敢言若主！'鲁王闻之大惭，发中府钱，使相偿之。"张守节正义："王之财物所藏也。"②《汉书·田叔传》："鲁王闻之，大惭，发中府钱，使相偿之。"颜师古注："中府，王之财物藏也。"③安作璋、熊铁基两位先生根据《汉书·路温舒传》《田叔传》和《史记·仓公列传》的记载认为："少府、私府、中府、中御府，或为不同时期、不同地区王国之主府藏官。"④

据出土文献记载，诸侯王国设有"中府"。

一、"齐后中府"封泥。《临淄封泥文字》中收录"齐后中府"封泥（见图二）。⑤陈直先生指出："临菑出土封泥叙目，有'齐后中府'封泥，疑属于詹事。可证西

图二 "齐后中府"封泥

汉初王国有中府之官。又《东方朔传》，记馆陶公主亦有中府，并可知公主家亦可设中府之官。"⑥

二、"中府第×内户"题凑漆书。1979 年 6 月至 1980 年 5 月，江苏省高邮县天山一号汉墓中，"'题凑'内，东西两侧，有'中府'……五间，均设单扇门，向着正藏开放。西汉初齐国百官官制，王、后、公主有'中府'之官的设置。外椁之内，似都可称作'中府'，即是主人居止之所。……在文物上，有'大官''尚浴'一类的题记，如……'中府第五内户'等。这些都说明诸侯王国与中央皇室一样，设有这一类的专官。"⑦黄展岳先生指出：该墓"题凑木墙内外有三个椁房……最复杂的是紧贴木墙内壁的中椁房。……最后再在里面分隔出互相通连的十五间小房。……十五间小房的双扇门上漆书……'中府第×内户'。表明这是……王国贮藏钱财珍宝之府。"⑧关于该墓墓主，学界有"广陵历王刘胥"和"广陵太子（即以后的孝王）"两种说法。⑨

① 《汉书》卷三五《东方朔传》，北京：中华书局，1962 年，第 2853-2854 页。

② 《史记》卷一〇四《田叔列传》，北京：中华书局，1959 年，第 2777 页。

③ 《汉书》卷三七《田叔传》，北京：中华书局，1962 年，第 1983 页。

④ 安作璋、熊铁基：《秦汉官制史稿》，济南：齐鲁书社，2007 年，第 753 页。

⑤ 王献唐：《海岳楼金石丛编》，青岛：青岛出版社，2009 年，第 340、564 页。

⑥ 陈直：《汉书新证》，天津：天津人民出版社，1959 年，第 257 页。

⑦ 梁白泉：《高邮天山一号汉墓发掘侧记》，《文物通讯》1980 年第 32 期。

⑧ 黄展岳：《汉代诸侯王墓论述》，《考古学报》1998 年第 1 期。

⑨ 王冰：《高邮天山汉墓墓主考辨》，《文博》1999 年第 2 期。

三、"清河大后中府锤"。1961 年 8 月，山西省太原市东太堡出土 3 号铜锤"腹部中间的带纹脊的上半部"有"清河大后中府锤容五斗重十七斤第六"（见图三）十六字铭文。关于这位"清河大后"的具体情况，发掘者指出："因广关徙代刚王义于清河，其宗庙可能尚在故都晋阳，因而其母（代恭王之后或妃）清河太后死后殡于晋阳是很有可能的事"。①

四、"中府啬夫"封泥。1995—1997 年，广东省广州市南越国宫署遗址出土。其印文有边栏，边长为 2.3 厘米（见图四）。发掘者指出："与一堆铜钱出土于曲渠西端出水口上方，当为箧或笥的封泥。中府职官很少见，可能是个不常设的官吏。啬夫则是主币之官。中府汉初官属宗正，又管公主家事。"②

五、"中府"勺。2004 年，陕西历史博物馆征集："长 11.6 厘米，口宽 9.7 厘米，重 195 克。汉代遗物。勺首呈箕形，筒形銎，可装木柄，勺上有'中府'二字。"（见图五）韩建武先生认为："中指宫中……中府当为皇室、诸侯王、王后金帛之藏府。"③

图三 "清河大后中府锤"铭　　　图四 "中府啬夫"封泥　　　图五 "中府"勺铭

---

① 山西省文物管理工作委员会、山西省考古研究所：《太原东太堡出土的汉代铜器》，《文物》1962 年第 4-5 期。

② 广州市文物考古研究所、南越王宫博物馆筹建办公室：《广州南越国宫署遗址 1995—1997 年发掘简报》，《文物》2000 年第 9 期。

③ 韩建武：《陕西历史博物馆藏东周秦汉有铭铜器丛考》，《文博》2016 年第 3 期。

从"齐后中府"封泥、"中府第×内户"题凑漆书和"清河大后中府锺"的情况看，西汉诸侯王、后、太后均设有"中府"机构。再结合传世文献的记载来看，公主家也设有"中府"之官。另外，从时间上看，能确定的、设置的"中府"机构，主要在景帝至武帝时期。《田叔列传》《田叔传》记载的鲁恭王"发中府钱"，是在景帝时期。《东方朔传》记载的，与窦太主相关的事件，主要发生在武帝时期。"齐后中府"封泥时代不确定。"中府第×内户"题凑漆书，因墓主人身份未能确定，存在宣帝或元帝两种可能。"清河大后中府锺"则如发掘者所言，其"上限不能超过西汉武帝太始二年（即公元前95年）而下限可能就在昭帝年间了（即公元前86—前74年）"。[①]从地域上看，窦太主在西北，"中府"勺为陕西历史博物馆所征，亦处西北；鲁恭王、齐后和天山一号汉墓均在东方，清河太后在北方，风盘岭汉墓在中部，南越国宫署在南方。据此，则"中府"的设置，在时间上和地域上均具有一定程度的跨越。

关于"中府"的职掌，《东方朔传》的明确记载是"金""钱""帛"。《田叔列传》和《田叔传》中的"发中府钱"，只涉及了"钱"。后世注释虽有"掌金帛之臧者"和"王之财物所藏"两种说法，仍未脱离"金""钱""帛"的范畴。显而易见，"掌金帛之臧者"是对"金""钱""帛"相关记载的概括。而"王之财物所藏"较之"掌金帛之臧者"则更为宽泛。安作璋、熊铁基两位先生所提出的"王国之主府藏官"和黄展岳先生提出的"王国贮藏钱财珍宝之府"，可能都是源自"王之财物所藏"。据传世文献记载，"御府"也掌管"金""钱"等物资。《史记·孝文本纪》："群臣如张武等受赂遗金钱，觉，上乃发御府金钱赐之，以愧其心，弗下吏。"[②]《汉书·贾山传》"发御府金赐大臣宗族，亡不被泽者。"[③]除了"金""钱"之外，"御府"还掌管"刀""剑""玉器""采缯"，以及衣物。《汉书·霍光传》："发御府金钱刀剑玉器采缯，赏赐所与游戏者。与从官官奴夜饮，湛沔于酒。"《李寻传》："臣寻位卑术浅，过随众贤待诏，食太官，衣御府，久污玉堂之署。"[④]其中，"金"可与"金满百斤"相对应，"钱"可与"钱满百万"和"中府钱"相对应，"采缯"可与"帛满千匹"相对应。我们曾指出："中央不仅在少府下设置'御府'，还于后宫设有'中御府'。……'御府'和'中御府'亦见于各地诸侯国。"[⑤]如果"御府""中御府"在地方诸侯国中的职掌不发生改变，那么西汉诸侯国中，"御府""中御府"与"中府"所掌管的物资存在交集，而"御府"所掌比"中府"又多出了"刀""剑""玉器"和衣物。在西汉诸侯国中，"中府"与"御府"之间，是否存在上下级的关系？此外，"御府"和"中御府"均设有下属机构"金府"。

① 山西省文物管理工作委员会、山西省考古研究所：《太原东太堡出土的汉代铜器》，《文物》1962年第4-5期。

② 《史记》卷一〇《孝文本纪》，北京：中华书局，1959年，第433页。

③ 《汉书》卷五一《贾山传》，北京：中华书局，1962年，第2335页。

④ 《汉书》卷七五《李寻传》，北京：中华书局，1962年，第2944、3183页。

⑤ 何旭红、罗小华：《长沙风篷岭汉墓漆器铭文"金府""中永巷尚饮"浅议》，《华夏考古》待刊。

我们曾指出,"御府金府"是"贮存黄金制品"和"铜钱",并"设有手工业生产"的机构。①那么,"金府"和"中府"又该是何种关系呢?

综上所述,传世文献和出土文献关于"中府"的记载并不多。立足于这些材料,可以看出,西汉时期的"中府",为公主、诸侯王、王后、太后的职官。据此,则陈直先生认为"中府""疑属于詹事"的说法恐怕难以成立。"詹事"为皇后、太子职官。《汉书·百官公卿表上》:"詹事,秦官,掌皇后、太子家,有丞。"②这与"中府"的实际情况存在抵牾。就时间而言,能够确定具体时代的"中府"机构,属于景帝、武帝两个时期。就地域而言,都城长安、齐国、鲁国、广陵国、清河国和长沙国等地,均设有"中府"机构,有遍布全国的迹象。

附记:

"中府",亦见于《谷梁传》僖公二年:"如受吾币,而借吾道,则是我取之中府,而藏之外府,取之中厩,而置之外厩也。"③秦封泥中有"中府丞印"(见图六)。刘庆柱、李毓芳二位先生指出:"中府为后宫或诸侯王之官署。"④西汉时期的"中府",有可能承袭于秦。

图六 "中府丞印"封泥

The Western Han *Zhongfu* 中府

Luo Xiaohua

Abstract: Based on the records in both transmitted and unearthed texts, the *Zhongfu* 中府 in the Western Han period appears to have been an official institution

---

① 何旭红、罗小华:《长沙凤篷岭汉墓漆器铭文"金府""中永巷尚饮"浅议》,《华夏考古》待刊。

② 《汉书》卷一九《百官公卿表上》,北京:中华书局,1962年,第734页。

③ 《春秋谷梁传注疏》卷七,北京:中华书局,1980年,第2392页。

④ 刘庆柱、李毓芳:《西安相家巷遗址秦封泥考略》,《考古学报》2001年第4期。

serving high-ranking nobles, such as princesses, vassal kings, queens, and queen mothers, rather than a subordinate office of the "Chamberlain" 詹事. Chronologically, the *Zhongfu* institution can only be confirmed during the reigns of Emperor Jing 景帝 and Emperor Wu 武帝. Geographically, *Zhongfu* offices were established in several locations, including the capital city Chang'an, as well as the kingdoms of Qi, Lu, Guangling, Qinghe, and Changsha, indicating that the institution might have been widespread throughout the empire.

Key words: Transmitted Text; Unearthed Text; Western Han; Zhongfu

试论《归藏》与殷商母系社会遗留*

王　素

（故宫博物院　"古文字与中华文明传承发展工程"协同攻关创新平台）

　　摘要：三代占卜方式甚夥。其最重要者：或并称"龟策"，或并称"卜筮"，其实一也。龟卜用甲骨，策筮用蓍草，工具与方法不同，分为两大门类，《汉书·艺文志》同属《数术略》之"蓍龟"类。而今本周人《周易》，虽然亦为策筮之书，但由于为圣人演绎和孔子传承，《汉志》另设《易》类以属之，排名《六艺略》之首。至于同属一类的夏人《连山》、商人《归藏》二《易》，《汉志》一字未提，遂使众说纷纭，争论不绝。其中，商人《归藏》与长沙汉墓帛书《六十四卦》、荆州王家台秦简《易占》、清华楚简《筮法》《别卦》等出土《易》类古籍的渊源，是近些年来讨论十分激烈的课题。本文分五节，除去"一、小引"和"五、小结"，其间："二、关于'三易'的形成"认为战国铜镜"山字镜"是《连山》的标志性图像；"三、关于《归藏》的传承"认为清华楚简《筮法》"卦位图、人身图"是《归藏》的标志性图像；"四、关于殷商母系社会遗留"认为《归藏》"先坤后乾，首万物之母"，导致"殷道亲亲"，重母统，重母系血缘，存在不少母系社会遗留，女性在家族中的政治地位和经济地位远高于西周以后。

　　关键词：三代占卜；山字镜；女身图；殷道亲亲；母系社会遗留

一、小　引

　　三代占卜方式甚夥。最重要者：或并称"龟策"，如《史记》有《龟策列传》；或并称"卜筮"，如《礼记·曲礼上》谓"龟为卜，筴（策）为筮，（合称）卜筮"。其实一也。龟卜用甲骨，策筮用蓍草。《左传》僖公十五年曰："龟，象也；筮，数也。"工具与方法不同，实际分为两大门类。《汉书·艺文志》系据哀帝时刘歆奏上《七略》编成。这两大门类同属其中《数术略》之"蓍龟"类。当时"蓍龟"类凡存"十五家，四百一卷"。龟卜有五家，皆亡佚。第二家名《夏龟》，二十六卷，

　　* 本文为"古文字与中华文明传承发展工程"规划项目"故宫博物院藏殷墟甲骨文整理与保护"（批准号：G1009）阶段性成果，写作列入故宫博物院古梅计划，得到香港赛马会全力支持，公益慈善研究院独家捐助，在此特别鸣谢！

为夏人龟卜之书。第三家名《南龟书》，二十八卷，性质不明。刘师培云："南、商形近，南疑商讹。"①如然，则为商人龟卜之书。周人龟卜之书则未见。策筮十家，亦皆亡佚。其中多有以"周易"为名者，如"《周易》三十八卷""《周易明堂》二十六卷""《周易随曲射匿》五十卷"等，但并非今之《周易》。今之《周易》为圣人演绎和孔子传承之经典，《汉书·艺文志》另设"易"类以属之，此即排名《六艺略》之首的"凡《易》十三家，二百九十四篇"。第一家"《易经》十二篇，施、孟、梁丘三家"，即为今之《周易》。《周易》为圣人演绎和孔子传承之周人策筮之书（此"周"非彼"周"，说见下文）。圣人演绎和他人传承之夏人、商人策筮之书，即后世熟知之《连山》《归藏》二《易》，《汉书·艺文志》一字未提，遂使众说纷纭，争论不绝②。其中，传为殷商之《易》的《归藏》，与长沙汉墓帛书《周易》、江陵王家台秦简《易占》、清华大学楚竹书《筮法》及《别卦》等出土《易》类古籍的渊源，是近些年来讨论十分激烈的课题。本文对该课题也甚关注，但不是重点。本文关注的重点是，根据传世文献记载，参考现存两种《归藏》辑本材料③，探讨《归藏》与殷商母系社会遗留问题。现将想法分述如下。

二、关于"三易"的形成

关于"三易"的形成，问题虽然很多，但主要无非三说：

（一）《易》何时有"三易"说？《周礼·春官·太卜》曰："掌'三易'之法，一曰《连山》，二曰《归藏》，三曰《周易》。其经卦皆八，其别皆六十有四。"又《周礼·春官·筮人》曰："掌'三易'，以辨九筮之名，一曰《连山》，二曰《归藏》，三曰《周易》。"《太平御览》卷六〇八《学部二·叙经典》引桓谭《新论》曰："《易》，一曰《连山》，二曰《归藏》，三曰《周易》。《连山》八万言，《归藏》四千三百言④。"可知《易》有"三易"——《连山》《归藏》《周易》说，最早见于《周礼》；而《周礼》成书时间存在多说，最晚为王莽伪作说，在《汉书·艺文

---

① 但刘师培接云："此（指《夏龟》与《商龟书》）即桓氏（指桓谭《新论》，另见下文）所谓《连山》《归藏》也。"见《连山归藏考》，《中国学报（北京1912）》1916年第2期，第2页。恐误。因此处所言为龟卜书，非下文所言策筮书也。

② 参阅：高明《连山归藏考》，原载《制言》第49期，1939年，第1-20页，再刊《斯文》第2卷第14、16、17/18期，1942年，第5-7、15-16、13-19页。又，宋镇豪《谈谈〈连山〉和〈归藏〉》，《文物》2010年第2期，第48-58页。

③ [清]严可均《全上古三代文》卷一五《古逸·归藏》，《全上古三代秦汉三国六朝文》，中华书局重印本，1985年，第104-105页；[清]马国翰《玉函山房辑佚书·归藏》，《续修四库全书》第1200册，上海古籍出版社、北京线装书局，2002年，第481-493页。

④ [清]朱彝尊《经义考》卷二引此句后多"夏《易》烦而殷《易》简"一句。[东汉]桓谭著、朱谦之校辑《桓谭新论·正经篇》径引，见《儒藏·精华编》第182册上册，北京大学出版社，2016年，总第447页。但前文仅言"三易"之名，以及《连山》《归藏》之字数，并未言孰为夏《易》、孰为殷《易》，此句无的放矢，不录。

志》所据刘歆奏上《七略》之后，难免令人顿生疑窦。至于桓谭，为东汉初年人，时间更晚，虽言"《连山》八万言，《归藏》四千三百言"，似乎曾经目验，但从后世记载看，恐亦很难尽信。《隋书·刘炫传》记炫曾"伪造书百余卷"，中有《连山易》。同书《经籍志三》记梁元帝撰《连山》三十卷，或许也含有赝品。唯《经籍志一》曰："《归藏》，汉初已亡，案《晋中经》有之，唯载卜筮，不似圣人之旨。以本卦尚存，故取贯于《周易》之首，以备《殷易》之缺。"今人皆谓《晋中经》之《归藏》出自汲冢[①]。而辑本《归藏》与汲冢《归藏》关系密切。可见传世《归藏》材料应可凭信。

（二）"三易"何时成为三代之《易》说？《周礼·春官·太卜》郑玄注引杜子春云："《连山》，宓戏；《归藏》，黄帝。"意谓《连山》为宓戏（伏羲）之《易》，《归藏》为黄帝之《易》。王充《论衡·正说篇》曰："烈山氏之王得河图，夏后因之曰《连山》；归藏氏之王得河图，殷人因之曰《归藏》；伏羲氏之王得河图，周人因之曰《周易》。"三处"河图"均指八卦之图。孔颖达《周易正义·卷首·论三代〈易〉名》引郑玄《易赞》等曰："夏曰《连山》，殷曰《归藏》，周曰《周易》。'连山'者，象山之出云，连连不绝；'归藏'者，万物莫不归藏于其中；'周易'者，言《易》道周普，无所不备。"又《太平御览》卷六〇九《学部三·易》引皇甫谧《帝王世纪》曰："庖牺氏作八卦，神农重之为六十四卦，黄帝、尧、舜引而伸之，分为二《易》。至夏人因炎帝曰《连山》，殷人因黄帝曰《归藏》，文王广六十四卦，著九六之爻，谓之《周易》。"杜子春受业于刘歆，其说亦在《汉书·艺文志》所据刘歆《七略》之后。王充为东汉初年人，郑玄为东汉末年人，皇甫谧为魏至西晋初年人，时代则较杜子春更晚。尽管如此，他们的言论却并非完全无据；尤其王充所言烈山、归藏二氏，属于上古人名，已见《汉书·古今人表》，并非《论衡》所能伪造。

按《北堂书钞》卷一〇一《艺文部七·藏书》引前揭桓谭《新论》曰："《厉山》藏于兰台，《归藏》藏于太卜也。"清孔广陶校注云："今案问经堂辑本《新论》，'厉'作'连'，考烈山、厉山即连山，烈、厉、连皆一声之转耳。"孔氏所案"问经堂"，为清著名藏书家孙冯翼之堂名；孙氏所辑《新论》，为今存《新论》最早辑本，颇负盛名。故刘师培亦赞同声转之说。其言云：

《汉书·古今人表》于少典、方雷氏之间，有列山、归藏二氏，列、连声转，藏为藏省，则连山、归藏为人名，值羲、农、黄帝之间，所作占法，因以为名。杜子春谓"《连山》，宓戏；《归藏》，黄帝"，亦谓此二《易》始于宓戏、黄帝时耳，

---

① 郭沫若最早指出《晋中经》所收之《归藏》出自汲冢。见《〈周易〉之制作年代》，《青铜时代》，《郭沫若全集·历史编》第1卷，人民出版社，1982年，第387-391页。此说似已成为学界共识。另参程浩《辑本〈归藏〉源流蠡测》，《周易研究》2015年第2期，第40-45页。

非谓宓戏、黄帝所自作也。皇甫谧《帝王世纪》以《连山》为炎帝，别为一说，不与班、杜同。此邃古之连山、归藏也。郑君《易赞》谓"夏曰《连山》，殷曰《归藏》"，盖夏用列山氏占法，商用归藏氏占法，非《连山》作于夏，《归藏》作于殷也。①

总的来看，刘师培的调和解释，较为通达。但其实，上古之事，鸿蒙窅冥，文字发明之前，皆为口耳相传，存在不同说法，原属正常，不足为怪。

（三）"三易"何时分别以"艮""坤""乾"为首卦说？按"三易"既如前揭《周礼》所言"其经卦皆八，其别皆六十有四"，即符号系统相同，皆由八卦重叠，成六十四卦，那么，其区别究竟在何处，自然成为需要说明的问题。而就目前所知，首卦不同，无疑应是区别之一。《周礼·春官·太卜》"三易"郑玄注云："名曰《连山》，似山出内云气也。《归藏》者，万物莫不归而藏于其中。"贾公彦疏对郑玄注做了三点解释：（1）"此《连山易》，其卦以纯'艮'为首，'艮'为山，山上山下，是名《连山》，云气出内于山，故名《易》为《连山》。"（2）"此《归藏易》，以纯'坤'为首，'坤'为地，故万物莫不归而藏于中，故名为《归藏》也。"（3）"郑虽不解《周易》，其名《周易》者，《连山》《归藏》皆不言地号，以义名《易》，则'周'非地号。《周易》以纯'乾'为首，'乾'为天，天能周币于四时，故名《易》为'周'也。"以下还有"三正三统"等释义，此处不录。贾公彦所谓"郑虽不解《周易》"云云，系仅就此处《周礼·春官·太卜》郑玄注而言，实则本文前揭《周易正义》引郑玄《易赞》已对"周易"得名进行了解释，贾公彦此处解释与之大同小异，应为当时流行的说法。贾公彦虽为唐人，时代更晚，但解释《连山》《归藏》《周易》分别以"艮""坤""乾"为首卦，却并非完全无据。

按《礼记·礼运》记孔子云："我欲观夏道，是故之杞，而不足征也；吾得《夏时》焉。我欲观殷道，是故之宋，而不足征也；吾得《坤乾》焉。《坤乾》之义，《夏时》之等，吾以是观之。"郑玄注略云："杞，夏后氏之后也。得夏四时之书也；其书存者有《小正》。宋，殷人之后也。得殷阴阳之书也；其书存者有《归藏》。观于二书之意。"《小正》一本作《夏小正》。可与《史记·夏本纪》太史公所说"孔子正夏时，学者多传《夏小正》"相印证。郑玄将其书属"四时"类，与《汉书·艺文志》应属《数术略》之"历谱"类不同②。郑玄认为《坤乾》即《归藏》③，属

---

① 刘师培《连山归藏考》，《中国学报（北京1912）》1916年第2期，第1页。按：刘师培此文不长，但对关于《连山》《归藏》的很多问题，基本都有涉及，值得重视。

② 但《汉书·艺文志》"历谱"类云："历谱者，序四时之位，正分至之节，会日月五星之辰，以考寒暑杀生之实。……"知"历谱"类收"四时"之书，郑玄将《小正》属"四时"类，亦无太大不妥。

③ 郑玄认为《坤乾》即《归藏》，后世皆无异辞，仅[宋]王应麟《玉海》卷三五《艺文·周三易》云："《三皇太古书》三卷，柴霖传，亦谓之《三坟》，曰：山、气、形。天皇伏戏氏本山坟而作《易》，曰《连山》；人皇神农氏本气坟而作《易》，曰《归藏》；地皇黄帝氏本形坟而作《易》，曰《坤乾》。"将《归藏》与《坤乾》作为两部书。[宋]李过《西溪易说·原序》引"《坤乾》"作"《乾坤》"，即《周易》，疑是。

"阴阳"类，与《汉书·艺文志》应属《数术略》之"蓍龟"类也不同①。当然，这些并不重要。重要的是，《坤乾》作为《归藏》的异名，无疑是因为《归藏》以"坤"为首卦的缘故。《礼记》相传为西汉戴德、戴胜叔侄所编，时代与刘向、刘歆父子大致同时，自然远在贾公彦之前。而从新石器时代考古已发现完整占卜龟甲看②，无疑还可以找到更早的例证。

关于"三易"分别以"艮""坤""乾"为首卦，究竟有何意义，古今学人多有议论。此处以《连山》为例。如北宋黄裳云："阐幽者，《易》之仁也。故夏曰《连山》，象其仁而言之也。山者，静而生养乎物者也，有仁之道焉。"两宋之际朱震云："《连山》首'艮'者，八风始于不周，实居西北之方，七宿之次，是为东壁营室，于辰为亥，于律为应钟，于时为立冬，此颛帝之历，所以首十月也。"③罗勋章认为"艮"象崇雄武，孙智伟认为"艮"反映山和英雄崇拜④。我的看法与他们不同。我认为："三易"首卦的选择，对于选择者，也就是对于夏、商、周三代的主流族群，一定有着非常特别的意义。此处仍以《连山》为例。前揭《周礼》注疏中的"出内"均即"出纳"。郑注仅言《连山》似指"山出内云气"，即连绵之山云气有进有出。贾疏加了"山上山下"四字，强调出山，因为二山为出，从山上到山下正指出山。中国最难走出的连绵之山，莫过于蜀山。而夏禹正是蜀人。夏禹出生地虽然存在多说，但排为第一的应该是汶山郡广柔县石纽山说。《史记·夏本纪》"夏禹"云云条《正义》：《帝王纪》：禹"本西夷人也"。杨雄《蜀王本纪》："禹本汶山郡广柔县人也，生于石纽。"《括地志》："茂州汶川县石纽山在县西七十三里。"《华阳国志》："今夷人共营其地，方百里不敢居牧，至今犹不敢放六畜。"⑤按：汶山郡，汉武帝以冉駹羌国故地置，辖广柔等五县，治汶江县，在今四川茂县北，属四川省阿坝藏族羌族自治州。夏禹出生地石纽山，至今仍存有"禹迹景区"。茂县平均海拔4000多米，最高九顶山狮子王峰海拔4989米。茂县西南不远即汶川，2008年发生大地震，灾民出不来，救援人员进不去，给世界留

---

① 《汉书·艺文志》"阴阳"类云："阴阳者，顺时而发，推刑德，随斗击，因五胜，假鬼神而为助者也。"此"阴阳"类属"兵书略"，故又称"兵阴阳"，与《归藏》性质大异，疑郑玄指《易》之"阴阳"。如《周易·系辞上》云："一阴一阳之谓道。"又云："阴阳不测之谓神。"还有汲冢所出《易繇阴阳卦》之"阴阳"。

② 饶宗颐《略谈甲骨文与龟卜》，《饶宗颐20世纪学术文集》第2卷《甲骨》，中国人民大学出版社，2009年，第831-837页。

③ [清]马国翰《玉函山房辑佚书·连山》，《续修四库全书》第1200册，上海古籍出版社、北京线装书局，2002年，第477页。

④ 罗勋章《三〈易〉首卦与夏商周三代的文化精神》，《周易研究》1999年第1期，第64-70页。孙智伟《三〈易〉首卦的宗教内涵》，《青海社会科学》2003年第3期，第97-100页。

⑤ 另参李学勤《禹生石纽说的历史背景》，原载《大禹及夏文化研究》，巴蜀书社，1993年；再刊《走出疑古时代》，长春出版社，2007年；今据程薇、张静芳整理《〈五帝本纪〉〈夏本纪〉讲义》附录，清华大学出版社，2022年，第228-233页。

下很深印象。不仅如此，纵然走出汶山，也还远未走出蜀山，还要经过大巴山，穿越秦岭①，才算走出了蜀山。"连山"的意义正在于此。战国铜镜有所谓"山字镜"，最少三个"山"字（图1），最多六个"山"字（图2），环绕镜心，显示循环往复，连绵不绝之势。此外，"山"字内外还布满云气纹。过去都认为"山字镜"是"以字代形"，含有不动、安静、养物等寓意②。但我认为：这实际是《连山易》的标志性图像。可见当年夏后氏走出蜀山，备尝艰辛，给主流族群留下何等深刻印象！据此可将《连山易》之为人所知，往前推到战国时期（下二节谈帛书《周易》张政烺先生云云，传世《周易·说卦传》金景芳先生云云，还会涉及《连山易》，但时代已不是重点话题）。至于《归藏易》，情况也应相同。

图 1　战国三山云气纹镜　　　　　图 2　战国六山十二叶云气纹镜

三、关于《归藏》的传承

古今出土《易》类材料已有多批。最早自然是西晋太康二年（281 年）汲郡魏襄王冢竹书。据《晋书·束皙传》记载："其《易经》二篇，与《周易》上下经同。《易繇阴阳卦》二篇，与《周易》略同，《繇辞》则异。《卦下易经》一篇，似《说卦》而异。《公孙段》二篇，公孙段与邵陟论《易》……"如前揭郭沫若所指出，其中已有《归藏》。近些年来则有：（1）1973 年长沙马王堆汉墓出土帛书《周易》；

---

① 李白《蜀道难》："尔来四万八千岁，不与秦塞通人烟。"其中"秦塞"，[清]王琦注《李太白全集》没有解说（中华书局重印本，1999 年，第 162 页），顾青编注《唐诗三百首》谓指"秦地，今陕西一带"（中华书局，2009 年，第 138 页），实际指秦岭。

② 此处铜镜材料主要出自孔祥星铜镜讲座，详参："中国古代铜镜概论"（讲座），古文字与中华文明传承发展工程协同攻关创新平台、故宫博物院研究室主办，故宫研究院古文献研究所承办，故宫文化资产数字化应用研究所演播厅，2023 年 9 月 27 日 9:30—12:00。

（2）1977 年阜阳双古堆汉墓出土简本《周易》；（3）1993 年江陵王家台秦墓出土简本《易占》；（4）2013 年清华大学公布楚竹书《筮法》及《别卦》；（5）2014 年上海博物馆公布楚竹书《周易》。其中，仅阜阳简本《周易》和上博竹书《周易》与《归藏》没有太大关系，可以不论①。长沙马王堆汉墓帛书《周易》、江陵王家台秦墓简本《易占》、清华大学楚竹书《筮法》及《别卦》，则与《归藏》存在千丝万缕的联系。这里分别介绍如下：

（一）长沙马王堆汉墓帛书《周易》1973 年出土，次年就开始整理。是年 8 月 28 日，《文物》编辑部召开了一个座谈会，发表了《帛书概述》和"座谈纪要"②。《帛书概述》说"六十四卦的排列次序"与今本"完全不同"，还说"卦名多用假借字，如'乾'为'键'、'坤'为'川'（汉石经残字'坤'也作'川'）等"③。"座谈纪要"记唐兰、张政烺、周世荣等先生发言，也都谈到帛书《周易》与通行本《周易》多有不同。同年，有关方面将于豪亮先生从四川调到北京，专门负责帛书《周易》整理，一年后完成初稿，交给张政烺先生善后。于豪亮先生指出帛书《六十四卦》与已知《周易》各种本子比较，不仅卦名不同，排序及卦辞、爻辞也都不相同。他认为帛书《六十四卦》"可以称为别本《周易》"。他还认为，需要特别指出的，是卦名与《归藏》的关系。其言曰：

> 帛书的卦名有两个与《归藏》有关。一个是钦卦，帛书的钦卦，通行本是咸卦。《归藏》也有钦卦，朱彝尊《经义考》云："钦在恒之前则咸也。"帛书《周易》同《归藏》的成卦都名为钦卦，应该不是巧合。另一个是林卦，帛书的林卦是通行本的临卦。《归藏》有"林祸"，李过《西溪易说》云："临为林祸。"……《汉书·艺文志》不载《归藏》……人们都把（传世）《归藏》当做伪书。我们认

---

① 韩自强《阜阳汉简〈周易〉研究》，上海古籍出版社，2004 年。濮茅左主编《上海博物馆藏楚竹书〈周易〉》，中西书局，2014 年。按：此外还有北京大学藏西汉竹书《荆决》等典籍，内容虽为筮占，但属古代数术书，与《易》类材料有别，此处亦不录。

② 晓菡《长沙马王堆汉墓帛书概述》、佚名《座谈长沙马王堆汉墓帛书》，《文物》1974 年第 9 期，第 40-44、45-57 页。按：晓菡为韩仲民笔名，佚名作者亦当为韩仲民。韩仲民当时任文物出版社总编室主任，分管"竹简帛书整理组"工作。

③ 当年帛书《周易》整理成果，由于专收《周易》的《马王堆汉墓帛书[贰]》长时间没有出版，只有个人论文四篇：（1）马王堆汉墓帛书整理小组（于豪亮执笔）《马王堆帛书〈六十四卦〉释文》，《文物》1984 年第 3 期，第 1-8 页。（2）于豪亮遗稿《马王堆汉墓帛书〈周易·系辞〉校注》，《出土文献研究》第 3 辑，中华书局，1998 年，第 93-118 页。此二文与校勘记收入《马王堆帛书〈周易〉释文校注——于豪亮著作二种》，上海古籍出版社，2013 年，第 15-106、107-158 页。（3）张政烺《马王堆帛书〈周易〉系辞校读》。（4）张政烺《马王堆帛书〈周易〉经传校读》。此二文收入《张政烺文集·论易丛稿》，中华书局，2012 年，第 73-84、88-291 页。此外，除了中华书局 2014 年出版的《长沙马王堆汉墓简帛集成》外，还有多种个人释文，其中，最重要的有两种：（1）廖名春整理《马王堆帛书周易经传释文》，《续修四库全书》第 1 册，上海古籍出版社、北京线装书局，2002 年，第 1-56 页。（2）丁四新校点《马王堆汉墓帛书〈周易〉》，《儒藏·精华编》第 281 册（出土文献类），北京大学出版社，2007 年，总第 175-322 页。

为《归藏》不是伪书……《归藏》成书，绝不晚于战国，并不是汉以后的人所能伪造的。①

张政烺先生作为帛书《周易》整理的最终定稿者，却从未明确说过帛书《周易》与《归藏》的关系。他为帛书《六十四卦》作跋，前面主要是谈"数字卦"问题②。他指出：整个殷周时期，筮数未见二、三、三（四），这是因为"皆积横画为之，容易混乱不清"，故将二、三（四）变为了六，三变为了一。殷墟三期至西周早期筮数最大为八，到了西周中晚期筮数才出现了九，这是因为东方殷民族数以八为纪，西方周民族数以九为纪③。其中谈到安阳四盘磨村出土卜骨刻有筮数"七五七六六六曰魁""七八七六七六曰隗"，他认为：魁和隗是卦名，二字连读当指魁隗氏，即连山氏的别称，可能是《连山》易书的篇首④。后面才谈到帛书《六十四卦》和通行本《周易》最大的不同在于六十四个卦的排序，并以唐石经本《周易》和汉石经残字《周易》的卦名排序与之进行比较。他将前揭于豪亮先生提到的钦卦和林卦，分别排在第四十四和第三十六。但并无一字谈到该二卦与《归藏》的关系⑤。我推测主要是因为谨慎。

（二）江陵王家台秦墓简本《易占》1993 年出土，由于相关材料系陆续公布，导致研究存在阶段性。1995 年先发表简报，称出土了"一部过去从未见过的'易占'"，公布了三条简文和另两简照片，连劭名和李家浩等先生就敏感地将该"易占"与《归藏》联系起来⑥。1996 年和 2000 年，王家台秦简整理者王明钦先生先

---

① 于豪亮遗作《帛书〈周易〉》，原载《文物》1984 年第 3 期，第 15 页，收入《马王堆帛书〈周易〉释文校注——于豪亮著作二种》，上海古籍出版社，2013 年，第 4 页。按：于豪亮 1982 年因病去世，本文为其遗稿。《文物》"编者"谓本文"为八年前所写"，逆推即写于 1976 年，时间最早，故将他的整理研究成果放在前面先予介绍。

② 按："数字卦"是个极具争议的问题。譬如李学勤先认为"其实不是数字，而是卦画"，不久又说："关于数字卦的观点，我后来已有改变，参看《清华简〈筮法〉与数字卦问题》……"见《论战国简的卦画》，原载《周易溯源》，巴蜀书社，2006 年，收入《李学勤文集》第 21 卷《学术史研究》（一），江西教育出版社，2023 年，第 258-262 页。可见其事之复杂。故本文仅从学术史角度介绍相关观点，尽量不作是非评判。

③ 我曾对其说表示怀疑。因为 2002 年洛阳西周墓出土数字簋见有筮数九，该墓为殷遗民墓葬，筮数九有可能是东方殷民族自己的传统。见《王沛、俞凉亘、王木铎〈洛阳陶文〉序言》，原载《洛阳陶文》，国家图书馆出版社，2018 年，第 1-7 页，改名《陶器砖瓦上的历史印记——〈洛阳陶文〉序》，再刊《中国文物报》2019 年 9 月 13 日第 7 版。此外，（法）汪德迈（Léon Vandermeersch）怀疑是因为数字有吉凶的缘故。他说："今天仍然如此，中国车主以其车牌号的吉利数（例如全用 8 或 9 构成的车牌号）而出高价。"见金丝燕译《中国思想的两种属性：占卜与表意》，中国大百科全书出版社，2020 年，第 117 页注③。

④ 按：张政烺关于"数字卦"的论述，最详赡的成果是《试释周初青铜器铭文中的易卦》，原载《考古学报》1980 年第 4 期，第 403-415 页，收入《张政烺文集·论丛稿》，中华书局，2012 年，第 1-25 页。其中也提到安阳四盘磨村出土卜骨。关于该卜骨的性质，存在很多不同意见，并不以张政烺所说为定论。譬如曹定云认为卜骨时代属殷之康丁，应是《归藏》。见《殷墟四盘磨"易卦"卜骨研究》，《考古》1989 年第 7 期，第 636-641 页。

⑤ 张政烺《帛书〈六十四卦〉跋》，原载《文物》1984 年第 3 期，第 9-14 页，收入《张政烺文集·论丛稿》，中华书局，2012 年，第 59-72 页。

⑥ 荆州地区博物馆《江陵王家台 15 号秦墓》，《文物》1995 年第 1 期，第 37-43 页。连劭名《江陵王家台秦简与〈归藏〉》，《江汉考古》1996 年第 4 期，第 66-68 页。李家浩《王家台秦简"易占"为〈归藏〉考》，《传统文化与现代化》1997 年第 1 期，第 46-52 页。

后发表二文，称"易占"有两种抄本，都是《归藏》，公布了更多简文①。王明钦先生将首卦字形摹写作"𡘍"，根据传本《归藏》首卦字形作"𡘍"，释作"坤"。但由于：（1）该字形从所未见；（2）与传本《归藏》字形不全相符。曾经引起不少质疑，或认为应该释作"寡"字，或认为应该释作"寅"字，都是根据字形做出的推测，无须赘述。李学勤先生认为该字形就是"坤"字，可根据郭忠恕《汗简》引《归藏》隶定为"奭"，区别仅在于"坤"字实为从"土""申"声，而"奭"字疑为从"大""申"声（按：如从"大""申"声，则其字应该隶定为"奭"，即下"大"与上"申"中间需要断开）②。王家台秦简《易占》虽有两种抄本，但均有残缺，总字数为四千余字，与前揭桓谭《新论》说"《归藏》四千三百言"大致相符。以"坤"为首卦，"乾"（原文作"天"，即"乾为天"）为次卦，是《归藏》又名《坤乾》的主要根据。总之，王家台秦简《易占》是《归藏》没有问题，作为定本收入《儒藏》也是直接以《归藏》命名的③。

（三）清华大学楚竹书《筮法》及《别卦》2013年正式公布，从卦名、排序、写法等内容看，无疑与《归藏》有着密切关系④。我最感兴趣的问题有二：一是关于"坤"字写法的隶定；二是关于"卦位图、人身图"的意义。

（1）关于"坤"字写法的隶定，既存在不同看法，也存在认识误区。清华简《筮法》中有"坤"字，共出现七次，字形一致，均写作"𡘍"⑤。李学勤先生先说："坤，简文作'奭'，是《归藏》特有的写法。也见于碧落碑及《汗简》，推测都是来自《归藏》。"并在"《归藏》特有的写法"后出注曰："马国翰《玉函山房辑佚书》经编易类《归藏》……"⑥稍后又说："坤卦简文作'奭'，是《归藏》特有写法，也见于《汗简》等，推测也是来自《归藏》，朱震（《汉上易传》）引作'奭'，乃是讹字。"还说："辑本以马国翰《玉函山房辑佚书》为好……"⑦李学勤先生根据郭忠恕《汗简》引《归藏》将王家台秦简《易占》"坤"字隶定为"奭"已见前述。可见将《归藏》"坤"字隶定为"奭"是李学勤先生的一贯观点。李学勤先生说他根据的《归藏》是马国翰的辑本。这是因为他认定马国翰的辑本最好。但马

---

① 王明钦《试论〈归藏〉的几个问题》，《一剑集：北京大学考古专业八六届毕业十周年纪念文集》，中国妇女出版社，1996年，第101-112页。王明钦《王家台秦墓竹简概述》，原为"新出简帛国际学术研讨会"论文，北京大学，2000年8月，收入《新出简帛研究：新出简帛国际学术研讨会文集》，文物出版社，2004年，第26-49页。

② 李学勤《王家台简〈归藏〉小记》，原载《周易溯源》，巴蜀书社，2006年，收入《李学勤文集》第21卷《学术史研究》（一），江西教育出版社，2023年，第266-272页。

③ 辛亚民校点《江陵王家台秦简〈归藏〉》，《儒藏·精华编》第282册（下），北京大学出版社，2020年，总第1003-1037页。

④ 此外，《筮法》表示卦画的数字，或者说表示爻的数字，十分特别。譬如以"一"代表"七"。见马楠《清华简〈筮法〉二题》，《深圳大学学报》2014年第1期，第64-65页。是否也与《归藏》有关，值得探讨。

⑤ 程燕《谈清华简〈筮法〉中的"坤"字》，《周易研究》2014年第2期，第19-20、31页。

⑥ 李学勤《清华简〈筮法〉与数字卦问题》，《文物》2013年第8期，第67、68页。

⑦ 李学勤《〈归藏〉与清华简〈筮法〉〈别卦〉》，《吉林大学社会科学学报》2014年第1期，第5-6页。

国翰辑本《归藏》"坤"字是隶定作"夷"形的①。显然，这与李学勤先生隶定作"奂"形的写法完全不同，而与李学勤先生认为属于讹字的朱震《汉上易传》的"奭"同形。如果以"奭"为正形，则可知"奂"与"夷"都是大人负重的形象，区别之处在于："奂"是肩上扛着两百斤重物，"夷"是两臂夹着两百斤重物。前揭王明钦先生根据传本《归藏》将王家台秦简《易占》"坤"字隶定为"**夷**"，与"夷"同形，也是两臂夹着两百斤重物。如前所说，该《易占》"坤"字，或认为应该释作"寡"字，或认为应该释作"寅"字，也是因为两臂之下有一个"百"字或两个"百"字。

查朱震《汉上易传》，其"坤"字实际作"夷"形②，系"奭"的别体。此外，《归藏》还有严可均辑本。严可均是马国翰的长辈，也是辑佚巨匠。他的辑本《归藏》"坤"字隶定作"奭"，注谓系据《玉海》卷三五，又云："世有《归藏镜》，亦作'奭'。"③而查《玉海》卷三五，所记"坤"字隶定亦原出朱震，实际也是作"夷"形的④。可以认定，辑本《归藏》"坤"字，无论是作"夷"形，还是作"夷"形，均为"奭"的别体。这就令人想起甲骨文释读史上一个聚讼纷纭的字。这个字"变体甚夥"（杨树达先生语），据徐中舒先生主编《甲骨文字典》和于省吾先生主编《甲骨文字诂林》，规范有"𡘙""𡙁""𡙟""𡘳"等形。此字特点主要有三：一是象人双手提二物，而二物种类繁多；二是含义为配偶，与"母"和"后妃"之"后"有时可以通用；三是凡王宾之以妣配食者，于王宾与妣某之间必以此字间之。罗振玉、王襄、吴其昌、叶玉森、唐兰、于省吾、陈邦怀、郭沫若、张政烺、杨树达、陈梦家、饶宗颐、张秉权、李孝定、王贵民、陈炜湛、姚孝遂等先生都参加了讨论。张政烺先生认为当读为"仇"，指配偶。陈梦家先生认为就是"母"字，可以"假作后妃之后"。多数人主张释作"奭"。但《甲骨文字诂林》最后按云："卜辞'奭'字，诸家争讼，但其含义为配偶，则无异辞。今从于先生说释为'奭'字。"⑤尽管如此，如王晶晶所说："现在多从于省吾先生的意见隶定作'奭'，只是权宜之计，与字形并不完全贴合。"⑥我赞同释作"奭"字，实际也就是"坤"字。

---

① [清]马国翰《玉函山房辑佚书·归藏》，《续修四库全书》第1200册，上海古籍出版社、北京线装书局，2002年，第482页。

② [宋]朱震《汉上易传·卦图卷上》"伏羲八卦图"引《归藏·初经》，《景印文渊阁四库全书》第11册，台湾商务印书馆，1982-1986年，第311页。

③ [清]严可均《全上古三代文》卷一五《古逸·归藏》，《全上古三代秦汉三国六朝文》，中华书局重印本，1985年，第105页。

④ [宋]王应麟《玉海（合璧本）》卷三五《艺文·易》"周三易"条引朱震云云，京都：中文出版社，1977年，第703页。

⑤ 徐中舒主编《甲骨文字典》，四川辞书出版社，1989年，第373-374页；于省吾主编《甲骨文字诂林》第1册，中华书局，1996年，第241-255页。

⑥ 王晶晶《再论甲骨文"奭"的字形演变及用法》，《甲骨文与殷商史》新9辑，上海古籍出版社，2019年，第260-266页。

（2）关于"卦位图、人身图"的意义，问题虽然比较复杂，但实际可以简单化处理。整理者将《筮法》分成三十节，第二十四节是一幅由大小两个方框包裹的人形图像，名为"卦位图、人身图"（图3）。大小两个方框之间，即所谓"次外圈"，按八方标示八卦，称"卦位图"。小方框内，即所谓"内圈"，为人形图像，人体重要部位也标示八卦，称"人身图"。整理者谓与《周易·说卦》所云"乾为首，坤为腹，震为足，巽为股，坎为耳，离为目，艮为手，兑为口"，除"离在腹下方为巽"外，其他"基本相合"①。但实际上，从人形图像看，巽在两腿之间，与"巽为股"孔颖达疏曰"股随于足，则巽顺之谓，故为股也"仍不尽符合。夏含夷先生对"人身图"进行了精妙解读。其言曰：

图3　清华楚竹书《筮法》"卦位图、人身图"

人身图中这些与身体部位相配的卦有一个有趣的特点，那就是有些卦画似乎是象形的，或至少有一定象形意味。最明显的一例是对应"口"的《兑》☱，作⟨⟩，下面的两条实线爻似乎表现的是双唇，最上那根虚线爻（在《筮法》中写作"∧"形）表鼻子。同样象形意味浓厚的还有对应双手的《艮》☶，作⟨⟩，人身图中的卦画模仿手形，最下两爻酷肖手指。此外，人形图像的最下方那两短横象人腿下之足，而对应双"足"的《震》☳最下面的实线爻模仿的正是此短横。最后，象征"私处"的《巽》，其卦画似乎也是象形的。《说卦传》将《巽》与两"股"联系，而《筮法》人身图中此卦只出现了一次，位于两股之间。无论是在《周易》系统

---

① 李学勤主编《清华大学藏战国竹简（肆）》，中西书局，2013年，第111-113页。另参贾连翔《出土数字卦文献辑释》，中西书局，2020年，第240页。

中还是在《筮法》中,《巽》都被认为是女性（长女）。考虑到这一点,《巽》卦最下面的那条阴爻（依旧写作"**∧**"形）似乎就是描摹了张开的阴户。①

既然《周易·说卦》将八卦与人的身体部位相配,那么"人身图"将与人的身体部位相配的八卦作象形之描摹就很自然了。尤其值得注意的是,《巽》被描摹作女性"私处"。这就是说,原来不分性别的"人身图",实际应该定名为"女身图"。而以"女身"图像为《筮法》标识,说明该《筮法》就是《归藏》。此外,从该"女身"图像造型看,两臂张开下垂,作欲提重物状,与前揭"奭"字造型含义大致相同（图4）,实际也就是《归藏》首卦"坤"字的本义。

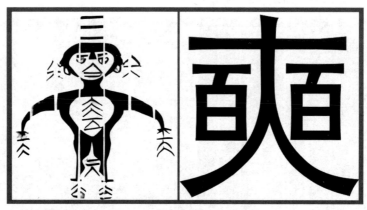

图 4　女身奭（坤）字对比图

四、关于殷商母系社会遗留

现存辑本《归藏》,除了《六十四卦》,还有《初经》《齐母经》《郑母经》《本蓍篇》《启筮篇》等。但在马王堆帛书《周易》出土之前,历代学者引用,实际皆处半信半疑之间,无敢于全信者。于豪亮先生整理帛书《周易》,始指出其中钦、林二卦与《归藏》有关,并断言"《归藏》不是伪书",已如前述。此后,真正为《归藏》全面翻案者,是饶宗颐先生。

饶宗颐先生早年参考张政烺、张亚初、刘雨等先生成果②,就指出:（1）筮法为商人所固有,《世本》"巫咸作筮"之说并非无稽;（2）重卦非始于文王,殷时六十四卦卦名已经存在;（3）《归藏》卦名大体与《周易》同,只有少数差别,足

---

①［美］夏含夷著、蒋文译《〈周易〉的起源及早期演变》第四章《蓍筮》第一节《筮法》,上海古籍出版社,2022年,第117页。

② 参前揭张政烺《试释周初青铜器铭文中的易卦》,不具注。张亚初、刘雨《从商周八卦数字符号谈筮法的几个问题》,《考古》1981年第2期,第155-163、154页。

见殷人的"阴阳之书"《坤乾》，基本上已用六十四卦，周人始损益之，改首坤为首乾①。他说，在"陶器、卜甲、彝器上可确定为属于商季之契数资料"中，虽然"无'九'的数字，以一、五、六、七、八最为常见，而'六'数则几乎每一卦卦爻皆用之，⚏为三个阴爻之数，即是坤卦。旧说殷易首坤，未为无因。在龟甲及彝器上先公名号兼记着坤卦卦名，用意尚未明"。最后一句，从所举《殷虚文字外编》448"上甲"旁记"⚏"、《商周金文录遗》253"父戊"旁亦记"⚏"等例证来看，用意恐怕亦与殷易首坤、殷商重母有关。

辑本《归藏》的《初经》，号称"庖牺氏之本旨"者，即首为"初坤"，写作"初奭"。接下来的《齐母》《郑母》二经，有何意味，不太清楚。马国翰云："齐母不知何义？按《归藏》以奭为首，奭者物之母也。郭璞《山海经注》又引有郑母。疑十二辟卦以十二分野配之。未审是否？"马国翰认为"母"指《归藏》首奭，齐、郑可能为分野名称。廖名春认为王家台秦简《易占》就是《归藏》的《郑母经》。他说，"郑"当读为"奠"，"奠"与"尊"通用，"奠"又通"帝"，"郑母"即"奠母"，亦即"尊母""帝母"，以母为尊，以母为主。廖名春没有解释"齐母"的含义②。如果廖名春关于"郑母"含义的解释可以成立，那么据此类推，"齐母"之"齐"就有可能与"见贤思齐"之"齐"同义，即凡事要向"母"看齐，也是以母为尊，以母为主。辑本《归藏》多女性筮占故事，如女娲筮张云幕，羿向西王母请不死之药，姮娥盗不死之药奔月，帝尧降二女为舜妃，等等，可能也有竖立女性标杆的用意。

金景芳先生认为，殷之《归藏》并没有完全失传，其遗说与夏之《连山》一并都保留在《周易》的《说卦传》中。具体而言就是，今天行世的《说卦传》，除了篇首"昔者圣人之作《易》者也"两段文字是讲《周易》的，应移入《系辞传》外，其余都是孔子为《周易》作《传》时有意识地保存下来的《连山》《归藏》二《易》的遗说。他将这些遗说分为二章，每章分为三节，摘要进行了解读③。他的观点，用清华楚竹书《筮法》检验，证明可以成立④。可以看出，金景芳先生对《归藏》

① 饶宗颐《殷代易卦及有关占卜诸问题》，《文史》第 20 辑，中华书局，1983 年，第 1-13 页。按：高亨认为："《周易》古经不是一个时期写定，更不是出于一人之手。"见《旧序（摘录）》，《周易古经今注（重订本）》，中华书局，1984 年，第 6 页。虽有受"层累说"影响的成分，但大致没有问题，因为《周易》古经实际是从《归藏》损益而来。

② 廖名春《王家台秦简〈归藏〉管窥》，《周易研究》2001 年第 2 期，第 13-19 页。按：陈丽红、倪天睿结合王家台秦简《归藏》，对辑本《归藏·齐母经》"瞿有瞿有觚"之文进行考证，十分奇怪，也未对"齐母"的含义进行解释。见《传世本〈归藏·齐母经〉"瞿有瞿有觚"考释》，《四川职业技术学院学报》2003 年第 4 期，第 101-105 页。

③ 金景芳《自序》《后语》《〈说卦传〉略说》，《〈周易·系辞传〉新编详解》，《金景芳全集》第 3 册，上海古籍出版社，2015 年，第 1136、1265-1266、1273-1277 页。

④ 贾连翔《从清华简〈筮法〉看〈说卦〉中〈连山〉〈归藏〉的遗说》，《出土文献》第 5 辑，2014 年，第 140-144 页。

的思想和殷商的社会意识形态有着极其深刻的认识。而他的认识，主要来源于对"殷道亲亲"四字的透彻剖析和完整解读。

据《史记》卷五八《梁孝王世家》记载：梁孝王刘武，文帝子，景帝同母弟，母为窦太后。文帝崩，景帝继位，未置太子，与梁王燕饮，尝从容曰："千秋万岁后传于王。"王虽知非至言，然犹窃喜。太后亦然。后梁王入朝，与景帝侍坐太后前。太后谓景帝曰："吾闻殷道亲亲，周道尊尊，其义一也。安车大驾，用梁孝王为寄。"景帝曰："诺。"景帝出，召通经术的大臣袁盎等，问太后何意。袁盎等曰："太后意欲立梁王为帝太子。"因为："殷道亲亲者，立弟。周道尊尊者，立子。殷道质，质者法天，亲其所亲，故立弟。周道文，文者法地，尊者敬也，敬其本始，故立长子。周道，太子死，立适孙。殷道。太子死，立其弟。"而"方今汉家法周，周道不得立弟，当立子"，否则"国乱，祸不绝"。

金景芳先生认为，《归藏》首坤次乾，《周易》首乾次坤，实际反映了殷周在政治思想上存在重大差别，在社会意识形态方面发生了重大变化。"殷道亲亲"反映的是重母统，"周道尊尊"反映的是重父统。"殷道亲亲"强调血缘关系，在君位继承上重母统，传弟；"周道尊尊"强调政治关系，在君位继承上重父统，传子。"尊尊"思想是周人特有的，它是对殷人固有的"亲亲"思想的否定。周人固然也讲"亲亲"，但是周人更强调"尊尊"；周人是在强调"尊尊"的前提下讲"亲亲"的；或者可以说，周人讲的"亲亲"是用"尊尊"的思想改造过了的。周人的"亲亲"是充满着"尊尊"观念在内的"亲亲"，与殷人讲的"亲亲"根本不同。殷周的这一巨变，改造了当时人们的整个思维模式，影响了此后几千年中国人的思想发展趋向，中国传统思想文化，特别是儒家文化，以及夫尊妻卑、父尊子卑、君尊臣卑一类等级观念，其源头都可以追溯到这里①。

金景芳先生认为，《归藏》是殷商政权的指导思想。《史记》卷一三〇《太史公自序》说文王"拘羑里，演《周易》"，是可信的。因为当时文王的思想发生了根本的变化。被囚以前，是《论语》所说的"三分天下有其二，以服事殷"；被囚以后，是《尚书》所说的"西伯戡黎"，令殷商大臣祖伊惊慌失措，担心将有亡国的危险。而文王想推翻殷商的王权，就必须先演《周易》，推翻作为殷商政权指导思想的《归藏》。用《周易》的首乾次坤，取代《归藏》的首坤次乾②。金景芳先生对《归藏》首坤次乾指导思想的来源，殷商政权重母统意识形态的形成背景，没有进行解说。我以为无疑与殷商母系社会遗留有关。

关于殷商历史，到目前为止，最重要和最根本的材料，还是司马迁的《史记·殷

---

① 金景芳、吕绍纲《原序》《周易上经·乾·总论》《系辞传上》，《周易全集（修订本）》，《金景芳全集》第2册，上海古籍出版社，2015年，第561、594、1020-1021页。

② 金景芳《自序》《后语》，《〈周易·系辞传〉新编详解》，《金景芳全集》第3册，上海古籍出版社，2015年，第1135-1136、1264-1266页。

本纪》。而《史记·殷本纪》记殷商祖先，实际仅始于契，原文为：

> 殷契，母曰简狄，有娀氏之女，为帝喾次妃。三人行浴，见玄鸟堕其卵，简狄取吞之，因孕生契。契长而佐禹治水有功。帝舜乃命契曰：“百姓不亲，五品不训，汝为司徒而敬敷五教，五教在宽。”封于商，赐姓子氏。契兴于唐、虞、大禹之际，功业著于百姓，百姓以平。

这段记载说明两点：（1）契系殷商始祖，传为其母简狄吞玄鸟卵而生，非帝喾之子；（2）契只知有母，不知有父，反映其时殷商尚属母系社会。

关于帝喾是否为契之父，历来就有不同看法。《礼记·祭法》云：“殷人禘喾而郊冥，祖契而宗汤。”至少是将帝喾作为殷商家族重要成员记述的。王国维先生进而指出：卜辞所见“高祖夒”，作为殷商家族重要成员，就是帝喾[①]。但《史记索隐》已云：“契是殷家始祖，故言殷契。”引谯周更云：“契生尧代，舜始举之，必非喾子。以其父微，故不著名。”故学界言“高祖夒”非帝喾，帝喾非商之始祖者，亦颇不乏人。据王震中介绍，王襄、徐仲舒、容庚、唐兰、杨树达、陈梦家、饶宗颐等先生都不同意将卜辞所见“高祖夒”说成是帝喾，他们多数认为“高祖夒”就是殷商始祖契[②]。我赞同契系殷商始祖说。

关于简狄是否吞玄鸟卵生契，其事是否属于母系社会图腾，古今也都有不同看法。首先是其事《诗经》《楚辞》都有记录，说明在民间口耳传诵已久。但文本不同，反映的情况也不完全相同。《诗经·商颂·玄鸟》：“天命玄鸟，降而生商。”毛传谓“玄鸟降”指春分，其时，高辛氏帝（喾），与其配有娀氏女简狄，郊禖求子而生契。实际否定了简狄吞玄鸟卵生契之说。又《诗经·长发》：“有娀方将，帝立子生商。”郑笺与郑玄《毛诗谱·商颂谱》都仅言简狄吞鳦（玄鸟）卵而生契。都没有提到帝喾。实际否定了帝喾为契父之说。《楚辞·离骚》：“望瑶台之偃蹇兮，见有娀之佚女。”王逸注：“有娀，国名。佚，美也。谓帝喾之妃，契母简狄也。配圣帝，生贤子。”《楚辞·天问》：“简狄在台，喾何宜？玄鸟致贻，女何喜？”王逸注：“简狄，帝喾之妃也。玄鸟，燕也。贻，遗也。言简狄侍帝喾于台上，有飞燕堕遗其卵，喜而吞之，因生契也。”《楚辞·九章·思美人》：“高辛之灵盛兮，遭玄鸟而致诒。”王逸注：“帝喾之德茂神灵也。喾妃吞燕卵以生契也。”则又大致与前揭《史记·殷本纪》的记载相类似。还有《吕览》《淮南子》《尚书中候》等众多记录，无须一一赘证。后世对简狄吞玄鸟卵生契之说疑信参半。于省吾先生据《西清古鉴》著录商壶有“玄鸟妇”三字合书，第五期卜辞有“娀”字反映殷

---

① 王国维《殷卜辞中所见先公先王考》《殷卜辞中所见先公先王续考》，《观堂集林》，中华书局重印本，1984年，第411-413、433页。

② 王震中《帝喾并非商之始祖》，《殷都学刊》2004年第3期，第10-13、21页。另参王震中《商族的起源及其早期迁徙》，《中国社会科学院历史研究所学刊》第3集，商务印书馆，2004年。不具注。

商与"有娀氏"一直保持婚媾关系，认为简狄吞玄鸟卵生契属于殷商图腾可信[①]。胡厚宣先生据卜辞所见上甲微之父"王亥"之"亥"字常写作鸟形，亦认为简狄吞玄鸟卵生契属于殷商图腾可信[②]。虽然这些观点曾被常金仓斥为"泛图腾论"，他担心此论流行会对古史研究带来消极影响[③]，但我认为"玄鸟生商"属于母系社会图腾是没有问题的。

殷商时期，虽然已实行父家长制，但严格的宗法社会尚未建立，加以"殷道亲亲"，重母统，重母系血缘，女性在家族中的地位远高于西周以后[④]。胡厚宣先生指出：殷王室婚姻，经过了示壬（主壬）至大戊（太戊）一夫一妻，中丁（仲丁）至康丁（庚丁）一夫多妻，此后一夫一妻与一夫多妻并行等几个阶段，从一夫一妻发展到一夫多妻，与宗法制度发展和王位继承制度变化有关[⑤]。陈梦家先生在董作宾先生发现殷商存在周期性祭祀的基础上，将这种祭祀定名为"周祭"，他注意到，"周祭"制度是在祖甲时代建立的，其时实行一夫多妻制，为"周祭"祭祀先妣的需要，祖甲同时成立了"法定配偶"制[⑥]。这种一夫一妻制和一夫多妻制下的"法定配偶"制，保证了母妇在家族社会具有稳固的地位。

近年，欧蕾、谭德兴概言："尽管在殷商时期男权已经取得了统治地位，但这时期却遗留了大量母系社会的遗风，妇女依然还具有令西周至清末甚至今天的女性所艳羡的特殊地位。"[⑦]其实，在他们之前三十年，郑慧生先生就已将贵妇特殊地位，依次归纳到宗法、经济、军事、政治四个方面，并进行了论证[⑧]。在他们之前八年，何敏也将贵妇特殊地位，依次归纳到宗教事务、政治事务、农业管理、财产占有四个方面，并对妇女地位变迁的原因进行了探讨[⑨]。还有不少成果，无须赘述。我以为，其中最为重要的，还是政治地位和经济地位。

胡厚宣先生是最早关注殷商妇女地位的学者。他早年研究殷商封建制度，首先探讨的就是"诸妇之封"。他依次列举妇妌、妇好、姤等所谓武丁三妃"受年"

① 于省吾《略论图腾与宗教起源和夏商图腾》，《历史研究》1959 年第 11 期，第 60-69 页。

② 胡厚宣《甲骨文商族鸟图腾的遗迹》，《历史论丛》第 1 集，中华书局，1964 年，第 131-159 页。胡厚宣《甲骨文所见商族鸟图腾的新证据》，《文物》1977 年第 2 期，第 84-87 页。

③ 常金仓《古史研究中的泛图腾论》，《陕西师范大学学报》1999 年第 3 期，第 36-46 页。

④ 朱凤瀚从祭祀角度，对商周女性在家族中的地位进行了考察，主要观点是：在卜辞反映的商后期，商王室或其他贵族家族，祭祀主要是男性的活动，女性祭祀似仅在为个人被除不祥，非属基本祀典，也不占主要地位。从形式上看，身份和地位还不如西周时期的女性。见《论商周女性祭祀》，原载《中国社会历史评论》第 1 卷，天津古籍出版社，1999 年，增补收入《甲骨与青铜的王朝》下册，上海古籍出版社，2022 年，第 1117-1125 页。

⑤ 胡厚宣《殷代婚姻家族宗法生育制度考》，《甲骨学商史论丛初集》，成都齐鲁大学国学研究所专刊，1944 年，第 113-133 页。

⑥ 陈梦家《殷虚卜辞综述》，考古学专刊甲种第二号，中华书局，1988 年，第 380 页。

⑦ 欧蕾、谭德兴《从甲骨卜辞看殷商妇女的社会地位》，《语文学刊》2011 年第 8 期，第 17-20 页。

⑧ 郑慧生《卜辞中贵妇的社会地位考述》，《历史研究》1981 年第 6 期，第 29-35 页。

⑨ 何敏《商周贵族妇女地位变迁初探》，四川大学硕士学位论文，2003 年 5 月。

的卜辞资料，认为"受年"指农田获得丰收，反映殷商王妇必有食邑封地[1]。后来，据左勇介绍和辨析，徐义华考证姄只是地名，刘影缀合成果反映妇好卜辞不能与"受年"连读，妇姄也只是代替商王管理王室农业生产的王妇[2]。即胡厚宣先生提出的反映殷商王妇必有食邑封地的三条证据全都不能成立。当然，殷商妇女的经济地位并不会因为这三条证据不能成立而有所降低。1976 年，武丁配偶妇好墓（殷墟五号墓）被发掘，出土大量极其珍贵的青铜器和玉石器，不少礼器和玉器上都有"妇好"和"司母辛"（辛为妇好庙号）铭文，显然这些都是妇好的私人财产[3]。据研究：妇好拥有王后、将军、祭司、诸侯等多重身份，地位极其崇高；武丁还有一个配偶妇井（妇姄），地位也非常崇高[4]。这些新情况，引起学界对一些传统记载的反思。譬如，《史记·殷本纪》说帝纣"爱妲己，妲己之言是从"。《尚书·牧誓》记武王伐商，指责纣王说："古人有言曰：'牝鸡无晨。牝鸡之晨，惟家之索。'今商王受（即纣），惟妇言是用。"王晖认为：商代妇女地位很高，从武丁时期就可以直接参与商王朝的军国大事，属于"牝鸡之晨"文化现象，反映了母系社会的一些特点；周代妇女地位很低，属于"牝鸡无晨"文化现象，反映的是《周礼》中妇女的地位[5]。此外，齐航福认为："《尚书·牧誓》中所谓'牝鸡之晨'现象，并非独存于商纣王时期，它已存在于整个殷商时期，武丁时尤为突出。商代社会生活中的许多领域，都能看到妇女的活动身影，她们应该有着较高的社会地位。"[6]齐航福所说的"整个殷商时期"，那就既不限于纣王时期，也不限于武丁时期，而可以一直追溯到始祖殷契时期。我赞同这种说法。因为《史记索隐》说是"契始封商"。在契之后，殷商政权正式以《归藏》首坤次乾为指导思想，根据母系社会遗留的重母统意识形态，给予妇女特殊地位，开创了一个既不同于夏、更不同于周的殷商妇女新时代！

五、小　结

关于殷商母系社会遗留，前人虽然做过一些工作，但实际上还有很多未发之覆。譬如《礼记·曲礼上》云："礼不讳嫌名，二名不偏讳。"郑玄注："为其难辟

① 胡厚宣《殷代封建制度考》，《甲骨学商史论丛初集》，成都齐鲁大学国学研究所专刊，1944 年，第34-37 页。
② 左勇《"妇姄受年"卜辞辨析》，《文史》2022 年第 3 辑，第 249-258 页。
③ 中国社会科学院考古研究所安阳工作队（郑振香、陈志达）《安阳殷墟五号墓的发掘》，《考古学报》1977 年第 2 期，第 57-96、163-198 页。
④ 朱桢《巾帼最早属殷商——说妇好、妇井》，《殷都学刊》1990 年第 2 期，第 102-103、101 页。
⑤ 王晖《从商代"牝鸡之晨"现象看商周妇女地位的文化差异》，《陕西师范大学学报》1997 年第 4 期，第79-85 页。另参王奇伟《从"牝鸡之晨"现象看商代妇女的社会地位》，《殷都学刊》2000 年第 1 期，第 22-26 页。
⑥ 齐航福《从殷墟甲骨文看商代妇女社会地位》，《中州学刊》2014 年第 12 期，第 128-132 页。另参具隆会《从殷墟甲骨文谈商王的政治伙伴诸妇》，《中原文化研究》2017 年第 3 期，第 111-116 页。

也。嫌名谓音声相近，若禹与雨、丘与区也。偏谓二名不一一讳也。孔子之母名征在，言在不称征，言征不称在。"我们知道，在后来的父系宗法社会，妇女大多都是有姓无名，哪里还有"二名不偏讳"之事。郑玄谈"二名不偏讳"，特别举孔子母亲的二名为例。为什么？因为孔子是殷人后裔，殷商妇女有二名，应该是其母系社会遗留。当然，关于这个问题，还须另做研究。总之，将殷商母系社会遗留研究透彻，对深入了解夏商周文化传承，一定极有裨益！

An Exploration of *Guicang* and the Legacy of Matrilineal Society in the Shang Dynasty

Wang Su

Abstract: "Turtle and stalk divination" 龟策 or "Oracle bone and stalk divination" 卜筮 (The two names refer to essentially the same practice) is the most important practice among various methods of divination in the Three Dynasties. The strategies involved in such practice, though different in tools and techniques, belong to these two major categories: "turtle divination" 龟卜 used oracle shells and bones, while "stalk divination" 策筮 milfoil stalks. The "Record of Arts and Letters" chapter of the *Book of Han* 汉书·艺文志 classifies them under the "Numerical Arts" 数术略 category of "milfoil and turtle divination" 蓍龟. Although the *Zhou Yi* 周易 of the Zhou people is also a text on stalk divination, due to its interpretation by sages and its transmission by Confucius, it is categorized separately in the "Record" chapters of the *Book of Han* 汉志 (*Han Zhi*) under the "Yi" 易 category, ranking first in the "Six Arts" 六艺略. However, *Han Zhi* does not mention the other two Yi texts of the same category, *Lianshan* 连山 of the Xia and *Guicang* 归藏 of the Shang, leading to much debate and scholarly discussion. One particularly heated topic in recent years concerns the relationship between the Shang *Guicang* and newly excavated Yi-category texts, such as the silk manuscript *Sixty-Four Hexagrams* 六十四卦 from the Mawangdui Han tomb in Changsha, the *Yi Divination* 易占 from the Wangjiatai Qin bamboo manuscripts in Jingzhou, and the *Milfoil Divination Rules* 筮法 and *Hexagrams* 别卦 from the Tsinghua bamboo manuscripts. This article presents three discussions on key issues related to this topic:

1. **On the Formation of the "Three Yi"** 三易: This section suggests that the

"mountain character mirror" 山字镜 from the Warring States period is an iconic image 标志性图像 of *Lianshan*.

2. On the Transmission of *Guicang*: It argues that the "Diagram of Trigram Positions and the Human Body" 卦位图、人身图 in the *Milfoil Divination Rules* from the Tsinghua Bamboo Manuscripts are iconic images of *Guizang*.

3. On the Legacy of Shang's Matrilineal Society: This section asserts that *Guicang*'s philosophy, "Kun 坤 comes before Qian 乾, being the mother of all things" 先坤后乾，首万物之母，reflects Shang's emphasis on matrilineal lineage. It led to a society that valued maternal kinship and placed a higher political and economic status on women within the family, a trait significantly more pronounced than in the Western Zhou period and beyond.

Key words: Divination in the Three Dynasties; Mountain Character Mirror; Image of Female Body; Shang Kinship Society; Legacy of Matrilineal Society

新出胡家草场墓地历日简与汉初历法

岳冠林　　张淑一

（华南师范大学历史文化学院）

摘要：荆州胡家草场12号西汉墓出土的4600余枚简牍中包含203枚历日简，这200余枚历日简预推了汉文帝后元元年之后一百年的朔日干支（前163年至前64年），是迄今发掘的历法材料中连续朔闰时长最久的历日简。使用殷历与当前披露的20余枚胡家草场墓地历日简的朔日干支进行对比可知，胡家草场墓地历日简所反映的历法与殷历切近，余分仅比殷历大150分左右（每日以940分计，误差大致相当于3.8小时），其置闰年份也与殷历一致。参考近年来有关秦汉历法的研究成果，以及传世文献中记载的朔闰干支和置闰规律可知，汉初的置闰年份与殷历的置闰规律相符，与颛顼历的置闰规律不符，因此汉初的历法并非史籍所载之颛顼历，实由殷历变化而来。

关键词：胡家草场墓地历日简；汉初历法；殷历；颛顼历；四分历；置闰

在近些年不断披露的秦汉简牍中，经常可以见到质日简或公文简的朔闰干支，借由这些零星的朔闰材料，人们得以窥见秦汉历法之一斑。但是西汉初期，特别是汉文帝时期的历日简却很少发现，使得学界很难了解秦汉交替之际的历法状况。近期胡家草场墓地西汉历日简的公布，弥补了这一缺失。自二十世纪七十年代《元光历谱》发现以来，秦汉历法研究逐渐引起大家的重视，其后周家台秦简、里耶秦简、岳麓书院藏秦简、张家山汉墓竹简等出土文献渐次公布，秦汉历法研究的成果也随之层出不穷。目前学界对秦汉历法的研究主要侧重于分析朔日干支，而对置闰规律的探讨尚不多。本文使用殷历对胡家草场墓地历日简所涵盖的百年朔闰进行复原，与近期《荆州胡家草场西汉简牍选粹》一书中的20余支历日简进行对比，以分析胡家草场墓地历日简的余分大小。同时，参考近年来秦汉历法研究成果，以及其他秦汉简牍的朔闰记载和传世文献中的朔闰材料，对汉初历法做一系统分析，以就教于方家。

一、汉初历法的颛、殷之辨

汉初历法囿于材料所限，历来争论颇多。对汉初历法的记载最早见于《史记·历书》："是时天下初定，方纲纪大基，高后女主，皆未遑，故袭秦正朔服色。至孝文时，鲁人公孙臣以终始五德上书，言'汉得土德，宜更元，改正朔，易服色。当有瑞，瑞黄龙见。'事下丞相张苍，张苍亦学律历，以为非是，罢之。其后黄龙见成纪，张苍自黜，所欲论著不成。而新垣平以望气见，颇言正历服色事，贵幸，后作乱，故孝文帝废不复问。"①

由上文可知，虽然汉初有张苍这样"明习天下图书计籍，善用算律历"的官员，但是并未立刻"改正朔，易服色"，而是承袭了秦代的历法。由于缺乏文献材料，司马迁在《史记》中对秦代历法的描述也只有"而正以十月，色上黑。然历度闰余，未能睹其真也"②。也就是说，秦代历法的具体面貌在司马迁时期已经无法了解了，因此承袭秦代历朔的汉初历法对于后人来说也就成了一个谜团。

在《汉书·律历志》中，对汉初历法的记载为："汉兴，方纲纪大基，庶事草创，袭秦正朔……用颛顼历。"③这一说法与《史记·张丞相列传》中的记载相一致，只是说袭秦正朔，历用颛顼，并未记载汉初历法的具体数据。《后汉书·律历志》在前人的基础上对秦汉历法的记载增加了部分细节，"故黄帝造历，元起辛卯，而颛顼用乙卯，虞用戊午，夏用丙寅，殷用甲寅，周用丁巳，鲁用庚子。汉兴承秦，初用乙卯，至武帝元封，不与天合，乃会术士做太初历，元以丁丑"。④六历之外又有虞舜之历及太初历，且每历有不同的历元，于是关于古历就众说纷纭了。⑤

事实上，史籍有据的只有天正甲寅元（殷历）和人正乙卯元（颛顼历），其他四历都是东汉人的附会。⑥殷历与颛顼历的差别，汉代刘洪即已指出："夫甲寅元天正正月甲子朔旦冬至，七曜之起，始于牛初。乙卯之元人正己巳朔旦立春，三光聚天庙五度。课两元端，闰余差百五十二分之三，朔三百四，中节之余二十九。以效信难聚，汉不解说，但言先人有书而已。"⑦这就是后人研究秦汉初历法时，多以殷历、颛顼历为基础的原因。北宋刘羲叟认为"汉初用殷历，或云用颛顼历，今两存之"。⑧清代汪日桢通过考察文史材料，认为汉初历法"似殷术为合"。⑨因此他的《历代长术辑要》保留了殷历与颛顼历两种推步结果。陈垣在《二十史朔闰表》中明确指出："汉未改历前用殷历，或云仍秦制用颛顼历，故刘氏、汪氏两存之。今考纪志多与殷合，故从殷历。"⑩以上诸家对颛顼历的质疑皆出于对史志

① 《史记》卷二六《历书》，北京：中华书局，2014 年，第 1505 页。

② 《史记》卷二六《历书》，第 1504 页。

③ 《汉书》卷二一《律历志》，北京：中华书局，1962 年，第 973-974 页。

④ 《后汉书》志第三《律历下》，北京：中华书局，1956 年，第 3082 页。

⑤ 古历虽然名目繁多，但推步原理及方法是一致的，只是"历元"不同而已。南朝祖冲之就说："寻古历法，同用四分。"四分术因回归年为 $365\frac{1}{4}$ 而得名，是我国古代第一部历法的推步算法。

⑥ 张闻玉：《古代天文历法讲座》，桂林：广西师范大学出版社，2008 年，第 223 页。

⑦ 《后汉书》志第二《律历中》，第 3042-3043 页。

⑧ 司马光：《资治通鉴目录》，《四部丛刊初编》第 185 册，北京：商务印书馆，1919 年影印本，第 172 页。

⑨ 汪日桢：《历代长术辑要》，《丛书集成续编》第 79 册，上海：新文丰出版公司，1989 年影印本，第 592 页。

⑩ 陈垣：《二十史朔闰表》，北京：古籍出版社，1956 年，第 1 页。

所载干支的实际推算，特别是陈垣先生不从前人"两存"之说，否定颛顼历，确定汉初使用殷历，这一判断当予重视。

二十世纪八十年代，饶尚宽对传世文献中有关殷历与颛顼历的记载做了系统梳理和分析，认为颛顼历与殷历大同小异。"秦之寅正十月为年始的颛顼历，实为建寅为正的四分历，也即殷历甲寅元"。只是颛顼历的历元较之殷历晚了62年，余分较之殷历小了304分。①从文献记载来看，高帝三年"十月甲戌晦""十一月癸卯晦"以及惠帝七年"正月辛丑朔"三组干支都与颛顼历不符而与殷历相符，可见前人如汪日桢与陈垣等人对汉初使用颛顼历的怀疑是正确的。

进入二十一世纪，张培瑜根据里耶秦简、周家台秦墓简牍、张家山汉墓竹简等新出历日简牍，并结合现代天文学知识对秦和汉初的历法做了复原，其所得秦和汉初的历表基本符合出土材料所见朔闰记载，但是仍与少部分简牍记载有出入。因此，张先生认为，"可以肯定地说，没有一种四分历能够百分之百地满足汉初到太初改历前这102年的全部历日"。②由于四分历术的朔策比真值大，施行日久则会早于实际天象。为了减少历法的失天，人们一般会调小朔余。李忠林先生根据出土秦代历法材料及置闰规律发现，目前所见的秦统一前的朔闰余分，比颛顼历还要大639分。因此，李先生认为秦颛顼历大概和其他五种古历一样，仅仅是当时的一种推步体系，而并未真正行用过。③胡家草场西汉简公布以后，李先生又根据其中的日至材料，判断汉初历法的节气是依据颛顼历推排的，不过汉初的朔闰却与颛顼历不侔，表明汉初的历法气与朔并不齐同。④李鹜认为，汉初所用仍是颛顼历，只是存在实用历和备用历的区别，也即实际颁行的历表和推算历表会有局部的不一致现象。⑤

从司马迁时期直至近代，对于秦与汉初历法的认识逐渐摆脱了古六历的束缚，多依据出土材料中的朔闰干支去复原秦与汉初的历法。随着简牍材料的不断披露，所复原的历法也逐渐接近当时的实际用历。从1974年元光历谱的发现到张家山汉墓竹简、周家台秦简、里耶秦简、岳麓书院藏秦简的渐次公布，这些新材料中的朔闰干支往往不能与已有的历法复原方案相符合。有鉴于此，目前学界普遍认为秦与汉初的历法余分不可能连续使用同一套小余，从汉高祖、汉惠帝、高后到汉文帝、景帝和武帝初期，特别是文帝时期，历法小余肯定有过调整。胡家草场墓地历日简正好处于汉初频繁调整朔余和太初改历之间。较之《史记·历书》中《历术甲子篇》这种成熟的四分历，胡家草场墓地简可以看作秦历与太初历的中间形

① 饶尚宽：《颛顼历辨正——"古历论稿"之三》，《新疆师范大学学报》1987年第3期。
② 张培瑜：《根据新出历日简牍试算秦和汉初的历法》，《中原文物》2007年第5期。
③ 李忠林：《秦至汉初（前246至前104）历法研究——以出土历简为中心》，《中国史研究》2012年第2期。
④ 李忠林：《胡家草场汉简〈日至〉初探》，《江汉考古》2023年第2期。
⑤ 李鹜：《荆州胡家草场涉历西汉简校议——兼论颛顼历的连大月、连小月和置闰法》，《考古》2023年第3期。

态。通过对胡家草场墓地历日简的分析，可以帮助我们进一步了解汉初历法的余分变化和置闰规律。

二、从朔干支角度看胡家草场墓地历日简与殷历的异同

目前披露胡家草场墓地历日简的文献主要是《湖北荆州市胡家草场西汉墓M12 出土简牍概述》①《荆州胡家草场西汉墓 M12 出土的简牍》②以及《荆州胡家草场西汉简牍选粹》③等，虽然胡家草场历日简尚未全部公布，以上材料仅包含12 个年份的朔日干支和 9 个年份的节气干支，但也大致能勾勒出汉文帝时期的历法面貌。关于战国、秦、汉初的实际用历，张汝舟认为这一时期普遍行用的历法为殷历，历元近距为公元前 427 年（甲寅）。④张闻玉更进一步指出秦用颛顼历还是四分术，是殷历的一种变化形式。⑤因此，以殷历为标准去对照胡家草场墓地的历谱干支，两相比较即可分析出胡家草场墓地历谱的小余值，在此基础上可进一步探讨汉初历法的面貌。⑥

殷历的推步算法，只涉及简单的加法，通过与殷历干支比照，可得出胡家草场墓地历日简的朔余调整范围。以胡家草场墓地历日简中的 660 号简为例，该简反映的是汉景帝前元五年（前 152）十月至九月的朔日干支。景帝前元五年十月为公元前 153 年亥月，该月癸酉日 840 分合朔，而胡家草场墓地所载朔日为甲戌日，四分历每日以 940 分计，因此胡家草场墓地历日简比殷历至少大 100 分。另外，该年九月殷历为戊戌日 689 分合朔，胡家草场墓地 660 号简九月朔同样也是戊戌

---

① 李志芳、蒋鲁敬：《湖北荆州市胡家草场西汉墓 M12 出土简牍概述》，《考古》2020 年第 2 期。

② 蒋鲁敬、李志芳：《荆州胡家草场西汉墓 M12 出土的简牍》，《出土文献研究》第 18 辑，上海：中西书局，2019 年，第 168-182 页。

③ 荆州博物馆、武汉大学简帛研究中心：《荆州胡家草场西汉简牍选粹》，北京：文物出版社，2021 年。

④ 张汝舟：《二毋室古代天文历法论丛》，贵阳：贵州大学出版社，2016 年，第 25-79 页。

⑤ 张闻玉：《古代天文历法讲座》，第 224 页。

⑥ 我国古代经历了漫长的观象授时阶段，至战国初期产生历法，即四分历。四分历岁实为 365.25 日，一年分为二十四节气，每个节气间隔 $15\frac{7}{32}$ 日（365.25 日÷24=$15\frac{7}{32}$ 日），这是纯阳历的安排，以太阳运行为依据。朔策 29.53（$29\frac{499}{940}$）日，而每月的日数必为整数，必然一小月（29 日）一大月（30 日）间隔安排。当余数积够一日时，再安插一个连大月，这是阴历的安排，以月相规律为依据。十二个朔望月为 354.36 日，比回归年少约 11 日。当阴历与回归年相差累积超过一月时，设置闰月以调整，保证季节与月份之间基本稳定（正月为初春）。置闰月是阴阳合历的标志，所以四分历以日、月运行规律为客观基础。对于战国、秦、汉初历法，虽然名目繁多，众说纷纭，但大家共识是，此时历法的推步方法为四分术。由于四分历朔策 29.53085106 日，但是实测朔策 29.530588 日，如果每日以 940 分计算的话，四分历每年约存在 3.06 分的误差。因为《殷历》起算点为公元前 427 年，推算公元前 427 年之前的实际天象，每年当加 3.06 分；推算公元前 427 年之后的实际天象每年当减 3.06 分，这一算法是张汝舟的发明。另外，在气余方面，四分历岁实 365.25 日，与实际岁实 365.24219 日相差 0.00781 日。1÷0.00781=128 年，即冬至日按四分历推算，128 年差 1 日，即 32 分。1 年相差 0.25 分。即以公元前 427 年为界，前后加减，年数乘以 0.25，修正后小余，每逢 32 进位 1。这就是殷历推算实际节气的误差修正算法。

日，因此胡家草场墓地简的余分比殷历余分最多大 251 分，如果超过这个数值，那么胡家草场墓地简中该月的朔日就是己亥了。总之，从两者不同的朔日干支之余分可以求得调整的最小值，从两者相同的干支余分可以求得调整的最大值。以此类推，我们对目前可见的 12 个年份进行逐一对比，详见表 1。

表 1　胡家草场墓地历日简与殷历的朔余对比情况

简号	年份	十月	十一月	十二月	正月	二月	三月	四月	五月	六月	七月	八月	九月	后九月	变化调整
简 684	七年 前 158 年 亥月始	癸卯 壬寅 922	壬申 壬申 481	壬寅 壬寅 40	辛未 辛未 539	辛丑 辛丑 98	庚午 庚午 597	庚子 庚子 156	己巳 己巳 655	己亥 己亥 214	戊辰 戊辰 713	戊戌 戊戌 272	丁卯 丁卯 771		增大 18-169
简 660	十二年 前 153 年 亥月始	甲戌 癸酉 840	癸卯 癸卯 399	癸酉 壬申 898	壬寅 壬寅 457	壬申 辛丑 16	辛丑 辛丑 515	辛未 辛未 74	庚子 庚子 573	庚午 庚午 132	己亥 己亥 631	己巳 己巳 190	戊戌 戊戌 689		增大 100-251
简 3501	廿二年 前 143 年 亥月始	乙亥 乙亥 676	乙巳 乙巳 235	甲戌 甲戌 734	甲辰 甲辰 293	甲戌 癸酉 792	癸卯 癸卯 351	癸酉 壬申 850	壬寅 壬寅 409	壬申 壬寅 908	辛丑 辛丑 467	辛未 辛未 26	庚子 庚子 525		增大 148-206
简 668	廿九年 前 136 年 亥月始	乙未 乙未 350	乙丑 甲子 849	甲午 甲午 408	甲子 甲子 907	癸巳 癸巳 466	癸亥 癸亥 25	壬辰 壬辰 524	壬戌 壬戌 83	辛卯 辛卯 582	辛酉 辛酉 141	庚寅 庚寅 640	庚申 庚申 199		增大 91-300
简 666	卅年 前 135 年 亥月始	己丑 己丑 698	己未 己未 257	戊子 戊子 756	戊午 戊午 315	戊子 丁亥 814	丁巳 丁巳 373	丁亥 丙戌 872	丙辰 丙辰 431	丙戌 乙酉 930	乙卯 乙卯 489	乙酉 乙酉 48	甲寅 甲寅 547	甲申 甲申 106	增大 126-184
简 658	四十九 前 116 年 亥月始	己巳 己巳 463	己亥 己亥 22	戊辰 戊辰 521	戊戌 戊戌 80	丁卯 丁卯 579	丁酉 丁酉 138	丙寅 丙寅 637	丙申 丙申 196	乙丑 乙丑 695	乙未 乙未 254	甲子 甲子 753	甲午 甲午 312	甲子 癸亥 811	增大 129-187
简 703	五十九 前 106 年 亥月始	辛未 辛未 299	辛丑 庚子 798	庚午 庚午 357	庚子 己亥 856	己巳 己巳 415	己亥 戊戌 914	戊辰 戊辰 473	戊戌 戊戌 32	丁卯 丁卯 531	丁酉 丁酉 90	丙寅 丙寅 589	丙申 丙申 148	乙丑 乙丑 647	增大 142-293
简 643	七十六 前 89 年 亥月始	壬辰 壬辰 749	壬戌 壬戌 308	壬辰 辛卯 807	辛酉 辛酉 366	辛卯 庚寅 865	庚申 庚申 424	庚寅 己丑 923	己未 己未 482	己丑 41	戊午 戊午 540	戊子 99	丁巳 丁巳 598	丁亥 丁亥 157	增大 133-191
简 642	八十七 前 78 年 亥月始	己丑 戊子 933	戊午 戊午 492	戊子 戊子 51	丁巳 丁巳 550	丁亥 丁亥 109	丙辰 丙辰 608	丙戌 丙戌 167	乙卯 乙卯 666	乙酉 乙酉 225	甲寅 甲寅 724	甲申 甲申 283	甲寅 癸丑 782	癸未 癸未 341	增大 158-216

续表

简号	年份	十月	十一月	十二月	正月	二月	三月	四月	五月	六月	七月	八月	九月	后九月	变化调整
简648	九十 前75年 亥月始	辛未 辛未 155	庚子 庚子 654	庚午 庚午 213	己亥 己亥 712	己巳 己巳 271	戊戌 戊戌 770	戊辰 戊辰 329	戊戌 丁酉 828	丁卯 丁卯 387	丁酉 丙申 886	丙寅 丙寅 445	丙申 丙申 4		增大 112-170
简641	九十五 前70年 亥月始	壬申 壬申 514	壬寅 壬寅 73	辛未 辛未 572	辛丑 辛丑 131	庚午 庚午 630	庚子 庚子 189	己巳 己巳 688	己亥 己亥 247	戊辰 戊辰 746	戊戌 戊戌 305	戊辰 丁卯 804	丁酉 丁酉 363	丁卯 丙寅 862	增大 136-252
简649	百 前65年 亥月始	癸卯 癸卯 432	癸酉 壬申 931	壬寅 壬寅 490	壬申 壬申 49	辛丑 辛丑 548	辛未 辛未 107	庚子 庚子 606	庚午 庚午 165	己亥 己亥 664	己巳 己巳 223	戊戌 戊戌 722	戊辰 戊辰 281	戊戌 丁酉 780	增大 160-218

注：表中上面的干支是胡家草场墓地历日简内容，下面的干支和余分是殷历干支及其小余数值。

从上表的历年调整范围可知，胡家草场墓地历日简的余分总体上比殷历大150分左右，殷历每日以940分计，也就是说胡家草场墓地历日简比殷历的合朔时间仅早了3.8小时而已。如此看来，胡家草场墓地所反映的历法与殷历切近。

从里耶秦简和岳麓书院藏秦简中的秦代朔日干支来看，秦始皇廿八年至秦二世二年这一时段，若将殷历朔余调增335—345分，则与各年实际历谱均相合。例如里耶秦简9-2315号简记载"廿八年九月戊戌朔"[1]，而殷历该月为丁酉日864分合朔，较里耶简小76分。又如里耶秦简8-173号简记载"卅一年六月壬午朔"[2]，而该月殷历为辛巳日901分合朔，较里耶简小39分。这一结论与张培瑜的推算朔余变动范围是一致的。张先生认为，"秦代历法既不是《颛顼历》（即汉传《颛顼历》），也不是《殷历》或古六历中的任何一种。它的步朔小余数值，比古六历中的任何一种都要大。即由它推出的合朔时刻，比古六历中的位何一种都要晚。秦代历法步朔小余数值比《颛顼历》要大639—649分，比殷历大335—345分"。[3]张先生因秦简的朔余值与古六历中的任何一种都不相符，因此重新构拟一种全新的四分历或者非四分历的历法，这会将问题复杂化。比较合理的解释是，秦这一时期用四分历，只是在殷历基础上调整朔余而已。

比较秦简历谱和汉初历谱可知，汉初朔余与秦代相较明显在减少（减少约190分），但仍然比殷历朔余大。张家山247号汉墓历谱所记载的高祖五年至吕后二年的朔日干支同样与殷历切近，朔余仅比殷历大30分。例如张家山247号汉墓历谱

① 湖南省文物考古研究所：《里耶秦简（贰）》，北京：文物出版社，2017年，第251页。
② 湖南省文物考古研究所：《里耶秦简（壹）》，北京：文物出版社，2012年，第43页。
③ 张培瑜：《根据新出历日简牍试论秦和汉初的历法》，《中原文物》2007年第5期，第70页。

7 号简记载"十年……正月甲午朔"[1]，殷历该年正月癸巳朔，余分 933 分。其后 11 号简记载"惠帝二年十二月辛丑朔"，也与殷历庚子朔 932 分切近。孔家坡汉简《历日》所载景帝后元二年的历谱与胡家草场墓地历谱一致，同样比殷历余分大 150 分左右。[2]从以上简牍历谱可知，汉初历法并非史书所载之颛顼历，实与殷历近似。汉高祖至吕后时期的历法余分比殷历大 30 分左右，汉文帝至武帝太初改历前的余分比殷历大 150 分左右。也就是说，较之秦代，汉朝建立之初对历法的余分做了较大的调减，至汉文帝时期又略有调升。由上可见，正如南朝祖冲之所说："寻古历法并同四分，四分之数久则后天，经三百年，朔差一日。"[3]由于秦与汉初历法余分过大，历法早于实际天象，因此经常出现日食在晦的情况。[4]例如《汉书》中"（高后二年）夏六月丙戌晦，日有蚀之"，[5]张家山 247 号汉墓历日简记载"（吕后二年）七月丁亥朔"，与《高后纪》六月丙戌晦正合。又如"（高后七年）春正月丁丑，赵王友幽死于邸。己丑晦，日有蚀之，既"。[6]又如"文帝二年十一月癸卯晦，日有食之"。[7]特别是文帝三年，连续两个月份出现日食在晦的现象。"（孝文帝）三年冬十月丁酉晦，日有食之。十一月丁卯晦，日有蚀之"。[8]正是由于频繁的日食在晦，汉初历法已到了不得不调整的地步。

有学者用颛顼历分析秦与汉初历法，所得结论同样是在颛顼历基础上改变朔余，只是比殷历的改变值增加 304 余分而已。但以颛顼历分析，比殷历与实际历点相差更远。张培瑜分析汉初日食和出土历日记载的 45 条汉初朔干支，用颛顼历推算只有 19 条相合，26 条不合；[9]如果用殷历推算，朔干支相合者 39 条，不合者只有 6 条。显然，汉初历法与殷历朔余更为接近。

三、从置闰角度看汉初历法与殷历的关系

前人从朔日干支的角度来分析，多已注意到汉初历法与殷历更为接近。新近出土简牍的朔日干支也充分证明了这一观点。其实，如果从置闰的角度来分析汉初历法与殷历、颛顼历的关系，则更能看出问题之关键。由于目前公布的胡家草

① 张家山二四七号汉墓竹简整理小组：《张家山汉墓竹简[二四七号墓]（释文修订本）》，北京：文物出版社，2006 年，第 3 页。

② 湖北省文物考古研究所、随州市考古队：《随州孔家坡汉墓简牍》，北京：文物出版社，2006 年。

③《宋书》志第三《律历下》，北京：中华书局，1974 年，第 313 页。

④ 由于四分历阴阳合历的特点，正常情况下日食应当出现在朔日，也就是某月的初一。如果出现在晦日，就证明历法的余分过大，导致历法快于实际天象，也就表明应当调小历法余分。

⑤《汉书》卷三《高后纪》，第 97 页。

⑥《汉书》卷三《高后纪》，第 99 页。

⑦《汉书》卷四《文帝纪》，第 116 页。

⑧《汉书》卷四《文帝纪》，第 119 页。

⑨ 张培瑜：《根据新出历日简牍试论秦和汉初的历法》，《中原文物》2007 年第 5 期。

场墓地历日简仅有 7 个闰年，本节从置闰角度谈汉初历法，拟将研究范围扩大为秦王政元年（前 246 年）至汉武帝太初改历（前 104 年）期间的 53 个闰年，通过将出土简牍中此时期的置闰年份与殷历和颛顼历进行对比，探讨三者之关系。

（一）殷历与颛顼历的置闰差异

产生四分历的条件之一是掌握十九年七闰的规律，即朔望月每年 12 个月，不能保证月份与季节的相合，要置闰月。置闰规律为每 19 年安插 7 个闰月。一蔀 76 年分 4 章，每章 19 年，共 235 个月（19×12+7=235 月）。①四分历的置闰算法通常有两种，无中气置闰和固定至月法，四分历一蔀 76 年的朔日干支（用序数表示）、朔余、气余、冬至（固定子月）日期置闰情况见表 2。

由表 2 可知，第 1 年，子月甲子日（○），朔余 0，冬至甲子日，初一，气余 0；第 2 年，子月戊午日（五十四），朔余 348，冬至在子月十二，气余 8；第 3 年，子月壬子日（四十八），朔余 696，冬至在子月二十三，气余 16。按照四分历顺序推算，未月后一月无中气，所以按照"无中气置闰法"，该年是闰年，闰在未月后。第 3 年冬至在子月二十三，按照"固定至月法"，该年也必须置闰，若不置闰，第 4 年冬至必在丑月。

以下仿此，类推至一蔀 76 年，闰年的序号加*表示。四分历法是一套体系完备的历法，回归年、朔策、置闰有机结合在一起。当朔余增大，气余减小时，闰年的年份会产生变化。②表 2 中冬至日在初一的只有四年，第 1、20、39、58 年，冬至日在初二的有一年，第 12 年。若朔余、气余调整时间在 2 日内，置闰年份只可能影响每章（一章 19 年）的第 1 年。每章最后一年本是闰年。若调整小余使得某章第 1 年的冬至日不在子月了，上一章的最后一年将不是闰年，而本章第 1 年是闰年。

具体情况是，如第 1 年，朔余、气余均为 0，这时只要减少气余，则冬至日不在子月，即上一年（第 76 年）不应置闰而本年才是闰年。若只调增朔余，调增小于 940 分都不影响冬至日在子月初一，此时闰年不会受影响；第 20 年，朔余 705，气余 24。当调增朔余大于 235 分，或者气余调减大于 24（705 分），则第 19 年不应置闰，20 年为闰年；第 39 年，朔余 470，气余 16。当调增朔余大于 470 分，或气余调减大于 16（470 分），则第 39 年为闰年，第 38 年不是闰年；第 58 年，朔余 235，气余 8。当调增朔余大于 705 分，或气余调减大于 8（235 分），则第 57 年不是闰年，第 58 年为闰年。四分术的一章 19 年的置闰规则为 3332332（从第 1 年

---

① 《史记·历书》给出四分历一蔀 76 年的闰年所在年份，有闰年的年份标注"闰十三"。

② 朔余、气余均是小于 1 日的时间段，为方便说明，朔余的分母是 940（即 1 日=940 分），气余的分母是 32（即 1 日=32 分）。为方便说明，将气余（÷32/940）转化为朔余，如气余 24，相当于朔余 705，即 24÷32=705÷940，这样，当合朔日与节气同日，余分可以比较时间的先后。

表2 四分历置闰情况

年序	日期	朔余	冬至日期	气余	闰月
1	○	○	初一	0	
2	五十四	348	十二	8	
3*	四十八	696	二十三	16	未月
4	十二	603	初四	24	
5	七	11	十五	0	
6*	一	359	二十六	8	辰月
7	二十五	266	初七	16	
8	十九	614	十八	24	
9*	十四	22	二十九	0	丑月
10	三十七	869	十一	8	
11*	三十一	277	二十二	16	戌月
12	五十六	184	初三	24	
13	五十	532	十四	0	
14*	四十四	880	二十五	8	午月
15	八	787	初六	16	
16	三	195	十六	24	
17*	五十七	543	二十七	0	寅月
18	二十一	450	初九	8	
19*	十五	798	二十	16	亥月
20	三十九	705	初一	24	
21	五十四	113	十二	0	
22*	二十八	461	二十三	8	申月
23	五十二	368	初四	16	
24	四十六	716	二十五	24	
25*	四十一	124	二十六	0	辰月
26	五	31	初七	8	
27	五十九	379	十八	16	
28*	十三	727	二十九	24	子月
29	十七	634	十一	0	
30*	十二	42	二十二	8	酉月
31	三十五	889	初三	16	
32	三十	297	十三	24	
33*	二十四	645	二十五	0	午月
34	四十八	552	初六	8	
35	四十二	900	十七	16	
36*	三十七	308	二十七	24	寅月
37	一	215	初九	0	
38*	五十五	563	二十	8	戌月
39	十九	470	初一	16	
40	十三	818	十二	24	
41*	八	226	二十三	0	申月
42	三十二	133	初四	8	
43	二十六	481	十五	16	
44*	二十	829	二十六	24	巳月
45	四十四	736	初八	0	
46	三十九	144	十八	8	
47*	三十三	492	二十九	16	丑月
48	五十七	399	初十	24	
49*	五十一	747	二十二	0	酉月
50	十五	654	初三	8	
51	十	62	十三	16	
52*	四	410	二十四	24	午月
53	二十八	317	初六	0	
54	二十二	665	十七	8	
55*	十七	73	二十七	16	卯月
56	四十	920	初九	24	
57*	三十五	328	二十	0	亥月
58	五十九	235	初一	8	
59	五十三	583	十二	16	
60*	四十七	931	二十三	24	未月
61	十一	838	初五	0	
62	六	246	十五	8	
63*	○	594	二十六	16	辰月
64	二十四	501	初九	24	
65	十八	849	十九	0	
66*	十三	259	二十九	8	丑月
67	三十七	164	初十	16	
68*	三十一	512	二十一	24	酉月
69	五十五	419	初三	0	
70	四十九	767	十四	8	
71*	四十四	175	二十五	16	巳月
72	八	82	初五	24	
73	三	430	十七	0	
74*	五十六	778	二十八	8	寅月
75	二十	685	初九	16	
76*	十五	93	二十	24	亥月

算起）；当调整朔余、气余后（综合调整在 2 日内），则必然变为 3323332（从第 4 年算起，此时第 1 年即是闰年），而且只影响每章第 1 年、第 19 年的置闰，其他闰年将不受影响。

《史记·历书》中的置闰法，实际上就是殷历置闰法。用"无中气置闰""固定至月法"，闰年所在年份是一致的。颛顼历则不同，用"无中气置闰"，或固定冬至在子月，或固定立春在寅月，闰年的年份是有差别的。例如公元前 213 年为颛顼历壬申蔀第二年，殷历丁卯蔀第 62 年。该年殷历闰辰，"无中气置闰"的闰月在辰月后；颛顼历按照"冬至在子月"当闰，按照立春在寅月则不当闰，按照"无中气置闰"则闰四月（以寅月为正月）。再如公元前 200 年为颛顼历壬申蔀第 15 年，殷历丁卯蔀第 76 年，殷历按"冬至在子月"或"无中气置闰"来算都当闰；颛顼历按照"冬至在子月"当闰，按照立春在寅月或"无中气置闰"则皆不当闰。颛顼历用不同的置闰方法，闰年参差不齐。仅从这一角度看，颛顼历若果真施行过，其自身置闰不齐的缺点就极易导致置闰混乱。

（二）汉初的闰年统计

关于秦和汉初的闰年，陈久金、陈美东曾整理出 36 个闰年。[1]李忠林据新出历简再考得 9 个实际闰年。[2]秦王政元年（前 246）至太初改历（前 104）年间，若按殷历推算有闰年 53 个，殷历的置闰规律与以上文献中记载的 45 个闰年均可对应。

从目前所见出土简牍可知，秦汉间闰年，秦王政元年（前 246）至高后八年（前 180）间 25 个闰年年份与殷历气余减 24，朔余增加 135—445 分之后的置闰规律完全一致；汉文帝前元二年（前 178）至太初改历（前 104）间 28 个闰年年份则与殷历置闰完全相合。现有资料还不能确证这种变化的具体年份，仅从闰年年份看，只能确定是文帝前元二年（前 178）至文帝后元二年（前 162）期间。[3]目前披露的胡家草场历日简中，涉及闰年的简有 666 号、658 号、703 号、643 号、642 号五支，与殷历闰年完全吻合。

两个时间段中，不同的闰年变化，只在殷历每章的最后一个闰年上（也即每章的第七个闰年），这是完全符合四分历置闰规律及变化朔气余只影响每章第 1 年、

---

① 陈久金、陈美东：《从元光历谱及马王堆帛书天文资料试探颛顼历的问题》，《中国古代天文文物论集》，北京：文物出版社，1989 年，第 96-99 页。

② 李忠林：《试论秦汉初历法的置闰规则》，《四川大学学报（哲学社会科学版）》2009 年第 6 期。

③ 四分历推算方法与实际天象有误差。朔误差为三百年一日，气误差为一百廿八年一日，即朔、气并不同步。自公元前 427 年行用殷历，到公元前 220 年左右，已经有 200 余年，此时气差 1 日有余，朔差不足 1 日。至公元前 104 年，朔差超过 1 日，气差已经接近 2 日。节气更为农时重视，同时可观察日影判定。殷历行用后三百年左右，朔闰、节气均与实际天象有偏离，且两种偏离的程度并不一致。这很可能造成这一时段历法在殷历基础上余分有调整，且朔余、气余调整并不同步。

第 19 年的置闰规则的。可以说，秦至汉初历法的置闰，完全符合殷历及其"变式"的置闰规律。若用颛顼历来核算，则无此规律。颛顼历蔀首年入殷历第 62 年，颛顼历第 1 章第 1 个闰年，对应殷历第 4 章第 2 个闰年。秦至汉初实际闰年大体对应颛顼历的每章第 6 个闰年，根据四分历置闰规律，显然颛顼历置闰与实际闰年不相符。若考虑颛顼历本身三种置闰方法之参差不齐，则更难以解释秦至汉初实际闰年的情况。前人研究置闰问题，多是停留在闰年、闰月上，而没有从冬至日所在具体日期的角度来考察，如此则难以发现颛顼历的置闰缺点。从实际闰年、四分历置闰规律看，更能确证秦、汉初历法是在殷历基础上变化而来的。

目前胡家草场墓地历日简只能看到汉文帝后元七年之后的置闰情况，如果将来公布汉文帝后元二年（前 162）简，则可以明显对照出该法是殷历还是颛顼历。因为按照殷历计算，无论是以"冬至在子月"还是"无中气置闰"的原则，该年皆需置闰；而颛顼历如果是"冬至在子月"或者"无中气置闰"，其置闰年份应当在汉文帝后元三年，如果是立春在寅月，其置闰年份应当在汉文帝后元元年。所以，按照颛顼历来看，在文帝后元二年无论如何不应置闰；而按照殷历来看则该年当置闰。另外，根据目前公布的胡家草场墓地历日简记载的"七十六年"（前 88）的后九月丁亥朔来推测，其后的"七十八年"（前 86）亦当闰①，而按照颛顼历看，该年不当闰，因此胡家草场墓地历日简所反映的汉初置闰规律与殷历相符，与颛顼历不符。

综上所述，以殷历为标尺对照，汉初实际历谱与殷历的朔余差距很小，汉高祖五年至吕后二年期间，朔余仅比殷历大 30 分（两者合朔时间相差在 45 分钟以内），汉文帝至武帝太初改历前的余分比殷历大 150 分左右。也就是说，汉朝建立之初对历法的余分，较之秦代做了较大的调减，至文帝时期又略有调升。

通过考察秦至汉初 53 个闰年发现，以文帝二年为界，之前符合殷历变化后的置闰规律，后期符合殷历自身的置闰规律。这样的置闰规律不会是凭经验来安排的，必然是推算的结果，而颛顼历的置闰方法则不具备相应的规律性，也与汉初的实际用历不符。胡家草场墓地历谱清晰地表明，汉初已经掌握了与《史记·历书》所载四分历精度类似的历法。汉初历法置闰规律以文帝二年为界，朔余在文帝三年前后发生过变化，可以认为这是同一次改历。②此外，通过整理秦至汉初的朔日干支和置闰年份，从实际历谱的朔余、气余、置闰三个方面分析这一时期历

---

① 公元前 86 年为汉昭帝始元元年，据《居延汉简（贰）》148.46 号简记载"闰月甲戌尽壬寅廿九日"，正符合该年闰十月甲戌朔。

② 由于四分历法朔余比实际天象略大，行用日久就会出现历谱早于实际天象的情况。《史记·孝文本纪》和《汉书·文帝纪》都记载文帝二年十一月晦日和三年十月、十一月晦日皆出现日食。一般情况下，日食出现于朔日为正常，如果出现在晦日，则表明现行历法余分过大，需要调小余分。据此推断可能在文帝三年之后不久即调整了朔余。

法的情况，可以证实汉初的历法实由殷历变化而来，变化的方式为调增朔余、调减气余。

附记：

本文承蒙张闻玉先生、马明芳老师指正，谨致谢忱。

The Study on the Calendar of Early Han Dynasty based on the Newly Published Slips of Hujia Caochang

Yue Guanlin   Zhang Shuyi

Abstract: Among the more than 4,600 slips unearthed from the Western Han Dynasty Tomb No. 12 from Hujia Caochang, Jingzhou, there are 203 calendar slips. These calendar slips calculate the future ganzhi 干支 dates for one hundred years after the reign of Emperor Wen of the Han Dynasty (163BC-64BC), and it is the largest calendar unearthed so far. By comparing the Yin calendar with more than 20 calendar slips of Hujia Caochang , it can be shown that the calendar are very similar , and the difference only amounts to about 150 portions a day more than the Yin calendar (divided one day into 940 portions, the error is roughly equivalent to 3.8 hours), and the leap year is also consistent with the Yin calendar. Based on recently discovered Qin and Han calendar materials and records in transmitted literature on the dates of the new leap and the regulations governing intercalation, it can be deducted that the early Han leap year regulations and the Yin calendar leap year are consistent, and that it differs from the Zhuanxu calendar. As such, the Han calendrical system is actually derived from the Yin calendar and not from the Zhuanxu calendar as recorded in historical works.

Key words: Hujia Caochang Western Han Dynasty bamboo slips; the early Han calendar; Yin calendar; Zhuanxu calender; Quartile calendar; intercalation

清华简《五纪》德观念研究*

曹 峰

（中国人民大学哲学院）

摘要：为了配合春秋战国之际激烈转变的社会局势，《五纪》作者采用有大乱必有大治的思路，从天下治理和中央王权的意识出发，试图构建一个中心突出、无所不包、井井有条、各有其位的宇宙图景，道德系统的搭建就是其中必要的一环。《五纪》之德就主体而言，基本上可以分为"民德"和"君德"两类；就性质而言，基本上可以分为"德行"和"德政"两类。但不管哪一种，《五纪》中的"德"都体现为外在的规矩与准绳，以帮助实现各有其位、井然有序的宇宙秩序。所以《五纪》的"德"并不侧重伦理意义上德性的生成和教化，而主要强调的是政治意义上的作用和功能。

关键词：清华简；五纪；五德；三德

前　言

清华简《五纪》是清华简中的鸿篇巨制，虽稍有缺损，但不影响整体文意。全篇共计 130 支简，4400 多字，推测全文可能有五千言。[1]此文以大乱到大治为历史线索，以从天道到人事为叙事模式，以"五"为主要的数字框架，以"后""后帝"和"黄帝"为主人公，构建出一个非常严整的天人秩序，把天文、物产、神祇、道德、祭祀、人体、名号、官职等要素全部组合在一起，描画出一个天地鬼人无所不包、各就其位的世界图景。有着如此庞大规模、宏大视野的文章在传世文献和出土文献中都不多见，毫无疑问此文在其随葬的战国中期前后是一篇极为重要的文章，或许只有极少数高层人士才可以阅读。

此文很难与传世文献或出土文献中的哪一篇直接比对，如学者所指出的那样，可能与《尚书·洪范》及马王堆帛书《黄帝四经》关系更为密切一些。[2]此外也可

---

* 本文为 2023 年度中国人民大学重大规划项目"出土文献与早期中国文明研究：以'清华简'为中心的中国早期思想观念生成研究"（23XNLG09）阶段性成果。

① 清华大学出土文献研究与保护中心编，黄德宽主编：《清华大学藏战国竹简》（拾壹），上海：中西书局，2021 年。相关介绍参看其"说明"的部分，第 89 页。

② 可参马楠：《清华简〈五纪〉篇初识》，《文物》2021 年第 9 期。朱岩：《清华简〈五纪〉与〈尚书·洪范〉关系考述》，《扬州大学学报（人文社会科学版）》2022 年第 2 期。程浩：《清华简〈五纪〉中的黄帝故事》，《文物》2021 年第 9 期。陈民镇：《试论清华简〈五纪〉的德目》，《江淮论坛》2022 年第 3 期。以下凡引此文，不再一一出注。曹峰：《清华简〈五纪〉的"中"观念研究》，《江淮论坛》2022 年第 3 期。以下凡引此文，不再一一出注。

以与传世文献中的《逸周书》《礼记》《管子》《鹖冠子》《春秋繁露》等，出土文献中的子弹库楚帛书以及上博简《三德》还有清华简《汤在啻门》《殷高宗问于三寿》《三不韦》等建立起联系。总之，对于此文的深入研究，将对先秦秦汉之际统合宇宙观、鬼神观、数术学、政治秩序、伦理思想、世界图景的天人之学之研究产生重大的影响。

《五纪》中"德"字多次出现，与"德"相关的理念是《五纪》论述的重点。本文将以此为重点做出全面的探讨。"德"在《五纪》中主要表现为三个方面。第一是与"中"并称的"德"，此"德"在《五纪》中具有很高的位置；第二是表现为"礼、义、爱、信、中"具体德目的五种"文德"，这五种德目在《五纪》中反复出现，与天文、神祇、颜色、方位、度量、人体、动作等要素勾连配合起来，在《五纪》中被多次申说，显然在作者心目中有着重要的地位。第三，除了五种德目之外，《五纪》还提出了"文、惠、武"三德，文德即"礼、义、爱、信、中"五种德目，但又被纳入三德之中，与"仁、善、祥、贞、良"之"惠德"以及"明、巧、美、有力、果"之"武德"并称，成为高明统治者用于"敷天下"的行为方式。《五纪》为何如此强调"德"？这三种"德"之间究竟是怎样的关系？五种"文德"的选择与排列出于什么目的？《五纪》的"德"的主体是什么？《五纪》德观念在先秦秦汉"德"思想史上如何定位？这些问题的阐明不仅有助于了解《五纪》这部宏大作品的思想结构和特色，也有助于推进先秦秦汉"德"思想史的研究。

包括整理者释文在内，已有不少学者对《五纪》与"德"相关问题，从文字、音韵到义理做了多方面的探讨。其中，陈民镇《试论清华简〈五纪〉的德目》、曹峰《清华简〈五纪〉的"中"观念研究》、袁青《论清华简"五纪"中的"德"》[1]、杨衍《清华简〈五纪〉"文德"配合及其思想背景》[2]四篇论文对德观念做了比较集中的讨论。本文主要以此四文为基础，消化吸收前人的研究成果，再试图有所推进。这里首先对笔者认为值得认可、继承的观点做出说明，然后在后文中，对笔者认为需要补充、推进的问题做出阐述。

"礼、义、爱、信、中"五种"文德"，整理者释文原作"礼、义、爱、仁、忠"。对于其中的"仁"字，学界目前已经基本将其改读为"信"。这个问题由程浩[3]、子居[4]首先提出疑问，陈民镇《试论清华简〈五纪〉的德目》一文在此基础上，全面地论证了《五纪》所见"惥"字，"除了一处读作'仁'，其他均读作'信'"。

---

① 袁青：《论清华简"五纪"中的"德"观念》，《老子学集刊》第九辑，北京：中国社会科学出版社，2023 年12 月。以下凡引此文，不再一一出注。

② 杨衍：《清华简〈五纪〉"文德"配合及其思想背景》，《管子学刊》2023 年第 1 期。以下凡引此文，不再一一出注。

③ 程浩：《清华简〈五纪〉思想观念发微》，《出土文献》2021 年第 4 期。

④ 子居：《清华简十一〈五纪〉解析（之一）》，2022 年1 月9 日，中国先秦史论坛，https://www.preqin.tk/2022/01/09/3595/。

作者认为《五纪》中"悬""訐"二字存在混乱使用的情况。楚简中，确实大部分情况下"悬"字应该读作"仁"，整理者也因此将五"文德"中的"悬"隶定为"仁"。但陈民镇通过大量举例，指出从字形字音上看，战国文字中确实存在两者"形音相近、时常混用"的状况，从义理上看，五种"文德"中的"悬"用"仁"字去解释也很难说通，反而读为"信"更合适。相反，五种"惠德"中的"訐"字，虽然楚简中大部分情况下应该读作"信"，但结合上下文意，却显然应该读作"仁"才更好。作者进而指出，发生这种情况的原因，可能是因为《五纪》的底本来自齐地，齐地多见"悬""訐"二字混用，而"楚地抄手依照楚地习惯转写，同时又未能做到完全统一，故造成了用字上的矛盾现象"。后来袁青在《论清华简"五纪"中的"德"观念》一文中，发现"南门之德"中"顺悬"连用，而在文献中"顺""信"并举是很常见的现象，从而也证实了五"文德"中的"悬"字应该读作"信"。笔者认为程浩、子居、陈民镇、袁青的质疑和论证是非常有说服力的，这解决了《五纪》文字释读中一个非常大的问题。这一改读，将对《五纪》整体文意的阐释以及《五纪》德观念的研究，产生重大的影响。

《五纪》为什么要选用"礼、义、爱、信、忠"这五种德目？这是必须探讨的重要问题，尤其在"礼义""忠信"这两种先秦时期常见的德目中为何加入的是"爱"？在先秦所见各种德目表中，"爱"是非常少见的。关于这个问题，我认为陈民镇的观点比较合理，他认为"'爱'在简文中对应北方、黑色、寒冷"，而《五纪》简47的"爱曰藏"则可以和孔家坡汉简《日书》简464"令北方藏"以及一些传世文献所见冬季与闭藏的关系照应起来，北方、冬季对应的是"藏"，而"爱"有隐藏之意。因此，《五纪》使用了双关法，将"爱"与北方的元素对应了起来。而"忠"之所以又可以训为"中"，同样使用的是声训和双关的手法，即"忠"在五种"文德"中所对应的位置正好是中央，因此"忠"既可以表达中央，也可以表达"忠"这个德目。

"中"字在《五纪》中出现频率极高。《五纪》中并不存在从"中"从"心"的字，只有"中"字。可能考虑到五种"文德"都应该是德目，所以整理者释文将作为德目的"中"改释为"忠"，从"忠以事君父母"的简文看，这确实是一个表达上下之间伦理关系的字，而且"忠信"连用也极为常见。但是《五纪》一上来在描述历史上曾经陷入巨大混乱时说，"唯昔方有洪，奋溢于上，玩其有中，戏其有德，以乘乱天纪"。可见"有中"和"有德"一样，是极其重要的事情，是有序社会的象征或者结果，而且"中"在"五"的系列中居于中央之位。曹峰《清华简〈五纪〉的"中"观念研究》一文特别注意"中"在《五纪》中的特殊地位，从代表最高理念的"中"、作为具体德目的"中"、作为一种行为方式的"中"三个方面详细论证了"中"的内涵与中正、公平、无私、宽裕相应，具有绝对的、神圣的特点。因此，认为没有必要将作为德目的"中"改释为"忠"，"中"就是一种特殊的德目，可以凌驾于"礼""义""爱""信"四德之上，在五德中居于统帅和支配的地位。①陈民镇《试论清华简〈五纪〉的德目》和袁青《论清华简"五纪"中的"德"观念》发现《五纪》中存在"中"有时未居首位的现象，因此认为"五德"彼此之间只是一种并列的关系，但并不否认《五纪》凸显出"中"的重要性。

袁青在《论清华简"五纪"中的"德"观念》一文中有意识地区分了"民德"与"君德"，这对于理清《五纪》"德"观念的层次与结构，有着很大的启发意义。本文就是在此基础上，做出进一步分析，将五种"文德"与"文、惠、武"三德放在民德和君德的架构上加以讨论的。

此外《五纪》德观念与学派之间的关系也成为讨论的热点，众所周知，儒家对于"德"的阐述最为积极也最为充分，所以有些学者直接将《五纪》所见的"德"视为儒家的东西，如程浩认为《五纪》"反复称道儒家所重视的礼、义、爱、仁、忠等概念"②，程浩还指出，《五纪》之所以不以"仁"为中心，是因为"对于儒家伦理，《五纪》的作者只择用了其中顺从统治的部分，即'仁义爱仁忠'等道德修养，以训导民众循规蹈矩。至于儒家学说中诸如'仁'等呼吁人性觉醒的内容，在作者看来是对于等级秩序的'反动'，便基本剔除殆尽了"。③袁青将其视为是"黄帝书"，认为"'后帝''文后''后'等就是照着黄帝形象来塑造的"。④陈民镇《试论清华简〈五纪〉的德目》则认为，"《五纪》并不是单纯的儒家文献，不必一定要套用儒家伦理"，"《五纪》的骨架应是阴阳之学，只是借用了儒家的德性概念"。杨珩《清华简〈五纪〉"文德"配合及其思想背景》指出，将德性、五行与其他元素相配合是先秦秦汉之际广泛存在的现象，其配合方式有一个从不稳定到稳定的发展过程，清华简《五纪》的"文德"版本正是这类"公共知识"演进过程中的样本。这种版本的产生与阴阳家和儒家两次大规模思想交汇有关。而这两次思想交汇的代表人物都是有齐学背景的邹衍和董仲舒。笔者赞同这些论述中将"德"的问题多元化的立场，先秦思想史上"德"极为复杂，不仅仅儒家提倡，墨家、道家、法家、阴阳家同样有自己理想的"德"，"德"不仅仅指德性，也指向功能、方法、准则。另外，在学派形成之前，各种德目已是社会上流行的公共的知识与工具，可以被任何人在不同的语境下解读和组合。《五纪》的德观念也必须放在这样的大背景下展开研究。

综上所述，对于由"仁"改"信"的重新释读、对于"爱"和"中"双关意

---

① 这一点，程浩也明确指出，"忠"是统摄其他四者的最高范畴。参见程浩：《清华简〈五纪〉思想观念发微》，《出土文献》2021 年第 4 期。

② 程浩：《清华简〈五纪〉中的黄帝故事》，《文物》2021 年第 9 期。

③ 程浩：《清华简〈五纪〉思想观念发微》，《出土文献》2021 年第 4 期。

④ 袁青：《清华简〈五纪〉思想探微》，《江淮论坛》2022 年第 3 期。

义的发现，对于"中"德重要性的确认，对于"民德""君德"的区分，对于《五纪》之"德"学派属性多元化的认识，都是值得重视与继承的研究成果，构成了我们接下来进一步讨论《五纪》德观念的前提与基础。

一、作为民德的"文德"

如前所述，"礼、义、爱、信、中"这五种"文德"在《五纪》中反复出现[1]，而且与天地之间各种要素勾连配合起来，在《五纪》中被多次申说，这里先列举相关的资料。需要指出的是，为了便于归类、分析、解说，笔者打乱了原文的顺序，与整理者释文标点、释读的不同之处，会出注加以说明。

后曰：一曰礼，二曰义，三曰爱，四曰信，五曰中，唯后之正民之德。

后曰：天下礼以使贱，义以待相如，爱以事嫔妃，信以共友，忠以事君父母。[2]

后曰：礼敬，义恪，爱恭，信严，中畏。

后曰：礼鬼，义人，爱地，信时，中天。

后曰：礼基，义起，爱往，信来，中止。

后曰：目相礼，口相义，耳相爱，鼻相信，心相中。

后曰：天下目相礼，礼行直；口相义，义行方；耳相爱，爱行准；鼻相信，信行称；心相中，中行圆裕。

耳唯爱，目唯礼，鼻唯信，口唯义。[3]

直礼，矩义，准爱，称信，圆中，天下之正。

礼青，义白，爱黑，信赤，中黄，天下之章。

后曰：伦五纪：绳以为方。礼青，爱黑，青黑为章，准绳成方；义白，中黄，黄白为章，规矩成方。

后曰：集章文礼，唯德曰，礼、义、爱、信、中，合德以为方。

后曰：中曰言，礼曰筮，义曰卜，信曰族，爱曰器。中曰行，礼曰相，义曰方，信曰相，爱曰藏。[4]

章：日、扬者、昭昏、大昊、司命、揆中，尚章司礼。

---

① 根据前文的论断，下面在引用五种"文德"时，一律使用"礼义爱信中"，在特殊情况下使用"礼义爱信忠"。

② "天下礼以使贱"，原释文作"天下礼以事贱"，当从网友"ee"作"天下礼以使贱"，参"简帛网"简帛论坛：《清华简〈五纪〉初读》，第 128 楼网友"ee"发言，2021 年 12 月 20 日，http://www.bsm.org.cn/forum/forum.php?mod=viewthread&tid=12694&extra=page%3D2&page=13。"爱以事嫔妃"原作"爱以事宾配"，当从子居和陈民镇读为"爱以事嫔妃"，参见子居《清华简十一〈五纪〉解析（之一）》，陈民镇《试论清华简〈五纪〉的德目》。此句，袁青有详细论证，参见袁青《论清华简〈五纪〉中的"德"观念》。

③ 这里缺乏与"中"对应部分，但是根据上下文意可知，"中"对应的是"心"。

④ 这里"礼"和"信"均"曰相"，很有可能其中一个是抄错的。

正：月、娄、𦞠穸、少昊、司禄、大严，尚正尚义。

度：门、行、明星、颛顼、司盟、司校，尚度尚爱。

时：大山、大川、高大、大音、大石、稷匿，尚时司信。

数算：天、地、大和、大𦈌、少和、少𦈌，尚数算司中。

后曰：畴列五纪，以文胥天则：中黄，宅中极，天、地、大和、[大]𦈌、小和、小𦈌，尚中司算律；礼青，[宅东极]，[日、扬者，昭]昏、大昊、司命、揆中，尚礼司章；信赤，宅南极，大山、大川、高大、大音、大石、稷匿，尚信司时；义白，宅西极，月、娄、𦞠穸、少昊、司禄、大严，尚义司正；爱黑，宅北极，门、行、明星、颛顼、司盟、[司校]，尚爱司度。

后曰：参律建神正向，信为四正：东宄、南宄、西宄、北宄，礼、爱成。左：南维、北维、东柱、东柱，义、中成。右：南维、北维、西柱、西柱，成矩。

东司同号曰秉礼，司章，元辰日某。南司同号曰秉信，司时，元辰日某。西司同号曰秉义，司正，元辰日某。北司同号曰秉爱，司度，元辰日某。

南门其号曰天门、天启，建正，秉信，位顺，及左右征徒，日某。北斗其号曰北宗、天规，建常，秉爱，匡天下，正四位，日某。①

日之德曰：我期[礼]，作时，丛群谋询，天下怵察之。日之德明察，夫是故后明察。月之德曰：我秉义，奉正衰杀，循式天下，恭不徙。月之德行审，夫是故后行审。南门之德曰：我顺信，序至四时，临天下，纪皇天。南门之德位顺，夫是故后位顺。北斗之德曰：我秉爱，畴民之位，匡天下，正四位。北斗之德正情稽命，夫是故后正情稽命。建星之德曰：我行中，历日月成岁，弥天下，数之终。建星之德数稽，夫是故后长数稽。

南门授信，而北斗授爱，是秉信而行爱。

后曰：礼、义、爱、信、中，六德合五建，四维算行星。

邦家既建，草木以为英。规矩五度，天下所行；礼义爱信，中相后皇，配合高贰，知后以明。天道之不改，永久以长。天下有德，规矩不爽。

夫是故后规矩五度，道事有古，言礼毋沽，言义毋逯，言爱毋专，言信毋惧。四征既和，中以稽度。

爱中在上，民和不疑，光裕行中，唯后之临。

以上大量的引用，还仅仅是与"礼、义、爱、信、中"五种"文德"直接相关的部分。五种"文德"也是"文、惠、武"三德的一部分，这在下一节讨论"三德"的时候再集中论述，这里从略。从五种"文德"反复出现，不断与各种元素相

---

① "南门其号曰天门、天启，建正，秉信，位顺，及左右征徒，日某。"此处标点有所改变，整理者释文作："南门其号曰天门、天启，建正，秉信位顺及左右征徒，日某。"

配合来看，这无疑是作者心目中极为重要、需要再三强调的内容。与五种"文德"相匹配的元素极为丰富，这里以表格的形式再做出更为清晰的呈现（见表1）。

表1　五文德匹配表

五文德	礼	义	爱	信	中
社会身份	贱	相如	嫔妃	友	君父母
外表姿态	敬	恪	恭	严	畏
行为标准	毋沽	毋逆	毋专	毋惧	稽度
宇宙存在	鬼	人	地	时	天
事物过程	基	起	往	来	止
身体五官	目	口	耳	鼻	心
度量方式	直	矩/方	准	称	圆/圆裕
对应颜色	青	白	黑	赤	黄
占卜祭祀	言	筮	卜	族	器
处事原则	行	相	方	相	藏
对应方位	东极	西极	北极	南极	中极
二十四神祇所司	日、扬者、昭昏、大昊、司命、揆中	月、娄、䏁寽、少昊、司禄、大严	门、行、明星、颛顼、司盟、司校	大山、大川、高大、大音、大石、稷匿	黄帝（？）[①]
三十神祇所司	日、扬者、昭昏、大昊、司命、揆中	月、娄、䏁寽、少昊、司禄、大严	门、行、明星、颛顼、司盟、司校	大山、大川、高大、大音、大石、稷匿	天、地、大和、[大]㙫、小和、小㙫
祭神名号	东司同号曰秉礼	西司同号曰秉义	北司同号曰秉爱	南司同号曰秉信	
祭神名号			北斗其号曰北宗、天规	南门其号曰天门、天启	
天体之德	日之德	月之德	北斗之德	南门之德	建星之德
最高法则	章	正	度	时	数算

　　虽然没有直接的对应文字，但是我们依据作者严密的逻辑结构，可以推断，五种"文德"和"日、月、星、辰、岁"之"五纪"，"一、二、三、四、五"之"五

---

　　① 二十四神祇是《五纪》中最高级的神，但与"中"相对应的"神"却没有出现，这个神显然应该是居于中央的最高神，袁青推断当为黄帝。参袁青：《清华简〈五纪〉思想探微》，《江淮论坛》2022年第3期。但是，黄帝为什么不在神祇表中，这是值得探讨的现象。而且三十神祇多与二十四神祇重合，与"礼义爱信"的匹配也相同，但与"中"相应者是"天地"等神，而非黄帝。"后帝""黄帝"在《五纪》中不被祭祀，没有名号，这也是值得注意的现象。

算"，"风、雨、寒、暑、大音"之五种天象，"章、正、度、时、数算"之五种律度，"龙、虎、蛇、鸟"等圣兽（未见居中的圣兽）、"太昊、少昊、颛顼"等帝王①也可以建立起匹配关系来。

《五纪》展现出了前所未有的雄心壮志，要把六合之中、天地人鬼、宇宙万物全部网罗到一个巨大的无所不包的框架之中，为此首先要建构一个庞杂而精致的宇宙体系，同时，人和天地之间也必须呈现出精密的对应关系。②除了宇宙观之外，五种"文德"也显然是此文的论述重点。类似《五纪》的宇宙图式，如《礼记·月令》《吕氏春秋·十二纪》，虽然也在阴阳五行的框架打造了一个无所不包、天人相应的世界图景，但这两部作品中都没有出现这么多"德"的元素。③和《五纪》一样，《尚书·洪范》和《黄帝四经》也是从大乱到大治、从天道到人事的叙述模式，但是在"德"观念上，《尚书·洪范》在"三德"的部分中虽然有所涉及，但总体比例并不高。《黄帝四经》则几乎没有论及具体德目的重要性。因此，高度重视德目，是《五纪》一大思想特色。

如以往学者已经论述的那样，春秋战国之际，出现了各种各样的德目，以及各种各样的德目组合，这些德目未必都是儒家的专利，而是当时思想界共有的思想现象，或者说公共知识。从《五纪》论述的德目来看，显然有三大特征，或者说受到了三方面的约束。第一，必须以"五"的数目来加以归纳和概括。第二，这类德目属于天道笼罩下的伦理规范，具有规矩、准绳的性质，必须与天道相匹配，但这种匹配显然是机械和生硬的。第三，这类德目应该属于"仪式伦理"意义上的外在规范，而非内在德性。

《五纪》创作之际，显然五行的思想已经大为流行。中国古人好用各种数字来总结事项和要素，春秋战国时期这种趋势更强，这在《尚书·洪范》《逸周书》《左传》《国语》等文献中可以得到印证。④到了一定的历史时期，"五"的数字开始占据压倒性的优势，例如同样着眼于世界构造、人间秩序的清华简《汤在啻门》，和《五纪》一样，考虑的是"何以成人？何以成邦？何以成地？何以成天？"这样的宏大问题。在回答这些问题的时候，虽然同时使用了"四""五""六""九"等数

---

① 袁青认为，另外两个帝王应该是"稷匡"和"后帝/黄帝"，参见袁青：《清华简〈五纪〉思想探微》，《江淮论坛》2022 年第 3 期。

② 贾连翔在这方面有很多论述，可参贾连翔：《清华简〈五纪〉中的"行象"之则与"天人"关系》，《文物》2021 年第 9 期。贾连翔：《〈五纪〉中的宇宙论与楚帛书等图式的方向问题》，《清华大学学报》2023 年第 5 期。贾连翔：《子弹库帛书中的宇宙论及阴阳家学说新证》，《文史哲》待刊。

③《五纪》和《礼记·月令》《吕氏春秋·十二纪》还有一个很大的不同之处在于，《五纪》几乎是一个以空间为单位的，横向的、静态的宇宙模式，而《礼记·月令》《吕氏春秋·十二纪》则是按照时间的序列排布宇宙万物以及人间行为的宇宙模式。

④ 先秦时期各种德目，可参陈来：《古代思想文化的世界：春秋时代的宗教、伦理与社会思想》，北京：生活·读书·新知三联书店，2009 年。第九章之"二 '仁'的观念与春秋时期的德目表""三 '忠' '信' 等德目"。

字，但显然"五"在其中占据主位，从中可以确认出已经有比较明确的五行意识。不过难以确定《汤在啻门》所见"五"的观念是否已经是以"土"为主宰的相生相克类型的五行观。①如笔者在《清华简〈五纪〉的"中"观念研究》中论述的那样，《五纪》虽然没有出现火水木金土的元素表，但五行意识已经非常明确。虽然尚未出现相生相克，但显然已经是四加一类型的五行，即其中一种元素凌驾于其他四者之上，居于统率和支配的地位。从上引各用例就能明显看出，"中"在五种"文德"中明显不同于其他四德，居于特殊的位置，被排在最后一位，与"中"相匹配者在层级上也明显高于与其他四德相匹配者。《五纪》有着非常明确的中央意识，"后帝""黄帝"就是以"中"统外，以"一"统"四"的象征。从这个角度看，与五种"文德"最为接近者显然是郭店楚简和马王堆帛书《五行》，《五纪》和《五行》都将德目纳入"五"的范畴，并且以某一种元素去统合其他元素，在《五纪》这里是"中"，在《五行》则是凌驾"仁义礼智"之上的"圣"。像杨珩《清华简〈五纪〉"文德"配合及其思想背景》论述的那样，历史上与五行相配合的德目应该有多种，这是一个时代的现象，作为一种"公共知识"的论说模型，可以为任何学派所用，因此具有不确定性，《五纪》和《五行》都不过提供了一种新的版本。到了汉代的传世文献中，"仁义礼智信"的模式才固定下来。但是据《春秋繁露·五刑相生》以及《白虎通义·卷八》可知，"信"在五行中与中央"土"合，居于统领地位，因此可以说是《五纪》和《五行》模式的孑遗。

那么，《五纪》五种"文德"和《五行》的关系究竟如何？是否像陈民镇《试论清华简〈五纪〉的德目》说的那样，"《五纪》的作者当借鉴了《五行》，选择了自己心目中的'五德'纳入其独特的体系之中"，我们表示怀疑。《五行》有着明显的儒家背景，而且如下文所论述的那样，非常强调内在的德性，需要"型于内"，才能成为"德之行"，"不型于内"，只能称为"行"，而《五纪》五种"文德"，在《五行》作者看来正是只能称为"行"的东西。所以，《五行》虽然和《五纪》一样，都接受了五行的框架和"四加一"的模式，但宗旨和内容是完全不一样的。把简帛《五行》视为对《五纪》的超越和批判更为合理。

《五纪》毫无疑问是一种天人之学，这种天人之学并不以人为主体，其中"文德"的内容虽然极为丰富，但完全笼罩在宇宙论、鬼神观之下，其思路遵循从天道到人事的路子，从五种"文德"与日月、星辰、鬼神、度量、方位、颜色、祭祀、名号等外在的、自然的元素相匹配，以及把五种"文德"和"章""正""度""时""数算"相匹配来看，"文德"也被视为了天地间不变的、永恒的存在，是天地规矩、秩序中重要一环。因此将五种"文德"视作刚性的、外在的规范和标准是完全没有问题的。人间之所以会有或者需要这种"德"的规范，或者说其合理

---

① 参见曹峰：《清华简〈汤在啻门〉所见"五"的研究》，《哲学与文化》2017 年第 10 期，第 45-62 页。

性、完备性之所在，正是天地所赋予的。或者说"后"是依据天地的法则，给人类制定了作为行为规范的"德"。

这里连带出现两个问题，首先，为什么《五纪》要反反复复地讨论"文德"，并将其与天地秩序联系起来？其次，为什么要选择"礼义爱信中"这五种。

第一个问题可能与《五纪》创作的年代，"德"在国家建设中的重要性被高度认可、大为提倡有关，也或许与特别重视"德"的儒家开始在社会中产生较大的影响有关，这样的分析或许对于确定《五纪》的创作年代也有很大帮助，但限于篇幅，这个问题本文不做展开。①

第二个问题也关联到两个方面。首先，如果五种"文德"与天道的方方面面、每个角度都相匹配，那么天道是否是有德的？其次，"文德"的主体究竟是谁？

宇宙万物皆有其德，这个"德"既包括事物的性质、潜能，也包括事物的功能、作用，例如"火水木金土"就是用来归纳物性的五种最基本的"德"。《老子》"道""德"并论，两者密不可分，将"德"视为"道"作用、功能的体现。②这是古人早已有之的认识，但是谈论最多的当然是对政治、经济、人伦之管理有用的"德"，受后来儒家独大的影响，"德"的指向开始集中于人伦的意涵。事实上，万物之德或者说天道之德在先秦秦汉的文献中，可以找到丰富的论述。

例如《周易·系辞》有"天地之大德曰生"；《周易》的乾坤可以说就是天地之德的体现，在《象传》中则进一步发挥为"自强不息"和"厚德载物"；古人认为春夏秋冬四季各有其德，如《吕氏春秋·贵信》云："春之德风……夏之德暑……秋之德雨……冬之德寒。"《尸子》也能见到四季之德："春为忠……夏为乐……秋为礼"（《艺文类聚》卷三引所），"冬为信"（《太平御览》卷二十七所引）；《鹖冠子·道端》在论述"举贤用能"问题时也说："仁人居左，忠臣居前，义臣居右，圣人居后。左法仁，则春生殖，前法忠，则夏功立，右法义，则秋成熟，后法圣，则冬闭藏。……此万物之本标，天地之门户，道德之益也，此四大夫者，君之所取于外也。"对于"君"而言，"仁人""忠臣""义臣""圣人"四大夫最为重要，而他们身上拥有的"仁""忠""义""圣"四德直接来自春夏秋冬四德。

四方或者五方同样有德，如《礼记·乡饮酒义》云："东方者春，春之为言蠢也，产万物者，圣也；南方者夏，夏之为言假也，养之长之假之，仁也；西方者秋，秋之为言愁也，愁之以时察，守义者也。北方者冬，冬之言中也，中者藏也。"这是以"圣""仁""义""中"来概括东南西北（春夏秋冬）之德；《管子·四时》云："东方曰星，其时曰春，其气曰风。风生木与骨，其德喜嬴，而发出节时，其事号令，修除神位，谨祷獘梗，宗正阳，治堤防，耕芸树艺。……南方曰日，其

---

① 在思想倾向与论述结构上与《五纪》具有一致性的《黄帝四经》，没有那么急迫地回应"德"的需求，或许在作者看来，这还不是一个最为重要的问题。

② 参见曹峰：《老子玄德论》，《老子学集刊》第 9 辑，北京：中国社会科学出版社，2023 年。

时曰夏，其气曰阳，阳生火与气，其德施舍修乐，其事号令，赏赐赋爵，受禄顺乡，谨修神祀，量功赏贤，以动阳气。……中央曰土，土德实辅四时入出，以风雨节土益力，土生皮肌肤，其德和平用均，中正无私。……西方曰辰，其时曰秋，其气曰阴，阴生金与甲，其德忧哀、静正、严顺，居不敢淫佚，其事号令，毋使民淫暴，顺旅聚收，量民资以畜聚，赏彼群干，聚彼群材，百物乃收，使民毋怠。……北方曰月，其时曰冬，其气曰寒，寒生水与血，其德淳越、温怒、周密，其事号令，修禁徙民，令静止。地乃不泄。断刑致罚，无赦有罪，以符阴气。"这是用"喜赢""施舍修乐""和平用均，中正无私""忧哀、静正、严顺""淳越温怒周密"来形容东南中西北（春夏秋冬，中辅四时）以及木火土金水所主之德。

天地日月也有其德，例如《鹖冠子·王鈇》云："天者诚其日德也，日诚出诚入，南北有极，故莫弗以为法则。天者信其月刑也，月信死信生，终则有始，故莫弗以为政。天者明星其稽也，列星不乱，各以序行，故小大莫弗以章。天者因时其则也，四时当名代而不干，故莫弗以为必然。天者一法其同也，前后左右，古今自如，故莫弗以为常。天诚信明因一，不为众父。易一故莫能与争先，易一非一故不可尊增，成鸠得一，故莫不仰制焉。"类似的话也见于《黄帝四经·经法》及《鹖冠子·泰鸿》。可见"诚、信、明、因、一"就是天的五种德，具体而言"诚、信、明、因"是"日""月""星辰""四时"之德，而"不为众父"，万物却不能"莫能与争先"的"一"才是天之德。在很多道家典籍中，"无为"正是天地之德。如《庄子·天地》云："玄古之君天下，无为也，天德而已矣。"《庄子·天道》云："天不产而万物化，地不长而万物育，帝王无为而天下功。故曰：莫神于天，莫富于地，莫大于帝王。故曰：帝王之德配天地。"可见"不产""不长"即不有意作为正是帝王要效仿的天地之德，由此导致"无为"乃帝王之德。《老子》反复阐述的"无为"思想可能即来源于此，而"生而不有、为而不恃、长而不宰"的"玄德"思想，很有可能就是对于天地无为而万物自成的提炼和升华。

那么，按照从天道到人事的思路，《五纪》的五种"文德"是否也是对天道之德的直接模仿和效法呢？似乎有关，又似乎无关。如前所述，陈民镇已经论证五种"文德"的选择和搭配与声训和双关有关，例如，"爱"与北方与冬季的闭藏有关。"中"虽然可以训为"忠"，但应该主要留意于"中"所具有的中正、圆融、至上、统摄的意涵，这样才符合《五纪》的整体文意。[1] 显然，如果这样去理解，也比较符合《管子·四时》"中央曰土，土德实辅四时入出，以风雨节土益力，土生皮肌肤，其德和平用均，中正无私"所见的中央之德。可见，《五纪》在选择"文德"的时候，考虑到了与天道之德相应的问题。

然而，"礼"和"鬼""目""直""青""言""行""东"（东司、东极）"日"

---

① 详细论证可参曹峰：《清华简〈五纪〉的"中"观念研究》。

（或以"日"为首的神祇）之配合，"义"与"人""口""方""矩""白""筮""相""西"（西司、西极）"月"（或以"月"为首的神祇）的配合，"信"与"时""鼻""称""赤""族""相""大山"（为首的神祇）"南"（南司、南门、南极）的配合，都没有什么内在的、机理、逻辑的关联可言。前面所举各种天道之道，无论是月令类型按照时空排列，还是在人之上的日月星辰的排列，其相应之德都有内在的逻辑可言。而《五纪》这里的配合则显得极为机械、生硬，有点像拉郎配。①"爱"虽然和北（北极、北司、北斗）、冬藏、暗黑有关，也和大地的博爱建立联系，因而与天道之德有关，但其他诸项如"耳""准""卜""方""门"（为首的神祇），依然是机械、生硬的配合。只有"中"，和"天""止""心""圆""藏"（非冬藏，而是作为处事原则）"天地"（为首的神祇）"中极""建星"的配合，有很多地方可以形成必然联系。②

再看《五纪》对于五种"文德"自身的解释，实际上是存在内在逻辑性的，"天下礼以使贱，义以待相如，爱以事嫔妃，信以共友，忠以事君父母"表明这里存在由下到上、由低到高的过程。从"礼敬，义恪，爱恭，信严，中畏"来看，也存在着由较弱的紧张感向较强的紧张感发展的趋势，"礼基，义起，爱往，信来，中止"更是形象地表达出这一逐级向上的发展过程。此外，除了"爱"之外，"礼义""忠信"的连用也是非常常见的现象。因此，很可能在《五纪》创作之际，流传着"礼义爱信中"为一组的德目表，《五纪》将其拿来为我所用，一方面呼应了社会上对这几项德目的推崇和热衷，另一方面也勉强可以和天道之德形成照应，但为了满足其宏大整齐的宇宙观以及需要统一主宰的中央意识，硬是把"忠信"换了位置，变成了"信中"。当然，也有可能《五纪》的作者完全不顾当时社会关于德目的认识，而是凭着自己的兴趣和感受，随便找了五种"文德"，硬塞入体系之中，就算完事。不过这种可能性还是比较小。因此，《五纪》的五种"文德"貌似天经地义，却是一种不伦不类的东西，既要照顾社会的感受，也要满足其体系的要求，不仅今天，可能在时人看来也不容易理解。

总之，五种"文德"归根结底是人道之德，但因为被纳入到宇宙秩序之中，而具有了绝对性和合理性，但它显然不是从天道的特性中总结归纳出来的。而是将人道和天道做了临时的搭配而已。《五纪》的五种"文德"与天道的匹配，有点类似《管子·牧民》的"国之四维"，"国有四维，一维绝则倾，二维绝则危，三维绝则覆，四维绝则灭。倾可正也，危可安也，覆可起也，灭不可复错也。何谓四维？一曰礼、二曰义、三曰廉、四曰耻"。这是将维持国家伦理秩序的四德，即"礼义廉耻"比作"四维"，即宇宙之四角或者四个方向，作为一种形象的文学比喻，这

---

① "鬼、人、地、时、天"的组合也显然有拉郎配的倾向，在"天地人鬼"中生硬地加入了时。

② 为何"建星"可以与"中"相配，详细论证可参曹峰：《清华简〈五纪〉的"中"观念研究》。

两者间其实没有内在的逻辑关联，但是由于《牧民》篇流传下来，被人熟读，成为金句，这一匹配也就变得天经地义了。如果《五纪》在后世产生了很大的影响，那么"礼义爱信中"的组合也会得到广泛的接受。

这种生硬、机械的"文德"，其特征非常明显，套用陈来《古代思想文化的世界：春秋时代的宗教、伦理与社会思想》一书中的分类，《五纪》可以属于"仪式伦理"，而非强调内在自发的"德行伦理"。如前所言，如果和简帛《五行》进行比较，就可以发现，两者既有一致也有区别。简帛《五行》的"仁义礼智"再加"圣"，显示出儒家德性伦理的逻辑一致性，以及希望通过"圣"来加以统合和主宰的愿望，所以内部是自洽的。而且简帛《五行》的作者还努力希望把"仁义礼智"打造成内在的、自发的、自觉的德行，而不依赖于外在的强制。《五纪》虽然也用"中"去加以统摄其他四德，但"礼义爱信"的内在逻辑关联并不清晰，而且"五德"既然是宇宙中最主要的构成部分之一，那么它就不可能是凭借人力能够制定、调整，并自发自愿去践行的东西，或者说作为天道之投射的人伦无法独立于天道之外。

有趣的是，《五纪》强拉人伦作为天道的一环，而《五行》反过来，要通过"圣"与"天道"接上关系。只有"仁义礼智"四行只能叫作"善"，是"人道"，加上了"圣"，才叫作"德"，是"天道"。看来天人的合一在战国中期是一个任何理论都无法回避的问题，但可以走出两条不同的路线，这个问题，也有待今后深入的研究。

总之，作为世界秩序的重要一环，"五德"就有不得不遵循、不得不执行的意味，成为一种外在的禁忌和约束。既然《五纪》的目标在于塑造世界秩序，那么"文德"也不可能游离于其外。从思想史的角度看，"仪式伦理"要早于"德行伦理"。[①]但事实上，即便到了战国秦汉之际，这两种伦理也有可能是并行的，限于篇幅，这里不做展开。

由此便可以回答《五纪》五种"文德"的主体，既然"文德"是与天道相匹配的伦理规范，可以用来形塑和约束社会秩序，那么这种"德"就一定是面向大众的，属于"民德"。[②]《五纪》中鬼神的尊卑体系极为复杂，但人间社会层级却极为简单，就是"后帝"与"万生""万貌"（即万民）两级，因此五种"文德"就是用来约束万民的，也只有万民才有可能去"事君父母"。《五纪》云："后曰：一曰礼，二曰义，三曰爱，四曰信，五曰中，唯后之正民之德。""唯后之正民之德"可以有两种标点，即"唯后之正，民之德"或者"唯后之正民之德"，但不管哪一种，这五种德面向的是民，这是毫无疑问的。

---

① 陈来：《古代思想文化的世界：春秋时代的宗教、伦理与社会思想》，参见其第九章之"四 从'仪式伦理'到'德行伦理'"。

② 袁青对此有专门的论述，参见《论清华简〈五纪〉中的"德"》。

二、作为君德的"三德"

如果说五种"文德"作为一种外在的德行，是对万民行为的规范和约束。那么对于统治者而言，是否也有相应的"德"呢？对宇宙秩序做出精密设计的《五纪》，这个部分显然是不会缺漏的，与之对应的部分就是"文、惠、武"三德。这里首先举出相关的资料：

行之律：礼、义、爱、信、中；仁、善、祥、贞、良；明、巧、美、有力、果。文、惠、武三德以敷天下。①

后曰：仁，仁者行礼，行礼者必明。

后曰：善，善者行义，行义者必巧。

后曰：祥，祥者行爱，行爱者必美。

后曰：贞，贞者行信，行信者必有力。

后曰：良，良者行中，行中者必果。

夫是故后参伍，虑事明，以事巧，以图美，以出力，以固果，中度。②

以上"三德"的构造可见表2③。

表2 "三德"构造表

文德	惠德	武德
礼	仁	明
义	善	巧
爱	祥	美
信	贞	有力
中	良	果

这段话明确提出了有三种德，第一种就是前面讨论的"礼、义、爱、信、中"五种"文德"，第二种是"仁、善、祥、贞、良"五种"惠德"，第三种是"明、巧、美、有力、果"五种"武德"。而且这三种"德"是联动的，《五纪》作者说只有"后"能够将三种"德"加以"参伍"，从而呈现出种种理想的结果，那就是"虑事明，以事巧，以图美，以出力，以固果，[以]中度"。

---

① 此句中"信""仁""祥"字的释读，遵从了陈民镇《试论清华简〈五纪〉的德目》的观点。

② "夫是故后参伍，虑事明"原标点为"夫是故后参伍虑事明"，笔者做了调整。"中度"或许可以补为"[以]中度"。

③ 此表基本上是参照陈民镇《试论清华简〈五纪〉的德目》所做，仅在文字上略有改变。

《五纪》三德有比较明确的结构，那就是前"文德"后"武德"形成对应，然后中间加入"惠德"。"三德"在先秦文献中比较多见，与《五纪》的结构比较接近的有，《尚书·洪范》："正直、刚克、柔克。平康正直，强不友刚克，内友柔克，沈渐刚克，高明柔克。"《逸周书·小开》有"动有三极……务用三德"，这里的"三极"据《小开武》可知，就是"天、地、人"，而"三德"指的就是"三极"。《大戴礼记·四代》假借孔子之口有类似表述："有天德，有地德，有人德，此谓三德。三德率行，乃有阴阳；阳曰德，阴曰刑。"上博楚简《三德》也说："天供时，地供材，民供力，明王无思，是谓三德。"

笔者以为，《五纪》的"三德"能够与这些文献在思想上找到关联。首先，《五纪》很可能就是《洪范》思想意识和文章题材的进一步延续。① "正直、柔克"一正一反，"正直"居中，这一思维结构很可能直接影响了《五纪》。另外"天、地、人"三德的思维框架很可能在《五纪》创作之时非常流行，《五纪》作为天人之学想必深受影响。如《大戴礼记·四代》中孔子所言，"阳曰德，阴曰刑"，这样人就是居中效法、能够把握阴阳刑德的存在。《五纪》虽然没有出现与"刑德"对应的观念，但在与《五纪》密切相关的清华简《三不韦》中有"五刑则唯天之明德"，贾连翔认为《三不韦》中的"德"每每可与"则"进行概念替换。② 《五纪》又说："赣司民德，为吉为凶，为柔为刚。"可见要从相反相成、对立统一的角度去看待民德。《五纪》中也出现了阴阳的概念，如"春夏秋冬，判以阴阳。日月星辰，赢绌短长。""春夏秋冬，信其有阴阳。""后曰：爱彼四维，烈烈其行。夫七次设敷，而周盈阴阳。各有枝叶，爱爱其行，转还无止，一阴一阳。""黄帝大恩，称攘以图，八機端作，黄帝告祥，乃命四尢徇于左右上下阴阳。"因此，能够从正反两个方面去考虑问题，然后居中调整自己的行为方式，正是"德"的体现之一。

所以从"文、惠、武"三德的结构看，"文德"如前所述是"民之德"（或"正民之德"），是为社会大众建立伦理秩序，"明、巧、美、有力、果"正是各种各样用来描述、修饰政治成果的词汇，因而是结果。例如《老子》虽然提倡无为，但也并不反对有"果"。"善有果而已，不敢以取强。"（《第三十章》）因此，"惠德"就是高明的统治者在"文"和"武"之间居中调节的正确姿态。

所谓居中调节，用《五纪》的话来说就是"参伍"，这种"参伍"看来是横向的。例如站在"仁"的立场上，去行"礼"，就能得到"明"的效果。"后曰：仁，仁者行礼，行礼者必明。"站在"善"的立场上，去行"义"，就能得到"巧"的效果。"后曰：善，善行者行义，行义者必巧。"站在"祥"的立场上，去行"爱"，

---

① 这个问题，以下二文已经有很好的论述。但笔者觉得还有充分讨论的空间，可以成为今后深入讨论的课题。参马楠：《清华简〈五纪〉篇初识》，《文物》2021年第9期；朱岩：《清华简〈五纪〉与〈尚书·洪范〉关系考述》，《扬州大学学报（人文社会科学版）》2022年第2期。

② 贾连翔：《清华简的祷祀及有关思想问题》，《文物》2022年第9期。

就能得到"美"的效果。"后曰：祥，祥者行爱，行爱者必美。"站在"贞"的立场上，去行"信"，就能得到"有力"的效果。"后曰：贞，贞者行信，行信者必有力。"站在"良"的立场上，去行"中"，就能得到"果"的效果。"后曰：良，良者行中，行中者必果。"这里虽然形成了一套清晰的逻辑对应关系，但这种对应关系似乎在先秦秦汉文献中很少能够看到，或者有待我们进一步检索验证，或者如同五种"文德"的排列，完全就是为了满足作者构建宏大体系的需要，而生硬制造出来的。

不过，"惠德"一词的用法非常值得关注。查阅先秦秦汉文献，仅见于《河上公老子注》对于第十章"能无为"的注释："治身者呼吸精气，无令耳闻；治国者，布施惠德，无令下知也。"第十章注释中还有"侯王得一以为正平，入为心，出为行，布施为德"。①可见惠就是恩惠，是一种给予而不求索取的布施行为。能够实施这种行为者，反而能够获得更大的成功。例如《老子》有"三宝"之说："我有三宝，持而保之。一曰慈，二曰俭，三曰不敢为天下先。慈故能勇；俭故能广；不敢为天下先，故能成器长。今舍慈且勇；舍俭且广；舍后且先；死矣！夫慈以战则胜，以守则固。天将救之，以慈卫之。"（第六十七章）行"慈"反而能够"勇"，"以战则胜"，这是老子独特的反向逻辑。《五纪》是否也是这样的逻辑，很难确认，但是在"惠德"统领下的"文德"可以造就"武德"亦即实际的政治成效，这个逻辑是非常清晰的。

这种逻辑很有可能来自中国早期德观念中对于"君德"的理解。即德可以体现一种上对下的施恩行为，是一种柔性的高明的管理方法。②因此"仁"出现于此，而不是出现于五种"文德"之中，就很容易理解了。因为这是一种"德政"的体现，而不是对于民众"德行"的要求。《老子》"玄德"、《韩非子》"刑德"中的"德"都具有这样的特征。

总之，我们把"惠德"视为由上至下的、仁厚广惠的、只有付出不求回报的"德"，主要是高明统治者"德政"的体现，因而是一种外在的，体现为能力和作用的"德"。如果和《洪范》的"三德"相比，"惠德"和"正直"都体现为外在的能力和作用，但是在性质上，"正直"相对于"刚克"和"柔克"，意为中正平和，不刚不柔，这样就和"惠德"有一定距离。这有可能是因为《五纪》把对于中正平和的追求投射到了"中"上。不过，相比"刚克"，《洪范》似乎更偏向天之象征的"柔克"，所谓"沈潜刚克，高明柔克"就是此意。这样说来，《五纪》的"惠德"是对"柔克"做了发挥。

需要指出的是，《五纪》中还有一个"三德"，那就是"后曰：高大尚民之祖，

---

① 此章，《河上公老子注》的章名是"能为"。

② 曹峰：《老子玄德论》（《老子学集刊》第9辑，北京：中国社会科学出版社，2023年）中第二节"'玄德'功能义的思想来源"对于早期恩德意义上的"德"有比较详细的论述，可参考。

凡彼百生、万族、貌民，贵贱、长短、男女，皆使仰皇天之三德，曰：以事父之祖，而供母之祀，化民之忒，是谓三德"。这个"皇天之三德"，其作用能够"以事父之祖，而供母之祀，化民之忒"，这也是从作用和功能的意义上去理解"德"，是上对下之恩德，是德政的体现。①

三、作为总德的"中"与作为秩序象征的"德"

毫无疑问，《五纪》所见的"中"有两个角色，两个身份，一字双关。有时候是"以事君父母"的"忠"，但绝大部分情况下，"中"有着特殊的地位和意义。在五种"文德"中，"中"居于统摄和支配的地位，与"四加一"五行中那个"一"相匹配。同时从五种"文德"之外大量出现的"中"来看，"中"代表了中心、统摄、宽裕、普照、无私、公正、规律、法则等最美好、最重要的意涵，具有绝对的、神圣的特点，可以作为准则、规范来认识。这一点，笔者在《清华简〈五纪〉的"中"观念研究》中已经论之甚详。

在《五纪》中，"有中""有德"共同代表了政治的最高原则与治理的最佳状态。②说明这两者之间，显然存在意义相融交汇之处。但既然分别而言，说明这两者是有区别的。就两者产生的渊源而言，笔者认为"如果'中'指的是与刑律秩序相关的规范，'德'就是与伦理秩序相关的规范"。③虽然如此，并不妨碍把"中"看作一种"德"，一方面，在五种"文德"中，有"中"德的存在，而且居于统摄的地位；另一方面，在《五纪》中，外在的规范和准则就是"德"的体现，这在前文已经论述甚详。

既然"中"在《五纪》中有如此高的地位，既然"中"与"四加一"五行中的那个"一"相应，那么把"中"视为各种德目中的总德，是没有问题的。如前所言，一方面，"有中"和"有德"一起代表了政治的最高原则与治理的最佳状态；另一方面，较之"德"义的含混，"中"的意义更为清晰，更为集中。

毋庸置疑，无论在《老子》还是《论语》中，总德即至上、统摄之德的意识已经非常强烈。在《老子》这里是"上德"或"玄德"，在《论语》这里是"仁"。《五纪》作为一部对天下万事都有全局布置和安排的文章，在出现大量对于德目的描述之后，不提炼出一个总德来，是很难想象的。《五纪》中后帝和黄帝出场的时

---

① 《五纪》也出现了"六德"，但只有一次，"后曰：礼、义、爱、信、中，六德合五建，四维算行星"，并不清楚这个"六德"指什么，而"五建"可能就是"礼、义、爱、信、中"。

② "中""德"在清华简中有大量连用的现象，可参曹峰：《清华简〈五纪〉首章释读》，载《齐文化与稷下学高峰论坛（2022）论文集》，2022年12月。

③ 曹峰：《清华简〈五纪〉首章释读》，第110页。关于"中"和"刑律"的关系，还可以参照曹峰：《从〈逸周书〉二文看〈保训〉之"中"的刑书性质》，《哲学门》第31辑，北京：北京大学出版社，2016年3月。

候，往往和以"四"为数的辅臣同时出现，并且和万民形成鲜明对照。如"唯昔方有洪，奋溢于上，玩其有中，戏其有德，以乘乱天纪。后帝、四干、四辅，乃怂乃惧，称攘以图。""黄帝乃命四尤裁之，四尤乃属，四荒、四柱、四维、群祇、万貌皆属，群祥乃亡，百神则宁。"这些都凸显了以"后帝""黄帝"为中的形象。因此，不仅在政治秩序上，在伦理规范中也要突出"中"德的地位，这是完全可以想象的。只不过，"中"作为总德，是外在功能、作用、准则意义上的，而非内在德性意义上的。这一点，"中"更接近"上德""玄德"而非"仁"。

一些学者之所以坚持要把"中"假借为"忠"，并且不认可"中"在五种"文德"中的统摄地位。是因为《五纪》中确实存在一些不以"中"为主，而让其他德目居于优势的现象。袁青对此做过汇总：

> 陈民镇说："'爱'与北斗相对应，'后正北斗'（简 26），'匡天下，正四位'（简 66），其地位亦极为突出；《五纪》简 19-20 称'参律建神正向，信为四正'，'信'又居于主导。'礼''义''爱''信''忠'很难说哪个可以统摄其他四者。"[①]《五纪》简 16-17 说："五算合参，礼义所止，爱忠辅信，建在父母，矩方规圆，行用恭祀。""礼义所止，爱忠辅信"，可见这里所强调的是"礼""义""信"三个概念，"爱""忠"反而起的是辅助作用。因此，礼、义、爱、信、忠五者应是并列关系，五者中没有哪一个能够统摄其他四者。[②]

《五纪》以一种宏大的气魄，将天文、历数、神祇、人伦、官职、物产、祭祀、名号等宇宙中最为重要的元素全部纳入到一个精致的体系中时，难免捉襟见肘，会出现生硬的，甚至矛盾的现象，就像前文所述，五种"文德"及其匹配中出现了很多不可思议、生拉硬扯的现象。虽然从《五纪》的内容看，"中"被赋予的作为统摄形象的描述占据多数，但仍不能避免上述现象的出现。笔者认为，有些文字现象很可能是妥协和调和的产物，即《五纪》在创作时不可能完全闭门造车。就像在五种"文德"中，必须加入"礼义""忠信"这些为世人熟知的要素。宇宙观也是这样，作者必须照顾到当时各种流行的信仰。

仔细加以梳理，会发现除了"中"，地位被抬升的主要是"爱"和"信"。这可能和古代对于南北两极的特殊认知以及北斗信仰有关。在第一幅五"文德"与各要素的配伍图中，我们可以看到"北斗"与"南门"多次出现，中国古代似乎没有那么强烈的南门信仰，所以这完全有可能是为了配合作者的几何化宇宙模式而添加的。如果尊重北斗信仰，那么与之匹配的"爱"居于首位，也就完全可以理解。[③]《五纪》说"南门之德……临天下，纪皇天""北斗之德……匡天下，正

---

① 陈民镇：《试论清华简〈五纪〉的德目》，《江淮论坛》2022 年第 3 期。

② 袁青：《论清华简"五纪"中的"德"》，第 236 页。

③ 当然，北斗不能等同于北极，但两者是密切相关的。

四位",可见"南门"和"北斗"都可以帮助统治者君临天下,《五纪》的作者难以回避这一点,因此就会和"中"的绝对地位形成冲突。①

从图1中可以看出②,当我们转换视角,以北极和南极为中轴时,五种"文德"中的"中"（"义中成右"）也只能屈居辅助之位。③当然我们也可以在此时不将其理解为"中",而是"忠"。从"南门授信,而北斗授爱,是秉信而行爱。既膺受德,践位有常"来看,"南门"与"北斗"就是君权和王位的象征,既然"信"与"爱"是南门与北斗所授,如果能够"秉信而行爱",就可以"受德"而"践位"了。这里的"信"与"爱"似乎成了王德的象征,并且流露出一种"天命有德"的味道。但这种情况在《五纪》中并不多见。

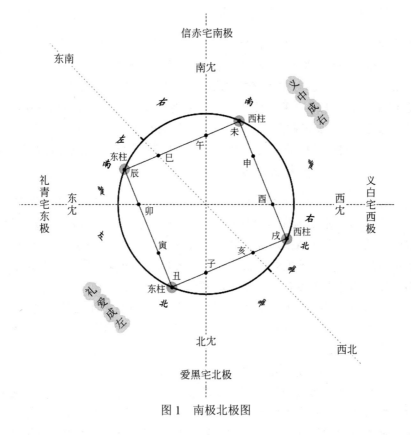

图 1 南极北极图

---

① 此类表述还有"神尚南门,后正北斗。""施（地）正南门,天规北斗。""北斗其号曰北宗、天规,建常,秉爱,匡天下,正四位,日某。""殷彼北斗,正律之行,帝祇合矩,以受元皇,百禄焉羞,庶贱不章,膺受厥贞,永命保常。""大角为耳,建星为目,南门之间为鼻,箕为口,北斗为心。"都是将北斗置于极高的位置,显示出浓厚的北斗信仰。另外"爱中在上"的表达,则似乎是想调和两者,把"爱"和"中"同时置于最高的位置。

② 此图为笔者学生张小宇童在《五纪》研读课程中所绘。

③ 不过,从这个图来看,"义中成右"应该作"义信成右"才对,和"礼爱成左"正好形成对照。这样的话"中"就不言而喻是居中的了。

"信"的地位，在《五纪》中确实也很高，除了袁青所举之例外，还有"后曰：伦五纪：绳以为方。礼青，爱黑，青黑为章，准绳成方；义白，中黄，黄白为章，规矩成方"。这里显然也突出了信的地位。这种突出，一方面可能与北极和南极为中轴的视角有关，因为"信"代表的是南极、南门。另一方面，"信"在先秦秦汉德目中确实曾经占有很高的地位，笔者曾经讨论过这一点。如《黄帝四经·十六经·立命》认为"质始好信"是黄帝身上最重要的品德。《黄帝四经》还把"信"当作"日"之德或者"天"之德，如《经法·论》云"日信出信入，南北有极，度之稽也""信者，天之期也""天行正信"（《十六经·正乱》）。这些"信"都带有"中"的特点，即公正无私、真实不欺，可以成为法则法度。清华简《殷高宗问于三寿》所见"祥""义""德""音""仁""圣""智""利""信"九大理念，"信"是最后一位。《春秋繁露·五刑相生》以及《白虎通义·卷八》中的"仁义礼智信"，"信"在五行中与"土"合，居于中央。所以，笔者提出，结合《五纪》加以推测，说"信"的身上带有"中"的影子，某种意义上也是"中"的象征，并非虚言。①

再来看与"中"并列的"德"。《五纪》中的"德"除了五种"文德"和两种"三德"之外，还有很多地方是单独使用的。例如《五纪》首章先说洪水奋溢、天下大乱之后"玩其有中，戏其有德，以乘乱天纪"，作为宇宙最高原理、原则、准则的"中""德""纪"被破坏了。之后从大乱到大治，天下恢复太平，又出现了"天地、神祇、万貌同德，……五纪有常"的局面。作者要"合德以为方"，即集中"德"的力量和优势来建立法则。从"天下有德，规矩不爽"一句看，也说明了"天下有德"是达成良序社会的标志。所谓天下有德，从全局来看，指的是宇宙整体呈现为"有德"的状态，具体指的是"日""月""南门""北斗"和"建星"的天道运行各有其德，同时指的是人间社会在德的配置和践行上完全与天同频共振。

《五纪》中其他关于"德"的表述还有很多。就"民德"而言，统治者要以"礼、义、爱、信、中"作为"正民之德"，同时对于"赣司民德"要注意其"为吉为凶，为柔为刚"之不同走向；对于"君德"而言，则要把握好"文、惠、武"三德。从"南门授信，而北斗授爱，是秉信而行爱。既膺受德，践位有常"来看，如前所言，"信"与"爱"的获得是统治者从"南门"与"北斗"那里"受德"之重要前提，这个"德"有天命的色彩。百姓之所以罹疫遭殃，是因为"杂德不纯，百祟之殃"；"天之正曰明视，人之正曰深思，行之虑曰远虑"，则把"深思"作为人的优良品格。

《五纪》又说："后曰：日、月、星、辰、岁，唯天五纪。文后经德自此始。""经"当读为动词，"经德"即行德。而"日、月、星、辰、岁"之"五纪"正是从天道到人事过程中的出发点，可见"经德"是"后帝"政治行为中最为重大的事情。

---

① 详参曹峰：《清华简〈五纪〉的"中"观念研究》，《江淮论坛》2022 年第 3 期。

总之，对于德的重视、扶植和经营，几乎贯穿《五纪》全文，成为《五纪》一条重要的线索，在比例上，这条线索丝毫不输于宇宙论，甚至可以说，宇宙论的部分也是为"德"的确立服务的。

最后，有必要讨论一下"德"与"则"的关系。《五纪》有这样一句话："夫是故后言天有仁，言神有化，言地有利，言事有时，言型有情，言德有则，言古有矩。"可见，在《五纪》作者心目中，"德"与"则"有对应关系，是标准、规范和秩序的象征。这一点也得到了《三不韦》的印证，前文提到《三不韦》有"五刑则唯天之明德"，贾连翔认为《三不韦》中的"德"每每可与"则"进行概念替换。这一现象在传世文献中也可以得到印证，但过去并不重视。例如《逸周书》之《和寤》有"王乃厉翼于尹氏八士，唯固允让，德降为则，振于四方"，说的是武王手下大臣之美德降于民间成为典范，影响远及四方。《成开》和《本典》篇均有"显父登德，德降为则，则信民宁"，即德高望重者举明道德，道德降为法典，法典切实则百姓安宁。《文酌》也有："民生而有欲有恶，有乐有哀，有德有则。"《逸周书》这些"德""则"连用的说法值得注意，即"德"是可以转为"则"（典范）的。

因此，在《五纪》中，"德"可以是德行，可以是德政，可以是民德，可以是君德，但都体现为作用、能力，最后转化为标准与规范，因此可以和"则"和"中"联系起来。《五纪》的作者将宇宙万物几何化、格式化，就是要力图创造一个严整的、有序的世界，因此"德"就是宇宙秩序的一种，是标准化的一环。

这提醒我们可能需要重新理解《诗经·烝民》中这几句话："天生烝民，有物有则。民之秉彝，好是懿德。"显然这里也是"则""德"对应连用。显然这个"懿德"应该往天地间外在的秩序、法则去理解。《韩诗外传》卷六引用此句后说："言民之秉德以则天也。不知所以则天，又焉得为君子乎！"《潜夫论·相列》引用此句后说："是故人身体形貌皆有象类，骨法角肉各有分部，以著性命之期，显贵贱之表，一人之身，而五行八卦之气具焉。"这都还保存了人之德必须与天之法则保持一致的基本倾向。然而，孟子却在论述四端之心后引述了这句诗。后世儒家因此完全扭转了《诗经》的解释方向，将"懿德"理解为内在的美好的德性，然后进一步加入了德性来自于天，因而是先天的、固有的等内容，来为孟子的性善论提供天道的依据。然而，从《五纪》以及相关的传世文献来看，这样的解释显然是没有根据的。"懿德"应该就是天所展示的准则和规范。

结　　语

以上，从"五德""三德"以及"德"的使用、性质、特征出发，本文全面讨论了《五纪》的德观念。认为《五纪》之德就主体而言，基本上可以分为"民德"和"君德"两类；就性质而言，基本上可以分为"德行"和"德政"两类。但不管哪一种，《五纪》中的"德"都体现为外在的规矩与准绳，以帮助实现各司其职、各有其位的、井井有条的宇宙秩序。这种"德"表面上看是天道在人间的投射，从而使"德"具有了神圣性和合理性。实际上是作者代表"后"有意制作出来，或者从世间流行的德目或者德观念中，按照自己的要求选取出来的东西，然后被硬性塞入了其极为庞大的几何化、格式化的宇宙框架之中，从而使人间之德与天地法则一脉相承、同频共振。

《五纪》之"德"基本上被框定在"五"的数术框架之中，《五纪》创作之际，"五行"观已经大为流行，而且是"四加一"类型的五行，这使得"中"德获得了统摄的地位，成为公正、无私、宽裕、普照、规范、法则的象征，可以视其为"总德"。《五纪》中出现的一些与"中"德至上矛盾的现象，可能是作者为了照顾其他流行的信仰，如"北斗""南门"的信仰，而做出调整妥协的结果。《五纪》与简帛《五行》只有在"四加一"的五行框架上以及天人同构的思路上相同，其他方面则差异深大，简帛《五行》最终要建立的是内在的德性系统，归根结底弘扬的是人的主体性，而在《五纪》中，几乎完全看不到对于人主体性的开发和依赖。

总之，"德"在《五纪》中更多是为规则、秩序的确立服务的，"德"主要被视为作用和功能，是必须遵守的规矩、法则，而非天生的、固有的、自发的、自觉的德性。从德观念发展史来看，这种德意识相对比较原始，是"仪式伦理"和恩德观念的延伸。为了配合春秋战国之际激烈转变的社会局势，《五纪》作者沿用有大乱必有大治的思路，从天下治理和中央王权的意识出发，试图构建一个中心突出、无所不包、井井有条、各有其位的宇宙图景，道德系统的搭建就是其中必要的一环，所以，匡正天下是《五纪》德观念的最终目的。这样的格局和思路后来部分地被《吕氏春秋》和《春秋繁露》等文献吸收，为我们了解诸子百家之外依然存在、绵延不绝的王官思想系统[①]，了解两汉何以天人之学高度发达提供了极好的资料。

Study on the Concept of Virtue in Tsinghua *Wuji* Manuscript

Cao Feng

Abstract: In order to cope with the intensely social transformation during the Spring and Autumn Period and the Warring States Period, the author of *Wuji* adopted

---

① 笔者将《五纪》视为流行于战国时期的特殊的王官之学，具体论证可参曹峰：《清华简与王官之学：一种审视中国古典的新角度》，《中国史研究动态》2024 年第 1 期。

the idea that there must be great governance when there is great chaos. From the aim of the governance of the world and the centralization of monarchy, the author tried to build up a centralized, all-encompassing, well-organized, and well-placed cosmic picture. So the construction of the moral system is the necessary part. In terms of subject of the virtue in *Wuji* can basically be categorized into two types: "people's virtue" and "monarch's virtue"; in terms of nature of the virtue can also basically be categorized into two types: "virtuous behavior" and "virtuous government". But no matter what kind, the "virtue" in *Wuji* is embodied as the external rules and regulations so as to help realize the cosmic order. Therefore, the "virtue" in *Wuji* does not focus on the generation and edification of virtue in the ethical sense, but mainly emphasizes the role and function in the political sense.

Key words: Tsinghua Manuscript; *Wuji*; Five Virtues; Three Virtues

《五纪》十八群神方位与凌家滩玉版图形对比研究*

程　薇

（清华大学出土文献研究与保护中心
"古文字与中华文明传承发展工程"协同攻关创新平台）

摘要：清华简《五纪》论述了一套宏大的治国理政体系，其核心为十八群神，由天、地及十六神组成，本文对《五纪》重要群神的来源及其方位进行了探讨，并结合凌家滩玉版的相关图案，认为《五纪》所载"群神有位"之说并非当时人的向壁虚设，其中蕴含了古人相关的智慧结晶，其时间甚至可以早到 5000 年前的史前时期。

关键词：清华简；《五纪》；凌家滩玉版

《五纪》是《清华大学藏战国竹简》第拾壹辑收录的一篇重要先秦文献，本无篇题，整理者拟题为《五纪》，简文内容论述了一套宏大的治国理政体系。[1]我们推绎文义，这套体系的核心为十八群神，由天、地及十六神组成，为宇宙人事的管理者，由此才有全篇第三部分天神始助黄帝之事。

黄帝为人文始祖，《五纪》记载了黄帝溥有天下、天神始助黄帝征伐蚩尤的传说故事，特别是四荒等十六神，在简文中既有神灵的属性，同时具有方位的属性，遗憾的是简文作者并没有绘出直观的方位图，而神名用字又涉及疑难字形以及不能确指的方位概念，整理报告拟制了天纪图（图 1）。[2]

随着研究的深入，现在看，这张图中关于群神的方位存在两个问题：一是天纪图中没有体现出"四荒"天神的方位；二是图中四角处皆有两个神名，如"东樘"与"左南维"两神，在方位上出现了重叠性。这些似与简文所言"群神有位，司视不祥"（简 43）的文义不够融通。

另外，整理小组内部对《五纪》关键疑难字形的释读及方位的认识一开始就

---

* 本文为国家社科基金重大项目"清华简与儒家经典的形成发展研究"（项目号：16ZDA114）和"清华大学藏战国竹简的价值挖掘与传承传播研究"（20&ZD309）的阶段性成果。

① 黄德宽主编，清华大学出土文献研究与保护中心编：《清华大学藏战国竹简（拾壹）》[以下简称《整理报告》（拾壹）]，中西书局，2021 年。下文所引释文皆出自整理报告，只出简号，不再出注。个别标点、释读略有不同。

② 《整理报告》（拾壹）第 98 页；贾连翔《清华简〈五纪〉中的宇宙论与楚帛书等图式的方向问题》，中国先秦史学会·邯郸学院文史学院《"先秦赵国诸子思想研究"暨第九届诸子学论坛论文集（2023.4.21—23）》第 403 页。

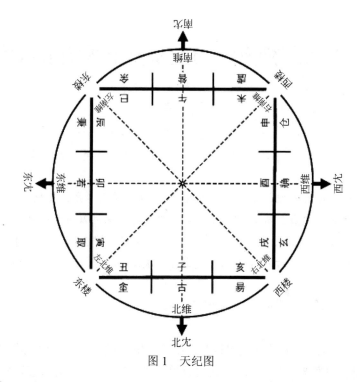

图 1　天纪图

存在分歧①，实际上，十八神中除了天、地、四荒六神之外，其余的十二天神与四时十二月具有一一对应的律历关系，所以对《五纪》重要群神来源的认识及其方位的确定，是需要解决的首要关键问题。

有关史前时代的天文图形方面，可以给我们提供系统帮助的首属凌家滩玉版。凌家滩玉版在发掘报告中称作含山玉片，于 1985 年安徽含山凌家滩新石器时代墓地发掘出土②，本身为一块方形的玉版，上面有图形，李学勤先生指出其图形"是天圆地方这种古老宇宙观念的体现"③，李斌先生在《史前日晷初探——试释含山出土玉片图形的天文学意义》中提出其为"史前日晷"。④

《五纪》的抄写年代与玉版图形的考古年代相差了两千多年，但《五纪》的治国理政体系完全出自古人对宇宙规律的认识，所载黄帝群神皆为远古传说故事，

---

① 黄德宽：《清华简〈五纪〉篇"四尢"说》，《出土文献》2021 年第 4 期。程浩：《清华简〈五纪〉思想观念发微》（以下省称《发微》），《出土文献》2021 年第 4 期；程薇：《清华简〈五纪〉"尢""甫"续辨——兼说四甫（辅）来源》（以下省称程薇《续辨》），2022 年 11 月 5—6 日西南大学《中国古文字研究会第二十四届年会现场论文集》。

② 张敬国：《安徽含山凌家滩新石器时代墓地发掘简报》，《文物》1989 年第 4 期第 1-9、30、97 页。

③ 李学勤：《走出疑古时代》第 117 页，辽宁大学出版社，1997 年。

④ 李斌：《史前日晷初探——试释含山出土玉片图形的天文学意义》，《东南文化》1993 年第 1 期，第 237-243 页。

因此二者在时间上具有近似性，在天文方位上具有共同的可比性。凌家滩玉版上的方形、圆形，及方圆交汇产生的新区域①，为我们了解《五纪》十八群神的来源及方位提供了难得的直观图解材料，也使我们对四方、四荒、四海这些易混的古代地理概念有了明确的界定。当然，在对《五纪》神位的解读中，我们可以反观5000年前的史前文化，其古天文知识的发达程度远远超乎我们的想象。

一、《五纪》十八群神的产生

1. 十八群神生成背景及天、地神祇、万民"同德"解

《五纪》简文首段曰（简1—3，文中所引释文皆以整理报告为基础，无需讨论字形尽量以通行文字转写）：

> 唯昔方有洪，奋洫（溢）于上，蘿（权）其有中，虐（戏）其有德，以緓（乘）乱天纪。后帝、四执（干）、四桷（辅），乃蘿（耸）乃思（惧），俪（称）纕（攘）以图。后帝青（情）己，修扁（历）五纪，自日始，乃旬祭（简）五纪。五纪既尃（敷），五算聿厄（度），大参建尚（常）。天地、神示（祇）、万兕（貌）週（同）德，有昭明明，有洪乃呈（弥），五纪有尚（常）。

在古人的宇宙观念中，以人为中心，天圆地方，我们推敲这段文义为三事：一、"方有洪"，与"地"有关；二、"乱天纪"，与"天"有关；三、"后帝、四执（干）、四桷（辅）"，与"人"事有关。

简文中的"后"因为反思洪水问题，乃"修历五纪。自日始，乃旬简五纪"（简2），"五纪"，即凡事以"五"之数为度，并非只言日，但是"自日始"，最先从观测日之行开始②，然后遍及其余，即五纪由天神，及地祇，及人，"旬"，整理者据《诗》毛传训为"遍"是可据的。③天神、地祇、人三者为"大参（叁）"。三者皆以"五"为度，即"五算律度"。由此看，原释文"天地、神示（祇）、万兕（貌）"当在"天地"之间点开，读为"天、地神示（祇），万兕（貌-民）週（同）德"，即天神、地祇、万民三者同德。

"同德"，虽然见于《尚书·太誓》④，但简文中的用法较接近《三不韦》中"德"的用法，其"德"与"则"为韵成文，如"秉则不违"［清华简（十二）《三不韦》

① 李斌：《史前日晷初探——试释含山出土玉片图形的天文学意义》，《东南文化》第1993年第1期，第237-243页。

② 参程薇：《清华简〈五纪〉"仁为四正"段新研》（以下简称《新研》），中国先秦史学会·邯郸学院文史学院"先秦赵国诸子思想研究"暨第九届诸子学论坛论文集（2023.4.21—23）》第105页。

③《整理报告》（拾壹）第90页。

④《左传》昭公二十四年所引《太誓》"同心同德"，《左传》第342页，岳麓书社，1988年。

简 19]，又作"秉德不违"(《三不韦》简 100)，^① 而本辑篇末也曰"言德有则"[清华简（十一）《五纪》简 127]。可见，天神、地祇、万民三者同德，也就是说要三者"同则"。所谓"同则"，即同以"五"为纪，然后"有洪乃弥"。"五纪有常"，也是以"五"数为常典。

2. 十八群神与规、矩、度

现在看"规矩五度"（简 128），也可分为三事，规对天、矩对地、度对人，三者以"五纪"为常，从下文可知，皆由十八神所司，简 97 曰：

于天如喬（规），于神如矩，于人如度，天、地、四亢(荒)、四𡆥（宂？）、四𡈼（柱〈树〉）、四（维？）是司，正列十𠔉（乘？）有五。^②

"喬"，整理者读"喬"为"规"是正确的。"喬"在文中多见，简 45 中"喬"与"巨"连用："喬（规）巨（矩）五𡰥（度），天下所行"（简 45）^③。"喬"字古音在余母质部，规字古音在见母支部，二者音近可通。如从"喬"之橘、矞、醹等字古音在见母质部；繘（余/质）与绠（见/阳）方言相通，如《周易》井卦有"亦未繘井"，疏曰："郑氏云：'繘，绠也。'扬子《方言》'关东谓之绠，关西谓之繘'。"^④"于天如喬（规）"，此以天与规相对。

"于神如矩"，"神"，此以"神"与矩相对，简 19—20 有"建神正向"至"成矩"的内容。

"于人如度"，此以人对应度，可参《大戴礼记·小闲》曰："文王取人以度……以治天下如此。"^⑤

以上三者对应关系为：天—规、神—矩、人—度，与篇首"天、地神示（祇）、万兒（貌-民）同德"（简 3）中的三项分类一致，此为"大参（叁）"（简 3），由"天、地、四荒……是司"，如此，四荒、四俑等群神始助黄帝溥有天下征伐蚩尤，简 97—98 曰："黄帝之身，溥有天下，始有桓（树）邦，始有王公。四荒、四宂（？）、四桓（柱-树）、四维（？）群示（祇）、万兒（貌）焉始相之。"

3. 十八群神与十五之数

"正列十𠔉有五"，整理者曰："此句或为图数之记，或为对前文章节数的总结。𠔉，见本篇简二八'繇'字所从，字形像乘驾的人形，疑为'乘'之本字。"^⑥

---

① 德、则为韵，职部，参清华大学出土文献研究与保护中心编，黄德宽主编：《清华大学藏战国竹简（拾贰）》第 111 页注四、七，第 117 页注二，中西书局，2022 年。

② 《整理报告》（拾壹）第 123 页。

③ 《整理报告》（拾壹）第 105-106 页。

④ [清]李道平撰，潘雨廷点校：《周易集解纂疏》第 428 页，中华书局，1994 年。

⑤ 黄怀信主撰，孔德立、周海生参撰：《大戴礼记汇校集注》第 1226 页，三秦出版社，2005 年。

⑥ 《整理报告》（拾壹）第 124 页。

今按，"正"为南门、北斗之正，即四维、四正之正。"乘"，整理者读为"乘"，今按，"乘"字构形与"余"[清华简（四）《筮法》简19]、"輪"（《筮法》简57右旁）相类，我们试读为"亢（纲）"，为量词单位；"十乘有五"，"十亢（纲）有五"与"十辰有二"（简83）句式相同，可读为十五纲，是说凡天下之正可列为十五纲目。下文有"天五纪""地五常""神五时"（简120）等合为十五。

所谓南门之正、北斗之正当为天、地、四荒等十八群神所司天下之正，两正之数相合为十五（详下文），其则为规、矩度。"规"（天）对应"向七德"、"矩"（地）对应"方六司"、"度"（人）对应"施正""北斗"，简26—27曰（释文以整理报告为基础，个别标点有变动）：

天、地、四荒、四**☒**（亢？）、[四桓、四维〈唯〉，是唯]群神十有八：方六司，是唯群示（祇）二十有四；向七德，是唯群神二十有八。

攺（施）正南门，天喬（规）北抖（斗）。①

具体而言，"喬（规）巨（矩）五厄（度）"（简124）。"规"对应天，为南门之正，"矩"对应地，为北斗之正。南门之正为立正（四立正），北斗之正为匡四正（四中），亦为"后之正"（人之正），见"神尚南门，后正北斗"（简26），又"攺（施）正南门，天喬（规）北抖（斗）"（简27）。

"南门"为启天之门，为天维之始，"南门其号曰天门、天殿<启>，建正"（简41），负责"建正"（即立正，建正立方），"神尚南门"，"南门"为天之"南门"，通向天之南维的大门，对应二十八宿中的"井"宿，井宿主水事。在十二辰段中"南亢<備>"之神排在首位（简82—83）。至于"北斗"，"北斗其号曰北宗、天规，……正四立（位）"（简42）（即匡正四位，建四方之中）②，简言之，南门建四维（天），北斗建四正（地），四维四正皆合于十五，《易纬·干凿度》卷上曰："易一阴一阳合而为十五之谓道。"《易纬·干凿度》卷下曰："故太一取其数以行九宫，四正四维，皆合于十五"。③在第82简中，其四亢（？）排序为"南亢（？）、东亢（？）、北亢（？）、西亢（？）"，以"南—东—北—西"为序，与天体右行（逆时针顺序）一致。我们曾推测与之相关的"是唯大神，掌大骨十二，十辰有二是司"（简83）④中的"大神"极有可能是"太一"神。

4. 十八群神特征及其神名疑难点

据第37—41号简文，可知十八群神分六组，如下（标点及个别释读略有变化）：

（1）天，其号曰"仓皇"，高畏，上甲有子。

---

① 《整理报告》（拾壹）第101页。

② 《整理报告》（拾壹）第99、104页。

③ [汉]郑玄：《易纬干凿度》卷上、卷下，清武英殿聚珍版丛书本。

④ 《整理报告》（拾壹）第116页。

（2）地，其号曰"降鲁"，天合有土，上甲有戌。

（3）四防，同号曰"天防（荒）"，有光司晦，上甲有申。

（4）四尢（？僃），同号曰"天尢（？僃）"，行獸有伦，上甲有午。

（5）四柱（树），同号曰"天柱（树）"，建安有常，上甲有辰。

（6）四惟（维-唯），同号曰"天惟（维-唯）"，行望四方，上甲有寅。[①]

天、地与四个"荒""尢（？僃）""柱（树）""惟（唯）"合计十八神，从其名称前缀可以看到 16 神与天地（规矩）的关系：四者名称前皆有"四"，构成"四荒""四尢（？僃）""四柱（树）""四惟（唯）"，四为方形、为矩，十六神司方，因此有"于神如矩"；又四者祝号前皆有"天"字，构成"天荒""天尢（？僃）""天柱（树）""天惟（唯）"，天为圆，十六神又在圜道上，司向，因此有"于天如规"。

（1）"四![字]"（僃-）

"四![字]"，整理者释为"四尢"，定位于四方之中。[②]该字在简文中多见，又作"![字]"等形，为全篇的关键疑难字，学者有多种读法[③]，我们一直赞同读作"四甫（辅）"（程薇《续辨》）。程浩先生文中指出："'四尢'是'四辅'，在《五纪》的'建神正向'系统里，整个地理方位被分为了'四方十二位'，其中而'四尢、四柱、四唯'则分别占据十二位。十二位中居于'四正'之位的，就是'东尢''南尢''西尢''北尢'等'四尢'。"[④]

按，十二位的分布是可据的，但其位次可以再考虑。

关于"![字]"字的构形，在学者不断研究的推动下，我们产生一种新的想法，"![字]"字可分析为从人、甫省声，为"僃"字讹形，而僃即辅字。"僃"，《说文》曰："辅也。"《段注》："僃出《埤苍》，盖'辅'行而'僃'废矣。"《系传》云：《尔雅》曰比僃也，僃佐也。"《广答问疏证》曰："凡辅相、辅弼皆以'僃'为正。"[⑤]"四![字]"即"四僃"（四辅），僃为辅佐、辅助之义。

四僃在冬至日、夏至日的日出、日落方位，居于四方形的四角，为建立四正的辅助参照，"四正在四中，四甫<僃>对四正具有参校辅正作用。这点可证于《易纬·乾坤凿度》：'庖牺氏画四象，立四隅，以定群物，发生门，而后立四正。'"[⑥]原释文"仁为四正：东尢、南尢、西尢、北尢"（简19—20），我们释读为"仁为

---

① 《整理报告》（拾壹）第 103 页。

② 《整理报告》（拾壹）第 97、98 页。

③ 陈民镇：《清华简〈五纪〉"四尢"试解》（2022-08-11）；郑怡宁：《〈五纪〉"尢"字学者意见整理》（2022-11-07）。

④ 程浩：《清华简〈五纪〉思想观念发微》，《出土文献》2021 年第 4 期，第 8 页。

⑤ 各家"僃"字之说参《说文解字诂林》第 3536 页。

⑥ 程薇《新研》第 99 页。

四正东甫（俌）、南甫（俌）、西甫（俌）、北甫（俌）"。①以"俌"辅助建立四正的方法实际上就是《淮南子·天文》中所言先立表、再定四正的方法②，简言之，即先确立四方的四维（历法的四立位），才能确定四方的四正（历法中的四中位）。《周礼·匠人》详细记录了古人由四角定四正的方法：

> 《匠人》云："水地以县，置槷以县，视以影。为规，识日出之影与日入之影，昼参诸日中之影，夜考之极星，以正朝夕。"注云："于四角立植而县以水，望其高下。高下既定，乃为位而平地。于所平之地中央，树八尺之臬，以县正之。视之以其影，将以正四方也。日出日入之影，其端则东西正也。又为规以识之者，为其难审也。自日出而画其景端，以至日入既，则为规。测影两端之内，规之，规之交乃其审也。度两交之间，中屈之以指臬，则南北正也。日中之影最短者也。极星，谓北辰也。"

四俌，即东俌、南俌、西俌、北俌，为四方四立位（四维），由古人观测日影而来，为确立四正（四方之中）的辅助。

（2）四𣐿（树）

四𣐿，简文中又作"𣐿"，整理者读为四柱，我们读为树，四树之名的产生与寒来暑往太阳的南北垂直移动有关。小文曾在东树、西树之名的讨论中指出：

> 日出点从南向北直线移动的距离[从东南维（即左南维）移至东北维（即左北维）]之中，简文以"东𣐿="（东树、东树）表示，"𣐿"，从木，豐声，"豎"为"竖"的本字，一般隶作树，训为直，二东树之间为东中（正东）。在与十二大骨相副关系中，为"东树左肱""东树左股"，即左肱、股之间对应正东；《淮南》所言"西中"，谓西面之中，即日入点从南向北直线移动的距离[从西南维（即右南维）移至西北维（即右北维）]，简文以"西树="表示，义为"西树、西树"，其间为西中（正西）。在十二大骨中，"西树右肱"，"西树右股"，即人体右肱、股之间对应正西。③

四树，源于太阳寒暑之间的南北垂直移动，日出成东树，日入成西树，其中间为东中、西中。

（3）四（维〈唯〉）

程浩先生指出，简文是"把'四唯'与'四维'区别看待的'，'左南唯''右南

① 程薇《新研》第 99 页。

② 张双棣撰：《淮南子校释（增订本）》（上、下册）第 430、431、432 页正文及注释，2013 年。论见《试说〈五纪〉"四正"及相关问题》，收入邹芙都主编《出土文献与先秦秦汉史研究论丛》一书，科学出版社，2022 年，第 327 页；又程薇《新研》第 95-96 页。

③ 程薇《新研》第 96 页。

唯'与'左北唯''右北唯'统称为'四唯',是地理的方位","从'糸'的'东维''南维''西维''北维'等'四维',其实是天文星象"[1],是可据的。

今按,全篇神名用字之"唯"多从口、从隹,如"北[⿰字]之右(简83)";"口"字或讹作从"心",如"左南[⿰字]""右南[⿰字]"(简83)、"四[⿰字]唯同号曰天[⿰字]"(简39),与行星"四维"之"维"有别,非神名者则从糸、从隹,如"四[⿰字]维同号曰行星"(简41),晏昌贵先生最近在《清华简〈五纪〉中的神祇系统》一文中作了总结说明:"简文表示'二十八神系统'的四唯写作'隹''惟'或'唯',与二十八宿相关的'四维'则只写作'维'二者区别甚严。"[2]

"四唯"神指左南唯、右南唯、左北唯、右北唯。

（4）四荒

程浩指出"四荒"代表着四方[3],实际上,简文曰"四亢(荒)同号曰天䢃(荒),有光司晦"(简37—38),"光"与"晦"文义相对,《说文》曰:"晦,月尽也。"段注:"引伸为凡光尽之称。"日月出为有光,日月入则无光为"晦",由此"四荒"当指日月出入极远之地,为《尚书·尧典》所言"宅嵎夷""宅南交""宅西,曰昧谷""宅朔方,曰幽都"等四方偏远之极。[4]从下文玉版图形的对比可以见到,"四荒"当为四海夹角地带,是天、地相交12处之外产生的四处类似多余的昏荒地带。

"四荒"与"四海"相对,为昏荒之地,清华简（三）《赤鹄之集汤之屋》:"纴亢受小臣而尝之,乃昭然,四亢(荒)之外,亡(无)不见也;小臣受其余而尝之,亦昭然,四海之外,亡(无)不见也。"(简3—4)[5]注引《楚辞·离骚》"忽反顾以游目兮,将往观乎四荒",王逸注:"荒,远也。"郭注:"皆四方昏荒之国。"

"四荒"为日月出入之地,《大戴礼记·少闲》:"昔虞舜以天德嗣尧,布功散德制礼,朔方幽都来服,南抚交趾,出入日月,莫不率俾,西王母来献其白管,粒食之民昭然明视,民明教,通于四海,海外肃慎、北发、渠搜、氐、羌来服。"戴礼曰:"'出入日月,莫不率俾',日月出入之地,东西之极也。"集注引《尔雅》曰:"'觚竹、北户、西王母、日下谓之四荒。《淮南·地形》云:'西王母在流沙之濒。'《夏书》曰:'声教讫于四海。'黄怀信按:出入日月,即日月出入之东极、西极也。"[6]

---

① 程浩:《清华简〈五纪〉思想观念发微》,《出土文献》2021年第4期,第10页。

② 晏昌贵:《清华简〈五纪〉中的神祇系统》,2023年中国先秦史学会、武汉大学中国传统文化研究中心《出土文献与中国古代文明研究暨中国先秦史学会第十二届年会论文集（第二册）》第469页注2。

③ 程浩:《清华简〈五纪〉思想观念发微》,《出土文献》2021年第04期,第8页。

④ 金景芳、吕绍纲:《〈尚书·虞夏书〉新解》,辽宁古籍出版社,1996年,第34-36、44-45、52-54、59-60页。

⑤ 释文见清华大学出土文献研究与保护中心,李学勤主编:《清华大学藏战国竹简（叁）》第167页,中西书局,2012年。

⑥ 黄怀信主撰,孔德立、周海生参撰《大戴礼记汇校集注》第1231、1232、1234页,三秦出版社,2005年。

5. 十八群神与十二地支关系

十八群神与授算、位之数，简 28—30 曰（释文以整理报告为基础，个别标点释读略有调整）：

天下之神示（祇），神之受（授）算、位者，其数如此：

天曰施，地曰坴（型）；

禾曰时，綝（胜）曰成。

子曰生、丑曰爱、寅曰音、卯曰躅、辰曰震、巳曰和；

午曰言、未曰味、申曰爱、酉曰甘、戌曰苦、亥曰恶。

受德发时，春夏秋冬，转受寒暑，四极至风，降坨（施）时雨，釁（兴）胄（育）万生，六畜蕃余。十神有八，以光天下文贞。[①]

"十神有八"，即十八群神。"綝"，从糸、乘声，据清华简（四）《筮法》第十六节"战"之"𢧵（胜）"、第十七节之"成"[②]，试读"綝"为"胜"，"綝曰成"，即"胜曰成"。

"天曰施，地曰型；禾曰时，胜曰成"（简 28），其中"天"、"地"、"禾"（大禾、小禾）、"胜"（大胜、小胜）为"数算"之神，司中，简文曰"数算：天、地、大禾（和）、大綝（胜-成）、小禾（和）、小綝（胜-成），尚数算司中"（简 9）。数算之神居中极，"中黄，宅中极，天、地、大禾（和）、大綝（胜-成）、小禾（和）、小綝（胜-成），尚中司算律"（简 22）。按，整理者读"中"为"忠"，今皆改读为本字"中"，《说文》曰："中，和也。"天为阳，地为阴，司中，即司阴阳之和。其中大和、小和、大成、小成合为"四荒"之神[③]，与天、地两神宅中极、尚数算、司中律。

从下面"十八群神之位图"可以看到（见后文图 13），"四荒"神之间的联机正为小四方形的"X"形对角线，在后来的式图中被"戊己"替代，用以表示四时的中间，"四荒"神位与十二地支位没有对应关系。

十八群神可以分为六神与十二神两组：

a.天、地、四荒（大和、小和、大成、小成）为一组，宅中极，大小相和，得其中。中者，《说文》曰："和也。"故简文云六者"尚数算、司中"（简 9）、"尚中、司算律"（简 22），此六神为司中及数算，即司阴阳之和。

---

①《整理报告》（拾壹）第 101 页，中西书局，2021 年。上段简文 20—21 提出"建子、丑、寅、卯、辰、巳、午、未、申、酉、戌、亥"十二地支。

②《整理报告》（拾壹）第 102、103 页。

③《整理报告》（拾壹）第 117 页，注 3 曰："此处之'四荒'对应前文之'大和''小和''大乘''小乘'，应是'四荒'所指"，是正确的意见，"大乘""小乘"即"大成""小成"。

b.四傅、四桓（树）、四唯十二神为一组，与"子"至"亥"十二地支具有对应关系，分为六阳、六阴，我们曾在《新研》一文中推导出礼爱、义中两方以地之中数"巳、午"为阳、阴分界，十二神与十二地支、十二神名、十二月对应关系如图2、图3。[①]

左北唯-**北傅**-东树-东树-**东傅**-左南唯
子- 丑- 寅- 卯- **辰**- 巳
古- **㝵**- 取- 若- 秉- 余
11月- **12月**- 正月 -2月- **3月**- 4月

图2 六阳气

右南唯- **南傅**- 西树- **西树**- 西傅- 右北唯
午- **未**- 申- 酉- 戌- 亥
咎- **虘**- 仓- 觜- 玄- 易
5月- **6月**- 7月- **8月**- 9月- 10月

图3 六阴气

同时，我们据汉代汝阴侯式图将其与二十八宿、干支相配，以矩形图可表示如下（图4）：[②]

图4 汝阴侯式图与二十八宿、干支相配图

《新研》中还论证了四唯、四树与四正（四中）的关系如下[③]：

左南唯、右南唯合为南唯，其中则为正南；
左北唯、右北唯合为北唯，其中则为正北；
东树、东树之中则为正东；
西树、西树之中则为正西。

① 程薇《新研》第112页，文字略有修订，"甫"皆作"傅"，"维"皆作"唯"。
② 图见程薇《新研》第111页，文字略有修订，同上。
③ 参程薇《新研》第95页；原"维"皆补正为"唯"字。

简言之，依据神尚南门、天体右行（逆时针）为序，十二神关系如下：

南备主南唯，从南备至南中（午），为右南唯；从南中至东备，为左南唯。
东备主东树，从东备至东中（卯）为东树上段，从东中至北备，为东树下段。
北备主北唯，从北备至北中（子），为左北唯，从北中至西备为右北唯。
西备主西树，从西备至西中（酉），为西树下段，从西中至南备为西树上段。

那么十八群神中的"四荒"区域在哪里？从凌家滩玉版图形中可以清楚见到，四荒则是方、圆相交生成的区域。

二、十八群神与凌家滩玉版图形合考

凌家滩玉版图形如下（图5、图6）[①]，之前已有很多研究其图形的文章，其中陈久金、张敬国先生的《含山出土玉片图形试考》一文从天文历法的角度，将玉片大圆、小圆之间的 8 个箭头和四角的 4 个箭头与宇宙、天球和季节的变化联系起来考虑，把"玉片大圆所分刻出的八个方位看成与季节有关的图形"，认为玉片四角的箭头与八卦中的四象有关，进一步推测"含山县所出的玉龟和玉片，有可能是远古洛书和八卦"，"证实了 5000 年前就有这种历法存在，也反映了我国夏代或先夏的律历制度"。[②]这些研究成果再次表明我们将《五纪》十八群神方位从古天文律历的角度与之相考是合适的。

1. 凌家滩玉版图形结构

玉版图形由中心至外围边框顺次为：小四方形、八角形、小圆、八个奎纹和八条分隔线、大圆、四个奎纹、大方形外框，这个顺序也是图形的生成顺序。其中，每个奎纹代表一个方位，为讨论方便，我们简化奎纹，皆取其中间的主线代表奎纹所指方位，简化后的玉版图形见图7。

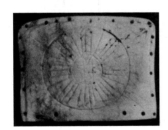
图 5　玉版图 1

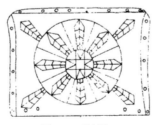
图 6　玉版图 2

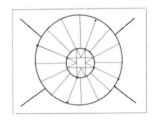
图 7　简化图

① 张敬国：《安徽含山凌家滩新石器时代墓地发掘简报》，《文物》1989 年第 4 期；线图摘自李斌先生《史前日晷初探——试释含山出土玉片图形的天文学意义》。

② 陈久金、张敬国：《含山出土玉片图形试考》，《文物》1989 年第 4 期，第 15、17 页。

2. 凌家滩玉版图形的生成顺序推测与十八群神之位

将玉片图形生成顺序与上面图形（图4）相参，很容易得知玉片图形生成规律如下。

第一步：

建四方、立四正（图8）。由至日（日南至、日北至）确定四点（即东、南、西、北四维的起迄点），建立四方，然后确定四中方位（即确定正东、正南、正西、正北这四个正方向），据学者研究，早在良渚文化时期，人们已经掌握了这种通过观测冬至、夏至日出、日落点定出四维然后确定东、南、西、北四正向的方法，参何驽先生《楚帛书创世章与良渚玉琮蕴含的创世神话比较研究》。[①]

第二步：

由方形向外延伸，直至与圆形相交，即天、地相裁。（图9、图10）

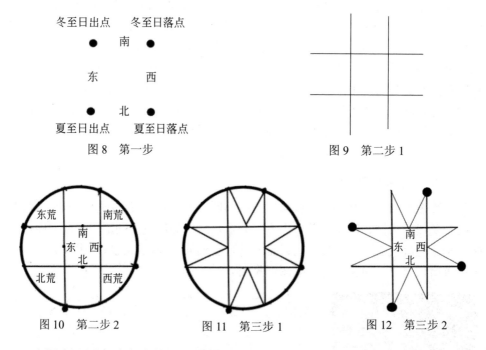

图8　第一步

图9　第二步1

图10　第二步2

图11　第三步1

图12　第三步2

由四方形四条边各向外无限延伸（图9），盖如前引《淮南子·兵略》所言"地方而无垠"，方形之外与四边相邻的四个"凵"形为"四海"，形成的四个"匚"形为"四荒"，直至与天圆相交，天圆本身特点是没有起始，所谓"天圆而无端"（《淮南子·兵略》）。天为时间，地为空间，天、地有交合，时间没有始终、空间没有远迩，人没有时间和方位概念，举事就会错乱。天、地交合之后，天有了四

---

① 何驽：《楚帛书创世章与良渚玉琮蕴含的创世神话比较研究》，《江汉考古》2021年第6期，第189-190页。

时始终，地有了远迩边际，人道得其辅助，《周易》泰卦象传曰："天地交，泰。后以财<或作裁>成天地之道，辅相天地之宜，以左右民。"盖此之谓也。[①]

第三步：

方圆相交之后（图11、图12），从相交点至四中，再从四中至相交点，生成八角形"※"，此时8个角点加上中间方形的4个中点（四中），合为12位。此12位与上面讨论过的四傅、四树、四唯十二神（十二地支）具有相应关系。

第四步：

由8角加4荒在小圆上的对应点，共得16位，由此向外延伸至大圆，成为大圆上的16位，由此得到16位神的方位（图7）。

可见，大圆上的十六位是方圆相交（天、地相裁）之后产生的新秩序。

古人认为圆为动，方为静。大圆之外再加上4个奎纹图案，指向方形四角，以确定大圆圈上十六个点的准确方位。

三、十八群神方位图

据上，我们得到十八群神方位图如下（图13）：

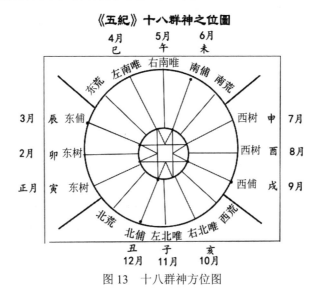

图13　十八群神方位图

可以看出，16位神是天（圆）地（方）合德以后生成的。

十八群神中，天神（圆）、地神（方）居中方，方、圆相交生出大圆圈上的十六位，为十六群神之位。十六位又以大圆外的四条分隔线分为四分，各主一方一向，

---

① ［清］李道平撰，潘雨廷点校：《周易集解纂疏》第165-166页，中华书局，1994年。

每方有六神司，每向有七个星神；一方、一向，合为一时，大圆上的十六位又可与外边方框上的位置相参校，古人认为天圆如轮，是转动的；方如地，是静止的；神位若有变化，则四时阴阳吉凶自现，简文曰："群神有立（位），司视不祥；文象用现，威灵甚明。春夏秋冬，反以阴阳。日月星辰，赢绌短长，名曰【四三】和辰，数以为纪统（纲）。"治国邦君由此预知吉凶，权衡管理，全篇末尾曰"光欲行中，唯后之临"，为全篇旨归，"简文以'中'为度，以'和'为行中的结果，体现了执中含和的理政思想"。①

《五纪》所载"群神有位"之说并非当时人的向壁虚设，其蕴含了前人总结自然规律预知灾害指导农业生产生活的智慧结晶，其时间甚至可以上推到 5000 多年前的史前时期。

A Comparative Study of the Spatial Orientation of the Eighteen Deities in *Wuji* and the Lingjiatan Jade Plaque Pattern

Cheng Wei

Abstract: The Tsinghua Bamboo Manuscripts *Wuji* 五纪 presents a grand system of state governance centered around a pantheon of eighteen deities, comprising Heaven, Earth, and sixteen gods. This paper explores the origins and spatial orientations of the key deities mentioned in *Wuji*. Drawing on related patterns found in the jade plaque from the Lingjiatan site, it argues that the *Wuji* notion of "the deities having their places"群神有位 was not a baseless construct of the time but rather encapsulates the wisdom of ancient peoples. This concept may be traced back as far as 5,000 years ago to the prehistoric era.

Key words: Tsinghua Bamboo Manuscripts; *Wuji*; Lingjiatan Jade plaque

---

① 程薇《新研》第 101 页。

据清华简《畏天用身》谈《度训》的两处阙文[*]

刘国忠

（清华大学出土文献研究与保护中心
"古文字与中华文明传承发展工程"协同攻关创新平台）

摘要：清华简《畏天用身》不仅具有重要的学术价值，还对《逸周书·度训》篇的研究有很好的推动作用。本文结合清华简《畏天用身》的论述，对《度训》中存在的两处阙文进行了补充。

关键词：清华简；《畏天用身》;《度训》；阙文

清华简第 13 辑收录了一篇失传两千多年的思想性文献，整理者拟题为《畏天用身》。《畏天用身》共 17 支简，简长 44.4 厘米，宽 0.6 厘米，首尾完整，无缺简，简背有刻划痕迹，无序号和篇题。《畏天用身》全篇围绕天人关系展开论述，主题突出，论证谨严，是一篇重要的说理性文献，对于研究先秦时期的天人思想具有重要价值。关于该篇简文的重要意义，黄德宽先生、石小力先生已做了很好的研究①。本文拟根据《畏天用身》的内容，对《逸周书·度训》篇中的两处阙文做一些讨论。

《度训》在传世的《逸周书》一书中位于篇首，地位特别重要。我们知道，《逸周书》一书一开头就是《度训》《命训》《常训》三篇，这三篇文献常被合称为"三《训》"，它们的内容和地位都极为特殊。学者们曾评论说："三《训》居《逸周书》之首，述治政之法，开为王者立言之宗，主领全书之旨。"②清代学者孙诒让甚至以为三《训》可能是《汉书·艺文志》所载《周训》一书的孑遗："《汉书·艺文志》道家有《周训》十四篇，此（引者按：指《度训》篇）与下《命训》《常训》三篇义恉与道家亦略相近，此书如《官人》《职方》诸篇，多摭取古经典，此三篇或即《周训》遗文仅存者"③，足见这三篇文献的重要地位。

由于《逸周书》在历史上长期湮没不彰，久无善本，在辗转的传抄过程中，文字的讹脱现象十分严重。清华简第一辑和第五辑整理报告出版之后，学者们已利

---

* 本文为国家社科基金重大项目"清华简与儒家经典的形成发展研究"（项目号：16ZDA114）和"清华大学藏战国竹简的价值挖掘与传承传播研究"（20&ZD309）的阶段性成果。

① 黄德宽：《清华简新发现的先秦礼、乐等文献述略》，《文物》2023 年第 9 期；石小力：《清华简〈畏天用身〉中的天人思想》，《中国史研究动态》2023 年第 6 期。

② 见王连龙：《逸周书研究》，第 93 页，社会科学文献出版社，2010 年。

③ 孙诒让：《周书斠补》卷一，见《大戴礼记斠补》，第 61 页，齐鲁书社，1988 年。

用收入于第一辑中的《皇门》《祭公》等篇以及第五辑整理报告所收的《命训》篇来校正《逸周书》中的同篇文字，取得了众多的成果。

《度训》篇因为有众多的阙文，给学者们的阅读造成了很大的不便。为了弥补这一缺憾，以往学者们曾试图将其阙文补足。清华简《畏天用身》与《度训》所讨论的主题虽然不尽相同，但由于两篇的思想背景比较一致，因此有一些内容能够相通，正好可以使我们有对《度训》有关的阙文进行反思的机会。

《度训》篇言："□□自迩，迩^①兴自远。"这里有两个字的阙文，影响了人们对文义的理解，以往学者们曾据上下文内容，对所阙二字加以增补。比如丁宗洛认为"□□自迩"宜作"始成自迩"；唐大沛主张是"化行自迩"；孙诒让则补了一个"远"字，全句作"远□自迩"；陈汉章补成"外兴自迩"；朱骏声则补作"既成自迩"。^②当代学者们对本处阙文虽然意见不一，但基本上没有超出清代和民国时期学者们的讨论范围，只是分别采纳了他们的不同意见。

清华简《畏天用身》第8至10简中有一段内容深邃的论述，其文字是：

察观迩，是以知远，远犹迩也，而远之。察观一，是以知众，众犹一也，而众之。察观今也，是以知始也，今也犹始也，而远之。察观顺，是以知逆，不知顺，无以辟逆。察观美，是以知恶，不知美，无以知恶。察观虚，是以知其有实也，不知虚，无以知其有实。凡观之，是以知之。^③

本段文字的最大特点，是列举了"迩远""一众""今始""顺逆""美恶""虚实"六组对立的概念，认为它们存在着互相转化的辩证关系。"迩"与"远"，"一"与"众"，"今"与"始"，"顺"与"逆"，"美"与"恶"，"虚"与"实"，皆为对立的两极，作者"论述对立事物之间的相互因依、相反相成的关系，指出'凡观之，是以知之'，阐明以对立统一的方法察观事物、认知事物的重要性"。^④

结合清华简《畏天用身》的论述，可以发现《逸周书·度训》篇"□□自迩，迩兴自远"中的两个字阙文，最大的可能是补为"远兴自迩，迩兴自远"，作者认为远是由近而兴起，近是由远而兴起，二者可以互相转化，这种认识既深刻，又符合《度训》中的上下文内容，而且可以与清华简《畏天用身》若合符节。由此反观以往诸家所补字中，孙诒让的认识应该是最为接近的。

此外，清华简《畏天用身》中还有这样一段话：

人之作也，岂有其非身力？事之遂也，岂有无与也，而能遂？事之可，有与

---

① 此处的"迩"原作"弥"，孙诒让已指出为"迩"字之误。
② 黄怀信、张懋镕、田旭东撰：《逸周书汇校集注（修订本）》，第5页，上海古籍出版社，2007年。
③ 清华大学出土文献研究与保护中心编，黄德宽主编：《清华大学藏战国竹简（拾叁）》，第141-142页，中西书局，2023年。
④ 黄德宽：《清华简新发现的先秦礼、乐等文献述略》，《文物》2023年第9期。

也，茸可；事之不可也，有与，茸不可。^①

对于这段话，石小力先生曾分析说："作者先用两个反问句强调'身力''有与'的重要性，也即发挥主体能动性的重要性。身力，即人自身的能力。《管子·君臣上》：'贤人之臣其主也，尽知短长与身力之所不至。'接着，作者指出，事情可行，并且参与了，事情就可以办成。事情不可行，即便全力去作了，也办不成。这体现出作者对主体能动性的清醒认识，发挥人的主体能动性虽然重要，是事情做成的必然条件，但前提是这件事可行，符合自然规律，然后才能办成，如果不符合自然规律，即使人的主体能动性再强大，事情也办不成。"^②从《畏天用身》的简文来看，这里的"身力"，显然与人的自身努力有关。

有意思的是，《逸周书·度训》有一处阙文，其文为："若不□力，何以求之？"此前学者们也曾尝试想补出所阙之字，《逸周书汇校集注》概括为："□力，丁宗洛云当是'强力'，唐大沛补作'争力'，朱骏声补作'以力'，孙诒让云：阙处疑是'竟'字。"^③现在根据清华简《畏天用身》的论述，我们怀疑此处的阙字可补作"身"字，即"若不身力，何以求之？"意思是如果不亲自努力，如何可以求取。这样理解，可能比以往诸家所言会更妥一些。

清华简《畏天用身》的内容十分珍贵，一定会受到学术界的强烈关注，并产生更多的研究成果。

Discussion on Two Missing Texts in "Du xun" based on the Tsinghua Bamboo Manuscripts *Weitian yongshen*

Liu Guozhong

Abstract: The Tsinghua Bamboo Manuscripts *Weitian yongshen* 畏天用身 not only holds significant academic value but also greatly advances research on the *Yi Zhoushu* 逸周书 chapter "Du xun" 度训. This paper, drawing upon the discussions in *Weitian yongshen*, provides textual supplements for two missing texts in "Du xun" chapter.

Key words: Tsinghua Bamboo Manuscripts; *Weitian yongshen*; Du xun; Missing texts

---

① 清华大学出土文献研究与保护中心编，黄德宽主编：《清华大学藏战国竹简（拾叁）》，第141-142页，中西书局，2023年。

② 石小力：《清华简〈畏天用身〉中的大人思想》。

③ 黄怀信、张懋镕、田旭东撰：《逸周书汇校集注（修订本）》，第10页，上海古籍出版社，2007年。

清华简《参不韦》的书写过程与文本性质初探

裴彦士（Jens Østergaard Petersen）

（哥本哈根大学）

摘要：本文探讨清华简《参不韦》的书写过程与文本性质。通过分析文字结构、笔画形式、每简字数及标点符号的差异，本文证实贾连翔先生提出的假说，即《参不韦》由同一书手分阶段写成。笔者认为，书手或为写本编者，《参不韦》的洪水故事及其祷告部分或为抄录既成文献，而《参不韦》的其他部分则多为书手阅读笔记。

关键词：清华简；《参不韦》；书写过程；文本性质；抄本/原创

清华简《参不韦》为战国时期佚籍，全篇计 124 简，现存 2977 字，其核心思想为"五刑则"以及"德之五权"和"九权之参"。该简册于 2022 年收入《清华大学藏战国竹简》第十二卷正式出版。①

贾连翔先生通过对简文书迹的细致研究，指出《参不韦》由两位书手抄写而成，其中一位为主书手，另一位负责校对。贾先生进一步提出，主书手分两个阶段完成抄写工作，首先抄写简 1—20，间隔一段时间后再抄写简 21—124。②为便于后文讨论，本文将这两部分分别称为"《参不韦·甲》"和"《参不韦·乙》"。

综观全篇，文字结构与笔画形式基本一致，但贾先生观察到两部分"前后字迹颇有不同，但又各自统一"，推测此现象源于两部分抄写间"有一定的时间间隔"，导致书写细节产生变化。③以往研究表明，一位书手在同一时期内可参与多个写本的抄写，同一写本也可由多位书手共同完成。④然而，贾先生指出，《参不韦》是首次发现同一位书手在不同时期内抄写同一写本的情况。

本文拟探讨若干支持贾先生假说的简文特征，以期阐明《参不韦》的书写过程，并在此基础上讨论其文本性质。

---

① 清华大学出土文献研究与保护中心编，黄德宽主编：《清华大学藏战国竹简（拾贰）》，上海：中西书局，2022 年。

② 贾连翔：《跳出文本读文本：据书手特点释读〈参不韦〉的几处疑难文句》，《出土文献》2022 年第 4 期。

③ 贾连翔：《跳出文本读文本：据书手特点释读〈参不韦〉的几处疑难文句》，《出土文献》2022 年第 4 期，第 16-17 页。

④ 贾连翔：《清华简"〈尹至〉书手"字迹的扩大及相关问题探讨》，《出土文献综合研究集刊》第 13 辑，成都：巴蜀书社，2021 年。

《参不韦·甲》主旨

《参不韦·甲》以"洪水故事"为引，阐述其思想主张。洪水肆虐，乃因世间紊乱，缺乏规范与楷模（即"刑则"）。帝命神明"参不韦"制定"五刑则"，以"定帝之德"，恢复秩序。《参不韦·甲》列举五种规范与楷模（"五刑则"）及其相应的美德，宣称践行它们（"作五刑则"）可平息洪水。帝率先"作五刑则"，再将之授予参不韦，参不韦传达给夏启，令其在下界施行，以拨乱反正。

五刑则具体内容为"用五则""行五行""听五音""显五色"与"食五味"，即人之日常行为举止。行此举止所追求的美德为"称""顺""均""文"与"和"。"作五刑则"即使自身举止、容貌符合此标准。

五刑则亦体现在官僚制度中，故参不韦促夏启任命能践行五刑则相关美德之官员；官员践行美德，秩序恢复，不再出现洪水。

介绍夏启要建立的官僚制度之后，《参不韦·甲》提及视、听、言（"三末"）的理想活动方式以及身体（"骨节"）的谐和运作方式。此内容与"五刑则"无直接关联，乃引入关于人一般举动的另一思想体系。两种方向相同而实质有别的做法暗示《参不韦·甲》内容亦非完全一致。两种行动、做法在《参不韦·乙》篇"祷告"部分一起出现，可见关于"进退、左右、俯仰"（简 26）的规矩乃《参不韦》全篇重心。此与《论语》"非礼勿视，非礼勿听，非礼勿言，非礼勿动"有渊源，或属早期追求个人行为的完整仪式化、美学化的"容礼"学。

《参不韦·甲》最后一段由一系列韵语构成，提示读者已至文末，乃洪水故事之"终曲"。

《参不韦·甲》自成体系。虽有逻辑疑问及晦涩词语，但若无《参不韦·乙》，不会质疑其完整性。若《参不韦·甲》《参不韦·乙》书写有"时间间隔"，则产生疑问：为何在完整的《参不韦·甲》后出现《参不韦·乙》？两者关系为何？

文字结构与笔画形式

贾先生已详细分析《参不韦》"同卷异写"现象，举出 26 例结构与笔画有差异的字，有助于比较两部分抄写字迹的区别。[①]尽管贾先生与本文关注字形上的差异，但应强调两部分文字结构与笔画形式高度一致。贾先生亦列举 26 例字，指出两部分字迹有极大的共性，充分证实为同一书手所写。本文不重复贾先生的论证，

---

① 贾连翔：《守正与变易之间："同卷异写"现象的发现与古书底本特色判定方法的反思》，《古文字与中华文明国际学术论坛论文集》，清华大学主办，清华大学出土文献研究与保护中心、古文字与中华文明传承发展工程秘书处承办，2023 年 10 月 21—22 日，上册。

仅补充几例他可能认为不够清晰或字例不足的文字，以比较两部分文字结构的差异（见表1）。

表1　例字文字结构比较

例字	《参不韦·甲》			《参不韦·乙》		
訏						
	简3			简62	简81	简111
坫						
	简11	简12		简57		
齐						
	简19			简49		

《参不韦》两部分有结构差异的文字不多，贾先生举出"盟/朙（明）"与"萅/旾（春）"。虽字例少，但考虑到写本整体相似性，此差异或因同一书手在不同时间书写所致，与贾先生论断一致。

文字结构差异亦有更复杂的情况。如"则"出现15次，"悬"出现57次，两者皆在《参不韦·甲》《参不韦·乙》两部分出现在"五刑悬/则""天之刑悬/则"等词组之中，除"则"可假借为"贼"外，连词也仅用"则"形（如简117—119），无意义差异。"中"字以四种形式出现（《参不韦·甲》，《参不韦·乙》、、），意义上亦无明显区别。综上，此类现象或可归因于书写习惯之不同。

贾先生提及更复杂的例子："兵"字在《参不韦·甲》中有其一般意义，而在《参不韦·乙》中用作"戒"（"戈"换为同义的"斤"）。贾先生认为此现象"正符合简20前后的分界"，亦为《参不韦》"两次抄写"的证据。①

笔画形式差异更多。表2补充几例贾先生可能认为不够清晰或字例不足的笔画差异。

《参不韦·甲》《参不韦·乙》两部分内部笔画形式基本上无差异。若两部分之间有差异，则体现在各自部分的所有文字中。可推测书手字迹在一段时间内发生微妙变化，导致此差异。时间跨度难以估计，或至少一年。

"四"的不同形式（《参不韦·甲》用""，《参不韦·乙》用""）在背面简号上亦有反映。《参不韦·甲》背面使用第一种形式，《参不韦·乙》背面使用第二种。故简号并非在整体编联后添加，而是在书写完每支或每组简后书写。

---

① 贾连翔：《跳出文本读文本：据书手特点释读〈参不韦〉的几处疑难文句》，《出土文献》2022年第4期，第19页。

表 2 例字笔画形式比较

例字	《参不韦·甲》				《参不韦·乙》			
行	简 1	简 5	简 10	简 17	简 25	简 89	简 92	简 118
用	简 2				简 61	简 89	简 94	简 121
乇	简 2	简 4			简 23	简 39	简 58	简 124

综上所述，文字结构与笔画形式的差异支持贾先生的假设：写本由两部分组成，书手在不同时段完成。两部分内部无差异，无法依据书写习惯再细分，意味着篇幅较长的《参不韦·乙》应在较短时间内书写。

每简的字数

《参不韦·甲》《参不韦·乙》两部分在每简字数上亦有差异。《参不韦·甲》平均字数高达 26.6，单简最多 30 字，尽管简 8—11 字数较少，平均仅 24.5 字。与之相比，《参不韦·乙》平均每简仅 23.1 字，差异分明。从《参不韦·甲》到《参不韦·乙》，此差异尤为明显：简 18—20 有 26、26、27 字，而简 21—23 仅有 23、20、19 字。因此，两部分在每简字数上的差异进一步支持贾先生的观点。

简 8—11 简述为实现《参不韦·甲》所载理念而应建立的官员制度。这一部分字数明显少于《参不韦·甲》的其余部分，或暗示此文本单位的书写时间有别。

若考察《参不韦·乙》，似乎仍可依据每简字数划分出更多文本单位。

《参不韦·乙》结尾为另一洪水故事，以"权"抑制洪水。此故事（简 110—124）平均每简 24.7 字，高于《参不韦·乙》平均水平 1.6 字，与开端的洪水故事相比高出 2.1 字，差异显著。

《参不韦·乙》重要组成部分为夏启与全国参与的祷告仪式（简 83—109）。[①]祷告部分与《参不韦·甲》内容密切相关，涉及五刑则，亦涉及"终曲"的主题，为《参不韦·甲》的直接延续。祷告部分位于第二个洪水故事之前，既可视为结束《参不韦》关于《参不韦·甲》主题的论述。其篇幅长于《参不韦·甲》，但每简字数仅为 22.6，与其前后及《参不韦·甲》差异引人注目。

---

① 贾连翔：《清华简〈参不韦〉的祷祀及有关思想问题》，《文物》2022 年第 9 期。

如何解释这些字数差异？有可能是底本已有差异，书手忠实抄录，而更可能为书手在《参不韦·乙》不同部分书写时遵循略微不同的习惯。《参不韦·乙》非一蹴而就，至少祷告部分及第二个洪水故事与其他部分写于不同时间点。

一位作者随时间推移在其笔记集中添加新想法时，书写习惯略有变化，此易理解。但为何一位书手会因所抄写文本内容而改变其书写习惯？每简字数又如何随内容增减？若书手仅是一名书工，为何深奥内容会影响其抄写？

标点符号分析

《参不韦》标点符号组合独特。

重文号、合文号为两短横"="，用法标准。合文号仅一例，简45中"日月"合写，而其他六处未合。本文不讨论此二符号。

书手使用"＿""匚""="三种符号标记句读和章节。

小短横"＿"出现106次，置于上下两字中间偏右略低，不紧靠前字。

"匚"出现14次，亦置于上下两字中间偏右，略低（简102为例外），概为常见小黑方块的异体。其在《参不韦》中的形式 ▉ （简9），在郭店《缁衣》、上博《周易》中亦有例证。在已出版清华简中，此符号用于《𣱃命》一、二及《祷辞》各章节末尾，但其下无文字，与《参不韦》不同。

在郭店《缁衣》、上博《周易》中，"匚"两笔画间或留空白，或填满。[1]小黑方块符号常略微左突因"匚"符号高出一截。在郭店《缁衣》中，留空白与填满的形式自由替换，而在《参不韦》中，两笔画间必留空白，甚至不接触，▉ （简36），《𣱃命》一、二及《祷辞》简10亦如此。

《参不韦》第三种标点符号 ▬ （简30）特殊。此符号出现45次。虽有"墨横"[2]，即用粗水平线标记章节或文本结尾，其下留空白（如《良臣》《祝辞》；包山楚简28、145仅留数字空白），但迄今所整理的写本中未见如《参不韦》由两条粗水平线组成的符号。[3]"＿"、"匚"通常不增加字间距，"="则始终占据一字空间，非常醒目。

《参不韦·甲》以"="结尾，置于下编纶之下，为全篇唯一一次在地脚处出现笔迹。书手显然不愿另起一简书写此符号，尽管《参不韦·乙》有两简以"="开头（简27、116），甚至有一简以"＿"开头（简120）。

若书手仅愿推迟抄写底本剩余部分，可在下一简开头留此标记，待续抄时填充

---

① 李松儒：《战国简帛字迹研究：以上博简为中心》，上海：上海古籍出版社，2015年，第169页。

② 程鹏万：《简牍帛书格式研究》，上海：上海古籍出版社，2017年，第195-196页。

③ 投稿后注意到清华简《四时》亦使用类似符号标注分段；参见清华大学出土文献研究与保护中心编，黄德宽主编：《清华大学藏战国竹简（拾）》，上海：中西书局，2020年，简13、16、19。

剩余内容。此是否意味着写完《参不韦·甲》书手不愿浪费一简，因《参不韦·乙》尚不存在？

在简 20 停笔非因竹简不足。背面 124 支简刮削处标有数字 1 至 123（84 号重复）。依竹节位置，写本由 12 组竹简构成，每组位于编绳间，仅一组例外。每组为同一段竹筒剖开，竹节位置对应。前两组（简 1—16、17—32）各 16 支，其余 3 至 20 支不等（平均 10.3），或因制作或书写错误弃用部分竹简。

简 124 末尾的"="下留有空白。第二个洪水故事中，"="屡次用于一般停顿，与"_"无异。因滥用，此"="以重笔书写，或为强调其终结功能。

无论简册先编后写或先写后编，写完简 20 时，至少还留 12 支空白简。书手将"="置于地脚，大概因写完文献，因《参不韦·乙》不存在，不愿浪费一简。

若书手是直接抄写底本，为何未立即继续抄写？简 17—32 属于同一竹筒，简 20 位于其中。书手在简 20 停笔，间隔很久后才继续抄写：若为先写后编，为何未利用残存竹简抄写其他文献？若为先编后写，既然简 17—32 都已备妥，又为何未继续抄写？

符号分布也有其特征。《参不韦·甲》共 20 简，含 22 个"_"，8 个"└"，1 个"="。《参不韦·乙》共 103 完简，含 84 个"_"，44 个"="，仅 6 个"└"。此总数显示两部分有一定的差异，而更重要的是，三种标记（尤其是"="符号）在两部分中角色不同。

为探明符号分布，首先需明确"章节"之界定。《参不韦》一大特点为神灵参不韦不断称呼夏启："参不韦曰启"出现 27 次；无"参不韦曰"，仅呼"启"者，共 38 次。第一类地方皆为新段落开始，除简 27 一例之外，"参不韦曰启"之前皆有三种标记之一，因此，每种标记均可视为章节之起始。

《参不韦·乙》中，在"参不韦曰□"之前，"="出现 19 次，"└"出现 4 次；"_"仅出现 2 次，其中之一（简 24）占据一字空间，另一（简 69）长度超过半简，或为例外。"启"前无"参不韦曰"而有标记时，有 20 个"_"，14 个"="，4 个"└"。出"="标记时有一些或为主要章节（简 20、27、30、58、108），其余（简 45、54、71、76、78、86、107、113）似仅标记句子或次要章节。

标记之分布揭示出写本结构的若干特征。14 个"└"中，8 个在《参不韦·甲》中，仅 2 个在"参不韦曰启"或"启"前，其余 6 个用于指示章节之起始。

小黑方块（"└"的一种）在其他写本中亦表章节，而"="应为《参不韦》的首选章节标记。

有趣的是，《参不韦·乙》中"="多替代其他标记，在简 117—119"九权"部分尤为明显。或因关于"九权"的一段很难读，书手或作者认为需清晰标出每"权"起讫，故用占据一字空间的"="，而非"_"。此给人以带项目符号列表的印象。

祷告部分（简83—109）仅有一个"ㄴ"（全《参不韦》最后一个），出现在"参不韦曰"前而靠近前字，跟其他用例不一样，概算例外；有7个"="，而第二个洪水故事无"ㄴ"，仅用"_"和"="。

《参不韦·甲》《参不韦·乙》间，"ㄴ"形式无变化而"_"长度差异显著：后者约为前者两倍。此亦表明两部分书写时间有一定间隔，书写习惯略有变化。

参不韦提及夏启常标志新章节开始，故"启"前出现36次标点符号不足为奇。① 但从简49起，"启"后7次出现"_"（简49、60、66、102、110、119—120、122）。"_"表示停顿，于人名后停顿亦属合理，然不禁引人深思，此是否为专名后使用标点之提示？"参不韦"后亦有一次用"_"（简82），但更有趣的是4次出现在"某"后（简95、95、98、101，皆在祷告部分）。因"某"代指名字，是否为同一现象？

综上，《参不韦·甲》《参不韦·乙》标点用法差异相当大，难言有统一标记主次章节的符号。《参不韦·甲》较系统，《参不韦·乙》则无统一标点方针。

标点符号由谁添加？或为读者在难懂或重要处添加（读者可包括审查者、校对者）。一般认为抄写员不添加句读，但若普遍适用，则有待商榷。学生可为其师抄书，故不应将抄写高文化文本者视为官僚文件的"复印机"。抄写亦为学习良法，先秦楚地亦可能加以利用。此类抄写活动似不排除添加标点。近来，肖芸晓女史论证清华简书手通常负责标点，与其对写本形制把握密切相关。②此说将标点责任由读者转向书手。

占据一字空间的"="标记显然非读者或校对者所能插入，那么，是作者还是书手，难以定论。非作者插入不显眼的标点符号不足为怪，但不太可能添加占据一字空间的"="。此为"="标记由作者添加提供依据。

常有观点认为，标点符号旨在辅助读者理解文本，而作者自写自明，无需借助标记。然此说亦有可商榷之处。概作者行文之际，往往会考虑读者之需求；亦可能将草稿用于教学、用于朗诵，发现标记有助于学生理解，遂在抄录草稿时添入标记。故作者自行添加标点之可能性，似不应完全排除。如此，则标点符号之功能（至少部分）将由书手转移至作者。

本文提出一个不成熟的想法：书写《参不韦》者是否为作者本人？《参不韦·甲》未必为书手原创，祷告部分也一样，而《参不韦·乙》的其他零散的部分或为其记录想法之文，内容多基于《参不韦·甲》，受其启发；或其抄录与《参不韦·甲》有关之其他材料，放之于参不韦教训夏启的框架之中。

---

① 简64上，"启"后亦有"="，但此处是一段的末尾。

② 肖芸晓：《试论清华简书手的职与能》，《简帛》2022年第25辑。肖女史把清华简的书手分为A、B、C三人。一般说来，《三不韦》的"_"符号类似书手A写的，"ㄴ"符号类似书手C写的。

《参不韦》文本性质探析

我们首先对《参不韦》的主要内容进行考察。

第一段为洪水故事，引入一系列恢复世界秩序的概念。概念是焦点，洪水故事仅为框架，故虽提及夏启先祖大禹与鲧，却不涉及洪水后果及大禹与鲧处理洪水的具体措施。人间行为之改善可抑制洪水，而抑制洪水并非基于水利工程，亦非基于大禹之勤勉。

此类故事似常作文本开端，如《洪范》[①]《五纪》。两者皆以此引入拯救方案，后不再涉及洪水。《参不韦》独特之处在于它具有两个洪水故事，一始一终。结尾的洪水故事并非回归原点，而似为新文本的开端。其功能与开端故事基本相同，却引入完全不同的救世方案，也没有相当于《参不韦·乙》的内容。

第二个洪水故事不如第一个详细。参不韦教诲夏启而故事不涉及其他神灵，上帝亦无积极角色，故"德之五权""九权之参"的发明者为谁亦不明。其治水方案与第一个故事有相反之处：第一个故事提出规则（"刑则"），夏启依之行事可恢复正常；第二个故事则主张夏启不应拘泥于既定准则，而应权衡其采用的措施。虽不如第一个故事详细，但在解释"权"后，亦以韵文作结，表明其自身亦为完整文本。

《参不韦》在第二个洪水故事前未提及"权"。文中以"藋"为声符的词语，如"权""曤""劝"，释读困难；第二个故事中，"权"至少有两义，一为灵活处事，权衡措施（简111、115），一为人生因果关系（"九权之参"，简116—119）。两义关系不明，使第二个故事主旨不清，或为拼凑不同来源的文章。

《参不韦》的语法亦有其特点，大量使用"隹"（57次）和"唯"（7次），而一般不使用"也"。[②]作者在此方面可能是想模仿"书类"文献的语法特征。"隹/唯"和"也"的语法作用都是焦点标记，且在战国文献里很少一起出现。有趣的是，《参不韦》有阶层使用"是谓"给一系列比较抽象的词语下定义（简39—41、53—54、66—79、80—82、105—107），此阶层中使用"也"；"也"首次在简52上使用，从简65开始到简79，一共有12个"也"字。当"也"和"隹/唯"共存时，文本采用"唯"的书写形式，"唯"亦具"虽"的语法功能，故二焦点标记不共现。此语法差异显著，表明《参不韦》此特定部分与《参不韦·乙》其他部分或有不同来源。

---

① 刘钊：《关于〈尚书·洪范〉篇名中"洪"字的理解》，复旦大学出土文献与古文字研究中心网站（http://www.fdgwz.org.cn/Web/Show/10973）。

② 笔者（网名"天亡"）在《清华简〈参不韦〉初读》（http://www.bsm.org.cn/forum/forum.php?mod=viewthread&tid=12766）193# 中已提及此问题。

《参不韦》主要使用"乃"作为对称代词。早期文献中，"乃"一般作定语，而在《参不韦》中也常用作主语。此外，"汝"和"而"也用作对称代词（简53、61、63—65、83、108、120；简33—35、39、48）。这些对称代词在《参不韦》中语法功能相似，有时甚至互用。值得注意的是，《参不韦》中"是谓"阶层似乎与使用"汝""而"的阶层存在一定关联。

《参不韦·乙》如何依赖或反映《参不韦·甲》之主题，尚待另文详论。然观《参不韦·乙》余部，似多为受首篇洪水故事中若干概念与短语启发而成之札记集。其中或有札记互为素材，然终究以《参不韦·甲》为本。《参不韦·乙》非对《参不韦·甲》之学术性阐释，而为受其启发所作之笔记。祷告部分于此松散结构中显得独特，乃对《参不韦·甲》主题之精心衍生，或许为与《参不韦·甲》相辅相成，《参不韦·甲》与祷告部分之间的文字为后加的。

综上，《参不韦》整部写本并非构思为一完整文本；而为一笔记本，或为书手习得首篇洪水故事概念之实验笔记汇集，或为其抄录与首篇主题相类之其他材料，其添加之文字放于参不韦教训夏启的框架之中。此或可解释《参不韦》之缺乏一致性。

然则，书写《参不韦》者，是否为笔记本作者？此说似有可取，然需要先检视若干看似与此说相悖之现象。

《参不韦》错讹探析

第二个洪水故事引入"德之五权""九权之参"两组治世之法（简111—112）。"五权"未列具体条目或定义，"九权"则逐一列于简116—119，每"权"由三原因与后果（"参"）构成。

第一个"权之参"为"淫、湎、荒，则毁"，意即"若淫欲、沉醉、放纵，则灭亡"。先列三条件，后述结果。此"权之参"易理解，其余八个则晦涩难懂。

"九权之参"解析困难，或为书手用"="而非"＿"标注正读之故。然仅有八个"="标记。第二个"权"可读作"掘浴、甬土、大居，则丘"，其后缺"="符号。整理者建议"丘"读作"咎"，网友"tuonan""子居"建议读作"墟"。"丘"字（如楚文中常例）写作 ，下部"="表地面，上部在战国已同化为"北"。若视为"北"与"="的误合，则可找回遗失的"="符号，将"北"译为"遭受失败"，亦似合理。

"丘"字下半部类似 Matthias Richter 所称"内部缩写标记"[1]，如 （郭店《老

---

[1] Matthias Richter, *The Embodied Text: Establishing Textual Identity in Early Chinese Manuscripts*, Leiden: Brill, 2013, pp. 105, 107. 关于此符号的省减作用，参陈立：《楚系简帛资料所见符号初探》，《中华学苑》第56期（2003年），第295-296页。

子·甲》简1）为▨（同简36）（"埶"）的简写；▨（郭店《老子·乙》简2）为▨（《五行》简13）（"则"）的简写，但此无法解释▨字。

其他字下部亦有"＝"，如"齐"。简49有▨，此字或为一段结尾，但后无标记。即使上部"齐"为"齐"初文，亦无需假设《参不韦》用如此古旧字形。①

可假设"＝"符号误省，因其与字下部相似。

此是否为书手抄写底本时"跳读"所致，将标记与前字合并或省掉？或为避免连续两个"＝"？（简105连用重文号的"＝"及"＝"标点符号的，此或为另类情况。）总之，此现象未必意味书手抄写底本，亦或为其审美安排所致。

"乍""亡"字似有类似问题。两者楚文形近，▨（"亡"，简2）与▨（"乍"，简2），其他文献中有时误替。②

《参不韦》中，三处"乍""亡"同现，其中之一似为衍文。网友"tuonan"已讨论此问题。③简2云：

用乍亡刑

《参不韦·甲》大意为上帝、夏启及官员"乍五刑则"（执行五种举止标准）④，故此处可为"乍"；相反，因前文言世界因不遵循标准而混乱，也可为"亡"。从上下文看，似乎"用乍刑"（所以执行刑则）或"用亡刑"（因无刑则）皆可。然考察其他例子或可解此谜团。简57—58云：

黍五乍民刑五亡乍不秉愳从天之夭羊凶央逸乃亡乍罚⑤

两"亡乍"出现于难懂段落，不易辨孰是，但考虑到"后乃亡作罚"与下文的"后乃有庆"（简54）相对，"亡"概为正字，"乍"为衍文。前文"黍五乍民刑五亡乍"亦深奥而读作"节罚五作，民刑五作"尚可。

书手抄写时，是否因"亡""乍"二字难辨，故"安全起见"，二字皆书？然观文中，每遇此二字，错者皆居前，对者居后，似书手书一字后，觉其有误，乃于其下书正字。此类笔误，未必发生于抄录底本之时，日常书写亦常见：手"自

---

① "齐"的两横线或表地面，而非内部缩写。

② 郭店《六德》简36中，"亡"应读作"乍"；上博《孔子诗论》简6中，"乍"应读作"亡"。清华简《封许之命》简2亦出此误；参见石小力：《谈谈清华简第五辑中的讹字》，《出土文献》第八辑，2016年，第127页。根据出土文献可校订传世文献中与"亡"相关的错误，参见郑邦宏：《出土文献与古书形近讹字校订》（先秦秦汉讹字研究丛书），中西书局，2019年，第349-352页。

③ 清华简《参不韦》初读75#、88#、100#。

④ 《参不韦》共有6次出现"作刑则"。帝"作五刑则"（简5）后将其"叙"给参不韦，参不韦再"授"给夏启，教其施行。"作五刑则"为《参不韦·甲》核心。在《参不韦·乙》中，夏启"作刑则"（简26、37、53）、"作刑"（简37），而在祷告部分，夏启及其官员亦"作刑则"（简109、110）。

⑤ 整理者解读为"节罚五作，民刑五无作。不秉则从天之妖祥凶殃，后乃亡，作罚"。

行"书写，偶有误书。抄录底本时，善书者当刮去错字，补正字。若书手书己笔记，或觉烦琐，则留存错字。

抄写者偶误书之可能，自不可排除。兹以"tuonan"所谓此类错误之例，略作探讨。简117云：

> 媱嬻亡肯朋朁则内惪①

此为"九权之参"之一。"tuonan"认为此处"亡"或为"乍"误，然该段文义晦涩，难以断言。余倾向于将"亡肯朋"释为"不顾己朋"，然如此，则此"权"便不由三条件构成，故尚待商榷。

"tuonan"还认为在"天亡常刑"（简38）中，"亡"也应作"乍"②，但这似乎不妥：第一个洪水故事表明，世界缺少恒常的"刑"，此"刑"即"模范"，自然是"常"的，但简38主张"刑或刚或柔，或轻或重，或缓或急"，"刑"即"刑罚"，此句意为"天无常刑"；这类似于简114—115的"权"的观念。

另有类似"亡乍"情况。两处（简18、99）出现"惪视"，写作"（图形字）"（简19）。两字整体也许不相似，但前几笔极像，似书手欲写"贝"，手"自行"写成《参不韦》中常见的"惪"字。显然，两处皆为首字错，次字对，书手懒于刮掉。

一名书手或为职业书工，或为助师抄写的学徒，然无论何者，受人委托，自当受监督，不可恣意妄为。故笔者仍以为，《参不韦》或为书手自己的笔记集，以洪水故事为文本框架，以参不韦教诲夏启为文本格式，文本内容或为书手受《参不韦·甲》启发而自编，或基于其他文本（如含"也"之部分）。

有更复杂的误字情况。祷告部分开头，夏启欲"告"他将任命的建后、大放给其祖先及司几、尸宴、不韦这三个神灵。简85—86云：

> ……乃告於而先高且之秉德及乃啻王父＿之秉宜乃
> 告上监肢秉德司幾乃告於下层宴秉宜不瑜＿乃告於
> 天之不韦司中矢昔

第二个"告"字下无"於"，或漏此字。更重要的是，此处似列出他处未见的"上监"神名。据网友王宁分析，"盖抄手抄此首二句时本脱漏了'於''司幾'三字，全句写完发现抄漏了，就在句末补写了'司幾'二字又继续往下抄；'於'无处可补，仍阙"。③若补上"於"，将"司幾"移前，则结构对称，可读作：

> ……乃告于而先高祖之秉德，及乃嫡王父，父之秉义，乃
> 告于上司几，监义秉德，乃告于下尸宴，秉义不渝，乃告于

---

① 整理者解读为"媱娥无省朋友则内忧"，未施句读。
② 《清华简〈参不韦〉初读》（http://www.bsm.org.cn/forum/forum.php?mod=viewthread&tid=12766）100#。
③ 《清华简〈参不韦〉初读》156#。其实，书手本可用小字补上"於"，但未采用此法。

天之不韦，司中侧措。

简 47—48 提及"司几监义"，简 104 提及"上司几""下尸毚"，故王宁校改无疑正确。①

如何解释此混乱？首先，书手态度粗心，发现错误，却不修正，似不在乎读者理解。王宁认为是抄写错误，此可能，而不能排除《参不韦》或部分抄写，部分自编。

《参不韦》修改探析

据贾先生所言，《参不韦》共有 14 处文字修改、填补，表明其经过审校。通常，审校由校对员依据底本改正抄写错误；若《参不韦》修改为对校结果，自不可能是原著。笔者认为，《参不韦》中出现的修改未必为对校，而是理校，即审稿人依其主观判断作的修改、补充。如此，不排除《参不韦》（至少部分）为原著的可能性。

审校修改分三类：一为刮去错字，补正字，大小相同；二为在两字间补漏字，因空间不足，用小字；三为刮去一字（未必错），补入数字，大小不一。②

涉及"民"字的修改属第一类，四例中有两处（简 18、48）似可见刮削痕迹（竹材颜色略淡）。此或为审稿人凭个人对正字的理解所为。修改后的"民"皆有"弥"之义，而非"万民"③；三例（简 18、45、48）出现在"民涅/溫"中。原字不可知，但书手四次抄错"民"字可能性小，或为审稿人认为原字不适合表达"弥满"之义。

简 27 的"逗"字不排除为据底本校改，但判断此处有错误不难，无需参照底本。简 3 的"𣪠"、简 65 的"矬"或亦如此，但因难懂，修改用意不明。

第二类如简 23 的"之"，明显为漏字，任何读者皆可补足。审稿人在此发现漏字，却未发现简 1—2 或因换简漏"不"字，说明审校也不细致。

其他补写小字或为审稿人误补，或意义不明。

简 64"冬"后填补（照片难见）"不冬"，或据底本补写。"冬"读作"终"，但补入后，"天慐佳长，佳冬不冬"仍难解。网友"ee"提议读作"天则唯长，虽终不终"④，此虽通顺，但《参不韦》在别处不用此类抽象的说法，"佳"作"虽"

---

① "秉德""秉义""监义秉德""秉义不渝""司中侧措"与其前之名词的语法关系尚待解释。

② 参见陈梦家在《由实物所见汉代简册制度》中关于削改类型的讨论：甘肃省博物馆、中国科学院考古研究所编：《武威汉简》，北京：文物出版社，1964 年，第 66 页。

③ 贾连翔：《跳出文本读文本：据书手特点释读〈参不韦〉的几处疑难文句》，《出土文献》2022 年第 4 期，第 23 页。

④ 《清华简〈参不韦〉初读》78#。

时也照例用"唯"字形，故此读法似欠说服力。此"终"字或为"长"的同义词，意义为"坚持、持续"，不需要添"不冬"。

审稿人在简47"层"（尸）、"竃"间添"隹"，可断定为错误。因《参不韦》中"尸竃"为神名（或可释为"司质""司慎"），共出现五次（简20、85、103、104、109）。审稿人添"隹"，概受前面的"乃主唯土"的影响，误认为"尸竃"有同样语法结构，将其拆分为"乃尸唯竃"。底本亦可能有误，但更可能是审稿人凭己见作错误的修改。

简114"啟天则"属第三类，或先刮去"戉"字，再补"啟天则"。①"啟"略靠近前字，"天则"以小字补写。此处"天则"勉强可解作"按照天则就……"，但加上后，似为自相矛盾的"按无例外的天赐的而恒常的准则，每事需适合条件，要灵活应变"。实则无需添字："启，物各有当、各有利"已清晰。审稿人补字原因不明（"戉天愳"亦见于简24而上下文不同）。

简120"亘"字下留一字空白："戉女不亘　天之命以从乃德隹天之不羊"。若"亘"义为"贯彻"，则此段勉强可解。"亘"后的空白或为修改结果而照片未见刮削痕迹，故不排除底本不清或受损，书手不得不略一字。亦或书手或审查者刮掉一字，忘补，或书手多写一字后刮掉留空。②需查原简确定空白是否修改结果，若是，则概为书手或审查者所为。

简37亦有类似情况。"向有　利宜"留有空白，不知原为何字。简94"告"下亦留空白，此处有刮削痕迹，或为误写后修改。

结　　论

对贾连翔先生关于同一书手在不同时间段写下《参不韦·甲》《参不韦·乙》两部分的假设，本文通过对文字结构、笔画形式、每简字数及标点符号等的差异分析，予以了一定程度的证实。同时，本文发现《参不韦·乙》内部亦非同质，其文法形式、标点符号及每简字数表明其由多个独立部分组成，而非一次写就。

笔者欲探讨之问题是：书手何以分阶段书写文本？各书写阶段又何以对应《参不韦》内容之不同段落？笔者认为，书手或为写本编者，《参不韦·甲》及祷告部分或为书手抄录既成文献③，而《参不韦·乙》则多为其记录阅读所遇之各类小文，编入参不韦教诲夏启之框架中，并融入己见。《五纪》篇幅与《参不韦》相仿，也

---

① 审稿人用"啟"，主要书手用"戉"字形。

② 陈梦家提及七种削改实例，其中"（五）多写了字，删除改写后，原占地位有了空余……（六）错字削除后遗未补写的……"。

③ 简8—11有关官员制度属于《参不韦·甲》而字数少于上下文，或可推断《参不韦·甲》亦如《参不韦·乙》非为抄录本。

是"由若干不同来源的材料拼凑而成的"①，然《五纪》未呈现《参不韦》之文字结构、笔画形式、每简字数、标点符号等差异。《五纪》无疑为抄本，《参不韦》则未必。

此结论不免有揣测成分，但或可解释《参不韦》缺乏整体结构与一致性，类似笔记本的原因。

A Preliminary Study on the Writing Process and Textual Nature of the Tsinghua Bamboo Text "San Bu Wei"

Jens Østergaard Petersen

Abstract: This article explores the writing process and textual nature of the Tsinghua bamboo text "San Bu Wei." Through an analysis of character structure, stroke forms, character count per bamboo slip, and differences in punctuation, this article confirms that San Bu Wei was written in several stages by the same scribe, as already argued by Jia Lianxiang. The author suggests that the scribe may also have been the compiler of the text, and that while the flood story and announcement sections of "San Bu Wei" may have been copied from existing documents, other sections are likely to be the scribe's reading notes.

Key words: The Tsinghua University Warring States Bamboo Manuscripts; "San Bu Wei"; writing process; textual nature; copy/original text

---

① 子居：清华简十一《五纪》解析（之一）（https://www.academia.edu/67687204/）。

清华简第十三辑中的新用字现象*

石小力

（清华大学出土文献研究与保护中心
"古文字与中华文明传承发展工程" 协同攻关创新平台）

摘要：清华简第十三辑收录了《大夫食礼》《大夫食礼记》《五音图》《乐风》《畏天用身》五篇竹书，本文选择介绍了其中出现的新构形和新用字现象，并据此对以往存在争议的"罷"用作{揖}，"茸"用作{乃}，"送"字的释读和用法作了进一步的研究。

关键词：清华简；字词关系；揖；茸；送

清华简第十三辑收录了《大夫食礼》《大夫食礼记》《五音图》《乐风》《畏天用身》五篇竹书，这些文献涉及先秦仪礼、音乐和思想史等方面，都是失传已久的重要先秦佚书。这五篇竹书中出现了许多新的用字现象和新的构形，给我们提供了若干新的认知，对丰富古文字形体，推进古文字疑难字的释读和汉语字词关系的研究有重要意义。本文选取几例，加以介绍。

一、新构形与新用法

書，首见于清华简《摄命》篇，安大简《诗经》对应今本《诗经》"载"字，学者多据此认为该字为"韯"字异体，在《摄命》和安大简中用为"载"。① 该字在《大夫食礼》中出现 5 次，皆用为数词{再}。如：

（1）書（再）辞乃进，答拜。（《大夫食礼》5）

（2）当阶北面，書（再）拜。（同上 15）

（3）如一如書（再），乃皆降，处南面。（同上 42）

（4）立于梡西端，書（再）辞。（同上 43）

（5）既乃就诸长，诸长亦書（再）辞，乃升，处南面，西上。（同上 45—46）

* 本文是国家社科基金重大项目 "上古汉语字词关系史研究"（22&ZD300）的阶段性成果，得到国家社科基金冷门绝学研究专项 "清华简数术类文献整理与研究"（22VJXG053）的资助，谨致谢忱。

① 安徽大学汉字发展与应用研究中心编，黄德宽、徐在国主编：《安徽大学藏战国竹简（一）》，上海：中西书局，2018 年，第 105 页；冯聪：《据安大简谈〈摄命〉"書猷卜乃身"》，《汉字汉语研究》2020 年第 3 期；孔德超：《说安大简中的 "書"》，《中国文字》2021 年夏季号（总第 5 期），台北：万卷楼图书股份有限公司，第 157-166 页。

"書"为"戠"字异体，"戠"与"载"音同，文献"载"与"再"有通用或异文之例。如毛诗《秦风·小戎》"载寝载兴"的"载"字，韩诗、《文选·应诏诗》李善注皆作"再"。①《吕氏春秋·顺民》"文王载拜稽首而辞"的"载拜"，即"再拜"。"書"记录数词{再}，丰富了{再}的记录形式。

馈遗之{馈}在两篇礼书中出现多次，一般写作常见之"馈"字，或假借"贵"字，此外还写作"鼻"（《大夫食礼》28），从廾，贵声，是"馈"字改换意符的异体；又写作鑟（《大夫食礼记》9），所从"贵"旁讹变较甚。这两种写法皆首见。

酱醢之{醢}在楚文字记作"酳"②，在两篇礼书中出现多次，皆不作"酳"形，或记作"盍"（《大夫食礼》9、14、34），这种写法见于马王堆帛书③，又记作"醢"（《大夫食礼记》4、13），这种写法见于北京大学藏汉简《苍颉篇》④，是在楚文字"酳"类写法的基础上增益"皿"旁；又记作"醢"（《大夫食礼》12），与《说文》"醢"字籀文"醢"字从"卤"同。据此写法，可知伯克父盨（《铭图续编》474、475）中的▨字当从李春桃说隶作"盬"，为"醢"字异体。⑤

门楣之{楣}作"眉"，原形作奓（《大夫食礼记》7），即假借眉毛之"眉"来表示。古文字中的"眉"字此前只见于甲骨金文，战国文字中一直未见，此为首见，补充了"眉"字形演变的缺环。

炙烤之{炙}，此前楚文字用"庶"字来记录，见包山简257、上博简《柬大王泊旱》等处，三晋文字作𣏗（《古玺汇编》1516），与小篆结构相同。《大夫食礼记》字形作𤎅（煉）（简14），从火，从柬省，与《说文》"炙"字籀文作𤐄（鍊）形体相近，这证明了《说文》籀文的形体渊源有自。

熬煎之{熬}作𩱞（䰞）（《大夫食礼记》14），从鬲，嚣声，首见。包山257作𤎦（爨），从火，嚣声。"䰞"与"爨"皆为"熬"字异体，两个异体之间的关系类似"煮"《说文》正篆作"鬻"。

蒸煮之{蒸}作𩱞（䰞）（《大夫食礼记》14），从鬲，丞声，首见。包山257作𤎦（烝），从火，登声，与该字为改换意符之异体。

此外，楹柱之{楹}记作"枂"（《大夫食礼》16）；跪拜之{拜}记作"敄"（《大夫食礼》17）；序墙之{序}记作"斁"（《大夫食礼》32）、"吕"（《大夫食礼》32）；移动之{移}记作"夛"（《大夫食礼》28）；习狎之{狎}记作"慸"（《大夫食礼》48）；疏食之{疏}记作"粔"（《大夫食礼》17、19）；阶级之"级"记作"圾"（《大夫食礼》44）；面向之{面}记作"缅"（《大夫食礼》45）；馈设之{馈}记作"遍"（《大

---

① 参王先谦：《诗三家义集疏》，北京：中华书局，1987年，第447页。
② 参禤健聪：《战国楚系简帛用字习惯研究》，北京：科学出版社，2017年，第130-131页。
③ 刘钊主编：《马王堆汉墓简帛文字全编》，北京：中华书局，2020年，第562页。
④ 白于蓝：《简帛古书通假字大系》，福州：福建人民出版社，2017年，第127页。
⑤ 李春桃：《金文"醢"字小考》，《青铜器与金文》第二辑，上海：上海古籍出版社，2018年。

夫食礼记》12）；节度之{节}记作"迋"（《畏天用身》14）等，皆为新见构形或新见用字现象，丰富了楚文字形体和字词关系。

二、与旧说互证三则

清华简第十三辑出现了大量的新构形和新用法，为旧材料中存在争议的说法提供了新的证据，从而促进疑难问题的解决。

1. 以"罷"表{揖}

在楚文字中，作揖、揖让之"揖"多用"聑"字来记录，如：

（6）公不悦，聑（揖）而退之。（郭店《鲁穆公问子思》2）
（7）宪能礼节，心善聑（揖）让。（清华拾《四告》19）
（8）宪＝（节节）宜持，进退走聑（揖）。（同上21）

在《大夫食礼》中，作揖之"揖"也多用"聑"字记录，如：

（9）主聑（揖）客，乃入，立于初处。（《大夫食礼》6）
（10）主人聑（揖）客，乃还，盥。（同上7）
（11）邦君子毕，主乃皆聑（揖）之，使返。（同上40）

这与楚文字的用字习惯是一致的。除此之外，还用"罷"字来记录，如：

（12）主人去处，聑（揖）君子。既罷（揖）君子，乃出逆，右屏，出门少左，唐客而立。（《大夫食礼》2—3）

在例12中，"揖"出现两次，既用"聑"字记录，又用"罷"字记录，这属于一简之中的异字同用现象，陈伟武先生有过归纳。[①] "罷"字在楚文字中多见，基本上用作数词"一"，但在简文中，却是用作"揖"的。从文例看，"既"字后的动作是对上文"揖君子"动作的复述，"罷"字即对应"揖"字。简文类似的表述多见，如"豐敊（属）饮，既豆（属）饮"（简31）、"乃饮于上，既饮"（简32）、"乃食，既食"（简39）等。从古书通假看，"罷"常用作"一/壹"，古音虽在影纽质部，但"揎""揖"通用[②]，故"罷"可以用作"揖"。

据此用字习惯，我们可以对过去楚简中存在争议的"罷"字的用法做出判断。

---

① 陈伟武：《一简之内同字异用与异字同用》，《古文字论坛》第一辑，广州：中山大学出版社，2015年，收入氏著：《愈愚斋磨牙二集——古文字与古文献研究丛稿》，上海：中西书局，2018年。
② 参张儒等：《汉字通用声素研究》，太原：山西古籍出版社，2002年，第985页"聑通吉"条。按：也有学者认为"揎""揖"韵部差距较远，不可相通，只是义近关系。

在郭店简《成之闻之》中，有这样一句话：

（13）贵而罷让，则民欲其贵之上也。（《成之闻之》18）

本句中的"罷"字，读作"一"文意不恰。裘锡圭先生读作"能"[①]，李天虹先生读作"揖"[②]，二说中裘说影响更大。[③]与此句类似的话又见于上博简：

（14）贵而罷让，斯人欲其长贵也。（上博五《君子为礼》9）

"罷"字稍有模糊，整理者误释为"能"[④]，但据残损笔画，该字释"罷"应无问题。裘锡圭先生据此处也用"罷"字而不用"能"字，放弃原来读"能"的说法，但并未从李天虹先生读"揖"之说，转而信从季旭升先生读"抑"之说。[⑤]据《大夫食礼》"罷"用作"揖"之例，可证李天虹先生读"揖"之说更为合理。"揖让"一词屡见于古书，即作揖礼让之意。《周礼·秋官·司仪》："司仪掌九仪之宾客摈相之礼，以诏仪容、辞令、揖让之节。"《左传·昭公二十五年》："子大叔见赵简子，简子问揖让、周旋之礼焉。"《韩非子·八说》："古者人寡而相亲，物多而轻利易让，故有揖让而传天下者。"

2. 以"茸"表{乃}

出土文献中副词{乃}的用字较为固定，基本用"乃"或"迺"两个字记录。在第十三辑《畏天用身》一文中，"茸"字多次出现，也用作副词{乃}。如：

（15）事之可，有与也，茸（乃）可；事之不可也，有与，茸（乃）不可。（《畏天用身》10—11）

（16）善之茸（乃）善，失之茸（乃）败，事无恒将败。（同上11）

（17）凡事之机，非事是败，弗图茸（乃）败。（同上11—12）

（18）明者作必从中，以从中，茸（乃）能明于人。（同上15—16）

茸，从艸，耳声，耳，古音日母之部，乃，泥母之部，音近可通。古书中耳声字与乃声字有通用之例。如《汉书·惠帝纪》："及内外公孙耳孙。"颜师古注："据《尔雅》：'昆孙之子为仍孙。'仍、耳声相近，盖一号也。"因此，从古音和古书通假看，"茸"可以用为"乃"。

---

① 荆门市博物馆：《郭店楚墓竹简》，北京：文物出版社，1998 年，第 260 页裘按。

② 李天虹：《郭店楚简文字杂释》，《郭店楚简国际学术研讨会论文集》，武汉：湖北人民出版社，2000 年，第 94-95 页。

③ 如陈伟等《楚地出土战国简册（十四种）》（北京：经济科学出版社，2009 年，第 204 页）从裘说括注为"能"。

④ 马承源主编：《上海博物馆藏战国楚竹书（五）》，上海：上海古籍出版社，2005 年，第 260 页。

⑤ 裘锡圭：《"东皇太一"与"大罷伏羲"》，《裘锡圭学术文集·简牍帛书卷》，上海：复旦大学出版社，2012 年，第 555-556 页。季说见氏著《说文新证》，福州：福建人民出版社，2020 年，第 35-36 页。

在清华简（捌）《邦家处位》中，有字作"茸"，文例如下：

（19）人而不足用告託（媚），必先卫守道探度，茸定其答。（《邦家处位》8）

（20）人用必入贡，茸能有度。（同上10—11）

"茸"，从艸，耳声，整理者疑为"茸"字异体，可从。古文字"艸""屮"作为偏旁可以通用。关于"茸"字的用法，整理者提出了两种意见，一说读为清母侯部的"取"，一说读为从母东部的"丛"。①其后的研究者或从整理者读"取"，或读"容""从""崇"等，异说纷纭。②其中，罗涛先生的读法颇为有见：

这个字从屮、茸声，在简文中出现两次，都可读为"廼（乃）"，"才、于是"的意思。③

据《畏天用身》"茸"用作"乃"，《邦家处位》中的两个"茸"字确当从罗涛先生读为"乃"，在简文中作副词，文从字顺。

3."送"字补说

在安大简《诗经》中，有5处对应于今本毛诗的"送"，其字写作"遗（遗）"或与"遗"形近者：

送、遗 简55　　遗 简90　　遗、遗 简91

整理者据此释为"遗"。④但其中除第二形外，均与真正的"遗（遗）"字遗（简7，对应今本之"隤"）有所不同。陈剑先生曾推测此"即'送'字之误或者说'形讹'，也未尝不可以视为抄手对原字形理解不清而致的'误摹'"。⑤这个见解十分有启发性。但学者多从整理者释"遗"。应金琦先生赞同陈剑释"送"之说，对古文字中的"送"字字作了系统的研究，将过去西周金文中字形从贝，训为遗赠的那类"遗"字改释为"送"，并据此将苟意匜中的"遗"字、清华柒《越公其事》简12的"遗"字等改释为"送"。⑥从字形看，这类形体与典型的"遗"字写法存在差异，从文例看，释"送"训赠送、送别文义甚为允恰。故释"送"之说应可信从。

---

① 清华大学出土文献研究与保护中心编，李学勤主编：《清华大学藏战国竹简（捌）》，上海：中西书局，2018年，第134页。

② 参陈姝羽：《〈清华大学藏战国竹简（捌）〉集释》，华东师范大学硕士学位论文，2020年，第259-260、265-266页引陈民镇、王宁、刘信芳、子居等诸家说法。

③ 罗涛：《〈清华大学藏战国竹简（捌）〉拾遗》，《出土文献综合研究集刊》第十二辑，成都：巴蜀书社，2020年，第75页。

④ 安徽大学汉字发展与应用研究中心编，黄德宽、徐在国主编：《安徽大学藏战国竹简（一）》，上海：中西书局，2018年，第112、132页。

⑤ 陈剑：《简谈安大简中几处攸关〈诗〉之原貌原义的文字错讹》，简帛网，2019年10月8日；又载《中国文字》2019年冬季号（总第2期），台北：万卷楼图书股份有限公司，第11-18页。

⑥ 应金琦：《西周金文所见周代语音信息考察》，复旦大学硕士学位论文，2023年，第62-76页。

在《大夫食礼》中，类似的形体出现 2 次：

S1: 　　S2:

（21）客者入告，若初入之度，背屏告："某大夫将还，命君出 S1。"（简 36）

（22）客者出，若初处而立。主乃出 S2，若逆。（简 37）

据文例，无疑应释作"送"。出送，即出门送别宾客。《仪礼·聘礼》："公出送宾。"这进一步证明释"送"之说可从。

据此，我们来看上博简（九）《成王为城濮之行》中的一个疑难字：

S3: 　　S4:

（23）子文 S3 师于敫，一日而毕，不扶一人。（《成王为城濮之行》甲 1）

（24）君王命余 S4 师于敫，一日而毕，不扶一人。（同上乙 1—2）

该字先后有十余位学者撰文讨论，有释从"曳"读"受""搜""蒐""讨"，从"受"读"受""治""授"，从"曳"读"阅"，从"娄"读"数"，从"尃"读"辨"，释"建"，释"遗"读"遗""治""选"等不同释法，众说纷纭，莫衷一是。①该字的第二种写法与《大夫食礼》的"送"字十分相近，差别只在于"口"形的有无。我们知道，在战国文字中，口形经常作为饰符，并无意义上的差别。故该字很可能就是"送"字，在简文中可读作"总"。送、总古音皆为齿音东部，古音很近。在文献中二者也有间接通假之例。"送"字在清华简中用从丛得声的"邊"字来记录。如"秦康公率师以邊（送）雍子"（《系年》54），"翌明，公邊（送）子仪"（《子仪》10）。"丛"与"总"音近有通用之例。如《易·坎》"置于丛棘"，马王堆帛书本"丛"作"总"。清华简《参不韦》7—8："建后丛（总）五刑则，秉中不营，唯固不迟。"故"送"与"总"音近可以通用。此外，"送"与"从"在文献中音近通用。如睡虎地秦简日书乙种《五月》"可以从鬼"的"从"，甲本作"送"。"从"与"总"音近通用。《诗·召南·羔羊》"素丝五总"的"总"字，在安大简《诗经》中作以"从"为声的"枞"（简 31）。故"送"可以读为音近的"总"。总师，就是统领、聚合军队之意。《竹书纪年》："三十二年，帝命夏后总师，遂陟方岳。"不少研究者已经指出，简文可与《左传》对读：

（25）楚子将围宋，使子文治兵于睽，终朝而毕，不戮一人。子玉复治兵于蒍，终日而毕，鞭七人，贯三人耳。（《左传》僖公二十七年）

---

① 各家说法参于立芳：《上博（九）楚国故事相关竹书的文本集释》，河北大学硕士学位论文，2016 年，第 14-21 页。此外，网友"好好学习"将该字与安大简《诗经》所谓"遗"字联系起来，释该字为"遗"，读为"会"（《安大简〈诗经〉初读》，武汉大学简帛网"简帛论坛"第 86 楼，2019 年 9 月 29 日）。张峰释"遵"，读为"治"（《〈上博九·成王为城濮之行〉中两个疑难字评议——兼释西周金文中的""》，《第七届文献语言学国际学术论坛论文集（下册）》，郑州大学，2022 年 6 月 18—19 日，第 510-521 页）。

与简文"总师"对应的词作"治兵","总"有统领、总揽、聚合之义，聚合军队，即属于治理军队的方式之一，可见，读"送"为"总"是十分合适的。

以上介绍了清华简第十三辑中的一些新的用字现象，这不仅进一步丰富了战国楚文字的字词关系，而且可以据此对旧材料中的一些疑难问题做出新的解读，从而推进古文字学的研究。

补记："賽"字亦见于 1987 年湖南省慈利县石板村 36 号战国墓所出楚简，字形作🀰，在《摄命》等形基础上增益意符"二"旁，用作"再"（参何义军《释慈利楚简中的"賽（再）"（初稿）》，复旦大学出土文献与古文字研究中心网站 2023 年 9 月 21 日）。《大夫食礼》简 5"賽"字原形作🀰，亦增"二"旁，与慈利简写法相同，字形可分析作从二，賽声，即"再"字异体。

New Character Usage in the Tsinghua Bamboo Manuscripts Volume 13

Shi Xiaoli

Abstract: The thirteenth volume of the Tsinghua Bamboo Manuscripts includes five texts: *Dafu shili* 大夫食礼, *Dafu shili ji* 大夫食礼记, *Wuyin tu* 五音图, *Yue feng* 乐风, and *Weitian yongshen* 畏天用身. This article focuses on introducing the new forms and usages of characters that appear in these texts. Based on this analysis, it further investigates the previously debated interpretations of the character "罷" as {揖}, "茸" as {乃}, and the readings and usaage of the character "送."

Key words: Tsinghua Bamboo Manuscripts; Character-word Relationship; 揖; 茸; 送

清华简所见战国时代"书同文"的尝试

肖芸晓

（斯坦福大学东亚研究中心）

摘要：战国文字形体多变，但宏观上的富于变化并不代表秦以前的书写中完全不存在规范与标准。通过检视清华简中特定书手的书写习惯，本文认为一部分战国中晚期书手存在明确的消除文字异体、小范围内统一字形的尝试，是秦代以后大范围"书同文字"工作范式的雏形。具体而言，《尹至》书手（下文称书手A）书写的十一篇竹书的过程背后存在明确的统一字形的意图：这些笔迹相同的文献类别不同、时代或早或晚、源流各异的竹书中，却存在大量常用字写法统一的现象，在它们被转写成清华竹书的过程中必然存在一个统一文字异体的编纂过程。简言之，尽管战国文字多变，但此时的书写不应被描述为全无规则与制约，而是在大环境整体不断变异的背景下，也存在书写个体将文字、典籍标准化的明确意图与实践；但与秦代"书同文"政策的成效相似，尽管在"正字形"方面效果显著，战国竹书在"正用字""正用语"方面并无明显的尝试。

关键词：楚简；战国文字；"书同文"；清华简；书手

秦代"书同文字"政策常被视为影响深远的历史遗产之一。越来越多的出土材料表明，"书同文字"的意义远不止于书法风格与字形结构的统一，或是"罢其不与秦文合者"而已，而是在政治力的介入下对语言、文献与知识结构的一次重塑。[①]

---

① 这一议题的重要研究包括（但不限于）朱德熙、裘锡圭（原署名"北文"）：《秦始皇"书同文字"的历史作用》，《文物》1973 年第 11 期，后收入朱德熙：《朱德熙文集（第五卷）》，北京：商务印书馆，1999 年，第 73-82 页。赵平安先生认为秦国历史上曾有三次"书同文"的过程，第一次是周桓王时期，将《史籀篇》中的标准体、大篆，向全国推广；第二次发生在秦孝公至始皇帝统一六国年间，伴随着战争的胜利将秦文在新攻占的秦地推行；第三次才是史籍所见的始皇帝统一六国以后，用小篆统一全国用字。参见赵平安：《试论秦国历史上的三次书同文》，《河北大学学报（哲学社会科学版）》1994 年第 3 期，后收入氏著：《隶变研究（修订版）》，上海：上海古籍出版社，2020 年，第 164-173 页。此后，陈昭容先生指出，秦人"书同文字"政策在"正字形"方面取得显著效果，在"正用语"方面则收效甚微，参见陈昭容：《秦"书同文字"新探》，《"中央研究院"历史语言研究所集刊》第 68 本第 3 分（1997 年），第 589-641 页，后收入氏著：《秦系文字研究：从汉字史的角度考察》，台北："中央研究院"历史语言研究所，2003 年，第 69-115 页。

关于秦简中六国文字的遗存，参见赵平安：《云梦龙岗秦简释文注释订补——附论"书同文"的历史作用》，《简帛研究汇刊》第一辑，台北："中国文化大学"史学系、简帛学文教基金会筹备处，2003 年，第 815-826 页；后收入氏著：《新出简帛与古文字古文献研究》，北京：商务印书馆，2009 年，第 369-378 页。关于汉代材料继承秦代文献用字习惯，参见黄文杰：《秦至汉初简帛文字字形的来源》，收入氏著：《秦至汉初简帛文字研究》，北京：商务异体字的现象尽管在秦代以后仍长久地伴随着汉字的发展，但与后世的文字材料相比，战国文字呈现出全方位的多样性：从字形、用字，再到用语——各种层次的文字变化不仅出现在平行文本中，也在同人所写的竹书甚至同支竹简中大量存在。①但是，尽管战国文字多变，统一文字的尝试在战国时期已然可见。正如裘锡圭、赵平安、陈昭容等先生申论，推行规范文字、消除文字异体的举措并不是秦始皇二十六年六国既灭之后，始皇帝"一声令下，要全国各地放弃旧有的书写习惯，遵从秦式写法"——至少在战国晚期，伴随着秦军攻城掠地的不断扩张，在新攻占的秦地就逐渐推行秦文。②并且，"书同文字"也不应是秦人的独创：楚文字中，周波先生曾推断，鉴于迄今所见最早的字书《字析》在上博简中的存在，以及"不论是湖北的包山楚简，还是湖南的慈利楚简，河南的新蔡楚简，处处可见文字写法、用法一致的现象"，楚地也可能存在类似的文字整理、规范工作。③考虑到战国文字颇多变异造成的实际阅读障碍④，以及书手对竹书面貌潜在的能动作用⑤，书手们是否会在书写文本的具体过程中，做出一些统一化、标准化的处理？伴随着越来越多新材料的刊布，若聚焦于某一竹书，或是某一字迹，是否也能观察到战国书手在个人书写的"微观"层面，作出统一文字甚至整理文献的举措？

（续）

印书馆，2008 年，第 24-42 页；黄文杰：《秦汉文字中的古体字》，收入氏著：《秦汉文字的整理与研究》，北京：社会科学文献出版社，2015 年，第 196-212 页。关于秦文字改革对于文献面貌的影响，参见李零：《郭店楚简研究中的两个问题——美国达慕思学院郭店楚简〈老子〉国际学术讨论会感想》，收入武汉大学中国文化研究院编：《郭店楚简国际学术研讨会论文集》，武汉：湖北人民出版社，2000 年，第 50 页。关于秦文字改革的政治性，参见陈侃理：《里耶秦方与"书同文字"》，《文物》2014 年第 9 期；大西克也：《从里耶秦简和秦封泥探讨"泰"字的造字意义》，《简帛》第八辑，上海：上海古籍出版社，2013 年，第 139-148 页；大西克也：《文字统一と秦汉の史书》，《书学书道史研究》24 号（2014 年），第 93-103 页。综合新出土材料，田炜先生指出"书同文字"政策远非限于书写正字这一范畴，既包括废除六国古文、推行秦文字，更是在正字形、正用字、正用语三方面对语言文字进行全方位的规范化，是一种语言文字的综合政策。参见田炜：《论秦始皇"书同文字"政策的内涵及影响——兼论判断出土秦文献文本年代的重要标尺》，《"中央研究院"历史语言研究所集刊》第 89 本第 3 分（2018 年），第 403-450 页。

① 关于战国时代文字异形的研究成果颇多，限于篇幅不一一列出，这一议题的研究综述，参见周波：《战国"文字异形"问题的学术史考察》，收入延世大学人文学研究院、复旦大学出土文献与古文字研究中心合编：《文字与解释——学术交流会论文集》，上海：中西书局，2015 年，第 106-128 页。

② 裘锡圭：《文字学概要（修订本）》，北京：商务印书馆，2013 年，第 70-73 页；赵平安：《试论秦国历史上的三次"书同文"》，《隶变研究（修订版）》，第 168–169 页；陈昭容：《秦"书同文字"新探》，第 606 页。

③ 周波：《战国时代各系文字间的用字差异现象研究》，北京：线装书局，2012 年，第 240-243 页。

④ 比如裘锡圭先生曾总结："文字异形的现象影响了各地区之间在经济、文化等方面的交流，而且不利于秦王朝对本土以外地区的统治。"参看裘锡圭：《文字学概要（修订本）》，第 70 页。

⑤ 关于书手在典籍流传中的重要作用，前贤已有不少讨论，参见冯胜君：《从出土文献看抄手在先秦文献传布过程中所产生的影响》，《简帛》第四辑，上海：上海古籍出版社，2009 年，第 411-424 页；冯胜君：《有关出土文献的"阅读习惯"问题》，《吉林大学社会科学学报》2015 年第 1 期；熊佳晖：《郭店简〈五行〉篇的成书方式与书手文化水平探析——由物质性与文本说起》，《出土文献》2020 年第 1 期；又参任丽君：《战国竹简字迹研究综述》，《现代语文》2021 年第 6 期。

从汉字发展的历史进程来看,战国时代的书写者,又为秦统一以后的文字标准化的漫长过程作了怎样的铺垫?

本文认为,战国文字整体上的多变并不代表秦以前的书写全无规范与标准:部分书手或许有过明确的、小范围的统一字形的尝试,是秦统一六国之后大范围"书同文字"工作范式的雏形。在清华简中,我们观察到了一些"消除文字异形"的痕迹:《尹至》书手(下文称书手 A)书写的一些竹书[①]的过程背后明显存在统一字形的意图。这些笔迹相同的竹书既有时代相对较早的书、诗类文献如《尹诰》《金縢》《周公之琴舞》,又有语言风格和时代相对较晚的《赤鸠》《殷高宗问于三寿》等,这些文献类别不同、时代或早或晚、源流各异,却存在大量的常用字写法一致现象,在它们在被转写成清华竹书的过程中存在一个消除文字异体的编纂过程。这种"统一字形"活动背后的原则,既不是遵循"同类文献统一整理",也非"简文时代相近统一整理",而是明确的、与特定书手相关的字形结构统一的倾向;若书手不同,即便是内容相关、性质相同、简文记述的时代相近,字形也千差万别,由此可见战国书手在文本制造的过程中存在强有力的能动性(scribal agency)。因此,尽管战国文字多变,这一时期的文本书写不应被描述为全无规则与制约,而是在大环境不断变异的背景下也能看到书写个体对于文字进行标准化处理的实践。此外,再观察竹书的用字、用语,我们发现正与陈昭容先生对于秦代"书同文字"政策中"'正字形'效果明显,'正用字'收效甚微"的结论呼应——所论十一篇竹书尽管字形较为统一,但用字用语未见明显的、强有力的规范。

一、十一篇竹书常用字字形的稳定性

战国文字中,字迹相同但字形或用字不同的现象不胜枚举,对战国文字的研究者来说,同字在同人所写,甚至同支竹简上字形不同的现象也早已司空见惯。清华简中,《系年》《越公其事》等篇存在大量一词多形、一字多形或是同字异构的例证,且它们各自原因不同,或是由于书手有意"避复",或是由于底本不同。[②]同时,

---

① 它们是《尹至》《尹诰》《赤鸠之集汤之屋》《耆夜》《金縢》《说命上》《说命中》《说命下》《周公之琴舞》《芮良夫毖》《殷高宗问于三寿》。

② 《系年》中"一字多形"的情形,参见李松儒:《试析〈系年〉中的一词多形现象》,收入李守奎主编:《清华简〈系年〉与古史新探》,上海:中西书局,2016 年,第 455-486 页;陈美兰:《〈清华大学藏战国竹简(贰)系年〉用字现象考察——以同词异序为例》,收入《第二十五届中国文字学国际学术研讨会论文集》,台北:"中国文字学会"、"中国文化大学"中国文学系,2014 年,第 393-424 页;郭永秉:《清华简〈系年〉抄写时代之估测——兼从文字形体角度看战国楚文字区域性特征形成的复杂过程》,《文史》2016 年第 3 辑。

《越公其事》的情形,参见李松儒:《清华柒〈越公其事〉中的一词多形现象》,《出土文献研究》第十七辑,上海:中西书局,2018 年,第 73-96 页。"《越公其事》中出现的同一词用多形表示的情况比较多,一些是文字写法

由于字形本身变化多端，在判断战国竹书笔迹的过程中，字形结构不一定是判断笔迹的关键，更重要的判定指标是笔画搭配或运笔特征。近年来，李松儒、贾连翔等先生为清华竹书书手判别工作作出重要贡献，在清华竹书内部，已知存在二十余位书手[①]，且这个数字伴随着新材料的刊布不断增加。每一笔迹内部，我们观察到书手的书写习惯千差万别，有的包含其他地域文字特征，有的存在甲骨、金文中出现的时代更早的字形遗存，有的书写如多数楚系文字一样形体多变，有的竹书字形则惊人的稳定——比如书手 A 所写的《尹至》《尹诰》《赤鸠》《耆夜》《金縢》《说命上》《说命中》《说命下》《周公之琴舞》《芮良夫毖》《殷高宗问於三寿》十一篇竹书中尤其明显。[②]若将这些竹书中的重出文字列出，更能直观感受到字形的一致（见表1）。

（续）

上的细小差别，如增减羡符、改变字部位置造成的；有的是通过更改字部造成的；有的则是用字不同，即所用假借字的不同造成的"（页73）。至于一词多形的原因，李松儒先生则认为是由于《越公其事》的抄手"有意避复或变化文字写法"（页91）所致。这与《系年》篇所据文献来源复杂而造成的较多的一词多形现象是不一样的。

关于古文字"用字避复"现象的研究，参见徐宝贵：《商周青铜器铭文避复研究》，《考古学报》2002 年第 3 期；刘志基、邹烨：《西周金文用字避复再研究》，《한자연구（汉字研究）》第七辑（2012 年）；刘志基：《楚简"用字避复"刍议》，《古文字研究》第二十九辑，北京：中华书局，2012 年，第 672-681 页。此外，程浩先生也指出一些清华简存在"同字异构"的现象：与"用字避复"中同一"字"存在多种形体不同，"同字异构"中，异构字的形体差别是在强调二者非同一"词"，与本文所论的一字字形的变化与同一无涉。参见程浩：《清华简同简同字异构例》，《古文字研究》第三十一辑，北京：中华书局，2016 年，第 401-403 页。

① 关于清华竹书书手辨别的研究，包括但不限于下列论文。李松儒先生运用现代笔迹鉴定的研究范式，对字形结构本身复杂多变的战国简牍的字迹判别格外有指导意义，与书手 A 有关的研究包括：《清华简书法风格浅析》，《出土文献研究》第十三辑，上海：中西书局，2014 年，第 27-33 页；《清华五字迹研究》，《简帛》第十三辑，上海：上海古籍出版社，2016 年，第 79-89 页；《再论〈祭公〉与〈尹至〉等篇的字迹》，收入复旦大学出土文献与古文字研究中心编：《战国文字研究的回顾与展望》，上海：中西书局，2017 年，第 252-260 页；《清华八〈摄命〉字迹研究》，《中国文字》2020 年夏季号（总第 3 期），台北：万卷楼图书股份有限公司，2020 年，第 341-355 页。

贾连翔先生对清华简的字迹与书写做出了一系列重要研究，与书手 A 有关的论文包括：《清华简九篇书法现象研究》，《书法丛刊》2011 年第 4 期；《谈清华简文字的基本笔画及其书写顺序》，《出土文献研究》第十三辑，上海：中西书局，2014 年，第 77-89 页；《战国竹书文字布局小识》，《出土文献》第七辑，上海：中西书局，2015 年，第 187-192 页；《谈清华简所见书手字迹和文字修改现象》，《简帛研究二〇一五（秋冬卷）》，桂林：广西师范大学出版社，2015 年，第 38-52 页；《清华简"〈尹至〉书手"字迹的扩大及相关问题探讨》，《出土文献综合研究集刊》第十三辑，成都：巴蜀书社，2021 年，第 79-100 页；《跳出文本读文本：据书手特点释读〈参不韦〉的几处疑难文句》，《出土文献》2022 年第 4 期；《守正与变易之间："同卷异写"现象的发现与古书底本特色判定方法的反思》，"古文字与中华文明"国际学术论坛，北京：清华大学，2023 年 10 月 21—22 日，第 451-471 页。

此外，从书手用字与假借习惯考察不同书手的书写习惯，参见李美辰：《清华简书手抄写用字习惯探研》，《汉语史学报》第二十三辑，上海：上海教育出版社，2020 年，第 150-157 页。

② 并且，贾连翔先生曾指出《尹至》书手的书写存在"时间差"，不同篇目分批次书写，且把《摄命》《厚父》一并纳入《尹至》类书手，认为文字的不同写法源自底本的差异，参见贾连翔：《清华简"〈尹至〉书手"字迹的扩大及相关问题探讨》，第 79-100 页。

表 1　书手 A 所书十一篇之重出文字

"民"												
尹至02	尹至03	尹至05	尹诰01	尹诰01	尹诰02（重）	尹诰03	耆夜05	耆夜04	琴舞10	芮良夫26	芮良夫25	芮良夫24	芮良夫23	芮良夫21	芮良夫20	芮良夫19

| 芮良夫15 | 芮良夫12 | 芮良夫09 | 芮良夫07 | 芮良夫07 | 芮良夫05 | 芮良夫03 | 说命下09 | 说命下06 | 说命下05 | 说命下04 | 三寿16 | 三寿28 | 三寿27 | 三寿26 | 三寿24 | 三寿22 | 三寿20 |

| 三寿19 | 三寿17 | 三寿15 | 三寿14 | 三寿12 | 三寿15 |

"隹"												
琴舞17	琴舞16	琴舞16	琴舞12	琴舞12	琴舞10	琴舞08	琴舞01	琴舞01	金縢12	金縢11	金縢03	耆夜14	耆夜13

| 耆夜11 | 三寿27 | 芮良夫08 | 芮良夫24 | 芮良夫21 | 芮良夫21 | 芮良夫17 | 芮良夫11 | 说命下09 | 说命下09 | 说命下08 | 说命下06 | 说命下05 | 说命下05 | 说命下04 | 说命下02 |

| 说命中06 | 说命中06 | 说命中06 | 说命中05 | 说命中04 | 说命中03 | 说命中02 | 说命中01 | 说命上06 | 说命上06 | 说命上03 | 说命上01 |

"不"												
尹至03	尹至05	尹诰02	赤鸠03	赤鸠03	赤鸠04	赤鸠04	赤鸠06	赤鸠08	赤鸠09	赤鸠12	赤鸠15	耆夜12	耆夜12	耆夜10	耆夜10	耆夜08

| 耆夜05 | 金縢07 | 金縢05 | 金縢04 | 金縢01 | 琴舞16 | 琴舞14 | 琴舞14 | 琴舞12 | 琴舞12 | 琴舞11 | 琴舞10 | 琴舞10 | 琴舞08 | 琴舞07 | 琴舞07 | 琴舞06 |

续表

琴舞06	琴舞05	琴舞05	琴舞04	琴舞04	琴舞04	琴舞03	三寿26	三寿25	三寿22	三寿20	三寿20	三寿16	三寿12	三寿10	三寿09
芮良夫28	芮良夫27	芮良夫27	芮良夫26	芮良夫25	芮良夫25	芮良夫24	芮良夫22	芮良夫22	芮良夫21	芮良夫19	芮良夫17	芮良夫16	芮良夫16	芮良夫10	芮良夫09	芮良夫08	芮良夫08	芮良夫07	芮良夫07
芮良夫06	芮良夫06	芮良夫04	芮良夫02	说命下08	说命下07	说命下05	说命下04	说命中07	说命中05	说命中05	说命中04

"敬"

| 琴舞01 | 说命下07 | 说命中06 | 说命中03 | 琴舞02 | 琴舞02(重) | 琴舞03 | 琴舞06 | 琴舞11 | 琴舞13 | 琴舞16 | 琴舞16 | 芮良夫02 | 芮良夫05 | 芮良夫05 | 芮良夫06 | 芮良夫08 |
| 三寿09 | 三寿27 | 三寿19 | 三寿14 |

"胃"

| 三寿02 | 三寿02 | 三寿02 | 三寿06 | 三寿06 | 三寿04 | 三寿04 | 三寿04 | 三寿02 | 三寿13 | 三寿13 | 三寿13 | 三寿13 | 三寿06 | 三寿06 | 三寿13 |
| 三寿13 | 三寿13 | 三寿13 | 赤鸠02 | 赤鸠03 |

"畏"

| 琴舞13 | 琴舞11 | 琴舞05 | 琴舞14 | 琴舞06 | 三寿09 | 芮良夫13 | 芮良夫06 | 芮良夫03 | 芮良夫02 | 芮良夫25 | 芮良夫22 | 芮良夫19 | 芮良夫13 | 芮良夫10 |

续表

"闻"																
三寿28背	三寿27	三寿24	三寿24	三寿14	三寿12	三寿08	三寿07	三寿07	三寿06	三寿06	三寿05	三寿05	三寿04	三寿04	三寿02	三寿01
赤鸠13	芮良夫03	金滕10														

"我"														
尹至01	尹至03	尹至04	尹诰02	尹诰02	尹诰02	耆夜07	金滕01	金滕05(重)	金滕05	金滕05	金滕07	金滕11	金滕12	
说命上04	说命下09	说命下07	说命中03	说命上04	琴舞03	琴舞16	芮良夫25	芮良夫26	芮良夫27	芮良夫28	赤鸠01	赤鸠02	赤鸠03	赤鸠03
说命上04													赤鸠10	赤鸠11
三寿08	三寿08	三寿23												

"余"															
尹至01	尹至02	耆夜05	金滕11	金滕12	说命上03	说命中07	说命下02	说命下02	说命下03	说命下04	说命下07	说命下08	说命下09	说命下09	
琴舞05	赤鸠04	三寿14													

"爲"																
耆夜01	耆夜02	耆夜02	耆夜02	耆夜02	耆夜02	金滕01	金滕02	金滕02	金滕06	金滕10	说命上01	说命上06	芮良夫07	赤鸠08	赤鸠12	赤鸠15

| "於" | 尹诰03 | 耆夜08 | 金縢08 | 金縢02 | 金縢07 | 金縢08 | 琴舞08 | 琴舞11 | 琴舞15 | 芮良夫26 | 赤鸠02 | 赤鸠06 | 三寿01 |
| | 三寿01 | 三寿05 | 三寿05 | 三寿05 | 三寿07 | 三寿07 | 三寿07 | 三寿23 | 三寿12 | 三寿24 | 三寿27 | 三寿28 | 三寿28背 |

| "若" | 尹至04 | 尹至04 | 金縢04 | 金縢04 | 说命中02 | 说命中02 | 说命中04 | 说命中04 | 说命中05 | 说命中07 | 说命中07 | 说命下07 | 芮良夫05 |
| | 三寿09 | 三寿27 | 三寿28 | | | | | | | | | | |

| "臣" | 赤鸠01 | 赤鸠02 | 赤鸠02 | 赤鸠02 | 赤鸠03 | 赤鸠03 | 赤鸠04 | 赤鸠05 | 赤鸠05 | 赤鸠06 | 赤鸠09 | 赤鸠10 |
| | 赤鸠10 | 赤鸠10 | 赤鸠11 | 赤鸠11 | 赤鸠14 | 芮良夫09 | 说命下02 | | | | | |

| "夏" | 尹至01 | 尹至01 | 尹至03 | 尹至04 | 尹诰05 | 尹诰01 | 尹诰01 | 尹诰02 | 尹诰03 | 赤鸠05 | 赤鸠06 | 赤鸠07 | 赤鸠10（重） | 赤鸠10 | 赤鸠11 | 赤鸠14 | 祭公14 | 说命中03 | 芮良夫08 | 三寿23 |

| "敢" | 琴舞11 | 祭公10 | 金縢11 | 琴舞06 | 琴舞15 | 三寿24 | 三寿12 | 三寿06 | 三寿04 | 三寿02 | 芮良夫12 |

字	字形及出处
"所"	芮良夫05 ／ 金縢14（背） ／ 金縢10 ／ 金縢06 ／ 三寿26 ／ 芮良夫23 ／ 芮良夫22 ／ 芮良夫21 ／ 芮良夫19 ／ 芮良夫18 ／ 芮良夫08 ／ 芮良夫24
"朕"	尹诰03 ／ 说命上03 ／ 说命中02 ／ 说命中04 ／ 说命中04 ／ 说命下02 ／ 说命下05 ／ 说命下10 ／ 说命下10 ／ 赤鸠11 ／ 赤鸠11
"疾"	赤鸠13 ／ 赤鸠12 ／ 赤鸠11 ／ 赤鸠11 ／ 赤鸠08 ／ 赤鸠08 ／ 赤鸠07 ／ 赤鸠06 ／ 说命中07 ／ 说命中04背 ／ 金縢14背 ／ 金縢03
"至"	耆夜01 ／ 尹诰04 ／ 尹至01 ／ 赤鸠10 ／ 三寿08 ／ 芮良夫21 ／ 金縢13
"和"	耆夜04 ／ 三寿28 ／ 三寿19 ／ 三寿17 ／ 芮良夫08 ／ 芮良夫20 ／ 芮良夫18 ／ 芮良夫12 ／ 芮良夫11
"年"	芮良夫21 ／ 金縢13 ／ 金縢08 ／ 金縢01 ／ 金縢04 ／ 金縢01 ／ 耆夜01
"食"	赤鸠06 ／ 赤鸠06 ／ 赤鸠06 ／ 三寿08 ／ 三寿08
"事"	琴舞02 ／ 金縢11 ／ 金縢06 ／ 金縢04 ／ 说命上07 ／ 说命下03 ／ 芮良夫01

我们看到，这十一篇竹书中的重出文字字形高度统一。并且，上列文字均是字形尤其多变之例，若与其他清华竹书相关文字比较，字形差异更一目了然（见表2）。

表2　其他清华竹书之对应文字

"民"	"余"	"於"	"隹"	"若"

可以看到，甚至在同一竹书中，字形也不尽相同（比如《厚父》之"民"、《邦道》之"民"、《程寤》之"於"等。下文表 3 中有更多例证）。其他字形较为稳定的高频文字如止（154 次）、曰（123 次）、元（76 次）、又（62 次）、王（58 次）、乃（57 次）、天（50 次）、而（47 次）、女（45）、是（37 次）、可（36 次）、人（36 次）、德（35 次）、句（33 次）、寺（31 次）、少（29 次）、大（26 次）等，更是很少出现字形的变换。更重要的是，书手 A 所写的《三寿》简 4 "答"字甚至出现了改正字形的痕迹（见表 1）①：，可见起初书手将"答"字误写为另一常见字形（《啬门》13），但书手很快意识到这一错误，便径直在原有"人"形下横画基础上加写斜点，改成他认为正确的形体。这一"改正字形"的举动，也正说明对书手 A 来说，不同字形之间存在优劣、正讹之别，他的书写原则不是"同一字文字可以有几种写法，无所谓字形的差异"，而是"某一字的多种形体中，只有一种是更正确、更恰当，需要确保这一种正确字形的稳定"。这种改正字形之举、确保形体统一之举，也正是书手 A 对于书写规则、字形标准观念的体现。

此外，李美辰先生在揭示清华简不同书手的用字习惯时，指出各位书手对假借与异体字的偏好差异，比如书手 A 全无例外地以"甬"表{用}（34 例），以"龔"表{恭}（7 例），书手 C 则全用"共"表{恭}（6 例）；书手 A 全以"寺"表{时}（27 例），书手 B 则全用"時"表{時}（9 例）；书手 A 全以"返"表{及}（9 例），书手 C 则全用"及"表{及}（23 例）；书手 A 全用"复"表{作}（23 例）等。②根据李文所列举的例证，除了阐明笔迹分类的可信与书手之间鲜明的用字差异之外，同样值得强调的一点也在于：各个书手内部，尤其是书手 A 对于用字处理的相对统一；与许多战国竹书相比，异体与假借情形的统一也是书手个性化标准与规则的体现。无论这种字形或用字的统一性来自底本，还是书手在制造这十一篇竹书的过程中主动决定抹除底本的文字差异，准确呈现或保持这种字形的统一性，是无论如何都需要书手 A 有明确的书写纪律才能够实现的。

当然，这些竹书也并非字形的完全统一，其间仍存在一些不多的文字异形，如"我"：赤鸠 11、尹至 03；"命"：赤鸠 12、琴舞 10；"才"：尹至 01、琴舞 04；"余"：三寿 14、三寿 27；"受"：芮 24、三寿 20 等。但是，放在战国时代言语异声、文字异形的大背景下，这种相对稳定均一的书写方式，是

---

① 清华简中关于改正文字的综合研究，参见贾连翔：《谈清华简所见书手字迹和文字修改现象》，第 38-52 页。

② 参见李美辰：《清华简书手抄用字习惯探研》，第 151-155 页。李文中书手 B 所写竹书包括《汤在啬门》《汤处于汤丘》《管仲》——随后的研究与新刊布材料表明，该书手另书写了《算表》《筮命一》《筮命二》《祷辞》《四时》《司岁》《病方》；李文中书手 C 所写竹书包括：《皇门》《郑武夫人规孺子》《郑文公问太伯（甲、乙）》《子仪》《子犯子余》《晋文公入于晋》《赵简子》《越公其事》《天下之道》《八气五味五祀五行之属》《虞夏殷周之治》。关于清华简笔迹分类研究的详情参第 281 页注①。

比较少见的。若将它与时代稍早，同样有大量重出文字的《侯马盟书》相比①，可以说，他们是秦以前书写文化的两个极端：一方面，是极力追求字形写法的变化；另一方面，是有意识地谋求字形结构与文本形态的恒定与秩序。

更值得注意的是，这十一篇竹书的文本性质、语言风格与文本时代特征并不统一，既有时代偏早的"书""诗"类，也有战国时代近"小说"类和哲学文献（见表3）。

表3　书手A所书竹书之文本性质

"书"类	《尹至》、《尹诰》、《耆夜》、《金縢》、《祭公》、《说命》（三篇）、《摄命》、《厚父》
"诗"类	《周公之琴舞》《芮良夫毖》②
近"小说"类	《赤鸠》（战国文献）
哲学文献	《三寿》（战国文献）

既然文献的语言风格各异、类别不同，成书年代上也存在相当的差异，说明这十一篇竹书不可能来自同一的源头，文献在各自流传的过程中字形也会产生必然的变异。从商周到战国中晚期，文字在被一代代转写成楚系文字的过程中，字形与文本早已不可能维持原貌，所见的字形统一也不可能源自初始的原本。③但在这十一篇竹书不尽相同的文本性质背景下，如前文申论却存在重出字字形高度统一的情形——这说明在这些竹书的制造过程中，必然存在一个统一字形、消除在各自流传过程中累积的异体字的过程。通过改写文字、编纂文献，这种谋求稳定、一致的意识与统一字形结构差异之举，不正是清华简制作完毕大约百年以后，始皇帝"书同文字"工作程序的雏形吗？

二、文本的性质与言说的年代

必须指出的是，《尹至》诸篇的书手（书手A）书写了十四篇竹书，是清华简的绝对的主力书手之一；除本文论及的十一篇以外，该书手还书写了《祭公》《厚父》与《摄命》。在贾连翔先生颇具见识的《清华简"〈尹至〉书手"字迹的扩大

---

① 参见平势隆郎（Hirase Takao）编：《春秋晋国"侯马盟书"字体通览：山西省出土文字资料》，东京：汲古书院，1988年；姜允玉（Gang Yun-ok）：《侯马盟书"一字多形"중의异写字고찰》，《中国学报》第64辑（2011年）。或见张守中：《侯马盟书字表新编》，北京：文物出版社，2017年。

② 赵平安先生据《五子之歌》有韵现象，认为《芮良夫毖》应属"书"类文献。参见赵平安：《〈芮良夫毖〉初读》，《文物》2012年第8期。

③ 关于清华简尚书类文献的文字面貌，冯胜君先生曾总结为："从字体上看，清华简中这批成书年代较早的《尚书》类文献也是用战国文字书写的，而且多数文本呈现出鲜明的楚文字风格。"参见冯胜君：《有关出土文献的"阅读习惯"问题》，第141页；冯胜君：《清华简〈尚书〉类文献笺释》，上海：上海古籍出版社，2022年，第58页。

及相关问题探讨》一文中，他指出书手 A 所书的十四篇竹书应分为两个大的批次与六个小的批次，说明这些竹书的制作有一定的先后顺序（见表 4）。

表 4　书手 A 书写批次

一级分组	二级分组	篇　　目
A	A1	《尹至》《尹诰》《赤鸠》《三寿》
	A2	《说命》（上中下）、《耆夜》
	A3	《金縢》
	A4	《周公之琴舞》《芮良夫毖》
B	B1	《摄命》《厚父》
	B2	《祭公》

文中总结道："十四篇内容都属于以商代、西周时期的史实或故事为背景的'早期文献'。其中'书'类、'诗'类、'小说'类等混编，可见在这里，'文献的时代背景'是优先于'文献性质'的首要分工（分类）标准。……A1、A2 组都属史实或故事背景主要在殷商的文献，A3、A4、B1、B2 组很可能都属西周文献。"①换言之，尽管 A 组文献种类不尽相同、时代或早或晚，但书手相同、简文所述时代（非文献成书年代）以商周为背景的 A 组内部的常用字书写十分稳定。那么，若从清华简整体来看，其他以商周为背景、叙述早期史事的竹书中，这些常用字的书写情况又如何呢？若与同类文献对看，又能否观察到这种字形统一的现象？上述十一篇竹书的字形统一，又是否与特定简文内容（"书"类文献，或是同以商周时代为故事背景的文献）有关？

清华简中，另有以下竹书与前述十一篇或是竹书的性质相关，或是简文所述时代背景相近②：

《祭公》（"书"类，西周中期）

《厚父》（"书"类，西周早期）

《摄命》（"书"类，西周中期）

《程寤》（"书"类，商周之际）

《保训》（顾命体/泛"书"类，商周之际）

《皇门》（"书"类，周早期）

《系年》前四章（史书类，西周）

① 贾连翔：《清华简"〈尹至〉书手"字迹的扩大及相关问题探讨》，第 90 页。

② 关于一些"书"类、"泛书"类竹书的整理与研究的最新成果，参见程浩：《有为言之：先秦"书"类文献的源与流》，北京：中华书局，2021 年；冯胜君：《清华简〈尚书〉类文献笺释》等。

《封许之命》（"书"类，西周早期）

《命训》（"书"类，西周）

《汤处於汤丘》（政治哲学类，商早期）

《汤在啻门》（政治哲学类，商早期）

《四告》（"书"类，西周）

若将这些内容相关的竹书作为参照，我们看到，这些竹书的重出文字皆与前述十一篇竹书字形统一的相关文字存在或多或少的差异，并不因为简文内容或性质相关从而字形相同（见表5）。①

表5　文本性质相关竹书之常用字字形

A-A 组标准形："若"			《厚父》			《保训》	《皇门》	《封许之命》
三寿28	说命中04	尹至04	厚父03	厚父06	厚父08	保训02	皇门01	封许08
《摄命》			《祭公》			《四告》			《汤丘》			《啻门》	
摄命12	摄命20	摄命26	祭公01	祭公05	祭公07	四告27	四告33	四告35	汤丘14	汤丘17	汤丘17	啻门12	啻门13

A-A 组标准形："余"			《厚父》		《皇门》			《封许之命》	
尹至01	耆夜05	金縢12	厚父11	厚父07	皇门02	皇门13	皇门13	封许05	封许07
《摄命》			《祭公》			《四告》			《汤丘》	
摄命18	摄命19	摄命24	祭公09	祭公20	祭公08	四告01	四告21	四告32	汤丘11	汤丘11

① 下列表格中，若某篇竹书中未出现该字，便不在表格中列出。

续表

A-A 组标准形："命"	《厚父》	《程寤》	《保训》	《皇门》	《命训》
金縢06　耆夜04　金縢	厚父02　厚父03　厚父06	程寤03	保训09　保训10　保训11	皇门04　皇门04	命训01　命训01

《摄命》	《祭公》	《四告》	《汤丘》	《封许之命》
摄命12　摄命21　摄命30	祭公10　祭公12　祭公21	四告02　四告17　四告17	汤丘17　汤丘19　汤丘19	封许08　封许05　封许02

A-A 组标准形："周"	《程寤》	《封许之命》	《祭公》	《四告》	《系》4
金縢08　金縢14　耆夜04	程寤01　程寤06　程寤07	封许07　封许08	祭公13　祭公10　祭公21	四告01　四告13　四告26	系年001　系年002

A-A 组标准形："爲"	《厚父》	《摄命》	《皇门》	《四告》	《汤丘》	《啻门》
耆夜02　金縢01　赤鸠15	厚父02	摄命31	皇门11	四告47	汤丘17　汤丘17　汤丘17	啻门06　啻门08　啻门10

A-A 组标准形："事"	《祭公》	《摄命》	《皇门》	《封许之命》
金縢04　金縢06　金縢11	祭公18	摄命01　摄命04　摄命05	皇门01　皇门11	封许03
《厚父》	《四告》	《汤丘》	《啻门》	《命训》
厚父02　厚父08	四告10　四告13　四告29	汤丘07　汤丘08　汤丘09	啻门14　啻门15　啻门15	命训06　命训12　命训13

295

A-A 组标准形："臣"	《厚父》	《四告》	《汤丘》	《𦥑门》	《命训》
赤鸠03　赤鸠04	厚父07	四告19	汤丘07　汤丘04	𦥑门20　𦥑门19	系年007

A-A 组标准形："者"	《厚父》	《四告》	《命训》	《系》前4	
琴舞09　赤鸠15　芮良夫25	厚父05	四告01　四告10　四告11	命训10　命训11	系年002　系年007　系年008	

A-A 组标准形："於"	《厚父》	《程寤》	《保训》	《皇门》	《封许之命》
琴舞15　金縢08　赤鸠06	厚父09	程寤04　程寤06　程寤08	保训07　保训09	皇门01　皇门08　皇门12	封许07
《祭公》	《四告》	《汤丘》	《𦥑门》	《命训》	《系》前4
祭公14　祭公15	四告29　四告40	汤丘11　汤丘14　汤丘18	𦥑门01　𦥑门01　𦥑门02	命训08　命训10　命训10	系年019

A-A 组标准形："受"	《程寤》	《保训》	《皇门》	《封许之命》
芮良夫24　三寿20	程寤03	保训03　保训07	皇门11　皇门12	封许02　封许03
《摄命》	《祭公》	《四告》	《汤丘》
摄命22　摄命22	祭公05　祭公10　祭公11	四告10　四告17　四告20	汤丘05　汤丘19

续表

A-A 组标准形："今"			《厚父》	《保训》	《皇门》	《命训》
尹至 01	尹诰 02	耆夜 10	厚父 10	保训 03 · 保训 10	皇门 02	命训 10 · 命训 14

《摄命》		《四告》		《汤丘》		《畲门》	
摄命 03	摄命 03	四告 17 · 四告 18	四告 42	汤丘 04	汤丘 07	畲门 01	畲门 02

A-A 组标准形："才"			《厚父》	《程寤》	《保训》	《皇门》	《封许之命》
尹至 03	金縢 03	耆夜 10	厚父 03 · 厚父 04 · 厚父 12	程寤 05 · 程寤 05 · 程寤 06	保训 04 · 保训 11	皇门 01 · 皇门 02 · 皇门 05	封许 02 · 封许 07 · 封许 08

《摄命》			《祭公》			《四告》			《汤丘》		《畲门》		《命训》	
摄命 02	摄命 05	摄命 10	祭公 03	祭公 05	祭公 01	四告 05	四告 32	四告 05	汤丘 10	汤丘 09	畲门 01	畲门 02	命训 01	命训 01

A-A 组标准形："家"			《祭公》	《四告》	《命训》	《皇门》	《封许之命》
金縢 11	金縢 12	琴舞 07	祭公 03 · 祭公 17	四告 08 · 四告 29 · 四告 44	命训 09	皇门 05 · 皇门 06 · 皇门 10	封许 05

A-A 组标准形："朕"			《程寤》	《保训》	《皇门》
尹诰 03	说命下 05	赤鸠 11	程寤 06	保训 02 · 保训 03	皇门 01 · 皇门 01 · 皇门 01

续表

《摄命》			《四告》			《汤丘》		《封许之命》
摄命01	摄命03	摄命28	四告29	四告12	四告34	汤丘14	汤丘11	封许08

A-A组标准形："辟"	《厚父》	《皇门》		
尹诰02	厚父08	皇门03	皇门10	皇门05

《摄命》			《祭公》		《四告》			《系》前4
摄命17	摄命18	摄命19	祭公03	祭公19	四告17	四告19	四告22	系年005

A-A组标准形："敬"	《程寤》			《保训》		《皇门》	《封许之命》
芮良夫06 三寿09 琴舞11	程寤02	程寤04	程寤04	保训09	保训11	皇门12	封许08

《摄命》			《祭公》		《四告》			《汤丘》	《命训》	
摄命05	摄命08	摄命07	祭公12	祭公20	四告26	四告46	四告44	汤丘14	命训01	命训01

A-A组标准形："庶"	《厚父》	《程寤》	《保训》	《摄命》	《四告》		
耆夜04 说命中03 芮良夫21	厚父04	程寤06	保训05	摄命10	四告13	四告23	四告32

A-A 组标准形："至"			《祭公》	《四告》	《保训》	《皇门》	《命训》		《啻门》	
尹诰 04	赤鸠 10	三寿 08	祭公 14	四告 05	保训 09	皇门 07	皇门 03	命训 02 / 命训 03 / 命训 06	啻门 01	啻门 02

A-A 组标准形："睧"			《厚父》		《程寤》	《保训》	《皇门》	
金縢 10	三寿 07	三寿 27	厚父 01	厚父 01	程寤 06	保训 10	皇门 08	皇门 02
《祭公》			《四告》		《汤丘》		《啻门》	
祭公 01	祭公 05		四告 44	四告 02	汤丘 16	汤丘 06 / 汤丘 15	啻门 19	啻门 18

A-A 组标准形："民"			《厚父》			《程寤》	《皇门》			《系》前 4		
尹至 03	耆夜 05	三寿 27	厚父 02	厚父 03	厚父 12	程寤 08	皇门 06	皇门 04	皇门 11	系年 002	系年 017	系年 018
《摄命》			《四告》		《汤丘》		《啻门》		《命训》			
摄命 01	摄命 03	摄命 09	四告 13	四告 02	汤丘 14	汤丘 16	啻门 16	啻门 15	命训 04	命训 04		

A-A 组标准形："弗"			《厚父》			《程寤》	《皇门》		
说命下 09	琴舞 16	赤鸠 02	厚父 06	厚父 04	厚父 02	程寤 02	皇门 08	皇门 07	皇门 07

《摄命》	《四告》	《汤丘》	《命训》	《系》前4
摄命19 · 摄命22 · 摄命27	四告03 · 四告04	汤丘08 · 汤丘10	命训08	系年002 · 系年004 · 系年006

A-A组标准形："乓"	《摄命》	《保训》	《皇门》	《封许之命》
尹至02 · 尹诰02 · 说命上02	摄命17 · 摄命17	保训04 · 保训07	皇门05 · 皇门06 · 皇门07	封许02 · 封许02

《厚父》	《祭公》	《四告》	《命训》	《系》前4
厚父06 · 厚父06 · 厚父12	祭公11 · 祭公11 · 祭公12	四告29 · 四告12	命训10 · 命训13	系年002

A-A组标准形："我"		《皇门》		《汤丘》	
尹至01 · 金縢11 · 赤鸠03		皇门08 · 皇门02		汤丘08 · 汤丘14 · 汤丘09	

《摄命》		《祭公》		《四告》	
摄命02 · 摄命07 · 摄命26		祭公01 · 祭公02 · 祭公07		四告08 · 四告13 · 四告20	

可以看到，尽管这些文献或是性质相关，或是所述史事时代相近（非文本写成时代相近），但只要竹书笔迹分类不同，他们的文字结构便不尽相同；甚至在一些竹书内，同一文字的字形也不统一。那么，可以说字形结构并非某一类文献或记述某一时代文献本身的属性，而更可能是制作者或是继承底本或是统一底本异形的改编——书手A-A组内部的常见字字形统一的现象，只在同一笔迹内部成立。同时，也说明在清华简整体的制造过程中，就算文献性质、所述史事时代相近，也并无"某一字当作某一形"的统一要求，而是各位书手各自为政，书写存在相当

的独立性。①那么，可以说这十一篇文献的"字形统一"现象，既非某类文献的共性，也非源于"集体制造、统一安排"的协作场景，而是某一书写者、编纂者的个人选择；若是这种一致性源自底本，那便是底本的书写者、编纂者的选择——无论是不是书手 A 本人，总需要有人将这些文献性质、时代各异的文献必然的字形差异抹去。必须强调的是，这种将"既有文献的字形差异统一"的举措，与"无意识、自然而然"地书写成同一字形的情形不同：十一篇竹书的文献性质与语言时代各异，无法同源，故而这种呈现出来的书写纪律的背后必然存在着明确的改换既有异体字、统一字形的明确意志与行动。无论这种统一字形之举是出于书写者的审美旨趣，还是改订文献、谋求文本稳定性的学术志愿，这种取消既有字形差异之举，当视为秦代"书同文字"工作范式的原型。

三、用字与用语

陈昭容、田炜先生已指出，秦代"书同文"的内涵包括"正字形、正用字、正用语"诸多方面。②统观这十一篇字形较为稳定的竹书，书手 A 虽有"正字形"的尝试，却未在"正用字"或"正用语"方面留下明显的痕迹。比如。竹书中常见的第一人称代词有"我""吾""余""朕"③，清华简中，"吾"本字作"虞"、"汝"本字作"女"。稍作分类之后，我们发现所论十一篇竹书的第一人称代词并不统一，就算考虑到各用例词性上的差异与各篇体裁的不同，也似不存在特定代词的规律（见表 6）。

表 6　十一篇竹书之第一人称代词

	《尹至》	《尹诰》	《赤鸠》	《耆夜》	《金縢》	《说命上》	《说命中》	《说命下》	《周琴》	《芮夫》	《三寿》
我	3	4	6	1	8	2	1	2	2	5	3
吾	0	1	2	0	1	0	0	1	0	4	8
余	2	0	0	1	2	2	1	9	9	1	2
朕	0	1	2	0	0	1	3	5	0	0	0

---

① 尽管在《四告》《参不韦》中存在一些不同书手彼此校改的情形，但不同字迹之间似乎并无字形结构统一的迹象，仍应视作彼此书写、决定字形相对独立的证据。参见 Jia Lianxiang (贾连翔)："A Study of the Format and Formation of the *Si gao* 四告 (*Four Proclamations*) of the Tsinghua Bamboo Slips," *Bamboo and Silk* 6.1 (2023), pp 1-21；贾连翔：《跳出文本读文本：据书手特点释读〈参不韦〉的几处疑难文句》，第 16-24 页。

② 参见陈昭容：《秦"书同文字"新探》，第 600 页；田炜：《论秦始皇"书同文字"政策的内涵及影响》，第 408-413 页。战国文字各系之间的用字差异现象，甚至是同系内部的用字差异现象，参见周波：《战国铭文分域研究》，上海：上海古籍出版社，2019 年。

③ 李明晓曾将楚简中的第一人称代词总结为"吾""我""余""朕""台"五种。参见《战国楚简语法研究》，武汉：武汉大学出版社，2010 年，第 3-8 页。所论竹书中，未见以台作第一人称的用例。

同样，竹书在第二人称的采用上也不似存在以书手为单位的统一规范的痕迹（见表7）。

表7　十一篇竹书之第二人称代词

	《尹至》	《尹诰》	《赤鸠》	《耆夜》	《金縢》	《说命上》	《说命中》	《说命下》	《周琴》	《芮夫》	《三寿》
尔	0	0	5	0	6	3	0	0	0	3	3
汝	3	0	0	0	0	0	9	8	0	0	0
乃	0	0	0	0	0	0	7	6	0	0	0
而	0	0	1	0	0	0	0	0	0	0	0

再比如，在介词"於"与"于"的使用上，这十一篇竹书的选择也不统一：尽管并不绝对，成书时代较早的多数《书》《诗》类文献多见"于"而少见"於"；只有时代晚近的《三寿》篇存在大量"於"，另一时代较晚的《赤鸠》中也多"于"而少"於"（见表8）。

表8　十一篇竹书之"于"与"於"

	《尹至》	《尹诰》	《赤鸠》	《耆夜》	《金縢》	《说命上》	《说命中》	《说命下》	《周琴》	《芮夫》	《三寿》
于	1	4	5	2	4	4	4	4	3	6	4
於	0	0	1	1	4	0	0	0	0	0	13

以清华简整体而言，张岱松先生曾指出各篇竹书中"'于'和'於'反复变换而语法功能上几乎无任何差别，更反映出书手书写时的随意性"。[1]究其差别，已有多位先生指出，先秦文献中介词"于"与"於"存在较为鲜明的时代特征，"于"作介词通行的时代比"於"更早，比如多位先生都曾指出《系年》前三章中描述西周及两周之际的史事时全用介词"于"，而随着时间的推移，后续章节叙述晚近史事时"於"字比重也随之增多，"于"的使用则趋于减少。[2]到了战国中晚期，郭

---

[1] 关于清华简用字研究，参见张岱松：《清华简（壹—伍）词汇研究》，北京：中国社会科学院研究生院博士学位论文，2017年，第65页。

[2] 陈民镇：《清华简〈系年〉研究》，烟台：烟台大学硕士学位论文，2013年，第212-223页；陈民镇：《清华简〈系年〉虚词初探》，《出土文献语言研究》第二辑，广州：暨南大学出版社，2015年，第39-59页；陈民镇：《从虚词特征看清华简〈系年〉的真伪、编纂及性质》，收入李守奎主编：《清华简〈系年〉与古史新探》，上海：中西书局，2016年，第255-271页；尤锐（Yuri Pines）：《从〈系年〉虚词的用法重审其文本的可靠性——兼初探〈系年〉原始资料的来源》，收入李守奎主编：《清华简〈系年〉与古史新探》，上海：中西书局，2016年，第236-254页；朱歧祥：《由"于、於"用字评估清华简〈贰〉〈系年〉——兼谈"某之某"的用法》，《古文字研究》第三十辑，北京：中华书局，2014年，第381-386页；宫岛和也（Miyajima Kazuya）：《从战国楚简、秦简来看上古汉语的"于"与"於"》，收入复旦大学出土文献与古文字研究中心：《战国文字研究的回顾与展望》，上海：中西书局，2017年，第341-352页；巫雪如：《从若干字词用法谈清华简〈系年〉的作者及文本构成》，《清华学报》新49卷第2期（2019年），第187-227页。

店与上博简与战国诸字情形大致相同，"於"字用法远多于"于"，至于非书籍类的楚地本土文本包山简中，则未见"于"字的用例。①风仪诚先生强调，古书在传写过程中多数史官对于"于/於"二字之别加以区分，很少无端混用。②可见部分战国书手在转写处理时，书写原则十分审慎：在把来源不同的底本中重出文字的字形差异抹去的同时，并未武断地将意味与用法无甚差别的"于/於"二字统一，而是尊重更早文本的用字选择。

再比如，有意的虚词选择也体现在连词或介词"及/與"上。简牍材料中，大西克也（Onishi Katsuya）、张玉金以及陈民镇先生都曾指出，"及/與"二字也存在一些时代与地域特征：并列连词"及"通行较早而"與"字通行较晚；战国时代秦及三晋地区多用"及"，楚地及齐鲁地区则多用"與"。③我们看到，时代明显偏晚的《赤鸠》与《三寿》多用"與"，其他时代较早的文献或是多用"及"，或是二者兼用（见表9）。

表9　十一篇竹书之"及"与"與"

	《尹至》	《尹诰》	《赤鸠》	《耆夜》	《金縢》	《说命上》	《说命中》	《说命下》	《周琴》	《芮夫》	《三寿》
及	2	1	0	0	2	0	0	0	0	3	1
與	0	1	4	0	2	0	0	0	0	3	2

又比如，《尹至》《周公之琴舞》《芮良夫毖》皆写作"女台"，读作"如台"，训为"奈何"；《赤鸠》则写作"女可"，读作"如何"。"如台""如何"虽义近，但用字不同。④又比如，虽为同卷竹书，《赤鸠》统称伊尹"小臣"，《尹至》统称"尹"，《尹诰》称"尹"或"挚"——用字、用词差异处处可见。此外，该书手在所写的

① 巫雪如：《从若干字词用法谈清华简〈系年〉的作者及文本构成》，第204-205页。

② 风仪诚（Olivier Venture）：《战国两汉"于""於"二字的用法与古书的传习惯》，《简帛》第二辑，上海：上海古籍出版社，2007年，第81-95页。

③ 大西克也：《并列连词"及""與"在出土文献中的分布及上古汉语方言语法》，收入郭锡良主编：《古汉语语法论集》，北京：语文出版社，1998年，第130-144页；张玉金：《介词"于"的起源》，《汉语学报》2009年第4期；张玉金：《出土战国文献中的虚词"及"》，《古汉语研究》2010年第4期；张玉金：《出土战国文献虚词研究》，北京：人民出版社，2011年，第41-63页；张玉金：《出土战国文献中虚词"與"和"及"的区别》，《语文研究》2012年第1期。清华简中"于/於"二字的用法，参见陈民镇：《从虚词特征看清华简〈系年〉的真伪、编纂及性质》，第255-259页；巫雪如：《从若干字词用法谈清华简〈系年〉的作者及文本构成》，第204-205页。在字形上，李美辰先生也曾指出，书手A多用"迳"（而非书手C多用的"及"），见李美辰：《清华简书手抄写用字习惯探研》，第153-154页。

④《尹至》作"胡今东祥不章？今其如台？"，《琴舞》作"良德其如台？"，《芮良夫毖》作"咎何其如台哉？"，整理者指出"如台"多见于《商书》，训为"奈何"，参看清华大学出土文献研究与保护中心编，李学勤主编：《清华大学藏战国竹简（壹）》，上海：中西书局，2010年，第130页。《赤鸠》则作"夏后曰：朕疾如何？"，语义略有分别。感谢匿名评审专家的提示。

另三篇竹书《祭公》《厚父》《摄命》中，也存在不少字形与用字的不同。即是说，尽管战国竹书的"文字异形"广泛存在，但对书手 A 来说，"字形结构"的"小差异"与"不同用词"的"大差异"会被区别对待，并非一概而论。又比如，正如不少先生指出，书手 A 所书的不少竹书中的不少用字都保留了时代更早的古文写法，如《尹至》与《琴舞》的"彖"字[①]，《尹诰》的"戠"字等，都与时代更早的甲金文字中的相关字形的用例有所呼应。[②]可以想见，保留更早文献的字形结构的一个前提，即是理解并尊重底本的用字；对书手 A（或其底本书手）来说，面对既有文本，"改"或"不改"，不全是以往所认识的由于抄手的"武断""无知""谬误"，而是时有书手学术判断的体现：对于当时的书写者来说，习得并体察文字的细微差别、改动或保留既有字形或用字，正是当时学术工作的一环。

关于秦"书同文"的主要目的，田炜先生总结为："还是要用秦文字系统替代六国古文系统，并不是要全面规范字与词之间的对应关系。"[③]从这个角度来看，所见竹书背后也必然存在"以楚系文字替换他系文字"的"驯化"之举，无论是书手 A 本人还是其底本均在流传过程中逐渐推进。[④]另一方面，从文献的历时演变角度来看，冯胜君先生总结为"西周、春秋时期的文献流传到战国中晚期时，已经基本变成了用当时当地人使用的文字所书写的文本。其中虽然存在个别早期文字形体或用字习惯，但毕竟是零星和偶然的。古书类文献在历代传抄过程中，历时差异逐渐被消灭殆尽"。[⑤]可以想见这种改换历时层累的文字差异、使其逐渐统一的文字标准化过程也必然存在于所见的十一篇竹书的流传过程中。简言之，在字形统一的表征下，文本必然经历了时间、空间、个体变异的种种可能；与之相对，是必然存在的矫正异体的书写纪律。

最后，必须强调的是，这种小范围的文字整理工作无法与始皇帝"书同文"的宏业等量齐观：从结果来看，在楚地一隅，个性化、在地化的字形统一远无法与六国既灭后，秦帝国中央政府在巨大疆域内施行严刑峻法、投入举国之力的文字改革相提并论——清华简的"文字标准化"工作毕竟只存在于某一书手内部；不

---

① 郭永秉：《清华简〈尹至〉"㱃至在汤"解》，《清华简研究》第一辑，上海：中西书局，2012 年，第 48-52 页，后收入氏著：《古文字与古文献论集续编》，上海：上海古籍出版社，2015 年，第 248-253 页；李守奎：《清华简〈周公之琴舞〉与周颂》，《文物》2012 年第 8 期。

② 复旦大学出土文献与古文字研究中心研究生读书会：《清华简〈尹至〉〈尹诰〉研读札记（附：〈尹至〉〈尹诰〉〈程寤〉释文）》，2011 年 1 月 5 日。下载自复旦大学出土文献与古文字研究中心网，检视日期：2022 年 10 月 1 日，网址：http://www.fdgwz.org.cn/Web/Show/1352。陈剑：《甲骨金文"戋"字补释》，收入氏著：《甲骨金文考释论集》，北京：线装书局，2007 年，第 99-106 页。

③ 田炜：《论秦始皇"书同文字"政策的内涵及影响》，第 415 页。

④ 关于古文字中的"驯化"作用，参见周凤五：《楚简文字的书法史意义》，收入钟柏生主编：《古文字与商周文明》，台北："中央研究院"历史语言研究所，2002 年，第 195-221 页。

⑤ 参见冯胜君：《有关出土文献的"阅读习惯"问题》，第 142 页；《清华简〈尚书〉类文献笺释》，第 58 页。

同书手之间、同类文献之间的统一都无法达成。个体的"意图"与全社会的"共识"所能达成的成效不尽相同；但是，若从具体的工作方式来看，书手A之十一篇背后的"驯化"、转写、统一文字的工作范式，无疑正是后世达成文字统一的技术基础。可以想见，六国既灭以后，各地的知识阶层如何迅速、高效地改换既有书写系统、延续书面的交流或认知活动，是彼此共同的迫切需要；而正是早已存在、并不陌生的小范围的文本统一工作范式，为大范围的统一工作奠定根基。

"异"与"同"是相对的而非绝对的概念——在文献漫长又复杂的演变过程中，分化与同化、变异与统一共存。即使在以语言文字尤为变化多端的战国时代，标准化、统一化的实践也并非全然不可见：在始皇帝"书同文字"政策施行之前，战国时代的书写并不是完全的混乱与无序；"书同文字"之后，秦汉文字也未能达成绝对的规范与统一。在这种相对的维度中，"书同文"不仅是秦帝国实施的政令，也是一种自战国时代已经开始的、书写者与阅读者共同的、迫切的愿景。本文并不强论上述简文字形称得上绝对的"稳定"，也非试图将"书同文"提前，而是强调在战国楚地"文字异形"的时代背景下，书写个体试图将文字与文本规范化的努力和尝试，书写个体工作方式的差异，以及书写者"求同"的意图与大环境"变异"的差距。通过书手A-A组竹书字形规范化的例证，我们了解到秦帝国的"书同文字"政策的有效推行，即根植于战国文字变异的背景，谋求文字书写稳定的共同愿景、切实的方法与无数微小的努力。

结　　论

清华简中的《尹至》等十一篇竹书呈现出大量常用字的字形统一现象，而这些竹书的文献性质、语言风格与成书时代各不相同，这表明它们文本源流各异。由此我们可以推断，它们必然经历了一个统一字形的过程。这个统一字形的过程可以被视为秦代大规模实施的"书同文"政策的工作原型之一。不过，尽管在"正字形"方面效果显著，与秦代"书同文"成效类似，清华竹书在"正用字""正用语"方面似乎并无明显尝试。

后记：

本文首发于《饶宗颐国学院院刊》第十一期（2024）。衷心感谢陈伟师的审阅。两位匿名评审专家使得小文避免了更多谬误，获益良多，感激不尽。

Unification of Writing before the Qin: Studies on the Chu Scripts' Standardization

Xiao Yunxiao

Abstract: *Shu tong wen zi* 书同文字，or the "standardization of graphs and characters," has long been deemed one of the most far-reaching cultural legacies of the short-lived Qin dynasty（221 BCE–207 BCE）: the creation and implementation of the reform of the script system resonated with the new empire's political and ideological agenda, and its influence was ubiquitous. In contrast, in the Warring States (453 BCE–221 BCE) period, the vast graphic fluidity and orthographic changeability is an intrinsic and pervasive feature in all kinds of pre-Qin writings. However, examining eleven Tsinghua manuscripts written by the same hand, this study proposes that although it is not exhaustive, these pre-imperial manuscripts' orthographic consistency demonstrates that there were indispensable scribal or scholarly actions taken that regulated the previous orthographic irregularities, unified the varied graphic forms, and presented the characters in a surprisingly consistent manner. This observation encourages us to reflect on the nature of the scribal culture in the Warring States: as the growing community of texts kept proliferating and subsequently generating more textual variants, tremendous efforts were also made to ensure that the texts were stable and standardized, at least on some very basic local or even personal level. Pragmatically, as a more standardized script system creates immediacy and transparency in communication in the written form, it greatly boosted convenience and efficacy in both the administrative system and epistemological praxis. Finally, the pre-imperial endeavors of script standardization bespeaks that the culmination of the Qin empire's *shu tong wen zi* was not something entirely novel and unprecedented—it emerged from a tremendously vibrant pre-imperial scribal culture, and was accomplished through a variety of scribal, scholarly, and editorial techniques and technologies.

Key words: Chu script; Pre-imperial scribal culture; Epistemological practices; Standardization; Tsinghua Manuscripts

从清华简《系年》看中国早期历史叙事的缘起

徐建委

（中国人民大学）

摘要：《系年》的出现，应该在宋休公即位之后，郑繻公离世之前，即公元前403 年至公元前396 年之间。因其记事正好结束于公元前397 年，所以可判断《系年》的文本完成于公元前397 或公元前396 年。《左传》和《国语》的主体部分，大约也完成于公元前4 世纪上半叶，加之《系年》和《左传》《国语》在历史观念和记事上的一致性，说明这种关注周室衰落和诸侯兴起的历史认识和写作，出现于公元前400 年前后。这一时期最重大的事件无疑是公元前403 年周威烈王封赵、魏、韩三家为诸侯，此前强盛了三百年的晋迅速让位于三家。从《左传》《国语》和《系年》所持有的解释方向和历史观念判断，理解三晋列为诸侯这一重大的历史变动，是这类历史著作出现的主要动因之一。战国秦汉时代流传的历史材料或历史故事，大多集中出现于这一时期，故可以认为公元前400 年左右出现了一次历史写作与编纂的潮流。不仅如此，那时的历史写作，还共享了同样的叙事结构，并一直影响到了《史记》的写作。

关键词：清华简；《系年》；公元前400 年；历史叙事

清华简《系年》自刊布以来，因其特殊的史料价值与体裁，广受学界瞩目，其材料与《左传》《国语》及《竹书纪年》关系密切，特别是《系年》对历史起点的选择，与《左传》《国语》《史记》以及各类历史故事类文献非常接近，尤其引起了笔者的兴趣。早期历史类文献中习以为常的叙事结构，因《系年》的存在而突然间凸显在我们面前，公元前400 前后的历史脉动一下子清晰起来。

《系年》是一篇完整的文献，由23 章文字组成，各章大体按照时间先后排列，并相互独立，但明显有一条叙事的主线。李学勤《清华简〈系年〉及有关古史问题》曰："《竹书纪年》的记事始于夏代（或说五帝），《系年》只起自周初。事实上篇内有关西周史迹的仅在其前四章，主要叙述的是东迁以后，即使是这前四章，所说的重点也是在于周王室何以衰落，若干诸侯国怎样代兴，这表明《系年》的作者志在为读者提供了解当前时事的历史背景，也起到以史为鉴的作用。"①李零也说："此书涉及国家很多，但不像《国语》那样分国叙事，而是有一条主线。它

---

① 李学勤：《清华简〈系年〉及有关古史问题》，《文物》2011 年第 3 期。

讲西周衰亡，是为了引出东周各大国的崛起。"①即《系年》中，讲述西周历史，特别是其衰亡的历史，是为了理解诸侯的兴起，回溯历史，以明当下。这是一种寻因的历史观，与《左传》惊人地相似。《左传》的主体部分完成于公元前350年之前，与《系年》的抄写年代非常接近。二者如此接近的历史认识，很难让人认为这仅是巧合。

这种历史写作的模式，被《史记》所继承。日本学者川胜义雄认为《史记》中有"追问历史过程本身的意义"的历史意识，司马迁"通过对历史世界中以具体形态出现的种种现象或行为仔细观察及分类，并客观、生动地描写出来，与抽象的哲学讨论比较起来，可以更加深刻、鲜明地揭示历史的意义以及人类世界秩序原理的重要性。这样一来，《史记》便因精细描写了交织成为整个历史过程的所有种类的世间百态，而成为一部世界史"②。

在这一历史叙事体系中，历史写作的表象是客观的记录，所谓秉笔直书，但其深藏背后的意图，则是追问人类历史的意义，探索其兴衰变化的终极原因。《左传》《史记》中的历史，时间是其外在线索，而因果链条是其叙事的内在结构，借助这一结构，《左传》和《史记》，特别是《史记》将长时段、大空间内的人和事笼括起来，形成一种相对全面的对过去的理解和叙述。统一的、连续的华夏文化和文明，第一次被完整建构和描述，就是在《史记》里。这种将叙事变成理解历史内在发展的写作模式，奠定了此后两千多年中国古代历史观念的大方向。

虽然司马氏父子意在模拟《春秋》，但《史记》还是与《左传》和《系年》更为接近，叙述历史是为了解释或理解历史的发展。所以它们不约而同地将周衰视作后世历史想象的起点和原因。这是与《春秋》特别不一样的地方。至少就现有文献看，《春秋》并无有意模拟的对象，其起止的选择，特别是其叙事起点的选择，看上去像是随机做出的。通过下文的分析，我们将会发现《公羊传》《穀梁传》和《左氏传》对《春秋》的起止都有或隐或现的解释，《公羊传》《穀梁传》整体上是对政治实践的朴素的评判，《左传》则体现出了试图解释历史变化的因果联系和深层原因的倾向。

一、《公羊传》《穀梁传》的实践性观念

刘知几《史通》论诸史六家之体，至"《春秋》家"，说孔子修《春秋》"观周礼之旧法，遵鲁史之遗文；据行事，仍人道；就败以明罚，因兴以立功；假日月

---

① 李零：《读简笔记：清华简〈系年〉第一至四章》，见李守奎主编：《清华简〈系年〉与古史新探》，上海：中西书局，2016年，第39页。

② 川胜义雄：《中国人的历史意识》，李天蛟译，成都：四川人民出版社，2022年，第6-7页。

而定历数，籍朝聘而正礼乐；微婉其说，志晦其文；为不刊之言，著将来之法"①，这种认为《春秋》里蕴藏深意的识见，是《春秋》学的常识，并混合了《公羊传》《穀梁传》和《左氏传》三家的义理，是统而言之。若分而言之，则三家的解经体系，可分为二：一是《公羊传》《穀梁传》体系，二是《左传》体系。从方法上看，《公羊传》《穀梁传》以义理解经，《左传》以史事解经。传统上，一般认为前者理深而事缺，后者事详而义浅②。然而，前人未曾从这两种解释体系的历史观念上来理解二者的解经方式，即二者希望从《春秋》的历史记录里得出什么道理。

因《春秋》的起止，在《春秋》学的经学传统里，是最为重要的问题之一，观察三传对《春秋》的起止的解释，最能看出三者解经方式和历史观念的异同，所以本文以这个问题为基点，分析三传的解经观念。在此基础上也就可以追溯《史记》历史观念的上源。

《春秋》始于鲁隐公，三传中只有《公羊传》有明确的解释。在哀公十四年西狩获麟以后，《公羊传》说："《春秋》何以始乎隐？祖之所逮闻也，所见异辞，所闻异辞，所传闻异辞。"何休注曰"但记先人所闻"，即《公羊传》以为《春秋》始于隐公，是孔子能够从祖先那里获得的最早的历史知识③。孔子所知的历史有"所见""所闻""所传闻"三种，后来被公羊学概括为三世说。这是从历史知识的获得途径来解释，没有赋予《春秋》之始以特别的含义，是一种朴素的说明，并不寻求探索历史变迁的原因。纵观《公羊传》全文，体现的正是这种相对质实的解释路向。多数传文目的是阐明《春秋》的写法，但其具体的解释内容却并没有寄托深广的历史思考，反而是切近于《春秋》写作的实际情况。

《公羊传》和《穀梁传》中，隐公元年不书即位是个大问题，鲁隐公和鲁桓公都是鲁惠公之子，隐公长而贤，但因其母身份卑微，而未能立为太子，惠公立其弟桓公为太子。惠公卒，因桓公年幼，隐公摄政，十一年在桓公默许下，隐公被杀，桓公即位。《春秋》鲁隐公元年载曰："元年，春，王正月。"没有写隐公之即位。三传对此都有解释。《公羊传》《穀梁传》极为接近。《公羊传》曰：

> 公何以不言即位？成公意也。何成乎公之意？公将平国而反之桓。曷为反之

---

① 刘知几著，浦起龙通释，王煦华整理：《史通通释》，上海：上海古籍出版社，2009，第7页。

② 如赵伯雄《〈公羊〉〈左传〉记事异同考》曰："《春秋》三传，解经的路数颇不相同。大体上说来，《公羊传》《穀梁传》主要是从义例上、义理上解经，重在阐扬所谓的'微言大义'。《左传》则重在解释经文中所记述的事实。在一条经文之下，《公羊传》《穀梁传》一般是解释'经'为什么要这样写，这样写表达了怎样的褒贬；而《左传》往往要把'经'用几个字所记的一件事的前因后果、经过情形详加铺叙。因此宋代学者朱熹曾评论说：'左氏是史学，公、穀是经学。史学者，记得事却详，于道理上便差；经学者，于义理上有功，然记事多误。'此说颇中肯綮。"（此文收入氏著：《经史文存》，北京：中华书局，2022年，第26页。）

③ 何休注，徐彦疏：《春秋公羊传注疏》，阮元校刻《十三经注疏》（清嘉庆刊本），北京：中华书局，2009年，第5114页。

桓？桓幼而贵，隐长而卑。其为尊卑也微，国人莫知。隐长又贤，诸大夫扳隐而立之。隐于是焉而辞立，则未知桓之将必得立也；且如桓立，则恐诸大夫之不能相幼君也。故凡隐之立，为桓立也。隐长又贤，何以不宜立？立适以长不以贤，立子以贵不以长。桓何以贵？母贵也。母贵则子何以贵？子以母贵，母以子贵。①

《穀梁传》曰：

公何以不言即位？成公志也。焉成之？言君之不取为公也。君之不取为公何也？将以让桓也。让桓正乎？曰：不正。春秋成人之美，不成人之恶。隐不正而成之，何也？将以恶桓也。其恶桓何也？隐将让而桓弑之，则桓恶矣。桓弑而隐让，则隐善矣。善则其不正何也？春秋贵义不贵惠，信道不信邪。孝子扬父之美，不扬父之恶。先君之欲与桓，非正也，邪也。虽然，既胜其邪心以与隐矣，已探先君之邪志，而遂以与桓，则是成父之恶也。兄弟，天伦也，为子受之父；为诸侯受之君。已废天伦而忘君父，以行小惠，曰小道也。若隐者，可谓轻千乘之国，蹈道，则未也。②

二者明显同源，且都立足于现实境况。《公羊传》从君位继承者的身份差异角度解释隐公虽然贤明，却没有被立为太子的原因。因其不是太子，也就无所谓"即位"。《穀梁传》则从善恶的角度分析《春秋》对隐公、桓公的态度。这些都是基于现实政治伦理的评价性文字。在《公羊传》和《穀梁传》传统里，《春秋》所体现的善、恶是非常核心的命题。

《公羊传》虽然在《春秋》不书隐公即位处没有论及善恶，但在评价"郑伯克段于鄢"时，说："克之者何？杀之也。杀之则曷为谓之克？大郑伯之恶也。曷为大郑伯之恶？母欲立之，己杀之，如勿与而已矣。段者何？郑伯之弟也。何以不称弟？当国也。"③也是采用了是非、善恶的伦理判断，意在说明孔子写下"克"这个字时的认知和心态。《春秋繁露·玉英》篇说"由此观之，《春秋》之所善，善也，所不善，亦不善也"④，善恶问题是价值判断，《春秋》里的善恶依据人物的行事而书，因此是非常切实的伦理评判。

朴素、切实的风格还体现在《公羊传》某些知之为知之，不知为不知的传文里。如《春秋》鲁隐公元年十二月有一句"公子益师卒"，《公羊传》说："何以不日？远也。"⑤即因时间久远，孔子并不知道具体的日期。这里并无深意，这是很典型的《公羊传》风格。

---

① 《春秋公羊传注疏》，第 4767-4768 页。

② 范宁注，杨士勋疏：《春秋穀梁传注疏》，阮元校刻《十三经注疏》（清嘉庆刊本），北京：中华书局，2009 年，第 5129-5130 页。

③ 《春秋公羊传注疏》，第 4770 页。

④ 苏舆：《春秋繁露义证》，北京：中华书局，1992 年，第 77 页。

⑤ 《春秋公羊传注疏》，第 4774 页。

又如僖公三十一年，《春秋》记："夏四月，四卜郊不从，乃免牲，犹三望。"《公羊传》说："曷为或言三卜？或言四卜？三卜，礼也；四卜，非礼也。三卜何以礼？四卜何以非礼？求吉之道三。禘尝不卜，郊何以卜？卜郊，非礼也。卜郊何以非礼？鲁郊，非礼也。鲁郊何以非礼？天子祭天，诸侯祭土。天子有方望之事，无所不通。诸侯山川有不在其封内者，则不祭也。曷为或言免牲？或言免牛？免牲礼也，免牛非礼也。免牛何以非礼？伤者曰牛。三望者何？望祭也。然则曷祭？祭泰山河海。曷为祭泰山河海？山川有能润于百里者，天子秩而祭之。触石而出，肤寸而合，不崇朝而徧雨乎天下者，唯泰山尔。河海润于千里。犹者何？通可以已也。何以书？讥不郊而望祭也。"①这一段涉及了占卜规则、郊祭之礼等问题，并不在本文所讨论的范围内，故不论。仅看此段的大略，就可知道其基本的解经方法是判断哪些事做得是对的，哪些事做得是错的，并解释对错的原因，即为什么有的是礼，有的是非礼。《公羊传》讲礼，重在判断是非。用今天的话说，《公羊传》所阐发的是政治中何者当为，何者不当为，属于政治伦理范畴。这也是后世公羊家所言《春秋》或《公羊传》之微言大义。皮锡瑞《经学通论》曰："春秋有大义，有微言。所谓大义者，诛讨乱贼以戒后世是也；所谓微言者，改立法制以致太平是也。"②

《穀梁传》在很多事例上虽然与《公羊》的解释不同，但大的方法上却是一致的，以现实的价值判断为主，鉴于上文已有引证，就不再举例论证了。

可以说，战国秦汉时代的公羊学和穀梁学，现实关怀和历史批判是其主旨，采善贬恶，为混乱的社会指出应然的秩序和治世的良方，是一种实践性的解释模式。《史记·太史公自序》载录了董仲舒关于《春秋》意义的说明，体现的正是公羊学的史学观念：

上大夫壶遂曰："昔孔子何为而作《春秋》哉？"太史公曰："余闻董生曰：'周道衰废，孔子为鲁司寇，诸侯害之，大夫雍之。孔子知言之不用，道之不行也，是非二百四十二年之中，以为天下仪表，贬天子，退诸侯，讨大夫，以达王事而已矣。'子曰：'我欲载之空言，不如见之于行事之深切著明也。'夫《春秋》，上明三王之道，下辨人事之纪，别嫌疑，明是非，定犹豫，善善恶恶，贤贤贱不肖，存亡国，继绝世，补弊起废，王道之大者也。……拨乱世反之正，莫近于《春秋》。《春秋》文成数万，其指数千。万物之散聚皆在《春秋》。《春秋》之中，弑君三十六，亡国五十二，诸侯奔走不得保其社稷者不可胜数……"③

"拨乱世反之正"是《春秋》的价值与意义，是一种期待付诸实践的目标性写作。

---

① 《春秋公羊传注疏》，第4913-4915页。

② 皮锡瑞：《经学通论》，吴仰湘点校，北京：中华书局，2020年，第366页。

③ 司马迁：《史记》，北京：中华书局，第3297页。

"乱世"是《春秋》历史的基本特征，故称"《春秋》之中，弑君三十六，亡国五十二，诸侯奔走不得保其社稷者不可胜数"，这是一段在战国秦汉时代颇为流行的话，是当时人眼中的春秋时代。《春秋》拨正这个乱世的手段是"贬天子，退诸侯，讨大夫"，所谓"贬""退"和"讨"也正是面对衰落的政治秩序所做的道德批判。具体的做法则是"别嫌疑，明是非，定犹豫，善善恶恶，贤贤贱不肖"，在这个基础上，其意义是"存亡国，继绝世，补弊起废"，恢复一个合理的政治文化秩序，便是"王道之大者"。这一切都是质朴的价值观，承载了实践性的政治伦理和政治理想，并没有赋予《春秋》以哲学性或诗性的寓意。

如果我们翻看《论语》，会发现其中记载的孔子言语，与《公羊传》的倾向非常一致，是朴素的和现世的。秦汉时代的知识世界中，孔子《春秋》被认为是末世之书。虽说是"采善贬恶"，但却以"贬恶"为主，形式上就事论事，不负载比喻性和哲学性思考。《穀梁传》的现实性解释倾向与《公羊传》也是相似的。《史记》中的批判现实的精神，就是来自这一传统。如《史记·孔子世家》里是这样描述孔子作《春秋》的：

子曰："弗乎弗乎，君子病没世而名不称焉。吾道不行矣，吾何以自见于后世哉？"乃因史记作《春秋》，上至隐公，下讫哀公十四年，十二公。据鲁，亲周，故殷，运之三代。约其文辞而指博。①

《公羊传》哀公十四年在"西狩获麟"后，有孔子喟叹"吾道穷矣"一句，《孔子世家》中的这一句"子曰"应该就是它的另一个传本，当然这只是个推测。不管这个判断是否准确，在司马迁的知识世界中，孔子作《春秋》的动因之一乃是"吾道不行矣"，这和《公羊传》的"道穷"是相近的表述。即在《公羊传》《穀梁传》传统里孔子将自己的政治关怀埋藏到了《春秋》里，埋藏的方式就是对一些历史事件的评判。②

二、《左传》的寻因结构与兴亡寓意

《左传》则体现出了与《公羊传》《穀梁传》完全不同的倾向，里面暗含很多关于兴亡的认识和关于历史演变的思考。

---

① 《史记》，第 1943 页。

② 皮锡瑞《经学通论》认为《春秋》"有现世主义，有未来主义。圣人作《春秋》，因王灵不振，夷狄交横，尊王攘夷，是现世主义，不得不然者也。而王灵不振，不得不为后王立法；夷狄交横，不能不思用夏变夷。为后王立法，非可托之子虚乌有，故托王于鲁以见义；思用夏变夷，非可限以种族不同，故进至于爵而后止。此未来主义，亦不得不然者也"（《经学通论》，第 399 页）。不论是现世主义还是未来主义，都是从王权政教出发的实践性解经路向。

　　《左传》的起点并没有完全遵照《春秋》，而是在鲁隐公元年之前，写了一段缘起："惠公元妃孟子。孟子卒，继室以声子，生隐公。宋武公生仲子。仲子生而有文在其手，曰为鲁夫人，故仲子归于我。生桓公而惠公薨，是以隐公立而奉之。"[①]介绍了隐公和桓公的关系，以及隐公不即位的原因。[②]故《左传》的开篇，是从鲁惠公时代讲起，差不多涵盖了周平王时代。鲁隐公元年，《左传》细节最丰富的记事是"郑伯克段于鄢"，这个故事如同隐公元年之前的传文一样，记录兄弟之间对郑国国君位置的争夺，叙述也是从郑武公取于申开始。巧合的是，郑武公和周平王正好是同一年即位。

　　随后，《左传》隐公二年的传文比较简略，在隐公三年详细载录了三件事：周郑交恶、宋穆公传位殇公和卫州吁之乱。其中后两件事都与兄弟与君位继承有关。宋穆公将君位传给兄之子，而州吁之乱则与共叔段之乱相似。反过来看周郑交恶，除了显示周王地位下降外，也属于兄弟交恶，毕竟周、郑同姓。《左传》开篇的故事，所述重心乃是君位继承中的兄弟关系，这不由得让我们想到隐公和桓公的关系，他们都是惠公的儿子，惠公已将桓公立为太子，但因桓公年幼，隐公摄政。后隐公被弑，桓公即位。此后，桓公二年，《左传》又有一段非常详细的追述，补充了晋国之乱的缘起："初，晋穆侯之夫人姜氏以条之役生大子，命之曰仇。其弟以千亩之战生，命之曰成师。师服曰：'异哉，君子之名子也！……嘉耦曰妃，怨耦曰仇，古之命也。今君命大子曰仇，弟曰成师，始兆乱矣，兄其替乎！'惠之二十四年，晋始乱，故封桓叔于曲沃……惠之三十年，晋潘父弑昭侯而纳桓叔，不克。晋人立孝侯。惠之四十五年，曲沃庄伯伐翼，弑孝侯。"[③]桓公三年传接续上年，载曰："三年春，曲沃武公伐翼。"[④]晋国的这段追述是从晋穆侯七年开始，这时是周宣王二十三年。晋乱的开始之年则是鲁惠公二十四年，即周平王二十六年。晋乱如郑、卫之乱，也是君位继承中的兄弟之争。可以说，《左传》的开篇，重在叙述兄弟纷争与郑、卫、晋诸国的动乱。这很可能暗示了鲁国衰落的缘起，是隐公、桓公时代的君位继承问题。

　　《左传》春秋初年的历史追述，主要集中于平王时代诸侯国君位继承中的兄弟之争，这也自然会让我们想到西周末年平王与伯服，以及平王和携惠王之间的故

---

　　① 杨伯峻：《春秋左传注》，北京：中华书局，2016年，第2-4页。这一段文字在杜预《春秋经传集解》中被置于隐公元年经之前，与隐公元年传是分开的。杨伯峻注曰："此与下《传》'元年春王正月不书即位，摄也'为一传，后人分传之年，必以'某年'另起，故将此段提前而与下文隔绝。杜《注》云'为经元年春不书即位传'，则所见本已妄为分割矣。《左传》中此种例子不少，俞樾《左传古本分年考》与杨树达先生《读左传》、杨向奎《论左传之性质及其与国语之关系》，均曾先后指出。"（第5页）

　　② 隐公因桓公年少而摄政。杜预《春秋经传集解》注曰："隐公继室之子，当嗣世，以祯祥之故，追成父志，为桓尚少，是以立为大子，率国人奉之。为《经》元年春不书即位传。"（《宋本春秋经传集解》，北京：国家图书馆出版社，2017年影印南宋龙山书院刊本，第一册，第125页。）

　　③ 洪亮吉：《春秋左传诂》，北京：中华书局，1987年，第212-213页。

　　④ 洪亮吉：《春秋左传诂》，第214页。

事。《史记·周本纪》记载了伯服，未记携惠王，清华简《系年》第二章则相对全面记录了幽平之间的王位之争：

> 周幽王取妻于西申，生平王，王或（又）取褒人之女，是褒姒，生伯盘。褒姒嬖于王，王与伯盘逐平王，平王走西申。幽王起师，回（围）平王于西申，申人弗畀。曾（缯）人乃降西戎，以攻幽王，幽王及伯盘乃灭，周乃亡。邦君诸正乃立幽王之弟余臣于虢，是携惠王。立廿又一年，晋文侯仇乃杀惠王于虢。①

《系年》和《周本纪》均认为幽王和伯服驱逐平王直接导致了西周的灭亡，当然也是周衰的直接原因。《左传》将鲁、郑、卫和晋这些姬姓诸侯的兄弟之争作为春秋初年记事的重点，或是在暗合这种关于周衰的认识。

这时，我们需要再次将《春秋》何以始于隐公的讨论纳入进来。《公羊传》叙述《春秋》的起始没有特别的含义，但《左传》却有暗示。前人对此多有论述，如陈廷敬《春秋始隐公论》引陈傅良说曰："《春秋》非始于平王，始于桓王也。当平王之世，鲁隐之奉其弟轨，宋穆之舍其子冯，诸侯犹有让千乘之国者也。卫石碏、晋九宗五正嘉父、宋孔父之流，犹知尊君亲上也。郑庄公为卿士，王贰于虢，于是周、郑交恶。隐之三年，平王崩，桓王即位。四年，而郑始朝。身为卿士，而有志于叛王，此《春秋》所以作也。"②陈傅良对《春秋》起点意义的分析，正是从《左传》的记载中获得的认识，这也是六朝以来的学者理解《春秋》叙事的主要途径。《左传》的记事隐含对历史发展的因果认识和诸侯兴衰的理解，是相对明显的一个特点，故不需要过多讨论。③

这种历史观念在《孟子》里被进一步赋予了历史的延续性和系统性。这与传统认识颇为不同。因《孟子·离娄》篇有"晋之《乘》，楚之《梼杌》，鲁之《春秋》，一也。其事则齐桓晋文，其文则史"的语句，相似论述又见于《公羊传·昭公十二年》④，且赵岐引公羊学孔子"素王"说注《孟子》，故一般认为《孟子》论《春秋》与《公羊传》为同一传统。但是，战国时代其实无所谓公羊学、左氏学，我们不能用汉代的流派去规训先秦的知识和思想。孔子著《春秋》的意义，《孟子》与《公羊传》的解释接近。但在整体历史观念上，《孟子》对《春秋》的理解其实与《左传》更接近，与《公羊传》则有路向的差异。在"齐桓晋文"一句前，《孟子·离娄》篇还有一句话，显示出了《孟子》对《春秋》经典价值的判断，即"王

---

① 释文采用宽式释文。

② 见徐世昌等编：《清儒学案》卷二十，北京：中华书局，2008年，第818页。

③ 杜预《春秋序》："（左丘明）身为国史，躬览载籍，必广记而备言之。其文缓，其旨远，将令学者，原始要终，寻其枝叶，究其所穷。其发凡以言例，皆经国之常制，周公之垂法，史书之旧章，仲尼从而修之，以成一经之通体。"（杜预集解，孔颖达正义：《春秋左传正义》，阮元校刻《十三经注疏》（清嘉庆刊本），北京：中华书局，2009年，第3700页。）

④《公羊传·昭公十二年》："其序，则齐桓晋文。其会，则主会者为之也。其词，则丘有罪焉耳。"

者之迹息而《诗》亡,《诗》亡然后《春秋》作"。这句话将《春秋》起点与《诗》的终点联系了起来,暗示《春秋》始于隐公是上接《诗经》的传统。《诗经》被认为是周王朝盛衰的记录者,因此《春秋》应该是诸侯历史的判官。唐代啖助对此有进一步的引申,陆淳《春秋集传纂例·春秋宗指议第一》引述如下:

> 或问《春秋》始于隐公,何也? 答曰:……始于隐公者,以为幽、厉虽衰,雅未为风,平王之初,人习余化,苟有过恶,当以王法正之。及代变风移,陵迟久矣,若格以太平之政,则比屋可诛,无复善恶,故断自平王之末,而以隐公为始,所以拯薄俗,勉善行,救周之弊,革礼之失也。①

啖助以为幽厉时代,犹有雅诗,至平王,则降为《王风》,因此平王时代是周天子真正衰落的时代,所以《春秋》从平王末年,也就是隐公元年开始。

后来学者解释《春秋》何以始于隐公时,更多地遵从孟子、啖助传统,如孙复《春秋尊王发微》曰:"孔子之作《春秋》也,以天下无王而作也,非为隐公而作也。然则《春秋》之始于隐公者,非他,以平王之所终也。何者? 昔者幽王遇祸,平王东迁,平既不王,周道绝矣。观夫东迁之后,周室微弱,诸侯强大,朝觐之礼不修,贡赋之职不奉,号令之无所束,赏罚之无所加,坏法易纪者有之,变礼乱乐者有之,弑君戕父者有之,攘国窃号者有之,征伐四出,荡然莫禁天下之政。中国之事皆诸侯分裂之。平王庸暗,历孝逾惠,莫能中兴,播荡陵迟,逮隐而死。夫生犹有可待也。死则何所为哉! 故《诗》自《黍离》而降,《书》自《文侯之命》而绝,《春秋》自隐公而始也。《诗》自《黍离》而降者,天下无复有《雅》也;《书》自《文侯之命》而绝者,天下无复有诰命也;《春秋》自隐公而始者,天下无复有王也"②又如程颐《春秋》说曰:"夫子之道既不行于天下,于是因《鲁春秋》立百王不易之大法。平王东迁,在位五十一年,卒不能复兴先王之业,王道绝矣。孟子曰:'王者之迹熄而《诗》亡,《诗》亡然后《春秋》作。'适当隐公之初,故始于隐公。"③宋代学者对《春秋》意义的分析,颇有哲学的色彩,大抵凭依《左传》,而绍续孟子。

故至少从孟子时代开始,这种关于《春秋》历史观念的认识已不罕见,显现出士人对这些经典文献系统性和连续性的认识,即《诗》《书》和《春秋》这三部文献的起止都蕴含深刻的历史洞见,并分别代表王道时代和王道崩坏时代两个历史阶段。而周衰则是两个阶段的分水岭。

从这一角度看,《孟子》对《春秋》意义的认识,与《史记》对周汉历史的理

---

① 陆淳:《春秋集传纂例》,上海:上海书店出版社,2012 年,第 160 页。
② 孙复:《春秋尊王发微》,清康熙十九年通志堂刻《通志堂经解》本,卷一。
③ 程颐:《经说》,明弘治十一年陈宣刻《二程全书》本,卷四。

解属于同一思考方式，均更接近《左传》，代表了一种不同于孔子时代的历史观念。《公羊传》和《穀梁传》朴素的理解，反而可能是相对古老的认识。

《国语》因与《左传》史源极近，故其中的历史观念也与《左传》相同。《国语》开始于周穆王时代，但也是从周衰的角度来讲故事。《周语》第一章载："穆王将征犬戎，祭公谋父谏曰：'不可……'王不听，遂征之，得四白狼四白鹿以归。自是荒服者不至。"[①]之后，《周语》依次载录了"恭王游于泾上""厉王虐，国人谤王""彘之乱，宣王在邵公之宫""宣王即位，不籍千亩"等几则故事，都是对周室败落的描述。《周语》的这一部分与《周本纪》的相关部分高度同源，虽然我们不能贸然说《史记》取材于《国语》（今本《国语》是刘向整理而成），但我们至少可以说《史记》取材于司马迁时代的《国语》类文献。也因为这个原因，《周本纪》记录周的衰落也是有一个过程。首先是"昭王之时，王道微缺"，接下来穆王即位，"王道衰微，穆王闵文武之道缺，乃命伯冏申诫太仆国之政，作《冏命》。复宁"，遂伐犬戎，致"荒服者不至"。"懿王之时，王室遂衰，诗人作刺"。孝王、夷王无事，然后是厉王暴虐，共和行政。宣王则是"不修籍于千亩"，"败绩于姜氏之戎"。经幽王灭于申、缯、犬戎之兵，至"平王立，东迁于雒邑，辟戎寇。平王之时，周室衰微，诸侯强并弱，齐、楚、秦、晋始大，政由方伯"[②]，与《国语》的各自独立短章的顺序和内容相关性，都是非常一致的。

反观《系年》，第一章讲周衰始自厉王暴虐，共和行政，随后是宣王不籍千亩，第二章则是幽王灭国、平王东迁，以及晋、郑、齐、楚始强。其基本叙事线索近于《周语》和《周本纪》。其中的历史观念，则和《左传》《国语》以及后来的《史记》一致，将周衰看作此后数百年历史的起点。

在不同的解释《春秋》起止的文字里，我们可以很容易分别出两种不同的历史叙事观念。一种是《公羊传》《穀梁传》式现实性、批判性的史观；一种是《左传》《国语》式结构性、寻因式的史观。三传的差异，正好也可以从其对《春秋》历史的起止的解释看出来。

三、《左传》《国语》和《系年》叙事终点的意义

《左传》《国语》和《系年》共享了一种历史观念和历史认知结构，依据《左传》《国语》和《系年》的叙事终点，我们可以判断这种认知结构的出现应该在公元前400年前后。

---

① 徐元诰：《国语集解》，王树民点校，北京：中华书局，2006年，第1-9页。

② 《周本纪》将周衰的时代放了平王时代，这和《十二诸侯年表》很不一样，《年表》始于共和元年，这也是《年表》观念中周衰的起点。不论是《周本纪》还是《十二诸侯年表》，有一点却是相同的，即周衰和春秋诸侯的崛起是并生的历史。《系年》和《周本纪》是相同的，周平王和伯服的继承权之争，导致了周的灭亡。

《左传》最后以"悼之四年"（即鲁悼公四年）章结尾。说智伯伐郑，与赵襄子交恶之事。随后又记"知伯不悛，赵襄子由是惎知伯，遂丧之。知伯贪而愎，故韩、魏反而丧之"，韩、魏与赵氏谋杀智伯，已到鲁悼公十四年。《国语》的叙事，也是结束于鲁悼公十四年智伯之亡。黄震《黄氏日抄》引苏辙、吕祖谦说云："苏氏曰：自隐以来，诸侯始专，而五霸之形成。获麟之岁，田常弑简公专齐，后二十八年韩、赵、魏灭智伯分晋，而战国之形成。左氏传《春秋》止于智伯之亡。东莱吕氏云：《左传》终此，温公《通鉴》始此。《通鉴》继《左氏传》而作也。"即智伯之亡是三家分晋的起点，预示着战国时代的来临。故《资治通鉴》开始于智伯之亡，有相继之意。张溥对《左传》终智伯的解释也很值得参考："一以示兴亡之戒，一以著周、秦之端。晋阳之守，赵以仁兴。决水之祸，知以骄灭，此兴亡之戒也。晋分则秦强，秦强则周亡。此周、秦之端也。"[1] 智伯亡后，三家分晋，秦因此而逐渐强大，这是很有解释力的分析。

与《左传》《国语》结束于智伯之亡不同，《系年》记事结束于楚悼王五年（前397）。从其记事看，《系年》的写作很可能就是在这一年完成的。因此《系年》的重点并没有特别的含义，但因其写作年代而可以帮我们重新认识《左传》《国语》中的历史观念。

因《系年》第二十三章出现了楚悼王的谥号，多数学者判断《系年》书于竹简的时间在公元前381年之后。但这应该是《系年》抄写的年代，而非文本写作的年代。今日所见楚简《系年》，应该是文本写成后，又在公元前381年被抄写复制的一个文本。原因除了其记事止于公元前397年外，还因第二十二和第二十三章提到了六位还没有谥号的国君。尤锐对此已有考订：

> 我们可以确认《系年》的编纂是公元前381年以后的事情，因为《系年》第23章第127简记载了楚悼哲王/悼王是在公元前381年。章22—23所提的六国国君在位年代如下：晋公止是晋烈公（约前415—前389年在位）；齐侯贷是齐康公（约前404—前391年在位，去世于前379年）；鲁侯显是鲁穆公（约前410—前377年在位）；卫侯虔是卫慎公（约前414—前383年在位）；宋公田是宋休公（约前403—前385年在位）；郑伯骀是郑繻公（约前422—前396年在位）。……其中四位国君比楚悼王去世得早，《系年》编纂者肯定知道他们的谥号。而不知道这些国君谥号的人应该是公元前4世纪初的楚国的史官。[2]

尤锐已经判断出《系年》的写作时间在公元前4世纪初，我们还可以根据国君的在位年推断出其写作年代区间。国君即位之前不可能被称为某公、某侯，下葬后

① 吴静安：《春秋左传旧注疏证续》，长春：东北师范大学出版社，2005年，第2302页。
② 尤锐：《从〈系年〉虚词的用法重审其文本的可靠性——兼初探〈系年〉原始资料的来源》，见李守奎主编：《清华简〈系年〉与古史新探》，上海：中西书局，2016年，第248页。

则有谥号。所以最晚即位者和最早离世者之间的时间，就应该是《系年》文本的年代。上述《系年》所记无谥号的国君中，最晚即位者为宋休公，最早离世者为郑繻公。故《系年》的出现，应该在宋休公即位之后，郑繻公离世之前，即公元前 403 年至公元前 396 年之间。因其记事正好结束于公元前 397 年，所以可判断《系年》的文本完成于公元前 397 或公元前 396 年。

《左传》和《国语》的主体部分，大约也完成于公元前 4 世纪上半叶，加之《系年》和《左传》《国语》在历史观念和记事上的一致性，说明这种关注周室衰落和诸侯兴起的历史认识和写作，出现于公元前 400 年前后。这一时期最重大的事件无疑是公元前 403 年周威烈王封赵、魏、韩三家为诸侯，此前强盛了三百年的晋迅速让位于三家。从《左传》《国语》和《系年》所持有的解释方向和历史观念判断，理解三晋列为诸侯这一重大的历史变动，是这类历史著作出现的主要动因之一。这时的新兴诸侯也需要建立自身历史的合法性，那么从周衰开始追溯历史，会是一种自然而然的选择。王树民从孔子时代鲁国的政局来解释《春秋》始于隐公，他说："《鲁春秋》为鲁国的史书，自然以记载鲁国之事为主。鲁国的历史，在孔子的时代，三桓的势力起着决定性的作用，季孙、叔孙、孟孙三家都出自桓公，而桓公是与其兄隐公争位，杀了隐公才得为鲁君的。所以从隐公开始，既能说明三桓的由来，也正是鲁国的近现代史的开端。孔子教授门徒，从《鲁春秋》中选用这一阶段作为历史教材，自然是合情合理的。孔子自称：'述而不作，信而好古。'（《论语·述而》）表明他不过是选用故籍为教材，不必视为新的著作。"[①]这一解释相比于其他分析，更能让人明白《春秋》始于鲁隐公的现实政治背景。我们循着王先生的思路，也可以这样解释《左传》《系年》将周衰作为历史起点的原因：公元前 403 年赵、魏、韩三家列为诸侯，西周以来的宗法分封体系名存实亡，理解这种状况，最佳的途径无疑是从周的衰落开始。

在公羊学和穀梁学解释框架中，评判政治行为的对与错是《春秋》书写历史的方式。《公羊传》和《穀梁传》所理解的《春秋》，主要就是描述和评判天子、诸侯和大夫的行为是否符合制度、礼法和道德，即所谓"贬天子、退诸侯、讨大夫"，并没有明显的对历史兴衰的关怀。因此制度、礼法和道德这种一般性、普遍性的存在是《公羊传》和《穀梁传》讲述和评论历史的核心。这是一种关注普遍性、恒久性法则的历史。

《左传》《国语》和《系年》则是从周衰来理解战国诸侯的崛起，无意中建构了一种以兴衰为主线，以深察因果为内在关怀的理解历史的方式。这种方式将政治事件及其因果作为历史叙事的主要对象，寻求历史发展的必然性解释，特别是

---

① 王树民：《〈春秋经〉何以讬始于鲁隐公》，《河北师院学报》1994 年第 1 期。

一国兴衰的内在原因，成了这种历史观念的中心。关注兴衰的原因，自然就会将叙事的重点置于人的行为上。于是不论是天子、诸侯还是卿大夫，他们行为的正当性便成为这种类型历史显在或潜在的描述和评价对象。

《左传》和《系年》这类历史写作因为要探究史事出现的原因，会把目光集中于事件和推动事件发展的人物身上，这些事和人是后来历史变化的前因，事件的发展轨迹主要受到了这些历史参与者的品德、能力和偶然性决策的影响，所以《左传》式的历史是以偶然性为主的叙事，因此人的行为是其重心。

清华简《系年》与《左传》相似，其著述体例简略，但偶然性事件造成的历史发展方向的变化，是其着重记录的内容。很多学者认为《系年》接近于纪事本末体，正是这个原因。

总之，《左传》和《系年》这种类型的史书，是在叙事中蕴含深意，甚至寓意和象征的写作，与《公羊传》《穀梁传》观念中的实践性写作差别很大。乔纳斯·格雷特林通过对大量历史叙事作品的研究，发现历史学写作者往往具有两面性：一方面，希望重现过去，让读者能够亲身经历；另一方面，又希望利用在回顾中获得的知识，从未来的视角注入解释的脉络。二者是相互矛盾的，但从历史叙事者的角度看，二者又相互纠缠，难以分开。① 《左传》的写作明显具有这种二重性，它是以后知之明为指引的以史为鉴式的写作，但具体的叙事又尽可能呈现出历史的现场感。后世的历史书，无疑是沿着《左传》的方向发展的。可以说，公元前400年左右出现了一次历史写作与编纂的热潮，战国秦汉时代流传的历史材料或历史故事，大多集中出现于这一时期。不仅如此，那时的历史写作，还共享了同样的叙事结构，并一直影响到了《史记》的写作。

公元前400年是中国传统的历史学出现的时期，《左传》《国语》以及清华简《系年》代表着一种关注历史深层变动因果的史学的诞生。与此同时公元前400年前后也是战国学术黄金时代的开端时刻，孔子的再传弟子，包括墨子也活跃于这个时期，此后100多年诸子竞起，进入百家争鸣的时代。这两种影响深远的变化的出现，与整个社会涉及各个层面的变化相关，但最主要的是宗法制度的解体，社会各阶层迎来了一种前所未见的局面，需要新的思想文化因素来回应或理解。

---

① 他在其序言中说："目的论与经验显然是对立的：历史学家越是利用事后之明，他们就越是远离历史主体的视角。另一方面，要想按照历史的经验来书写历史，就必须放弃回溯的优越立场。尽管如此，目的论与经验并非没有联系。正如海德格尔在《存在与时间》（*Sein und Zeit*）一书中所强调的，人类的生活是面向未来的。我们怀着从恐惧到希望等各种各样的情感期待着未来。尽管如此，历史行为主体对未来的预期预示了历史学家的目的论。毋庸置疑，人类追求的目标并不一定与后来讲述其生活的目的论完全相同，但在经验世界中却嵌入了一种与历史叙事的目的论同源的结构。" Jonas Grethlein. *Experience and Teleology in Ancient Historiography: "Futures Past" from Herodotus to Augustine.* New York: Cambridge University Press, 2013, P4.

The Origin of Early Chinese Historical Narratives: A Study based on the Qinghua Bamboo Slips' *"Xi Nian"*

Xu Jianwei

Abstract: The historical work *"Xi Nian"* emerged between 403 BCE and 396 BCE. Since its narrative ends precisely at 397 BCE, it can be inferred that the text of *"Xi Nian"* was completed in either 397 or 396 BCE. The main sections of *"Zuo Zhuan"* and *"Guoyu"* were also likely completed in the first half of the 4th century BCE. Given the consistency in historical perspectives and narratives between *"Xi Nian"*, *"Zuo Zhuan"*, and *"Guoyu"*, it suggests that this focus on the decline of the Zhou dynasty and the rise of the vassal states emerged around 400 BCE. Undoubtedly, the most significant event during this period was King Wei Lie of Zhou's ennoblement of the three families of Zhao, Wei, and Han as vassal states in 403 BCE, symbolizing the collapse of the political and cultural system of the Zhou dynasty. Judging from the explanatory directions and historical perspectives held by *"Zuo Zhuan"*, *"Guoyu"*, and *"Xi Nian"*, understanding this major historical change was one of the main motivations behind the emergence of such historical works. Most of the historical materials or stories circulating during the Warring States, Qin, and Han dynasties emerged during this period, suggesting that there was a boom in historical writing and compilation around 400 BCE. Moreover, historical writing at that time shared the same narrative structure, which continued to influence the writing of *"Shiji"*.

Key words: Tsinghua bamboo slips; *"Xi Nian"*; 400 BCE; Historical narration

清华简《楚居》"为郢"性质略论*

魏　栋

（清华大学出土文献研究与保护中心

"古文字与中华文明传承发展工程" 协同攻关创新平台）

摘要： 为郢是清华简《楚居》中出现频率最高的一个楚君居处。学者们主要关注为郢的地望，而对其性质则重视不够。对为郢性质的判断，深度影响乃至决定能否合理、正确利用历史文献中历代楚国国君事迹的资料来推证为郢的地望。本文细致辨析了为郢性质的三种说法——宫殿名说、正都说、别都（陪都）说，期望有助于加深对为郢有关问题的认识。

关键词： 清华简；《楚居》；为郢；性质

清华简《楚居》记载包括楚文王在内的多位楚君曾经居住过为郢，为郢"出现频率高，时间跨度大，特别引人注目"。[①]《楚居》中关于"为郢"的内容可以胪列如下：

> 至文王自疆郢徙居湫郢，湫郢徙樊郢，樊郢徙居为郢，为郢复徙居免郢，焉改名之曰福丘。……至成王自郚郢徙袭湫涅，湫涅徙[袭为=郢=徙]居嬰（睽）郢。至穆王自睽郢徙袭为郢。至庄王徙袭樊郢，樊郢徙居同宫之北。若敖起祸，焉徙居烝之野，烝之野□□□，□袭为郢。至共王、康王、孺子王皆居为郢。至灵王自为郢徙居秦溪之上，以为处于章[华之台]。……至昭王自秦溪之上徙居媺郢，媺郢徙居鄂郢，鄂郢徙袭为郢。阖庐入郢，焉复徙居秦溪之上，秦溪之上复徙袭媺郢。至献惠王自媺郢徙袭为郢。白公起祸，焉徙袭湫郢，改为之，焉曰肥遗，以为处于菌濩，菌濩徙居鄝郢，鄝郢徙居那吁。王太子以邦复于湫郢，王自那吁徙蔡，王太子自湫郢徙居疆郢。王自蔡复鄝。

学界对为郢的研究，对其性质多是连带一提，而着重于地望的考证。目前为郢的地望学界主要有宜城郭家岗说、宜城楚皇城说、楚郢都纪南城说、当阳季家湖古城说等。[②]已有研究都很有启发性，但囿于客观研究条件，有关为郢地望的谜团远未揭开。鉴于学界对为郢性质重视不足且为郢性质与其地望考证颇有干系，故本文

---

* 本文系国家社科基金青年项目 "新出战国竹简地理史料的整理与研究"（18CZS073）的阶段性成果。

① 赵平安：《〈楚居〉"为郢"考》，《中国史研究》2012 年第 4 期，第 5 页。

② 学术史梳理可参魏栋：《出土文献与若干楚国史地问题探论》，清华大学博士学位论文，2017 年，第 122-125 页。

拟梳理有关文献专门谈谈对"为郢"性质的认识，期望有助于加深对为郢有关问题的认识。

其一，宫殿名说。守彬先生曾主张《楚居》包含为郢在内的大量"×郢"都是宫殿名称。《史记·秦始皇本纪》篇末记载有许多秦公的居处，性质与《楚居》颇为相似。《秦始皇本纪》不仅记载秦公居于某一城邑，还记载秦公居于某一宫殿，如秦文公"居西垂宫"、武公"居平阳封宫"、德公"居雍大郑宫"、宣公"居阳宫"、成公"居雍之宫"、康公及共公"居雍高寝"、桓公"雍太寝"、景公"雍高寝"、躁公"居受寝"。类比秦王居住的这些"宫""寝"，守彬认为"×郢"都是楚王宫殿的名称，"×郢"应分布在当阳市季家湖古城、荆州区纪南故城内或其近郊。[①]将为郢等"×郢"视为宫殿名这一观点，可谓别具新意。不过，检索《故训汇纂》《汉语大字典》等辞书，未见"郢"有宫殿台寝之类的含义。学界主流看法是将"某郢"视作地名。例如《鄂君启节》铭文、常德夕阳坡简简2："王处于蔵郢之游宫。"包山简简7："王廷于蓝郢之游宫。""某郢之游宫"的"之"表示领有、连属关系，这是助词"之"的一个常用用法。石泉先生主编的《楚国历史文化辞典》将"蔵郢""蓝郢"都解释为地名，"蔵郢""蓝郢"内设置有楚王的游宫。[②]

其二，正都说。赵平安先生主张为郢是楚国的都城，《楚居》疆郢以后楚都称"某某郢"，这些郢又可以简称郢，以前把郢看成是一个地点是一种误会。[③]刘彬徽先生指出只有为郢才称得起有楚王宗庙的郢都。"单称的郢才是楚国国都，但作为楚王居处最久的'为郢'，一定和单称的郢是相近的，可以认为是一处地方……只不过是省略了郢字前面的'为'字。"[④]笪浩波先生指出为郢首先为楚文王所居，楚文王短暂居留于为郢时为郢非楚国都城，到文王之子楚成王时方成为楚国都城。[⑤]晏昌贵等先生云："楚王在诸郢之间频繁迁徙，为郢只是其中之一，楚国在当时可能并未形成单一的都城核心区。自庄王后期迁居为郢，到惠王时期迁出，为郢成为拥有特殊地位的中心都城。"[⑥]尹弘兵先生主张为郢当是位于楚国核心区的正都。[⑦]徐熠博士指出《楚居》"（楚昭王自）鄂郢徙袭为郢。阖庐入郢，焉复徙秦溪之上"中存在一个易被忽视的文本现象，即为郢可省称郢，而可单称郢的只有楚都纪南

① 守彬：《从清华简〈楚居〉谈"×郢"》，简帛网，2011年1月9日。

② 石泉主编：《楚国历史文化辞典》，武汉：武汉大学出版社，1997年，第464、432页。

③ 赵平安：《试释〈楚居〉中的一组地名》，《中国史研究》2011年第1期，第76页；赵平安：《〈楚居〉"为郢"考》，《中国史研究》2012年第4期，第8页。

④ 刘彬徽：《关于清华简〈楚居〉的思考之二——楚族起源及其地域变迁》，陈建明主编：《湖南省博物馆馆刊》第8辑，长沙：岳麓书社，2011年，第283页。

⑤ 笪浩波：《清华简〈楚居〉与楚国都城探研》，武汉：武汉大学出版社，2022年，第250页。

⑥ 晏昌贵、罗丹：《"为郢"地望考论》，《湖北社会科学》2022年第3期，第112页。

⑦ 尹弘兵：《清华简〈楚居〉"为郢"考论》，《出土文献与中国古代文明研究暨中国先秦史学会第十二届年会论文集》（第三册），武汉大学，2023年，第15页。

城。①可见，目前学界关于为郢性质的主流看法是楚国正都，具体来讲又分为两类：为郢或被认定就是楚国正都，或被认为是由楚王的高频居处演变为楚国正式都城，成为正都有个过程。学界对于为郢是楚国正都性质的判断，或主观上直接认定，并无任何学理上的论证。或以楚王居于为郢最久，为郢存续时间几乎涵盖春秋时期的大部分时段立论。或从文献文本角度研判为郢可省称为楚国都城"郢"。我们以为，学界对为郢是楚正都的研判依据颇有未安之处。首先，仅以楚君迁居为郢的极高频次来认定为郢是楚之正都难以达到逻辑上的必然性。楚文王、庄王、昭王、惠王都曾迁居包括为郢在内的多个居处，从《楚居》文本上并不能看出这些楚君迁居的为郢与其他居处在性质上有明显的差异。若将为郢的性质视为楚国都城，则其他众多的"某郢"也未尝不可视为楚国都城。若皆以"某郢"为楚之都城，则如很多学者所言迁都如此之频繁，有悖常理。其次，关于为郢的省称，按照出土文献中并不鲜见的"某郢"省称之例来看，"为郢"当省称作"为"而非"郢"。例如，《楚居》"邔（鄢）郢"在同篇中省称作"邔（鄢）"、新蔡葛陵楚简的"肥遗郢"在《楚居》中省称作"肥遗"。

其三，别都（陪都）说。辛德勇先生认为《楚居》楚武王、文王所居之疆郢为楚国正式都城。"像郢都这样的根本重地，或许从楚武王或楚文王入居之时起，直到被秦将白起攻陷，有可能一直保持着核心京城的地位，而文献记载的其他各处楚都，至少有很大一部分，应该具有比较浓重的别都、陪都甚至行宫色彩"。②赵庆淼先生指出"为郢"从春秋早期至战国初年为楚王多次徙居，在《楚居》诸"郢"中似具特殊地位，"为郢"应是楚国的别都。③传世文献中常见"鄢"与楚的正都"郢"并称，如《韩非子·难一》"楚两用昭、景而亡鄢、郢"，《战国策·魏策四》"秦果南攻蓝田、鄢、郢"，这足见鄢的特殊地位。东汉服虔以来鄢一直被视为楚国的别都，也是传世文献中最为著名的一处别都。目前最为流行的意见是将《楚居》"为郢"读为"鄢郢"，"鄢郢"可省称为"鄢"，照此则《楚居》为（鄢）郢便是楚之别都。笔者倾向于为郢属于楚之别都。④但视为郢为楚别都从学理论证上并非无懈可击。首先，将"为郢"读为"鄢郢"就有学者提出过疑虑。其次，别都的判断应当有一些客观依据。例如，在考古上，别都内必须有宫殿遗址及一些礼仪建筑等。但为郢地望尚未确考，更无考古资料等客观依据作为凭借对为郢性质做出甄别。

清人戴震曾言，为学有三难——"淹博难，识断难，精审难"。"为郢"的性

---

① 徐熠：《清华简〈楚居〉所见为郢考》，未刊稿。

② 辛德勇：《〈楚居〉与楚都》，清华大学出土文献研究与保护中心编：《出土文献与中国古代文明——李学勤先生八十寿诞纪念论文集》，上海：中西书局，2016年，第196页。

③ 赵庆淼：《〈楚居〉"为郢"考》，《古籍整理研究学刊》2015年第3期，第25页。

④ 魏栋：《出土文献所见历代楚君居处地名群性质初探》，未刊稿。

质，究竟是别都（陪都），还是正都，抑或有其他可能，识断起来非常困难。但为郢性质作为为郢问题的一个基本方面，它与为郢问题的另一方面——为郢地望紧密相关，必须予以充分重视。对为郢性质的判断，深度影响乃至决定了能否合理、正确利用历史文献中历代楚国国君事迹的资料来推证为郢的地望。换句话讲，《楚居》楚君居处（含正式都城、别都等）如何准确地与历史文献中楚君事迹对应，是《楚居》楚君居处地名地望考证的基本逻辑支撑点。若如谷口满先生将《楚居》单称的"郢"（楚武王、文王的疆郢之专称）视为楚国春秋战国时的正都，包含为郢在内的十多个某郢为"临时迁居"之地①，那么使用历史文献中楚君事迹推考《楚居》楚君居处地名地望时，首先就要甄辨所引楚君事迹是对应于正都郢（疆郢）还是"临时迁居"之某郢。再如，若视为郢作正都，楚文王、庄王、昭王、惠王在位时除居为郢外，还曾有其他居处，这些居处之间只有楚王迁居的相对时间，居为郢的绝对时间难以确知，这也涉及楚君事迹与待考居处地名的准确对应问题。

A Brief Discussion on the Nature of "Weiying" in the Tsinghua Bamboo Manuscripts "*Chuju*"

Wei Dong

Abstract: Weiying is the most frequently mentioned residence of King of Chu in the Tsinghua bamboo Manuscripts "*Chuju*". Scholars mainly focus on the location of Weiying, but do not pay enough attention to its nature. The judgment of the nature of Weiying deeply affects and even determines whether it is possible to reasonably and correctly use historical documents on the deeds of King of Chu throughout history to deduce the location of Weiying. This article carefully analyzes three viewpoints on the nature of Weiying: palace name, capital city, and accompanying capital city. Expected to help deepen understanding of issues related to Weiying.

Key words: Tsinghua Bamboo Manuscripts; *Chuju*; Weiying; nature

---

① （日）谷口满：《试论清华简〈楚居〉对于楚国历史地理研究的影响》，见楚文化研究会编：《楚文化研究论集》（第十集），武汉：湖北美术出版社，2011年，第28页。

故宫院藏甲骨卜辞中记载的祖庚时期日食[*]

韩宇娇

（故宫博物院故宫学研究院
"古文字与中华文明传承发展工程"协同攻关创新平台）

摘要：《故宫博物院藏殷墟甲骨文·谢伯殳卷》中第 17 号甲骨以往因为拓片漫漶，而被忽视误读，卜辞是一条记录了贞问日食的新材料。通过卜辞中日食记录及组类判别、商王在位时间等的系联，本文讨论的卜辞或应为祖庚时期的日食，与历组日食或为一次日食现象。将日食发生后卜辞的贞卜内容与文献进行对比，可知商代发生日食这种重大不利天文现象时，应该与夏、周两代救日仪式相似。

关键词：故宫藏甲骨；日食；祖庚时期；救日

"王者决定诸疑，参以卜筮，断以蓍龟，不易之道也。"^①"卜以决疑，不疑何卜？"^②众所周知，甲骨文绝大部分是商代王室及贵族占卜后，刻写在龟甲和兽骨上的卜问记录，正是商王遇事决疑的档案证明。《礼记·表记》中记载孔子比较夏商周三代对待礼与鬼神不同态度时说"殷人尊神，率民以事神，先鬼而后礼，先罚而后赏，尊而不亲"^③，从这句话可以看出商代人极为信奉鬼神之事，遇事则卜，大量出土的占卜用甲骨也证明了这一点。因此，甲骨卜辞内容十分丰富，可以反映出商代晚期社会的很多方面内容，如对祖先及神灵的祭祀、军事战争、天文历法、天气气象、田猎动物、农业生产、生育医疗、职官与政治体系、交通与方国等。

故宫博物院藏有 21395 片殷墟甲骨，收藏量居世界第三。"故宫博物院藏殷墟甲骨文整理与研究"项目组经过数年的整理，目前已经正式出版《故宫博物院藏殷墟甲骨文》"马衡卷""谢伯殳卷"，两卷六册，公布故宫博物院藏甲骨实物共计

---

* 本文为"古文字与中华文明传承发展工程"规划项目"故宫博物院藏殷墟甲骨文整理与保护"（批准号：G1009），国家社科基金重大项目"故宫博物院藏殷墟甲骨整理与研究"（批准号：14ZDB059），教育部、国家语委甲骨文研究与应用专项"殷商占卜思想文化再检讨"（批准号：YWZ-J006）阶段性成果，得到故宫博物院 2022 年度科研课题"院藏甲骨收藏与流转研究"（课题编号：KT2022-08）和北京故宫文物保护基金会学术故宫万科公益基金会专项经费资助。

① 《史记·龟策列传》，北京：中华书局，1982 年，第 3223 页。
② 《春秋左传正义》卷七，北京：中华书局，1980 年影印阮元校刻《十三经注疏》本，第 1755 页。
③ 郑玄注，王锷点校：《礼记注》卷一七，北京：中华书局，2021 年，第 712 页。

964 片。这批甲骨承载着很多商代历史文化内容，也不乏一些以往著录中忽视或误读的材料，下面我们就其中一条记录日食的新材料进行简要论述。

从目前可见的文献记载来看，最早的日食记录见于商代甲骨文。卜辞中日月食的记录有两种方式，一种写作"日/月有食"，另一种写作"日/月有戠"，后者常出现在历组卜辞中，这里的"戠"可以通作"异"，二者在上古时期韵母均为职部字，声母也接近，故读音相近可通①。《宫藏谢》②17 号为一条贞问日食的记录（本版牛肩胛骨可与《宫藏谢》13 号缀合，见图 1）。卜辞为：

乙丑卜，贞：日有食，不唯田。

这条卜辞意思是在乙丑这天占卜并贞问，太阳出现日食，不会产生忧祸。就是使用的第一种表述日食的方式，在以往的著录书中因为拓片模糊不清，导致了对这条卜辞释读不准确。《宫藏谢》17 号即《合集》21298③，以往释文将卜辞中"日"字释为"己"字，"食"字残笔补作了"田"字，以致学者们忽视了这条日食的记录。

图 1 《宫藏谢》附"乙丑卜贞日有食不唯田与某日卜呼方等事"

《宫藏谢》17 号因为骨版下方断裂，卜辞里"食"字残缺，仅剩余部分线条，写作"⧖"，补全该字线条则应写作"⧖"。"食"字在甲骨文中一般写作"⧖"，从亼从皀，亼为倒口之形，皀即食器"簋"字初文，象簋器皿及所盛食物之形。又可写作"⧖"，其中点笔象口涎之形。两类字形的构意均会以口凑近簋吃饭的样子，就是食的本义。《宫藏谢》17 号"食"残字上半部直接写作倒口形，同类型结构的字还见于以下甲骨：

《合集》20134 　⧖　（"皀"形缺刻横画）

《合集》22067 　⧖　（"皀"形缺刻横画）

《合集》20961④　⧖

从上举完整的"食"字写法，可以说明《宫藏谢》17 号的"食"字拟补当可信。

---

① 相关考释参见陈剑：《甲骨金文考释论集》，北京：线装书局，2007 年，第 414-427 页。

② 故宫博物院编：《故宫博物院藏殷墟甲骨文·谢伯殳卷》，北京：中华书局，2022 年；以下简称"《宫藏谢》"。

③ 郭沫若主编：《甲骨文合集》，北京：中华书局，1978—1982 年；以下简称《合集》。

④ 本版龟腹甲缀合信息参见蒋玉斌：《殷墟 B119、YH006、YH0443 坑甲骨新缀》，《中国文字研究》第八辑，郑州：大象出版社，2007 年。

从字体分类来看，除《合集》22067 属于非王卜辞的午组外，其他均为自组小字。"非王卜辞"即占卜的主体是"子"，是与商王有关的贵族，而非商王自身。午组卜辞与自组小字卜辞关系密切，二者在字形、文例、语法等方面有部分相近，午组卜辞出现的时代上限可至武丁早、中期之交，下限可至武丁晚期之初①。而自组小字的时代从武丁较早的时期开始，一直到武丁晚期②，二者存续时间也较为相近。而"食"字这种从 ⊓（倒口）的写法也不见于其他组类的卜辞，也说明了二者关系的密切。

　　卜辞中与日食相关的内容绝大多数出现在命辞里，与卜辞中月食的内容出现在验辞里不同。月食出现在验辞里，说明月食是已经真实发生的事情，而出现在命辞中的日食，大部分学者倾向认为是贞卜尚未发生的天象③。《宫藏谢》17 号"乙丑贞日食"也同样出现在命辞里，这一条记录是不是已发生的日食天象，需要系联其他卜辞内容来进行分析。

　　此前，经学者的梳理，甲骨文中日食卜辞均见于历组卜辞，在壬子⁴⁹、乙丑²、癸酉¹⁰、庚辰¹⁷、辛巳¹⁸进行卜问日有戠，是否有忧患，告于上甲、河还是父丁等祖先，祭祀用牲用九头牛等事情④。冯时先生对历组日食卜辞排序之后，认为可以将系列卜辞分为预卜期和见食期，预卜期五次占卜关于日食的内容均为命辞，而见食期乙巳⁴²卜辞则为验辞，是真实发生的，此次历组卜辞发生在乙巳日，具体卜辞内容如下：

　　乙巳贞：彫彡其告小乙。兹用。日有戠，夕告于上甲九牛。　一　《合集》33696⑤

意思是在乙巳这天贞问，对祖先小乙进行彫、彡、告的祭祀活动。采用了这条卜问内容。太阳有异象（日食），夜晚用九头牛向祖先上甲举行告祭，报告日食。这条卜辞与其他历组日食卜辞不同，这里"日有戠，夕告于上甲九牛"是验辞，记录的是卜问之后发生的实际情况，即是乙巳这一天已经发生了日食，然后向上甲告祭。李学勤先生指出卜辞中提到"唯囧"一类多是人力不能控制的现象，并且历组卜辞"日有戠"贞问向祖先举行告祭，就告祭而言，是报告祖先发生重要事项，而告的内容已经发生，因此"日有戠"是已经发生且当时人们不能阻止的现象⑥。综合来看，我们倾向认为历组卜辞中这一组日食卜辞，应是在乙巳⁴²日发生

----

① 黄天树：《午组卜辞研究》，《黄天树古文字论集》，北京：学苑出版社，2006 年，第 133-148 页。

② 黄天树：《殷墟王卜辞的分类与断代》，北京：科学出版社，2007 年，第 126-167 页。

③ 胡厚宣：《卜辞"日月有食"说》，《上海博物馆集刊》第三期，上海：上海古籍出版社，1986 年，第 1-6 页。

④ 参李学勤：《日月又戠》，《夏商周年代学札记》，沈阳：辽宁大学出版社，1999 年，第 79-87 页；冯时：《百年来甲骨文天文历法研究》，北京：中国社会科学出版社，2011 年，第 121-127 页；陈剑：《甲骨金文考释论集》，第 414-427 页。

⑤ 同文卜辞见于《小屯南地甲骨》27 缀 321 号，参蔡哲茂：《甲骨缀合集》105，台北：乐学书局，1999 年。

⑥ 李学勤：《日月又戠》，第 79-87 页。

了日食，而后在壬子⁴⁹、乙丑²、癸酉¹⁰、庚辰¹⁷、辛巳¹⁸，共计约三十七天之内贞问因日食而进行祭祀活动，或是日食是否会带来灾祸。也就是说并没有预卜期，历组的日食卜辞都是日食发生后的贞卜。

据张培瑜先生测算，公元前 1399 年—前 1000 年在安阳可见的乙巳日食有三次①：

①公元前 1161 年 10 月 31 日（日带食出）
②公元前 1061 年 1 月 25 日
③公元前 1015 年 7 月 22 日

据《夏商周断代工程报告》，商代后期商王在位时间如表 1②。

表 1　商代晚期年表及乙巳日食年代对应表

王	年代	年数	乙巳日食
武丁	前 1250—前 1192	59	①
祖庚 祖甲 廪辛 康丁	前 1191—前 1148	44	
武乙	前 1147—前 1113	35	
文丁	前 1112—前 1102	11	
帝乙	前 1101—前 1076	26	②
帝辛（纣）	前 1075—前 1046	30	

虽然武王克商时间及商王在位年份时间存有争议，但表 1 中商王在位的相对时间具有一定参考性，《合集》33696 发生日食的具体时间可以排除第三次乙巳日食，公元前 1015 年时间较晚，已跨入西周时期。《合集》33696 从字体分类来看，属于历组二类。历组卜辞年代目前学界仍存有争议，一种观点认为历组卜辞时代较晚在武乙、文丁时期，历组二类（父丁类）较历组一类（父乙类）更早；另一种观点认为历组卜辞时代较早在武丁到祖庚时代③。即使以历组二类卜辞在武乙时期，第二次乙巳日食发生的时间也过晚。因此，这次卜辞记录的乙巳日食，应该取第一次公元前 1161 年 10 月在日出时发生的日食，根据夏商周断代工程年表，

---

① 张培瑜：《中国先秦史历表》，济南：齐鲁书社，1987 年，附表一"公元前 1399—前 1000 年安阳可见日食表"，第 242-245 页。

② 夏商周断代工程专家组：《夏商周断代工程报告》，北京：科学出版社，2022 年，第 518 页。

③ 夏商周断代工程专家组：《夏商周断代工程报告》，第 200 页。

大致对应武丁晚期左右。黄天树先生认为历组二类时代可上及武丁晚期①，与此次日食的推算或相吻合。

那么，再来看《宫藏谢》17 号乙丑贞问日食的卜辞，时代大体也在武丁时期左右，与历组日食卜辞或为一次日食现象。与历组乙丑²日贞问发生日食，告于上甲用三牛、五牛还是六牛（《合集》33697）及贞问是不是确实有异（《合集》33700）是同天的卜问。但需要注意的是，历组日食卜辞中，有贞问告于父丁的内容（《合集》33698、33710），历组二类卜辞中的"父丁"是祖庚称其父亲武丁②。因此，具体而言，《宫藏谢》17 号及历组日食系列卜辞应该记录的是祖庚时期发生的一次乙巳日食，距离武丁晚期时代不远。如所论正确，那么夏商周断代工程中祖庚在位时间要提前三十年，自组小字卜辞可下延至祖庚初期。

为什么一次日食发生，会在一个多月时间内反复贞问呢？日食为什么会被记录到甲骨上呢？我国古代一直存在"志异"传统，在《春秋》经传中就可以看到很多关于日月食的记载③，在被视为凶象的日月食出现时，迷信鬼神的商代人，自然会遇异而卜。卜辞中也有很多其他的"志异"记录，如"星率西"的流星雨④、出虹饮于河（《合集》13442 正）、鸣鸟（《合集》522 反）、新星（《合集》6063 反）等。陈剑先生认为"有蚀（异）"是"自然界的某种现象"，其说可信⑤。传世文献中同样有商代"志异"的例子，如《尚书·高宗肜日》记载了殷商时期的一件异事："高宗肜日，越有雊雉。"⑥《尚书大传》阐述这件事情时，细化了情节："武丁祭成汤，有飞雉升鼎耳而雊。武丁问诸祖己，祖己曰：'雊者，野鸟也，不当升鼎。今升鼎者，欲为用也。远方将有来朝者乎？'故武丁内反诸己，以思先王之道。"⑦以《大传》记述来看，在武丁祭祀商王成汤时⑧，发生了野鸡飞站在鼎耳上并且啼鸣的异事，武丁向其贤臣祖己询问产生异象的原因。在卜辞中，遇到日月食等非常严重的异象，要向祖先神灵报告，反复贞问使用什么样的牺牲祭品更为合适，会担心是否会对商王产生忧祸，是否会对自身祸福产生影响，卜辞如《小屯南地甲骨》726：

① 壬寅贞：月有蚀，王不于一人囚。　一

② 有囚。

③ 壬寅贞：月有蚀，其祐社，燎大牢。兹用。　一

---

① 黄天树：《殷墟王卜辞的分类与断代》，第 195 页。

② 黄天树：《殷墟王卜辞的分类与断代》，第 190 页。

③ 张培瑜：《中国先秦史历表》，附表二"《春秋》日食表"，第 246-247 页。

④ 王子杨：《武丁时期的流星雨记录》，《文物》2014 年第 8 期。

⑤ 陈剑：《甲骨金文考释论集》，第 421 页。

⑥ 杨筠如著，黄怀信标校：《尚书覈诂》，南京：凤凰出版社，2022 年，第 140 页。

⑦ 皮锡瑞撰，吴仰湘编：《尚书大传疏证》卷三，北京：中华书局，2015 年，第 133 页。

⑧ 杨筠如先生认为是祖庚祭祀武丁时发生的（《尚书覈诂》，140 页）。

"一人"即"余一人",商王自称,与后世"寡人"等称呼方式类似。因出现月食,贞问对商王是否产生忧祸。异象与商王自身忧祸发生联系,其原因在于商周时期人认为国家出现灾难或者负面情况时,要由王"一个人"承担,而与其他人无关,在时人观念中,为国家治理首负其责的正是"王"这样的"一人",而异象又是国家治理不好的暗示,君王要为天下治理不善负责任①。因此,上文所引《高宗肜日》中武丁会因有雊雉,而内反诸己,司敬民。

遭遇日食、月食这样重大的不吉之象,除君主修政睦德之外,古人有着重大的仪式,希望以此禳除不良影响。《周礼·春官·大司乐》:"凡日月食,四镇五岳崩,大傀异灾,诸侯薨,令去乐。"孙诒让正义:"'令去乐'者,国遇非常大灾,则命乐官尽屏藏诸乐悬乐器,示不举也。"②《周礼·地官·鼓人》:"救日月,则诏王鼓。"③从上引《周礼》来看,当出现"日月食"这一非常重大的灾祸天象时,需要将乐钟等乐器收纳起来,停止商周时期最为重要的娱乐、礼仪与教化的形式——乐,来表示天子降低其等级地位对应的生活方式,这等同于遇到重大变故或灾异时,天子"去盛馔",同时鼓人向王报告,使王亲自击鼓救日。《左传·昭公十七年》④曾发生日食,鲁国卿士昭子(叔孙婼)与平子(季孙如意)就举行什么样的救日食仪式产生了分歧:

> 夏,六月,甲戌,朔,日有食之。祝史请所用币。昭子曰:"日有食之,天子不举,伐鼓于社;诸侯用币于社,伐鼓于朝。礼也。"平子御之,曰:"止也。唯正月朔,慝未作,日有食之,于是乎有伐鼓用币,礼也。其余则否。"大史曰:"在此月也。日过分而未至,三辰有灾。于是乎百官降物,君不举,辟移时,乐奏鼓,祝用币,史用辞。故《夏书》曰:'辰不集于房,瞽奏鼓,啬夫驰,庶人走。'此月朔之谓也。当夏四月,是谓孟夏。"平子弗从。昭子退曰:"夫子将有异志,不君君矣。"

昭子认为应伐鼓救日,而平子反对。因为日食出现意味着对君主或国家产生不好影响,平子反对伐鼓救日,则平子"不以君为君",有二心。同时此事也记录了《尚书·胤征》夏代仲康时期的一次日食,救日的仪式为"瞽奏鼓,啬夫驰,庶人走"。《通典》"天子合朔伐鼓"条阐释夏及周代救日仪式时,言:

> 《夏书》……凡日蚀,天子鼓于社,责上公也。瞽,乐官。乐官进鼓则伐之。啬夫,主币之官。驰,取币礼天神也。庶人走,共救日蚀。庶人,百役之人也。

> 周制,日有蚀之,天子不举乐,素服,置五麾,陈五鼓、五兵及救日之弓矢。又以朱丝萦社,而伐鼓责之。或曰胁之,或曰为暗,恐人犯之。日蚀者,阴侵阳。

---

① 宁镇疆:《也论"余一人"问题》,《历史研究》2018 年第 2 期。
② 孙诒让著,汪少华整理:《周礼正义》卷四三,北京:中华书局,2015 年,第 2151 页。
③ 孙诒让著,汪少华整理:《周礼正义》卷二三,第 1095 页。
④《春秋左传正义》卷四十八,第 2082-2083 页。

社者众阴之主。鼓配阳也。以阴犯阳，故鸣鼓而救之。夏官太仆掌军旅田役赞王鼓，日月蚀亦如之。王通鼓，佐击其余面。……诸侯救日蚀，置三麾，陈三鼓三兵，用币于社，伐鼓于朝。……上公伐鼓于朝，退自责。大夫击门，士击柝。言卫其隔。①

综合来看，夏代与周代的救日仪式，均为伐鼓、用币，同时君主自省己身。商代虽不见文献记载，但从《小屯南地甲骨》726 第 3 条卜辞中发生月食时，用牲于社，商王担心自己发生忧祸来看，在卜辞记录之外，商代发生日食这种重大不利天文现象时，应该与夏、周两代救日仪式相似。

（本文已刊发于《紫禁城》2023 年第 10 期）

The Solar Eclipse Recorded during the Reign of Zugeng in the Oracle Bone Inscriptions from the Palace Museum Collection

Han Yujiao

Abstract: In *The Palace Museum Collection of Oracle Bone Inscriptions: Xie Boshu Volume*, Oracle No. 17 had previously been overlooked and misinterpreted due to the poor quality of its rubbings. However, closer examination reveals a newly seen divination record concerning a solar eclipse. By analyzing the solar eclipse documented in the oracle bone, as well as the grouping of inscriptions and correlations with the reign periods of Shang kings, this article argues that the recorded eclipse likely occurred during the reign of Zugeng 祖庚, also recorded in the Li-group inscriptions. Furthermore, the eclipse may correspond to a historical solar eclipse event based on the linkage to known eclipse cycles. The divination recorded after the solar eclipse, when compared with historical texts, suggests that the Shang Dynasty's response to such significant and adverse astronomical events was akin to the "sun-saving" rituals 救日仪式 practiced during the Xia and Zhou dynasties.

Key words: The Palace Museum Collection of Oracle Bone Inscriptions; Solar Eclipse; Reign of Zugeng; Sun-saving

---

① 杜佑撰，王文锦等点校：《通典》卷七十八，北京：中华书局，1988 年，第 2114-2115 页。

哀成叔鼎新解[*]

何景成

（吉林大学考古学院·古籍研究所
"古文字与中华文明传承发展工程"协同攻关创新平台）

摘要： 哀成叔鼎铭文内容与丧葬有关，出土后即引起研究者的持续关注。对于铭文中一些字词的含义，及所涉及的人物关系，仍存在不少争议。通过与性质类似的器物铭文的比较研究，本文提出哀成叔鼎中的"嘉"应为作器者，该器是"嘉"为其亡父哀成叔所作的随葬品，供其在地下世界里继续服事康公。这种为逝者专门制作的青铜器，近年多有出土。对于考察周代随葬品的作用及丧葬礼俗文化的变迁，有着重要价值。

关键词： 哀成叔鼎；金文；随葬品

1966 年，洛阳博物馆在配合洛阳玻璃厂的基建工程中，发掘清理了十余座春秋战国时期的墓葬。其中 M439 为长方形竖穴墓，墓葬年代属春秋晚期。随葬的青铜器计有鼎、豆、匜、勺各一件。[①]除了勺之外，其余三件均有铭文，分别作（释文采用宽式）：

铜鼎：正月庚午，嘉曰：余郑邦之产，少去母父，作铸食器黄镬。君既安重（惠），亦弗其漤蔑嘉，是惟哀成叔。哀成叔之鼎，永用禋祀，死（尸）于下土，台（以）事康公，勿或能怠。

铜豆：哀成叔之簋。

铜匜：哀成叔之锹（匜）

哀成叔鼎铭文较长，内容颇具特点，出土后即引起研究者的广泛关注。张政烺、李学勤、蔡运章、刘宗汉、彭裕商、赵振华、李义海、赵平安等学者先后撰文，讨论该器的铭文释读、年代和人物等。对于这些问题，研究者的看法存在差异。为便于讨论，我们先逐句列出铭文含义，在介绍各家主要观点的基础上，阐释我们对此篇铭文语句的理解，进而讨论铭文所涉人物关系与器物性质。

---

* 本文为教育部哲学社会科学研究重大课题攻关项目"周代文字的发展传播与文化意义研究"（项目号 23JZD034）的阶段性研究成果。

① 洛阳博物馆：《洛阳哀成叔墓清理简报》，《文物》1981 年第 7 期。

一、铭文释读情况

1. 正月庚午

张政烺指出，铜器铭文常见"正月庚午"一语，"盖周人认为正月庚午是吉日，所以选择这一天铸器"。[①]

2. 嘉曰

张政烺认为，"嘉"是美称之词，由下文言"嘉是惟哀成叔"，可知"嘉"不是人名。李学勤、蔡运章等先生认为"嘉"应该是人名，为作器者的名字。李学勤推测"嘉"是郑国女子，哀成叔为其夫，与其君康公同死。[②]蔡运章认为其当是郑国的大夫公子嘉，是郑穆公之子。[③]李义海认为"嘉"应该是个动词，意思是称扬或赞颂。下文"嘉是惟哀成叔"的"是"为代词，表近指，这句话是说"称赞这位哀成叔"。[④]

3. 郑邦之产

张政烺谓其称"郑邦之产"，或是姬姓子孙。李学勤指出此句是嘉自述出身郑国。[⑤]

4. 少去母父

张政烺谓"母父"本当作"父母"，盖因叶韵故为颠倒。"去父母"是说离开故国，为质子于他邦，或国亡游避他邦。蔡运章认为"去"当解释为"亡"，此句是说"年少时死了父母"。李学勤认为"少去母父"是讲嘉于少时曾离开父母。[⑥]

5. 作食器黄镬

张政烺谓"黄"，指铜之颜色而言，假为"矿"。"镬"是烹煮肉类的大鼎，因

---

① 张政烺：《哀成叔鼎释文》，《古文字研究》第五辑，北京：中华书局，1981年，第27-34页。下文所引张政烺观点，如无特别注明，均出自此文，不再出注。

② 李学勤：《考古发现与东周王都》，原载《欧华学报》第1辑，1983年；收入李学勤：《新出青铜器研究（增订版）》，北京：人民美术出版社，2016年，第198-207页。《郑人金文两种对读》，原载《中华国学研究》创刊号，2008年10月；收入李学勤：《通向文明之路》，北京：商务印书馆，2010年，第166-170页。

③ 蔡运章：《哀成叔鼎铭考释》，《中原文物》1985年第4期。下文所引蔡运章观点，如无特别注明，均出自此文，不再出注。

④ 李义海：《哀成叔鼎铭文续考》，《漳州师范学院学报（哲学社会科学版）》，2003年第4期。下文所引李义海观点，如无特别注明，均出自此文，不再出注。

⑤ 李学勤：《郑人金文两种对读》。

⑥ 李学勤：《郑人金文两种对读》。

而称为食器。李学勤谓这件鼎系为故世父母而作,猜想嘉来到周都,父母已死,于是为之建庙铸器。①山西北赵晋侯墓地 M113 号墓出土有一件成康时期的格公方鼎,铭文说"格公曰铸銑钅刃鼎"。②"銑钅刃"都是形容"鼎"的③,"銑鼎"与"黄镬"类似。

6. 君既安叀,亦弗其盝蔞嘉

张政烺认为"君"是嘉所事之君,即下文之康公。古人作器,当颂扬其君之德,此二句亦犹是也。"叀"读为"专",小谨也。"盝"字上部所从为"黍","盝蔞"是连绵词,疑当读为"専濩"或"布濩",表示布散、分解之义。蔡运章读"安叀"为安惠,认为"安惠"当为终止了仁惠的一生之义。对于"盝蔞"一词,其赞同李学勤在 1983 年提出的说法,将之读为"顾护",表示看护之义。这句话大意是说,"康公已经终止了仁惠的一生,也不能看护哀成叔了"。赵平安赞同张政烺对"盝"字的分析,谓"盝蔞"就是古书中的"黍臛",是一种精美的食物,可以用来吃,也可以用来祭祀。句中的"亦"训为"大","弗"通"福",有备、盈、富的意思。"君既安,叀亦弗其盝蔞"这句话的意思是说:君已经安息了,(我)唯有大大地丰富他的黍臛。④李义海认为铭文中的"君"当指器主哀成叔,"安惠"是说哀成叔性情温和柔顺。"盝蔞"即后世所说的"黍臛",一种杂以黍米的肉羹,"弗其黍臛"是说其心性淳朴。刘宗汉对这句话进行了专门讨论,认为"安叀"读为"安专",是"安于小谨"的意思,其言外微意当是"安于无所作为"。"盝蔞"读为"跋扈",这是哀成叔对君的一种赞颂,说他不强梁暴横。铭文中的"君"可能如赵振华所言⑤,是郑国的亡国之君郑康公乙。⑥李学勤认为这句话应连接下文之"嘉"作"君既安叀,亦弗其盝蔞嘉"。这句话的主语是上文提到的嘉的父亲,"君"为其父之君,即下文之"康公"。"叀"读为"断",古称丧服之除为断。"盝"从"黍"声,读为"助"。全句是讲嘉的父亲于其君安葬除服之后逝世,也不再护助嘉了。⑦

从上引资料来看,研究者对"盝蔞"一词的释读,争议较大。安徽大学藏战国竹简《诗经》资料,为其中"盝"字的释读提供了新线索。《柏舟》篇诗句"髧彼两髦"之"髧"字,在安大简中作"䰇",根据上博简、清华简等资料,该字简

① 李学勤:《郑人金文两种对读》。

② 吴镇烽:《商周青铜器铭文暨图像集成三编》,上海:上海古籍出版社,2020 年,第 217 页。

③ "钅刃"字的隶定参考了蒋玉斌与笔者交谈的意见。

④ 赵平安:《哀成叔鼎"盝蔞"解》,《中山大学学报(社会科学版)》1992 年第 3 期。

⑤ 赵振华:《哀成叔鼎的铭文与年代》,《文物》1981 年第 7 期。

⑥ 刘宗汉:《哀成叔鼎"君既安专,亦弗其获"解》,《容庚先生百年诞辰纪念文集》,广州:广州人民出版社,1998 年,第 303-306 页。

⑦ 李学勤:《郑人金文两种对读》。

体作"𤕝"，与"盓"上半部字形一致。沈培据此认为"盓蔓"可读为"沈污"。①董珊将这句话读为"君既安，叀亦弗其盓"，认为"叀"读为"惠"，"盓"可读为"斩"，表示断绝的意思。"惠亦弗其斩"是说君对嘉的恩惠仁爱将不会也因此断绝失去②。

7. 是惟哀成叔

张政烺将之读为"嘉是惟哀成叔"，认为"是惟"二字构成一个词，古书中常见，或作"实维""时维""寔为"，相当于现在普通话说的"就是"。"哀成叔"为谥号，《逸周书·谥法解》"安民立政曰成"，"早孤短折曰哀"，"恭仁短折曰哀"。铭文中的"哀成叔"三字右下角各有两短画"〓"，研究者多认为是重文符号，蔡运章认为这里的"〓"是专名符号，应把"哀〓成〓叔〓"作为专名处理，读作"嘉是惟哀成叔之鼎"，"是惟"读为"是以"。李学勤认为"哀成"为嘉父亲的二字谥。③

8. 哀成叔之鼎

张政烺认为，同坑所出之铜器尚多，铭皆曰："哀成叔之□。"盖哀成叔短折，器服不备，其家人奉行遗志，为之铸造以殉。李学勤认为此与同墓所出豆、𦉢铭文一致，说明是祭哀成叔的祭器，既非其生前所有，也不是随葬他所用，从而嘉说"永用禋祀"。④

9. 永用禋祀

《说文》示部："禋，洁祀也。一曰：精意以享为禋。"

10. 死于下土

张政烺认为"死"读为"尸"，其义为主。该句的主语为"哀成叔"，从习惯省略。这里的"下土"指兆域，即地下宫室。哀成叔生事康公，死后也还可以主管康公冥府的事，故言尸于下土。蔡运章认为"下土"是指康公分封的国土或采邑。李学勤认为"下土"与金文中的"下都"相同，即后世所谓的"冥界"。⑤董珊认为"死"读为"尸"，意思是陈列，句意是说此鼎陈列在哀成叔的墓圹中，哀成叔也用此鼎来侍奉康公。⑥

---

① 黄德宽：《释新出战国楚简中的"湛"字》"补记"部分，《中山大学学报（社会科学版）》2018年第1期。

② 董珊：《释"浾"——兼说哀成叔鼎铭文》，收入清华大学出土文献研究与保护中心主编：《纪念清华简入藏暨清华大学出土文献研究与保护中心成立十周年国际学术研讨会论文集》，北京，2018年11月17—18日，第111-115页。

③ 李学勤：《郑人金文两种对读》。

④ 李学勤：《郑人金文两种对读》。

⑤ 李学勤：《郑人金文两种对读》。

⑥ 董珊：《释"浾"——兼说哀成叔鼎铭文》。

11. 台（以）事康公

张政烺认为"康公"或即郑康公，为郑国的亡国之君。哀成叔也许就是郑康公之子。蔡运章认为"康公"乃"嘉"所事之君，当是周顷王之子刘康公。李学勤认为此为周朝的刘康公，在《左传》中始见于宣公 10 年（公元前 599 年），其活动止于成公 13 年（公元前 578 年）。①

12. 勿或能旬（怠）

张政烺怀疑"能"为"罷"字之误（未写完全）。"旬"读为"怠"，伯康簋云："永保兹簋，用夙夜无旬。"蔡运章认为"能"读如殆，"旬"读如"怠"，这句话是说不敢有所怠慢。李学勤指出"能"训为"敢"。②董珊将此句读为"勿或能改"，句意是没有人能改变康公与哀成叔的君臣关系。③

二、人物关系

此器所涉及的人物或名号有"嘉""君""哀成叔""康公"等，他们之间的关系，是学者争论较多的问题，也是准确理解铭文的关键。在列举各家对铭文字词释读意见的基础上，我们先讨论铭文所涉及的人物关系，再讨论铭文的释读。

张政烺认为作铭者不是哀成叔本人而是他的家人，故铭文称"嘉曰"，嘉是美称，此人的真实名氏始终未露。器铸在身后，人已死而讳其名而称谥，铭文中的"君"为康公。蔡运章认为"嘉"即郑公子嘉，是康公的家臣，为哀成叔作器殉葬，哀成叔与康公关系密切，"君"为康公。李学勤认为哀成叔是器主嘉的父亲，"君"是指康公，哀成叔为康公家臣。

李学勤在解释此器铭文时，引入了两篇类似金文作为类比，这对于理解哀成叔鼎铭文的人物关系颇有助益。我们援引如下：

1. 郑庄公之孙鼎（《铭图》5·02409）④：

惟正六月吉日惟己，余郑臧（庄）公之孙，余剌（厉）之文子，皽（吾）作铸肆彝，以为父母，其徙于下都，曰："呜呼哀哉！剌（厉）叔剌（厉）夫人，万世用之。"

2. 郑庄公之孙缶（《铭图》25·14096）：

余郑臧（庄）公之孙，余剌（厉）之文子，择铸肆彝，以为父母。其正仲月

---

① 李学勤：《郑人金文两种对读》。
② 李学勤：《郑人金文两种对读》。
③ 董珊：《释"沃"——兼说哀成叔鼎铭文》。
④ 吴镇烽：《商周青铜器铭文暨图像集成》，上海：上海古籍出版社，2012 年。以下简称为《铭图》。

（？）己亥（？），升剌（厉）之尊器，为之若（？）缶。其献下都，曰："呜呼哀哉！剌□□□永□用（？）享。"

上述鼎、缶各有两件，形制、纹饰与铭文均相同，出土于湖北襄樊市襄阳余岗村团山春秋晚期墓地的一座墓葬中。发掘简报认为，团山东周墓地与江陵等地的楚墓具有一些共同点，如墓向、墓圹、墓道及棺椁结构等。然而二者在器物组合、葬式等方面也各自具有一些地域特征。出土鼎、缶铭文铜器的墓葬（编号为M1）为一椁两棺。发掘简报认为该墓出土的铜器有"郑庄公之孙"铭文，而且墓室结构为一椁两棺，随葬品分为两组，未经扰乱，两鼎两缶又都有内容相同的铭文，应该说是夫妻合葬墓。①

根据铭文内容和墓地特点，研究者指出 M1 的器主当是郑人而出仕于楚国。关于 M1 的墓主，李学勤认为应该是器主而不是器主父母。②冯峰则认为墓中随葬的尊鼎和尊缶即郑庄公之孙为其父母剌叔、剌夫人所作之器，M1 应该是剌叔和剌夫人的合葬墓。③

根据发掘简报，团山墓地出土的铜器一般制作比较精细，器形匀称，器表光滑，花纹繁缛而线条清晰，少部分器物还有浮雕。但由于长期使用，许多器壁留下磨损痕迹，水浸氧化铜器表面多呈翠绿色。④这说明鼎、缶是经长期使用的。由铭文可知，郑庄公之孙为其父母作器时，其父母已经过世。如果这是为其父母所作的随葬器并入藏墓中，这些器物应该不能有长期使用的痕迹。然而铭文又说器物要"徙于下都"或"其献于下都"，看来原本是准备将之作为随葬品跟随其父母入葬的。铭文中"呜呼哀哉！厉叔厉夫人"语句，李学勤指出乃器主哀悼父母之辞，与《礼记·檀弓上》所记鲁哀公诔孔子"呜呼哀哉，尼父"的语句相似。⑤这也说明此鼎缶是为安葬悼念其父母所作。然而，由于某种原因（可能是经济上的考虑），此鼎缶等器仍然在生活中使用，并最终作为作器者郑庄公之孙的随葬器。⑥

---

① 襄樊市博物馆：《湖北襄阳团山东周墓》，《考古》1991 年第 9 期。

② 李学勤：《郑人金文两种对读》。

③ 冯峰：《郑庄公之孙器辨析——兼谈襄阳团山 M1 的墓主》，《江汉考古》2014 年第 3 期。

④ 襄樊市博物馆：《湖北襄阳团山东周墓》。

⑤ 李学勤：《郑人金文两种对读》。

⑥ 作器为别人所作的随葬器未埋藏于该人墓葬中，而最终被埋藏于作器者墓葬中的现象，并不是很罕见。如张天宇分析黎城西关 M7、M8 墓葬的随葬品，认为 M7、M8 的墓主并非简报所说的 M7 为仲考父墓，M8 为其夫人季姒墓，而应该互换过来，即 M7 应为季姒墓，M8 为仲考父墓。从墓葬出土的青铜器及其铭文可知，季姒因仲考父去世而专门制作的一整套共 7 件铜礼器并没有被埋在仲考父的墓（M8）中，而是全部随葬于她自己的墓（M7）中。其将这种现象称为"遗器挪用"，并推测黎城西关 M7 中"遗器挪用"现象的出现，很可能是仲考父去世尚未及下葬、季姒也相继去世造成的。由于季姒去世突然，其亲属来不及准备专门的随葬铜礼器，便"挪用"了季姒为仲考父制作的铜礼器。参看张天宇：《考古发现中的"遗器挪用"现象：来自黎城西关 M7、M8 及随州枣树林 M190、M191 的启示》，香港大学中文学院、北京大学出土文献与古代文明研究所：《中国出土文献与古代文明国际学术研讨会会议论文集》，2024 年 5 月 25—26 日。

郑庄公之孙器铭说明，作器者郑庄公之孙制作祭祀父母厉叔厉夫人之器。这批器物按铭文说法本来是要"徙于下都"，随葬给厉叔厉夫人的。对照郑庄公之孙器，哀成叔鼎也应该是哀成叔的随葬器。根据发掘简报，哀成叔鼎盖顶有一环钮，外有两道凸棱，两棱之间竖立三个近似鸟形的装饰；鸟目为穿孔，孔内范泥尚存，说明是新铸器。①张政烺将"嘉"看作一种美称，并将"嘉是惟哀成叔"读成一句。这样可以避免将"嘉"视作人名后自作器而又自称谥号的矛盾。然而正如李学勤等研究者所言，铭文开首"嘉曰"，"嘉"即器主名。此类文例周代金文常见。因此，将"嘉"看作人名是比较合理的。如此，哀成叔鼎应是器主"嘉"为其逝世的父亲所作的随葬器。

铭文中的"少去母父，作铸食器黄镬"说明作器缘由，蔡运章谓"去"当解释为"死亡"。这一说法很有道理，"去"即"失去"。这说明作器者"嘉"在父母过世之时尚年少，而为逝去的父母作器。铭文紧接该句的"君"，当是指嘉之父母而言，而不是康公。《周易·家人》："家人有严君焉，父母之谓也。"可见，子孙对先祖和父母可以敬称为"君"。"君既安叀（惠），亦弗其漻夐嘉，是惟哀成叔"这一句，研究者或将"嘉"属下读作"嘉是惟哀成叔"。上文指出"嘉"理解为人名更合理，读作"嘉是惟哀成叔"的话则是自称谥号，这是比较罕见的。因此将"嘉"属上读更为合适。"安惠"是说"君"安详仁爱。"漻夐"的确切含义尚待进一步讨论，可能与作祟或降祸之类的含义相关。②古人认为死者"新陟"成为"人鬼"后，具备福佑或作祟于生人的能力。因而对此比较重视，消极的一面是希望"其鬼不祟"，积极的一面则希望其降福于人。③"君既安叀（惠），亦弗其漻夐嘉"的大意是说其父母安详仁爱，亦不会作祟于嘉。"是惟哀成叔"的主语是"君"，即作器者"嘉"逝去父亲的谥号为哀成叔。

"死于下土"的文例与郑庄公之孙器"其徙于下都""其献下都"类似，其主语都是所在文句提到的器物，讲的是对器物的处置。"下土"与"下都"含义一致，指冥界而言。"死"读为"尸"，指陈列之义。这句话的意思即董珊所谓"此鼎陈列在哀成叔的墓圹中"。"以事康公"即以之服事康公。"康公"当为哀成叔生前之君长。嘉为亡父哀成叔作器，说明要在下土继续以之服事康公，大概是为强调所在家室与康公的关系，希望能依靠父辈的余荫而继续得到康公家族的照顾。

通过以上的梳理，我们认为铭文大意是说，正月庚午，嘉说：我出身郑国，年少时失去父母，铸造食器镬鼎。父母安详仁爱，期望不会作祟于嘉，他就是哀成

---

① 洛阳博物馆：《洛阳哀成叔墓清理简报》。该鼎器底外有明显烟痕，可能是入葬仪式时留下的。

② 最近在福州举办的中国古文字研究会年会上，鞠焕文将"漻"释为"蠲"，"夐"改释为"夺"，谓"蠲夺"当读为"恚祟"，意指有所忿恨而作祟。参看鞠焕文：《哀成叔鼎"君既安叀，亦弗其漻获"解》，《古文字研究》第35辑，中华书局，2024年，第286-292页。

③ 陈剑：《简谈清华简〈四告〉与金文的"祜福"——附释唐侯诸器的"佩（赗）"字》，西南大学出土文献综合研究中心、西南大学汉语言文献研究所主办《出土文献综合研究集刊》第13辑，2021年，第13页。

叔（谥号）。哀成叔之鼎，永远以之祭祀，陈列于下土，以之服事康公，不敢有所懈怠。

哀成叔器与郑庄公之孙器等器物，是作器者"嘉"或"郑庄公之孙"为其亡父亡母专门制作的，是专用于服事逝者的随葬品。这类随葬品可归属于所谓的"明器"。[①]这种为逝者专门作器的现象，近年多有出土，如否叔器[②]和仲考父器[③]等，这对于考察周代随葬品的作用及其明器化过程等丧葬文化，有着重要价值。

A New Study on the Bronze Inscriptions on Ai Cheng Shu Ding–vessel

He Jingcheng

Abstract: The content of the inscription of Ai Cheng Shu Ding-vessel is related to funeral, and it has attracted the continuous attention of researchers after it was unearthed. There is still some controversy about the meaning of several words in the inscription and the relationship between the characters involved. Through a comparative study of the similar bronze inscriptions, this paper proposes that the "Jia" in the Ai Cheng Shu Ding should be the maker of the bronze vessel, and the vessel is the burial object made by the "Jia" for his deceased father, Ai Cheng Shu, for him to continue to serve Kang Gong in the underground world. This kind of bronze ware has been unearthed several times in recent years. It is of great value for investigating the role of funeral goods and the changes of funeral customs in the Zhou Dynasty.

Key words: Ai Cheng Shu Ding-vessel; bronze inscription; burial goods

---

① 目前所使用的"明器"的概念比较复杂，林沄谓，我们今天使用"明器"一词是指非实用的模型性、象征性的随葬品，但在先秦文献中的"明器"一词，实际有两种不同的含义。第一种含义是广义的，而且可能是比较原始的，是泛指在墓中随葬的给亡灵用的东西。第二种含义是狭义的，可看作儒家对"明器"一词的解说或定义。细分又有两类：第一类含义最狭窄，指与生者之器有别而不可用的东西。第二类含义稍宽，指下葬时弄得和实用状态有某种差别的器物。无论是第一类解释，还是第二类解释，都只是儒家在理论上的主张，并不等于社会实际。参看林沄：《周代用鼎制度商榷》，原载《史学集刊》1990 年第 3 期，收入《林沄学术文集》，北京：中国大百科全书出版社，1998 年，第 202-204 页。

② 张光裕：《西周遗器新识——否叔尊铭之启示》，《"中研院"史语所集刊》第 79 本第三分，1999 年，第 761-776 页。

③ 山西省考古所：《山西黎城西关墓地 M7、M8 发掘简报》，《江汉考古》2020 年第 4 期。

《甲骨拼合六集》序

黄天树

（清华大学出土文献研究与保护中心）

　　《甲骨拼合六集》（以下简称《拼六》）是继《拼集》（2010 年）、《拼续》（2011年）、《拼三》（2013 年）、《拼四》（2016 年）和《拼五》（2019 年）之后的第六本甲骨缀合专书，收入了我们 2017 年 7 月至 2021 年 12 月的缀合成果共 255 则（自第 1207 则起至第 1461 则止）。至此，我们所拼缀的甲骨已达 1461 则了。

　　首先，谈谈计算机缀合成果。

　　《拼六》首次收入计算机缀合成果。过去，我们都是依靠人脑来进行甲骨缀合的。利用计算机来缀合甲骨，可以追溯到 20 世纪 70 年代。1973 年美国加州大学周鸿翔就尝试用计算机进行缀合。1975 年四川大学童恩正等在《四川大学学报（自然科学版）》发表了《关于使用电子计算器缀合商代卜甲碎片的初步报告》。进入21 世纪以后，随着计算机技术的进步，利用计算机辅助甲骨缀合的设想逐渐变为现实。近年来，中国社会科学院先秦史研究室网站已经发表了一批计算机辅助缀合的甲骨。《拼六》收入的首都师范大学（莫伯峰）和河南大学（张重生、门艺）署名"缀多多"发表的《AI 新缀二十则》就是计算机缀合成果。"缀多多"为人工智能缀合模型，莫伯峰、门艺负责模型的学术部分，张重生负责模型的技术部分。

　　其次，谈谈人脑缀合成果。

　　《拼六》一书人脑缀合成果内容重要者很多。下面选取一则，以见一斑。

　　《拼六》1207 是一版大的牛肩胛骨，正反两面都密密麻麻刻满卜辞。为简明起见，今将需要讨论的一条正反连读的卜辞录之于下，然后再加以阐述。为阅读方便，释文尽量用通行字。

　　[癸子（巳）]卜，争[贞]：旬[亡]忧。（以上刻在正面的骨颈部位）王占曰："有咎，曡光其有来艰，气至。"六日戊戌允有[来艰]，有寇在曼寽；在㲋（晻）田农亦焚廪三。十一月。（以上刻在反面的相应部位）

　　《拼五》1048[《缀集》12（《合》583 正+7139）+11454+40663]；《拼六》1207[《合》583 反（《宁》2·29+2·31）+《故宫新》180886]

　　《拼六》1207 卜骨正面即《拼五》1048，是由四块残骨（《合》583 正+7139+

11454+40663）缀合而成的，其中，《合》583 正+7139 为蔡哲茂所缀，见《缀集》12，其后，刘影加缀《合》11454+40663，收入《拼五》1048。蔡哲茂《缀集》（第 356 页）说："《合》7139 现藏北京故宫博物院。"我咨询在故宫博物院任职的李延彦博士，她告诉我，《合》7139 卜骨在《甲骨文合集》中只有正面的拓本而没有反面的拓本。2017 年故宫博物院出版的《大隐于朝：故宫博物院藏品三年清理核对成果展》（第 24 页）一书中收录此卜骨正面和反面的彩色照片（故宫博物院编：《大隐于朝：故宫博物院藏品三年清理核对成果展》第 24 页，故宫出版社，2017 年），反面卜骨的彩照上写有收藏号"新 180886"（即《故宫新》180886）。从《故宫新》180886 反面的彩色照片看，反面好像没有刻字，所以《合》7139 仅拓正面，未拓背面。蔡哲茂《缀集》12 上了《合》7139 的当。其实，仔细观察《故宫新》180886 彩照，卜骨反面左上角有一道自上而下的骨脊"疏松质"锯痕，锯痕上端隐隐约约有"含"和"田"两个涂朱的残字，读者检视《故宫新》180886 彩照自明。《合》583 反和《故宫新》180886 反缀合之后，断边密合，残字"含"和"田"破镜重圆，骨脊"疏松质"锯痕也得以贯通。"田"字以下属于"疏松质"锯痕，"疏松质"锯痕之处通常是不刻字的。《合》583 反是由《宁》2·29+2·31 拼合而成的。检视《宁》2·31 摹本，胡厚宣摹本显示卜骨右上角是有两个残字的，但摹得不太准确，我们根据彩照《故宫新》180886 反认为该卜骨右上角是"含"和"田"的残字（参看胡厚宣：《战后宁沪新获甲骨集》第 110 页第 31 片，来熏阁书店，1951 年 4 月）。甲骨文含字，可以隶定为含，从日合声。"合"在匣纽缉部，"晻"在影纽谈部，故"晻"可以"合"为声。甲骨文"晻"字用法有两种：一、用其本义，如"其晻酒"（《合》30956），《广雅·释诂四》："晻，冥也。"指日入天黑之时；二、用为地名。《拼六》1207 的"晻"是地名。"在晻田农"，在晻地农田的农耕者。这些农耕者因不堪商王的残酷剥削而暴动。验辞记载了戊戌日发生的两次灾难。第一次是"寇"在曼地的建筑物"宇"发生了暴乱，第二次是在晻地的农耕者焚烧了三座粮仓。

博士研究生胡东昕协助我承担了《甲骨拼合六集》索引表等撰写校对工作，出力甚多；莫伯峰、刘影、李爱辉等分别承担了校对工作，十分辛苦，特此致谢（本文所论甲骨见文后附图 1—5）。

黄天树

2023 年 9 月 12 日于清华园

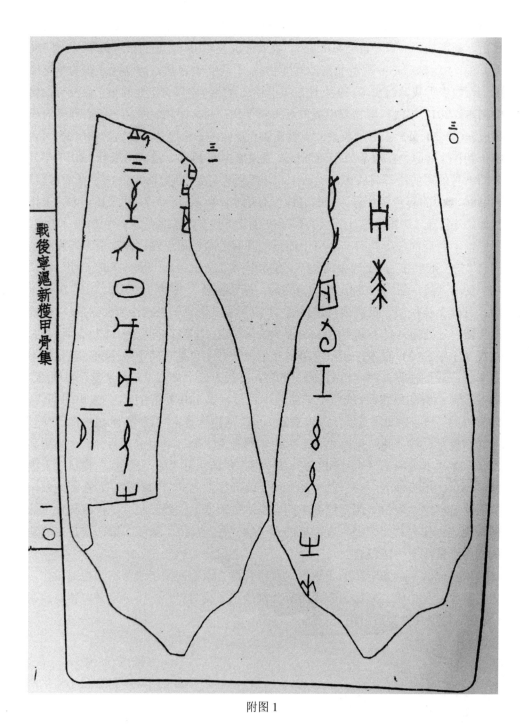

附图1

6. 癸丑卜争贞旬亡田有希等字刻辞牛骨

商

长 14.5 厘米　宽 10.2 厘米

49 字。宾组二类。河南安阳小屯出土。1975 年收购。

释文：

（1）……争，贞旬亡田。王固曰：业……业来观。讫或乎告曰：……

（2）癸丑卜，争，贞旬亡田。……业希观。九日辛［酉］……

（3）癸亥卜，争，贞旬亡田。［……业希］观。五日丁

卯王昇……亦叔，在［车］。

　著录：《甲骨文合集》7139。（见骍）

附图 2

附图 3

附图 4

附图 5

撰写"甲骨学"辞条之思考

——附"甲骨学"辞条*

黄锡全

（郑州大学汉字文明研究中心
"古文字与中华文明传承发展工程"协同攻关创新平台）

摘要：本文记述撰写"甲骨学"辞条所涉及的有关问题的一些考虑，并以甲骨学的发展阶段为重点，撰写了"甲骨学"辞条，意在听取学术界的意见。

关键词：甲骨学；思考；辞条

任何一门学科都有一个产生、发展、变化及不断被认识的过程。甲骨学也不例外。甲骨文自 1899 年被发现以来，已历经两个甲子。商周有字甲骨发现已有 16 万片左右，甲骨文单字 4500 个左右，对其研究已取得丰硕成果。但何时形成"甲骨学"，如何科学定义甲骨学，"甲骨学"究竟属于什么学科，如何看待甲骨学的发展等，学术界的认识或看法有所不同，还值得进一步理解与总结。过去，已有学者在不同时期从不同角度做过一些阐述或研究，尤其是严一萍、张秉权、王宇信先生等。他们的意见值得重视（见下面所引有关论著）。

只因有幸主编《甲骨学大辞典》，又由我撰写"甲骨学"辞条，需要对此有一个比较清晰的认识或界定。下面的记述，是我的学习与有关考虑，不一定正确，请读者批评、指正。

一、"甲骨学"名称的出现

"甲骨学"这一名称最早出现于何时，过去以 1930 年周予同在商务印书馆《学生杂志》第 17 卷第 2 号上发表的《关于"甲骨学"》为最早。或以为是朱芳圃先生。朱先生 1933 年出有《甲骨学文字编》、1935 年出有《甲骨学商史编》。[①]其实，

---

  * 本文为国家社科基金重大项目（18ZDA303）、"古文字与中华文明传承发展工程"重大项目（G3026）"甲骨学大辞典"的阶段性成果之一。所附"甲骨学"辞条拟收入辞典，故不加注释。在"甲骨学"辞条撰写过程中，曾与博士研究生王艳丽、杨鹏华多次讨论，又请中华书局张芃编辑，项目组齐航福、刘风华、苗利娟、章秀霞、王建军等学者提出宝贵意见，谨此致谢！

  ① 如李学勤：《甲骨学一百年的回顾与前瞻》，《文物》1998 年第 1 期。朱芳圃：《甲骨学文字编》，上海：商务印书馆，1933 年。朱芳圃：《甲骨学商史编》，上海：中华书局，1935 年。

1928 年 11 月闻宥先生发表在《民铎杂志》第九卷第五号上的《甲骨学之过去与将来》，是最早使用"甲骨学"这一名称的学者，只因有学者将闻宥此文的标题"甲骨学"写成了"甲骨文"①，造成失误，以致引用者沿其误，掩盖了真实情况。张秉权先生是最先发现这一问题的学者。②他谈道：

> 董、胡合著的《甲骨年表》中，却将闻宥的论文题目改为《甲骨文之过去与将来》，将"学"字改成了"文"字，一字之差，"甲骨学"的被认定延迟了三年。

近年，邓章应先生也注意到这一问题，并撰文纠正。③这一名称稍后也见于当时学者论著。如[苏联]布那柯夫《甲骨学之新研究》（1933 年）④、李星可《甲骨学目录并序》（1934 年）⑤、郑师许《我国甲骨学发展史》（1935 年）⑥、陈竞明《三十五年来的甲骨学》（1935 年）⑦、胡厚宣《甲骨学商史论丛初集》（1944 年）等。⑧"甲骨学"名称便流行开来。但有的学者没有区分甲骨学与甲骨文，如上列"我国甲骨学发展史""三十五年来的甲骨学"中的"甲骨学"，就当是"甲骨文"。

闻宥先生提出"甲骨学"这一名称，并对其进行阐述，其首倡之功不可磨灭。然而，因囿于当时的认识，他的理解也是有局限的。他谈道⑨：

> 至于此学之命名，则亦不一：有以其地名之者，是谓殷墟文字，罗氏及一般用之；有以其质名之者，是谓龟甲兽骨文字，林泰辅及其他日人多用之；更有以其用途名之者则为卜辞；以其制作名之者则为契文。吾人以为卜辞契文，不易取仞，而殷墟两字，尚有可商，故当从其质名；而此学之足以研治，又不仅限于文字，故不当与文字两字自囿；如是言之，则当称曰甲骨学。

可见他认为的"甲骨学"还是指"甲骨文"，只是名称不同，当属于狭义的"甲骨学"。但是，他已意识到这种研究"又不仅限于文字"，还有文字以外的内容，又

---

① 董作宾、胡厚宣：《甲骨年表》，上海：商务印书馆，1937 年，第 22 页。胡厚宣：《五十年甲骨学论著目》，北京：中华书局，1952 年，第 161-164、29 页。

② 张秉权：《甲骨文与甲骨学》，台北：编译馆，1988 年，第 88 页。

③ 参见邓章应："甲骨学""甲骨文"术语的早期使用），黄德宽主编：《第七届中国文字发展论坛论文集》（一），2021 年，第 218 页。同时也指出，最早在刊布的论著中使用"甲骨文"名称的是陆懋德发表在《清华周刊》1923 年 12 月 21 日第 299 期的《甲骨文之历史及其价值》；最早使用"甲骨文字"名称的，是抗父（樊炳清）1922 年发表在《东方杂志》第十九卷第三号上的《最近二十年间中国旧学之进步》一文；最早使用"甲骨文字学"的是 1929 年冯宗麟先生《甲骨文字学史》一文，刊《中央大学半月刊》1929 年第 1 卷第 2 期。

④ [苏联]布那柯夫：《甲骨学之新研究》，《通报》1933 年第 32 卷第 5 期。

⑤ 李星可：《甲骨学目录并序》，《中法大学月刊》1934 年第 4 卷第 4 期。

⑥ 郑师许：《我国甲骨学发展史》，复旦大学中国文学系《文学期刊》1935 年第 2 期。

⑦ 陈竞明：《三十五年来的甲骨学》，《考古》1935 年第 3 期。

⑧ 胡厚宣：《甲骨学商史论丛初集》，成都：齐鲁大学国学研究所，1944 年。以上所举还可参阅王宇信、杨升南主编：《甲骨学一百年》，北京：社会科学文献出版社，1999 年，第 16 页。

⑨ 闻宥：《甲骨学之过去与将来》，《民铎杂志》1928 年第 9 卷第 5 期。

近似于广义的"甲骨学",在当时还是难能可贵的。这就为进一步探讨甲骨文与甲骨学打开了空间,其见识与贡献应该肯定。

二、"甲骨学"的界定

如何科学界定"甲骨学",即给"甲骨学"一个什么样的准确定义,各家表述及看法不一。现列举具有代表性者数例,以见一斑。

《中国大百科全书·考古学》"甲骨学"条(1986年,作者胡厚宣、王宇信)[①]:

考古学分支学科之一,以出土的刻有文字的龟甲和兽骨为研究对象。甲骨学的内容,包括文字释读、卜法文例以及分期断代研究、文字内容和社会历史考证等。甲骨学的研究对中国古代史、古代科技史以及古代文字学、语言学等方面的研究均有重要意义。

张秉权先生认为(1988年)[②]:

如果甲骨学的内容和范围,只限于甲骨的文字方面的学问,那么说它属于文字学的一部分,自然没有错。事实上,现在的甲骨学所研究的对象,不仅限于文字方面的一隅。所以它与文字学应该是两门不同的学科。这一点,恐怕连先师董彦堂(作宾)先生都还没有仔细加以区别。

甲骨学所研究的是甲骨文,但并不限于甲骨文字,凡是和卜用甲骨以及卜辞所涉及的一些有关的事项,都在研究的范围之列。

王宇信、杨升南主编的《甲骨学一百年》(15页,1999年)认为,这是"第一次较为全面地给甲骨学作了科学界定"(全按:此时距闻宥论文发表已60年)。

王宇信先生认为(1989年)[③]:

甲骨学是以古遗址出土供占卜用的有字龟甲和兽骨为研究对象的一门学问。这些有字龟甲和兽骨,主要为商朝后期(公元前十四世纪至公元前十一世纪)的遗物;近年在山西、陕西、北京等西周遗址中,也有有字甲骨出土,扩大了甲骨学的研究范围。(1页上)

甲骨学已成为一门有严密规律和许多重大研究课题的新兴学科。(1页下)

而甲骨学,是以甲骨文为研究对象的专门学科,是甲骨文自身固有规律系统的和科学的反映。正是由于甲骨学的不断发展,这些"断烂朝报"中所蕴藏的

[①] 中国大百科全书总编辑委员会《考古学》编辑委员会、中国大百科全书出版社编辑部编:《中国大百科全书·考古学》,北京:中国大百科全书出版社,1986年,第224页。

[②] 张秉权:《甲骨文与甲骨学》,台北:编译馆,1988年,第3、7页。

[③] 王宇信:《甲骨学通论》,北京:中国社会科学出版社,1989年,第1、4页。

古代社会奥秘才被学者们一一窥破。因此，我们决不能把甲骨文与甲骨学混为一谈。（4 页）

《辞海》"甲骨学"（1989 年）[①]：

历史学和古文字学的一个分支学科。研究对象是商周时代刻在龟甲和兽骨上的文字。内容包括甲骨发现历史，甲骨文流传、著录、卜辞内容研究情况，龟甲兽骨种属、来源、使用部位、占卜过程、时期等。

《中国语言学大辞典》"甲骨学"条（1991 年）[②]：

研究甲骨文资料的学科。古文字学的一个分支。它是十九世纪末发现甲骨文以后建立起来的新兴学科，又是与历史学、历史地理学、语言文字学及古代科技史等学科有交叉关系的学科。甲骨文的考释、通读、断代等甲骨学的基础研究工作，甲骨的来源、整治、钻凿等情况以及甲骨文反映出的社会历史、地理、语言、文字、科学等方面的问题也都是甲骨学研究的内容。

李学勤先生认为，甲骨学的内涵可有广狭之分（1998 年）[③]：

狭义的甲骨学特指甲骨及其文字本身的研究，广义的则举凡以甲骨文为材料论述历史文化者皆得纳入。

宋镇豪、刘源先生在前人论述的基础上，进一步归纳为（2006 年）[④]：

甲骨学就是以甲骨文和它的载体卜甲、卜骨及相关考古学现象为研究对象，整合古文字学、历史学、考古学、历史文献学、文化人类学等多个学科的理论、方法和材料探析甲骨文和甲骨自身规律及商周历史文化的专门性学科。概言之，甲骨学是对甲骨文的内容及其材料内涵的研究，是一门新兴史料的专门性学科。

孟世凯《甲骨学辞典》"甲骨学"条（2009 年）[⑤]：

学科名。专门研究我国古代占卜所用的龟甲、兽骨文字的学科。是近代一门新兴学科。产生于 1899 年（清光绪二十五年）殷墟甲骨被认识以后，成为一门专门学科则在二十世纪三十年代初期。是历史学、考古学和古文字学的重要分支学科。内容包括甲骨发现历史，甲骨文流传、著录，卜辞内容研究情况，龟甲和兽骨种属、来源、使用部位，占卜过程、时期等等。目前发现的甲骨文主要是出土

[①] 辞海编辑委员会：《辞海》（1989 年版缩印本），上海：上海辞书出版社，1994 年，第 1886 页。

[②] 中国语言学大辞典编委会：《中国语言学大辞典》，南昌：江西教育出版社，1991 年，第 1-2 页。

[③] 李学勤：《甲骨学一百年的回顾与前瞻》，《文物》1998 年第 1 期。收入《当代学者自选文库·李学勤卷》，合肥：安徽教育出版社，1999 年。

[④] 宋镇豪、刘源：《甲骨学殷商史研究》，福州：福建人民出版社，2006 年，第 19 页。近见宋镇豪：《甲骨文与甲骨学——我们在做的学术工作》，"出土文献与中国古代文明研究暨中国先秦史学会第十二届年会"论文集，中国先秦史学会、武汉大学中国传统文化研究中心主办，2023 年 9 月 15—17 日。读者可以参阅。

[⑤] 孟世凯：《甲骨学辞典》，上海：上海人民出版社，2009 年，第 193 页。

于殷墟商代后半期和出土于周原西周早期的遗物。所以甲骨学研究也是以殷墟和周原出土的甲骨文为主。

《语言学名词》"甲骨学"条（2011 年）[①]：

以 19 世纪以来陆续发现的殷墟甲骨文和西周甲骨文为主要研究对象，以甲骨文字的考释、甲骨文资料的整理和研究为主要内容的学科。

《中国考古学大辞典》"甲骨学"条（2014 年，撰稿者：冯时）[②]：

考古学分支学科。以商周甲骨文为研究对象的学问。包括整理缀合、文字考释、卜法文例、分期断代和历史考证等，对古代史、科技史、古文字和语言学研究具有重要意义。

黄德宽《古文字学》的分支"甲骨学"[③]：

以殷墟甲骨为主要研究对象的学问。研究甲骨文字和语言现象，占卜形式和内容，卜骨钻凿与整治，甲骨断代，卜辞反映的殷代社会和历史文化，甲骨的流传与研究历史等众多方面。甲骨学内容丰富，牵涉面很广。1977 年陕西岐山凤雏村出土了大批西周甲骨，又为甲骨学提供了新的课题。

从上列几种意见可以看出，关于甲骨学涵盖的内容这一点，看法大体类似，即具有所谓的广狭二义，只是具体划分有所不同。

但是，"甲骨文"成为"甲骨学"，涉及"学"的问题还需要讨论或仔细斟酌。

一门学术称之为"学"，又发展为学科，应有一定的要求或标准。就目前学术界的一般看法而言，构成一门独立学科的基本要素主要有三点[④]：

1. 研究对象或研究领域，即这门学科具有独特的、不可替代的研究对象，具有特殊的规律。

2. 理论体系，即形成特有的概念、原理、命题、规律，构成严密的逻辑系统。

3. 有一定的研究方法。

甲骨学研究的对象是甲骨本身及其文字、内容等，具有独特性、不可替代性，有其特殊的规律。1899 年发现甲骨文至 1937 年 15 次科学考古发掘结束，相距近40 年，经过以罗振玉、王国维为代表的学人探索、研究，已经大致摸索到了有关概念、规律、研究方法等，并取得了一定的成就。如刘鹗首次编辑出版《铁云藏龟》（1903 年），孙诒让写成《契文举例》（1904 年），罗振玉出版《殷商贞卜文字

---

① 语言学名词审定委员会：《语言学名词》，北京：商务印书馆，2011 年，第 19-20 页。

② 王巍总主编：《中国考古学大辞典》，上海：上海辞书出版社，2014 年，第 2 页。

③ 黄德宽：《古文字学》，上海：上海古籍出版社，2015 年，第 5 页。

④ 可参阅孙绵涛：《学科论》，《教育研究》2004 年第 6 期；常文磊：《学科问题研究综述》，《黑龙江高教研究》2009 年第 1 期。

考》（1910 年）、《殷虚书契》（1911 年为三卷，1913 年为八卷，1914 年《殷虚书契考释》出版），王国维的《殷卜辞中所见先公先王考》及《续考》（1917 年）、《殷周制度论》（1917 年）的完成，在学术界产生了较大影响，进而形成"罗王之学"。王襄完成《簠室殷契类纂》（1920 年）、《簠室殷契征文》（1925 年）。叶玉森《殷契钩沈》（1923 年）、《说契》《研契枝谭》出版（1924 年）。商承祚《殷虚文字类编》出版（1923 年）。[加]明义士《殷虚卜辞》（1917 年），是欧美学者所编第一部甲骨著录书。[日]林泰辅《龟甲兽骨文字》（1917 年，日本大正六年影印），是日本学者所编第一部甲骨著录书。1928 年闻宥发表有《甲骨学之过去与将来》。1933 年董作宾创建断代标准，撰《甲骨文断代研究例》（1933 年），将发现甲骨按商王世系分为"五个时期"，凿破混沌，成为划时代著作。1935 年，唐兰《古文字学导论》，是第一部全面阐述古文字学的理论著作。这些均为甲骨学的研究与建立奠定了基础。

1899 年至 1939 年的 40 年间，甲骨文成为正式的学术研究对象，甲骨出土由"乱掘"变为科学的"考古发掘"，相关资料不断出版，中外学者共同参与，考释方法逐渐理论化和多样化，利用甲骨文材料进行的商史研究也取得很大进展，各种条件基本具备，一门新的学科——甲骨学就此形成。

"甲骨学"的形成问题也是不断加深认识的结果，原因之一就是有的学者将"甲骨文"与"甲骨学"混同。事实上，狭义的甲骨学就是主要研究甲骨文的，认识有一个过程。前辈学者的认识，有一定的局限，实属正常。如董作宾先生曾将"甲骨文"与"甲骨学"混同。他曾说："我生在光绪乙未（1895 年），比起甲骨学要大他四岁。"他又说："真正科学的甲骨学研究，至多是刚刚开始，也许尚待起头。六十年，也不过如此。"显然前面所说的"甲骨学"指的就是"甲骨文"。[①]所以前举张秉权先生才这样说，"这一点，恐怕连先师董彦堂（作宾）先生都还没有仔细加以区别"。其实，董先生所从事的研究多是甲骨学涉及的方面，并非单单甲骨文字，如考古发现与发掘、古代器物、收藏与著录、商代历史与社会、研究动态等。他所说"'甲骨学'三个字连在一起成为一个名词，是新近的事；甲骨学成为一种学问，也是新近的事"，当是指他认为的真正的"甲骨学"，是 20 世纪 60 年代已经到了巩固时期的"甲骨学"。

三、"甲骨学"究竟属于什么学科

那么，"甲骨学"究竟属于什么学科呢？各家说法不一，有曰考古学、历史学、文字学、古文字学分支学科等，或曰交叉、边缘学科，如何确定，需具体考量，明确有关概念。

---

① 董作宾：《甲骨学六十年》，台北：艺文印书馆，1965 年，第 103 页。又可参见王宇信、杨升南主编：《甲骨学一百年》，第 18 页引。

所谓学科（前面已经谈到需要具备三个基本要素），就是指某一方向的相对独立的知识体系。有关方面为便于学习和科学研究，把科学知识进行编目后的分类单位称为学科。如《辞海》"学科"条云[①]：

1. 学术的分类。指一定科学领域或一门科学的分支。如自然科学中的物理学、生物学；社会科学中的经济学、教育学等。

2. "教学科目"的简称，亦即"科目"。

换言之，"学科"一词具有以下两种含义：

1. 相对独立的知识体系。人类所有的知识，或划分为五大门类：自然科学、农业科学、医药科学、工程与技术科学、人文与社会科学。

2. 我国高等教育划分为 13 个学科门类：哲学、经济学、法学、教育学、文学、历史学、理学、工学、农学、医学、军事学、管理学、艺术学。

下列不同"学科"的定义，对于我们理解"甲骨学"应归属哪个学科有重要参考价值。

交叉学科（"百度百科"）[②]：

交叉学科是指不同学科之间相互交叉、融合、渗透而出现的新兴学科。交叉学科可以是自然科学与人文社会科学之间的交叉而形成的新兴学科，也可以是自然科学和人文社会科学内部不同分支学科的交叉而形成的新兴学科，还可以是技术科学和人文社会科学内部不同分支学科的交叉而形成的新兴学科。

边缘学科（"百度百科"）[③]：

边缘科学（又称交叉科学）是在两个或两个以上不同学科的边缘交叉领域生成的新学科的统称。边缘学科的生成一般有两种情况。一种是某些重大的科研课题涉及两个或两个以上学科领域，在研究过程中，便在这些相关领域的结合部产生了新兴学科。诸如物理化学、生物力学、技术经济等。另一种情况，是运用一门学科的理论和方法去研究另一学科领域的问题，也会形成一些边缘学科。诸如射电天文学和天体物理等。

考古学[④]：

考古学属于广义历史学的一部分，与文献历史学共同承担着研究人类历史的任务。考古学的研究对象主要是古代人类活动遗留下来的遗迹和遗物，由于它是

---

① 辞海编辑委员会：《辞海》（1989 年版缩印本），第 1269 页。
② 李进才主编：《高等教育教学评估词语释义》，武汉：武汉大学出版社，2016 年，第 155 页。
③ 胡昭广：《领导干部科技手册》，北京：北京出版社，1996 年，第 17 页。
④ 王巍总主编：《中国考古学大辞典》，第 1 页。

以研究人类的文化和社会为目的，故属于人文学科的范畴。又由于……因此，考古学属于最大的一个交叉学科。

历史学[①]：

社会科学的一个部门。研究和阐述人类社会发展的具体过程及其规律性的学科。

历史学类专业主要包括中国史、世界史、考古学一级学科，以及博物馆学、民族学、文物学等二级学科。

文字学[②]：

语言学的一个部门。以文字为研究对象，研究文字的起源、发展、性质、体系，文字的形、音、义的关系，正字法以及各别文字演变的情况。

古文字学[③]：

研究古文字的学科。以考古发现或传世的古代各种铭刻和书写资料为主要研究对象，考释字形，明确音义阐释其负载的历史文化内涵等。例如埃及的圣书字和古汉字的研究等。

古文字学[④]：

以古文字亦即古汉字为研究对象的学科。对这个学科的性质学术界认识尚未统一。有的认为它是语言文字学的一个分支，研究古汉字的性质、结构、起源和发展；有的认为它是历史考古学的一个门类，专门释读出土文字资料并确定其史料价值；有的则认为古文字学就是考释古文字之学。近年来，越来越多的学者主张古文字学是介于文字学和考古学之间的边缘学科。它既要研究古文字的起源、性质、结构演变以及考释古文字的方法，又要在考释古文字的基础上，解读相关的出土文献，并揭示这些文献的历史文化的奥秘。古文字学同语言学、文字学息息相关，它在探索汉语语源以及汉藏语系的比较研究等方面具有特殊的作用。对历史学、考古学来说，古文字学在重构商周史及确定遗址、遗物的年代等方面，意义尤为重大。古文字学自春秋战国萌芽以来，长期是小学、金石学的附庸。直到进入本世纪，才逐渐成为一门独立的学科。近年来，它的发展尤为迅速，成为一门既古老而又年轻的新兴学科。古文字学过去主要以先秦的古汉字为研究对象。近年随着出土资料的急剧增加，不少学者主张扩大古文字学的研究范围，上限要追

---

① 辞海编辑委员会：《辞海》（1989 年版缩印本），第 165 页"历史学"、第 816 页"史学"。

② 辞海编辑委员会：《辞海》（1989 年版缩印本），第 1733 页。

③ 语言学名词审定委员会：《语言学名词》，第 19-20 页。

④ 中国语言学大辞典编委会：《中国语言学大辞典》，第 1-2 页。

溯到比甲骨文更早的原始汉字，下限要延伸至秦汉简帛。这就意味着，古文字学除原有的有关甲骨文、金文、战国文字的三个分支外，还将增加一个新分支——简帛学。随着研究的深化以及资料的增加，有关原始汉字的研究也可望在不久的将来成为又一个新分支。

古文字学①：

古文字学的研究对象是地下新发现的古文字资料，与传统文字学最大的不同就是它具有交叉性、综合性的特点。古文字学与语言学、考古学、历史学和古文献学密切相关，研究古文字必须综合运用多学科知识，因此，古文字学是一门公认的交叉边缘学科。

根据上列相关材料，一般认为语言学属于人文学科（文学），文字学属于语言学，古文字学属于文字学，甲骨学属于古文字学：

人文学科>语言学>文字学>古文字学>甲骨学

现在的高校，将"古文字学"科目或设置在历史系、中文系、考古系，因此培养的学生侧重点不一（古文字学科目与古文字学有所区别）。但越来越多的学者倾向"甲骨学"为独立的学科、交叉学科等。

通过学习比较，个人的基本考虑是：任何一门学科都会涉及其他学科，要看以什么为主，不能站在各自的立场夸大其作用。一门学科分为"狭义""广义"有一定道理。否则一门"学科"就会变为两种甚至多种学科，就会无限扩大、漫无边际，不易统属。狭义的"甲骨学"以研究甲骨文字为主，应属于古文字学。广义的"甲骨学"似可成为相对独立的学科或交叉学科，但不能脱离统属关系。如金文学、简帛学、战国文字学、传抄古文学等，都会涉及很多方面。如简帛学还可分出简帛文字学，战国文字学又可分出陶文学、玺印学、货币文字学、石刻文字学等，但也不能脱离统属关系，即都应属于古文字学。"交叉"或"边缘"只是就其特点而言，似不能代替应该归属的"学科"。

或以为甲骨学属于历史学、考古学等的分支学科，就是认知或所处角度不同。划分学科要有侧重，甲骨学以甲骨文的研究为基础，因此当以狭义为主，理应归入语言文字学中的古文字学。

至于"甲骨学"辞条后半部分的写法，原有三种考虑：侧重甲骨学主要方面的成就；侧重甲骨学与有关学科的关系；侧重甲骨学的发展阶段。经多方考虑，选择了第三种。考虑到"甲骨学"研究的不断延伸，阶段不宜划分过细，要为后来的研究留下空间，所以采取了大致的年代整数 40 年、100 年、120 余年。<u>每一阶段的划分，包含有大致年代、甲骨文材料的发现与整理公布、重要总结性论著的刊布等。</u>

---

① 黄德宽：《古文字学·前言》，第 1 页。

根据前贤所述及有关研究，综合学习有关方面，草拟"甲骨学"辞条如下，请大家提出宝贵意见。

甲骨学　主要是以商周时期的甲骨文及其载体卜甲、卜骨为重点研究对象，并对其相关内容（或资料）展开研究的学科。分为广狭二义：狭义者主要包括甲骨文字考释、卜法文例、词汇语法、刻辞内容、分期断代，及材料来源、甲骨整治、甲骨形态、残片补缀、校重辨伪等；广义者还包括甲骨的发现与发掘、收藏与著录、保护与传承、商周历史与文化、学人与著述、学史梳理与研究动态、数字化建设等。甲骨学因以甲骨文研究为重点，属于广义的古文字学，又涉及文字学、语言学、历史学、考古学、文献学、历史地理学、文化人类学等方面，是一门新兴的交叉学科。

甲骨学与相关学科之间存在着辩证的关系。即甲骨学的研究能为其他学科的研究注入新的活力，相关学科的研究亦可为甲骨学的研究提供佐证，二者相互促进与补充，实现共同发展。

甲骨学、古文字学、文字学三者隶属关系明确，但研究的侧重点不同。文字学研究侧重文字发展的总体规律，古文字学以先秦未识字为研究重点，甲骨学则主要研究商周时期的甲骨文。文字学、古文字学因甲骨文的发现、研究及甲骨学的建立得以完善，继而帮助解决其中的疑难问题，比如纠正《说文解字》存在的错误及完善"六书"理论等。考释甲骨文或通读甲骨文资料，还需具备语言学（包括语音、词汇、语法）方面的知识。例如不了解先秦语音，就不能正确理解甲骨文资料中的通假现象。反之，甲骨学资料和甲骨文字本身，对研究先秦语言又有着重要的意义。例如要构拟商代或上古语音，商代甲骨文就是最直接的原始资料；可以利用甲骨文中的谐声和假借所反映的语音信息来构拟商代音系或具体字音。

历史学方面，商周史与甲骨学的研究可以互证。如《史记·殷本纪》，上甲"微"以下顺序为报丁、报乙、报丙、主壬、主癸。王国维据殷墟出土甲骨文，订正为报乙、报丙、报丁、示壬、示癸，纠正了《殷本纪》顺序的错误，指出"主"为"示"字，证明《史记·殷本纪》所记商代世系基本可信，使商代的历史成为信史。甲骨学与考古学的关系紧密。大部分甲骨材料为考古发掘所得；商周考古中发现的遗迹遗物，能为甲骨文字考释与研究提供丰富的资料；同时，甲骨学研究成果又有助考古地层的划分或器物年代的确定等。刘一曼的《殷墟考古与甲骨学研究》就具有一定的代表性。

此外，历史地理学、文献学以及民族学等方面的知识或材料，对理解甲骨学资料和考释甲骨文字也都是很重要的佐证。甲骨学资料和甲骨文字本身，也能为这些学科提供相关的根据或信息。

截至目前，共发现商、周甲骨 20 万片左右（商 16 万片左右），甲骨文单字 4500 个左右。这些资料奠定了从事各方面科学研究的基础。发现甲骨文之后的 120 余年中，经过几代学者的共同努力，甲骨学研究不断向前推进。甲骨学大致可以划分为形成、巩固、发展三个阶段。

1. 形成阶段（1899—1939 年）

这一阶段，是甲骨学的形成时期。甲骨文被发现后，学术研究持续深入，其研究领域逐渐突破传统金石学的范畴，由此开始形成了一门独立的学科。

清光绪二十五年（1899），王懿荣及王襄、孟定生等首先发现甲骨文。刘鹗编辑第一部甲骨著录《铁云藏龟》，判定甲骨文为"殷人刀笔文字"，使甲骨从古董变为可资利用的研究资料。孙诒让写出第一部考释甲骨文的著作《契文举例》。罗振玉确定甲骨出土地为安阳小屯村，考证此处为晚商都城"殷墟"，并相继刊布《殷虚书契前编》《后编》《续编》及《殷虚书契考释》等有关资料及考释文字论著，使甲骨卜辞基本可以通读。王国维、郭沫若、王襄、叶玉森等，以及[加]明义士、[日]林泰辅、[美]方法敛等外国学者的有关著录、考释文字著作先后出版，成为可供进一步研究的重要材料。王国维《殷卜辞中所见先公先王考》及《续考》，据甲骨文印证了《史记·殷本纪》的史料价值。继而郭沫若著《卜辞中的古代社会》《卜辞通纂》等论著，开辟了古史研究的新途径。

甲骨文的发现，揭开了中国现代考古学的序幕。1928—1937 年，中央研究院历史语言研究所在殷墟进行了十五次科学考古发掘，获得大批甲骨。尤其是第十三次发掘 YH127 甲骨窖藏，发现甲骨 17096 片。1933 年董作宾撰《甲骨文断代研究例》，创建断代标准。1935 年唐兰著《古文字学导论》，全面阐述古文字学的理论。

1899 年至 1939 年的 40 年间，甲骨文成为明确的学术研究对象，甲骨出土由"乱掘"变为科学的"考古发掘"，相关资料不断出版，中外学者共同参与，考释甲骨文方法逐渐理论化，利用甲骨文材料进行的商史研究也取得较大进展，各种条件基本具备，一门新的学科——甲骨学就此形成。

2. 巩固阶段（1939—1999 年）

这一阶段，时间跨度一甲子，时局跌宕起伏，艰难曲折。抗日战争期间，殷墟发掘被迫停止，人员资料迁徙；抗日战争胜利后，内战继起。经中外学者的不懈努力，甲骨学的研究没有间断，尤其是 1949 年中华人民共和国成立后，又有不少新的发现与成果问世。

1950 年恢复殷墟考古发掘，是对甲骨学的重大推动。60 年间，在殷墟及殷墟之外不断发现商、周甲骨。如 1973 年在小屯村南地出土甲骨 1 万余片，1991 年在殷墟花园庄东地出土甲骨 1583 片，1977 年在陕西岐山凤雏宫殿基址窖穴出土西周甲骨 1 万 7 千余片等。这些发现，拓展了视野，为进一步研究提供了新的资料。

此间流散中外的甲骨不断得到收集、整理与著录。殷墟 1—15 次发掘所得汇集成《殷虚文字甲编》《殷虚文字乙编》。郭沫若主编、胡厚宣总编辑的《甲骨文合集》，是甲骨学史上里程碑式的著作。严一萍《商周甲骨文总集》在我国台湾出版。这些资料为开展有关方面的研究作出了重大贡献。

相关工具书陆续编辑。甲骨文字编、字典方面如《甲骨文编》《甲骨文字典》，辞例检索方面如《殷墟卜辞综类》《殷墟甲骨刻辞类纂》，汇集考释文字成果方面如《甲骨文字集释》《甲骨文字字释综览》《甲骨文字诂林》，论著目录方面的汇编如《五十年甲骨学论著目》《百年甲骨学论著目》等。这些工具书为甲骨学的研究提供了方便。

这一时期，甲骨文字考释及语法研究等方面的成果较为突出。如于省吾《甲骨文字释林》、裘锡圭《古文字论集》、唐兰《甲骨文自然分类简编》、管燮初《殷虚甲骨刻辞的语法研究》等，具有代表性。

甲骨文断代方面，主要有胡厚宣、陈梦家和［日］贝冢茂树等对董作宾的分期意见作出补充和纠正。小屯南地甲骨的发现和 T53④A 早期地层，印证了陈梦家等提出的所谓"文武丁卜辞"为武丁时代的推断。1976 年妇好墓的发现，引起历组卜辞能否提前的讨论。李学勤等人与萧楠等人的争论，对甲骨文断代的研究起了很大的推进作用。商周历史研究的范围不断扩大，对商代的历法、礼制、军事、农业、经济、科技等诸领域也多有专门研究。西周甲骨研究成为此间的热点。

这一时期涌现出来的学者较多，如以郭沫若、董作宾、唐兰、于省吾、商承祚、胡厚宣、陈梦家等为代表的老一辈学者，以严一萍、张秉权、李学勤、裘锡圭等为代表的后辈学者，以［加］明义士、［日］岛邦男等为代表的外国学者；不少新生力量相继得到培养，尤其是 1978 年恢复研究生招生后，形成了稳定的甲骨学研究队伍。同时，相关学术机构不断成立，于此阶段创立的多种学术期刊成为甲骨学研究的重要阵地，诸多学术研讨会在世界各地召开，促进了学术研究的交流与沟通。

陈梦家著《殷虚卜辞综述》，系统总结了 1899—1956 年近 57 年间出土的甲骨资料和研究成果；王宇信、杨升南主编《甲骨学一百年》，对百年来甲骨学研究作出了全面总结。1999 年恰逢甲骨文发现 100 周年，甲骨学在这一阶段得到了巩固。

3．发展阶段（1999 年至今）

这一阶段，商周甲骨时有发现，甲骨著录有创新，甲骨缀合成就丰硕，甲骨文组类研究活跃，商周史、字词、语法等研究成果较多，工具书编撰有增进，数据库建设有发展，国家政策扶持有力度。

2002 年在殷墟小屯村南发现有字甲骨 228 片。2003 年在山东济南大辛庄遗址发现商代卜甲 14 片。2009 年在殷墟王裕口村南发现两座"贞人墓"。2002 年陕西扶风齐家村发现西周甲骨 11 片。2004 年陕西岐山周公庙遗址出土西周甲骨 700 多片，发现有人名"周公"、地名"新邑""唐"等。2018 年在宁夏彭阳姚河塬商周遗址发现有字卜骨 1 片，有 35 字。这些发现又增加了对商周甲骨分布的认识。此间私藏甲骨陆续公布，公藏甲骨重新著录者较多。著录书多采用彩照（或多角度）、拓本、摹本三位一体的新方式，可以还原甲骨形态，有助于诸多方面研究的深入。黄天树主编《甲骨文摹本大系》，是按照新的理论与方法、以摹本的形式综合整理研究甲骨文资料的集大成之作。

甲骨缀合研究，经曾毅公、郭若愚、张秉权、严一萍、桂琼英等早期学者的探索与实践后，又有不少后辈学者投入其中，蔡哲茂、林宏明、黄天树等贡献尤多。

甲骨组类研究进一步细化，根据字体与组类分别研究，成就显著。甲骨文字词考释难度加大，考释水平逐渐提高，除传统方法外，利用晚出金文、竹简等材料考释甲骨字词成果逐渐增多；有关甲骨学理论研究又有新成果。如陈剑《甲骨金文考释论集》、林沄《古文字学简论》等。张玉金《甲骨文语法学》，是全面论述甲骨文语法的专著。对殷商史的研究也有不少进展，尤以宋镇豪主编的《商代史》为代表，利用甲骨文材料对殷商时期的各方面分别进行专题研究。此间甲骨文工具书影响较大者，有《新甲骨文编》《甲骨文字编》及王宇信主编的《殷墟文化大典》等。刘钊主编《传承中华基因——甲骨文发现 120 年来甲骨学论文精选及提要》，精选甲骨学史上的经典论文 120 篇加以编排并附以提要，全面展现了甲骨学史的发展经历和演变过程。

甲骨学逐步迈入智能化时代，借助大数据、云计算等新手段，多种甲骨文检索数据库相继诞生，甲骨学资料网站逐渐增多，大大方便了甲骨学者对相关资料的检索、利用与研究，推动了甲骨学研究不断向新的方向迈进。未来依托数字化技术，可以改变甲骨文资料的储藏方式、获取手段并提升甲骨文整理与释读水平，为甲骨学的传承、传播与各方面的研究开辟新的途径。

国家对甲骨学研究高度重视，资助力度加大，各种项目相继推出。2020 年11 月，国家八部门启动"古文字与中华文明传承发展工程"，并成立以黄德宽为主任的专家委员会，推动甲骨学研究迅速发展。

甲骨文是汉字的源头，是中华文化与思想的根脉，也是中国最早的成文文献，蕴含深远的意义与价值。2006 年 7 月 13 日殷墟被列入《世界文化遗产名录》，2017 年 10 月甲骨文成功入选《世界记忆名录》，甲骨文价值得到世界公认。甲骨学研究在世界范围内取得了可喜成就，并呈现出蓬勃发展的趋势。甲骨学已成为举世瞩目的国际性显学。

Reflections on the Writing of "Oracle Bone Study" Entry

—Attached "Oracle Bone Study" Entry

Huang Xiquan

Abstract: This paper presents some considerations related to the writing of the "Oracle bone study" entry. And the "Oracle bone study" entry is written with a focus on the development stages of Oracle bone study. It is intended to solicit opinions from the academic community.

Key words: Oracle bone study; Reflections; Entry

论"文""字"职用的异同[*]

李运富　闫　潇

（郑州大学文学院
"古文字与中华文明传承发展工程"协同攻关创新中心）

摘要："文"始见于甲骨文，形体来源于有文身之人形，本义为刻画线纹或刻画的线纹，先秦时已引申出文字符号义。"字"始见于金文，形体来源于双手助产妇分娩之形，与"娩"字同形分化，专门记录生育义，并引申指由"名"滋生的字号，约在西汉时，由名字称号义引申出文字符号义。许慎对"文""字"的分别说明，意在阐释同一事物的不同命名及其理据，而不在辨明所指的结构类型差异，故"文""字"指称文字符号时基本含义相同，常通用同用。但由于"文""字"产生文字符号义的时代不同，音义来源不同，引申路向不同，存现语境不同，二者又各有使用特点，在某些情况下不可互换。"文""字"的使用区别大致表现在三个方面：一是古代与后代的区别；二是群体与个体的区别；三是整体与部分的区别。

关键词：文；字；文字；理据；职用；同异

"文""字"最初都不表示跟语言相对的书写符号概念。先秦的"文"已引申记录{文字}^①义，西汉时"字"也产生了{文字}这一职能。"文"和"字"指称文字符号时，有时同义，可通用互换或同义连用，有时显示出不同的使用特点，不可互换。李运富曾从文字的"独体""合体"说和"形声相益"的训诂入手，还原许慎对"文""字"关系的认识，认为许慎眼中"文""字"的差异并非所指是独体还是合体，而是能指的命名理据。^②本文拟结合《说文解字》及其他文献用例，从"文""字"的实际使用角度，探讨"文""字"的本义、{文字}职能的来源以及二字在记录{文字}职能时的异同。

---

* 本文为国家社科基金重大项目（项目编号：21&ZD299）和国家古文字工程项目（项目编号：G1426）的相关成果。原载于《古汉语研究》2024 年第 2 期，并被人大复印资料《语言文字学》2024 年第 9 期全文转载。

① 本文用"{ }"号表示某一词项，以便需要时与对应的"字"相区别。没有对应关系而不易混淆的词形或词义正常表述，不加"{ }"号。

② 详参李运富：《汉字"独体""合体"论》，《中国文字学报》第 6 辑，北京：商务印书馆，2015 年，第 175 页；李运富：《"形声相益"新解与"文""字"关系辨正》，《语言科学》2017 年第 2 期。

一、"文""字"的本义及{文字}职能的来源

"文"与"字"可以单用，可以合用，所具含义和所指对象有同有异。历来对"文""字"记录{文字}义的来源和彼此的异同看法并不一致或并不明晰，今据文献用例进行考辨。

（一）"文"的本义及{文字}职能的来源

"文"字始见于殷商甲骨文，主要有"𢦏"（《合》①947 反）、"𣦵"（《合》18682）、"𣦵"（《合》36534）等形体，象正立人形，身上有刻画之纹饰（也有省略身上刻纹者）。学界对"文"的这一构形理据的认识较为一致，但对"文"字本义的判定却各有不同。主流观点与"文身"有关：或看作名词，如徐中舒"以文身之纹为文"，朱芳圃、严一萍同此观点；或以为动词，如商承祚说"文"字"当是'祝发文身'"，孙海波亦举"断其发文其身"为例；而吴其昌据"文考""文妣"等辞例认为"文"象"繁文满身而端立受祭之尸形"，李孝定"颇疑'文''大'并'人'之异构"，实则纹身之人。也有从人身之外来分析"文"字的，如林义光认为"文"的本义为"文章"，马叙伦认为"文"是"黹绣之道画"。②

殷商甲骨文辞例中"文"主要有三种用法：一是记录地名，如"贞于文室"（《合》27695）；二是记录人名或族名，如"文入十"（《合》4611 反）；三是记录商王名等尊称之修饰词，如"文武帝"（《合》35356）。其中第三种用法出现频率最高。西周金文中，这一用法更加常见，多冠于"考""祖""父""母"等祖先、长辈的称呼之前，当是对甲骨文用法的沿袭，如"文考"（《集成》00036）、"文且（祖）"（《集成》00109）等。

楚简中"文"才见记录{花纹}之例，还引申出动词装饰、修饰义，如：

（1）不备（服）汰（花）文（纹），器不囗（雕）镂，不痕（虐）杀，与民分利，此以自㤅（爱）也。（《清华简·五·汤处于汤丘》16）

（2）文之以色，均之以音，和之以昧（味），行之以行，坒（匡）之以厽（参），尾（度）之以五。（《清华简·六·管仲》6）

---

① 为行文简便，本文将《甲骨文合集》简称为《合》，《殷周金文集成》简称为《集成》，《清华大学藏战国竹简》简称为《清华简》，《上海博物馆藏战国楚简》简称为《上博简》，《说文解字》简称为《说文》，《说文解字系传》简称为《说文系传》等。

② 以上观点详参李圃主编：《古文字诂林》（第7卷），上海：上海教育出版社，2003年，第68-71页。又，2023年12月1日王宁在网络公众号"群玉册府"上发表《说"文"解"字"》，认为"文"就像一个正面站立的人形胸腹胀满的样子，本义表示闷满。但文献中找不到任何一个跟"文"字这样的构意和本义相关的用法，而实际具有的各种"文"的用法和意义都只能看作借用，这不利于整理"文"的职用系统。

前例之"文"记录花纹义,这种用法在传世文献中更常见,如《周易·系辞下》:"物相杂,故曰文。"又专指纺织品上的花纹、色彩,《荀子·非相篇》"观人以言美于黼黻文章",杨倞注:"黼黻文章皆色之美者。"后也用"文"代指锦绣等织物,《楚辞·招魂》"被文服纤"王逸注:"文谓绮绣也。"此外,由于花纹一般都在物体表面,又引申指事物外在的表现形式,如《礼记·乐记》:"屈伸俯仰缀兆舒疾,乐之文也;……升降上下周还裼袭,礼之文也。"后例中"文"为动词,记录装饰义。《礼记·玉藻》:"大夫以鱼须文竹。"孔颖达疏:"文,饰也。"《论语·子张》:"小人之过也必文。"其中的"文"亦为装饰义,但带有贬义,指遮盖、粉饰。

出土文献中未见"文"记录{文身}的用例,传世文献中有"身将隐,焉用文之"(《左传·僖公二十三年》)、"越人断发文身"(《庄子·逍遥游》)、"东方曰夷,被发文身"(《礼记·王制》)等用例,其中"文"皆为动词刺画花纹义。"文"的字形来源于有文身之人形,其中蕴含的花纹义和刻画花纹义应是"文"的本用职能。甲骨文中记录地名、人名的"文"可能跟{文身}没有关系,而修饰商王和祖先等名称的美誉义当是由花纹义引申出来的。

表示{文字}义的"文"也应该由花纹义引申而来,因为最初的文字符号也是描摹客观物象的线纹。但目前出土的先秦文献中未见"文"表示{文字}义的用例,而传世的先秦文献却已常见,详下文,此略举两例:

(3)[成季]及生,有文在其手曰"友",遂以命之。(《左传·闵公二年》)

(4)楚子曰:"非尔所知也。夫文,止戈为武。"(《左传·宣公十二年》)

(二)"字"的本义及{文字}职能的来源

"字"始见于金文,如商代晚期的"字父己"觯,字形作"![字形]"(《集成》6270),"角字父戊"鼎,字形作"![字形]"(《集成》1864),均从"宀"从"子"。西周和春秋时期的金文"字"主要有四种用法:一是记录{子}义,如"百字千孙"(梁其簋《集成》4149);二是记录{慈祥}义,如"遝之字父"(僕儿钟《集成》183);三是记录{滋长}义,如"俾百斯男而艺斯字"(叔尸镈《集成》285);四是记录{生育}义,如"既字白期",郭沫若、于省吾等认为,"既字白"即金文中常见的"既生霸",为月相名,"字""生"同义。①

简帛文献中,"字"记录{生育}的用法更加丰富,如:

(5)有(又)令隶妾数字者,诊甲前血出及癥状。(《睡虎地秦墓竹简·封诊式》86)

(6)女子以巳字,不复字。(《睡虎地秦墓竹简·日书甲种》150正)

---

① 详参周法高主编:《金文诂林补》(第6册),台北:"中研院"史语所,1982年,第4257-4258页。

传世文献中"字"还有{妊娠}义，如：

（7）女子贞<u>不字</u>，十年乃字。（《周易·屯卦》）

（8）苦山有木，服之<u>不字</u>。（《山海经·中山经》）

（9）妇人<u>疏字</u>者子活，数乳者子死。（《论衡·气寿》）

《说文·子部》："字，乳也。从子在宀下，子亦声。"段注："人及鸟生子曰乳，兽曰孳。""字"训"乳"即"生育"义。马叙伦认为"孕、字本是一字，形误为字"，高田忠周认为"字"本义为"妊娠"。① "字"当{生育}或{妊娠}讲的文献例证都有，但记录词项{生育}的频率更高，而且甲骨文中已有表示"妊娠"义的"孕"字，字形作"🧍"（《合》21070），战国时字形作"🧍"（《上博简三》周50）、"🧍"（《诅楚文》秋渊），有完整的字形演变链条，故"字"的本用职能应该是{生育}。

就{生育}义而言，一般分析其形义理据为"屋内生子，故从宀子"。也有人认为从"宀"之字多与房屋有关，生育应主要跟女人相关，所以"子在宀下"之形与"生育"义并不紧密，形义关系欠明确。李天虹认为"字"记录"生育""妊娠"的这种用法"或许是'娩'的误识，也可能是由'娩'的误识衍变而来"②；李守奎认为有两个同形的"字"，其中表生育义的"字"来自"娩"的讹变③；禤健聪则认为"字"（生育）与"娩"（分娩）两个音义的书写符号均源于甲骨文的"🧍"（《合》14020）、"🧍"（《合》14002）这类形体，属于两个词的同形分化④；还有王宁，认为"字"是"子"的异体，"子"既有幼子义，又有生育、抚育义。⑤我们基本赞同禤说，甲骨文中"🧍"这一形体当是{分娩}与{生育}二词的共同形体来源，二词义虽相近，但侧重不同，一个侧重于胎儿脱离母体这一具体生理过程，一个侧重于生产养育这一抽象概念。随着汉字的发展，记录两个词的字形逐渐发生变化，原本"一形多用"变为两个不同的形体，由"🧍"讹变分化的"字"成了表{生育}义的专用字。

人出生后，长辈会给婴儿取一个"名"，以便称呼。婴儿成年后，又会取一个"字"，这个"字"也是名称，因为在"名"之后，且与"名"意义相关，相当于由"名"滋生，所以叫作"字"。"字"的{名字}义在文献中首先作动词用，如《老子·道德经》："吾不知其名，字之曰道，强为之名曰大。"《礼记·曲礼上》："男子二十冠而字。父前子名，君前臣名。女子许嫁，笄而字。"这些"字"都是"取字"的意思，跟"名"相对而言。其后发展出名词用法，如《礼记·檀弓》"幼名，冠字（此为动词）"，孔颖达疏："始生三月而加名，故取幼名；年二十，有为人父

---

① 详参李圃主编：《古文字诂林》（第7卷），上海：上海教育出版社，2003年，第1085-1086页。

② 李天虹：《楚简文字形体混同、混讹举例》，《江汉考古》2005年第3期。

③ 李守奎：《汉字为什么这么美》，西安：陕西师范大学出版社，2019年，第9页。

④ 禤健聪：《"字""娩"用字同形分化考》，《古汉语研究》2019年第4期。

⑤ 王宁：《说"文"解"字"》，https://mp.weixin.qq.com/s/1ZLv4iL08m0owQAv_OTcyQ，2023年12月1日。

之道，朋友等类不可复呼其名，故冠顶加字（此为名词）。"《白虎通·姓名》："闻名即知其字，闻字而知其名，盖名与字相比附故。"

"名"的本义为{命名}，引申表示{名称}。徐灏《说文解字注笺》"名"字条说："名必以文，故文字因谓之名。"陈澧《东塾读书记》："未有文字，以声为事物之名，既有文字，以文字为事物之名，故文字谓之名也。"可见"名"的口语{名称}义与书写{文字}义具有从虚到实的引申关系，将名称写出则为文字，故"名"可以指书写符号，这种用法的"名"在先秦文献中常见，相当于"文"。同理，"字"的{文字}义也应该是从{字号}义引申的。因为"字"为别名，故"字"亦可指书写符号。正因为"字"的{文字}义跟"名"的{文字}义引申理据相同，所以在汉代的训诂材料中，"字"与"名"的关系比"字"与"文"的关系更为密切。汉代的训诂学家常用"字"训"名"，如《周礼·秋官·大行人》"谕书名"，郑玄注："书名，书之字也，古曰名。"《周礼·春官·外史》"掌达书名于四方"，郑玄注："谓若《尧典》《禹贡》，达此名使知之。或曰：古曰名，今曰字，使四方知书之文字得能读之。"

直到三国时期韦昭注《国语》才有"文，字也"的同义解释，后杜预注《左传》亦用"字"释"文"。①明代顾炎武言"春秋以上言文不言字"，清代段玉裁进一步指出"古曰文，今曰字"②。可见，汉代以后才逐渐将"文""字"作为一组关系来认识。"字"记录{文字}义，较早的传世文献用例如：

（10）有敢剟定法令，损益一字以上，罪死不赦。（《商子·定分》）

（11）有擅发禁室印，及入禁室视禁法令，及禁剟一字以上，罪皆死不赦。（《商子·定分》）

（12）古者三皇之世，虚无之情以制刚强。无有文字，皆由五行。（《六韬·龙韬·五音》）

（13）琅邪台，立石刻，颂秦德，明德意，曰："……器械一量，同书文字，日月所照，舟舆所载，皆终其命，莫不得意，应时动事。"（《史记·秦始皇本纪》）

（14）九九八十一，……。凡千一百一十三字。（《里耶秦简·九九》6-1）

前两例出自《商子》，但该书的成书年代有争议，约成于战国末期（前260—前221），但经汉代刘向校理才成"定本"③。而且其中《定分》一篇根本不是商

---

① 《国语·晋语八》："夫文，虫皿为蛊。"韦昭注："文，字也。"《左传·宣公十二年》："夫文，止戈为武。"杜预注："文，字。"

② 段玉裁在"慎博问通人，考之于逵，作《说文解字》"下注："既曰'说文'，又曰'解字'者，古曰'文'，今曰'字'，言'文''字'以晐古文、籀文、小篆三体；言'说''解'以全晐指事、象形、形声、会意、转注、假借六书。"

③ 据司马迁《史记·商君列传》："余尝读商君开塞耕战书，与其人行事相类。"今《商子》存《开塞》《农战》二篇，故《商君书》或在西汉初期就已成形，"自刘向手校后《商君书》才有了它的'定本'"。详参林祥：《〈商君书〉研究》，西北师范大学博士学位论文，2006年，第19页。

鞅所作①，所以《定分》用例无效。第三例的《六韬》确实是先秦的古书，"可是和银雀山汉墓竹简本《六韬》对比，可知今本的《六韬》被后人改造得太厉害，不仅把大量的古语改造成后世平白的语言，里面还加入了许多秦汉以后的内容，所以这个'文字'是不是原书所有的，只能存疑了"②。琅琊石刻有"同书文字"，顾炎武《日知录》卷二十一"字"条说："春秋以上言文不言字……以文为字，乃始于《史记》。秦始皇琅邪台石刻曰：'同书文字'。"③段玉裁也说"此言字之始也"，都认为"字"从秦代开始有记录{文字}的用法。但今存琅琊台刻石残留的篆文中未见"文字"二字，容庚考证《史记》中关于刻石内容的记载，认为除从臣姓名外，皆非刻石所有。④里耶秦简的"字"见于"九九乘法表"的最后，该表从开头的"九九八十一"到末尾的"凡千一百一十三字"，共有 39 句。"凡千一百一十三字"说的是乘法表中所有乘积的和等于1113，那么"凡千一百一十三字"这个"字"的意义，可能是当时的一种筹算单位，并非表示{文字}。

比较可靠的认识，应该是西汉才有用"字"表示{文字}义的用法。东汉用"字"记录{文字}的用法明显增多，如《说文》、大小郑笺注中俯拾即是。这里从西汉出土文献中举几个确实的{文字}义的用例：

（15）试史学童以十五篇，能风书<u>五千字</u>以上，乃得为史。（《张家山汉简·二年律令·史律》475）

（16）□□□而误多少其实，<u>及误脱字</u>，罚金一两。误其事可行者，勿论。（《张家山汉简·二年律令·贼律》17）

（17）私臣，门东，北面，西上，献次众兄弟。升受，降饮。<u>凡三千四百卅字</u>。（《武威汉简·甲本仪礼五·特牲二》53）

（18）凡九夺，所以趋适也。<u>四百二字</u>。（《银雀山汉墓竹简·兵法佚文·五度九夺》340）

综上，说"文"表示{文字}义来源于"依类象形"的"物象之本"，而"字"表示{文字}义来源于由"文"孳生，这是不准确的。因为描摹客观事物只是文字的形源，而不是"文"表示{文字}义的语源。而"字"并非由"文"生成，因为"文"表示{文字}义是泛指全体，并不限于独体字，"字"的构造成分也不全是独

---

① 《定分》中"丞相"这一官职是商鞅死后才有的，《史记·秦本纪》："二年，初置丞相，樗里疾、甘茂为左右丞相。"这里的"二年"是秦武王二年（前309）。详参高亨：《商君书注译》，北京：清华大学出版社，2011年，第106-107页。

② 王宁：《说"文"解"字"》，https://mp.weixin.qq.com/s/1ZLv4iL08m0owQAv_OTcyQ，2023年12月1日。

③ 顾炎武《日知录》卷二十一："春秋以上言'文'不言'字'……以'文'为'字'乃始于《史记》'秦始皇琅邪台石刻曰：同书文字'……此则'字'之名自秦而立，自汉而显也与……三代以上言'文'不言'字'，李斯、程邈出'文'，降而为'字'矣。二汉以上言'音'不言'韵'，周颙、沈约出'音'，降而为'韵'矣。"

④ 容庚：《秦始皇刻石考》，《燕京学报》1935年第17期。

体字；而且在"字"表示{文字}义之前，已经有常用的{名字}义了。所以我们认为："文"字的形体来源于有文身之人形，本义为刻画线纹或刻画的线纹，而{文字}义是在这一本义基础上引申出来的。"字"的形体当源于甲骨文以双手助产妇分娩之形，后分化为表{分娩}的"娩"字和表{生育}的"字"字。"字"由生育义引申为由"名"孳生的{字号}义，从而具有{取字}{名字}等职能，并由语言的{名字}称号义引申出书写的{文字}符号义。这些字词（义）可以构成"名—字"（口语称号）、名（口语称号）—名（文字符号）、字（口语字号）—字（文字符号）、"名—字"（文字符号）、"名—文"（文字符号）、"文—字"（文字符号）等不同对应关系。下面重点讨论"文—字"的关系。

二、"文""字"职用之同

"文""字"在记录{文字}符号义时，最初都泛指文字，没有区别，属于同义词。

这里首先要辨明一下"独体为文，合体为字"的观点。许慎在《说文·叙》中对"文""字"作了关联："仓颉之初作书，盖依类象形，故谓之文。其后形声相益，即谓之字。文者，物象之本（段玉裁据补）；字者，言孳乳而浸多也。著于竹帛谓之书，书者，如也。"后人据此认为"文"和"字"作为记录语言的书写符号是有区别的。如南宋郑樵在《通志·六书略》中说："独体为文，合体为字。"把"文""字"二者的区别看作是结构类型不同。郑樵还把"文""字"跟"六书"的前五书对应："象形、指事，文也；会意、谐声、转注，字也。"后人一般不提"转注"，但承认前四书的对应，于是形成"文=独体字=象形字+指事字""字=合体字=会意字+形声字"的认知模式，并把这种认知强加给许慎。如明代张自烈《正字通》在"文"字的注解中说"许慎曰'独体为文，合体为字'"，清代陈梦雷《古今图书集成·字学典》也有"许叔重云'独体为字，合体为文'"的说法。其实这可能是误解，许慎根本没有说过这样的话，《说文·叙》中关于"文""字"的论说，目的不在区别文字符号本身，而是说同为文字符号为什么既叫"文"又叫"字"，其实还有"书"，他在探究"文""字""书"的命名缘由，说明为什么一物有三名。因为有些字"依类象形"，是"物象之本"，着眼于这一点，就把文字叫作"文"；而有些字不是直接依据客观事物创造的，而是利用已获得语言要素（音义）的现成形体彼此组合滋生出来的，这种滋生的形体不受客观事物形体的限制，可以不断增加符号数量以满足记录语言的需要，着眼于符号滋生繁衍的特点，就把文字叫作"字"；如果着眼于书写，心里创制的符号必须书写到竹帛等载体上才能发挥功用，所以文字也可以叫作"书"。可见"文""字""书"是同一事物的不同名称，命名理据不同而已。或者也可以看作音义来源不同的一组同义词，许慎要辨析的是它们的能指不同，而不是所指不同。正如"医生""大夫""郎中"能指不同（命名理据不同）而所指相同（同一职业人员），也正如"古曰名，今曰字"一样。孔颖达疏证"古曰名，今曰字"时说："滋益而多，故更称曰字。"可见，古人认为"字"是对"名"的更称，就是根据别的理由换一种说法，实际对象没有不同。许慎从构形途径上解释"文""字"的命名理据，客观上反映了文字构形的两个阶段，但并不表明"文""字"的概念内涵和内部结构有严格区分。就"文""字"对书写符号的指称对象来说，基本是一致的，所以"文"和"字"在职用上可以相同相通，如果不考虑用字习惯，很多时候可以换用。

先秦时代，指称符号的"字"概念尚未出现，而"文"既可以指独体，也可以指合体，是泛指文字符号的。例如：

（19）夫文，止戈为武。(《左传·宣公十二年》) 杜预注："文，字。"

（20）夫文，虫皿为蛊。(《国语·晋语八》) 韦昭注："文，字也。"

这两个"文"涉及的具体字符都是合体字，可见"文"不专指独体，所以不能用独体来定义"文"。

秦汉以后，"字"受"名"的影响也能指称书写符号，而"文"继续沿用，造成"文"与"字"共用的局面，都可泛指文字符号（"书""名""言"也可以泛指文字，此不论），无所谓独体、合体，有时"文""字"连用跟单用也没有什么区别。

（一）《说文解字》中的"文""字"通用例

我们先用许慎《说文》本身的材料来证明。首先，《说文·叙》中出现 9 个"古文"，都指古代的文字，只是古代的时段可能有不同而已。如：

（21）及宣王太史籀著《大篆》十五篇，与古文或异。至孔子书《六经》，左丘明述《春秋传》，皆以古文，厥意可得而说。

（22）是时秦烧灭经书，涤除旧典，大发隶卒，兴役戍，官狱职务日繁，初有隶书，以趣约易，而古文由此绝矣。

（23）及亡新居摄，使大司空甄丰等校文书之部。自以为应制作，颇改定古文。时有六书：一曰古文，孔子壁中书也。二曰奇字，即古文而异者也。

（24）又北平侯张苍献《春秋左氏传》，郡国亦往往于山川得鼎彝，其铭即前代之古文，皆自相似。虽叵复见远流，其详可得略说也。

（25）皆不合孔氏古文，谬于史籀。

（26）其称《易》，孟氏；《书》，孔氏；《诗》，毛氏；《礼》《周官》《春秋左氏》《论语》《孝经》，皆古文也。

《说文·叙》中的"古文"指古代的文字，侧重点不在字体风格，而在表达功能，也即字种或构形，否则就不会说"与古文或异"（有的构形或用字不同），不

会说 "述《春秋传》"（"述" 即著述），而且 "厥意可得而说"（"厥意" 指文字的构造理据）。"孔氏古文" 指孔子壁中书里保存的古代文字，也是偏重字种和构形的，甄丰 "改定古文" 是把汉代通行隶书用字改成古代的用字，而不是把汉代通行的隶书改成古代的字体（古代本没有统一的字体）。其实，汉代的古文经、今文经都是指用字而言，不是指字体，所以把古代的文本转写成隶书也仍然叫 "古文经"，"《礼》《周官》《春秋左氏》《论语》《孝经》，皆古文也"，就是指文本来源而言，不是指这些经书都写成古代的字体。尽管 "古文" 作为复合词有时确实可以指字体风格，如 "时有六书，一曰古文" 的 "古文"，但其中的词素 "文" 仍然是指文字，"古文" 即古代某种文字所呈现的体貌风格。

"古文" 在《说文》正文中更常见，出现近百次之多。如：

（27）民，众萌也。<u>从古文[民]之象</u>。凡民之属皆从民。（《说文·民部》）

（28）期，会也。从月其声。𣄱，<u>古文期从日、丌</u>。（《说文·月部》）

"从古文之象" 即小篆中的 "民" 字是按古代文字中 "民" 的构形特征构造的，另如《革部》"革" 下 "象古文革之形"、《酉部》"酉" 下 "象古文酉之形"。后例小徐本作 "古文从日、丌"，《说文》中最常用的表达为 "古文某"，都是说明小篆所对应的古代文字的形体构造。

其次，许慎也单用 "文" 表示{文字}，如《说文·叙》之例：

（29）<u>言文者</u>，宣教明化于王者朝廷，君子所以施禄及下、居德则忌也。

（30）及亡新居摄，使大司空甄丰等校<u>文书之部</u>。

（31）秦始皇帝初兼天下，丞相李斯乃奏同之，<u>罢其不与秦文合者</u>。

（32）而世人大共非訾，以为好奇者也，<u>故诡更正文</u>，乡壁虚造不可知之书。

（33）<u>今叙篆文</u>，合以古籀，博采通人，至于小大，信而有证。

"言文者" 之 "文" 指文字，可以作为教化的工具，而不能理解为文章、文辞，因为文章、文辞的内容有好有坏，不都能 "宣教明化"。"文书之部" 指字书之类具有规范作用的书籍，应该不是指所有书籍，否则 "之部" 就没法讲。"秦文" 指秦国通行的文字；"正文" 指汉代的通用规范文字，即隶书；"篆文" 指用篆体书写的文字。

《说文》正文中单用 "文" 表示{文字}义也常见，如：

（34）王，天下所归往也。董仲舒曰："<u>古之造文者，三画而连其中，谓之王。</u>"三者，天地人也，而参通之者王也。（《说文·王部》）

（35）蒢，牡茅也。从艸遬声。<u>遬，籀文速</u>。（《说文·艸部》）

"造文" 即创造文字义。"遬，籀文速" 则是说迅速之 "速" 字在籀体文字中写作 "遬"，声符不同。《说文》中 "籀文某" 有六十多例，都是指某字在籀体文字系统中的构形情况。另外,《说文》将所收文字分为 540 部,每部最后有"文"多少、"重(文)"多少的说明,这个"文"包括部内的所有独体字和合体字,当然是泛指文字符号。

许慎用"字"也是泛指文字符号。见于《说文·叙》的有:

(36)学僮十七以上始试,讽籀书九千字乃得为吏。

(37)诸生竞说字解经谊,称秦之隶书为仓颉时书,云:"父子相传,何得改易?"

(38)廷尉说律,至以字断法,"苛人受钱","苛"之字"止句"也,若此者甚众。

(39)俗儒鄙夫翫其所习,蔽所希闻,不见通学,未尝睹字例之条。

(40)凡《仓颉》以下十四篇,凡五千三百四十字,群书所载,略存之矣。

见于《说文》正文的如:

(41)完,全也。从宀,元声。古文以为宽字。(《说文·宀部》)

(42)辠,犯法也。从辛从自,言辠人蹙鼻苦辛之忧。秦以辠似皇字,改为罪。(《说文·辛部》)

(43)犬,狗之有县(悬)蹄者也。象形。孔子曰:"视犬之字如画狗也。"(《说文·犬部》)

(44)殴,捶毄物也。从殳从㐰。㐰,古文㪚字。廏字从此。(《说文·殳部》)

此四例之"字"都是泛指文字。"古文以为宽字"是说在古代文献中或者古代的文字系统中"完"字被用成"宽"字。这种"某,古文以为某字"的说法在大徐本《说文》中有 10 例,其中"疋古文以为《诗·大疋》字""亏古文以为亏(于)字"用"字"指称的"疋""亏"可以看作独体。"辠似皇字"强调二字外形相似,"视犬之字如画狗"亦是说明"犬"字的外形是对"狗"这一事物的描摹,此二例偏重于文字形体或外貌形态。最后一例说明"廏"字由构件"㐰"构成,偏重于文字的内部结构,"某字从此(某)"这类表述在《说文》中都是说明字的内部结构的。

正因为"文"和"字"都是泛指文字符号,没有什么区别,所以"文"和"字"可以对举而变化避复,也可以"文字"连用而复合成词。如《说文·后叙》《说文·叙》之例:

(45)此十四篇,五百四十部,九千三百五十三文,重[文]一千一百六十三,解说凡十三万三千四百四十一字。

(46)分为七国,田畴异亩,车涂异轨,律令异法,衣冠异制,言语异声,文字异形。

(47)孝平皇帝时,征礼等百余人,令说文字未央廷中,以礼为小学元士。盖文字者,经艺之本,王政之始,前人所以垂后,后人所以识古。

前例中"文"指《说文》所说解的小篆字头的字数,而"字"指《说文》一书的说解字数,小篆字头显然不都是"独体字",而说解之字也不全是"合体字",实为"文""字"同义,变用避复而已。后两例中的"文字"已复合成词,属于同义复合,更是概指泛称,没有"文"与"字"的区别。由此我们推断,《说文解字》这一书名也是"说解文字"的意思,因为在许慎的眼里,"文"和"字"除了命名理据不同外,并没有实质性区别。既然《说文·叙》和《说文》说解中的"文""字"都是通用同义的,怎么可能单独在书名中严格区分"文"为独体只能"说"、"字"为合体需要"解"呢!实际上许慎也有"令说文字未央廷中""诸生竞说字解经谊""解谬误"等表述。可见"说""解"同义,"文""字"同义,"说文解字"即"说解文字",犹如"分文析字"等于"分析文字"、"识文断字"等于"识断文字"、"咬文嚼字"等于"咀嚼文字"、"释疑解惑"等于"解释疑惑"、"消愁解闷"等于"消解愁闷"。形式上错综,意义上互补,这类结构应作综合性抽象式理解。

(二)其他文献中的"文""字"通用例

除许慎"文""字"使用无别外,秦汉以后,通常情况下,"文""字"的使用都没有什么区别。如:

(48)谓象形、象事、象意、象声、转注、假借,造字之本也。(《汉书·艺文志》)

(49)记三百三文。(《武威汉简·甲本·燕礼》)

(50)试史学童以十五篇,能风书五千字以上,乃得为史。(《张家山汉简·二年律令·史律》475)

(51)父子、君臣、夫妇,各有正文,而昆弟独假于"韦束"之次第,其后乃因缘以制"弟"字。(章太炎《文学说例》)

(52)大抵外国之音,皆无正字。(顾炎武《日知录·吐蕃回纥》)

《汉书》中的"造字之本也",对应于前举《说文》中的"古之造文者","造字""造文"都是创造文字义。"三百三文""五千字"都指向单个文字符号,且都用于统计文字数量。"正文""正字"都是本字之义,"文""字"通用同义。这种同义关系在并列对举时看得更清楚:

(53)往者,辍学之士不思废绝之阙,苟因陋就寡,分文析字,烦言碎辞,学者罢老且不能究其一艺。(《汉书·楚元王传》)

(54)赉尔大砚一面,纸笔副之,可以临文写字,对真受言。(《华阳陶隐居集·授陆敬游十赉文》)

（55）虽州里白丁，<u>片文只字</u>求贡于有司者，莫不尽礼接之。（《唐摭言·争解元》）

（56）当着人家<u>识文断字</u>的人儿呢！别抢荤，看人家笑话。（《儿女英雄传》第三八回）

（57）六书八体，今古殊形。或<u>字各而训同</u>，或<u>文均而释异</u>。（《玉篇·序》）

这些例证中"文""字"对举，都泛指文字，"分文析字"即分析文字，"临文写字"即临写文字，"片文只字"也可作"只文片字"，指少量的文字，"识文断字"即识读文字。所以"说文解字"也应该是"说解文字"。最后一例"字各而训同"和"文均而释异"整体属反义对文，而其中的"文""字"则同义。

"文""字"连用在汉代以后已凝固成词，泛指文字或文字系统，彼此更无分别。如：

（58）"辨四饮之物：一曰清，二曰医，三曰浆，四曰酏。"郑玄注："……《周礼·酒正》'后致饮于宾客之礼'有'医、酏、糟'。糟音声与醝相似，医与臆亦相似，<u>文字不同</u>，记之者各异耳，此皆一物。"（《周礼注疏》卷五）

（59）"掌达书名于四方。"郑玄注："谓若《尧典》《禹贡》，达此名使知之。或曰：古曰名，今曰字，<u>使四方知书之文字得能读之</u>。"（《周礼注疏》卷二十六）

（60）至鲁共王好治宫室，坏孔子旧宅，以广其居，于壁中得先人所藏古文虞夏商周之书，及传《论语》《孝经》，<u>皆科斗文字</u>。（《文选注》卷四十五）

（61）<u>文字之学凡有三</u>：其一体制，谓点画有纵横曲直之殊；其二训诂，谓称谓有古今雅俗之异；其三音韵，谓呼吸有清浊高下之不同。（《郡斋读书志》卷一）

前两例的"文字"泛指记录语言的书写符号，"科斗文字"指文字系统的某一类文字，"文字之学"则指语言文字之学问学科。

"文""字"连用还可以指由单字连缀而成的短语、文句，甚至文章。如：

（62）昭帝时，上林苑中大柳树断仆地，一朝起立，生枝叶，有虫食其叶，<u>成文字</u>，曰"公孙病已立"。（《汉书·五行志》）

（63）截竹为筒，破以为牒，加笔墨之迹，<u>乃成文字</u>，大者为经，小者为传记。（《论衡·量知篇》）

（64）无子<u>抄文字</u>，老吟多飘零。（孟郊《老恨》）

（65）搜奇抉怪，<u>雕镂文字</u>，与韦布里闾憔悴专一之士，较其毫厘分寸。（韩愈《荆潭唱和诗序》）

（66）且如今日说这一段<u>文字</u>了，明日又思之；一番思了，又第二、第三番思之，便是时习。（《朱子语类》卷二十）

"文""字"也都可以指构成字符的构件字。如《说文》"古文从某""某字从此（某）"这类表述中"从某"的"某"都是作为成字构件的。另如：

（67）三曰会意，会合二文以成字，悟而可通者。（《六书总要·六书总论》）

（68）江声曰：“武信为会意……丮夕为夙，臼辰为晨之等，皆合两字而成谊者也。亦有合三字为谊者，孔子曰‘黍可为酒，禾入水也’是也。”（《蛾术编·说字一》）

前例中的“文”泛指构成会意字的成字构件（未确定为哪个构件），“会合二文以成字”即组合两个成字构件形成一个新字符。后例中“合两字而成谊”“合三字为谊”即组合两（三）个成字构件构成（一个新字符的）意义。

“文”“字”分别单用也都可以指由文字记录的一句话或一段话，当然，这并不必然，理解为泛指文字也是说得通的。如：

（69）宋武公生仲子。仲子生而有文在其手，曰“为鲁夫人”。（《左传·隐公元年》）

（70）其船背稍夷，则题名其上，文曰“天启壬戌秋日，虞山王毅叔远甫刻”，细若蚊足，钩画了了，其色墨。（魏学洢《核舟记》）

（71）久方开霁，乃视之，有二金龙长数尺，蟠绕其左右臂，龙顶上有字，曰“赐杨氏”。自是其家益丰，至为富室。（《太平御览·人事部五十六》）

（72）因记宣和间潍州屠者，宰猪皮上一片有字，曰“三世不孝父母”，夫不孝三世，为猪可也。（《文海披沙》卷三）

总之，“文”与“字”在指称文字符号时，并没有独体、合体的区别。因为许慎没有“文”只指独体、“字”只指合体的说法和用例，其他文献也看不出“文”“字”分别指独体、合体的用字差异。

三、“文”“字”职用之异

“文”“字”在指称文字符号义时虽然基本含义相同，一般情况下可以通用，但由于“文”“字”产生文字符号义的时代不同，音义来源不同，引申路向不同，习惯搭配不同，语境限制不同，二者又各有使用特点，在某些情况下彼此区别，不可互换。

（一）古时与今时的区别

“文”产生较早，“字”是汉代以后才有{文字}义的，所以指称秦代以前就有的文字通常用“文”或“文字”，不太用“字”。如前文所举《说文·叙》中“罢其不与秦文合者”“今叙篆文”，都是指称秦代以前就有的文字。大徐本《说文》中说解某字列举古代的某个重文时，都用“文”，如：

（73）兽，㹌也。象耳、头、足厹地之形。古文兽下从厹。（《说文·兽部》）

（74）声（聲），音也。从耳殸声。殸，籀文磬。（《说文·耳部》）

据统计①，大徐本《说文》中"古文"出现近600例、"籀文"200多例，没有用"古字""籀字"的情况。下面几个字的解说词里虽然有"古字""古某字"的说法，但据段玉裁等人的研究，都属于后人篡改，并不可靠。具体情况是：

《说文·弟部》"弟"字下有"从古字之象"，段玉裁改为"从古文之象"，注云："文，各本作字，今正。《说文》小篆有从古文之像似者凡三：曰弟、曰革、曰民。皆各像其古文为之。"钮树玉《说文解字校录》亦指出该"'字'疑'文'之讹"。

《说文·蚰部》"蟊"下说"叉，古爪字"，"蠿"下说"纞，古絕字"，《炎部》"黑"下说"囧，古窗字"，《车部》"轏"下说"廎，古昏字"，《邑部》"鄲"下说"臺，古堂字"，《贝部》"賮"下说"或曰此古货字"，都用了"古某字"。但这些例子在徐锴的本子里有的不存在，有的作"古文某字"。于是段玉裁依据小徐本，有的删除，有的改为"古文某字"。如"蟊"字下段注："按，此四字（叉古爪字）妄人所添。不言'古文'而言'古某字'，许无此例。"故删此四字，同时还删除了"囧，古窗字""此古货字"。另把"古绝字"改为"古文绝字"、"古昏字"改为"古文昏字"、"古堂字"改为"古文堂字"，皆注云："'文'字各本夺，今补。"遍检《说文》，除这几个有问题的字，许慎自己的话没有"古字"这类术语，故段、钮之说应该可从。

许慎单用"字"时，一般是指称汉代以后变化了的或新产生的文字。特别是"某字"跟"古文""籀文"相对而言时（包括段玉裁所改"古文某字"之类），二者的区分非常明显。如：

（75）采，古文辨字。（《说文·采部》）

（76）殸，籀文磬字。（《说文·言部》）

（77）丂，古文以为亏字，又以为巧字。（《说文·丂部》）

（78）爰，引也。从受从于。籀文以为车辕字。（《说文·受部》）

这里的"古文""籀文"指先秦文献中出现过的"采""殸""丂""爰"字，而"字"指"辨""磬""亏（于）""巧""辕"等汉代使用的字。可见许慎所用的"文""字"在所指对象的时代上是有区别的。

但有两种情况值得讨论。一是《说文·水部》中出现1例"今文"的说法："法，今文省。佱，古文。"今按，段注："许书无言'今文'者。此盖隶省之字，许书本无，或增之也。如艸部本有芔无折。"可见此例不可靠，不能据此否定汉代以后的文字一般不单独称"文"的结论。

二是《说文》注解中出现4例"奇字"的说法，分别见于"倉""涿""無""香"四个字头下。另外还有"儿"被看作"古文奇字人也"。《说文·叙》："时有

---

① 据"数字化《说文解字》"：https://szsw.bnu.edu.cn/。

六书：一曰古文，孔子壁中书也。二曰奇字，即古文而异者也。"《说文》注解中的 4 个"奇字"应该也是指"古文而异者"，这似乎与前面所论指称秦以前文字材料（字形）一般不用"字"的说法矛盾，实际上也是可以理解的，因为"奇字"是"古文"中跟正体不同的异体字形，为了强调其跟一般"古文"的区别，特意把这些字看作后起字，让其处于相当于"今字"的地位。而且"古文"可以特指汉代发现的"孔子壁中书"，汉代发现的壁中书古文里有一些特殊的字形，很容易被看成是汉代的文字。所以许慎把这几个字形临时命名为"奇字"。尽管"奇字"是当时六书之一，其实为数不多，《说文》中总共只提到 5 次，不足以否定总纲大例。

其他文献中一般也用"文"指古代的文字。例如：

（79）"以志日月星辰之变动"郑玄注："<u>志，古文识</u>。识，记也。"（《周礼注疏》卷二十六）

（80）以精铜铸成，员径八尺，合盖隆起，形似酒尊，<u>饰以篆文</u>、山龟、鸟兽之形。（《后汉书·张衡列传》）

（81）"五曰摹印"臣锴按："……'摹印'屈曲缜密，<u>则秦玺文也</u>，子良误合之。"（《说文系传·叙》）

（82）"强，蚚也。從虫弘声。"徐锴曰："弘与强声不相近，<u>秦刻石文从口</u>。疑从<u>籀文省</u>。"（《说文系传·虫部》）

（83）张生手持<u>石鼓文</u>，劝我试作石鼓歌。（韩愈《石鼓歌》）

前两例中"古文""篆文"及最后例的"籀文"都是指古文、篆文、籀文材料中的文字。"秦玺文"即先秦镌刻在印章上的文字，"秦刻石文"指秦国刻于石碑上的文字。"石鼓文"特指唐代发现的先秦刻写在十个石鼓上的文字，每个石鼓刻大篆四言诗一首，共十首，计七百一十八字。可见"文"主要用来指称秦代以前的文字，同时也体现古代文字材料的某种风格，或强调某字的来源和出处。现在我们说"甲骨文""金文""陶文""石鼓文""玺印文""蝌蚪文""钟鼎文""简帛文字""兵器文字""货币文字"等，一般不说"字"，正是承袭了这种习惯。

但这种分别在《说文》之外的文献中并不严格，有时古代文字既可以叫"文"也可以称"字"，主要有两种情况。一是"某，古文某字"这种表达方式后来类同当代化说成"某，古字；某，今字"或省并为"某某古今字"：

（84）"诸侯之缲斿九就"郑玄注引郑司农云："缲"当为"藻"。"<u>缲"，古字也，"藻"，今字也</u>，同物同音。（《周礼·夏官》）

（85）"君天下曰天子，朝诸侯、分职授政任功曰予一人。"郑玄注：'《觐礼》曰：'伯父实来，余一人嘉之。''<u>余''予'，古今字</u>。"（《礼记·曲礼下》）

二是汉代以后发现的秦及先秦文字材料在称"文"的同时，也有许多称"字"的。如：

（86）古文《尚书》者，出孔子壁中。武帝末，鲁恭王坏孔子宅，欲以广其宫，而得古文<u>《尚书》</u>及《礼记》《论语》《孝经》，凡数十篇，<u>皆古字也</u>。（《汉书·艺文志》）

而许慎是把孔子壁中书里的文字称为"古文"的（一曰古文，孔子壁中书也），而且把北平侯张苍所献《春秋左氏传》和郡国于山川出土的鼎彝铭文也称为"古文"（其铭即前代之古文）。只是把这些"古文"中的少数奇特字形叫做"奇字"。

（二）群体与个体的区别

"文"由纹身、条纹引申指花纹、纹彩，再引申指文字、文本、文章、文学、文体、文献、文心、文风，甚至与文字没有直接关系的文化、文明、文雅、文静等，体现文字彼此之间的联系性和群体性。在先秦，没有"字"相对，"文"是既可以指群体也可以指个体的，但汉代以后与"字"共存共用时，指称由文字组成的群体性单位如文字系统、文字类别、文字篇章或泛指文献时一般用"文"，不太用"字"。如：

（87）至祖宗之序，多少之数，经传无<u>明文</u>。（《汉书·韦贤传》）

（88）<u>经传之文</u>，贤圣之语，古今言殊，四方谈异也。（《论衡·自纪篇》）

（89）书曰"予欲观古人之象"，言必遵修旧文而不穿凿。孔子曰："吾犹及<u>史之阙文</u>，今亡也夫！"（《说文·叙》）

（90）<u>《诗》文</u>弘奥，包韫六义，毛公述传，独标兴体，岂不以风通而赋同，比显而兴隐哉！（《文心雕龙·义证卷八》）

（91）专心研精，合《尚书》章句，考《礼记》失得，庶裁定圣典，<u>刊正碑文</u>。（《后汉书·卢植传》）

（92）儒以<u>文</u>乱法，侠以武犯禁。（《韩非子·五蠹》）

（93）《典》《谟》之书，恐是曾经史官润色来，如《周诰》等篇，只似如今<u>榜文</u>晓谕俗人者。（《朱子语类》卷七八）

（94）距洞数百步，有碑仆道，<u>其文</u>漫灭。（王安石《游褒禅山记》）

（95）毕仲游但取<u>行文</u>顺便，颇失事实，要当删取之。（《续资治通鉴长编·哲宗》）

（96）古书有涉<u>注文</u>而误衍者。（《古书疑义举例·涉注文而衍例》）

"明文"即明确的文字记载之义，强调文字篇段的内容，故只能用"文"，没有用"字"的情况。"经传之文"后接"圣贤之语"，这里的"文"当是成篇的文字，而非一个个具体的字，隐含文字所记录的内容。"旧文""阙文"都是指古代文献中的某些内容。"《诗》文"即《诗经》中文字所形成的内容，而用"弘奥"

形容"文"，则"文"的所指并非具体的文字，而是文字所表达的内容和意义。"碑文"泛指石碑上刻写的文献内容。"以文乱法"指引用古代文献，扰乱国家法令。"榜文"即张挂在外的文书，是成篇的文字，而非单个、具体的字，故称"榜文"，而非"榜字"。"其文漫灭"指碑上的文字都风化模糊看不清，不是指某一个字漫灭了。"行文"即组织文字，将单个的文字连缀成文，故不能说"行字"，"注文"即注释文字，亦是成段的文字，故用"文"，不用"字"。

"文"的这种用法还引申指某种文体，如：

（97）李氏子蟠，年十七，好古文，六艺经传皆通习之，不拘于时，学于余。（韩愈《师说》）

（98）值一回鹘问卜，子忠以文语应之，为回鹘所殴。（《归潜志》卷五）

前例中的"古文"指先秦两汉以来用文言写的散体文。后例的"文语"即掉文的语言、带有文言性质的语言。今天常说的"文白""半文半白"中的"文"就是指文言文，"白"指白话文，是两种不同的文体。

而"字"由名字引申指文字，强调个体区别，所以指文字个体时一般用"字"，不太用"文"。如《说文》中除"形声相益即谓之字"这种特定含义的"字"，一般说到"字"都是指文字个体：

（99）假借者，本无其字，依声托事。令长是也。（《说文·叙》）

（100）诸生竞说字解经谊，称秦之隶书为仓颉时书，云："父子相传，何得改易？"（《说文·叙》）

（101）未尝睹字例之条，怪旧埶（艺）而善野言，以其所知为秘妙，究洞圣人之微恉。（《说文·叙》）

（102）白，此亦自字也。省自者，词言之气从鼻出，与口相助也。（《说文·白部》）

（103）嵩，中岳，嵩高山也。从山从高，亦从松。韦昭《国语》注云：古通用崇字。（《说文·山部》）

（104）诐，辩论也。古文以为颇字。（《说文·言部》）

"本无其字"是指某个词项没有为它造的本字，像"令"（县令）、"长"（长官）之类，当然是个体。"说字解经谊"意思是通过分析某个字的形体结构来解读经书义理，也指具体的字形而言。"字例之条"指一个个字例之间的联系和规则，"例"都是个体的，"凡例"也是通过举例来说明通则。"自字""崇字""颇字"无需解释。其他用例如：

（105）既成，公与时贤共看，咸嗟叹之。时王珣在坐，云："恨少一句，得'写'字足韵当佳。"（《世说新语·文学》）

（106）读书须将心贴在书册上，逐句逐字，各有着落，方始好商量。（《朱子语类》卷十一）

（107）《诗》《书》互错综，《典》《诰》相纷纭，义既不定于一方，名故难求乎诸类，<u>因题"论语"两字</u>，以为此书之名也。（《论语集解义疏·序》）

用"写"字作韵脚足韵，韵脚之字必然是一个单字，且其字音与其他韵脚字可以押韵，故用"字"。"逐句逐字"即一字一句，强调一个个具体的字。"论语"这"两字"，也是具体之字。

"字"也有指书信的，好像是群体之字，其实这应该是一种借代的修辞性用法，用个体的"字"代整篇的文字，不宜看作"字"的固有含义。如：

（108）<u>亲朋无一字</u>，老病有孤舟。（杜甫《登岳阳楼》）

（109）这一回小婿再去，托敝亲家<u>写一封字来</u>，去晋谒晋谒危老先生。（《儒林外史》第一回）

（三）整体与部分的区别

"文"无论是指群体还是指个体，通常都是就整体而言，如果指称或强调文字某个方面的特点或属性等部分内容时，一般用"字"不用"文"。如偏重指字形的有：

（110）<u>有奇字素无备者</u>，旋刻之，以草火烧，瞬息可成。（《梦溪笔谈·活板》）

（111）若名级相应者，<u>即于黄素楷书大字</u>，具件阶级数，令本曹尚书以朱印印之。（《魏书》卷七十六）

（112）凡看文字，端坐熟读，久久，<u>於正文边自有细字注脚迸出来</u>，方是自家见得亲切。（《朱子语类》卷十九）

（113）你能写得两家字，<u>一笔王字，一笔赵字</u>，谁不知道？（《歧路灯》第七十七回）

（114）问："从上诸圣向甚么处行履？"师曰："<u>十字街头</u>。"（《五灯会元》卷十二）

（115）"小宗伯之职，掌建国之神位，右社稷，左宗庙。"郑玄注："故书'位'作'立'。郑司农云：'立'读为'位'，<u>古者'立''位'同字</u>，古文《春秋经》'公即位'为'公即立'。"（《周礼注疏》卷十九）

（116）"北击司马欣军砀东。"［臣召南］按："司马欣，《史记》作司马尼，是也。高纪作司马尼，《樊哙传》'与司马尼战砀东'即此人。<u>'尼''尼'二字相似</u>，未知孰正。"（《汉书考证》卷三十九）

"奇字"指形体特殊不常见的字，"大字""细字"都是对一字外形特点的说明。"王字"指晋代书法家王羲之的字体，"赵字"指元代书法家赵孟頫的字体，也是强调字体特点，另如"颜字""柳字""欧字"，都不能用"文"。"十字街"则是强调"十"这个字整体的外形特点，这类用法在今天也常见，如"金字塔""国字脸"

"工字楼"等，都只能用"字"，不能用"文"。"'立''位'同字"之"字"也侧重于形体，即"立""位"二词古代都用"立"这一形体表示。"'尼''巨'二字相似"，指字形相似更明显。这类情况的"字"还常直接与"形"搭配，如：

（117）"五曰摹印"臣锴按："萧子良以'刻符''摹印'合为一体，徐锴以为：符者，竹而中剖之，字形半分，理应别为一体。"（《说文系传·叙》）

"字形"即字的形体，不能说"文形"，《说文系传》正文中"字形"共出现3次，无"文形"之说。另，《段注》正文中共有68例"字形"，仅《聿部》"聿"字下有"彡象其文形也"一例，其中"文"记录花纹义，与文字义无关。

"字"偶尔也指用文字写成的凭据、字条、短束或书法作品，好像是指整体，其实主要是字迹的鉴定或欣赏，仍然偏重字形的个性特征，如：

（118）将及一月，杨执中又写了一个字去催权勿用。权勿用见了这字，收拾搭船来湖州。（《儒林外史》第十二回）

（119）又有李元中，字画之工，追踪钟王。（《挥麈录》卷二）

（120）原来是问金冬心的字，我拿去卖了。（巴金《秋》）

在强调某字的音时，只用"字"不用"文"，如：

（121）"舒而脱脱兮，无感我帨兮。"郑玄注："感如字，又胡坎反。"（《毛诗正义》卷一）

（122）"裕裕裶裶，扬袘戌削，蜚襳垂髾。"师古曰："扬，举也。袘，曳也。……裶音霏。袘音弋示反。戌读如本字。"（《汉书补注》卷二十七）

（123）"爨，火所伤也。从火，雥声。"臣锴曰："雥音杂，旁纽，所谓古字音，与今小异。"（《说文系传·受部》）

"如字""如本字"都是强调字的读音，即读如该字原本的字音，没有"如文""如本文"的说法。后例的"字"直接和"音"搭配说明字的读音，而"文"却不能和"音"搭配。"字"强调字音的这一特点在后世得以进一步发展，在宋代发展出用"字"记录词项{字音}的用法，如：

（124）和泪唱《阳关》，依旧字娇声稳。（辛弃疾《好事近·送李复州致一席上和韵》）

（125）迟疾纤巧随抠挦无些儿病，腔儿稳，字儿正。（乔吉《一枝花·合筝》）

这里的"字"不再记录文字义，而是特指字音说的，今天常用的"字正腔圆"一词中，"字"亦指字音。

在强调某字之义或音义结合体（词）时，一般也只用"字"不用"文"，如：

（126）爰，引也。从受从于。籀文以为车辕字。（《说文·受部》）

（127）霖，丰也。从林；兼，或说规模字，从大卌，数之积也；林者，木之

多也。(《说文·林部》)

（128）"故圣人耐以天下为一家。"郑玄注："'耐'，古'能'字，传书世异，古字时有存焉，则亦有今误矣。"(《礼记注疏》卷二十二）

（129）潘，孚园反。……《说文》又曰："一云潘水，在河南荥阳。"《声类》或为潘字也。(《黎本玉篇·水部》)

（130）不会风流莫妄谈，单单情字费人参。若将情字能参透，唤作风流也不惭。(《警世通言》卷二十三）

（131）"台、朕、赉、畀、卜、阳，予也。"郑樵注："予，本予我之予，又为赐予之予。樵疑此当言'台、朕、阳，予也'，谓我也；'赉、畀、卜，予也'，谓与也。以二字同文，故误耳。"(《尔雅郑注》卷上）

（132）王夷甫雅尚玄远，常嫉其妇贪浊，口未尝言"钱"字。(《世说新语·俭啬》)

（133）若要觅衣食，须把个"官"字儿搁起，照着常人，佣工做活，方可度日。(《初刻拍案惊奇》卷二二）

"以为车辕字""或说规模字"都是强调字义，意即"爰"字在籀文中记录车辕义，"奭"字或记录规模义。第三例言"耐"在古书中记录汉代（今）之"能"字，第四例言"潘"字或即《声类》中的"潘"字，都强调二字音义相通。第五例要参透的"情字"之"字"也是指向字所记录的{情}这个词。第六例"二字同文"相当于两个词用同一个字，"字"指的是词，而"文"指的仍然是字。最后两例说的是口语，口语没有能见的"字"，所以这两个"字"当然是指词。

凡与文字某个属性（形体、结构、职用）相关的"字"，使用时常有数字、形容词等限定，或者在"字"前直接写出具体的字。所谓"字形""字构""字音""字义""字用""字频""字数""字体""字距"等则是在"字"后加上中心词，以明确指的是文字的某种属性。这些表示文字部分属性的"什么样的字"或"字的什么"都不宜用"文"替换。"文"的整体性还体现在把文字和语言捆为一个整体，不加区分。所以"文"在记录文字形成书面语时还可以兼指或包含口语，如今天常说的"中文""外文""英文""法文""俄文""韩文""日文""满文""维吾尔文"等，"中文"即中国的语言文字，"外文"即外国的语言文字，都是指包括口语书面语在内的整个语言文字系统。至于"语文"的"文"，可以指文字，可以指文献、文学，也可以包含文化，内涵更为丰富。包含语言意义的"文"，也就是书面语加口语的"文"，不能换成"字"，如"中文"不能说"中字"，"语文"不能说"语字"。与此相对的"汉字""和字""吏字""壮字""喃字"等则只指记录语言的文字，不指口语。

正因为"文""字"具有上述各方面的差异，出现同一语境或相同搭配的"文""字"共用情况时，要特别注意辨析它们的区别，否则对原文的理解会有偏误。如：

（134）今叙篆文，合以古籀，博采通人，至于小大，信而有证。（《说文·叙》）

（135）李斯篆字功何妙，贾岛诗章学太玄。（郑起《赠英公大师》）

（136）啬人不从，不从者弗行。[卢辩]案：此下有脱文。（《大戴礼记注》卷三）

（137）□□□而误多少其实，及误脱字，罚金一两。（《张家山汉简·二年律令·贼律》17）

（138）既无衍文，又无绝绪，世世相承，如出一手。（《通志·总序》）

（139）"尚之以琼英乎"唐孔颖达疏："……今定本云琼英犹琼华、琼莹，兼言琼莹者，盖衍字也。"（《毛诗注疏》卷五）

（140）或善梵义而不了汉音，或明汉文而不晓梵意。（《全梁文》卷七十一）

（141）又有一书，乃是上高丽表，亦称屯罗岛，皆用汉字。盖东夷之臣属高丽者。（《梦溪笔谈·杂志一》）

前两例中的"篆文"与"篆字"不可互换，"篆文"与其后"古籀"相配，是指古代（秦及先秦）就有的文字，"叙"是排列的意思，当然不是指某一个，而是指大量的甚至所有的篆文；"李斯篆字"则指李斯用篆文这种字体写的一个个具体的字，最多是篆文中的一类或一部分字，非指整个篆文系统。第三例中"下有脱文"指在原文之后漏掉了一部分内容，导致文义不完整，这种脱文可能是一个词组、一句话甚至一段话；而第四例中的"误脱字"应该指一个字，否则"罚金一两"就没有标准。接下来两例类似，"衍文"可包含"衍字"，具体所指随文而定；"衍字"则通常指个体，最多指复音词的两三个字，不会指词组以上的单位。末两例中的"汉文"即汉语和汉字，"汉字"只指记录汉语的文字。另如"文义"包含"字义"、"异文"包含"异体字"、"古文"包含"古字"等。再如：

（142）二曰奇字，即古文而异者也。（《说文·叙》）

（143）廷尉说律，至以字断法。苛人受钱，苛之字止句也。若此者甚众，皆不合孔氏古文，谬于史籀。（《说文·叙》）

（144）说五字之文，至于二三万言。（《汉书·艺文志》）

前例之"古文"，泛指古代（孔子壁中书等）所用的文字，而"奇字"是古文中的一个类，即形体结构特殊的字，进而形体结构的不同还需要落实到个体字符。"以字断法"也是根据具体字符的结构形义分析来解释法律文本，如把"苛"的隶书形体分析为"止句"（阻止入内而索取贿赂），这样的形体分析"皆不合孔氏古文"，这个"古文"应该是泛指孔氏壁中书的古文字，就是跟其中任何一个古文字都不相合。"说五字之文"区别更为明显，"五字"是五个字符，而"文"是解释这五个字的文章，合计有两三万字的篇幅。这些都体现了前述三个方面的差别。

四、结　语

　　"文"的形体和音义均来源于纹身，"字"的形体源自古"娩"字的同形分化，音义则源自名字的引申。通过文献用例考察发现，"文"和"字"指称{文字}符号时基本含义相同，多数情况下可以通用互换或同义连用。但由于"文""字"产生{文字}义的时代不同，音义来源不同，发展方向不同，存现语境不同，二者的使用也各有特点，很多时候不可互换。可能形成区别的使用场合大致有三个：一是古代与后代的区别。秦及先秦就有的古文字通常说"文"，汉代以后变化了的文字或新产生的文字大多叫"字"。二是群体与个体的区别。从具体的字和由字构成的文句、篇章层面来说，"字"是一个个最底层的书写符号，是个体概念；而"文"则可以指由"字"构成的文句、文章、文献，是群体概念。三是文字的部分属性与文字的整体或系统的区别。从"文""字"所能划分的类别系统出发，"字"可指字符某方面的特点或属性，如字形结构、字体风格、字音、字义等，往往用"字"指称，而陈述文字的系统或泛指文字和文字篇章时，一般用"文"或"文字"指称。

　　总之，"文"的内涵更丰富，外延更广泛，除少数场合只能用"字"外（如指称文字的读音时），一般来说，"文"可以包含"字"，而"字"不能包含"文"。故当涉及内容不限于个体字符及其部分属性时，最好用"文字"表述，或者用"文"统指，而尽量不单独使用"字"。

On the Similarities and Differences between the Functions of "*Wen*" （文） and "*Zi*" （字）

Li Yunfu　Yan Xiao

Abstract: "*Wen*" (文), first found in inscriptions on oracle bones, formed its shape in the human form with a tattoo, which means originally to carve line pattern or carved line pattern and then developed the meaning of character symbols in the pre-Qin period. "*Zi*" (字) was first seen in inscriptions on ancient bronze objects, with its shape originally coming from the shape of the two hands to help a woman in childbirth. "*Zi*" (字), differentiating from the same shape with "*Mian*" (娩), specifically records the meaning of fertility, and extends to refer to the name deriving from "*Ming*" (名)—the original name. Its meaning of the name then developed the meaning of character symbols approximately in the Western Han Dynasty. Xu Shen once made the description of "*Wen*" (文) and "*Zi*" (字) respectively to explain that one thing has different names and rationales, rather than to identify the differences in meanings. Therefore, "*Wen*" (文) and "*Zi*" (字), with the same basic meaning when referring to character symbols, are often interchangeable. However, due to the different times when "*Wen*" (文) and "*Zi*" (字) produced the meaning of character symbols, the different sources of sound and meaning, the different extension directions, and different existing contexts, the two have their own special usage, which makes them unable to be interchanged in some cases. The difference between the use of "*Wen*" (文) and "*Zi*" (字) roughly lies in three aspects: first, the difference between different generations (ancient times or future generations); second, the difference between groups and individuals; third, the difference between the whole and the part.

Key words: "*Wen*" (文); "*Zi*" (字); characters; rationale; function and usage of Chinese character; similarities and differences

"射"字的演变及其阐释理据[*]

林志强

（福建师范大学文学院）

摘要：文章较为全面地梳理了"射"字的演变和阐释的历史。"射"字由甲骨文的以手张弓搭箭之形，变为"䠶""弲""射""躲""躲""䠶"六种字形，其形义关系的解释，也因形体不同而产生不同的看法，理据有同有异，展示了汉字学和汉字文化的丰富内涵。

关键词：射；讹变；形义关系；理据

"射"是个常见字，但它的演变却有其独特性，对它的形义关系的理解，也有不同的阐释路径，理据有同有异。本文拟对"射"字的演变和阐释历史作一次较为全面的梳理。

一、"射"字的演变谱系

"射"字最早见于甲骨文，可分为四种写法^①：第一种作 ᚐ（《甲骨文合集》19476，该书以下简称《合集》），从弓，从矢，矢的尾部笔画有交叉；第二种作 ᚐ（《合集》10693），从弓，从矢，矢的尾部笔画不交叉；第三种作 ᚐ（《合集》5779），从弓，从矢，从一手；第四种作 ᚐ（《花东》2），从弓，从矢，从二手。其中第一、二两种写法最多，第四种只见于花东卜辞，写法较少，第三种写法最少。商代金文以作第二种为常见，而西周金文则以作第三种为最多，如西周早期麦方尊作 𝍏（《殷周金文集成》6015，该书以下简称《集成》）、西周中期静簋作 𝍏（《集成》4273）、西周晚期射南匜作 𝍏（《集成》4479），可以看出，商代最少见的写法成为西周时期的主流写法，也是后世"射"字演变所从出的基本构形。春秋金文作 𝍏（《集成》10121），秦系的石鼓文作 𝍏（田车），均沿袭西周常见之形。从石鼓文知道，这种写法为秦系所继承，也是后世"射"字演变的极为重要的一环。《说文》小篆作 𝍏、𝍏，战国秦系文字作 𝍏（《珍秦》263）、𝍏（《秦风》113）、𝍏（《云

---

[*] 本文为全国高等院校古籍整理研究工作委员会资助项目（2021）、福建省文化名家项目（2020）和"古文字与中华文明传承发展工程"的研究成果。

① 参见李宗琨：《甲骨文字编》，北京：中华书局，2012年，第947-951页。

梦·杂抄》26），汉碑作 [①]，均已讹变从身，从寸。

从目前材料来看，从"弓"之字变为从"身"，"射"字还是唯一的一例。春秋晚期的"射"字或作 、[②]，应该是"弓"讹为"身"的早期字形。对于"射"的这种讹变现象，人们很早就有认识。戴侗在《六书故》中说："射之从身绝无义，考之古器铭识，然后得其字之正。盖左文之弓矢讹而为身，右偏之又讹而为寸也。"[③]杨桓在《六书统》中认为"射""躲"是承石鼓文等古文字而讹，又说，"射"字"从寸在身后，深不可晓。此文本自古文转讹也……其弓矢之形偶同身字，其后又字与寸通用故也"[④]。这种认识是很正确的，后世学者多从之。如王筠《句读》认为，"射"字"钟鼎作 ![字形]是也。篆体变错，故许君之说支诎"。[⑤]其《释例》云："躲字从身，究嫌牵强模糊，当依钟鼎文作 ![字形]，则弓形矢形以手挽强之形皆具矣。石鼓文 ![字形]字，盖初变之形。射字又仿佛其形而变之。"[⑥]徐灏《说文解字注笺》云："考石鼓文有 ![字形]字，薛氏《款识》邿敦、阮氏《款识》鬲攸从鼎，并作 ![字形]，即射之古文，小篆由此而变。"[⑦]林义光《文源》曰："![字形]形近身，故变为'射'，又变为'躲'。"[⑧]商承祚《殷虚文字类编》云："许书从身乃由弓形而讹，又误横矢为立矢，其从寸则从又之讹也。"[⑨]《说文中之古文考》又说："是躲从弓从矢，或从弓从矢从又，象张弓注矢而射。此从身，乃弓形之讹。"[⑩]黄德宽主编《古文字谱系疏证》曰："秦文字弓与矢渐合为一体讹作身旁，为篆文 ![字形]所本。"[⑪]季旭升《说文新证》曰："秦文字'弓矢'形讹为身，又形加繁为寸。"[⑫]李学勤主编《字源》谓："秦简中'弓'又被讹作'身'，'又'则被加一短画成'寸'。"[⑬]《汉语大字典》按语曰："甲骨文、金文、石鼓文像张弓发箭形。后弓讹变为身，手讹变作寸。"

---

① 以上字形参见李宗焜：《甲骨文字编》，北京：中华书局，2012年，第947-951页；刘钊主编：《新甲骨文编》，福州：福建人民出版社，2014年，第333页；董莲池编著：《新金文编》，北京：作家出版社，2011年，第670-671页；陈斯鹏等：《新见金文编》，福州：福建人民出版社，2012年，第164页；汤馀惠主编：《战国文字编》，福州：福建人民出版社，2001年，第336页；黄德宽主编：《战国文字字形表》，上海：上海古籍出版社，2017年，第706页；许慎：《说文解字》，北京：中华书局，1963年，第110页；顾蔼吉：《隶辨》，北京：中华书局，1986年，第151页。

② 参见南阳市文物考古研究所：《河南南阳春秋楚彭射墓发掘简报》，《文物》2011年第3期。

③ 戴侗：《六书故》，上海：上海社会科学院出版社，2006年，第699页。按，戴书"射"作"弒"。

④ 杨桓：《六书统》卷二《会意·器用之意》、卷九《转注·弓之属》，北京：北京图书馆出版社，2006年。

⑤ 王筠：《说文解字句读》，北京：中华书局，1988年，第186页。

⑥ 王筠：《说文释例》，北京：中华书局，1987年，第394页。

⑦ 徐灏：《说文解字注笺》（续修四库全书本），上海：上海古籍出版社，2002年，第550页。按，徐氏所引薛尚功《历代钟鼎彝器款识》邿敦作 ![字形]（见卷十四），阮元《积古斋钟鼎彝器款识》鬲攸从鼎作 ![字形]（见卷四），徐氏摹录略异。

⑧ 林义光：《文源》（标点本），上海：上海古籍出版社，2017年，第130页。

⑨ 商承祚：《殷虚文字类编》，转引自丁福保编纂：《说文解字诂林》，北京：中华书局，1988年，第5483页。

⑩ 商承祚：《说文中之古文考》，台北：学海出版社，1979年，第51页。

⑪ 黄德宽主编：《古文字谱系疏证》，北京：商务印书馆，2007年，第1533页。

⑫ 季旭升：《说文新证》，福州：福建人民出版社，2010年，第457页。

⑬ 刘桓说，见李学勤主编：《字源》，天津：天津古籍出版社，2012年，第471页。

从出土材料来看，在战国时期，楚系的"射"字皆从弓，从倒矢，与秦系是不同的，充分显示其系别与地域的特色。如鄂君启舟节作 （《集成》12113）、包山简作 （038）、郭店简作 （穷达8）、上博简作 （上博三，周44），可隶定为"弽"。从使用看，鄂君启舟节的"弽"即"射"，通"泽"，"就彭弽"读为"就彭泽"；包山简038"弽呂君"即"射呂君"，李守奎等以为"弽"乃"射之本字"；[①]郭店楚简《穷达以时》简8"孙叔三弽期思少司马"，"弽"读为辞谢之"谢"；[②]上博《周易》简44："九二：菜（井）浴（谷）弽狴（鲋）。"何琳仪曰："'弽'从'弓'从倒矢，'射'字初文，战国文字习见。"[③]从来源来看，这种结构应该与上述甲骨文的第一种和第二种写法相同，都是从弓从矢，只不过甲骨文是弓、矢相交，而楚文字是弓、矢分离而已，这也是时代不同造成的变化。

对于上面的"弽"字，传统认为是"矧"的省体。《说文》曰："弽，况也。词也。从矢，引省声。从矢，取词之所之如矢也。"如《说文》所说不误，则此与从楚文字演变而来的"弽"，当属同形。戴侗《六书故》曰："按，矧之本义阙，用于经传者，其义二，皆假借也。其一为笑。《记》曰：'笑不至矧。'笑见齿本也。亦作 （又作欤，《说文》曰：'笑不坏颜也。引省声。'）其一为语辞，与况通。《书》云：'矧予之憝，言足听闻。'又曰：'矧曰其克从先王之烈。'曰：'矧女刚制于酒。'"[④]那么"弽（矧）"的本义是什么呢？从其形义关系来说，引矢为"射"，或弓矢为"射"，也是很有道理的。因此很早就有学者怀疑"弽"为"射"之古文，如元代杨桓《六书统》在"弽"字下说："疑此字即古'躲'字。"[⑤]清代朱骏声《说文通训定声》云："按，《说文》矢部'况矕'之'弽'，疑古射字。"[⑥]他们未见先秦楚文字而有此看法，亦属卓见。另按，"发"字俗字或作 ，下部从"弽"，见于东汉建宁元年的杨著墓碑，字作 [⑦]，又见于《列女传》《娇红记》《白袍记》《东窗记》《目连记》《岭南逸事》等书。[⑧]《说文》："发，射发也。"可见"射""发"意义相关。如果"发"字从"弽"是有意为之的意化现象，也体现了古人以"弽"为"射"的认识。

---

① 李守奎等：《包山楚简文字全编》，上海：上海古籍出版社，2012年，第202页。

② 刘钊：《郭店楚简校释》，福州：福建人民出版社，2005年，第173页。

③ 何琳仪：《楚竹书〈周易〉校记》，《传统中国研究集刊》第3辑，上海：上海人民出版社，2007年。

④ 按，戴侗引《礼记》"笑不至矧"作为"矧"义为"笑"的例子，似不妥。郑玄注曰："齿本曰矧，大笑则见。"戴亦曰："笑见齿本也。"则"笑不至矧"之"矧"当为"齿本"即"齿龈"，非指"笑"，但"至矧"是大笑的一种表现，故"矧"也可引申指大笑。下亦作"哂"又作"欤"，皆指微笑，与大笑不同。段注："笑见齿本曰矧，大笑也；不坏颜曰欤，小笑也。"

⑤ 杨桓：《六书统》卷九"转注·弓之属"，北京：北京图书馆出版社，2006年。

⑥ 朱骏声：《说文通训定声》，北京：中华书局，1984年，第449页。

⑦ 毛远明：《汉魏六朝碑刻异体字典》，北京：中华书局，2014年，第199页。

⑧ 刘复、李家瑞：《宋元以来俗字谱》，北京：北平国立中央研究院历史语言研究所，1930年，第128页。

　　与"弞"构形原理近似的有"弨"字，见于《六书故》《六书正讹》《俗书刊误》《字汇》《正字通》《汇音宝鉴》等，《正字通》曰："弨，射本字，石鼓文作弨，今通作'射'。"按石鼓文作⬛，而作"弨"者，其实省去了弓中之矢。根据"又"也可增繁作"寸"之例，"弨"从道理上讲，也可以变为"弣"，但这个字形，在历史上没有出现过。

　　除以上字形外，在传统字书中，"射"字还有一些很特别的写法，如作"皉"和"軒"，字形怪异，以前的研究似乎没有关注，值得探究。作"皉"者仅见于郑樵《六书略》，作"軒"者则见于《龙龛手鉴》《重订直音篇》《字汇补》等书。按，石鼓文"射"字作⬛，是宋元时期学者研究"射"字所能用到的较早的材料，传抄过程中或稍变作⬛（《古文四声韵》4·33）、⬛（《集篆古文韵海》4·38），进一步变化，《类篇》作⬛，《集韵》作⬛（《增韵》又作⬛），皆不成字，但其整体之形与石鼓文、《古文四声韵》和《集篆古文韵海》所录之形近似，应该都是摹录或隶定变形所致。《六书略》则进一步把⬛或⬛的左边⬛或⬛讹为"曷"，右边的⬛或⬛讹为"毛"，遂形成一个不见于字书的怪字"皉"。[①]又作"軒"者，显然是从⬛（《五音集韵》）、⬛（《古俗字略》）、⬛（《字学三正》）一类字形转变而来的。其字左边作⬛，与《说文》所录"申"的籀文⬛相同，所以由⬛类形体可以进一步隶定为"軒"；而⬛类形体应该还是从⬛或⬛一类字形讹变而来，即左边的⬛或⬛讹为"⬛"，右边的⬛或⬛讹为"寸"，其源头还是石鼓文⬛一类的字形。⬛、⬛与皉、軒比较，前者摹录变形，后者则偏旁化（或曰"隶古定"）为怪异之字。其实从讹变的角度来说，⬛字讹变为"皉"或"軒"，虽然讹变甚剧，但与讹变为"射"比较，其中道理还是一样的，区别在于"射"变成了常用字，人们习以为常，而"皉""軒"则显得少见而多怪了。

　　在传抄的篆体古文中，"射"字还有很多其他不同写法和怪异之形，如《汗简》录《义云章》作⬛，《古文四声韵》录籀文作⬛，《集篆古文韵海》录⬛、⬛等形，从古文字源流来说，这些怪异之形率皆于古无征，这里就不一一讨论了。

　　根据以上梳理，可将"射"字的演变谱系图示如下（见图1）。

　　总之，"射"字由甲骨文非常形象的以手张弓搭箭之形，最终变为"弞""弨""射""躲""皉""軒"六种字形。其中"弞""弨"两形最符合正常的演变规律，但在历史上，"弞"并不作为"射"字使用，"弨"也仅存于字书之中；其他四种字形都是讹变而来，在《说文》中以"躲"为主形，"射"为异体，现在则以"射"为规范字，"躲"则作为异体被废弃，而"皉"和"軒"也仅见于字书，罕见使用。

---

　　① 郑樵《六书略》的内容与《类篇》《集韵》有密切的关系，参见林志强等：《〈六书略〉与〈说文大小徐录异〉的整理和研究》，北京：中国社会科学出版社，2023年，第304-306页；对于"皉"形，林志强等在该书中"疑非古'射'字，是因为没有结合有关材料进行梳理而造成的误识。见林志强等：《〈六书略〉与〈说文大小徐录异〉的整理和研究》，北京：中国社会科学出版社，2023年，第280页。

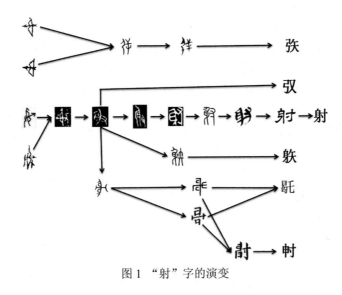

图 1 "射"字的演变

这是"射"字演变谱系的大致情况，而对该字的解释，也由于其形体的变化而产生不同的看法。

二、"射"字演变和形音义关系的阐释

上述对于"射"字由古文字的以手张弓搭箭到从身从矢或从身从寸的变化，从宋元时期的戴侗、杨桓开始，就有很好的解释，但是他们的解释还可以分为三种情况：一是认为由"弓、矢"讹为"身"，二是认为由"弓"讹为"身"，三是认为古形  与"身"近。第三种看法中的  ，是单纯的弓，还是包括了弓和矢，其实很难讲清楚。第一种看法比较有利于说明从寸之"射"字的来源，因为  中的"弓、矢"讹为"身"，剩下的"又"加点增繁为"寸"，当然就是从身从寸之"射"字了。但如果"弓、矢"已经混合而讹为"身"了，那从身从矢之"躲"中的"矢"从何而来就成了问题，因此第二种看法更有利于说明"躲"字的来源。从逻辑上讲，古文字中的  ，有弓、有矢、有又（手），上引春秋晚期的  和  ，左边"身"外多出的一笔，也可以看作"矢"的遗留。"弓"讹为"身"，省去"又"，就成为"躲"字；"弓"讹为"身"，省去"矢"，"又"增繁为"寸"，就成为"射"字。这样看来，认为"弓"讹为"身"比"弓、矢"讹为"身"的解释力应该更强一些。

在形义关系的解释方面，字源学的解释当然是以手张弓搭箭故为"  "，"弞"或"弡"是符合常规的演变，解释为张弓搭箭为"弞"或以手张弓为"弡"，还是在字源学的解释范畴内，形义关系是清楚的。历史上能按照字源学来解释的，如郑樵《六书略·器用之形》："象张弓发矢之形。"戴侗《六书故》第二十九："  ，食夜切。手弓加矢，弞之义也。"杨桓《六书统》卷二《会意·器用之意》："  

，并神夜切。持弓发矢以中物也。象设矢于弓，以手驱弦之形以见意。"又卷九《转注·弓之属》："，此古射字。象设矢于弓，以手持弦也。"周伯琦《六书正讹》："弨，神夜切。引弓发矢以穷远取物也。从手持弓，象形。"梅膺祚《字汇》："弨，神夜切。蛇去声。引弓发矢以穷远取物也。"其中，《六书证讹》和《字汇》中的"穷远取物"，当是结合了《说文》对弓"以近穷远"的解释。可见这样的解释还是有传统的，从郑樵到梅膺祚，可谓一脉相承。显然，这样的解释是由于这些学者看到了金文或石鼓文的材料。随着甲骨文等更多古文字材料的发现，可以进一步证实，这种解释是最符合造字本意的解释，是有理有据科学可信的。

基于此种解释的学者，也有进一步阐发义理的。如明魏校《六书精蕴》卷五曰："躲，食夜切。引弓发矢也。不象其发，而指以又控弦，持弓矢审固也。夫弓矢，杀械也，然而习之，则将生其杀心。先王何乃以是设教？于是乎观德，曰：躲可以收其放心也。内志有弗正与？外体有弗直与？百发无一中矣。圣人因为之揖让之礼，使胜者不侮人，而不胜者自反。客气为之销亡，心靡它适，一于天德。"按，《礼记·射义》云："故射者，进退周还必中礼。内志正，外体直，然后持弓矢审固；持弓矢审固，然后可以言中，此可以观德行矣。""射者，仁之道也。射求正诸己，己正而后发。发而不中，则不怨胜己者，反求诸己而已矣。"魏校的解释，显然是根据《射义》来发挥的。根据汉字的形义关系，联系传统思想，进一步阐发其中所蕴含的义理，也是传统汉字学里值得注意的一种思维定式和文化现象。

在《说文》里，"射"字小篆作躲和弨，已经完全讹变为从身从矢和从身从寸了。许慎根据这种讹变了的字形，解释为"弓弩发于身而中于远也，从矢从身"和"篆文射从寸，寸，法度也，亦手也"。许慎的这种解释，虽然是一种理据重构，但在"射"字的阐释历史上，代表了一种很流行的看法，后世承袭者众多，可分为三种情况：

一是完全承袭，如《集韵》《类篇》《字汇》《正字通》《康熙字典》等传统字书对"射"或"躲"的解释，皆直引《说文》。

二是进一步为《说文》补说，如《段注》曰："谓用弓弩发矢于身而中于远也。……何不以射入寸部而以躲傅见也？为其事重矢也……射必依法度故从寸。寸同又，射必用手，故从寸。"《说文解字注笺》云："发于身而中于远，释躲从身之义也。"《说文解字义证》曰："弓弩发于身而中于远也者，本书'弓'下云：'以近穷远。'"他们进一步补充说明了"射"字为什么不归于"寸"部而归于"矢"部、"射"字从寸是什么原因、"射"字从"身"是什么道理、"射"字"中于远"的含义是什么等问题。

三是有所调整，如《六书统》卷九《转注·弓之属》："矢发于身而中于远，犹与'躲'义相近也。"《字汇》矢部："躲，即射字。矢发于身而中于远，故从矢从身。"这里把《说文》的"弓弩发于身"改为"矢发于身",紧扣"躲"字从身从矢,是一个值得肯定的改动。

在这种解释的基础上,也有结合射礼文化进行发挥的,如《说文解字系传》:"弓弩发于身而中于远,从矢身。臣锴曰,躲者身平体正,然后能中也。"《正字通》寸部:"射,……《礼·射义》:射之为言绎也。绎者各绎己之志也。故射者进退周旋以中礼,内志正,外体直,狀后持弓矢审固,持弓矢审固,狀后可以中,此可以观德行矣。"《说文解字义证》:"《射义》:射求正诸己,己正而后发。又云,射之为言绎也。或曰舍也。绎者各绎己之志也,故心平体正,持弓矢审固,持弓矢审固,则射中矣。"《康熙字典》寸部:"射,……《礼·射义》:古者天子以射选诸侯、卿大夫、士,射者男子之事也,因而饰之以礼乐也。又射之为言绎也,各绎己之志也。故射者心平体正,持弓矢审固,持弓矢审固,然后中。"其中以"绎"释"射","绎者各绎己之志也",则又借《射义》阐明"射"的音义关系,进一步丰富了"射"字的解释类型。王筠《释例》进一步作了阐释,云:"射字古音绎,汉音舍,又音夜,故《诗》借射为斁,而《礼记》射之为言者绎也,以古音释之也。或曰舍也,又以汉音释之也。《记》又曰:'仆人师扶左,射人师扶右。'而官名仆射,因之仍呼为夜音,盖人名、地名、官名、物名,为推寻义理者所忽,其音得以至今不改。"[①]

在从身从寸和从身从矢的字形里,历史上还有把"射"字解释为"射弓"的,如《玉篇》矢部:"躲,躲弓。今作射。"《广韵》禡韵:"射,射弓也。"《四声篇海》审母矢部:"躲,躲弓。今作射。"《字汇》寸部:"射,射弓。"按"射弓"之意当为"发射之弓"或"射箭之弓",只解释了"弓"的含义,与"射"的含义还是不够吻贴的,因此在严格意义上讲,此说是不全面的解释。又《玉篇》寸部:"射,矢也。"[②]以"矢"释"射",与以"弓"释"射"一样,也是不全面的。至于传说中把"射"之寸身解释为"矮","矮"之委矢解释为"射",以为"射"与"矮"二字互为颠倒,更是无稽之谈了。

以上罗列了历史上对"射"字演变过程和形义关系、音义关系的各种解释,说明汉字的分析,可以利用不同的材料,从不同的角度,产生不同的想法。但其中的是非得失,还需要具体分析。

三、"射"字研究的"理"和"据"

汉字学研究重视"理据"。[③]从构词来看,"理据"应是一个同义复合词,浑言

---

① 王筠:《说文释例》,北京:中华书局,1987年,第394页。

② 《玉篇》寸部:"射,市柘切,矢也。又作躲,以近穷远也。""射"与"躲"的解释不同,也是不合理的。

③ "理据"大概是中古时期产生的一个词,南朝·齐·僧岩《重与刘刺史书》:"征庄援释,理据皎然。"

之，即表示论据，析言之，则"理"为道理，"据"乃根据。在汉字研究中，"理据"这个词很好地概括了汉字研究所需要的科学"内涵"；如果我们把"理"和"据"拆开来理解，可能更符合汉字研究的需要。汉字研究需要说明汉字生成与演变的道理，以及汉字的形义关系、音义关系，这是解释的部分，即所谓"理"；也需要说出支持这种道理的证据，这是举证的部分，即所谓"据"。汉字研究既要讲"理"，也要讲"据"，所以"理据"一词用于汉字研究，可谓十分贴切。

从实际研究情况来看，讲"理"容易，讲"据"则时有困难。汉字是表意体系的文字，形义关系很密切，望形可以生义，解释可以多种多样，有的就很符合造字本意，有的也不乏文化理趣，而有的可能仅属于猜谜射覆之类，这时候的关键就是能不能举出有说服力的"据"来。"据"是需要有来历有出处的，说有易，说无难。所以理据理据，"理"易而"据"难。

就"射"字而言，上述历史上对"射"字演变过程和形义关系、音义关系的各种解释，大致上可以分为四种类型：

一是宋元以来有关学者根据古文字构形而进行的字源学的解释，如郑樵的"张弓发矢"、杨桓的"持弓发矢"、周伯琦和梅膺祚的"引弓发矢"等，都符合造字本意或演变规律，其"理"固合字形结构，其"据"则以先秦古文字材料特别是石鼓文的█字为证明，后出的甲骨文、金文材料，如█、█、█等，更是有力的支撑，也与射箭之实相符合，因而是最科学合理的文字学解释。

二是着眼于讹变字形█和█的解释，这是一种理据重构。这种解释以许慎《说文解字》为代表，依从者众，亦有进一步补说和调整者。所谓"弓弩发于身而中于远也"，"谓用弓弩发矢于身而中于远也"，亦即"矢发于身而中于远也"，"寸同又，射必用手，故从寸"，诸家之说，其"理"在于依形说义，紧扣"躲""射"所从之"身""矢"和"寸"，其"据"则合"以手持弓从自身发箭而中于远"的射箭实情，理、据相配，因而也是自圆其说的。汉字的阐释是一种动态的结构，在各种因素的作用下，汉字阐释可以有不同的方法。

三是结合射礼及其文化内涵所进行的义理性的阐发，属于汉字文化学的解释。《礼记》中的《射义》篇对射礼及其内涵有很好的阐述，从射箭的要求引申出为人处世的道理。在对"射"字的阐释中，不管是基于原始的古文字字形还是根据讹变了的字形，都可以进一步结合射礼文化作进一步的发挥。射箭不仅是一种技艺功夫，更是修身养性的活动，处处都要符合礼的要求。所以，"射者，进退周还必中礼。内志正，外体直，然后持弓矢审固；持弓矢审固，然后可以言中，此可以观德行矣。""射者，仁之道也。射求正诸己，己正而后发。"甚至从语音的角度，也可以阐发其中的义理。如"射之为言者绎也"，"绎者，各绎己之志也"。也就是说，"射"字诸形的构件，如弓、矢、又、寸、身等，以及"射"字的读音，其所包含的意义，都可以在《射义》中找到对应的解释。所以古人援据《射义》来解释"射"字，其"理"也是据形说义，其"据"则是《射义》中的对应内容，诸如"内志正，外体直，然后持弓矢审固""射求正诸己，己正而后发""射之为言者绎也""绎者，各绎己之志也"等。这种解释既合字形，又有文化内涵，具备另一种意义上的学理依据。

四是不够全面合理的解释，如《玉篇》《广韵》《篇海》《字汇》等均释为"射弓"者，以"躲"释"射"，故非其宜；只解释"弓"而不及其余，亦不全面。又如《玉篇》寸部："射，矢也。"以"矢"释"射"，也不全面。又如解寸身之"射"为"矮"者，属于纯粹的望形释义，忽视了"射"字演变过程中的讹变现象，其"据"有误，其"理"固不足信也。

总之，汉字是表意体系的文字，以形释义是传统汉字学的分析方法。由于角度不同，材料不同，对一个汉字的解释往往多说并存，说法各异。对"射"字形音义关系的解释，也存在这种情况，展示了汉字学和汉字文化的丰富多彩，但同时，我们还需要根据学理依据，做出合理判断。

The Evolution of the Character "射" and the Rationale for Its Interpretation

Lin Zhiqiang

Abstract: This article comprehensively reviews the history of the evolution and interpretation of the character "射". The character "射" was represented in the oracle bone script as a hand-drawn bow and arrow. Later, it changed into six different character forms, which were "弡", "弨", "射", "躲", "䠶", and "𡊩". The interpretation of the relationship between its form and meaning has also varied according to the different forms, with different rationales, showing the enrichment of content of philology and Chinese character culture.

Key words: 射; erroneous transformation; relationship between form and meaning; rationale

河南出土的东周时期郑、韩两国陶文概述[*]

苗利娟[1]　董梦月[2]

([1]郑州大学汉字文明研究中心　[2]郑州大学文学院)

摘要： 河南出土东周时期郑、韩两国陶文数量众多，目前已公布陶文材料约804件，其中新郑356件、郑州218件、登封139件、荥阳47件、温县17件、其他或存疑者27件。这批陶文材料中，有65件属于郑国，393件属于韩国，余尚存争议。东周时期郑、韩两国陶文有以下几个显著特点：其字体纤细秀丽，笔画劲瘦有力；以阴文为主，多为铃印形式，以方形印居多；文字偏旁的布局较为随意。文字内容多为工名、地名、记数文字等。

关键词： 东周；郑韩；陶文

东周时期是中国历史上的一个重要阶段，这一时期的郑、韩两国在地理位置、政治制度、经济发展、文化传承等方面具有重要地位。河南地处中原地区，是郑、韩两国的核心区域，新中国成立后，随着田野考古调查、发掘与研究工作的不断深入，出土了大量文字材料，如甲骨文、金文、陶文、货币文字、玉石文字、玺印文字等。

河南出土东周时期郑、韩两国陶文数量众多，目前已公布陶文材料约804件，其中新郑356件、郑州218件、登封139件、荥阳47件、温县17件，另有21件出土时地不明，还有6件陶文材料因时代及国别归属存疑，无法确定是否属于郑、韩两国出土材料，为避免遗漏，文中已收录并归类为"其他"和"存疑"。据了解，郑、韩两国陶文还有数百件未公布，如管城故城、雍梁故城、平陶故城等地新发现的陶文材料尚在整理之中。

一、河南出土的东周时期郑国陶文

河南出土的东周时期郑国陶文材料共65件，其中新郑23件、登封28件、其他14件。具体情况如下。

（一）新郑

1996—1998年，河南省文物考古研究所（今河南省文物考古研究院）在新郑

---

[*] 本文属于古文字与中华文明传承发展工程"河南古文字资源调查研究"（G1426）暨河南省高校中华优秀传统文化传承发展专项课题重点项目"雍梁故城新出古文字材料的整理与研究"（2023-WHZX-21）的阶段性成果。

市中国银行新郑支行郑国祭祀遗址发现一批带字或刻符陶器。根据同出器物时代及用字习惯、字体风格判断，其中有 10 器属于郑器，计陶鬲 4 件、陶罐 2 件、陶范 2 件、陶豆 1 件、陶筒瓦 1 件。文字内容有"大邑"（T632⑤:1）、"八一一一"（T656③:8）、"𥜌（侯）"（T657H2132:2）、"工"（T622J446:175）等。[①]

20 世纪 80 年代，新郑县文保所保存了一批东周时期的陶文，共计 36 件，其中 27 件属于春秋时期，9 件属于战国时期。这 27 件陶文材料中有 3 件出土于新郑唐户春秋墓中，3 件出土于新郑车站烟厂春秋墓中，7 件出土或采集于郑韩故城，其余情况不明。这些文字或符号大多刻写在陶豆的豆盘内底，以数目字为主。[②]其中"丫"形符号较多重复出现，或刻写作"丫"，又见于登封王城岗，这类符号很可能也是计数之用。

（二）登封

1977—1978 年，河南省文物研究所（今河南省文物考古研究院）和中国历史博物馆（今中国国家博物馆）考古部在登封镇（今登封市）王城岗遗址发现 28 件带有文字或刻划符号的陶器。文字以数目字为主，有"六""七""八"等，符号有"丫""丫""↓"等。这批陶器中有 10 件属于春秋早期，18 件属于春秋晚期，均为郑国器物。[③]

（三）其他

20 世纪 80 年代，新郑县文保所保存了一批东周时期的陶文，其中有 27 件属于春秋时期，这 27 件中有 13 件出土或采集于新郑诸地（参前文），余 14 件出土情况不详。文字内容有"一""六""五""七""木""鱼""千"等。[④]牛济普对其中的部分文字进行了重新释读，改释"巳"为"豆"、"廿"为"六"、"七"为"四"、"卅"为"七"、"步"为"志"等。[⑤]

二、河南出土的东周时期韩国陶文

河南出土东周时期韩国陶文材料共 393 件，其中新郑 219 件、登封 111 件、荥阳 46 件、温县 17 件。具体情况如下。

---

① 河南省文物考古研究所：《新郑郑国祭祀遗址》，郑州：大象出版社，2006 年，第 407-1364 页。

② 乔志敏、赵丙唤：《新郑馆藏东周陶文简释》，《中原文物》1988 年第 4 期，第 11-12 页。

③ 河南省文物研究所、中国历史博物馆考古部：《登封王城岗与阳城》，北京：文物出版社，1992 年，第 192-200 页。

④ 乔志敏、赵丙唤：《新郑馆藏东周陶文简释》，第 11-12 页。

⑤ 牛济普：《新郑馆藏东周陶文试析》，《中原文物》1989 年第 2 期，第 34-36 页。

（一）新郑

1984 年 6—12 月，河南省文物研究所新郑工作站在郑韩故城遗址东城和西城的考古发掘中，发现了一批带字陶器，根据用字习惯和字体风格判断，其中有 12 器属于韩器，包括 5 件"𣁀"字陶量、5 件"公"字陶量、1 件"䜌"字陶钵和 1 件"公城"字陶盆。①蔡全法认为，"𣁀"这个字"从斗从半省，即半字"，标明这些器物的容量为半斗。陶器上的"公"字可能与宫廷或官府有关。李学勤认为："'宫'字过去多释为'公'，或以为'公'字假借为'宫'都是不对的。这一类器物，原属于宫廷的食官。"②蔡全法则认为，"凡公字遗物，为官府用器是比较恰当的"。③"公城"陶盆，出土于郑韩故城东城偏南的五宅庄村，在该村附近的河岸地下至今还保存有东周时期的城墙基础，这座旧称仓城的小城，很可能就是陶文中所指的"公城"。④

1996—1998 年，河南省文物考古研究所（今河南省文物考古研究院）在新郑市中国银行新郑支行郑国祭祀遗址发现一批带字或符号陶器，除前文提到的 10 件郑器外，还有 138 件韩器，其中 52 件为量器⑤，文字内容多为"公""𣁀（半）"，标示器物的性质和容量。此外，陶文中还有"里䜌"（T609③:1）、"彭巽"（T646H1987:1）、"里心"（T644H1982:2）、"𢦏固"（T644H1982:6）、"𢦏夏"（T648②:4）、"吕予"（T643H1945:2）、"英孙"（T638H1851:2）、"上舟"（T565H2175:13）、"骷兑"（T569H1619:9）、"![字]零"（T642H2170:12）等，大体可分为地名、官名、工名等几类。⑥"里某"之里，蔡全法认为其可能有三种用意：一是以官为氏；二是督制量器之官吏；三是陶工姓名。⑦

2002 年 8—11 月，河南省文物考古研究所新郑工作站在郑韩故城东北角战国大型制陶作坊遗址发现了 60 块带印记的筒板瓦，一片筒板瓦上往往有两个不同的印章，文字内容大多为单姓，约有 30 种，以"有""郑""同"等居多。此前在郑韩故城出土的陶文多出现在陶盆口沿、陶瓮肩部、陶豆柄等位置，内容以陶工自铭为主，极少发现有印章的痕迹，一件器物上有两个不同姓的印章更是罕见，这种现象可能反映了当时的陶器生产中不同家族或作坊之间的合作，故此次发现对于研究郑韩故城的陶文特征和制陶作坊遗址的属性具有重要作用。另外，该遗址

---

① 蔡全法：《近年来新郑"郑韩故城"出土陶文简释》，《中原文物》1986 年第 1 期，第 78-80 页。

② 李学勤：《东周与秦代文明》，北京：文物出版社，1984 年，第 28 页。

③ 蔡全法：《近年来新郑"郑韩故城"出土陶文简释》，第 79 页。

④ 蔡全法：《近年来新郑"郑韩故城"出土陶文简释》，第 78、80 页。

⑤ 原发掘报告"附表七六：战国陶量统计表"登录 82 件量器，有文字或刻符的 51 件，漏收一件，编号 T658J448:3，该量器底部有两个刻划符号"二廾"。参见河南省文物考古研究所：《新郑郑国祭祀遗址》，第 626 页。

⑥ 河南省文物考古研究所：《新郑郑国祭祀遗址》，第 407-1364 页。

⑦ 河南省文物考古研究所：《新郑郑国祭祀遗址》，第 1166 页。

还发现 3 件在肩部钤印"郑城右司工"的陶罐；1 件在肩部刻划"新郑"字样的陶瓮，这是目前为止发现的有关新郑地名的最早文物实证。[①]

2003—2008 年，河南省文物考古研究所在新郑西亚斯东周墓地发现有 5 件带文字的陶器。文字内容分别为"辜（淳）係""里龖（鹹）""馬申""中巢𤇷己""肖"。[②]

（二）登封

1977—1978 年，河南省文物研究所和中国历史博物馆（今中国国家博物馆）考古部在登封镇阳城遗址发现 85 件带有文字或刻划符号的陶器。另外，在登封告成镇阳城铸铁遗址发现 24 件带有文字或刻划符号的陶器。这两批陶文中刻划符号占大多数，文字内容有"阳城""阳城仓器""朱（厨）""朱器""仓""左仓""公""廪"等。[③]

这批材料中，陶文大多为阴文，以钤印为主，也有部分刻划文字，多钤印或刻划在陶盆上，也有少量出现在陶瓮、碗、量、罐、釜和筒瓦上。据李先登研究，这批陶文约有 59 个文字、筹码或符号，其中可释文字 37 个，未释文字 22 个，其中"阳城"印陶的发现，为阳城遗址即春秋战国至汉代阳城所在地提供了有力的证据。[④]

1988 年 6 月，登封肖家沟战国墓 M1 中出土 1 件"公"字陶瓮，钤印于肩部，肩部一侧还有一个刻划符号；此外，在墓葬北侧的地层中出土 1 件"公"字残陶碗，仅存底部，文字钤印于内底。[⑤]陶器上钤印"公"字可能说明这些器物是由官方监制或生产的，而"公"字陶瓮作为随葬品出现，这可能意味着这些器物除了专供官方使用外，也有一部分进入了市场流通，成为可以买卖的商品。

（三）荥阳

1982 年，秦文生在荥阳市古荥镇荥阳故城遗址采集到约 15 件钤印文字的陶片。[⑥]牛济普曾对这批陶文进行研究，其中有单字"廪"印陶 3 件，"廪陶蔡"印

① 河南省文物考古研究所新郑工作站：《郑韩故城发现战国时期大型制陶作坊遗址》，《中原文物》2003 年第 1 期，第 8 页。

② 河南省文物考古研究所：《新郑西亚斯东周墓地》，郑州：大象出版社，2012 年，第 76-111 页。

③ 河南省文物研究所、中国历史博物馆考古部：《登封王城岗与阳城》，第 178-314 页。

④ 李先登：《河南登封阳城遗址出土陶文简释》，《古文字研究》第 7 辑，北京：中华书局，1982 年，第 207-221 页。

⑤ 河南省文物研究所登封工作站：《河南登封县肖家沟战国墓发掘简报》，《华夏考古》1990 年第 4 期，第 41-42 页。

⑥ 秦文生：《荥阳故城新考》，《中原文物》"河南省考古学会论文选集"1983 年特刊，第 199 页。文中未言采集的带字陶片具体数量，"15 件"乃据牛济普《荥阳印陶考》的考释内容推测。

陶 2 件，"荥阳廪陶""荥阳廪""廪陶新市""廪陶官心（信、廿）""廪陶沱""廪陶仔""廪陶狱""狱""仓""𢏊（挹、制）"印陶各 1 件。[1]

1983 年，李先登在荥阳故城东北角钓鱼台西南部采集到一些带有文字戳印的战国灰陶浅盘豆残片，公布 10 件。陶文内容分别为"荥阳廪""廪""荥阳廪陶""廪陶少君""廪陶官心（信、廿）""廪陶沱""廪陶仔""廪陶□""𢏊（制）"和"𢆶"。[2]

秦文生与李先登所采集陶文材料的内容大体相近，有城邑名、官署名、陶工私名等。"荥阳廪陶"陶文的发现，证明这座城址就是战国时期荥阳之所在，亦说明战国时期荥阳不仅设有官仓，其下还辖有制陶手工作坊。[3]

20 世纪 80 年代，牛济普在荥阳县（今荥阳市）北张楼村采集到 6 件带有文字戳印的陶器。陶印多盖在豆盘内靠近中心的位置，均为圆形印，有一器双印的情况。文字内容以"格氏"为主，另有"格氏左司工""格氏右司工""格氏，□"和"格氏，耳"等组合形式。[4]关于"格氏"，牛济普结合文献记载和"格""葛"古音相近，认为"文献所记的葛、葛地、葛乡城、葛伯均与'格氏'有关"，即"格氏"是古地名，是古文献所记载的"葛乡城"。[5]

此外，王恩田《陶文图录》收录战国时期荥阳陶文 44 方[6]，由于书中未标注具体出土时地及器物编号，我们无法明确判断其中有多少与前文统计重合，根据出土地、拓片及文字比对，约有 29 方与前文重合，余 15 方很可能也是前人采集而未同时公布的。

（四）温县

1979—1981 年，河南省焦作市温县北平皋村发现数十件戳印陶文材料，印文内容为"邢公""陕（邢）公"或"公"。[7]邢字或从邑从土，或从阜从土。"公"可能为"邢公"之省称。《左传》宣公六年："赤狄伐晋，围怀，及邢丘。"杜注："邢丘，今河内平皋县。"这批陶文的发现，有力地证明了北平皋城址就是东周时期邢丘之所在，也为探索"祖乙迁于邢"之"邢"提供了重要线索。

① 牛济普：《荥阳印陶考》，《中原文物》1984 年第 2 期，第 46-48 页。

② 李先登：《荥阳、邢丘出土陶文考释》，《中国历史博物馆馆刊》1989 年，第 32-35 页。

③ 李先登：《荥阳、邢丘出土陶文考释》，第 33 页。

④ 牛济普：《郑州、荥阳两地新出战国陶文介绍》，《中原文物》1981 年第 1 期，第 14-15 页。

⑤ 牛济普："格氏"即"葛乡城"考，《中原文物》1984 年第 1 期，第 20-21 页。

⑥ 荥阳原为 45 方，郑州原为 117 方。编号 5·50·3 陶被归入"荥阳"，查阅其原始材料《郑州、荥阳两地新出战国陶文介绍》，我们发现文中叙述其为郑州出土，《陶文图录》误收，故此处将郑州改为 118 方，荥阳改为 44 方。参见王恩田：《陶文图录》，济南：齐鲁书社，2006 年。

⑦ 北京大学考古专业商周组等：《晋豫鄂三省考古调查简报》，《文物》1982 年第 7 期，第 7 页。文中称"发现数十件有戳印陶文"，具体数据不详，公布图录的仅有 6 件，文中暂以 10 件统计。

1983 年，李先登在温县北平皋村东北平皋遗址采集到多件带铭文的战国灰陶浅盘豆，铭文多相同，公布有 3 件，陶文内容分别为"邢公""陞（邢）公"和"公"。这批陶文在戳印器类、印文形式和内容以及字体方面均与登封阳城遗址、郑州荥阳遗址出土的战国韩国陶文相似，故李先登认为这批陶文属于韩国的陶文系统。①

北平皋村，在温县东南 10 千米处。据邹衡考证，此地在春秋早期属于周河内南阳之地，周桓王曾经同郑国人争夺温、原、樊等原来属于苏忿生的田地，周襄王于是把这些地方赐给晋文公，"晋于是始启南阳"；温地曾经是晋郤氏的封地，战国以后，先后成为韩、魏、秦的领土。②1979—1981 年该地发现的"邢公"等陶器，虽然具有周郑文化的特点，但主要属于晋文化系统，故邹衡将这批陶文归为晋国文字。这批陶文与 1983 年李先登在北平皋村发现的陶文在印文内容和字体上均相似，亦当同属于韩国的陶文系统。

此外，王恩田《陶文图录》收录战国时期温县陶文 17 方，由于书中未标注具体出土时地及器物编号，我们无法明确判断其中有多少与前文统计重合，根据出土地、拓片及文字比对，其中有 13 方与前文全重，余 4 方很可能也是前人采集而未同时公布的。

三、河南出土的东周时期郑、韩陶文

河南省出土东周时期郑、韩陶文材料共 346 件，其中新郑 114 件、郑州 218 件、荥阳 1 件，另有出土时地不明者 7 件、存疑 6 件。具体情况如下。

（一）新郑

1956 年春，河南省文物工作队（河南省文物考古研究院前身）在郑韩故城内战国时期地下冷藏室遗迹内发现 16 件带有文字或刻划符号的陶器，文字内容有"余"（T1:183）、"史"（T1:137）、"啬夫"（T1:168）等。③

20 世纪 60 年代，河南省博物馆（今河南博物院）新郑工作站和新郑县文化馆（今新郑市文化馆）在郑韩故城进行考古钻探工作，在郑韩故城宫殿区西北部（阁老坟村北地）地下室和五眼井的填土中发现 7 件带有文字或刻划符号的陶器，文字内容有"厝公""吏""官""左朕""啬夫"等。④

---

① 李先登：《荥阳、邢丘出土陶文考释》，第 32-35 页。

② 北京大学考古专业商周组等：《晋豫鄂三省考古调查简报》，第 7 页。

③ 河南省文物研究所：《郑韩故城内战国时期地下冷藏室遗迹发掘简报》，《华夏考古》1991 年第 2 期，第 10-11 页。

④ 河南省博物馆新郑文物工作站、新郑县文化馆：《河南新郑郑韩故城的钻探和试掘》，《文物资料丛刊》第 3 辑，北京：文物出版社，1980 年，第 60-61 页。

1972 年 3 月，河南省文物工作队在配合修建豫新制药厂（原为开封地区制药厂）时，在河南省新郑县城关乡大吴楼村东北郑韩故城制陶遗址开探方 2 个，在 T1 探方内发现一处制陶作坊遗迹 F1，遗迹内发现有 9 件带有文字或刻划符号的陶器。[①]文字内容分别为"邵尚"（F1:39）、"左城"（F1:51）、"朕"（F1:115）、"秦"（F1:56），符号内容分别为"￩"（F1:76）、"ク"（F1:114）、"丨一"（F1:52）、"乚"（F1:151）、"丨"（F1:158）。"左城"陶文出于郑韩故城东城，即外郭城内，东城很可能即陶文所指"左城"。[②]

1983—1985 年，河南省文物研究所新郑工作站在郑韩故城遗址的考古发掘中，发现 90 件带字陶器和陶片。据蔡全法统计，这批陶文总计 140 字，可分为单字 27 种 45 字，双字 38 种 88 字，另有三字和四字各一种。陶文内容以人名与地名居多，也存在职官量器名称、官府用器名称、计数文字等。[③]这批材料中，除前文提及的 12 器属于韩器外，其他多不能明确判断国别。对于其中新发现的"徒"字陶豆，蔡全法认为其"很可能为刑徒用器或刑徒被用于制陶手工业劳动有关"。[④]王琳则认为"徒"具有军事组织的性质，并结合同出的"井""芋邑""吕雕""吕佗""里久""田""馬"等陶文及古文献资料研究，进一步论证了战国时期郑国存在乡遂制度。[⑤]从文中最后论证情况来看，王琳将"徒""井"等陶文材料断定为郑国器。

20 世纪 80 年代，新郑县文保所保存了一批东周时期的陶文（参前文），其中 9 件属于战国时期。这部分陶文可能是郑国或韩国的文字。其中 4 件出土于新郑，余不详。具体如下："五"字陶文，1982 年 9 月出土于郑韩故城东城 T2H2；"吕刊"和"嵒（墨）"字陶文，1972 年采集于郑韩故城东部的沈庄村；另有一件陶文，出土于郑韩故城东城内的仓城铸铁遗址，字残，或释"隋"。[⑥]

（二）郑州

1954—1955 年，河南省文化局文物工作队（河南省文物考古研究院前身）在郑州白家庄遗址发现 13 件带有钤印文字或刻划符号的陶器，其中一印为圆印。文字内容有"里""亳"等。[⑦]

1956 年，郑州金水河南岸合作总社工地发现 15 件带字的陶豆柄，其中 9 件为一柄一印，3 件为一柄双印，1 件为一印双字，另有 1 件为朱文，1 件在字旁刻划

---

① 河南省文物研究所：《河南新郑郑韩故城制陶作坊遗迹发掘简报》，《华夏考古》1991 年第 3 期，第 33-50 页。

② 河南省文物研究所：《河南新郑郑韩故城制陶作坊遗迹发掘简报》，第 48 页。

③ 蔡全法：《近年来新郑"郑韩故城"出土陶文简释》，第 76-87 页。

④ 蔡全法：《近年来新郑"郑韩故城"出土陶文简释》，第 79 页。

⑤ 王琳：《从郑韩故城出土陶文看先秦乡遂制度》，《考古与文物》2003 年第 4 期，第 50-54 页。

⑥ 乔志敏、赵丙唤：《新郑馆藏东周陶文简释》，《中原文物》1988 年第 4 期，第 12-14 页。

⑦ 河南省文化局文物工作队第一队：《郑州白家庄遗址发掘简报》，《文物参考资料》1956 年第 4 期，第 3、8 页。

有斜纹线条。①文字内容有"亳""亳丘""㑄，亳""十一年私来，亳"等。"十一年私来，亳"双印又见于郑州黄河（中心）医院战国建筑基址，"十一年"表纪年，学界有"郑简公嘉十一年说"②和"晋悼公十一年说"③；后二字，学界多有不同意见，有"以差"④"私交"⑤"私（司）来"⑥"以来"⑦等多种说法，其性质可能是地名，或是官名、人名，抑或是时间词。

1979年4月，郑州白家庄西侧商代城墙内发现一件有"亳"字印文的陶豆柄，该字为阳文反字横印。在"亳"字右下角还有一陶工指印。⑧

"亳"字陶文，虽然早在20世纪50年代就已经被发现，但当时并未引起学术界的广泛关注，直到70年代末，随着"亳"字陶文的大量发现以及郑州商城遗址性质的判定，这才引起众多学者讨论。邹衡结合东周货币文字认为，郑州商城所出陶文当释作"亳"，且"亳"字陶文出土数量众多，应为本地生产，郑州商城的性质当为汤都之亳。⑨石加认为该陶文应释为"京"或"亭"，而非"亳"，即使释为"亳"，也不一定是地名。⑩牛济普认为"亳"非"京"，且"亳"应是地名无疑。⑪刘蕙孙认为该陶文是否为"亳"及郑州商城是否为"汤居亳"之"亳"，需进一步商榷。⑫杨育彬认为"郑亳说"的结论难以令人信服，"亳城"或为"京城"之误，陶文是否为"亳"字，需进一步研究。⑬

20世纪80年代左右，牛济普在郑州商城遗址东北隅采集到20枚陶文印样，其中"亳"字陶文9枚，"京昊"陶文1枚，"𩾃𠳿"陶文2枚，"亳""昊"双章陶文1枚，"𤇾"字陶文1枚，"豎（竖）"字陶文1枚；另有刻划文字2个，均在豆盘内，无法识别；刻划符号3个，为"Ｕ""Ψ"和"丅"，均在豆盘内，可能与陶工记数有关。⑭

---

① 刘文奂：《郑州金水河南岸工地发现许多带字的战国陶片》，《文物参考资料》1956年第3期，第85页。

② 张松林：《郑州商城内出土东周陶文简释》，《中原文物》1986年第1期，第75页。

③ 张立东：《郑州商城与战国陶文"亳""十一年□□□"》，《考古与文物》2002年增刊先秦考古专号，第199-202页。

④ 商志馣：《说商亳及其它》，《古文字研究》第七辑，北京：中华书局，1982年，第194页。

⑤ 张松林：《郑州商城区域内出土的东周陶文》，《文物》1985年第3期；张松林：《郑州商城内出土东周陶文简释》，《中原文物》1986年第1期，第75页。

⑥ 牛济普：《五方印陶新释》，《中原文物》1987年第1期，第79页；又《河南陶文概述》，《中原文物》1989年第4期，第87页。牛济普在《五方印陶新释》一文中，释其为"私来"，疑为"时来"，为郑州附近的古地名，后在《河南陶文概述》中改释为"司来"，疑为官称。

⑦ 张立东：《郑州战国陶文"亳""十一年以来"再考》，《考古学研究》第六辑，北京：科学出版社，2006年，第432页。

⑧ 济普、周到、建洲：《郑州新发现战国"亳"字陶文》，《光明日报》1979年4月4日，第3版。

⑨ 邹衡：《郑州商城即汤都亳说》，《文物》1978年第2期，第69-71页。

⑩ 石加：《"郑亳说"商榷》，《考古》1980年第3期，第255-258页。

⑪ 牛济普：《"亳丘"印陶考》，《中原文物》1983年第3期，第39-42页。

⑫ 刘蕙孙：《从古文字"亳"字探讨郑州商城问题》，《考古》1983年第5期，第452-454页。

⑬ 杨育彬：《再论郑州商城的年代、性质及相关问题》，《华夏考古》2004年第3期，第52-60页。

⑭ 牛济普：《郑州、荥阳两地新出战国陶文介绍》，《中原文物》1981年第1期，第13-14页。

陶文"𩵋𣱵"，牛济普认为"𣱵"为"京"字，"𩵋"字不识；[1]张松林将"𩵋"隶定为"斜"，或释为"斠"。[2]

陶文"𢑓"，牛济普、张松林均释为"挹"。[3]王恩田《陶文图录》5·50·3收录此字，隶定为"挧"。[4]汤余惠认为此字为古地名"制"的专字。[5]

陶文"豐"，牛济普认为是"竖"字。[6]张松林根据春秋攻吴王鉴铭中相类字，将该字隶定为"监"。[7]

20 世纪 80 年代前后，河南省文物研究所郑州工作站在郑州黄河（中心）医院战国建筑基址发现 4 件印文陶器，其中 3 件钤印一"亳"字，另 1 件为双印，分别钤印"十一年私来"和"亳"。[8]

1985—1986 年，河南省文物研究所在郑州市黄河水利委员会青年公寓建筑工地发现带字陶器 3 件，1 件为在内底刻写有"噐𤯔"二字的陶钵（H75:1），1 件为在内底钤印"亳"字的陶罐（T42③:4），1 件为在豆盘中央刻划"土"字的陶豆（T46③:4）。[9]

1986 年，河南省文物研究所在郑州市黄河（中心）医院遗址发现 116 件有陶文戳记的陶片，其中大多陶文印在陶豆的豆柄上，个别陶文出现在豆盘内心或盆、罐、钵等器物的内壁和肩部。其中"亳"字陶文出土数量最多，约占一字一戳中的 97%，大多为阴刻正文，只有少数阳刻正文，还有不少阴刻反文。此外，还发现有"公"（86T1:2）、"巽"（86T1:4）、"亳丘"（86T1:127）、"京昃"（86T1:129）、"亳，忻"（86T1:159）等文字。其中有一件陶豆的上钤印方形双印"十一年私来"和"亳"（86T1:152）。[10]

1987 年，河南省文物研究所在郑州市医疗器械厂西院的基建工地发现一件陶豆（T6①:69），在其豆柄上端有"亳"字陶印。[11]

---

① 牛济普：《郑州、荥阳两地新出战国陶文介绍》，第 13 页。

② 张松林：《郑州商城区域内出土的东周陶文》，《文物》1985 年第 3 期，第 78 页。

③ 牛济普：《郑州、荥阳两地新出战国陶文介绍》，第 14 页；张松林：《郑州商城区域内出土的东周陶文》，第 79 页。

④ 王恩田：《陶文图录》，济南：齐鲁书社，2006 年，第 1782 页。

⑤ 汤余惠：《略论战国文字形体研究中的几个问题》，《古文字研究》第 15 辑，北京：中华书局，1986 年，第 14 页。

⑥ 牛济普：《郑州、荥阳两地新出战国陶文介绍》，第 14 页。

⑦ 张松林：《郑州商城区域内出土的东周陶文》，第 79 页。

⑧ 河南省文物研究所郑州工作站：《近年来郑州商代遗址发掘收获》，《中原文物》1984 年第 1 期，第 11 页。

⑨ 河南省文物研究所：《郑州黄委会青年公寓考古发掘报告》，《郑州商城考古新发现与研究 1985—1992》，郑州：中州古籍出版社，1993 年，第 218 页。

⑩ 河南省文物研究所：《1992 年度郑州商城宫殿区发掘收获》，《郑州商城考古新发现与研究 1985—1992》，第 107-108 页。

⑪ 河南省文物研究所：《郑州医疗器械厂考古发掘报告》，《郑州商城考古新发现与研究 1985—1992》，第 160 页。

1992 年，河南省文物研究所在郑州市东里路省中医学院家属院基建区发现 8 件带钤印和刻划文字的陶器，可辨文字有"亳"（H122:1）、"王"（H121:3）等。①

1996 年 7 月，郑州市文物考古研究所（今郑州市文物考古研究院）在郑州纺织机械厂 M2 战国墓发现一件在腹壁刻有"𤔡零"字的陶壶（M2:3）。②相同陶文在新郑市中国银行新郑支行郑国祭祀遗址（T642H2170:12）也有出现，字形完全相同。③

此外，高明《古陶文汇编》中收录 1987 年以前河南出土的古陶文共 298 方，其中属于郑韩两国的共计 228 件，除去文中重复者，另有郑州碧沙岗 12 方，郑州岗杜 10 方，郑州二里岗 1 方。④王恩田《陶文图录》收录河南境内出土的郑韩两国陶文共 444 方，除去文中重复者，另有郑州二里岗 13 方。⑤

（三）荥阳

1987 年以前，荥阳广武镇平陶故城出土 1 片带"平匋（陶）"钤印的陶片，收录于高明《古陶文汇编》6.49。

自 2021 年以来，郑州大学考古与文化遗产学院（原历史学院）联合郑州市文物考古研究院在荥阳广武镇南城村开展系统的考古工作，发现大量钤印陶文材料，如"平匋（陶）市""平匋"等，材料尚未公布。

（四）其他

20 世纪 80 年代，新郑县文保所保存了一批东周时期的陶文，其中 9 件可能是郑国或韩国的文字材料。其中 4 件出土于新郑，余出土情况不详（参前文）。⑥文字内容有"芋""芋口""纲""千""公城"等。

高明《古陶文汇编》收录的 1987 年以前河南出土的郑韩两国陶文中，有 2 方出土地不详，编号 6.28 和 6.57。

（五）存疑

1983 年，商水县城西南 18 公里（俗称扶苏故城）的战国城址内城东南角表层采集到 5 片陶器残片，文字内容分别为"大吉"（1 片）和"扶唗（苏）司工"

---

① 河南省文物研究所：《1992 年度郑州商城宫殿区发掘收获》，《郑州商城考古新发现与研究 1985—1992》，第 136 页。

② 张建华、张文霞：《郑州纺织机械厂战国墓葬发掘简报》，《中原文物》1997 年第 3 期；张松林：《郑州文物考古与研究》（一），北京：科学出版社，2003 年，上册第 639 页。

③ 河南省文物考古研究所：《新郑郑国祭祀遗址》，第 621 页。

④ 高明：《古陶文汇编》，北京：中华书局，1990 年，第 89-98 页。

⑤ 王恩田：《陶文图录》，第 1733-1843 页。

⑥ 乔志敏、赵丙唤：《新郑馆藏东周陶文简释》，第 12-14 页。

（4片）。关于这批陶文材料的文字隶定及国别问题，学界尚有争议。李学勤认为："陶文'夫'即'扶'，'疋'即'胥'，古代胥、苏通用，故为'扶苏'二字，地名。'司工'即'司空'，古代官职名。"①黄盛璋根据战国各系的文字风格，书写习惯以及陶印所出地望，判断此印为楚官印，当读为"夫邑司工"。②何琳仪在《战国文字通论（订补）》中提到："1983年，河南商水出土陶文'夫疋（胥）司工'，是战国晚期楚器。'夫胥'李学勤读'扶苏'，地名。今河南商水有扶苏故城。"将此印归为楚印。③王恩田《陶文图录》也收录此印，虽未明确表明其国属，但将其归入第五卷"三晋与两周　附楚"中，隶定为"邦司工"。④刘秋瑞从陶文的字体和相关官制分析认为，这是一枚三晋官玺，印文隶定为"夫疋司工"。⑤

2009年，郑州市文物考古研究院在荥阳官庄遗址发现一件刻有"子"（H118:1）字的陀形器。⑥发掘者将其隶定为"子"，徐在国改释为"天"⑦。关于此器年代，发掘者认为其属于西周晚期，徐在国将其归为春秋时期，时代及国别存疑，暂附于此。

结　语

河南出土的东周时期郑、韩两国的陶文材料约有804件，其中郑国有65件，韩国有393件，余尚有争议。总体来看，郑、韩两国的陶文多见于陶豆之上，在陶罐、陶碗、陶壶、陶盆、陶量等器物上也有不少发现。不过，目前尚未发现带字符的郑国陶量。带字韩量有较多发现。如1977年在登封告城镇阳城遗址出土5件带字陶量，1984年郑韩故城出土有5件带字陶量，1996—1998年新郑市郑国祭祀遗址也发现有52件带字陶量等。这些陶量中，有的钤印有置用地"阳城"，有的钤印有量值"半"，有的钤印有量铭（或量值）"斗"，有的钤印有官府印记"公"，有的钤印陶工名等，而且绝大部分陶量都已修复完整，有详细可靠的测量数据，这为我们研究韩国量制提供了重要的参考资料。

从钤印或刻写的位置来看，陶文大多刻写或钤印在器物的口沿、豆盘内底或豆柄，以及罐、鬲、釜的肩部，刻写或钤印在器物内外底部的器物相对较少。两国陶文以阴文为主，阳文很少，与齐系陶文有很明显的不同。郑国陶文以刻写为

---

① 杨凤翔、秦勇军：《河南商水县战国城址调查记》，《考古》1983年第9期，第848页。
② 黄盛璋：《商水扶苏城出土陶文及其相关问题》，《中原文物》1988年第1期，第82-85页。
③ 何琳仪：《战国文字通论〈订补〉》，南京：江苏教育出版社，2003年，第157页。
④ 王恩田：《陶文图录》，第1840页。
⑤ 刘秋瑞：《再谈商水扶苏城出土的陶文》，《中国国家博物馆馆刊》2013年第4期，第82-85页。
⑥ 郑州大学历史学院考古系：《河南荥阳市官庄遗址西区发掘简报》，《考古》2013年第3期，第11页。
⑦ 徐在国：《新出古陶文图录》，合肥：安徽大学出版社，2018年，第60页。

主，钤印罕见（可能有部分钤印尚未辨出）。韩国陶文则以钤印者居多，刻写次之，钤印大多在明显、易于捺压的地方。刻划陶文大部分是在陶器烧制前进行的，也有一些是在陶器烧制完成后或者使用中再刻划的。一般来说，在一件陶器上，只用到刻划或钤印其中一种方法，部分陶器上兼用两种方法。还有个别器物，钤印一次不清楚，于是在旁边又重新钤印一次，从而在一件器物上印有两个相同的陶文；或者是在原钤印处再钤印一次，这就形成了叠印。

从印模形制来看，郑、韩陶文的印模形制可以分为正方形、长方形、长方模角、圆形和正方形无外框、长方形无外框等数种。在郑韩故城、登封阳城、郑州出土的陶文都是以正方形印和长方形印为主。郑韩故城遗址出土的正方形印、长方形印大多无边框，有极个别的印角还被打磨去。而登封阳城遗址出土的印文则是以有框者居多。荥阳陶文以正方形者居多，也有圆形印、长方形印，均有外框。圆形印的总体数量并不多，登封阳城遗址、郑韩故城、郑州白家庄等地均有少量发现。据我们了解，雍梁故城的印模除了正方形、长方形外，还发现有圆形印、三角形印。这些印模形式反映了郑、韩两国陶文的统一性和特殊性，即总体来看多为方形印，但在不同的区域，又有不同的变化形式。

从字体结构来看，文字偏旁的排列布局较为随意，或上或下，或左或右，还有不少反书文字，以及少量异体字。郑、韩两国陶文总的风格和商周时期金文比较接近，但与秦篆则差别较大。

从时代来看，春秋早期刻划符号已有发现，到春秋晚期文字与刻划符号数量大增，而到战国时期，刻划符号数量锐减，刻写和钤印文字的数量大大增加。这和春秋战国时期郑韩两国的制陶手工业发展和文化发展是密切相关的。具体来说，春秋早期的刻划符号数量较少，反映出当时的制陶产品多为家庭手工制作，个体工匠自给自足，生产规模较小，商业化程度低。随着春秋时期社会经济的发展，制陶手工业逐渐成熟，生产规模扩大，专业化程度提高，刻划符号作为识别和标记方法变得更加普遍。此时，刻划符号不仅用于记录和传达信息，还在一定程度上反映出产品的来源和质量，促进了商业交易的发展。到战国时期，制陶手工业的商品化程度进一步提升，生产方式发生了重大变化。钤印和刻写文字的出现，标志着制陶手工业向标准化、规模化生产转变。钤印和刻写文字相比于早期的刻划符号，更加规范和统一，便于批量生产和市场流通。刻划符号与文字数量的变化与郑韩两国制陶手工业的商品化发展息息相关。刻划符号从少到多，再到被钤印和刻写文字取代，反映了制陶手工业从初级手工作坊向标准化、规模化生产转变的过程。这一过程揭示了手工业生产技术的进步、生产组织形式的变化以及商品经济的发展，对研究春秋战国时期郑韩两国的经济和文化具有重要意义。

从陶文内容来看，郑国陶文多以记数为主，可能也有人名；韩国陶文中，陶工的名字或姓氏占大部分，地名、记数文字次之，还有不少是标示官府用器。其中还有一些在官府用器名称前加上地名，如登封阳城遗址出土的"阳城仓器"等。官府用器的简称则大多是一个字，如"公""仓""廪"等。关于器物的名称问题，有些时候直接使用器物的通名"器"，而不是像齐系陶文那样，使用器物的专名，如"豆""釜"等，这是郑韩陶文的一个突出特点。另外，在郑、韩两国的陶文中，仍有不少属于"物勒工名"，这也反映了东周时期郑、韩两国手工业发展的特征。这些陶文大多是一个字，最多的也仅仅是六个字，二至五字的也有一部分，而齐系陶文最多可达十二三个字，燕系陶文最多则可达十七八个字。

从书法艺术来看，郑、韩两国陶文纤细秀丽，笔画劲瘦有力，而齐国、鲁国、燕国陶文相对粗犷拙朴。玺印陶文的章法布局有疏、密两种形式。疏者，大多为上下排列，左右排列较少，字与字之间的留白较大，各个字的大小不一，错落有致；密者，则是左右排列为主，上下排列较少，字与字之间的留白很少，显得严谨细密。郑、韩两国陶文在同一印中各个字的大小不一，章法结构更加生动活泼，清新秀丽。

附　记

截至本文发稿前，河南所出郑韩陶文材料还有两批，目前仅见有信息报道，具体情况不详，暂附记文后。

【荥阳】2012 年 9 月至 2013 年 6 月，郑州大学文化遗产保护研究中心联合郑州市文物考古研究院对河南省荥阳市官庄遗址小城中部区域进行了发掘，发现了部分东周时期郑国陶文。[①]

【禹州】2006—2007 年，为配合南水北调中线干渠工程，河南省文物考古研究所对禹州市古城乡古城村附近雍梁故城进行了抢救性发现，在陶器上发现有大量戳印或刻划的文字。陶文内容丰富，有"二年雍氏""韩""仓胜""仓忻""仓壬""仓犬""公""公""左司工""里春"等，涉及年代、地名、国名、仓名、官名、人名等诸多内容，少者一字，多者达十余字。[②]

[①] 郑州大学历史文化遗产保护研究中心、郑州市文物考古研究院：《河南荥阳官庄遗址 2012～2013 年发掘简报》，《华夏考古》2024 年第 1 期，第 11 页。

[②] 国家文物局：《2008 中国重要考古发现》，北京：文物出版社，2009 年，第 78-80 页。

Summary of Zheng and Han Pottery Texts Unearthed in Henan during the Eastern Zhou Dynasty and Related Studies

Miao Lijuan   Dong Mengyue

Abstract: There have been a large number of pottery inscriptions from the East Zhou period unearthed in Henan, belonging to the states of Zheng and Han. Currently, about 804 inscriptions have been published, with 356 from Xinzheng, 218 from Zhengzhou, 139 from Dengfeng, 47 from Xingyang, 17 from Wenxian, and 27 remaining uncertain or unidentified. Of these inscriptions, 65 belong to Zheng, 393 to Han, and the rest are still under debate.In the Eastern Zhou Dynasty, the pottery inscriptions from the states of Zheng and Han during the Eastern Zhou period exhibit several distinctive features. These inscriptions are characterized by their delicate and elegant appearance, with strokes that are slender yet powerful. Predominantly executed in the Yin script style, they are often found in the form of seals, with a particular preference for square-shaped seals. The arrangement of the radicals is somewhat casual and free-flowing. The layout of the text side is more random. The inscriptions typically contain information such as the names of craftsmen, geographical locations, and numerical notations.

Key words: Eastern Zhou Dynasty; the State of Zheng and Han; Inscription on pottery

记事类刻写辞札记两则

——附合文一例*

孙亚冰

（中国社会科学院甲骨学殷商史研究中心）

摘要：本文是两则与记事类刻写辞相关的札记：第一则，《契合集》57 反中的所谓"卜"应改释为人称"司"；第二则，《合》35260"甲申十乡气小甲廿一"中的"十"是人名。最后附合文一例，即《合》26026（《北珍》435）+《合》24115（《北珍》438）中的"🔲"是"有咎"的合文。

关键词：记事类；卜骨来源；司；妇十；有咎

第一则　《契合集》57 反中的"司"

《契合集》[①]57 由三版甲骨缀合而成，由蔡哲茂、林宏明先生缀合，缀合情况是：《缀集》[②]302 {《合》7780 正反 [籑拓 596、《续》3.14.1（正）；籑拓 597、《续》1.42.2（反）] +《合补》534（善 14932）} +《合补》3338 正反（善 14925 正反），后林先生又加缀了《合》19387（《京人》978）[③]，见《缀三》[④]302 补。这版牛骨为左胛骨，正面卜辞字体属宾一类，反面有一条完整的刻辞（见文后附图一），《契合集》释作：

乙卯卜：屮🔲岁母庚。

并云"《摹释》在'屮'前释出'卜'字；《释文》及《校释》释为'🔲🔲屮🔲岁母庚'，大概是把'屮'前的'卜'字视为地支的残笔，本组缀合可知前者的释法是正确的"。[⑤]《缀三》《甲骨文摹本大系》[⑥]等也将"乙卯"后的字释为"卜"。

---

* 本文为"古文字与中华文明传承发展工程"资助项目"明义士《殷虚卜辞》再整理"（G3031）的阶段性研究成果。本文获中国社会科学院学科建设"登峰战略"资助计划资助，编号 DF2023YS15。

① 林宏明：《契合集》，台北：万卷楼图书股份有限公司，2013 年。
② 蔡哲茂：《甲骨缀合集》，台北：乐学书局，1999 年。
③ 林宏明：《甲骨新缀第 601 例》，2015 年 12 月 24 日发表于"先秦史研究室网站"（https://www.xianqin.org/blog/archives/5910.html）。
④ 蔡哲茂：《甲骨缀合三集》，台北："中研院"史语所，2022 年。
⑤ 林宏明：《契合集》，第 122 页。
⑥ 黄天树主编：《甲骨文摹本大系》，北京：北京大学出版社，2022 年，第 7213 号。

　　"乙卯"后的字若释为"卜"，这条刻辞的性质就是卜辞，但此辞刻在牛胛骨反面臼边一侧，宾组卜骨（含师宾、宾一、典宾）的这个位置常刻写祭祀类记事刻辞，李学勤先生指出这类记事刻辞与卜骨的来源有关[1]，方稚松先生对这类刻辞也做过汇总[2]，现将与此辞相关的、较完整的辞例转引如下（"λ"字释为"升"）：

（1）［乙］卯出升岁成。　　　　　　　　　　　　《合》1343［宾一，右胛骨］

（2）乙未出升岁祖乙。　　　　　　　　　　　　《合》1574 反［宾一，右胛骨］

（3）乙未出升岁祖乙。　　　　　《合》1575［《合补》211 反，宾一，左胛骨］

（4）庚寅出升岁南庚。　　　　　　　　　　　　《合》2009［宾一，右胛骨］

（5）庚午出升岁母［庚］。　　　　　　　　　　《合》2566［宾一，左胛骨］

（6）庚寅出升岁母庚。　　　　　　　　　　《英藏》112 反［典宾，右胛骨］

（7）甲申出升岁羌［甲］。　　　　　　　　　《合》14939［宾一，右胛骨］

（8）乙酉出升岁祖［乙］。　　　　　　　　　《合》14945［宾一，右胛骨］

（9）丁卯出升岁大［丁］。　　《英藏》1197［《合》40451，典宾，右胛骨］

（10）丙戌出升岁外丙。　　　　　　　　　　《英藏》1196［典宾，右胛骨］

（11）庚辰子邲出升岁☐。　　　　　　　　　　《合》14938［师宾，右胛骨］

（12）庚辰子邲出［升岁］☐。　　　　　　　　　《合》3182［师宾，左胛骨］

（13）☐帚出升岁☐。　　　　　　　　　　　《英藏》1195［典宾，左胛骨］

以上均是某日出升岁某祖先，没有出现"卜"字，（11）—（13）残缺祖先名，但记录了主持祭祀的人名"子邲"和"某帚"。从刻写位置、刻辞文例两方面看，《契合集》57 反辞中所谓的"卜"字，都是比较奇怪的，再观察其形，作"🗡"，竖笔上端向左倾斜，此字当隶作"彐"，是"司"的省写，"司"省作"彐"，在甲骨文中也比较常见。[3]另外，这条辞也找不到对应的钻凿，不太可能是卜辞。[4]因此，《契合集》57 反应释作：

（14）乙卯司出升岁母庚。

此"司"，指女性中年长或尊贵者[5]，与"子邲""某帚"一样是祭祀的主持

---

　　① 李学勤：《论宾组胛骨的几种记事刻辞》，李学勤、齐文心、艾兰：《英国所藏甲骨集》下编，北京：中华书局，1992 年；又收入《李学勤文集》第 9 卷，南昌：江西教育出版社，2023 年。

　　② 方稚松：《殷墟甲骨文五种外记事刻辞研究》，上海：上海古籍出版社，2021 年，第 36-51 页。

　　③ 孙亚冰：《甲骨文中所谓的"占"字当释为"司"》，《考古》2019 年第 9 期。文中提到"彐"之竖笔也有刻写得较直的，可对照参看。

　　④ 必须注意，有些没有钻凿对应的刻辞是习刻，与本辞性质不同，如师历间类的《屯南》2668，其牛骨反面臼边所刻的"己丑卜：其又岁于妣庚牢"就属模仿正面（即《屯南》2667）卜辞的习刻；又如《屯南》2682—2687 上的诸辞等。

　　⑤ 裘锡圭：《说"妇"（提纲）》，《裘锡圭学术文集·甲骨文卷》，上海：复旦大学出版社，2012 年，第 526 页。

人。①不同的是，（1）—（13）举行"岁"祭的日干与祖先日名一致，而（14）的日干与祖先日名不一致，这也可能是大家释"卜"的原因。实际上，虽然卜辞中举行"岁"祭的日干大都与祖先日名一致，但也有不一致的情况，如：

（15）甲申卜：又升岁于父丁。兹用，乙酉▨。

《醉古集》②283[《合》32713+30466，历二]

（16）七月癸巳卜：甲午岁于内乙牛一。　　　《合》22098[午组]

（17）庚戌卜：辛亥岁妣庚鷹、牝一，妣庚侃。用。

《花东》132[花东子卜辞]

（18）丙[寅卜，□]贞：翌丁卯祖辛岁，惠晨[酒]。　　《合》22988[出二]

（19a）癸丑卜，行贞：翌甲寅戚祖乙岁，惠幽物。兹用。

（19b）癸丑卜，行贞：翌甲寅戚祖乙岁，朝酒。兹用。

（19c）癸丑卜，行贞：翌甲寅戚祖乙岁，二牢。兹用。

《缀汇》③418[《合》23148＋《上博》46517，出二]

（20）戊辰卜，旅贞：王宾父丁岁二牛，亡咎。在十月。戊辰。

《拼续》④375[《合》23251+25818，出二]

以上（15）的用辞说明"乙酉"日又升岁了"父丁"，（16）"甲午"日要岁祭"内乙"，（17）的用辞说明"辛亥"日岁祭了"妣庚"，（18）"丁卯"日要岁祭"祖辛"，（19）的用辞也说明"甲寅"日岁祭了"戚祖乙"，（20）辞末"戊辰"是用辞，说明"戊辰"日岁祭了"父丁"。⑤可见，"又升岁"或"岁"的日干是可以与祖先日名不同的，（14）辞"乙卯"日岁祭"母庚"并不奇怪。

第二则 《合》35260 中的"十"

《合》35260（《甲》870）是右胛骨的反面，臼边一侧有倒写的朱书，内容完整，《甲骨文摹本大系》归为"师历"类（见文后附图二）。此例朱书与牛胛骨反

---

① 妇女主持祭祀的例子还有，如：

己未卜，贞：妇鼠酒升岁[于]母庚。　　　　　　　　　　　　　　　《合》19992[师小]

癸未卜：妇鼠坐母庚南▨。　　　　　　　　　　　　　　　　　　《英藏》1765[师宾]

贞：翌庚子呼妇井坐于母庚。　　《缀兴集》19[《天理》81、《合补》02685＋《英藏》、《合》39665，典宾]

另外，杜延峰先生提示笔者，《村中南》436 的朱书可能是"戊申司岁▨"，若是，此例将是"司"主持岁祭的又一个例子。

② 林宏明：《醉古集》，台北：万卷楼图书股份有限公司，2011 年。

③ 蔡哲茂编：《甲骨缀合汇编》，新北：花木兰文化出版社，2011 年。

④ 黄天树主编：《甲骨拼合续集》，北京：学苑出版社，2011 年。

⑤ 此外，有些合祭卜辞，也能说明"岁"祭日干与祖先日名不合，如《屯南》2420：[癸]亥贞：翌乙丑其又升岁于大乙至于大甲。/甲子贞：升岁一牢。兹用，又升大乙一牢、大丁一牢、大甲一牢、[大庚]一牢。"

面臼边所见的朱书或墨书的书写方式、书写性质一致，都是倒书[1]、祭祀类记事书辞。朱书内容也应与卜骨来源有关，但过去多误释或漏释，陈逸文先生释作[2]：

甲申丨彡气小甲[3]廿一。

"丨"，《甲编考释》[4]怀疑是"卜"字之残，不确，《甲骨文校释总集》[5]等释为"十"，可从。根据句意（详下），此辞应在"彡"后点断（"气"又作"气"）：

（1）甲申十彡，气小甲廿一。

多数朱书或墨书，因时间久远，文字大都漫漶不清或残缺不全，《合》35260是比较少见的、保存相对完整的一例，记录的内容主要是某日某人将祭祀用过的牛骨交付到占卜机构，辞中的"十"当是彡祭小甲的主持者。"十"作为彡祭的主持者，还见于以下卜辞（见文后附图三）：

（2）☑王贞：酒彡，亡忧，若。十彡。　　《合》15713[《合补》4598，师小]

（3）庚寅：酒彡，十彡。九月。　　　　　　　《合》15714[师宾]

（2）中的"十彡"，刻在第一列卜辞右边的中间位置，当是用辞，用以补充说明彡祭为"十"所主持；（3）似为庚寅日卜问是否让"十"主持彡祭，不过也不排除"十彡"为用辞的可能，若是，则当释作："庚寅：酒彡。十彡。九月。"

子组卜辞《合补》6860（《乙》9032，见文后附图四）卜问"十"的生育时间：

（4a）癸丑卜：十今月毓。

（4b）癸丑卜：十生月毓。　　　　　　　　　《合补》6860[《乙》9032，子组]

"十"[6]字过去多漏释，"十"应是妇女名，或为"妇十"之省称，正如"妇汝"可省称为"汝"（《合》14026、《缀三》642）、"妇好"可省称为"好"（如《合》6153，又妇好墓出土的铜器铭文中既有"妇好"，也有"好"）。卜辞中讲"毓"的，有"妇好（《合》14123、《丙摹》182）""子眉（《合》3201）""妇井（《合》32763）"

---

① 刘一曼：《试论殷墟甲骨书辞》，《考古》1991年第6期。

② 陈逸文：《"中研院"史语所殷墟第一到九次发掘所得甲骨之整理与研究》，博士学位论文，台湾中山大学，指导教授：蔡哲茂、刘文强，2013年。

③ "小甲"，或释为"寮"，笔者按："寮"字有作 ▓ [《合补》10639（《合》33273＋《英藏》2443）+《宫藏马》258 杨熠缀、《屯南》1062]形者，与"小甲"合文 ▓▓（《合》32384、《英藏》380 反）形似，但"寮"的四短竖为斜笔，"小甲"合文的四短竖为直笔，字形还是有区别的，《合》35260（《甲》870）字形中的四短竖较直，应释为"小甲"。杨熠的缀合见《甲骨缀合第235则》，2023年2月12日发表于"先秦史研究室网站"（https://www.xianqin.org/blog/archives/17941.html）。

④ 屈万里：《殷虚文字甲编考释》，台北："中研院"史语所，1961年。

⑤ 曹锦炎、沈建华编著：《甲骨文校释总集》，上海：上海辞书出版社，2006年。

⑥ 此"十"字与妇女类卜辞中"禦"字省体"丨"不同（《合》22137、22139、22226、22242+22391 蒋玉斌缀、22246），后者竖笔上有圆点。杜延峰先生向笔者指出（4b）的"十"字，从照片看，中间有一个圆点，此圆点拓本上也能看到，这个圆点是龟甲上的自然痕迹，还是人为刻划，目前还不能判断，但从此"十"字最下端没有圆点看，笔者认为是自然痕迹的可能性很大。

"娍（《合》38244）""糤（《合》38245）""［妇］安（《辑佚》685）"等，都是妇女名。以上子组、师小、师宾、师历卜辞均属武丁时期，故"十"很可能是指同一位妇女，她或许就是子组占卜主体的夫人，地位很高，可主持王室周祭。

不过，"十"和"妇好"之"好"、"妇井"之"井"等"妇某"之"某"一样，应该都是指国名、族名或地名，而不是单纯的私名。[①]1934—1935 年，殷墟西北岗 M2046 出土的殷墟二期铜觚上有族徽"十"（《集成》6802，见文后附图五）。1994 年殷墟大司空东地发现的殷墟四期的 7 号墓，出土了 13 件铜礼器，2 觚 2 爵，铜器多铭"妇十，未"，铜尊铭文较长："辛丑亚赐彭吕（金）[②]，用作母丁彝。未"（见文后附图六）。[③]7 号墓为长方形竖穴墓，墓室面积 6.27 平方米，墓主很可能是"妇十"，她嫁到"未"族，"母丁"或许就是其子"彭"对她的称呼。[④]殷墟四期的"妇十"的地位，从其墓葬规格和随葬品看，属中等偏下，地位不如武丁时期的"十"。"十"既见于族徽铭文，又有不同时期的妇女以其为名，说明"妇十"之"十"，不是私名，而是族名。

类似"妇十，未"，以"父族名+夫族名"或"夫族名+父族名"联称妇女的，还有如下例子（见表 1）。

表 1 "父族名+夫族名""夫族名+父族名"例

序号	铭文	出处	释文
1		《集成》1904 鼎、3345 簋、8982 爵、8983 爵、8984 角，7254 觚、5760 尊、5098 卣	聑髭，妇婎
2		《集成》3229 簋	妇媟[⑤]，咸

---

① 宋镇豪先生认为"妇好"之"好"源自妇好所封地"好邑"，参氏著：《夏商社会生活史》增订本，北京：中国社会科学出版社，2005 年，第 231-233 页。

② 严志斌：《"彭尊"研究》，中国社会科学院考古研究所编：《殷墟与商文化：殷墟科学发掘 80 周年纪念文集》，北京：科学出版社，2011 年，第 480-492 页。

③ 中国社会科学院考古研究所、安阳市文物考古研究所：《殷墟新出土青铜器》，昆明：云南人民出版社，2008 年，第 294-309 页。

④ 谢明文认为"妇十"之"十"是私名，"妇十"可能是"彭"之母或妻，参氏著：《商代金文研究》，上海：中西书局，2022 年，第 71 页。

⑤ 谢明文：《商代金文研究》，第 185-186 页。谢先生认为"媟"是私名。

续表

序号	铭文	出处	释文
3		《集成》6428 觯	妇姝①，腐册
4		《集成》1709 鼎	夨，妇妵（"妇"字摹刻有误）
5		《集成》5099 卣，器、盖同铭	妇🅺，腐
6		《集成》9794 罍，口内、两耳内都有铭文	妇𪓢。亚疑。亚疑
7A		《集成》1377 鼎	射，女𪓸（𪓸）（可能"妇"字的"帚"符漏铸而成"女"形，也可能"射"后就是一个字"𪓸"）

---

① 蒋玉斌：《说与战国"沐"字有关的殷商金文字形》，复旦大学出土文献与古文字研究中心编：《战国文字研究的回顾与展望》，上海：中西书局，2017 年。

续表

序号	铭文	出处	释文
7B		《集成》1378 鼎、1379 鼎、6878 觚、10286 盘	射，妇①𤰔（葺）
7C		《铭续》916 盘（《攈古录金文》卷一之二 79 页倒）	妇𤰔（葺），射
8		《集成》1711 鼎	天黿，妇𡣩
9		《集成》486 鬲	齐，妇厽
10		《集成》7287 觚	妇鸼作彝，亚醜
11		《集成》922 甗、2403 鼎、9092 爵、9093 爵、9246 斝、9247 斝、5349 卣、5350 卣、9820 罍、《古文字研究》30 卣等	妇闌作文姑日癸障彝，冀
12		《铭图》13820 罍	妇婭作母癸尊彝，朿冀，亚

---

① "妇"字的释读，参裘锡圭：《殷墟甲骨文"彗"字补说》，《裘锡圭学术文集·甲骨文卷》，上海：复旦大学出版社，2012 年 6 月，第 426-427 页。

续表

序号	铭文	出处	释文
13		《集成》5375 卣，盖、器同铭	子作妇婳彝，女子母庚庙①祀障彝，斝

以上 1—9 号中"妇某"之"某"为妇之"父族名"，另一族名为"夫族名"。6 号中的"妇某"与"夫族名"分刻在不同位置，7B 与 7C 号中的"夫族名""射"可在"妇某"右边，也可在其左边，说明二者位置并不固定。10—12 号是"妇某"作器，"夫族名"缀辞末。13 号是子为妇婳作器，置于母庚宗庙，辞末"斝"是"妇婳"丈夫"子"的族名。以上"妇某"中的"父族名"多不显赫，只有 9 号"妇奂"之"奂"是个大族②，6 号中的"嫡"，或许和甲骨文中的地名"夕"③（《合》667"呼强往于夕"）有关。

再回头看（1）辞，"甲申十夕"是说甲申日"十"主持了夕祭，"气小甲廿一"中的"气"有交付的意思④，"气小甲廿一"意为交付小甲夕祭中所用过的二十一件牛肩胛骨，交付者很可能还是"十"。⑤另外，在清华大学所藏的甲骨中，整理者新发现了一版朱书（馆藏号：清华甲骨 72-1318），内容不全："☐夕，气☐"⑥，这版卜骨也是右胛骨，朱书的书写位置与（1）相同，二者当有密切关系。

（1）辞中的周祭，与师宾类肩胛骨反面臼边正刻的周祭内容可以合观：

（5）乙亥夕大乙。 　　　　　　　　　　《合》1262［师宾，左胛骨］

（6）乙亥夕大［乙］。 　　　　　　　　　《合》1263［师宾，左胛骨］

（7）祖辛翌日。 　　　　　　　　　　　《合》1770［师宾，右胛骨］

（8）祖乙翌日。 　　　　《合》12333 反⑦（《旅藏》650 反）［师宾，右胛骨］

---

① 何景成：《试释甲骨文中读为"庙"的"勹"字》，《文史》2015 年第 1 辑。

②《集成》8135 中的"冀妇"，指嫁于"冀"族的妇女，"冀"为夫族名。

③ 甲骨文"夕"旁常省作一个圈"○"，如"夕"省作"夕"、"夕"（《花东》480）省作"夕"（《合》32721）、"夕"（《合》27887）省作"夕"［《缀汇》623（《合》27888+31964）］等。

④ 方稚松：《殷墟甲骨文五种记事刻辞研究》，北京：线装书局，2009 年，第 124-125 页。

⑤ 周祭卜辞中常见"气酒+周祭"的格式，这类辞中的"气"是时间副词，表示"最终""终究"的意思，与本辞中的"气"为动词不同，参沈培：《申论殷墟甲骨文"气"字的虚词用法》，北京大学中国古文献研究中心编：《北京大学中国古文献研究中心集刊》（第三辑），北京：北京大学出版社，2002 年。

⑥ 冯立昇：《清华大学藏书辞卜骨新探——兼谈甲骨书辞的著录问题》，待刊。

⑦ 刘影缀《合》12333 正 +《英藏》1740，即《拼续》356。

（9）中丁翌日。　　　　　　　　　　《合补》2523 反［师宾，右胛骨］

（10）祖乙彡。　　　　　　　　　　　《合》10410 反①［师宾，右胛骨］

（11）祖乙彡。　　　　　《上博》2426.156（《摭续》8）②［师宾，左胛骨］

以上周祭内容，李学勤先生认为是说明卜骨来源的，换言之，刻有周祭内容的卜骨就取自此次周祭用过的牛骨。方稚松先生则认为，这类周祭刻辞不排除"所记内容与胛骨来源无关，纯粹属于记事"。③（1）辞明确说交付小甲乡祭中用过的二十一件牛骨，由此推测，（5）—（11）的周祭内容，也应与卜骨来源有关，而不是单纯的记事。

附图一　《契合集》57 反面拓本、摹本

---

① 林宏明缀《合》10410 正+《合补》2601（《怀特》933），同时也指出《合》10410 正最上一版（即《戬》41.3、《续》3.41.5、《上博》17647.363），有学者认为不能与下方甲骨拼合。参氏作：《甲骨新缀第739例》，2017年4月29日发表于"先秦史研究室网站"（https://www.xianqin.org/blog/archives/8316.html）。

② 《合集来源表》误认为《合》10410 反是《摭续》8，实则为两例记事刻辞，参邵丽梅：《〈合集来源表〉纠谬一则》，2010年12月8日发表于"先秦史研究室网站"（https://www.xianqin.org/blog/archives/2180.html）。另外，《山博》8.102.8 左胛骨反面白边上残余的"彡"字，也属此类内容。

③ 方稚松：《殷墟甲骨文五种外记事刻辞研究》，第73页。

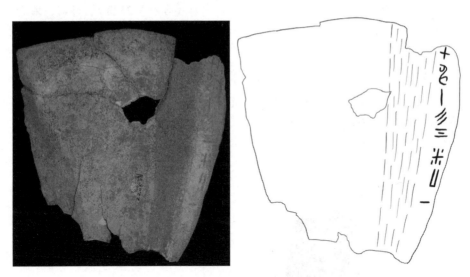

附图二 《合》35260 照片、摹本

附图三 《合》15713（左）、15714 局部（右）

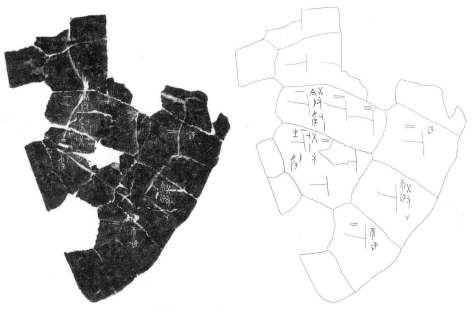

附图四 《合补》6860 拓本、摹本

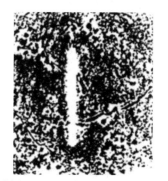

附图五 西北岗 M2046 铜瓢铭文

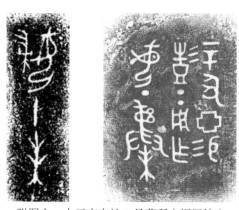

附图六 大司空东地 7 号墓所出铜器铭文

417

附：合文一例

《合》26026（《北珍》435）+《合》24115（《北珍》438）为计算机辅助缀合的成果①，属出二类卜辞，莫伯峰、张展先生认为此版内容与日食有关，将该辞释为：

丙戌日又即，王卜曰：惠王求，又舌。五月。②

所释的"求"字，写法与《合》26095（《京人》1469，出二）的"求"形基本相同（见下图），裘锡圭先生认为后者上端写得特别像"又"字，是"又求"二字的合文③，"又求"即有咎，是卜辞中的习语。《合》26095 当释为：

丁丑卜，大贞：卜有咎，其于王。

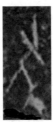

图　《合》26026 +（左）、26095（右）中的"求"

由此推断，《合》26026 +《合》24115 中所谓的"求"，也是"又（有）求（咎）"二字的合文：

丙戌日又即，王卜曰：惠王有咎，又舌。五月。一

Notes on Two Record–keeping Oracle Bone Inscriptions—with an Example of Joint Graph

Sun Yabing

Abstract: This article presents two notes related to record-keeping inscriptions:

---

① 张展：《计算机辅助缀合甲骨第 19—20 则》，2020 年 12 月 19 日发表于"先秦史研究室网站"（https://www.xianqin.org/blog/archives/14988.html）。

② 莫伯峰、张展：《计算机辅助甲骨缀合研讨一则——谈"日有即"》，《民俗典籍文字研究》2021 年第 2 期。

③ 裘锡圭：《甲骨文字考释（八篇）》，《裘锡圭学术文集·甲骨文卷》，第 88-89 页。裘文原作"又（有）㕛（祟）"合文，后改释"㕛（祟）"为"求（咎）"，参《释"求"》，《裘锡圭学术文集·甲骨文卷》，第 284 页。

First, in *Qiheji* 契合集 57 obverse, the so-called "卜" character should be reinterpreted as the personal pronoun "司." Second, in *He* 35260, the "十" in the phrase "甲申十彡气小甲廿一" refers to a personal name. Finally, an example of a joint graph is presented, specifically from *He* 26026 (*Beizhen* 435) + *He* 24115 (*Beizhen* 438), where the character "𠂤" is a joint graph of "有咎."

Key words: Record-keeping; Source of Divination Bone; 司; 妇十; 有咎

故宫甲骨整理的理念与创新

——浅谈故宫甲骨定名的实践[*]

杨 杨

（故宫博物院

"古文字与中华文明传承发展工程"协同攻关创新平台）

摘要：故宫博物院在整理甲骨时兼顾"文物保护原则"和"文献整理原则"。在著录体例上，进行了诸多创新。例如：按旧藏家整理，给每一片甲骨定名，将同一片甲骨的图版、释文、文物信息等内容集中到一册书的同一页。故宫在按藏家整理甲骨的同时，还努力收录同源甲骨及相关旧拓本。

从文博单位对藏品管理的角度来看，给每一片甲骨定名，是一项基础工作。国家有关部门制定过文物定名的文件，各收藏单位实际执行时并不统一。学术界将甲骨视为古籍或出土文献的一种，那它的定名应当突破单纯文物定名的框架而体现它的文献特性。

故宫对甲骨文的定名：（1）尽量使用释文中的原字、原词；（2）对释文中的多义字，不用本字，而用表示实际意义的字；（3）凡属卜辞，均以干支或某日开头，以某事结尾；（4）卜辞照录贞人名并酌加动词[问]；（5）甲骨仅残笔画，称其"残字龟腹甲""残字龟背甲"或"残字牛肩胛骨"；（6）无字甲骨，则根据它的材质将其定为"无字龟腹甲""无字龟背甲"或"无字牛肩胛骨"。根据前4项，大部分甲骨的定名可简单归纳为"某日（干支日）+某（贞人名）+问（贞、卜）+某事"。一片甲骨有多条卜辞的材料，整理者在定名时会酌情采用某一条或多条。

关键词：故宫博物院藏甲骨；文物定名；出土文献定名；甲骨定名

故宫博物院藏甲骨整理的阶段性成果

经过故宫学人数年努力，《故宫博物院藏殷墟甲骨文》的《马衡卷》和《谢伯殳卷》两卷六册已正式刊行。故宫甲骨的整理与出版，避免了20世纪"甲骨文收藏之期即澌灭在斯"的时代遗憾，顺应了文博界和学术界亟盼研究之需，也为社会公众打开了了解甲骨文字和殷商历史的仪门。

---

 * 本文为"古文字与中华文明传承发展工程"规划项目"故宫博物院藏殷墟甲骨文整理与保护"（批准号：G1009）、教育部、国家语委甲骨文研究与应用专项"殷商占卜思想文化再检讨"（批准号：YWZ-J006）阶段性成果。

　　自 1903 年刘鹗出版第一部甲骨著录书《铁云藏龟》开始，甲骨文的著录大致经历了从单纯拓本（即《铁云藏龟》）、单纯摹本[①]，到拓本、摹本相结合[②]，再到拓本、摹本、照片（早期为黑白照、后期为彩照）三位一体的发展脉络。[③]故宫博物院作为文物收藏单位，在整理甲骨时，除了充分学习前人经验，还具有鲜明的自身特色。那就是坚持"文物保护原则"[④]和坚守"文献整理原则"。我们在上述原则指导下，通过日常工作的实践与检验，在著录体例上，进行了诸多创新。譬如：（1）按旧藏家整理，既复原了甲骨入院前的原状，保存了诸多学术信息，还兼顾了文物保护原则；[⑤]（2）给每一片甲骨定名，也就是给每一片甲骨定性，读者根据定名可以认识到这片甲骨的大致内容，同时也可以根据定名编排出全书目录，这个做法在甲骨文著录史上属首次；（3）顺应时代潮流，改变了以往甲骨著录书照片、拓本、摹本、释文、注释和相关信息等分开编印的方式，全方位发布每片甲骨的信息，既包括每片甲骨的正反面原尺寸照片和放大照片、拓本、摹本、释文片[⑥]、释文、简释[⑦]，还对每片甲骨的字体组类、材质类别、实物尺寸、著录情况、文物来源等内容进行了记录，便于读者从不同的角度增进对这些甲骨的了解与认识。

　　故宫博物院在根据自身文物收藏特点，按藏家整理所藏甲骨的同时，还努力收录同源甲骨及相关旧拓。譬如：

　　《马衡卷》包括故宫藏马衡捐赠甲骨和北京大学图书馆藏马衡辑《甲骨刻辞拓本》两部分。而后者又分为《凡将斋甲骨刻辞拓本》和《国学门甲骨刻辞拓本》两种。本卷共分三册：第一册为故宫马衡旧藏新字号甲骨 364 片，资料甲骨 77 片，除去复原及缀合，新字号甲骨整理为 328 号，附资料甲骨 64 号；其中伪刻、习刻、无字等 59 片，另有骨矢 1 个。第二册为《凡将斋甲骨刻辞拓本》[⑧]和《国学门甲

----

① 甲骨学史上第一本单纯摹本著录书是 1917 年明义士（James Mellon Menzies）整理出版的《殷墟卜辞》（*Oracle Records from the Waste of Yin*），上海别发洋行石印本。

② 甲骨学史上第一本拓本、摹本相结合的著录书是 1935 年明义士整理出版的《柏根氏旧藏甲骨文字》，《齐大季刊》6、7 期，同年齐鲁大学国学研究所又出版单行本。

③ 甲骨学史上第一次采用拓本、摹本、照片三位一体著录方式的是 1966 年伊藤道治整理发表的《故小川睦之辅氏藏甲骨文字》，《东方学报》（京都）第 37 册。

④ 文物保护有五大基本原则，即保存现状原则、恢复原状原则、可逆性原则、可识别原则和最小干预原则。其中，保存现状原则、恢复原状原则最为重要。

⑤ 故宫甲骨根据入藏时间、批次和文物级别的不同，分别被赋予文物号和资料号，同一个藏家或同一批次入藏的甲骨大体上按顺序进行编号，例如谢伯殳旧藏甲骨被编为新 0016000 至新 00160523。这些编号，难免会因为各种原因进行调整，但基本不会彻底打乱同一藏家或同一批次的文物号段。根据院藏文物档案，可以准确、快速地复原文物的原始入藏信息。

⑥ 此处"释文片"，指反映原状的释文。具体而言，就是在现在通行的按条释文外，另在原拓旁附淡墨拓本，在原字上镶嵌印刷字体，反映释文的原状。因为出土文献整理原则之一，是释文能够反映文字原状。

⑦ 此处"简释"，指刻写甲骨文过程中出现的朱笔、墨笔、涂朱、填墨、倒刻、改刻、习刻、省笔、缺笔，以及甲骨本身的截锯、粘连、缀合等信息，还有该片甲骨中出现的新字、新字形，未能取得学界公认的隶定字等。

⑧ 该拓本集现藏北京大学图书馆，拓本集著录的甲骨实物现藏故宫博物院。

骨刻辞拓本》①（上），前者收录马衡凡将斋原拓 118 张，整理为 112 号，后者与第三册《国学门甲骨刻辞拓本》（下）共收录马衡藏国学门甲骨刻辞原拓共 512 张，整理为 477 号。

《谢伯殳卷》包含《故宫博物院藏谢伯殳甲骨》和《华东师范大学藏甲骨》两部分，后者为附编。本卷共分三册：前两册为故宫谢伯殳旧藏新字号甲骨 523 片，除去缀合，编为 516 号，其中无字甲骨 6 片。第三册为华东师范大学藏甲骨 146 片，除去缀合，编为 140 号，其中真伪刻兼有 2 片，伪刻、习刻、无字、蚌壳等 28 片。需要说明的是，《华东师范大学藏甲骨》②所收乃该校庋藏之全部甲骨，谢伯殳旧藏为最大宗。

这两卷甲骨记载的内容包括祭祀、军事、田猎、农业、贡纳、天象、疾病、历法等诸多方面，是近几年我国出版的重要甲骨著录书。著名考古学家和古文字学家刘一曼、宋镇豪、沈建华等先生对故宫甲骨的整理理念颇为赞赏。

给每一片甲骨定名，虽然在学术史上是一项开创性实践，但是从文博单位对藏品管理的角度来看，却是基础工作。因为"文物进入博物馆后，在编目、制卡、上账及陈列、研究时，要由专业工作者给它们各取个名字，这就叫藏品定名。藏品定名是博物馆藏品管理工作不可缺少的一环，是一项基础工作"③。而关于文物定名的问题，文化部和国家文物局还先后颁布了《博物馆藏品管理办法》《第三次全国文物普查不可移动文物定名标准》等文件。针对甲骨这样的可移动文物，各单位需参照前者执行，"历史文物定名一般应有三个组成部分，即年代、款识或作者；特征、纹饰或颜色；器形或用途"④。由于《管理办法》给的定名规则过于宽泛，较难适用于所有文物门类，也无法在同一个门类里做到各收藏单位统一，这就造成了在实际应用领域，同类文物在不同收藏单位间称谓不一致。例如，同样是商代甲骨文，有的单位只给了文物号未公布定名，有的单位笼统称为"商甲骨刻辞"，有的单位根据每片甲骨的大致内容和材质称为"某某刻辞牛骨""某某刻辞卜骨"或"某某刻辞龟甲"，有的单位根据每片甲骨的材质和能释读出的文字定名为"商贞岁其受年兽骨卜辞残片""商不雨兽骨卜辞残片"或"商无字龟卜"，等等。

甲骨在进入故宫之后，同样经过了这样的流程，我们从院藏档案上可以看到每一片甲骨在入藏时的定名信息。例如：新 182735，旧档案定名为"商贞梦甲骨"；新 182738，旧档案定名为"商贞有自咸甲骨"。通过实物和旧档案的对比，不难

---

① 该拓本集现藏北京大学图书馆，拓本集著录的甲骨实物绝大部分现藏北京大学，个别现藏日本茧山龙泉堂。

② 华东师范大学收藏有甲骨 146 片，其中以谢伯殳旧藏为大宗。故宫博物院与华东师范大学历史系开展合作，联合整理了该校所藏甲骨。

③ 张伟琴：《博物馆文物藏品定名规范的再探讨》，《中国博物馆》1997 年第 4 期，页 63。

④ 文化部 1986 年 6 月 19 日公布《博物馆藏品管理办法》。

看出故宫甲骨旧的定名规则主要遵从照录原文和根据内容提取主要信息，同时标注时代和材质的办法。故宫的前辈在 20 世纪 70 年代，摸索出的甲骨文物定名方式，和前揭 1986 年《管理办法》的规定相比较，极具前瞻性。这不得不佩服前辈们扎实的金石学背景和古文字功底。虽然囿于当时古文字学学科发展的限制，很多甲骨文的释读存在误判，但前辈的学术水准毋庸置疑。与我们前述的各地文博单位对甲骨文物的定名相比较，故宫无疑处在时代之先列。

古籍或出土文献的定名可作为甲骨定名的参考

时代在发展、学术在进步，对文物的研究也在进步。将三千年前殷人占卜记录的甲骨，视作单纯的文物还是将其视为档案或历史文献，有一个认识发展的过程。"首先，我国政府为了保护珍贵古籍，从 2007 年开始，到 2020 年为止，通过评审，公布了六批《国家珍贵古籍名录》，出土文献五大门类，金文、简牍、石刻碑帖、敦煌吐鲁番文书第一批就进入了名录，甲骨文第四批也进入了名录，悉皆成为了古籍，而古籍都是有名称的。其次，我国向联合国教科文组织申报的甲骨文项目，2017 年 10 月，通过世界记忆项目国际咨询委员会评审，成功入选'世界记忆名录'，而该名录也是要求有名称的"。①

既然学界将甲骨视为古籍或出土文献的一种，那它的定名则应当突破单纯文物定名的框架，兼顾与之身份相称的标准。从传世和出土两类文献来看，先秦时期书籍已经大多具备了篇题。简册和敦煌文献还常有"一卷两题"的现象。所谓"一卷两题"是指一部书籍或一部书籍的一卷，在开篇与结尾处各题写一个书名的现象。②例如：银雀山汉简《孙膑兵法·八阵》篇题之"八阵"，即分别见于首简（编号 336）简背及末简（编号 342）正文末。③此外，《法藏敦煌文献》P. 3054 首、尾题均题为《开蒙要训一卷》④。

甲骨定名的产生，与同列出土文献五大门类的金文、简牍、石刻碑帖、敦煌吐鲁番文书相比无疑具有滞后性。金文，是铸刻在青铜器上的文字，金文的定名很大程度上也就是作为其载体的青铜器定名。它遵从着自北宋以来金石学的传统，并根据考古学和古文字的发展不断完善。其定名主要遵行以下两大原则：其一，器物有铭文自名者，基本遵循其自名定名；其二，器物无自名者，根据其器形并结

---

① 王素：《故宫博物院藏殷墟甲骨文整理的理论与实践》，原载《甲骨文与殷商史》新 10 辑，上海古籍出版社，2020 年，页 58-61，增补再刊《故宫博物院古文字论集》第 1 辑，故宫出版社，2023 年，页 14-18；《中国书法》2023 年第 4 期，页 30-33。

② 黄薇：《古籍书名研究的学术价值及其考察路径》，《晋图学刊》2022 年第 1 期，页 66。

③ 银雀山汉墓竹简整理小组：《银雀山汉墓竹简（壹）》，文物出版社，1985 年，页 34。

④ 上海古籍出版社、法国国家图书馆编：《法国国家图书馆藏敦煌西域文献》第 21 册，上海古籍出版社，2002 年，页 186-188。

合相关文献记载定名。①所谓"器物有铭文自名者，基本遵循其自名定名"又分为两种情况：一种情况是字数较少的采取照录原文+器型的形式，如北酉父癸爵、北单戈盘、臣戈、仲乍旅彝甗等。商代铜器铭文字数较少，又多为族氏铭文，所以主要是这种形式。另一种是字数较多的，则提取其作器者名或重要人名+器型的形式，如利簋、散氏盘、浮公之孙公父宅匜等。晚商西周以后青铜器铭文渐多，故多采取这种人名+器型或年份+人名+器型者，如四祀邲其卣（全文 46 字）、四十三年逨鼎（全文 309 字，重文 7 字）等。

简牍是我国古代及日韩等地遗存下来的写有文字的竹简与木牍的概称。由甲骨文"册"字来看，作为一种书写材料，简册在商代已经产生。它是纸张普及之前，最重要的文字载体。随着我国考古文博和出土文献整理与研究的发展，涌现出一大批具有重要政治、经济、历史、文化价值的简牍，如上博简、清华简、天水放马滩秦简、长沙走马楼三国吴简等。由于这些竹简在埋藏前大多可编连成册，因此它们的定名，通常根据拟题、文体或主要内容进行概括，如上博简的《容成氏》《昭王毁室·昭王与龚之脽》，清华简的《傅说之命》《治政之道》，天水放马滩秦简的《日书》《墓主记》，长沙走马楼三国吴简的《嘉禾吏民田家莂》《嘉禾六年二月十九日录事掾潘琬白为考实吏许迪服辞结罪事》等。简牍的定名与其他几种出土文献相比具有鲜明的特色，首先它原本就是由数支简编连成册的文章或内容性质相近的文书；其次名刺、券书、签牌、信笺等单片木牍或竹简有着较为明确的内容。这两个特点，使其在遇到单支简或残简时，可以根据较少的文字信息赋予较准确定名，这个优势是甲骨所不具备的。现存的 16 万余片甲骨大多呈破碎状态，每片甲骨残存的文字信息较少，如果不想将其笼统的定名为"某某残甲"或"某某残骨"，希望尽可能依据残存文字给予准确定名，是非常困难的。

石刻碑帖的定名传统，同样是在金石学基础上发展起来的。中国的石刻文献，从内容上可分为两大类，即纪事刻石和经典刻石。纪事刻石种类繁多，有纪功述德的汉《裴岑纪功碑》，有官方文书性质的秦二世《元年诏书》、唐代《唐蕃会盟碑》，还包括众多碑碣、墓志、造像记、谱系、题咏、题名、格言、书目、地图等。经典刻石又称石经，主要有儒家石经，如《熹平石经》《正始石经》《开成石经》等；佛教石经，如北齐天保年间镌刻的山东泰山经石峪《金刚经》、从隋代至明末不断刊刻的《房山石经》；道教石经，如元代山东威海《太上老子道德经》摩崖刻石等。其中最重要的为墓志和石经。

墓志的定名，当尊重首题。因为首题是原作者为墓志拟定的题目，整理者如果没有特别的原因，没有权力随意简化。如《唐故朝散大夫守国子司业上柱国扶风窦公墓志铭》，不应简化为《唐窦牟墓志》。在墓志整理与定名上，《新中国出土墓志》的处理方式堪称典范，其书"总目与正文题目都用首题，但并不是一字不

---

① 姚草鲜：《论吕大临〈考古图〉对先秦青铜器的定名》，《文物春秋》2015 年第 3 期，页 37。

易的旧首题，而是经过了编者再加工的新题目。譬如：题目第一字都必须统一为朝代名。据此，原首题的'大唐''大明'都删为'唐''明'，原首题无朝代名则在新题目前另补朝代名。其中当然也要括注志主姓名或名。没有首题的墓志，则由编者根据墓志内容，重拟含有志主身份仕宦等信息的新题目。因此，总的来说，作为目录的题目，既源出首题，对首题表示了尊重，又与首题有区别，避免了架屋叠床之虞。这种墓志定名办法似乎较为可取"①。

敦煌吐鲁番文献指的是发现于甘肃敦煌藏经洞和出土于新疆吐鲁番地区的文献。它们的定名可根据文书的性质分为古籍写本、宗教文献、公私文书等几大类。古籍写本类包括经、史、子、集及童蒙读物等。宗教文献类包括佛教、道教、景教、祆教、摩尼教等宗教经典等。公文书包括官府公文（属、符、奏、启、上言、条呈、辞、牒、告身、帖、过所）及律令、籍账等；私文书包括寺观及世俗所有的各类簿疏（如功德簿、衣物疏）、契券（租佃、借贷、雇佣、质赁、买卖）、遗嘱、信牍，另有私人的记账、抄条、杂记等。

20世纪70—90年代，由唐长孺先生领衔，国家文物局古文献研究室、新疆维吾尔自治区博物馆、武汉大学历史系协作整理编辑的《吐鲁番出土文书》释文本（简装本）10册和图文对照本（精装本）4卷，是敦煌吐鲁番文献整理的典范，其对文献的定名方式，具有划时代的意义。陈国灿先生2007年8月在国家文物局主办文物考古干部培训班授课时曾说："关于文书定名中应注意的问题：1.对文书的定名应据其内容，确定其性质，如符（《建某年兵曹下高昌、横截、田地三县符为发骑守海事》）、牒（《北凉玄始十二年（423）兵曹牒为补代差佃守代事》）、帖（《高昌县下团头帖》）、状（《唐征马送州付营检领状》）等，尽可能用文书中的原词而定。2.多片不能拼成一片，而内容、书体相一致者，用一、二、三、四等片，加以平列，列在一标题下。3.无法定其性质者，可通称为文书。"②

故宫博物院藏甲骨定名的探索

在尊重出土文献整理原则的基础上，给甲骨以有别于其他文献文物定名的新名，自然要学习金文、简牍、石刻、文书的经验。2017年、2018年，王素先生在针对"院藏甲骨"项目组内部和学术界的多个讲座上，谈到了对甲骨定名的基本要求，他说：

首先，甲骨文的定名，尽量使用释文中的原字、原词，但不用"合文"字，

---

① 王素、任昉：《墓志整理三题》，《故宫博物院院刊》2013年第6期，页36。

② 括号内文书名为笔者综合陈先生文章及《吐鲁番出土文书》所补，详见陈国灿：《吐鲁番出土文书的整理、分类与定名》，《论吐鲁番学》，上海古籍出版社，2010年。

不用缺字号（□）、补字号方框（[]）、缺文和残断号（⊠）。其次，对释文中的多义字，定名不用本字，而用括注的表示实际意义的字。譬如"又"，释文分别括注"右""有""祐""侑"，定名不用"又"，而用"右""有""祐""侑"。其三，凡属卜辞，均以干支或某日开头。其四，卜辞照录贞人[含王]名并酌加动词[问]。[①]

上述四条中的前两条，可以视为甲骨定名的总则，后两条是具体应用中的细则。定名尽量使用释文中的原字，便是遵从出土文献整理"不越俎代庖去做读者自己应做工作"原则。因此，甲骨的定名方式，可以被简单总结为"某日（干支日）+ 某（贞人名）+ 问（贞、卜）+ 某事"。

鉴于甲骨文是三千多年前的古文字，纵使进行了现代汉字的隶定和释读，有些读者可能依然不认识。为了避免这种情况，整理者在该片甲骨对应的正文中给出必要的注释。另一方面，按照故宫甲骨定名以时间作开头、照录贞人名的格式，完全不认识甲骨文的读者可以根据句意推测出不认识的字属于什么词性，甚至猜出词义。例如：《宫藏马二》（《故宫博物院藏殷墟甲骨文·马衡卷》第二号甲骨）的定名"丙申卜王问侑祖丁宰"，这里的"宰"字甲骨文原作"𡆥"，通俗地讲就是"牢"的异体字。"牢"除了牢房、圈舍的字意，还是古代称作祭品的牲畜（太牢、少牢）。这句定名的意思，就是"丙申这天占卜，商王问侑祭先王祖丁的时候，是否用宰作祭品"。如果读者知道"侑"在这里表示侑祭（董作宾先生考证，侑应该是祭祀时候，演奏的劝神明、先祖进食的音乐）的意思，就可以推出"宰"表示献祭的祭品。

整理者在进行定名时，如果某片甲骨无字，则根据它的材质将其定为"无字龟腹甲""无字龟背甲"或"无字牛肩胛骨"。如果某片甲骨仅残存笔画，无法根据笔画复原出百分之百确定的文字，则称其"残字龟腹甲""残字龟背甲"或"残字牛肩胛骨"。这种定名看似没有技术含量，但是最抑制整理者冲动的要求，因为只要具备古文字功底的人看到文字残笔总会第一时间根据残笔和个人经验进行猜字。如果某片甲骨有两三个残字，据残字可以判断出准确的文字信息，但是又无法复原出完整句意的，则称其为"某字残辞"或"某某等字残辞"。注意，整理者此处的定名不再单纯称其为"残字甲骨"而是将其提升一个层次，称其为残辞，即句意不完整的卜辞。

如果某片甲骨只有一条卜辞，无论其完整程度如何，皆以这条卜辞的内容进行定名。如《宫藏谢三八四》（《故宫博物院藏殷墟甲骨文·谢伯殳卷》第三百八十四号），原文作"癸卯贞：旬亡𡆥"。这是一片商人癸卯日占卜这一旬有没有灾祸的甲骨。殷商时期，王室贵族有两种比较常例的占卜，一种是卜旬，即贞问十天之内有没有灾祸；一种是卜夕，即贞问今晚有没有灾祸。《谢三八四》的定名就

---

① 王素：《故宫博物院藏殷墟甲骨文图文整理规范构想》（讲座本），2018 年。

很简单，整理者采取原文照录的模式，因为它恰好"干支日+贞+具体什么事"这几要素都在。因此，这片甲骨的定名就是"癸卯贞旬亡囚"。如果遇到连续两旬的占卜信息在同一版甲骨上，整理者则灵活地采用提取主要内容、合并同类项的办法。如《宫藏谢三八五》，它记录了癸亥、癸未两旬占卜的信息，整理者根据干支日期的先后，将其定名为"癸亥癸未等日贞旬亡囚"。整理者在两个干支日之后补了"等日"两字，"等"字代表这片甲骨有多条卜辞，日则是标明干支的日期性质避免歧义。因为甲骨的定名虽然通常采用的是短句式，但是毕竟字数少，通假字、古今字、多义字多，容易句意抵牾。有的卜旬甲骨带有占卜者的名字，比如《宫藏谢四八〇》，原文作"癸巳卜，何贞：旬囗癸未卜，何囗"。根据辞意，这是一位名叫"何"的贞人进行卜旬的甲骨，由于卜旬的具体内容残损了，整理者谨慎地称其占卜内容为"某事"，以示区别。整理者最后将这版甲骨定名为"癸巳癸未等日卜何贞旬事"。有些卜旬甲骨除了干支日期，还残存有月份信息，对于这样难得的材料，整理者多将甲骨文原始词序进行微调，将月份信息放在干支日之前。如《宫凡将一一二》(《故宫博物院藏殷墟甲骨文·马衡卷·【附编】凡将斋甲骨刻辞拓本》第一百一十二号)，原文作"己酉卜，旅贞：今夕亡囚。才(在)二月"，可将其定名为"二月己酉卜旅贞今夕亡囚等事"。

在现存的 16 万片甲骨文中，还有极个别带有商代纪年信息的材料，对于这种珍贵史料，整理者将其纪年信息微调至定名的句首，如《宫国学二〇〇》(《故宫博物院藏殷墟甲骨文·马衡卷·【附编】国学门甲骨刻辞拓本》第两百号)，其定名作"唯王来征人方五月癸卯癸丑等日卜贞王旬亡囚在喜次事"。这是一版商王帝乙或帝辛去征伐反叛的人方国那一年五月在喜地驻扎的时候，连续两旬占卜是否有灾祸的材料。"国之大事，在祀与戎"，战争和祭祀是古代的头等大事，甲骨、金文常以此来纪年。这里的"唯王来征人方"就是难得的商代使用大事纪年法的材料。《尔雅·释天》云："载，岁也。夏曰岁，商曰祀，周曰年，唐虞曰载。"甲骨文中也有称"祀"的材料，如"辛酉，王田于鸡录，获大囗虎。在十月，唯王三祀，彡日"(《怀特》1915)。由于甲骨文记录的大多是祭祀占卜的材料，整理者为某些缺少祭祀种类的卜辞定名时已使用了"祀某"这样的词语，因此在"唯王来征人方"的处理上，采用照录原文的形式，不再将其增补为"唯王来征人方祀"。

读到此处，细心的读者应当发现了两个问题：第一，一片甲骨上无论有没有字、剩几个字，都是可以定名的。第二，多条不同内容的卜辞同在一片甲骨上，这片甲骨怎么定名？是参考青铜器和简牍提取主要内容的方法，抑或学习敦煌吐鲁番文书按文体或内容的形式，还是把多条卜辞照抄一遍，又或者是只选取一条完整内容卜辞？这需要稍作解说。

关于如何处理这种多条卜辞在同一片甲骨上的定名，还以《宫藏马二》为例。这片甲骨上一共有三条卜辞，第一条残存"癸、王"两字，第二条即"丙申卜王侑祖丁宰",第三条残存"子卜贞勿用匕辛"等字。对这版甲骨的定名,整理者对三条卜辞进行了选择。首先弃选了第一条,因为它剩下的文字信息太少,如果用它作定名,一本书中会出现大量的重复内容。然后弃选了第三条,因为第三条根据残存内容和整理者的专业积累,这条卜辞可以复原为"某子卜贞勿用某于匕(古今字即她)辛"。这条卜辞,整理者补了两个"某"字和一个"于"字之后,句意基本完整了,即某个干支日期为子日的这一天,占卜不要用某种祭品祭祀商王的女性祖先妣辛。坦率地说,这条卜辞也具备用作定名的潜质,但是由于整理者补字太多(用作定名的补字应≤3个)违反了出土文献尽量不干预的原则,所以也弃选了。整理者在对这版甲骨定名时,选用了原文辞意最完整的第二条卜辞,即"丙申卜王问侑祖丁宰"。类似的一片甲骨有多条卜辞的材料,整理者在定名时会酌情采用某一条或多条。例如,《宫藏马四八》定名为"某日问勿侑祖丁与庚戌卜殼问等事"。这版甲骨就是选取了某天贞人占卜不要侑祭祖丁和庚戌这天贞人殼占卜某事两件事。

在故宫博物院庋藏的商代甲骨文中,除了殷人占卜的材料,还有一些记录甲骨进贡、收纳、占卜机构官员检查的材料,如《宫藏马四九》"丑日卜永贞不若等事与百敉甲桥刻辞"。这版甲骨的定名就是由丑日贞人永占卜某件不顺利的事与某方国向商王进贡过百余件甲骨,这批甲骨被女官敉某检查过,两层意思组成。记录甲骨贡纳信息的文字,通常刻在龟甲的腹甲两侧、牛肩胛骨的骨首或骨扇等位置。如《宫藏马五十》"己未卜亘贞不嘟事与妇羊示十屯骨臼刻辞"。这版甲骨的定名就是由甲骨上记录的某件事与甲骨贡纳信息结合在一起的。己未卜亘贞不嘟事,是己未这一天贞人亘卜问不要进行嘟祭;妇羊示十屯骨臼刻辞是商王的女官叫妇羊的,曾经检视过与这片甲骨一同被进贡来的十对牛肩胛骨(左右两片牛肩胛骨为一对)。

故宫博物院在整理院藏甲骨的过程中,还有很多体例和定名上的创新与实践,本文仅是结合部分实例略作说明。相信随着项目的推进,为每一片甲骨定名、编辑目录的工作会取得更大的进展。

On the Philosophy and Innovation of Collating the Palace Museum Collected Oracle Bones: A New Attempt on the Entitlement of Oracle Bones

Yang Yang

Abstract: When collating the Palace Museum collected oracle bones, researchers have taken account of both the "Principles of Cultural Relics Protection" and the "Principles of literature collation". Several new attempts have been made on the bibliographic description styles of the oracle bones. For example, the oracle bones are categorized by their original collectors; every oracle bone is entitled, with its picture, the annotation of its inscription, the information of it as a cultural relic, etc. all being shown on the same page; homologous oracle bones and relevant old rubbings are also included.

To the collection management of cultural institutes or museums, entitling every single oracle bone is the most fundamental groundwork. Official regulations have been issued by the relevant authorities as how to entitle cultural relics properly. However, different institutes or museums did not choose the same way to carry these regulations out. Academic scholars consider oracle bone inscriptions as a particular type of ancient works or excavated documents. Therefore, the entitlement of oracle bones should not simply be limited in the range of cultural relics. Their documental properties should also be taken into consideration.

The entitlement of oracle bones done by the Palace Museum works as follows: (1) Make the most use of the characters or words in the inscription; (2) Use a monosemous character that conveys the same contextual meaning originally expressed by a polysemous character; (3) All inscriptions are entitled in the form of "DATE… EVENT"; (4) The name of the diviner, followed by the verb "ask (问/贞/卜)", is included as part of the title; (5) Oracle bones with only fragmentary strokes are entitled "incomplete-character plastron" "incomplete-character carapace" or "incomplete-character cattle scapula"; (6) Oracle bones with no characters are entitled "wordless plastron" "wordless carapace" or "wordless cattle scapula". According to the first four principles, most oracle bones are entitled in the form of "DATE+DIVINER'S NAME+ASK (问/贞/卜) + EVENT". When entitling oracle bones that have more than one inscriptions, one or more principles above will be adopted, which depends on the specific situation.

Key words: The Palace Museum collected oracle bones; entitling cultural objects; entitling excavated literatures; entitling oracle bones

出土先秦文献中"作"意义的历时考察[*]

出土先秦文献中"作"意义的历时考察[*]

张玉金

（辽宁师范大学文学院 复旦大学出土文献与古文字研究中心
"古文字与中华文明传承发展工程"协同攻关创新平台）

摘要：本文以出土先秦文献为语料，考察了单音词"作"的意义从殷商时代到战国秦代的发展演变。关于单音词"作"意义的引申系统，此前王朝忠《汉字形义演释字典》已经做了分析。本文与王朝忠的观点不同，认为"作"的本义不是"开始"，而是"制作"；本文以"制作"为起点，探究了单音词"作"在出土先秦文献中的词义引申系统，得出了与王朝忠的观点不同的结论。

关键词：出土先秦文献；作；殷商到战国秦代；意义演变

"作"的本义是什么？它的意义在先秦时代是如何演变的？单音词"作"在先秦时代的词义引申系统如何？本文以出土先秦文献为语料来研究这个问题。以往没有见到过专门探究这个问题的论文。

一、"作"的本义与殷墟甲骨文中"作"的义项

"作"这个字在殷墟甲骨文中可以写成"𣂪"[①]。这个字由三个部分构成，即"𠂢""丰""卜"。"𠂢"像未缝制完的衣服，"丰"像针线缀合之形[②]（"丰"也可能是一个声符），而"卜"像手拿针的样子。甲骨文"作"字的初文像缝制衣服，它的本义应该是制作[③]。

如果在"𣂪"形上省去"丰"形，则成了"𠂢"字。如果在"𣂪"形上省去"卜"形，则成了"𣂪"字。如果在"𣂪"形上再省去"丰"形，则成了"𠂢"字了。在甲骨文中"作"经常写作"𠂢"形，"𠂢"就是"乍"，而"乍"就是"作"字的初文。按照《说文》，"作"和"乍"是两个不同的字，《说文》卷八人部："作，起也。"卷十二亡部："乍，止也。"但是，从古文字的角度来看，"乍"和"作"

---

* 本文为国家社科基金重大项目"殷墟甲骨文译注与语法分析及数据建设"（项目编号：17ZDA299）的阶段性成果、古文字与中华文明传承发展工程规划项目"甲骨文字词合编"（项目编号：G3021）的阶段性成果。

① 金祥恒. 释𣂪𣂪𣂪 [C] //中国文字：第十九册. 台北：艺文印书馆，1996。
② 朱歧祥. 释乍 [J]. 台中：静宜人文学报，1991（6）。
③ 张玉金. 出土战国文献"作"研究 [C] //古文字考释论集. 广州：广东高等教育出版社，2018，第288-297页。

应该是古今字的关系。在甲骨文中还有"🐾"字，可以隶定为"**𢀖**"①，它可能是"作"字的异体。如果制造的器物是"弓"，就可以用"弓"作为形旁了。总之，殷墟甲骨文中的"作"字有"🐾""🐾""🐾""🐾""🐾"等形体。

依据笔者的研究，殷墟甲骨文中的动词"作"主要有下述八个义项：

（一）制作

这种意义的"作"的宾语所表示的一般是具体有形的器物。例如：

（1）甲午卜：子乍瑈分卵，其告丁，若？

甲午卜：子乍瑈分卵，子弜告丁，用，若？（《花》391）

（2）戊卜：子乍丁臣中，其乍子艰？

戊卜：子乍丁臣中，弗乍子艰？（《花》75）

上引例（1）中的"瑈"，应该是指一种玉璋。《尔雅·释器》："璋大八寸谓之瑈。""乍瑈"的意思应是指制作璋这种玉器。例（2）中的"丁臣"，即指丁之臣。"丁臣"后的字，朱歧祥②引陈佩君的观点，认为是"中"字，是指旗帜。"子乍丁臣中"是双宾语句，意思是子为丁臣制作旗帜。

殷墟甲骨文中已可以见到"乍册"。例如：

（3）乍册西。（《合》5658反）

这个例子中的"乍册"即"作册"，应是职官名。"乍册"中"乍"的意思是制作。

（二）建造、兴建

这种意义的"作"的宾语所表示的一般是建筑物。例如：

（4）癸[酉卜]，争贞：我乍邑？

癸酉卜，争贞：我勿乍邑？（《合》13490）

（5）辛未卜：乍宀？（《合》22246）

（6）庚申卜，殻贞：乍宵？

庚申卜，殻贞：勿乍宵？（《合》32正）

（7）乙巳卜，宵贞：王去，乍寑？（《合》13568）

上引例（4）中的"乍邑"即"作邑"，是建造城邑的意思。例（5）中的"宀"，像房屋之形，或以为是"庐"的初文，或以为是"宅"的初文。"乍宀"就是建造

---

① 刘钊等. 新甲骨文编 [M]. 增订本. 福州：福建人民出版社，2014，第 709 页。

② 朱歧祥. 殷墟花园庄东地甲骨校释 [M]. 台中：东海大学中文系语言文字研究室，2006，第 973 页。

房屋的意思。例（6）中的"宭"，依据张玉金①，其本义是人待的房屋。"乍宭"是建造房屋的意思。例（7）中的"乍寝"，意思是建造寝宫。

（三）制造、为

这种意义的"作"的宾语所表示的一般是灾咎的意义。例如：

（8）癸［卯］卜，宭贞：帝其乍王囚？

　　　癸卯卜，争贞：帝弗乍王囚？（《合》12312 正）

（9）贞：帝其亦令乍我孽？

　　　帝不亦令乍我孽？（《合》3611 正）

（10）乙亥贞：佳大庚乍害？

　　　大庚不乍害？（《合》31981）

（11）辛卯卜，内贞：王有乍囚？

　　　辛卯卜，争贞：王亡乍囚？（《合》536）

上引例（8）、例（9）中的"帝"，是指天帝、天神。"囚"应读为"忧"。例（8）中的"帝其乍王囚"，是说天帝会给殷王制造忧患。例（9）中的"帝其亦令乍我孽"，是说天帝将又令人给我们制造灾咎。例（10）是卜问大庚会不会为害。例（11）中的"王"，从例（8）来看，是"乍"（制造）的当事，即动作行为所涉及的对象，"囚"是成事，即所制造的东西。"王有乍囚"是说王有被制造的忧患。

（四）创建、建立

这种意义"作"的宾语所表示的是军队等。例如：

（12）丁酉贞：王乍三师：右、中、左？（《合》33006A）

这个例子中的"师"应指军队的编制单位之一。这应该是卜问：王应该创建右、中、左三军吗？

（五）开垦

这种意义的"作"的宾语所表示的是田地。例如：

（13）令尹乍大田？

　　　勿令尹乍大田？（《合》9472 正）

这个例子中的"尹"是官名，为治事之官。赵诚②认为这个例子中的"乍"是开垦、耕种之义。我们认为它就是开垦之义。"令尹乍大田"是一个兼语句，意即命令尹官开垦大块的田地。

---

① 张玉金. 释甲骨文中的"𠆊"［C］//古文字考释论集. 广州：广东高等教育出版社，2018，第 1-19 页。

② 赵诚. 甲骨文简明词典——卜辞分类读本［M］. 北京：中华书局，1988，第 337 页。

（六）兴起、发动

这种意义的“作”宾语所表示的是兵、战争。例如：

（14）贞：獯归，其乍戎？（《合》6923）

（15）叓方助盧方乍戎？（《合》27997）

上引例（14）中的“獯”是方国名，如："辛未卜，争贞：我 戈 獯在咢？”（《合》3061 正）。例中的“戎”，应是兵、战争之义。甲骨文中有“即戎”一语，如："贞：方其大即戎？”（《合》151 正）“即戎”是用兵的意思，“乍戎”应是兴兵的意思，两者可以互证。传世文献中有“起戎”一语，如："惟甲胄起戎。"（《尚书·说命中》）“起戎”是发动战争之义。“乍戎”应与“起戎”意义相近，“乍戎”是兴兵，发动战争的意思。例（14）应该是卜问：獯方人回去了，将会兴兵吗？例（15）中的“叓方”“盧方”也都是殷代方国名，例（15）应该是卜问：叓方会帮助盧方兴兵吗？

（七）进行、举行

这种意义的“作”的宾语是由动词性短语和动词充当。例如：

（16）甲子卜，宕贞：乍侑于妣甲，正？（《合》13658 正）

（17）贞：乍告疾于祖辛，正？（《合》13852）

（18）□□卜，贞：众乍耤，不丧 囗？（《合》8）

（19）己未卜，亘贞：今者王乍比[望]乘伐下危，下上若，受我[祐]？

　　　贞：今者王勿乍比望乘伐下危，下上弗若，不我其受祐？（《英》587）

在例（16）中，“乍”的宾语是“侑于妣甲”。在例（17）中，“乍”的宾语是“告疾于祖辛”。在例（18）中，“乍”的宾语是“耤”。在例（19）中，“乍”的宾语是“比望乘伐下危”。这些例子中的“乍”，都是举行、进行的意思。

（八）演奏

这种意义的“作”的宾语是由表示乐器这种意义的名词充当的。例如：

（20）王其卿（饗）于厅□？

　　　弜卿于厅，障升，有正？

　　　其乍豐，有正？

　　　弜乍豐？（《屯》2276）

（21）万其戠庸，屮叀 囗（《合》31018）

裘锡圭[①]认为，卜辞中的“乍豐”是指作乐而言的。从例（20）同版卜骨上先言

① 裘锡圭. 裘锡圭学术文集：甲骨文卷 [M]. 上海：复旦大学出版社，2012，第 43 页。

"王其卿（饗）于廳囗"，后言"作豐"来看，此"作豐"之"作"当非"制作"义，应从裘锡圭说释作"演奏"义。例（21）是说万将演奏"庸"（大钟）这种乐器。

在殷墟甲骨文中，没有"乍方"这一方国名，没有读为连词"则"的用法，也没有祭名的用法。

二、西周春秋金文中"作"的义项

在西周春秋金文中，动词"作"也很常见，其书写形式有"乍""复""𠁁""詐"等。在西周春秋金文中，"作"有以下八个义项。

（一）制作

（22）鲁侯乍（作）爵。（鲁侯爵，《集成》14·9096，西周）

（23）白（伯）旂乍（作）宝鼎。（伯旂鼎，《集成》4·2040，西周）

（24）唯曾白（伯）文自乍（作）䢵飤䤾，用征行。（曾伯文䤾，《集成》16·9961，春秋）

上引各例中动词"作"后皆带单宾语，构成"乍（作）＋O"的格式。在例（22）中，单宾语是由名词充当。在例（23）、例（24）中，单宾语都是由定中短语充当。

这种"乍（作）"还可以带双宾语。例如：

（25）虢中（仲）乍（作）姞尊鬲。（虢仲鬲，《集成》3·561，西周）

（26）用乍（作）朕剌祖召公尝簋。（六年琱生簋，《集成》8·4293，西周）

（27）侯母乍（作）侯父戎壶，用征行，用求福无疆。（侯母壶，《集成》15·9657，春秋）

例（25）中"乍（作）姞尊鬲"，是说为姞制作"尊鬲"。例（26）中"乍（作）朕剌祖召公尝簋"，是说为我的先祖召公制作"尝簋"。例（27）中的"乍（作）侯父戎壶"，是说为侯父制作"戎壶"。

这种"乍（作）"所带的双宾语中的直接宾语还可以省略。这种用例只见于西周金文中，未见于春秋金文。例如：

（28）乍（作）父己。（作父己鼎，《集成》4·1620，西周）

（29）白（伯）仸父乍（作）毕姬，其万年子子孙孙永宝用享。（伯仸父鬲，《集成》3·728，西周）

上引例（28）"父己"后省略了"鼎"，例（29）"毕姬"后省略了"鬲"。

此外，在殷墟甲骨文中有"乍（作）册"一词，在西周金文中亦可以见到，但是在春秋金文里未见到：

（30）王商（赏）乍（作）册般贝。（作册般甗，《集成》3·944，西周）

（31）王受（授）乍（作）册尹者（书），卑（俾）册令免。（免簋，《集成》8·4240，西周）

"乍册"即"作册"，是职官名，专掌王朝图录、册封、诏命等事务，属太史僚管辖。"乍册"中的"乍"是制作的意思。

（二）制造、为

这种用例只是在西周金文中见到 1 例，在春秋金文里未见到：

（32）俗我弗乍（作）先王忧。（毛公鼎，《集成》5·2841，西周）

对于此例，马承源[1]解释说："俗（欲）我弗作先王忧。俗，假为欲，表达愿望之词，义为我愿不使先王生忧。"刘志基等注释[2]说："俗（欲）我弗乍先王忧：希望我不会让先王忧愁。"张世超等[3]解释说：乍"犹行也，事也。即从事，作某事。……毛公層鼎：'俗（裕）我弗乍（作）先王羞。'鼎铭言'诱导我不作先王以为羞耻之事。'"杨树达解释说[4]："俗字孙诒让读为欲，按孙读非也。愚谓俗当读为裕。《方言》卷三云：'裕，猷，道。东齐曰裕，或曰猷。'按道与导同，谓诱导，裕我即诱导我也。"

关于"俗"字，当读为"欲"，是表达愿望之词。孙诒让、马承源、刘志基等说可从。"弗乍（作）先王忧"可与殷墟甲骨文中的"弗乍王固（忧）"相比较。"弗乍王固"是说不会给殷王制造忧患，"弗乍（作）先王忧"可作同样的训释，即不会给先王制造忧患。例（32）中的"乍（作）"或训为"使、让"，或训为"从事、做某事"，皆不太准确，应该是"制造、为"之义，这种意义在甲骨文中常见。

殷墟甲骨文中"制造、为"意义的"作"，都是以灾咎意义的词为其宾语的。但是到了春秋时代，"制造、为"意义的"作"却可以用"福"为宾语。例如：

（33）不（丕）显皇祖，其乍福元孙。（叔夷钟，《集成》1·227，春秋）

（34）不（丕）显皇祖，其乍福元孙。（叔夷钟，《集成》1·285，春秋）

上引两例中的"乍"，或读为"祚"。"祚"本是名词，意思是福。例如《诗经·大雅·既醉》："君子万年，永锡祚胤。"活用为动词，则是"赐福"之义。例如《左传·宣公元年》："天祚明德。"上引例（33）（34）两例中的"乍"明显是动词，但

---

① 马承源. 商周青铜器铭文选 [M]. 北京：文物出版社，1988，第 318 页。

② 刘志基、臧克和、王文耀. 金文今译类检：殷商西周卷 [M]. 南宁：广西教育出版社，2003，第 467-468 页。

③ 张世超、孙凌安、金国泰、马如森. 金文形义通解 [M].（日本）京都：中文出版社，1996，第 2999-3000 页。

④ 杨树达. 积微居金文说 [M]. 北京：科学出版社，1952，第 31 页。

是用"赐福"之义却讲不通。上引"天祚明德"中的"祚",其宾语是明德,指有光明德性的人。然而"乍福元孙"中"乍"的直接宾语却是"福","乍"不能再训为赐福。

我们认为"其乍福元孙"中的"乍",跟"弗乍先王忧"中的"乍"意思相同,都是"制造、为"的意思。"乍先王忧"是"乍(作)+间接宾语+直接宾语"结构,而"乍福元孙"是"乍(作)+直接宾语+间接宾语"结构。"乍福元孙"其实就是给元孙造福,这样解释是很通顺的。

(三)创建、建立

这种用例只见于西周金文,未见于春秋金文。例如:

(35)不(丕)显玟(文)王受天有大令(命),在珷(武)王嗣玟(文)乍邦。(大盂鼎,《集成》5·2837,西周)

(36)今兄(贶)畀女(汝)福土,乍乃采。(中方鼎,《集成》5·2785,西周)

例(35)中的"在珷王嗣玟(文)乍邦",马承源[①]解释说:"武王继承文王的功绩建立了国家。"他把"乍(作)"训为建立,可从。例(36)中的"乍乃采",郭沫若[②]解释说:"与趞尊之'锡趞采'事亦相同,同是'建侯卫'时事。""采"读为cài,是指采地,古代卿大夫的封邑。"乍乃采"是指创建你的采地。

殷墟甲骨文中这种意义的"乍"的宾语是"师",而西周金文这种意义的"乍"的宾语则是"邦""采"。"师"和"邦""采"性质相类。

(四)进行、举行

这种用例只见于西周金文,未见于春秋金文。例如:

(37)我乍(作)禦,徹祖乙、妣乙、祖己、妣癸。(我方鼎,《集成》5·2763,西周)

(38)朕吾考令乃嬗沈子乍(作)盨于周公宗,陟二公。不敢不盨。(沈子它簋盖,《集成》8·4330,西周)

例(37)中"乍(作)"的宾语是"禦","乍禦"意即举行禦祭。"徹"原来释为"祭"字,此字原篆写法为上从"血"、下从"示",当非"祭"字,应从陈剑[③]说释作"徹","徹"训为"通""达",例(37)意谓我们举行禦祭,通贯于祖乙、妣乙、祖己、妣癸四位先人。例(38)中的"盨",唐兰[④]认为是祭名。例中的

---

① 马承源. 商周青铜器铭文选 [M]. 北京:文物出版社,1988,第38页。

② 郭沫若. 两周金文辞大系图录考释 [M]. 北京:科学出版社,1957,第16页。

③ 陈剑. 释甲骨金文的"徹"字异体——据卜辞类组差异释字之又一例 [C] //出土文献与古文字研究:第7辑. 上海古籍出版社,2018,第16页。

④ 唐兰. 论周昭王时代的青铜器铭刻 [C] //古文字研究:第二辑. 北京:中华书局,1981,第12-142页。

"乍（作）秘"意即举行秘祭。传世西周文献中"作"也有这种用法。例如："厥作裸将。"（《诗经·大雅·文王》）这里的"作"就是举行的意思。

在殷墟甲骨文中，这种意义的"乍（作）"后还可以出现双宾语，例如"乍余酌"（《合》36482）。"乍余酌"意即为我举行酌祭。在西周金文中，也可以见到1例这种意义和用法的"乍（作）"，但是在春秋金文里未见到。例如：

（39）史喜乍（作）朕文考翟（禴）祭。叀日隹（唯）乙。（史喜鼎，《集成》4·2473，西周）

对于此例，刘志基等①译为"史喜为自己德行昭彰的先父举行禴祭之礼，时在乙日"。此说可从。

（五）演奏

这种用例只见于西周金文（见到1例），未见于春秋金文。例如：

（40）不（丕）显王乍（作）眚（省，笙），不（丕）肆王乍（作）庸，不（丕）克乞（訖）衣（殷）王祀。（大豐簋，《集成》6·4261，西周）

裘锡圭②认为，此例中的"庸"，很可能跟卜辞一样，也当大钟讲，"眚"则是"笙"的假借字，"乍眚""乍庸"就是"作笙""作镛"，《尚书·益稷》"笙镛以间"，正以笙镛并提。古人举行祭祀时，经常需要使用乐器。

（六）制定、制订

这种意义的"乍（作）"的成事，是"刑"（法则）。在西周金文中，也可以见到这种意义和用法的"乍（作）"（只见到1例），但是在春秋金文里未见到。例如：

（41）女（汝）母（毋）弗帅用先王乍（作）明井（刑），俗（欲）女（汝）弗以乃辟圅（陷）于艰。（毛公鼎，《集成》5·2841，西周）

对于例（41）中的"女（汝）母（毋）弗帅用先王乍（作）明井（刑）"，马承源③注释说："你不能不遵循先王所制定的好的法则。"刘志基等④译为："你必须遵循先王所制订的好的法则。"

在上例中，"乍（作）"是作"明井（刑）"的定语的，"明井（刑）"是"乍（作）"的成事。在西周传世文献中，可以见到这种意义的"作"，例如："度作刑以诘四方。"（《尚书·吕刑》）

---

① 刘志基、臧克和、王文耀. 金文今译类检：殷商西周卷 [M]. 南宁：广西教育出版社，2003，第275页。

② 裘锡圭. 裘锡圭学术文集：甲骨文卷 [M]. 上海：复旦大学出版社，2012，第44页。

③ 马承源. 商周青铜器铭文选 [M]. 北京：文物出版社，1988，第319页。

④ 刘志基、臧克和、王文耀. 金文今译类检：殷商西周卷 [M]. 南宁：广西教育出版社，2003，第468页。

（七）成为、作为

这种意义的"乍（作）"的宾语，是"亟（极）""肱股"等。这种用例只见于西周金文，未见于春秋金文。例如：

（42）王令毛白（伯）更虢成公服，屏王位，乍（作）四方亟（极）。（班簋，《集成》8·4341，西周）

（43）亦则于女（汝）乃圣且（祖）考，克尃右（佑）先王，乍（作）乓（厥）肱股。（师𩛥簋，《集成》8·4342，西周）

对于例（42），李学勤[①]解释说："作民极即为民之则，作四方极即为四方之则。"西周传世文献中也有这样的例子。如"乃悉命汝，作汝民极。"（《尚书·君奭》）例（43）中的"乍（作）乓肱股"，意即成为他的肱股之臣。

（八）担任、任职

这种意义"乍（作）"的宾语，一般是职官名，如"宰"。这种用例只见于西周金文（只见到1例），未见于春秋金文。例如：

（44）昔先王既令女（汝）乍（作）宰，司王家。（蔡簋，《集成》8·4340，西周）

"宰"是古代奴隶主家中掌管家务的奴隶或奴隶总管。如："伊尹为宰，百里奚为虏，皆所以干其上也。"（《韩非子·说难》）在《尚书·舜典》中也有这种用法的"作"，例如"伯禹作司空。"

建造、兴建这种意义的"作"，虽然在西周春秋金文中见不到，但是在比较可靠的西周传世文献中却可以见到，这说明在西周春秋时代应有此义项。例如：

（45）周公初基作新大邑于东国洛。（《尚书·康诰》）

（46）[周公]及将致政，乃作大邑成周于土中。（《逸周书·作雒》）

西周春秋金文中的"乍（作）"，有的表示假借义。马承源[②]认为，有的"乍（作）"可读为"祚"，义为报。例如："用铸龢龢钟，台（以）乍其皇且（祖）考。"（邾公华钟，《集成》1·245，春秋）马承源[③]认为，有的"乍"还可以读为"詐"。例如："觑蔑曆白（伯）大师，不自乍。小子夙夕尃由先且（祖）烈德，用臣皇辟。"（师觑鼎，《集成》5·2830，西周）

---

① 李学勤. 班簋续考 [C] //古文字研究：第十三辑. 北京：中华书局，1986，第181-188页。

② 马承源. 商周青铜器铭文选 [M]. 北京：文物出版社，1988，第525页。

③ 马承源. 商周青铜器铭文选 [M]. 北京：文物出版社，1988，第136页。

三、出土战国文献"作"的义项

在出土战国文献中,"作"字有"乍""复""𣂪""作""復""䢔""乍"等异体。"作"这个词还可以借用其他一些以"乍"为声符的字来书写,如"狨""迮""诈""䢔""咋""酢"都可通假为"作"。在出土战国文献中,"作"有以下十七个义项。

(一)制作

这种意义的"乍(作)"所带的宾语,一般是具体有形的器物。例如:

(47)蚩蚘(尤)復(作)兵。(《上博五·融师有成氏》)

(48)隹(唯)十又四年,陈侯午台(以)群者(诸)侯献金,乍(作)皇妣孝大妃祭器錭敦。(陈侯午簋,《集成》3·4145)

例(47)中的"兵"是兵器的意思。"復(作)兵"意即制作兵器。例(48)中的"乍(作)皇妣孝大妃祭器錭敦"是一个双宾语结构,意即给"皇妣孝大妃"制作"祭器錭敦"。

(二)建造、兴建

这种意义"乍(作)"的宾语,所表示的一般都是建筑物。例如:

(49)凡相坦(坛)、树邦、復(作)邑之道:盍(盖)西南之遇(寓),君子尻(居)之,幽悷(思)不出。(《九店》56·45)

(50)一个作庙。(《里耶》壹:8-145)

上引例(49)中的"復(作)邑之道",是说建造城邑的方法。例(50)中的"作庙",意即兴建宗庙。

(三)制定、创制

这种意义"乍(作)"所带的宾语,所表示的意义一般是法度、礼乐、律吕等。例如:

(51)非甬(用)铚,折(制)以垄(刑),隹(惟)乍(作)五虐之垄(刑)曰法。(《郭店·缁衣》)

(52)乍(作)豊(礼)乐,折(制)型(刑)法。(《郭店·六德》)

例(51)中的"隹(惟)乍(作)五虐之刑曰法",意思是说制定了叫作法的五虐之刑。例(52)中的"乍(作)豊(礼)乐"是说创制了礼乐制度。

（四）制造、造成、为

这种意义"乍（作）"所带的宾语，表示的是比较抽象的祸福等意义，如"殃、凶、妖、怨、羞、难、威、福"等。例如：

（53）啻（敌）邦交地，不可目（以）先复（作）怨。（《上博四·曹沫之陈》）

（54）隹（唯）天乍（作）福，神则各之；隹（唯）天乍（作）宎（妖），神则惠之。（《楚帛书·乙篇》）

例（53）中的"不可目（以）先复（作）怨"是说不可以先制造怨恨。上引例（54）中的"隹（唯）天乍（作）福"是说上天造福。"妖"，《吕氏春秋·制乐》的解释是"妖者，祸之先者也"，即灾祸的先兆。"唯天乍（作）宎（妖）"是说上天造成灾祸的先兆。

（五）进行、举行、做

这种意义"乍（作）"的宾语，所表示的是事情等意义，如"事""功"等。例如：

（55）赢阳之日，利以见人、祭、作大事、娶妻，吉。（《睡虎地·日书乙》）

（56）戊己毋作土攻（功）。（《放马滩·日书乙》）

上引例（55）中的"作大事"，意即做大事，干大事。例（56）是说戊日、己日不要举行与动土、修建有关的活动。

（六）成为、作为、充当

这种意义的"乍（作）"的宾语，所表示的是屏障等意义。例如：

（57）周成王、周公既迁殷民于洛邑，乃追念夏商之亡由，旁设出宗子，以乍（作）周厚屏。（《清华贰·第四章》）

（58）骑作乘舆御，骑马于它驰道，若吏徒☐。（《龙岗》59）

例（57）中的"乍（作）周厚屏"，是说成为周王朝的厚厚的屏障。例（58）中的"骑作乘舆御"，是说把骑的马充当给皇帝驾车的马。

（七）创作、撰写

这种意义的"乍（作）"的宾语，所表示的是用语言说出或用文字写出的东西。例如：

（59）王夜爵酬毕公，作歌一终曰《乐乐旨酒》。（《清华壹·耆夜》）

（60）卅二年五月丙子朔庚子，库武作徒簿：受司空城旦九人、鬼薪一人、春三人；受仓隶臣二人。凡十五人。（《里耶》壹：8-1434）

例（59）是说，武王举爵向毕公酬酒，创作了一首名为《乐乐旨酒》的诗歌。例（60）中的"库武作徒簿"是说库武撰写了记录"徒"的簿册。

（八）活动、行动

这种意义的"乍（作）"一般不带宾语，表示活动、行动等意义。例如：

（61）亘莫生燹（气），燹（气）是自生自复（作）。（《上博三·亘先》）

（62）一室人皆毋（无）气以息，不能童（动）作，状神在其室。（《睡虎地·日书甲》）

例（61）中的"燹（气）是自生自复（作）"，是说气是自己产生自己活动的。例（62）中的"不能童（动）作"，是说不能活动、动作。

（九）劳作、劳动

这种意义的"乍（作）"一般也不带宾语。例如：

（63）小城旦、隶臣作者，月禾一石半石；未能作者，月禾一石。（《睡虎地·秦律十八种》）

（64）隶臣、下吏、城旦与工从事者，冬作为矢程。（《睡虎地·秦律十八种》）

例（63）中的"小城旦、隶臣作者"，意思是小城旦、小隶臣劳作的。"未能作者"，意即不能劳作的。例（64）中的"冬作为矢程"，意即在冬季劳作要为他们放宽标准。

（十）使……劳作

这种意义的"乍（作）"，是"劳作、劳动"意义的"乍（作）"的使动用法。例如：

（65）隶妾、舂高不盈六尺二寸，皆为小；高五尺二寸，皆作之。（《睡虎地·秦律十八种》）

例（65）中的"高五尺二寸，皆作之"，是说身高五尺二寸以上的，都要让他们劳作。

（十一）耕种、耕作

这种意义的"乍（作）"一般也不带宾语。例如：

（66）丙，甲臣，桥（骄）悍，不田作，不听甲令。（《睡虎地·封诊式》）

（67）黔首不田作，不孝。（《岳麓壹·为官治吏及黔首》）

上引两例里的"不田作"，意即不在田里耕种。这种意义的"作"，在传世文献中也可以见到，例如："平秩东作。"（《尚书·尧典》）孔传："岁起于东，而始就耕，谓之东作。"

（十二）事情、事业、作为

这种意义的"乍（作）"是名词，是"举行、进行、做"这样的意义指称化的结果。例如：

（68）举天下之复（作）也，无不得亓（其）恒而果述（遂）。（《上博三·亘先》）

（69）汝毋以辟御疾庄后，汝毋以小谋败大作。（《清华壹·祭公》）

例（68）中"举天下之复（作）也"，意思是天下所有的作为。例（69）中的"汝毋以小谋败大作"，意即你不要因为小的谋略而败坏了国家大事。

（十三）发生、产生、兴起

这种意义的"乍（作）"是动词，一般也不带宾语。例如：

（70）古（故）夫夫、妇妇、父父、子子、君君、臣臣，六者客（各）行其戠（职），而盍膏蔑由连（作）也。（《郭店·六德》）

（71）豊（礼）复（作）于情，或兴之也。（《上博一·性情论》）

上引例（70）中的"盍膏蔑由连（作）也"，意即坑蒙拐骗就没有途径产生了。例（71）中的"豊（礼）复（作）于情"是说礼产生于人情。

（十四）开始

这种意义的"乍（作）"，也不带宾语。例如：

（72）九城（成）之台甲〈作〉[于][累][土]，[百仞之高，始于]足下。（《郭店·老子甲》）

上引例（72）是说九层的高台始于堆积土壤。这种意义的"作"在传世文献中也可以见到。例如："思马斯作。"（《诗经·鲁颂·駉》）毛传："作，始也。"

（十五）站起来、起身

这种意义的"乍（作）"也不带宾语。例如：

（73）颜囩（渊）伇（作）而舎（答）曰："韦（回）不愳（敏），弗能少居也。"夫子曰："迷，虗（吾）语女（汝）。"（《上博五·君子为礼》）

例（73）中的"颜囩（渊）伇（作）而舎（答）"，是说颜渊站起来回答。这种意义的"作"在传世文献中也可以见到。例如:"舍瑟而作。"(《论语·先进》)何晏集解:"孔曰'置瑟起对。'"刘宝楠正义:"作,起也。"

(十六)振作、振奋

这种意义的"乍(作)"一般也不带宾语。例如:

(74)人之逸(悦)然可与和安者,不又(有)奋狌(作)之青(情)则惢(侮)。(《郭店·性自命出》)

(75)观《埜(赉)》、《武》,则㑥女(如)也斯复(作)。(《上博一·性情论》)

上引例(74)中的"不又(有)奋狌(作)之青(情)则惢(侮)"是说,如果没有振奋的心态就会受到轻慢。例(75)是说,观看《赉》《武》等乐舞,就会心生庄敬而振作。这种意义的"作"也见于传世文献,如:"作者劝之,怠者沮之。"(《逸周书·武称》)

(十七)振兴

这种意义"乍(作)"所带的宾语或宾语的中心,一般是"邦"。例如:

(76)朕之皇祖周文王、烈祖武王,宅下国,作陈周邦。(《清华壹·祭公》)

(77)庚辛雨,有年,大作邦。(《放马滩·日书乙》)

例(76)中的"陈",是旧,久的意思,修饰"周邦"。"作陈周邦",是说振兴这悠久的周邦。除了训为"振兴"之外,此例中的"作",还有训为"始"和训为"造作"的两种解释。如果训为"始",则可归入开始这一义项中。例(77)中的"大作邦",意思是大大地振兴邦国。"大作邦"或解释为在国中大兴土木工程。

担任,任职这种意义的"乍(作)"的宾语,所表示的一般是职官或职业。这种"乍(作)"在出土战国文献中未见到,在传世文献中可以见到。例如:"伯禹作司空。"(《尚书·舜典》)、"人而无恒,不可以作巫医。"(《论语·子路》)

演奏这种意义的"乍(作)",在出土战国文献中,目前没有见到这样的用例,但是在传世文献中却可能见到。例如:"乐其可知也,始作,翕如也;从之,纯如也。"(《论语·八佾》)这个例子里的"作"就是演奏的意义。

出土战国文献中的"乍",有的可以训为"突然"。例如:"阴,是胃(谓)乍阴乍阳,先辱而后又(有)疾。"(《睡虎地·日书甲》)

出土战国文献中的"乍(作)",还表示一些假借义:或通"胙",意思是"祭肉"。例如:"东周之客许绖至(致)俊(胙)于葳郢之戠(岁),夏层之月,甲戌之日。"(《包山》12)或通"阼",意思是阼阶,殿前东阶。例如:"君衻褖(冕)而立于复(阼),一宫之人不勤(胜)其敬。"(《郭店·成之闻之》)

四、殷商时代到战国秦代"作"之意义的发展演变

以出土文献为语料，考察殷商时代到战国秦代"作"之意义的发展演变，可以概括为以下几点。

（一）单音词"作"之意义数量的变化

在殷墟甲骨文中，动词"作"有八个义项，即制作，建造、兴建，制造、为，创建、建立，开垦，兴起、发动，进行、举行，演奏。

到了西周春秋的金文中，从殷商时代继承下来的义项有五个：制作，制造、为，创建、建立，进行、举行，演奏。没有继承下来的义项有三个，即建造、兴建，开垦（田地），兴起、发动（战争）（其中建造、兴建的义项见于传世文献），新产生的义项有三个，即制定、制订，成为、作为，担任、任职。西周春秋金文中的义项共有八个。

到了出土战国文献中，从西周春秋金文中继承下来的义项有五个，即制作，制定、创制，造成、为、制造，进行、举行、做，成为、作为、充当。从西周春秋传世文献中继承下来的义项有两个：建造、兴建，演奏；没有继承下来的有一个，即担任、任职。新产生的义项有十一个，即创作、撰写，活动、行动，劳作、劳动，使⋯⋯劳作，耕种、耕作，事情、事业、作为，发生、产生、兴起，开始，站起来、起身，振作、振奋，振兴。出土战国文献中的义项共有十七个。

由上述可见，从殷商时代到战国秦代，义项的继承是主流，殷商时代"作"的义项多数被继承下来了，没有继承下来的不多，新产生的义项比较多。从殷商时代到战国秦代，"作"的义项是越来越多了，特别是战国时代。

（二）单音词"作"之意义类别的变化

在殷墟甲骨文中，动词"作"的八个义项中，除了本义制作之外，建造、兴建，制造、为，创建、建立，开垦，兴起、发动，进行、举行等义项都是直接引申义，只有演奏可能是间接引申义。这时"作"词义引申的方式主要是辐射式引申。

到了西周春秋的金文中共有八个义项：制作，制造、为，创建、建立，进行、举行，演奏，制定、制订，成为、作为，担任、任职。除了本义制作之外，制造、为，创建、建立，进行、举行，制定、制订，成为、作为都是直接引申义，只有演奏，担任、任职是间接引申义，间接引申义有所增加。这时"作"词义引申的方式也主要是辐射式引申。

到了出土战国文献中共有十七个义项。从西周春秋金文中继承下来的义项有

五个，其中制作是本义，而制定、创制，造成、为、制造，进行、举行、做，成为、作为、充当等都是直接引申义。新产生的义项有十一个，除了创作、撰写之外，活动、行动，劳作、劳动，使……劳作，耕种、耕作，事情、事业、作为，发生、产生、兴起，开始，站起来、起身，振作、振奋，振兴等都是间接引申义。这时"作"词义引申的方式是辐射式引申和连锁式引申的两式交叉引申。

由上述可见，动词"作"的引申义，最初基本都是直接引申义，到了后来才产生许多间接引申义；其引申方式最初基本上是辐射式引申，到后来发展为辐射式引申和连锁式引申的两式交叉引申。

（三）单音词"作"之意义性质的变化

在殷墟甲骨文中，制作意义的动词"作"是带成事（从无到有产生或出现的新事物或新现象）的二价动作动词，一些直接引申义如建造、兴建，制造、为，创建、建立，开垦，兴起、发动等也是带成事的二价动作动词，进行、举行，演奏可以看作带受事的二价动作动词。

到了西周春秋的金文中，从殷商时代继承下来的义项有五个：制作，制造、为，创建、建立，进行、举行，演奏，这五个义项的配价和意义与殷商时代相同。新产生的义项有三个，即制定、制订，成为、作为，担任、任职，前两个是带成事的二价动作动词，后一个是带任事（指表示某人担任、充任、扮作某种角色的成分）的二价动作动词。

到了出土战国文献中，从西周春秋金文中继承下来的义项有五个，即制作，制定、创制，造成、为、制造，进行、举行、做，成为、作为、充当，这五个义项的配价和意义与西周春秋相同。新产生的义项有十一个，即活动、行动，劳作、劳动，使……劳作，耕种、耕作，事情、事业，作为，发生、产生、兴起，开始，站起来、起身，振作、振奋，振兴。除了创作、撰写是带成事的二价动作动词，使……劳作，振兴可看成带使事（是致使动词的客观动元，是致事的致使对象）的二价动作动词外，活动、行动，劳作、劳动，耕种、耕作，发生、产生，开始，站起来、起身，振作、振奋一般不带宾语，可以看成一价动词，至于事情、事业、作为意义的"作"则是名词了。

可见，动词"作"是从带成事的二价动词动词，发展为其他二价动词；由二价动词发展为一价动词；由动词发展为名词。

如果以上的结论是可信的，那么这对于汉语词汇史的研究有意义，同时对于古文献时代的断定也有科学价值。

关于单音词"作"意义的引申系统，王朝忠在《汉字形义演释字典》①中表达

---

① 王朝忠. 汉字形义演释字典 [M]. 成都：四川出版集团、四川辞书出版社，2006，第503-506页。

了他的观点，他的观点用下面的图表示：

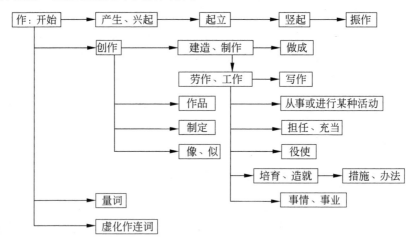

从王朝忠在书中所引的例子来看，这个图所列的"作"的义项，是包括古今汉语的。而我们只研究出土先秦文献中"作"的词义引申系统。

王朝忠①是把"开始"当作"作"的本义。《汉语大字典》第二版是把"产生、兴起"作为"作"的第一个义项。《汉语大词典》把"兴起、发生"作为第一个义项。《辞源》第三版也把"兴起"作为第一个义项。后三者差不多，都是以《说文》为根据的。《说文·人部》说："作，起也。"这是把兴起看作其本义。

《说文》以"起"训"作"（许慎认为是本义），实不可从。本文开头已指出，"乍（作）"的本义其实应是制作。考察"作"的词义引申系统，必须以制作义作为其词义引申的起点，而不能以开始或产生、兴起义作为起点。

根据本文的研究，在出土先秦文献中，"作"的词义引申系统可用下图表示：

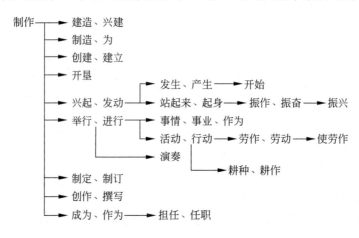

---

① 王朝忠. 汉字形义演释字典［M］. 成都：四川出版集团、四川辞书出版社，2006，第503-506页。

引用书目简称表

《屯》	《小屯南地甲骨》
《合》	《甲骨文合集》
《花》	《殷墟花园庄东地甲骨》
《英》	《英国所藏甲骨集》
《集成》	《殷周金文集成》
《上博》	《上海博物馆藏战国竹书》
《九店》	《九店楚简》
《里耶》	《里耶秦简》
《郭店》	《郭店楚墓竹简》
《睡虎地》	《睡虎地秦墓竹简》
《放马滩》	《放马滩秦墓简牍》
《清华》	《清华大学藏战国竹简》
《龙岗》	《龙岗秦简》
《岳麓》	《岳麓书院藏秦简》
《包山》	《包山楚简》
《信阳》	《信阳楚墓》
《周家台》	《关沮秦汉墓简牍》

The Diachronic Investigation of the Meaning of *Zuo* (作) in Unearthed Texts of Pre–Qin Period

Zhang Yujin

Abstract: This paper investigates the evolution of the meaning of monosyllabic word *Zuo* (作) and the disyllabic and polysyllabic words which take *Zuo* (作) as their morpheme, from the Shang Dynasty to the Warring States Period and Qin Dynasty, using unearthed texts of pre-Qin period as linguistic data. Based on the view that the original meaning of *Zuo* (作) is not *rising* but *making*, this paper probes into the extensional meaning series of monosyllabic word *Zuo* (作).

Key words: unearthed texts of pre-Qin period; *Zuo* (作); Shang Dynasty to Warring States Period and Qin Dynasty; the evolution of meaning

国家图书馆藏甲骨所见部分新见字

赵爱学

（中国国家图书馆）

摘要： 根据国家图书馆藏甲骨实物及清晰拓片、照片，以及《甲骨文合集》等未著录甲骨，可补部分《甲骨文字编》等甲骨字编未收字，其中结构清楚者24字、结构不明者4字、残字3字。另有《甲骨文合集》所收为摹本，而据国家图书馆藏甲骨实物可补准确字形一字。

关键词： 国家图书馆；甲骨；新见字；《甲骨文字编》

近年《甲骨文字编》①（本文简称《字编》）、《新甲骨文编》（增订本）②（本文简称《新编》增订本）等甲骨字编著作，较为全面地揭示了前此甲骨著录书所能见到的甲骨字形。《甲骨文字编》更是在字头基础上尽量多收同字异体字形，所收字形相对最全。近年新出了部分甲骨著录书，提供了新的材料。而对甲骨实物的细致观察和高清数码照片的拍摄，也往往能增补和校正之前著录书因拓片不清晰造成的缺漏。这些新的材料中出现了部分之前甲骨字编未收录的字形。如《旅顺博物馆所藏甲骨》"发现新字及新字形30多个"③。吴丽婉博士学位论文《〈甲骨文字编〉校补》④（本文简称"吴文"）利用尽可能找到的清晰拓本、新的考释成果、新的缀合成果、新出版的著录书等对《字编》进行了较为全面的校补。其增补部分，在《字编》原字号基础上增加新字形约385个，增加新字号约219个，增加合文字号18个，取得了丰硕成果。笔者在整理国家图书馆藏甲骨的过程中，依据实物和更清晰的照片、拓片，也发现了部分《字编》等甲骨字编未收的字和异体字形。鉴于《字编》所收字形相对较全，且全部字头都有编号；以自然分类法分别部居甲骨字形的编排方法、同字不同部首互见的检索编排也便于检到字形，本文主要以《字编》为参照，同时参考《新编》（增订本），增补国图藏甲骨所见部分未著录的新见字。失检错漏之处敬请指正。

---

① 李宗焜：《甲骨文字编》，北京：中华书局，2012年。
② 刘钊主编：《新甲骨文编》（增订本），福州：福建人民出版社，2014年。
③ 宋镇豪、郭富纯主编：《旅顺博物馆藏甲骨》前言，上海：上海古籍出版社，2014年。
④ 吴丽婉：《〈甲骨文字编〉校补》，首都师范大学博士学位论文，2017年。

一、结构清楚字形

，见北图 1605。字从户、丙，与《字编》2675（第 808 页）从户、商者不同。该片仅残存此字及兆序"二"。户、丙二构件位置紧密，应为一字。

，见北图 2425（《合集》4278）。《合集》4278 拓片不清晰，诸家多摹释此字为"戉"。根据实物及清晰图片，此字与"戉"字写法不同。此字与《字编》2844（第 849 页）"石"字头下收《合集》19681 正之 类似，汉达文库[1]释为"璧"；又与《字编》3246（第 980 页）"璧"字头下所收《花东》180 之 类似。不过北图 2425 之字与上述字形都有一定差别。

，见北图 3379（《合集》10476）。此字诸家多摹为水中有四鱼之形，《字编》2194-3（第 659 页）以之与《合集》10475 之水中有四鱼之 列为同字。据实物及清晰照片，此字中间"鱼"旁下部有一横画，因在盾纹沟内不易拓出。则此字不从水，应从皿，皿中二鱼，皿外一边一鱼及两小水滴。与《合集》10475 之 有别，北图 3379 "水"形两曲画也不平行。

，见北图 3648（见图 1）。字从土、旬，二者位置较近，土、旬似非二字。

，见北图 4558（《合集》18266）。《字编》未收录此字，查《殷墟甲骨刻辞类纂》[2]0667 收录，《字编》所附"《类纂》与本书对照表"缺 0667。另查李宗焜《殷墟甲骨文字表》[3]0648 收此字。此字《新编》（增订本）附录 0225（第 919 页）收录。吴文第 199 页也增补此字，但出处误为《合集》18206。汉达文库隶定作"峒"。陈年福《殷墟甲骨文辞类编》[4]"峒"字条未收《合集》18266 此字，仅收《合集》6353 之字。

，见北图 4672（《合集》10257）。此字似上似从之、下从"屮"，《字编》等似未收。《合集》拓片不清晰，诸家多误摹释。《甲骨文合集释文》[5]隶定此字上止

---

[1] 香港中文大学刘殿爵中国古籍研究中心："汉达文库——甲骨文库"[DB/OL]. [2021-01-04]. http://www.chant.org/.
[2] 姚孝遂主编：《殷墟甲骨刻辞类纂》，北京：中华书局，1989 年。
[3] 李宗焜：《殷墟甲骨文字表》，北京大学 1995 年博士学位论文。
[4] 陈年福：《殷墟甲骨文辞类编》，成都：四川辞书出版社，2021 年，第 1360 页。
[5] 胡厚宣主编：《甲骨文合集释文》，北京：中国社会科学出版社，1999 年。

下口，《甲骨文校释总集》①《殷墟甲骨文辞类编》等摹释为"出"，皆误。汉达文库仅释下部之"屮"。

，见北图 6551（《合集》31013，见图 2）。《合集》31013 上部未拓清，诸家释文多有缺失。字上部二"酉"字形比例小，应为构件，则字为上二酉下宀。顺便说一下，此片左上角之，应为"小方"合文，与《字编》合文 281（第 1449 页）之有别。

图 1　北图 3648

图 2　北图 6551

、，见北图 6773（《合集》23424）。字上部似女旁，诸家释文多误以此字为字。

，见北图 8299，残片仅存此字及兆序"二"。甲骨片此字以下残缺，但从字形比例看，此字应不残。此字或为"小奏"合文。

，见北图 11326（《合补》6780）。字上宀下九，与"守"字作不同。本片辞例为"*盂"（应为"盂"字，因构件离得稍远，诸家释文多释为"于皿"二字，《殷墟甲骨文辞类编》已改释为"盂"），或与"盂"并列为地名。《合补》6780 拓片不清晰，《合补》释文误作从宀、耳，《殷墟甲骨文辞类编》误摹作从宀、人。

，见北图 11608（《合补》432）。诸家多释此为二字，以上部为字，但二

---

① 曹锦炎、沈建华编著：《甲骨文校释总集》，上海：上海辞书出版社，2006 年。

者差别较大。下部为二禾，因《合补》432 拓片不清晰，诸家释文或误释为从二帚、从又帚。从上下位置紧密看，此似应为一字。

　、　，见北图 12455（《合补》9251）。诸家多释为"田"字，显非。中间长竖为笔画，非泐痕。

　，见北图 20238（见图3）。字下部为人旁，上从三玄。

　、　，见北图 22017（《合集》21154）。字从示、口、左。此字诸家多漏摹"口"旁，释为"祚"。

　，见北图 25734（《合补》10316）。此片甲骨实物表皮剥落丢字，目前此字仅残存右侧，善斋旧拓此字尚未残，参图 4。

图3　北图 20238

图4　北图 25734（善 19974）

　，见北图 27094（见图5）。该片仅存此字及"戍"旁残字。字从犬、口，上另有一倒口。

　，见北图 27221，残片仅存此字及兆序"二"。

，见北图 27434（见图 6）。字上盾下止，二构件位置紧密，似应为一字，不过"止"下似另有残画。

图 5　北图 27094　　　　　　　　　　　图 6　北图 27434

，见北图 28327（《合集》19133）。诸家摹形多摹左旁为"口"，释为"讯"字。《新编》（增订本）即收在"讯"字头下（第 136 页）。据清晰照片，可见此字似人之双手后背交叉于倒"且"形框内，与一般"讯"字从"口"有别。

，见北图 29600（《合补》1732）。根据清晰照片，可见"亚"中间有三小点，《合补》1732 拓片未拓出，诸家多径释为"亚"字。

，见北图 29633（《合集》5497，见图 7）。《合集》5497 上部未拓清，诸家释文仅释该字下部为"火"。根据清晰照片，可见此为上鸟下山/火之字。甲骨文中"鸟"字有作地名辞例（如《合集》5529），而地名字多有累加"山"旁者。此字当从山为"岛"字。《字编》2184（第 655 页）、《新编》（增订本）（第 240 页）二书隹部收《屯南》4565 上隹下山之字，与此类似。

，见北图 30288（见图 8）。此片除此字外，其余皆残字。此字与《字编》0938（第 281 页）之 类似，但有别。

、，分别见北图 3689（《合集》40479）、北图 30854（见图 9、图 10）。《新编》（增订本）心部"恚"字头下（第 617 页）收《合集》19986、19212 二形，《字编》2404（第 724 页）仅收《合集》19212 之字。字皆残下部。《字编》摹本 17

图 7　北图 29633

图 8　北图 30288

图 9　北图 3689

图 10　北图 30854

收《合集》40479 摹本字形作 ，实应从圭。此北图 3689、北图 30854 二形完整不缺，故本文也罗列于此。此字诸家释文多误释为"吉"，汉达文库释为"恚"。蔡哲茂《〈甲骨文字编〉指瑕》文指出《字编》2469 号《合集》19986 之字与《合集》19212 为一字，也指出《字编》2392 所收《安明》1047 左圭右心之字亦此字①。

，见北图 32201。字从 、刀，残片仅存此一字。

二、结构不明字形

，见北图 8841（《合补》11947）。字结构不明，诸家多未摹释。

，见北图 9920 反（《合集》9541）。字结构不明（左侧竖画非字画），诸家释文多缺释。《殷墟甲骨文辞类编》摹写无误，释为"俞"，当误。

---

① 蔡哲茂：《〈甲骨文字编〉指瑕》，《甲骨文与殷商史》新五辑，上海：上海古籍出版社，2015 年，第 258、268 页。

，见北图 13633（《合集》13093）。字结构不明，诸家释文多未摹释。

，见北图 29738（见图 11）。字结构不明，或为"贞"字异体。

三、残　　字

，见北图 27176，此残片仅存"癸巳"和下面此字。字为动物象形字，有类似鹿角，但兽嘴非鹿嘴。

，见北图 29349（见图 12）。字与《字编》2442（第 734 页）、《新编》（增订本）"祫"字头下（第 9 页）所收《英藏》2179 之字上部类似。字释为"祫"，构形解释为从合、示（主），不过此字下不从口。

图 11　北图 29738

图 12　北图 29349

，见北图 31694，残片仅存此残字。

四、其　　他

，见北图 3691（《合集》40712，见图 13）。字左下稍残。《字编》摹本 18（第 1384 页）、《新编》（增订本）（第 547 页）收录《合集》40712 摹本字形，摹本补全了左下所缺。

图 13　北图 3691

Some Newly Discovered Characters in the National Library of China Oracle Bone Collection

Zhao Aixue

Abstract: Based on the oracle bone artifacts and clear rubbings and photographs held by the National Library of China, as well as unrecorded pieces in catalogs such as the *Complete Collection of Oracle Bone Inscriptions* 甲骨文合集, this study supplements some characters that are missing from compilations like the *Compendium of Oracle Bone Inscriptions* 甲骨文字编. These newly discovered characters include 24 characters with clear structures, 4 characters with unclear structures, and 3 incomplete characters. Additionally, one hand-copied character from the *Complete Collection of Oracle Bone Inscriptions* can now be accurately supplemented with its correct form based on the artifacts in the National Library collection.

Key words: National Library of China; Oracle Bone; Newly Discovered Characters; *Compendium of Oracle Bone Inscriptions*

上博藏楚竹书新释四篇*

蔡一峰

（中山大学博雅学院

"古文字与中华文明传承发展工程"协同攻关创新平台）

摘要： 本文对上海博物馆藏战国楚竹书《仲弓》《君子为礼》《容成氏》等篇中数处疑难字词句提出新的考释意见，认为《仲弓》8+14"曩叟不行，妥屡有成"当释读为"早叟〈弁（变）〉不行，绥施有成"，大意是（百姓安土重迁墨守难移，由他们自己）先行改变（为政者再施教）是行不通的，只有（为政者）缓慢施化才起效果；《仲弓》20A"孚（愎）怂（过）戋斤"之"戋斤"当释读为"捍剌"，即抵触谏刺；《君子为礼》4"智而怂（比）訏（信）"是说智而亲民有信，"比信"即亲近信任，与郭店简《成之闻之》17"智而比即"之"比即"义相关相涵，皆是强调智人君子要亲近诚信于民；《容成氏》14"免笠开橚，萋价而坐之"中，"萋价而坐之"可释读为"葺（/辑）芥而坐之"，大意是舜脱帽释橚放下农活，顺手将身边散落的杂草敛聚成席并坐下。

关键词：《仲弓》；《君子为礼》；《容成氏》；考释

上海博物馆藏战国楚竹简中多有儒典佚籍，内容十分重要，自2001年公布之日即掀起研究热潮。近年来竹简的再整理性论著陆续推出，成绩有目共睹，然竹简文本的释读工作远未结束，仍有剩义可言。以下拟对其中《仲弓》《君子为礼》及《容成氏》三篇中的几处疑难字词语句再作新释疏通，力求有所推进，乞教于先进并同道。

——

《仲弓》简 5+28+7+8+14① （若非讨论需要，释文尽量用宽式，下同）：

仲弓曰："敢问为政何先？"仲尼[曰]："老老慈幼，先有司，举贤才，宥过

---

* 本文系国家社科基金冷门绝学研究专项（项目号：23VJXG009）、国家社科基金重大项目（项目号：22&ZD300）及中央高校基本科研业务费创新人才培育计划青年拔尖项目（项目号：23wkqb09）的阶段性成果。

① 为省篇幅，该篇编联及诸家之说详参季旭昇主编：《上海博物馆藏战国楚竹书（三）读本》，台北：万卷楼图书股份有限公司，2005年，第190-191页；尉侯凯：《〈仲弓〉集释》，简帛网2017年9月3日；侯乃峰：《上博楚简儒学文献校理》，上海：上海古籍出版社，2018年，第187-189页。不另出注。

赦罪，｛罪｝[衍]政之始也。”

仲弓曰：“若夫老老慈幼，既闻命矣。夫先有司，为之如何？”仲尼曰：“夫民安旧而重迁，曩叟不行，妥尾有成，是故有司不可不先也。”

《仲弓》记载了孔子与弟子仲弓的问答，疑难语句（画线部分）位于文中孔子解释“先有司”的部分。前后文意大致明确，唯“曩叟”“妥尾”释读尚未落实。“曩”释“早”无疑议，“叟”是“史”字亦无问题，只是楚文字“弁”“史”常互讹，“弁”也可能写作“叟”，究为“史”或“弁”还需据文意而定。研究者有释“早使”“造变”“躁变”等说，似读“早使”较普遍。“妥尾”亦多异解，有“绥强”“绥弛”“妥仁”“委佗”“委蛇”等释，尤以读“委蛇”影响最大。不过径读“妥”为“委”仍有问题，二字声母悬殊，一个是舌音，一个是喉音，韵部也有微歌之别，难言音通。像古书“绥与綏”“馁作餒”等异文多视作形讹①，也不宜类推到战国独体字“妥”和“委”上。此外，“委蛇”是指从容、好整以暇的行为状态，与上下文亦难吻合（详下文）。至于其他释法，在用字、音理、文意等方面都或多或少存在不足，不宜采信。

“曩叟不行，妥尾有成”当释读为“早叟〈弁（变）〉不行，绥施有成”。《说文·日部》：“早，晨也。”段注：“晨者，早昧爽也。二字互训，引伸为凡争先之偁。”《老子》五十九章“是谓早服”，河上公注“早，先也”。“早”训“先”与本段讲为政“先有司”之“先”照应，“早变”犹言“先变”。“变”即移易变化。《大戴礼记·曾子事父母》“孝子唯巧变”，王聘珍解诂“变，犹化也”。《易·系辞》：“化而裁之谓之变”。《广韵·線韵》：“变，化也。”《周礼·春官·大宗伯》“以礼乐合天地之化”，贾公彦疏：“凡言变化者，变、化相将，先变后化。”“妥”读“绥”表舒缓。《广雅·释诂》：“绥，舒也。”王念孙疏证：“绥者，安之舒也。”“妥（绥）尾（施）”犹同篇简11+13“陈之服之，繼（缓）怹（施）而逊敕之”的“缓施”②，都是和缓安舒施化的意思。《逸周书·殷祝解》：“（汤）与诸侯誓曰：‘阴胜阳即谓之变，而天弗施，雌胜雄即谓之乱，而人弗行。故诸侯之治政，在诸侯之大夫治与从。’”《六韬·武韬·文启》：“政之所施，莫知其化。时之所在，莫知其移。”《白虎通义·封禅》：“德至八方则祥风至，佳气时喜，钟律调，音度施，四夷化，越裳贡。”上博简《容成氏》简6“甚缓而民服”，《从政》甲篇简5—6“五德：一曰缓，二曰恭，三曰惠，四曰仁，五曰敬。……君子不缓则无以容百姓”云云，亦言及施政要“缓”。陈剑先生指出，古书“安土重迁”多见，简文“安旧而重迁”

---

① 陈剑：《上海博物馆藏楚竹书〈中弓〉》，北京大学《儒藏》编纂与研究中心编《儒藏（精华篇二八二）》，北京：北京大学出版社，2020年，第658-659页。

② 陈伟武先生最早将“妥（绥）尾”和“繼（缓）怹”的释读相联系，见《读上博藏简第三册零札》，载氏著：《愈愚斋磨牙集——古文字与汉语史研究丛稿》，上海：中西书局，2014年，第109页，原载《华学》第七辑，广州：中山大学出版社，2004年。

或与之义近，不过简文讨论的是"先有司"的问题，"迁"也可能是"变化"之意而非"迁徙（居处）"之意。①其说甚是。孔子回答仲弓的整句话字面意思大致是：百姓安土重迁墨守难移，（由他们自己）先行改变（为政者再施教）是行不通的，只有缓慢施化才起效果，所以为政者必须先行。"早变"与"缓施"、"不行"与"有成"两相对举。"早"中心义在时间靠前，先于某特定的时间，此处与"缓"相对，也附带有"速"的语境义，犹《战国策·齐策一》"南梁之难"章："早救之，孰与晚救之便？"高诱注："早，速也。晚，徐也。"此处更可体味出孔子此言，是意在强调施政者主动性之于布教民化的重要作用。

"尾"从㠯从它，旧不识，今由与"惥"可同读为"施"，知必以"它"为声符。过去陈伟武先生曾怀疑"尾"是"佗"字的异体，形符"人"易为"㠯（仁）"，"仁"为"人"之分化字，故可替代。按楚系之"㠯"字多用为"夷"，"夷""它""施"声母都是*l-类，"夷"在脂部（-i），"它""施"在歌部（-ai），"尾"可能是"佗"变形声化而来。②

二

《仲弓》简20A：

仲弓曰："今之君子，孚（愎）惥（过）戈斦，难以入谏。"

"孚惥戈斦"原不知其义。陈剑先生读"孚惥"为"愎过"，指坚持过失，后来又补充引到《逸周书·谥法解》"愎很遂过曰刺"，认为"愎很遂过"即"愎过"的扩展说法。③此说可从，尤其指出《吕氏春秋·似顺》"世主之患，耻不知而矜自用，好愎过而恶听谏，以至于危"可与简文对照，颇为重要。不过"戈斦"如何释读，学界尚存歧见。有"攻析""扞婞""捍析""悍析""捍责""掩错""掩差（佐）"等说法。④

"戈"研究者多读抵御、抵制之"攻、捍"，可从，"斦"从K（"木"之半）从斤是"析"字异体亦无问题，但读"责"仍欠允恰，不妨读为规刺、刺戒之"刺"。

---

① 陈剑：《上博竹书〈仲弓〉篇新编释文》，载氏著：《战国竹书论集》，上海：上海古籍出版社，2013年，第107页，原载简帛研究网2004年4月18日。

② 另新出安大简《曹沫之阵》简14有"髟（施）禄毋倍"，苏建洲先生认为整理者所释之"髟"与上博简《仲弓》之"尾"是一字，《仲弓》字也读为"施"，见简帛网"简帛论坛"，安大简《曹沫之陈》初读，海天游踪（2022-8-29）发言。

③ 陈剑：《上博竹书〈仲弓〉篇新编释文》，载氏著：《战国竹书论集》，第109页；陈剑：《上海博物馆藏楚竹书〈中弓〉》，《儒藏（精华篇二八二）》，第668-669页。

④ 各说说法详见苏建洲：《〈上博三·中弓〉简20"攻析"试论》一文，载氏著：《楚文字论集》，台北：万卷楼图书股份有限公司，2011年，第241-250页，原载《简帛研究二〇一〇》，桂林：广西师范大学出版社，2012年。

《诗·魏风·葛屦》:"维是褊心,是以为刺。"余冠英注:"刺,讥刺也。"《战国策·齐策一》:"乃下令:'群臣吏民,能面刺寡人之过者,受上赏。'""刺"字书或作"誎"。《说文·言部》:"誎,数谏也。"朱骏声《定声》:"誎,谓数其失以谏,经传皆以刺为之。""𢪽(捍)斤(刺)"就是抵触谏刺。规刺忠言逆耳,听者抗拒之(即《似顺》"恶听谏"),自然就"难以入谏"。北大汉简《周驯》简 162—163 有"听谏而毋復(愎)过"①,所叙恰是其反面。古书"愎谏""拒谏""逆谏""嫛谏"云云亦多见,不赘。

清华简《赤𫵾之集汤之屋》有"刺"字两见皆写作"K"(简 9、13),白于蓝先生认为"K"是"斤"的省形。②就构形言,半木之"K"即析出的木材,有"析"一读十分自然。学者已指出"K"可视为"析"的异体,和"K(片)"是一字两用③,无需乞灵于省形。战国文字"策"可作"箣"(中山王方壶),又可作"筞"(仰天湖楚简),两种写法还见于后来的马王堆帛书,可资类比。知《仲弓》之"斤"读"刺"应无问题。

三

《君子为礼》简 3+9A+4+9B:

颜渊侍于夫子。夫子曰:"回,独智,人所恶也;独贵,人所恶也;独富,人所恶[也。颜]渊起,去席曰:"敢问何谓也?"夫子〖曰〗:"智而怷訐,斯人欲其[□智]也;贵而罷让,斯人欲其长贵也;富而……"

这是孔子与颜渊讨论有关君子处理智、贵、富的答问。研究者多已指出该段和郭店简《成之闻之》简 16—19 可相对读:

故君子不贵庶物而贵与民有同也。智而比即,则民欲其智之述(遂)也。富而贫〔=〕(分贫)贱,则民欲其富之大也。贵而罷让,则民欲其贵之上也。反此道也,民必因此重也以复之,可不慎乎?

其中《君子为礼》"智而怷訐"与《成之闻之》"智而比即"对应。学界对"怷訐"和"比即"释读不一。"怷訐"有"□訐(信)""怷(比)訐(信)""怷(比)訜

---

① "復(愎)"之释读参萧旭:《群书校补——出土文献校补》,新北:花木兰文化事业有限公司,2023 年,第 228-229 页。

② 白于蓝:《简帛古书通假字大系》,福州:福建人民出版社,2017 年,第 742 页。

③ 湖北省文物考古研究所、北京大学中文系编:《望山楚简》,北京:中华书局,1995 年,第 126 页;裘锡圭:《文字学概要(修订本)》,北京:商务印书馆,2013 年,第 137 页。

（咨）""怶（比）訮"等意见，"比即"又有"比即（次）""比即（节）""比即（伙）"
"比即（咨）""比（必）即（信）"等说，即便释读意见相同，理解也有差异。①

"智而怶訮"简影如图1。竹简虽有残损，据文字存留笔画及间距，仍不难推
测"而"下一字释"怶"应更准确（附带各家摹本以供对照），该字也见于马王堆
帛书。次字右半较模糊，据墨块轮廓也大致能判断从"千"，释"訮（信）"也问
题不大。诸家释字分歧的根源主要出在文意上。

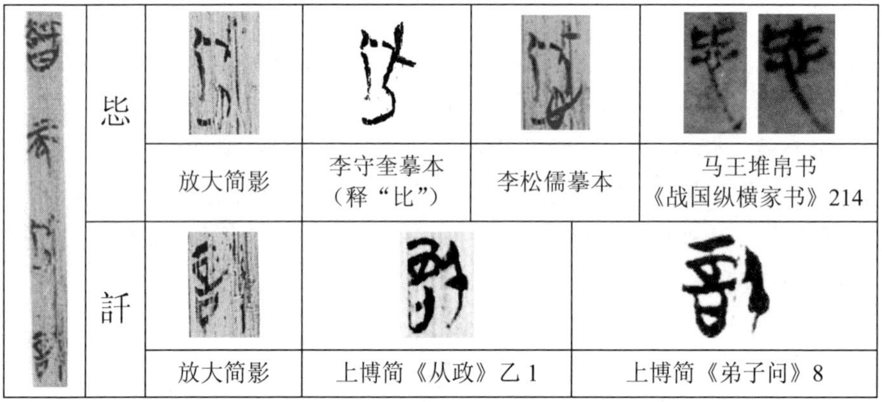

	放大简影	李守奎摹本（释"比"）	李松儒摹本	马王堆帛书《战国纵横家书》214
怶				
	放大简影	上博简《从政》乙1	上博简《弟子问》8	
訮				

图1 "智而怶訮"简影及其他字形

主张将"訮（误释为'訦'）"和"即"释读为"咨"的研究者都认为简文所
述和咨谋有关，君子于事自知，与民咨谋就是"与民有同"的做法。但揣摩上下
文，此说与竹简语境实难相合。

简文"智""贵""富"并举，文眼在三次出现的"独"字，这是孔子所论会
引起"人所恶"的原因。过去研究《成之闻之》的学者已有爬梳列举典籍中的类
似语段加以比对，其中最值注意的是《韩诗外传》卷八中魏文侯和李克的一段
对话：

魏文侯问李克曰："人有恶乎？"李克曰："有。夫贵者则贱者恶之，富者则贫
者恶之，智者则愚者恶之。"文侯曰："善。行此三者，使人勿恶，亦可乎？"李克
曰："可。臣闻贵而下贱，则众弗恶也。富而分贫，则穷士弗恶也。智而教愚，则
童蒙者弗恶也。"

上文提及的"智"都是智慧的"智"，不必读"知"②，其对立面是"愚"，相当于

---

① 为免繁复，此篇诸家说法及出处可参见近年新出之单育辰：《郭店〈尊德义〉〈成之闻之〉〈六德〉三篇整理与研
究》，北京：科学出版社，2015年，第123-138页；张新俊：《上博简〈君子为礼〉补释一例》，《甘肃省第三届简
牍学国际学术研讨会论文集》，上海：上海辞书出版社，2017年；侯乃峰：《上博楚简儒学文献校理》，第247-248
页；陈剑：《上海博物馆藏楚竹书〈君子为礼〉》，《儒藏（精华篇二八二）》，第819-820页。下不另出注。

② 裘锡圭先生已指出《成之闻之》"智"当如字读，见荆门市博物馆编：《郭店楚墓竹简》，北京：文物出版
社，1998年，第169页裘按。

简文的"人"和"民",径言"智""愚"咨谋显然不合情理。再者,倘若君子与民"同富贫""同贵贱"勉强能通,"同愚智"的说法也存扞格。"君子不贵庶物而贵与民有同"之"同"是合和之"同"而非等同的"同"。

智者具有过人的智慧和独特的才能,或因其能够知人所不知,或因其巧诈欺愚,或因其自骄专独,凡此种种,都使智者(或自以为智者)易遭致疏离、厌恶甚至怨谤。此类言论古书多见。《商君书·更法》:"且夫有高人之行者,固见负于世;有独知之虑者,必见訾于民。"[①]《战国策·赵策二》:"夫有高世之功者,必负遗俗之累,有独知之虑者,必被庶人之恐〈怨〉。"《史记·赵世家》:"夫有高世之功者,负遗俗之累;有独智之虑者,任骜民之怨。"张守节正义:"言世有独计智之思虑者,必任隐逸敖慢之民怨望也。"《吕氏春秋·骄恣》:"自骄则简士,自智则专独,轻物则无备。"

为免遭人厌恶排斥,贵者重在"下贱""罷让",富者重在"分贫"。《孔子家语·六本》:"孔子曰:'以富贵而下人,何人不尊?以富贵而爱人,何人不亲?'"《说苑·善说》:"富而分贫则宗族亲之,贵而礼贱则百姓戴之。"基本思想都是富贵者主动亲近贫贱者,营造和睦共处、互利共赢的局面,与"独"正好相反。同样道理,智者也要下亲常人,不特立独行,《韩诗外传》卷八所谓"智而教愚"就是具体的举措,若笼统言之,也属于比近下愚的做法。贵贱、富贫和智愚三方面关系的平衡是社会和洽的重要标志。治理得好就"贵贱不相踰,愚智提衡而立"(《韩非子·有度》),若是世道衰败,江河日下,则"愚不师智,人各自安"(《史记·龟策列传》)、"荣贵者矜己而不待人,智不接愚,富不赈贫,贞士孤而不恤,贤者厄而不存"(《后汉书·朱乐何列传》)。

《韩非子·八说》:"智士者未必信也,为多其智,因惑其信也。"马王堆帛书《经法》:"已诺不信,则知(智)大惑矣。"因为"智能生诈",智者光是亲人还不够,更要讲信不欺,方能举事有成。《吕氏春秋·贵信》:"不智不勇不信,有此三者,不可以立功名。"

"智而比即,则民欲其智之遂也",学者或训"遂"为达,近是。"遂"也包含顺、成之义。智人君子亲近不欺民人,反过来,民人也希望君子智达顺遂。《韩非子·观行》:"天下有信数三:一曰智有所不能立,二曰力有所不能举,三曰强有所不能胜。故虽有尧之智而无众人之助,大功不立;有乌获之劲而不得人助,不能自举;有贲、育之强而无法术,不得长胜。"古人常言"得道多助,失道寡助",智而亲民有信才是简文所要强调的主旨。

经上文分析,"㐫(比)信"和"比即"的释义亦可自明。"比"训近、密、亲,

<hr />

① "訾"《商君书》天一阁《范氏奇书》本、观妙斋所刊冯觐点校本、绵眇阁《先秦诸子合编》本等明刻本作"毁","訾""毁"并诋毁义,详参张觉:《商君书校疏》,北京:知识产权出版社,2012年,第7-8页。

"信"诚也。"比信"即亲近信任，犹言"近信"（《左传·哀公二十五年》）、"亲信"（《管子·大匡》）。"比即"之"即"旧多破读，实舍近求远，"即"本有近就义。《尔雅·释诂》："即，尼也。"郭璞注："尼者，近也。"郝懿行《义疏》："即者，是就之尼也。"《公羊传·宣公元年》"古之道不即人心"，何休注："即，近也。""即"是及物动词，此承上下文皆有"民"而省。"比即"近义连用，亦是比近、亲近之义。《晏子春秋·内篇问上》"求君逼迩"，银雀山汉简《晏子》简 581 作"窃求君之比𨗨（迩）"。"比𨗨（迩）"构词亦犹"比即"[1]。"信""即"义各有属又相关相函，不必强以音通牵合。

四

《容成氏》简 14：

尧于是乎为车十又五乘，以三从舜于畎畮之中。舜于是乎始**免笠开耜，萐衸而坐之。**{子}【衍】。尧南面，舜北面。

简文是讲尧多次到田地中见舜，舜最初未予理会，后来才停止手中农活，与尧席地而坐，谈论起"天地人民之道"（后接简 8）的事。此段不存在编联问题，情节比较完整，但几个关键字（下画线部分）的释读仍对简文理解造成不小障碍。

先看"免笠开耜"。"开"旧有释"拄"，研究者已辨其非。[2]立足于"开"，学者有"肩""揭""荷""携"等读法。意见虽不尽相同，却也较为一致地主张，此时的舜虽已脱去斗笠停止耕作，但耜仍有在握。近年张峰先生提出不同看法，指出文献有见"释""耜"连用，如"释其耒耜"（《汉书·食货志下》）、"释耜未而程相群于学"（《潜夫论·释难》），认为"开"字似应作"释""置""错""舍"一类词。[3]陈剑先生有类似意见，言明"免笠开耜"与古书"戴笠持耜"相对，"开耜"最合适的意思是"放下耜"之类，疑"开"读为"建"，训立、树，即将手中之耜随手往土里一插，此"建"主观意图不强，犹《尚书大传·略说》"见君建杖"、《仪礼·士冠礼》"筵末坐，啐醴，建柶，兴"之"建"。[4]

"免笠"与"开耜"对举。"笠""耜"皆农具，"免笠"是将斗笠脱去，"开耜"之"开"表示将耜释手放下之类动作确很自然，与后面"萐衸而坐之"之"萐""坐"一系列动作也连贯（详下）。可稍作补说的是，"耜"俗称"手锄"，长约六

---

① 银雀山汉墓竹简整理小组：《银雀山汉墓竹简（一）》，北京：文物出版社，1985 年，第 96-97 页。

② 若无特别说明，此篇各家说法皆参见孙飞燕《上博简〈容成氏〉文本整理及研究》，北京：中国社会科学出版社，2014 年，第 56-58 页；单育辰：《新出楚简〈容成氏〉研究》，北京：中华书局，2016 年，第 106-115 页。下不另出注。

③ 张峰：《读楚简散札》，《简帛语言文字研究》第九辑，成都：巴蜀书社，2017 年，第 4-5 页。

④ 陈剑：《上海博物馆藏楚竹书〈容成氏〉》，《儒藏（精华篇二八二）》，第 566-567 页。

寸，短柄能单手持握，除草间苗时往往是蹲俯而作，与站立操弄的长柄农具"锄"是有区别的。《吕氏春秋·任地》："耨柄尺，此其度也；其耨六寸，所以间稼也。"《晏子春秋·谏上》："君将戴笠衣褐，执铫耨，以蹲行畎亩之中。""锄"本作"鉏"。《说文·金部》："鉏，立薅斫也。"段注："云立薅者，古薅艸坐为之，其器曰耨，其柄短。若立为之，则其器曰鉏。"过去将简文"开"解作"肩""揭""荷"一类将农具扛举于肩的动作更适用于"锄"之类长柄器，若是"耨"就不甚契合了（参看图2、图3[①]）。"开"表何词不易论定[②]，读"建"文义固有可取，仍要经受用字习惯的检验。不过"免笠开耨"一句大意是明确的，这对疏通下文"萎价而坐之"很关键。

图2　耨

图3　锄

"萎价而坐之"的"价"研究者多释"介"之繁体，有"芥""葛""菅"等读法，都是茅草之属。郭永秉先生指出古人在野外有扯草为席的习惯，比如"班荆相与食"（《左传·襄公二十六年》）、"灭（搣）蕂而席""搴草而坐之"（《晏子春秋·谏下》）、"昩〈眛（搣）〉茉（茅）坐之"（《墨子·备梯》）、"接草而待"（《说苑·善说》）等，认为简文此句可释读为"萎（芟）价（芥、葛）而坐之"，整段话的意思是：舜脱下斗笠，肩扛（？）耨，芟草而坐[③]。此说影响很大，对文意的把握也比较准确，后续的讨论大多是建立在郭说基础之上。不过"萎"用作"芟"尚乏相通的强证，"芟芥""芟葛"的表达逻辑于上下文亦欠协调。既然前文说耨已经被收起来扛在肩上，再言以之来"芟"草就不尽顺畅了。可能有此顾虑，一些学者也提出过不同方案，如将"萎"改读为"藉"，或将"萎"属上读和"耨"并视作农具，读"价"为"拜"等，但都难令人信服。"免笠开耨"言明此时耒耨已释手不再使用，"萎价"之"萎"就应是个和耨没有直接联系的动词。陈剑先生

---

① 采自潘伟：《中国传统农器古今图谱》，桂林：广西师范大学出版社，2015年，第95、98页。

② 我们曾疑"开"可能与《诗·小雅·甫田》"攸介攸止"的"介"是一词，但终觉未安，姑录此备考。

③ 郭永秉：《战国竹书剩义（三则）》，载氏著：《古文字与古文献论集》，上海：上海古籍出版社，2011年，第94-97页，原载《语言研究集刊》第五辑，上海：上海辞书出版社，2008年。《说苑·善说》的材料为网友"尹逊"指出。

怀疑"荠"读为"揃"或"扎（/札）"，皆有拔义，也是受到"扯草为席"思路的影响。

按"介"读为同声符草芥之"芥"最直接，"荠"可读为"葺"或"辑"，表示敛聚、整治。《说文·艹部》："葺，茨也。"《左传·襄公三十一年》："缮完葺墙，以待宾客。"杜预注："葺，覆也。"陆德明释文："葺，谓以草覆墙。"《左传·昭公二十三年》"必葺其墙屋，杜预注："葺，补治也。"用茅草盖屋修墙本包含有整治、缮理之义，后又凝聚成双音词"葺治""葺理""葺缮"等。此外还引申出敛聚、积累、重叠的意思。《楚辞·九章·悲回风》"鱼葺鳞以自别兮"，王逸注："葺，累也。"《文选·笙赋》"涣衍葺袭"，李善注："葺袭，重貌。"《广雅·释诂》："茨，积也。"《淮南子·泰族》"掘其所流而深之，茨其所决而高之"，高诱注："茨，积土填满之也。""茨"的情况亦与之相仿佛。[①]值得注意的是，与"葺"同声符的"缉、楫、辑、戢"等都有"集""聚""敛""理""治"一类义。草芥细小纤微，自古就以之来比喻微贱、无足轻重的事物，如《孟子·离娄下》"君之视臣如土芥，则臣视君如寇雠""视天下悦而归己，犹草芥也，惟舜为然"云云。今言"草芥人命（同'草菅人命'）"亦是。以草盖屋缮墙作席，必定都要先累积一定的草料方能为用。耨是除草用具，当时舜用它割除田间的野草。他的周遭理应是斩断的茅草散落一地。"免笠开耨，辑芥而坐之"大意是说他脱帽释耨停下农活，顺手将身边散乱的杂草敛聚成席并坐下。

竹简"荠"与字书荸荠的"荠"未必一字，据声符"妻"可知是齿音盍部字，"葺"齿音缉部，同声符的"楫、檝"也在盍部，它们的古音都很接近。"妻"声字和"昙"声字都和"疌"声字有联系。[②]《礼记·檀弓下》"蒙袂辑履"，《新序·节士》"辑"作"接"。这是"荠"可通"葺"更直接的书证。《说苑·善说》："蘧伯玉使至楚，逢公子晳濮水之上，子晳接草而待曰：'敢问上客将何之？'"学者已指出"接草"之"接"和"荠芥"之"荠"是同一词的不同书写形式，过去孙诒让主张"接"是"捽"的形近误字并不可信。[③]"接草"的"接"也应该读为"葺/辑"，公子晳"接草而待"意谓他随手稍事收聚整治地上的野草就坐下俟候，此处也无刻画"拔扯"这一动作的必然性。

---

① 甲骨文中有个从两"又"、两"屮（草）"、"宀"的字作 、 等形，像两手拿草盖于屋顶之上，周忠兵先生释为"茨"的表意字（见周忠兵：《释甲骨文中反映商代生活的两个字》，《承继与拓新：汉语语言文字学研究（上卷）》，香港：商务印书馆，2014年，第505-518页）。据此线索，谢明文先生释晋公盆、晋公盘中的"鬕"及新见卫侯之孙书钟中的"鬕"皆是"葺"的形声异体，分析作"茨"誽/昙声（详谢明文：《谈谈近年新刊金文对金文文本研究的一些启示》，《第二届汉语字词关系学术研讨会散发论文集》，中山大学，2021年10月23—24日）。后来，谢先生将甲骨文相关字也一并改释成"葺"（详谢明文：《释古文字中的"葺"》，《甲骨文与殷商史》新十二辑，上海：上海古籍出版社，2022年，第138-146页）。"葺""茨"之词义关系由此字之考释亦可得见。

② 高亨纂著，董治安整理：《古字通假会典》，济南：齐鲁书社，1989年，第700-702页；张儒、刘毓庆：《汉字通用声素研究》，太原：山西古籍出版社，2002年，第1032-1033页。相关字古音构拟的讨论可参看叶玉英：《"接""捷""缉"之上古声母构拟——从包牺古的汉藏同源对比说起》，《民族语文》2012年第6期。

③ 孙说见孙诒让：《札迻》，北京：中华书局，1989年，第255页。

顺带补充，"辑芥而坐之"的"之"无疑是复指前面"芥"的代词。过去有研究者认为是指"尧"，不确。从上下文并无从推知舜有割草让坐的意图（既然之前尧已多次到田地中见舜，而舜却都未予理会）。此外，从后文"尧南面，舜北面""始语尧天地人民之道"来看，舜尧二人应该都是以草为藉，连席而坐。《新书·劝学》："亲与巨贤连席而坐，对膝相视，从容谈语，无问不应，是天降大命以达吾德也。"所述情境可与简文合观。

附记：拙文先后承蒙陈剑、陈伟武、邬可晶、张富海、王辉、苏建洲等师长审阅指教及匿名审稿专家惠赐宝贵意见，谨致深谢。

2020 年 3 月 6 日初稿

2021 年 9 月 1 日修改

2023 年 10 月 24 日改定

原载《中国典籍与文化》2024 年第 4 期

补记：西周金文中既有"遾（仇）毗（比）"（交鼎，《集成》2459）（"比"之释详谢明文：《说交鼎铭文中所谓的"即"字》，《商周文字论集》，上海：上海古籍出版社，2017 年，第 217-221 页，原载《文史》2013 年第 4 期），又有"遾（仇）即"（长囟盉，《集成》9455）。"即"旧多读为"次"，邬可晶先生认为"即"可径训为"尼也""近也""就也"，其义与"比"合，"比"的"辅助、配合"义就是从"亲近、亲密"义变来。（详复旦大学出土文献与古文字研究中心：《出土文献与古文字教程》第三章《古文字与古汉语词汇》，上海：中西书局，2024 年，第 102 页）。此论亦可与第三则中"智而比即"之"比即"的考释合观。

2024 年 7 月 3 日

The New Interpretations of Four Lines from the Shanghai Museum Collection of Chu Bamboo Manuscripts

Cai Yifeng

Abstract: This article presents new interpretations of several difficult characters, words, and phrases found in the Shanghai Museum Warring States Chu Bamboo

Manuscripts collection, specifically in texts such as *Zhong Gong* 仲弓, *Junzi wei li* 君子为礼, and *Rongchengshi* 容成氏. It suggests that the phrase in *Zhong Gong* 8+14, "曩㫳不行，妥㞑有成，" should be interpreted as "旱㫳〈弁（变）〉不行，绥施有成，" meaning "it's impossible to expect them (the people, being conservative and reluctant to change on their own,) to initiate change (before the rulers apply governance); only gradual governance by the rulers will yield results." Additionally, in *Zhong Gong* 20A, the compound "弋斦" in the phrase "孚（愎）怣（过）弋斦" ought to be reinterpreted as "捍刺，" meaning resistance to criticism or admonishment. In *Junzi wei li* 4, "智而怭（比）訐（信）" should be explained as "be wise, and be close to the people and trustworthy," where "比信" refers to trust and closeness, echoing the meaning of "比即" in the Guodian bamboo text *Cheng zhi wen zhi* 成之闻之 17, both emphasizing the need for the wise to be close and trustworthy to the people. Finally, in *Rongchengshi* 14, the phrase "免笠开耨，蓑爷而坐之" ought to be reinterpreted as "茸（/辑）芥而坐之，" meaning that Shun 舜 took off his hat, put down his farming tools, and gathered the scattered weeds nearby to sit on them as a makeshift mat.

Key words: *Zhong Gong*; *Junzi wei li*; *Rongchengshi*; Interpretation

彭家湾楚简"私厉"及相关问题*

陈 伟

（武汉大学简帛研究中心
"古文字与中华文明传承发展工程"协同攻关创新平台）

摘要：荆州枣林铺彭家湾183号楚墓出土卜筮祷祠简册6号简原释为"丁厉"的"丁"应释为"私"。"私厉"之称与传世文献中的"公厉"相对，大概相当于"族厉"，指家族、氏族之厉。

关键词：彭家湾楚简；私厉；公厉；族厉

———

荆州枣林铺彭家湾183号楚墓出土卜筮简册6—7号简释文（未作严格隶定）如下：

齐客祝窆逅楚之岁远夕之月丙辰之日，我弤以臧竈为娥也贞：以其腹心之疾，尚母〈毋〉死。占之：吉，又（有）敓（祟）见于娥之新（亲）父、新（亲）母，与其厶（私）禰（厉），与溺者。以其古（故）敓（说）之。罜（择）良日于春三月，祷 6 于其新（亲）父、新（亲）母肥杀、酉（酒）食，食禰（厉），解于溺者。我弤占之：吉。7

其中"厶"字，简文写作，赵晓斌先生释为"丁"，未作进一步说明。① 楚简中"丁""厶"二字的释读，曾有一些讨论。

包山楚简文书类 128、141、143、196 四枚简上均有"王司败遝"，整理者把"王"后一字释为"丁"。② 刘钊先生指出：

简 128 有字作""，又见于简 141、196 等，字表释为"丁"。按简文丁字皆作""""实心形，而""非丁字，乃"厶"，即"私"字。古玺作""""形，与简文形同。简文"王私司败"即"私官"之"私"，指专门管理王的司法事务的官吏。③

---

* 本文写作得到国家社科基金重大项目"云梦睡虎地77号西汉墓出土简牍整理与研究"（16ZDA115）资助。

① 赵晓斌：《荆州枣林铺彭家湾183号、264号楚墓出土卜筮祭祷简》，《出土文献》2022年第1期，第1-5页。

② 湖北省荆沙铁路考古队：《包山楚简》，北京：文物出版社，1991年，第26、27、32页。

③ 刘钊：《包山楚简文字考释》，《东方文化》1998年1、2期合刊，第61页；刘钊：《出土简帛文字丛考》，台北：台湾古籍出版有限公司，2004年，第21页。

这一改释得到学界的认同。①

上海博物馆藏战国楚竹书《郑子家丧》甲乙两种本子中的"毋敢～门而出"，"门"上一字分别写作"■■■""▋"，整理者释为"厶（私）"。②复旦大学出土文献与古文字研究中心研究生读书会比较楚文字中"丁"字的写法，改释为"丁"，训为"当"。认为简文意思是棺木不许从城门出城。③多位学者赞成这一改释。④

在楚简文字中，"丁"在天干用字之外⑤，还见于辞义明确的典籍简册，如郭店楚竹书《穷达以时》4 号简（武丁）⑥，清华大学藏战国竹书《说命中》1 号、2 号简（武丁）、《良臣》2 号简（武丁）、《越公其事》3 号简（丁孤之身）、74 号简（丁孤身）⑦，安徽大学藏战国竹简《诗经》92 号简［丁（定）之方中］⑧，均作实心。典籍简册中，辞义明确的"厶"字也一再出现，如郭店楚简《老子甲》2 号简（少厶）、《缁衣》41 号简（厶惠）⑨，上海博物馆藏战国楚竹书《昭王毁室》4 号简（厶自）、《内礼》6 号简（厶乐、厶忧）、《曹沫之陈》12 号简（有厶）、《命》5 号简（厶思、厶悁）⑩，清华大学藏战国竹简《皇门》3 号简（厶子）、《子产》10 号简（厶事）、《越公其事》64、67 号简（厶卒）、《治政之道》39 号简（厶利）⑪，安徽大学藏战国竹简《诗经》5 号简（我厶）⑫，均作空心。这些陆续刊布的资料进一步验证了刘钊先生的判释。

---

① 参看李守奎编著：《楚文字编》，上海：华东师范大学出版社，2003 年，第 549（厶）、839（丁）页；陈伟等著：《楚地出土战国简册〔十四种〕》，北京：经济科学出版社，2009 年，第 54、62 页。滕壬生《楚系简帛文字编（增订本）》（武汉：湖北教育出版社，2008 年）在"厶"（第 817 页）、"丁"（第 1212 页）二条下同时收录包山简的这四处字形和辞例，盖出于疏漏。滕氏《楚系简帛文字编》（武汉：湖北教育出版社，1995 年）无"厶"字条，四例仅见"丁"（1060 页）字条。增订本疑是在采用新释后未删去旧释。汤余惠：《战国文字编》，厦门：福建人民出版社，2001 年，第 961 页"丁"字条收录包山 141 厶字（2015 年修订本第 961 页亦然），第 623 页"厶"字条复收此字及简 196 厶字（2015 年修订本第 623 页亦然），也存在类似问题。

② 马承源主编：《上海博物馆藏战国楚竹书（七）》，上海：上海古籍出版社，2008 年，第 37、47、177 页。

③ 复旦大学出土文献与古文字研究中心研究生读书会：《〈上博七·郑子家丧〉校读》，《出土文献与古文字研究》第三辑，上海：复旦大学出版社，2010 年，第 290 页。此文初刊于复旦大学出土文献中心与古文字网站（http://www.fdgwz.org.cn/Web/Show/584，2008 年 12 月 31 日），认为"'丁门'是一个动宾结构，或许可以读为'当门'"。

④ 参看曹方向：《上博简所见楚国故事文献校释与研究》，武汉大学博士学位论文，2013 年，第 162 页；谭生力：《楚文字形近、同形现象源流考》，吉林大学博士学位论文，2014 年，第 61-63 页。

⑤ 可参看李守奎：《楚文字编》"丁"字，上海：华东师范大学出版社，2003 年，第 839 页。

⑥ 荆州市博物馆：《郭店楚墓竹简》，北京：文物出版社，1998 年，第 27 页。

⑦ 李学勤主编：《清华大学藏战国竹简（叁）》，上海：中西书局，2012 年，第 37、93 页；李学勤主编：《清华大学藏战国竹简（柒）》，上海：中西书局，2017 年，第 52、87 页。

⑧ 黄德宽、徐在国主编：《安徽大学藏战国竹简（一）》，上海：中西书局，2019 年，第 51 页。

⑨ 荆州市博物馆：《郭店楚墓竹简》，第 3、20 页。

⑩ 马承源主编：《上海博物馆藏战国楚竹书（四）》，上海：上海古籍出版社，2004 年，第 36、77、103 页；马承源主编：《上海博物馆藏战国楚竹书（八）》，上海：上海古籍出版社，2011 年，第 61 页。

⑪ 李学勤主编：《清华大学藏战国竹简（壹）》，上海：中西书局，2010 年，第 88 页；李学勤主编：《清华大学藏战国竹简（陆）》，上海：中西书局，2016 年，第 89 页；李学勤主编：《清华大学藏战国竹简（柒）》，上海：中西书局，2017 年，第 82、84 页；黄德宽主编：《清华大学藏战国竹简（玖）》，上海：中西书局，2019 年，第 67 页。

⑫ 黄德宽、徐在国主编：《安徽大学藏战国竹简（一）》，第 7 页。

鉴于楚简中 "丁" "厶" 二字的基本特征，彭家湾 183 号墓 6 号简中 "禷" 上一字当改释为 "厶（私）"。

禷，整理者读为 "厉"，当是。《集韵·祭韵》："禷、禷，鬼灾曰禷。《春秋传》'鬼有所归，乃不为禷。' 或省通作 '厲'。" 从后世用字习惯看，禷、禷均应是 "厲（简体作 '厉'）" 字异体。

<h1 style="text-align:center">二</h1>

楚简卜筮记录中的某些鬼神，先前即有学者认为属于厉。

吴郁芳先生认为：包山简 249 号 "继无后" 应是古之 "厉鬼"。《礼记·祭法》载有泰厉、公厉、族厉，孔颖达说："泰厉者，古帝王无后者也"；"公厉者，谓古诸侯无后者"；"族厉者，谓古大夫无后者鬼也"。昭佗所祭祀的厉鬼，如简 227 载，"举祷兄弟无后者昭良、昭乘"。古代厉鬼的种类很多，强死、冤死、夭折、遇难及死而无后者皆可为厉鬼。昭佗死前在昏迷中见到的 "继无后"，就是如昭良、昭乘这样的族厉。[①] 吴先生所引简文中的 "继"，林素清先生、汤余惠先生改释为 "绝"[②]，已得到公认。

杨华先生认为，《左传》昭公七年载，郑良霄被杀，其鬼为厉，子产立良霄之子良止为后，子大叔问其故，子产答曰："鬼有所归，乃不为厉。" 可见，厉是指无所归宿之鬼。根据其身份等级不同，厉有泰厉、公厉和族厉之别，楚简中的各类厉鬼，包括夭殇、兵死、无后、水上及溺人、不辜、强死等多种。包山楚墓墓主昭氏虽为王族，但死于非命者不少，该墓所出简中屡见有 "攻解" 的对象几乎包括了以上几种的全部。简 227 所载的 "举祷兄弟无后者邵良、邵乘、县貉公"，以及墓主邵佗在弥留之际 "有祟见于绝无后者"（简 250），都是他族中无后的厉鬼。简中所祭的东陵连嚣子发，也是绝无后者，属于墓主邵佗族中的叔伯之辈，自然也是族厉之列。[③]

彭家湾 183 号楚墓竹简中出现 "厉" 和 "私厉"，证明楚人卜筮祷祠的鬼神中确实有 "厉" 的存在。其中 "溺者" 先后与 "私厉" 与 "厉" 并见，因而 "溺者" 以及包山简 246 号中与 "溺者" 类似的 "溺人"，自然不属于 "厉" 的范畴。这显示，先前讨论对楚人观念中 "厉" 的理解有泛化的倾向，需要甄别、论证。

包山简中的 "无后者" "绝无后者" 为厉，与传世文献较为契合，但也不无疑义。《礼记·祭法》载："王为群姓立七祀，曰司命，曰中霤，曰国门，曰国行，曰

---

① 吴郁芳：《〈包山楚简〉卜祷简牍释读》，《考古与文物》1996 年第 2 期，第 77 页。

② 林素清：《读〈包山楚简〉札记》，"中国古文字研究会第九届学术讨论会" 论文，南京，1992 年，第 1-2 页；汤余惠：《包山楚简读后记》，《考古与文物》1993 年第 2 期，第 77 页。

③ 杨华：《"五祀" 祭祷与楚汉文化的继承》，《江汉论坛》2004 年第 9 期，第 95-101 页。

泰厉，曰户，曰灶。王自为立七祀。诸侯为国立五祀，曰司命，曰中霤，曰国门，曰国行，曰公厉。诸侯自为立五祀。大夫立三祀，曰族厉，曰门，曰行。適士立二祀，曰门，曰行。庶士、庶人立一祀，或立户，或立灶。"郑玄注："此非大神所祈报大事者也，小神居人之间，司察小过，作谴告者尔。……厉，主杀罚。……司命与厉，其时不著。今时民家，或春秋祠司命、行神、山神、门、户、灶在旁，是必春祠司命，秋祠厉也。或者合而祠之。山即厉也，民恶言厉，巫祝以厉山为之，缪乎！《春秋传》曰：'鬼有所归，乃不为厉。'"孔颖达疏："'曰泰厉'者，谓古帝王无后者也。此鬼无所依归，好为民作祸，故祀之也。""'曰公厉'者，谓古诸侯无后者，诸侯称公，其鬼为厉，故曰'公厉'。""'曰族厉'者，谓古大夫无后者鬼也。族，众也。大夫众多，其鬼无后者众，故言'族厉'。"《左传》昭公七年记云："郑人相惊以伯有，曰'伯有至矣'，则皆走，不知所往。（杜注：襄三十年，郑人杀伯有。言其鬼至。）铸刑书之岁二月，或梦伯有介而行，曰：'壬子，余将杀带也。明年壬寅，余又将杀段也。'及壬子，驷带卒。国人益惧。齐、燕平之月，壬寅，公孙段卒，国人愈惧。其明月，子产立公孙洩及良止以抚之，乃止。（杜注：公孙洩，子孔之子也。襄十九年，郑杀子孔。良止，伯有子也，立以为大夫，使有宗庙。）子大叔问其故。子产曰：'鬼有所归，乃不为厉，吾为之归也。'"《祭法》郑注"厉，主杀罚"，似与伯有之类的传闻有关。但子产说"鬼有所归，乃不为厉"，重点在是否立庙设祭，而不是有无后嗣（当时伯有之子良止健在）。孔疏对泰厉、公厉、族厉以"无后"作解，既不是子产之语的原意，也不是郑注所有的意涵。《庄子·人间世》"国为虚厉"，陆德明释文引晋人李颐云"死而无后为厉"。[1]这是现存文献所见最早的这种说法。看《礼记·祭法》郑注，汉人对厉的来由已不大清楚。李颐、孔颖达之说是否切合古义，是否反映楚人的实际情况，有待考定。

此外，包山楚简222号记："恒贞吉，又（有）祱（祟）见新（亲）王父、殇。以其故敚（说）之。与祷，牫（特）牛，馈之。殇（殇）因其常生（牲）。"225号简有"殇东陵连嚣子发"。[2]葛陵平夜君墓竹简乙四109记："己未之日，敫（就）祷三殜（世）之殇（殇）"。[3]对包山简中的"殇"，我们曾经分析说，222号简中的"殇"即225号简中的"殇东陵连嚣子发"。原整理者以"新王父殇"连读，不确。东陵连嚣为官职，死的时候应有一定年纪。《礼记·丧服小记》以"殇与无后者"并列，《小尔雅·广名》则说："无主之鬼谓之殇。"东陵连嚣称"殇"，大概是因为无子嗣后，他为昭佗所祭也应出于这个缘故。[4]《楚辞·九章·惜诵》"吾

① 陆德明：《经典释文》，上海：上海古籍出版社，1985年，第1432页。参看《隋书·经籍志三》道者"《集注庄子》六卷"下原注，北京：中华书局，1973年，第1001页。

② 陈伟等著：《楚地出土战国简册〔十四种〕》，第94页。

③ 陈伟等著：《楚地出土战国简册〔十四种〕》，第412页。

④ 陈伟：《包山楚简初探》，武汉：武汉大学出版社，1996年，第167-168页。

使厉神占之兮",王逸注:"厉神,盖殇鬼也。《左传》曰:'晋侯梦大厉,搏膺而踊也。'"依照王逸注,楚卜筮简中的"殇"可能也是"厉"。只是其中采用"盖"字,表明这也是推测之辞。

这样,就目前资料而言,楚卜筮简册中的鬼神,我们大概只能说"无后"(或作"绝无后")和"殇"属于厉的可能性比较大,但都需要进一步证实。"无后者""绝无后者"与作为"无主之鬼"的"殇"区别何在,也有待厘定。

三

包山简 227 号中的"兄弟无后者"、222 号中与"亲王父"并列的"殇"以及葛陵简乙四 109 中的"三世之殇",原均应是各自家族的成员。如果他们是"厉",就应属于彭家湾楚简"私厉"的范畴。前揭吴郁芳、杨华先生的论说,均将他们推定的楚人之"厉"对应于《礼记·祭法》中的"族厉"。与《礼记·祭法》所载比照,楚简中的"私厉",确实有可能与"公厉"相对,而与"族厉"相当。在这种情形下,"族厉"的"族"大概是指家族、氏族,与"私"义近,而不是如孔疏所说"众多"之意。如然,这在一定程度上,可与《礼记·祭法》中"三厉"相印证。

与此相关,还有《礼记·祭法》"三厉"所在的七祀、五祀、三祀与《礼记·曲礼下》所载五祀有别的问题。《礼记·曲礼下》:"天子天地,祭四方,祭山川,祭五祀,岁徧。诸侯方祀,祭山川,祭五祀,岁徧。大夫祭五祀,岁徧。士祭其先。"郑玄注:"五祀,户、灶、中霤、门、行也。此盖殷时制也。《祭法》曰:'天子立七祀,诸侯立五祀,大夫立三祀,士立二祀。'谓周制也。"章太炎先生另辟蹊径,认为《祭法》所载为楚制,是楚人将司命、泰厉加入五祀成为七祀,并构成祭祀等级。章氏指出:"《汉书·郊祀志》言:荆巫有司命。《楚辞·九歌》之《大司命》,即《祭法》所谓王所祀者也。其《少司命》,即《祭法》所谓诸侯所祀者也。《九歌》之《国殇》,即《祭法》所谓泰厉、公厉也。《九歌》之《山鬼》,《祭法》注曰:今时民家祠山神,山即厉也。是山鬼即《祭法》所谓族厉也。然则司命、泰厉、公厉、族厉,皆于《楚辞·九歌》著之。"[1]杨华先生指出,出土有关"五祀"祭祷的简文,证明古代贵族按照等级祭祷家居之神的说法是错误的,至少大夫以上的贵族应当恒祭"五祀",并无等级之别,郑玄关于前者为周礼、后者为商礼的经注并不可靠。楚地出土简牍资料也部分地支持了章太炎提出的论点——《礼记·祭法》在"五祀"的基础上,吸收了楚地广为流行的"司命"和"厉"两种神祇,形成所谓"七祀"。[2]章太炎先生说"三厉"皆见于《楚辞·九歌》,其实不

---

① 章太炎:《大夫五祀三祀辨》,《章太炎全集(四)》,上海:上海人民出版社,1985 年,第 29-31 页。

② 杨华:《"五祀"祭祷与楚汉文化的继承》。

容易坐实。现在由于"私厉"的发现，我们才知道与"族厉"相当的概念，确实曾在战国楚地行用。

The Concept of *sili* 私厉 in the Pengjiawan Chu Manuscripts

Chen Wei

Abstract: In the Chu divination and sacrificial records excavated from the Zaolinpu Pengjiawan tomb M183, Jinzhou, slip no.6 has a word transcribed as *dingli* 丁厉. The graph 丁 should be transcribed as 私. The concept *sili*, or "private malevolent spirits," stands in contrast with the *gongli* 公厉 ("public malevolent spirits") from transmitted texts, and it was probably similar to *zuli* 族厉, meaning "family's malevolent spirits" or "clan's malevolent spirits."

Key words: Pengjiawan Chu Manuscripts; *sili*; *gongli*; *zuli*

安大战国简《仲尼曰》续探*

顾史考（Scott Cook）

（新加坡国立大学中文系及耶鲁—国大学院）

摘要：《安徽大学藏战国竹简（二）》的《仲尼曰》篇，是一篇基本完整的战国儒家竹书，共由二十五条小章组成，几乎每章皆冠以"仲尼曰"三字，内容多与《论语》及《缁衣》《中庸》《大学》等文献中的章节相应而相对简略，另亦有部分内容未见传世。笔者先前已发表一文针对《仲尼曰》前半篇的章节，试图分析各章各句与传世文献相应章句的异同，以便进一步探讨此篇出土文献的性质，以及其能给战国时代孔门文献发展史带来何种信息与意义。本文则接于该文之后，续以《仲尼曰》后半篇的分析，然后回顾整篇的情况而对前所得出的结论加以回思并重新评价。

关键词：《仲尼曰》;《论语》;孔子语录;《缁衣》;《中庸》;《大学》;安大竹简

一、前　言

《仲尼曰》篇，收进《安徽大学藏战国竹简（二）》，是一篇内容基本完整的、长达十三支简的孔子语录文本。简长为四十三公分，原有两道编绳，各简书满文字，简背亦多有编号或与正文内容无关之字。原简无明显的篇题，《仲尼曰》为整理者所命名；末简书有"中尼之端语"五字，或亦可视为篇题。①简文内容由二十五条小章组成，各章分以短横形的符号（此符亦偶当句读符用），几乎每章皆冠以

---

* 本文曾在 2023 年 10 月 22 日发表于清华大学出土文献研究与保护中心主办的"古文字与中华文明"国际学术论坛，后来刊登于《出土文献》2024 年第 4 期，页 70-87。

① 安徽大学汉字发展与应用研究中心编，黄德宽、徐在国主编：《安徽大学藏战国竹简（二）》（上海：中西书局，2022 年 4 月），页 43；《仲尼曰》图版见该书页 3-13，释文注释见页 43-52。安大简为盗掘之余而非考古发掘，然经科学检测，有关专家确认此批竹简时代为战国早中期；以陈民镇所论，或实为前第四世纪后半甚至前第三世纪初年下葬的，详情见其《论安大简〈仲尼曰〉的性质与编纂》，《中国文化研究》2022 年冬之卷，页 70-71。由于《仲尼曰》第二十章与王家嘴楚简《孔子曰》已公布的一章几乎一模一样而与《论语》相应的章节迥异，且王家嘴 M798 号墓在安大简入藏六年后才为考古家所发掘，因而可知《仲尼曰》绝非赝品，此进一步证实了科学检测的结果。王家嘴《孔子曰》该章，见赵晓斌：《湖北荆州王家嘴 798 出土战国楚简〈孔子曰〉概述》，《江汉考古》2023 年第 2 期，页 46 第四例；亦可参拙著《王家嘴楚简〈孔子曰〉初探》，《中国文化研究》2023 年第 3 期，页 20-37。

"仲尼曰"三字。此篇所言内容多与《论语》及《缁衣》《中庸》《大学》等文献中的章节相应而相对简略，传世文献相应之句亦多引作孔子所言而偶有例外，另亦有部分内容未见传世。

笔者先前已发表一文针对《仲尼曰》前半篇的章节，试图在讲解少数疑难字词释读的同时亦分析各章各句与传世文献相应章句的异同，以便进一步探讨此篇出土文献的性质，以及其能给战国时代孔门文献发展史带来何种信息与意义。① 本文则接于该文之后，续以《仲尼曰》后半篇的分析，然后乃回顾一下整篇的情况而对前所得出的结论加以回思并重新评价。以下先再次列出《仲尼曰》全篇的释文，接着乃分章分析其后半篇各章内容及其与传世文献相应章句的异同。

二、《仲尼曰》释文

以下的释文以整理者释文为底本，而在其少数文字不同之处皆出注说明。于此，"▋"表示完简的界限，"‖"表示残简的残端，而"【 】"则表示残处之补字。"＿"代表简上原有的分章（或句读）符号。"（ ）"表示所采读法。

中（仲）尼曰："芌（華）鏖（繁）而實屋（厚）②，天＿；言多而行不足，人。"＿中（仲）尼曰："於③人，不信亓（其）所貴，而信其所戔（賤）。"寺（詩）曰："皮（彼）求我，若不我（1）▋旻（得），埶（執）我歔＝（歔歔〔仇仇〕），亦不我力。"④＿中（仲）尼曰："羣＝（君子）溺於言，少（小）人溺於水。"中（仲）尼曰："去身（身/仁）亞（惡）虖（乎）成名？造迚（次）逗（顛）逪（沛）必於此。⑤"＿中（仲）尼曰（2）‖【直】才（哉），叟（史）魚！邦又（有）道，女（如）矢；邦亡（無）道，女（如）矢。"＿中（仲）尼曰："伇〔妖（堯）〕譻＝（聂聂），而壐（禹）諡＝（謆謆）⑥，目（以）絔（治）天下，未釁（聞）多言而㤅（仁）者。"＿中（仲）尼曰："君子所斳（慎），必才（在）（3）▋人斋＝（之所）不釁（聞），與人斋＝（之所）不見。"＿中（仲）尼曰："君子之臭（罨〔擇〕）人裻（勞），兀（其）

---

① 见拙著《安大战国竹简〈仲尼曰〉初探》，收入《第三十四届中国文字学国际学术研讨会论文集》，台北：中国文字学会、逢甲大学中国文学系，2023年6月，页171-188。以下简称《初探》。

② 此"屋"字写法稍微特别，学者多出异说，今则仍以整理者之释"厚"为是。

③ 此"於"字写法较特殊；如网友"汗天山"（第四十五楼）首先指出，或实该释为"今"字才是（本文凡引网友之说，皆出武汉大学简帛研究中心简帛网论坛《安大简〈仲尼曰〉初读》，以下仅注其网名及楼数）。

④ 整理者以此全章内容视为仲尼之语；今且将引诗部分分开。

⑤ 关于"造迚逗逪"的释读，可参徐在国一文，他以正当的写法为"造越蹎跋"，"造越"义为"仓猝"，"蹎跋"义为"跌倒"（本释文注凡引学者论文，仅注其作者之名，论文详情皆见文后参考书目）。

⑥ "伇"，整理者直接隶定为"死"而读为"伊"，当尧之姓。今改隶为"伇"，释为"妖"字异体而径读为"堯"。"譻＝""諡＝"，整理者分读"言聂""言絲"，今则读"聂聂""謆謆"。说并见拙著《安大战国竹简〈仲尼曰〉初探》该章解说。

甬（用）之婏（逸）①；火＝（小人）之臭（睪〔擇〕）人婏（逸），丌（其）甬之裻
（勞）。"②中（仲）尼曰："章（回），女（汝）幸，女（如）有怣（過），（4）▌人
不堇（隱）③女＝（汝，汝）能自改＿。賜，女（汝）不幸，女（如）又（有）怣（過），
人弗疾也。"＿中（仲）尼曰："弟子女（如）出也，十指＝（手指）女（汝），十見＝
（目視）女＝（汝，汝）於（烏）敢為不（5）▌善虗（乎）＿！"④害（蓋）君子斲
（慎）其蜀（獨）也。＿中（仲）尼曰："炅（仁）而不惠於我，虗（吾）不堇（隱）
丌（其）炅（仁）＿；不炅（仁）不〈而〉惠於我，⑤虗（吾）不堇（隱）其不
炅（仁）。"＿中（仲）尼（6）▌曰："晏坪（平）中（仲）善交才（哉），舊（久）
麼（狎）而長敬。"＿中（仲）尼曰："古之學者自為＿，含（今）之學〔者〕為人。"
＿中（仲）尼曰："古者亞（惡）佻（盜）而弗殺，含（今）者（7）▌弗亞（惡）
而殺之。"＿中（仲）尼曰："君子見善目（以）思，見不善目（以）戒。"＿中（仲）
尼曰："惪（喜）荙（怒）不寺（時），恆烎（悔）。"＿中（仲）尼曰："筦（管）
中（仲）善＝（善善）才（哉），（8）▌老訨！"＿中（仲）尼曰："目（以）同異
戁（難），目（以）異〔同〕易。"⑥康子叓（使）人歸（問）政於中（仲）尼。⑦
曰："丘未之晤（聞）也。"叓（使）者退。中（仲）尼曰："見⑧之，羣＝（君子）；
亓（其）（9）▌言，火＝（小人）也。竺（孰）⑨正而可叓（使）人晤（問）？"
＿中（仲）尼曰："一簞（簞）飤（食），一勺漿（漿），人不勝（勝）亓（其）惪
（憂），只（己）不勝（勝）其樂。虗（吾）不女（如）章（回）也！"⑩中（仲）
尼曰："見▢（善）⑪（10）∥▌女（如）弗及，見不善女（如）遟（襲）⑫。堇

---

① "婏"，整理者釋為"瘣"而謂與"婏"字混通。今則徑釋為"婏"，同整理者讀為"逸"。

② 此處並無分章符號。

③ 此與簡六、十一等四次所見的"堇"字，整理者讀為"謹"（本處與簡六）或"僅"（簡十一）。今從史杰鵬等學者而通通改讀為"隱"，詳拙著《〈仲尼曰〉初探》該章解說注41及網友"予一古人"（第四十九樓）、尚賢、陳民鎮（一）等文。

④ 整理者以全章內容視為仲尼之語；今且將引文符號置此。

⑤ 整理者於"不惠"前補了一個"而"字。今從侯乃峰而將"不惠"的"不"字改視為"而"字之訛；詳情見拙著《〈仲尼曰〉初探》第11條解說。

⑥ 整理者將章末符號視為重文符號，因而讀末句為"以異易易"而理解為"把不同類之物變成不同性質的比較容易"。然如單育辰已指出，此實乃章末（/句讀）符號，未見視為重文符號之理。今試補"同"字於後句，說見下。

⑦ 整理者說或認為"中尼"二字脫了重文符號，或是。

⑧ 整理者引李家浩說，謂此"見"是作為"𧡴（視）"字用。此或然，且本字下部寫法特殊，為"見"為"視"難判；然今仍以"見"來理解。

⑨ "竺"：王永昌及王勇（二）均讀為"篤"，分解作"品行擺正了"或"固守正道"而將此句當陳述句。今仍從整理者讀為"孰"。

⑩ 此處並無章末符號。

⑪ 簡尾末字殘掉大半，整理者據下文而釋為"善"。

⑫ "遟"：整理者（黃德寬）釋為"襲"本字，讀如字而訓為"及"，又引李家浩之說而謂或可徑讀為"及"；以句意為"看見邪惡，努力避開，好像避開不開"。侯乃峰亦讀"襲"如字，然解作"襲擊"，以句意為"遇見邪惡之事，如同遇到敵人突然襲擊一般，唯恐逃避避避不開"。子居否定"襲"本字之說，疑實乃"遝"字異體。劉信芳（二）則與下句"堇"字連讀為"襲謹"，訓"襲"為"重"而解二字為"慎之又慎"；今從整理者原標點。

（隱）^①呂（以）卑（避）戁（難），宵（靜）凥（處）^②呂（以）成亓（其）志。白（伯）垒（夷）、弔（淑）即（齊）死於首昜（陽），手足不弄。必夫，^③人之胃（謂）唐（乎）!"_中（仲）尼曰："火＝（小人）（11）■唐（乎），可（何）呂（以）壽為？戈（弌［一］）日不能善。"_中（仲）尼曰："遉（顛）於鈎（溝）産（岸）^④，虘（吾）所不果爱（援）者，唯^⑤心弗智（知）而色為智（知）之者唐（乎）!"^⑥_中（仲）尼曰："炗（務）言而遳（惰）行，唯（雖）（12）■言不聖（聽）；炗（務）徎（行）癹（伐）工（功），唯（雖）裝（勞）不昏（聞）。"_中（仲）尼曰："敓（奪）不敓（奪）互＝（恆，恆）炗（侮）▲人。"^⑦中（仲）尼之耑（短）諯（語）也。^⑧

---

① "董"：整理者读"僅"。今从史杰鹏等学者的分析而读为"隱"；见网友"予一古人"（第四十九楼）帖文，及尚贤、陈民镇（一）等文。

② 此二字，整理者原属上句，今标点改从"激流震川2.0"（第三十三楼）。"凥"原读"居"，固可，然今改读为"處"。

③ "必夫"以下原连读，今加逗号于此。

④ "鈎産"：整理者（黄德宽）径释为"鈎産"，谓指"戎事用于攻城之器械和战马"；亦谓或读"鈎"为"厚"。单育辰及侯乃峰均读前字为"溝"，改隶后字为 産 而读"岸"。单氏读"唯"为"雖"而以句意谓："（见到有人）在沟岸跌倒，我没有最终援住到"，则"心里虽然还没反应出（没有帮助到要跌倒的人的后悔），但是脸色上马上就反应出来了"；侯氏则读"唯"如字而以意谓"如果有人在水沟或者悬崖边跌倒，而我最终不能成功地救助他，那原因就在于此人原本内心不明白，而表面上却装作自己已经明白的缘故吧？"陈民镇（一）亦从"溝岸"之读，将后几句当"假设自己如果遇到这种情况坐视不理，那便是因为内心尚不知此事"，谓"意在说明善恶之念由心所掌控"。今且亦从"溝岸"之读。王宁（第六十一章）则读"鈎"如字而解"鈎岸"为"弯曲的悬崖"，亦通。王勇（三）从"溝岸"之读，然谓下面二"智"字如字而谓孔子所言乃"身处危境我终不能援救者，是这么一类人，即：他们内心不智……却表现得以此或以之为智……的那些人"，以"仕无道之乱邦"者之喻。李锐解"知"为"表现"义，同单氏读"唯"为"雖"而当后句意为"即使心没有表现出来，而形神之色也表现出来了"。子居疑二字可读为"周還"或"周旋"，指行礼时的行为举措，谓"'不果援'是因为其认为跌倒的人之所以跌倒，是其只在外表上知礼而心中不知礼"。张瀚文（二）则疑"鈎産"为楚语词"塞産"的不同书写，意为"山势高峻盘曲"或"心绪郁结"；然"鈎""塞"韵部实在相差过远。

⑤ "唯"：笔者《初探》如单育辰而读为"雖"，今则从整理者而读如字。

⑥ 句末，整理者释文加问号，笔者《初探》改成感叹号，王勇（三）亦如此改。

⑦ "敓"：整理者读如字，今以通行的"奪"字标之；王宁（第五十楼）及刘信芳（一）改读为"説/悦"。整理者原断句于"敓"后而以"恆恆"连读为"常常"之义；刘信芳则疑"互"下的重文符误衍。今且改断于第一个"互"后；子居亦如此断读，然对句意理解不同。后句"人"前有钩形符号，而"人"字后反而并无符号；此盖为篇末符号，而若是彼"人"字非误加，则此符该是错置"人"字前（如整理者已云）。整理者疑"炗人"该读为"侮人"。网有"心包"（第22楼）及王宁则认为"炗"下该有重文符（或"▲"符为重文符之误），而由于其脱漏或误置才引起抄手另补"人"字于"▲"符下。刘信芳则谓此"人"字笔画加点，而此为抄写者删除该字的标志，又改读"炗"为"悔"，因而读整句为"说不说，恆悔"。子居则疑"人"为"入"字之讹，乃属下读而训为"纳"。"人"字是否该有，今且存疑，或可姑将"侮人"理解为"侮於人"之省略。如王宁已指出，本篇第十六条亦以"恆炗"作结，本条或原亦与彼相同。

⑧ 整理者谓此六字是对全篇简文的总说明，盖近是，或亦可以视"仲尼之耑諯"为篇题；此后种可能，整理者亦考虑过，但如徐在国、顾王乐一文指出，他们"因为文义尚不确定，姑且采用旧时惯例"而取篇首之字当篇名。整理者读"諯"为"語"而对"耑語"提出三种可能读法：其一为如字读为"端語"，亦即"孔子所说合于正道的话"；其二即读为"論語"（顾王乐说）；其三则是读为"短語"（黄德宽说）。第一、三两说各有理（"耑""侖"二系之通假则无前例可言），今且从"短語"之说；梁静（二）亦以类似之因支持"短語"之说。子居则直接训"耑"为"短"义；侯乃峰改释"諯"字为"訐"而读"耑訐"为"短谏"，意即"简短的规谏之语"；张瀚文（三）视"諯"为"訰"之讹而读为"諄"，以"耑諄"义为"句式简洁的劝勉教导"。刘信芳（一）则以第二字为"訴"之正篆而以"耑訴"义为"发端之告也"。网友"枕松"（第73楼）读"耑語"为"轉語"，指"通过转变（正反两方面）语词的方式"；王勇（二）则读为"制語"，指"命题性判断语句"。李锐则读"顓語"而训为"善言"，亦当作篇名。

戁（僕〔樸〕）快（/慧）周恆（/極）。（13）‖^① ■

三、《仲尼曰》后半篇分章对读

传世文献中与《仲尼曰》各章相应的章句，整理者均已指出，本节则针对后半篇而直接列之于竹本各章之下，然后乃细加讨论。

（14）中（仲）尼曰："古者亞（惡）佻（盗）而弗殺，含（今）者弗亞（惡）而殺之。"^②

《孔丛子·刑论》：

孔子曰："民之所以生者，衣食也。上不教民，民匱其生，饥寒切于身而不为非者，寡矣。故古之于盗，恶之而不杀也。今不先其教，而一杀之，是以罚行而善不反，刑张而罪不省。夫赤子知慕其父母，由审故也，况为政，兴其贤者，而废其不贤，以化民乎？知审此二者，则上盗先息。"^③

按，《荀子·哀公》篇亦记孔子答鲁哀公时曰"古之王者，有务而拘领者矣，其政好生而恶杀焉"云云，亦即其"好生而恶杀"之谓也。《礼记·坊记》亦记"子云：'小人贫斯约，富斯骄；约斯盗，骄斯乱。'礼者，因人之情而为之节文，以为民坊者也。故圣人之制富贵也使民富不足以骄，贫不至于约，贵不慊于上，故乱益亡"，也是古者恶盗而弗杀的原因所在。然而行文与《仲尼曰》本章相近者，实莫如《孔丛子》彼章，似足以证明该书并非全部伪造，至少有一部分今已失传的孔子语录杂入其间，尽管《刑论》篇撰者或仅是拿来当作进一步发挥之资。^④想必有更早的、今已失传的一章与此相应的孔子语录（或托给孔子之语）流行于战国时代文集当中，然是与《仲尼曰》此章完全相同，抑是比之稍详而《仲尼曰》

---

① "中尼"至"也"六字间的距离较其他字宽些，而如黄德宽已指出，末四字则相对挤压，似有用意。黄氏疑此最后四字为抄手所加评语，有理；又依李家浩而读为"樸慧周極"，当"朴实智慧，无处不达到最高境界"之义。王勇（二）从此说，然改读为"樸决周恆"。杨蒙生则谓此四字的书手"可能也是本书的拥有者"，或然。侯乃峰则疑此四字为抄手之具名，"僕"或"僕快"是其身份，"周恆"乃其名氏，亦可以备一说；刘信芳（一）及子居之说法略同。末字后，本简残断，约缺五六字的距离，是否本有他字也无法确知。

② 今如整理者理解"恶"为"憎恶"。杨蒙生则当形容词解，以句意为"古时即便是凶恶的盗贼也不会贸然杀掉他，今天的情况则是即便那盗贼并不凶恶也会杀掉他"；依笔者见，"恶"似实当为动词方是。

③ 傅亚庶撰：《孔丛子校释》（北京：中华书局，2011年6月），页78。"况为政，兴其贤者，而废其不贤，以化民乎？"本或作"况乎为政者，夺其贤者，而与其不贤者，以化民乎？"；如傅氏所言，似后者相对文从字顺。本亦多无末句"先"字。

④ 子居谓《孔丛子·刑论》该章可能是将《论语·尧曰》"不教而杀谓之虐"与《仲尼曰》本条结合起来的结果，似是。然其又谓《刑论》那种"先其教"的内容并不存在于《仲尼曰》本条，则表面上虽是，而实际上亦未必尽之。一来，若本条诚为摘录，则难以确知其前身并无类似于"先其教"的内容；二来，本条谓古者"恶而不杀"毕竟亦必有原因，而只要我们举一反三，则实莫过于以"先其教"的道理当之。

编者仅摘录其要句（且或又加以修改），今已无法考定。可以注意的是，本篇此两句比《孔丛子》相应的两句整齐、对称，亦符合于本篇他章的一般情况。①

本章大义盖即：古代之在民上者，虽然厌恶小偷盗窃的行为，但（由于能体会人民或不得已之困境）而并不至于杀害小偷；而当代之在民上者，则并不厌恶盗窃的行为（因为其自己亦多为贪污而盗民财者），反而有时（由于并不关心人民）甚至杀害小偷。此也就是战国儒家比较典型的一种重礼教而轻刑罪之论。

（15）中（仲）尼曰："君子見善目（以）思，見不善目（以）戒。"

《论语·里仁》第十七章②：

> 子曰："见贤思齐焉，见不贤而内自省也。"

而如整理者指出，《太平御览》引此，"见贤"上亦有"君子"二字。

又如抱小指出，此亦与清华简（陆）《管仲》篇简1—2管仲所言相近：③

> ……筦（管）中（仲）會（答）曰："君子孝（學）才（哉），孝（學）於（烏）可以巳（已）？見善者謰（謀）女（焉），見不善者戒女（焉）。……"

确与本条行文相当接近。

另外，《论语》的《述而》篇第二十一章亦与此义近：

> 子曰："三人行，必有我师焉：择其善者而从之，其不善者而改之。"

而《季氏》第十一章（及下面第二十一条约略相应者）亦云：

> 孔子曰："见善如不及，见不善如探汤。吾见其人矣，吾闻其语矣。……"

可见本条虽与《论语》所见者行文稍异，然与其所显现的思想则完全相符。因而此一条，固然亦可能是选自某种孔子语录文集中的另外一次言论记录。至于管仲是否亦确实曾经常言类似的话，抑或是《管仲》篇作者将孔子之语放进管仲之口中，则是另外一种难以论定的问题。④

（16）中（仲）尼曰："惪（喜）葱（怒）不寺（時），恆奀（侮）。"

---

① 《仲尼曰》多见似经修改的"前后对比、反差意味的句子"此点，可参陈民镇：《论安大简〈仲尼曰〉的性质与编纂》，《中国文化研究》2022年冬之卷，页67-68。网友"枕松"（第73楼）亦曾指出《仲尼曰》每条的共同点即是"正反两方面转相对举"。

② 本文凡引《论语》之文及章数，皆据[宋]朱熹撰：《论语集注》，收入[宋]朱熹撰《四书章句集注》，北京：中华书局，1983年10月。

③ 抱小：《安大简〈仲尼曰〉小札一则》，复旦大学出土文献与古文字研究中心网站，2022年9月6日。"謰"之读为"谋"且从抱小之说。

④ 另外，《大戴礼记·曾子立事》记曾子之言曰："君子祸之为患，辱之为畏，见善恐不得与焉，见不善恐其及己也，是故君子疑以终身"；《荀子·修身》："见善，修然必以自存也；见不善，愀然必以自省也。善在身，介然必以自好也；不善在身，灾然必以自恶也"；均可与此合看。

本条并不见于传世文献。"喜怒不时"一句，另见于《黄帝内经·灵枢经·刺节真邪》："……故饮食不节，喜怒不时，津液内溢，乃下留于睾，血道不通，日大不休，俯仰不便，趋翔不能"；又如整理者指出，亦见于汉代《易林·观之大畜》"喜怒不时，雪霜为灾；稼穑无功，后稷饥忧"；可见多与身体之不调节及天人感应相关。《淮南子·本经》："体太一者，明于天地之情，通于道德之伦，聪明耀于日月，精神通于万物，动静调于阴阳，喜怒和于四时，德泽施于方外，名声传于后世"（《兵略》篇及《文子·自然》篇亦有相近之句）；《春秋繁露·王道通》："人主以好恶喜怒变习俗，而天以暖清寒暑化草木，喜怒时而当，则岁美，不时而妄，则岁恶，天地人主一也"（及同书他篇所论），亦是同一类的观念。①《韩诗外传》卷三："气藏平，心术治，思虑得，喜怒时，起居而游乐，事时而用足，夫是之谓能自养者也"；及《孔子家语·五仪解》虚构孔子答哀公之问"智者"与"仁者"之"寿"曰："若夫智士仁人，将身有节，将行动静以义，喜怒以时，无害其性，虽得寿焉，不亦可乎？"实亦属于同样的论调。本条以"恒侮"为焦点，则似与此种后期的论述关系不大。然《论语》中，亦未见直接论及节情以时的章节，本条似已受到战国中期以后论述的影响。如《中庸》曰"喜怒哀乐之未发，谓之中；发而皆中节，谓之和。中也者，天下之大本也；和也者，天下之达道也"；或《荀子·乐论》曰"且乐者，先王之所以饰喜也；军旅鈇钺者，先王之所以饰怒也。先王喜怒皆得其齐焉……夫民有好恶之情，而无喜怒之应则乱；先王恶其乱也，故修其行，正其乐，而天下顺焉"，盖可代表其某一阶段的发展形态。

（17）中（仲）尼曰："笿（管）中（仲）善=（善善）才（哉），老讫②！"

整理者以"老讫"为"善終"之义，以句义为"管仲仁善，得以寿终"，且谓与《宪问》第十七、十八两章孔子对管仲"九合诸侯，不以兵车""相桓公，霸诸侯，一匡天下，民到于今受其赐"等赞美之语一致。王勇则以"老讫"义为"至老乃讫"："言管仲善于为善，至死乃止"，谓似与管仲至临死之际犹不遗余力地举荐贤者给桓公为政之事相关，似近是。③若诚以"善善"连读，则或可理解为"襃扬贤善"，仍可指其临终举荐隰朋之事。④"讫"亦有穷尽义，因而或亦可以当作"至

---

① 子居则另外举马王堆帛书《十问》"彼生有殃，必其阴精漏泄，百脉菀废，喜怒不时，不明大道，生气去之"；及《庄子·大宗师》描述"古之真人"所云"凄然似秋，暖然似春，喜怒通四时，与物有宜，而莫知其极"；乃谓"不难看出'喜怒'系于'时'主要是阴阳家及道家所持之说……目前未见早于战国末年而将'喜怒'系于'时'的辞例，其说近是（唯《大宗师》盖稍早于其他以"喜怒"系"四时"的文献，且是以"真人"通大道为喻而并非有系统之论，然从中确可以看出此种论述的萌芽）。

② 整理者读"老讫"如字，然同时亦引李家浩之或说，即以"老"通"孝"而读"孝讫"为"小器"，而谓指《八佾》第二十二章孔子所云"管仲之器小哉！"今不破读。

③ 王勇：《安大简〈仲尼曰〉臆解数则》，武汉大学简帛网站，2023年5月16日。

④ 子居亦解"善善"为善待善者，然又读"才"为"在"，读"老"为"考"，而以"善善在考讫"指"对'善者'的善待在考核完成之后"；或可以备一说。代生亦解释"善善"为"善待贤人"。

老仍尽职"一类的意义。①本条未见传世文献中相应之句，因而具体含义与资料来源存疑。

（18）中（仲）尼曰："昌（以）同异戁（難），昌（以）异〔同〕易。"

如本文释文之注已述，整理者误将"易"字重读，今改正。单育辰解"以同异难，以异易"两句内涵为"把人民的意志、行为等统一起来很困难，但让人民的意志、行为等分异起来很容易"；梁静解作"消弭差异十分艰难；保持区别（维持现状/或区别对待），相对容易"，亦与此理解相近。王勇谓"以异易"乃承"以同异难"而有所省略，意即"以异异易"，实亦与单氏之说近，然他又疑与孔子"和而不同"的哲理相关。②按，诸说有理，然似未交待"以"字的用法。"以同异"，义似该即把相同的分异起来才对，而并不是把分异的统一起来，不然则"以"字实无着落。③另外一种可能，则是本条为摘录而摘得过略，以致省略了"以"的宾语。假如原文先之以某弟子问"政"，而此乃孔子之答，则或可以理解为"以〔政〕同异难，以〔政〕异〔异〕易"。然今疑此或与礼乐相关。《荀子·乐论》曰："且乐也者，和之不可变者也；礼也者，理之不可易者也。乐合同，礼别异，礼乐之统，管乎人心矣。穷本极变，乐之情也；著诚去伪，礼之经也"（亦见《礼记·乐记》而文稍别）。今疑后句误脱"同"字，或可补正为"以同异难，以异〔同〕易"。④《乐论》又曰"夫声乐之入人也深，其化人也速，故先王谨为之文"，及"乐者，圣王之所乐也，而可以善民心，其感人深，其移风易俗。故先王导之以礼乐，而民和睦"。"其移风易俗"，《汉书·礼乐志》引作"其移风易俗易"，《乐论》（及《乐记》）本或是误脱此后一"易"字，或则原作"其移风俗易"而误乙，反正从乐之"化人也速"来看，其移人风俗之顺利且容易可知。因此，本条或可理解为（用礼）将统一的加以适当的等级、区分相对困难，而（用乐）来将分异的统一起来反而相对容易（然礼乐相辅相成，不可或缺，理想仍是某种"和而不同"）。然猜测性较大，且未免以补字为解之嫌，因而确切意义仍是待考。⑤

---

① 另外，王宁（第五十五楼）读"善=才"为"善言哉"而谓本条与《仲尼曰》第12条"仲尼曰：'晏平仲善交哉，久狎而长敬'"句式相似，此"善言哉"与彼"善交哉"相对，又将"訖"读为"忔"，疑"老"下脱"而"字而将两句意为"管仲很善于讲话，年龄越大说的话越让人欢喜"。张瀚文亦从其说，唯将"訖"改读为"圪"，义同样为"欢喜"或"振奋"；见其《安大简〈仲尼曰〉"老訖"之"訖"新解》。即使不从王宁的具体读法，将本条与第12条对读仍是相当有理。

② 分见单育辰：《安大简〈仲尼曰〉札记三则》；梁静：《安大简〈仲尼曰〉献疑一则》；王勇：《安大简〈仲尼曰〉臆解数则》。后句省略前句之"异"，网友"枕松"（见下注）已指出此可能，尽管语法理解与王氏不同。

③ 网友"枕松"（第72楼）已意识到这一点，将句意解作："根据相同点来区分，是困难的；根据不同点（来区分），是容易的。"

④ 网友王宁（第60楼）实已提过此种补法，笔者《初探》一文失查；然其训"以"为"能"而分以"同""异"为动词则与笔者异。

⑤ 固然，如子居所言，本条或与战国名家"同异"之辩相关，是"作者在跟风参与当时热门话题"而写的。然缺乏进一步的线索，亦难以确知。

（19）康子[臬]（使）人[辟]（问）政於中（仲）尼。曰："丘未之[睹]（闻）也。"[臬]（使）者退。中（仲）尼曰："见之，[羣]＝（君子）；[元]（其）言，[火]＝（小人）也。[竺]（孰）正而可[臬]（使）人[睹]（问）？"

整理者谓此条见于《论语·颜渊》第十七章"季康子问政于孔子。孔子对曰：'政者，正也。子帅以正，孰敢不正'？"而"文字出入较大"。然除了均是季康子问政，及"政"是以居民上者身"正"为始，此外则看不出更为直接的关系。其实，《颜渊》第十九章亦见季康子问政，而孔子彼次所答亦恰是此种意义："季康子问政于孔子曰：'如杀无道，以就有道，何如？'孔子对曰：'子为政，焉用杀？子欲善，而民善矣。君子之德风，小人之德草。草上之风，必偃。'"《颜渊》第十八章及《为政》第二十章，孔子所答亦无非此理。①本章特别之处，则在其独有的叙述框架，即康子并不亲自问之，而是"使人"来问。②意似谓孔子拜见康子时，康子未敢提问为政之事，看似君子而所言均非君子所重③，等孔子退后改天乃使使者来问此大事，全非正直的领袖模样。然则本条与其他"季康子问政"章节主题性质相同，然似为某种后期的、相对戏剧化的小故事，与《论语》彼两章并无直接袭承的关系。

（20）中（仲）尼曰："一[簟]（箪）[飤]（食），一勺[滫]（浆），人不[剩]（胜）[元]（其）[忎]（忧），[只]（己）不[剩]（胜）其乐。[虚]（吾）不女（如）[章]（回）也！"

《论语·雍也》第九章：

子曰："贤哉，回也！一箪食，一瓢饮，在陋巷。人不堪其忧，回也不改其乐。贤哉，回也！"

王家嘴楚简《孔子曰》所公布简第四例④：

[孔]＝（孔子）曰："一[匿]（箪）食，一[沟]（勺）[牆]（浆），人不[尭]（乘[胜]）[元]（其）‖□，□‖不[尭]（乘[胜]）[元]（其）[樊]（乐）。[虚]（吾）[不]（不）女（如）[章]（回）也！"

本条虽略与《雍也》第九章相当，但行文不同，很明显反与王家嘴《孔子曰》的版本相近，与之简直是如出一辙。此一方面已进一步证明安大简《仲尼曰》篇的真实性，因为王家嘴《孔子曰》从地下考古发掘之际，安大简早在约六年前已

①《颜渊》第十八章云"季康子患盗，问于孔子。孔子对曰：'苟子之不欲，虽赏之不窃'"；《为政》第二十章云"季康子问：'使民敬、忠以劝，如之何？'子曰：'临之以庄则敬，孝慈则忠，举善而教不能则劝。'"

② 王勇《读安大简〈仲尼曰〉札记》亦强调本条形式上与《论语》的不同，然他还是以使者所问内容当问题所在，而并非以使使者此一举本身为难点，与笔者理解不同。

③ 子居指出，类似的说法见于《晏子春秋·内篇杂下》晏子所云"共立似君子，出言而非也"及《韩诗外传》卷十齐国牧者对吴延陵季子所云"子〔何〕居之高，视之下；貌之君子，而言之野也！"可参。

④ 赵晓斌：《湖北荆州王家嘴798出土战国楚简〈孔子曰〉概述》，《江汉考古》2023年第2期，页44、46。

经入藏，且《仲尼曰》篇基本已整理出来了，两者本章之酷似及其与《雍也》第九章相异，只能说明《仲尼曰》与《孔子曰》一样是战国时代的真品。另一方面，则《雍也》行文稍微清楚一些，竹本的"吾不如回也"来得相对突兀，说明《雍也》该章若非来自内容相类的不同言记记录，则似该视为对原章稍加修改与润色的结果。①值得注意的是，《论语》中对弟子云"某哉某某"之例尚有，如《先进》篇第四章："子曰：'孝哉闵子骞！人不间于其父母昆弟之言'"；《子路》第三章（对子路自己说的）："子曰：'野哉由也！君子于其所不知，盖阙如也……'"；《子路》第四章："子曰：'小人哉，樊须也！上好礼，则民莫敢不敬……'"；皆是其例。②

另外，《孟子·离娄下》有如下的一章：

> 禹、稷当平世，三过其门而不入，孔子贤之。颜子当乱世，居于陋巷。一箪食，一瓢饮。人不堪其忧，颜子不改其乐，孔子贤之。孟子曰："禹、稷、颜回同道。……"③

其言及"陋巷"，用"瓢"而非"勺"，用"不堪""不改"而非"不胜"，且言及孔子"贤"之，均似是继承《雍也》之文而加以改述。然子居据这些相同点而谓《雍也》该章内容"不但是晚于"《仲尼曰》，"而且是晚于"且"很可能是直接或间接改写自"《孟子·离娄下》彼章。此虽然并非全无可能，然亦无必要如此看之。按，《孟子·离娄上》第十四章云"孟子曰：'求也为季氏宰，无能改于其德，而赋粟倍他日。'孔子曰：'求非我徒也，小子鸣鼓而攻之，可也'……"。《论语·先进》第十六章则作："季氏富于周公，而求也为之聚敛而附益之。子曰：'非吾徒也。小子鸣鼓而攻之，可也。'"前两句与《离娄上》迥异，而《论语》编者显未据《离娄上》而改写。更可注意的则是，王家嘴《孔子曰》所公布简第二例相应之章作"子逄（路）为季氏宰（宰），孚＝（孔子）曰：'繇（由）也为季氏宰（宰），亡（无）能改於亓（其）悳（德），亓（其）布（赋）粟貤（倍）它（他）日矣。繇（由）也，弗（非）虞（吾）徒也已，㞢＝（小子）鸣鼓而攻之，可矣"，行文反而与《离娄上》极近（冉求为何作子路则是另一个问题），说明《孟子》除了收进《论语》的若干孔子语录章节之外亦另有所本，且在大致沿袭其行文的同时，亦为自己行文的需求而加以些许的改述（如将此孔子曰的前三句放进自己的口中来叙述而将"非我徒也"两句留在孔子口中来强调）。如此类推，则《离娄下》云"颜子不改其乐"彼章情况盖亦如是，只是《孟子》所据章则与《论语》所收者相同

---

① 参拙著《王家嘴楚简〈孔子曰〉初探》，页89。子居谓本条的"己不胜其乐"是一种泛言，其说该是，简文末句之义盖即是说"对此种情况能有这种平心的反应，这一方面我不如颜回"。《雍也》的版本则从头到尾皆以颜回之行为中心。

② 竹本则或略与《公冶长》第八章之末句相应："子谓子贡曰：'女与回也孰愈？'对曰：'赐也何敢望回。回也闻一以知十，赐也闻一以知二。'子曰：'弗如也！吾与女弗如也。'"

③ 《离娄下》第二十九章。[宋]朱熹撰：《孟子集注》，收入[宋]朱熹撰《四书章句集注》，页299。

而与竹本相异耳。依笔者之见，此无疑是最直接了当的、可能性最高的解释。再说《论语·泰伯》第二十一章"子曰：'禹，吾无间然矣。菲饮食，而致孝乎鬼神；恶衣服，而致美乎黻冕；卑宫室，而尽力乎沟洫。禹，吾无间然矣'"，亦并没有据《离娄下》彼章而加进"三过其门而不入"等话或将"吾无间然"改成"贤哉"。然则《离娄下》似是据《雍也》彼章与另外已失传的一章合并而约略加以改述，对禹、稷及颜子所叙各殿以"孔子贤之"以求对称，如此便当孟子"禹、稷、颜回同道"之论的简单背景而已。简而言之，《雍也》第九章或者确实是经过改写的，然欲判其乃据《孟子》彼章而改写，则实无必然之理。

（21）中（仲）尼曰："見𢦏（善）女（如）弗及，見不善女（如）邋（襲）。蕫（隱）目（以）卑（避）戁（難），宵（靜）尻（處）目（以）成亓（其）志。白（伯）屖（夷）、弔（淑）即（齊）死於首易（陽），手足不弅。必夫，人之胃（謂）虖（乎）!"

《论语·季氏》第十一、十二两章：

孔子曰："见善如不及，见不善如探汤。吾见其人矣，吾闻其语矣。隐居以求[1]其志，行义以达其道。吾闻其语矣，未见其人也。"

齐景公有马千驷，死之日，民无德而称焉。伯夷、叔齐饿于首阳之下，民到于今称之。其斯之谓与？

《季氏》彼两章，历代已有学者疑其实乃一章的两半，而据《仲尼曰》本条，则确实似是不该分开，且后半该视为"孔子曰"语的一部分。[2]固然，假若本为独立的两章，且《仲尼曰》编者所据的孔子语录集恰亦是如此前后排列的，自己误视为一章而对之加以节引，亦是有可能的。然从末尾的"其斯之谓与？"句来看，则《季氏》此"两章"似实该视为同一段文才对。有趣的是，竹本的"必夫，人之谓乎"，表面上似与该句呼应，而意义上则显然不同，实际所应的乃"民到于今称之"彼句。再说"手足不弅"一句，《季氏》并无，似是《仲尼曰》编者加进来的或所据记录不同，因而或不能全视为对《季氏》篇所收彼章的节引。

《季氏》彼段文的逻辑如何分析呢？[宋]朱熹既已视为两章（谓后章"章首当有'孔子曰'字，盖阙文耳"），则并未考虑到伯夷、叔齐即是"隐居以求其志，行义以达其道"者最佳不过之例，反谓"颜子亦庶乎此。然隐而未见，又不幸而蚤死，故夫子云然"，实乃相对迂曲之说。[3]问题是，至于齐景公，孔子虽然确实"见其人"，然其"有马千驷"实在无法对应前面的"见善如不及，见不善如探汤"，

---

① 《论语》本章的"求"字，抱小《据安大简〈仲尼曰〉校〈论语〉一则》认为盖本作"成"，与《仲尼曰》本条相符，传写过程中乃讹作"求"。其说有一定的理据，可参。

② 对此点，汗天山（第四十四楼）、刘信芳《安大简〈仲尼之端诉〉释读（五～八）》等已有所讨论，可参。

③ [宋]朱熹撰：《论语集注》，收入[宋]朱熹撰《四书章句集注》，页173。

反而恰好相反，此盖历代学者之所以多视后几句为独立之章。①齐景公之例，作用只是对伯夷、叔齐之德行给予某种反衬而已，然适亦打断了整段的逻辑，若欲视为后人加上的一句则不无道理。②然若说"伯夷、叔齐饿于首阳之下"之于"隐居以求其志，行义以达其道"正是"斯之谓"，仍属比较易解，而至于本段未举"见善如不及，见不善如探汤"之人物者，或乃因为此种人是相对常见的。

　　竹本则没有这个问题，因为并未言及齐景公之事，而且也没有"吾见其人矣""吾闻其语矣"及"未见其人也"等语。首两句，略见于《大戴礼记·曾子立事》："君子祸之为患，辱之为畏；见善恐不得与焉，见不善恐其及己也；是故君子疑以终身。"③据此，竹本"如逯"似或有"恐其及己"一类的意思，因而若确以"逯"读"袭"为是，亦可以理解为"笼罩"或"侵袭"于己身之义。④见善恐如己所不及，见不善恐如将笼罩于己，基于后者乃隐居以避难，静处以成志，伯夷、叔齐饿死于首阳山便是此种德义行为的典范，因而人民至今称赞之乃势所必然。简文逻辑清晰，行文扼要。《仲尼曰》诸章多有节引的迹象，此亦或如之，可想象是对《季氏》该章的前身加以简化，取出其要义以改成某种更好记忆且运用的格言。在此过程中，或误将原版"其斯之谓与"的"其"理解为"民"之代词⑤，因而将"民到于今称之，其斯之谓与"概括为"必夫，人之谓乎！"。然而《季氏》版则有后人牵合附会之嫌，用词亦多与竹本相异，因而即使《仲尼曰》本条是节引，似亦另有所本，与今本《季氏》篇并非简单的直线关系。至于"手足不弇"句，是其所据本已有，抑或是《仲尼曰》编者从别处引进来的（如《韩非子·外储说左下》所收彼条）⑥，目前亦难以判断。

　　（22）中（仲）尼曰："火＝（小人）虗（乎），可（何）目（以）壽為？戈（弌〔一〕）日不能善。"

如整理者指出，此略见于汉魏间学者徐幹所著《中论·修本》篇：

　　孔子曰："小人何以寿为？一日之不能善矣，久恶，恶之甚也。"

---

　　① 刘宝楠如朱熹等历代学者一样，将本段视为独立两章，因而谓"其斯之谓与"句"上当有脱文"。然刘氏又引异说云："张栻《论语解》、孔广森《经学卮言》并以'隐居求志，行义达道'，证合夷、齐，而于'见善''见不善'二句略而不言"（刘氏斥此为"傅会"之说），大致已点出问题所在。[清]刘宝楠撰：《论语正义》（高流水点校；北京：中华书局，1990年3月），页667。

　　② 另外值得注意的，是"民无德而称焉"，其语颇似于《泰伯》首章末句："子曰：'泰伯，其可谓至德也已矣！三以天下让，民无得而称焉'"，唯"得"作"德"，且含义悬殊。其实泰伯本亦是"隐居以求其志，行义以达其道"者之佳例，然该文与本章似无直接关系。

　　③《荀子·修身》亦云："见善，修然必以自存也；见不善，愀然必以自省也。"

　　④ 后者亦即侯乃峰之解法。

　　⑤ "其斯之谓与"用法该如《学而》第十五章："子贡曰：'诗云："如切如磋，如琢如磨。"其斯之谓与？'"相同，"其"所指乃前面所言的道理。

　　⑥《韩非子·外储说左下》："[昭]卯曰：'伯夷以将军葬于首阳山之下，而天下曰：夫以伯夷之贤与其称仁，而以将军葬，是手足不掩也。'"

据徐幹之诠释，孔子此语所说明乃"君子慎其寡也"之理："小人朝为而夕求其成，坐施而立望其反，行一日之善，而求终身之誉，誉不至，则曰：'善无益矣'"，乃"存其旧术，顺其常好，是以身辱名贱而不免为人役也"。诚是一日不能行善，则何苦活得那么久呢？君子则与小人相反，日日慎其独，积善成德而不息，因而才能享受到"知者乐，仁者寿"之果。①

值得留意的是，《中论》此处所引"孔子曰"语，今为竹本所证实，绝非徐幹伪托。其在晚至汉魏之际仍能见到《论语》、二戴《礼记》等传世文献失载的先秦孔子语录而加以引用，可见当时学者仍多有所本。②

（23）中（仲）尼曰："逌（颠）於鉤（溝）産（岸），虘（吾）所不果爰（援）者，唯心弗智（知）而色为智（知）之者虗（乎）！"

本条未见传世文献相应者，且文义颇为费解，学者虽多从单育辰、侯乃峰而释读"颠於"后二字为"溝岸"，然对全条解释仍是众说纷纭，本文释文注释已略列其端。陈民镇解后几句之意为"假设自己如果遇到这种情况坐视不理，那便是因为内心尚不知此事，言下之意是孔子必会出手援救"，似已近得之。陈氏又举《礼记·礼运》"故欲恶者，心之大端也。人藏其心，不可测度也；美恶皆在其心，不见其色也，欲一以穷之，舍礼何以哉？"以为比，且谓"但在《论语》一书中'心'的地位并不显著。心的重要性在孔门后学尤其是思孟学派手中得到进一步的发挥"。确然，心、色之关系乃战国中期后的热门课题。

按，儒家礼书中，"心、色"（或兼及"身"）之统一常被视为某种处事的理想，如《礼记·祭义》讲孝子之祭祀云其"恶善不违身，耳目不违心，思虑不违亲。结诸心，形诸色，而术省之，孝子之志也"；《大戴礼记·子张问入官》讲"君子南面临官"之道，云"所见迩""所求迩"等"六者贯乎心，藏乎志，形乎色，发乎声，若此则身安而誉至，而民自得也"，并是其例。心、色之不相违，有时亦被看作某种自然结果，如《孟子·尽心上》"君子所性，仁义礼智根于心。其生色也，睟然见于面，盎于背，施于四体，四体不言而喻"，此从正面言之也；又如《孟子·离娄上》"孟子曰：'存乎人者，莫良于眸子。眸子不能掩其恶。胸中正，则眸子瞭焉；胸中不正，则眸子眊焉。听其言也，观其眸子，人焉廋哉？'"，以"胸中"喻心，以"眸子"言"色"，此从一般情况言内心之必然达乎面色。然亦有儒者强调色与心之相隔，色之能够掩盖心意，如《大戴礼记·曾子立事》云"君子之于不

---

① 杨蒙生《读安大简〈仲尼曰〉札记两则》疑此条的"小人"是"孔子对某个具体小人之不善所发出的感叹"。刘信芳《安大简〈仲尼之端诉〉释读（四则）》则据《尚书·泰誓中》"我闻吉人为善，惟日不足。凶人为不善，亦惟日不足。今商王受，力行无度，播弃犁老，昵比罪人"之文，而谓本条或具体指商纣以为例。今仍将简文之"小人"视为泛称。

② 子居谓"或可考虑《中论》中这些内容的来源与同是建安七子（且为孔子二十世孙）的北海相孔融有关"，有一定的道理。

善也，身勿为，能也；色勿为，不可能也。色也勿为，可能也；心思勿为，不可能也"，是心思为根本，而欲使此心思不透漏于面色虽难，然亦尚是有可能的。

若回到《论语》查看言及"色"之章节，则所见思想比较符合于第三种情况，如《学而》第三章"子曰：'巧言令色，鲜矣仁！'"（他篇另见两次）；《先进》第二十章"子曰：'论笃是与，君子者乎？色庄者乎？'"；《颜渊》第二十章"子曰：'……夫闻也者，色取仁而行违，居之不疑……'"；《阳货》第十二章"子曰：'色厉而内荏，譬诸小人，其犹穿窬之盗也与？'"；是皆强调以色伪善之患。同时亦有如《为政》第八章"子夏问孝。子曰：'色难。有事弟子服其劳，有酒食先生馔，曾是以为孝乎？'"，是则强调色、心之自然统一而与行为不合之情况；以"不孝"而言，此实类似于《曾子立事》的"身勿为，能也；色勿为，不可能也"。《论语》中的孔子亦偶言及"心"，如《为政》第三章孔子自谓"七十而从心所欲，不逾矩"或《雍也》第五章谓颜回曰"其心三月不违仁"是也，只是未曾见有"心"与"色"并言之章节。

《仲尼曰》本条含义虽然难明，然其言心、色之能够相违则易见，因而似该与《论语》中孔子言及"色"的多半章节思路一致。笔者疑本条的"吾"为泛称，"吾所不果援者"为假设语（如陈民镇已论），句意为：见到有人从水沟边岸跌进水里，而假如"我"并不实现援助他的行为，那只可能是因为我是"色庄者"，是"色取仁而行违"者，是颜面上表现出知道该怎么做的，然内心并未真正体现仁人之心，并不诚心了解该怎么做、并不勇于为善的那种人。《为政》第二十四章云"子曰：'非其鬼而祭之，谄也。见义不为，无勇也'"，盖"巧言令色"之谄者与勇而有义者之分即便如此。然则本条实与《论语》的思想相符，尽管《论语》未见心、色直接相对的文例，或意味着本条已多少受到后世思潮的影响也未可知。值得注意的是，本篇第21条言君子之"见善如弗及"，第22条言小人之"一日不能善"，而本条乃接着以心、色之异言为善（救人）与不为善（不救人）之分，似或是《仲尼曰》编者一种"物以类聚"的有意安排。下一条言"务言而惰行"，复亦与此相关。

（24）中（仲）尼曰："㝵（务）言而遟（惰）行，唯（雖）言不聖（聽）；㝵（务）徎（行）戉（伐）工（功），唯（雖）袈（勞）不昏（聞）。"

如整理者指出，此与《墨子·修身》一段文极其相似：

名不徒生而誉不自长，功成名遂，名誉不可虚假，反之身者也。务言而缓行，虽辩必不听。多力而伐功，虽劳必不图。慧者心辩而不繁说，多力而不伐功，此以名誉扬天下。

《墨子·修身》篇，所论无非一种反求诸己、内圣外王之道，全篇其实毫无墨家特色，若非已收进《墨子》，则视为儒家作品本无妨碍。整理者引《淮南子·要略》"墨子学儒者之业，受孔子之术"，而谓《修身》本段大概袭用《仲尼曰》本条之文，固有可能；清代学者亦或疑《修身》篇为墨翟自著。然《修身》亦全无《要略》所谓"以为其礼烦扰而不说，厚葬靡财而贫民，服伤生而害事，故背周道而行夏政"之痕迹。再说，《修身》的另一段话，略见于《说苑·建本》（及《孔子家语·六本》）而反冠以"孔子曰"，此盖良有因也。①刘向校书当时何以认定此篇确为墨家作品而收进其《墨子》定本，今已无法考知，若果为七十子后学所作而原与墨子无关亦不无可能。无论如何，从其论述风格而言，《墨子·修身》为战国中、晚期的作品，应该是可以肯定的。其中之句若或有从某种孔子语录集（或托给孔子之文献）默然借用过来的，实亦不足为怪。②

战国文献中，"虽某不某"句式之例不胜枚举，《论语》内亦有，如《子路》第六章：

> 子曰："其身正，不令而行；其身不正，虽令不从。"

是即其例，且语意与"务言而惰行，虽言不听"极近。又《韩诗外传》卷六云："子曰：'不学而好思，虽知不广矣；学而慢其身，虽学不尊矣。不以诚立，虽立不久矣；<u>诚未著而好言，虽言不信矣</u>。美材也，而不闻君子之道，隐小物以害大物者，灾必及身矣。'诗曰：'其何能淑，载胥及溺。'"另外，言、行之必相符，为儒家相当基本的概念，如《论语·为政》第十三章"子贡问君子。子曰：'先行其言，而后从之'"，《宪问》第二十九章"子曰：'君子耻其言而过其行'"等文皆是。《缁衣》篇以此为题之章节亦特多，如"子曰：'言从而行之，则言不可饰也；行从而言之，则行不可饰也。'故君子寡言而行以成其信，则民不得大其美而小其恶"（今本第二十三章）③即是其中诸多例之一。至于"伐功"之为害，《论语》虽未明言，然《公冶长》第二十五章颜渊言己志曰"愿无伐善，无施劳"，已可见不伐功劳实为孔门仁道理想之一环。又《大戴礼记·卫将军文子》记载子贡云"业功不伐，贵位不善，不侮可侮，不佚可佚，不敖无告，是颛孙之行也。孔子言之

---

① 如子居指出，《修身》开头的"君子战虽有陈，而勇为本焉。丧虽有礼，而哀为本焉。士虽有学，而行为本焉"，此"三本"在《说苑·建本》作"六本"而稍有出入："孔子曰：'行身有六本，本立焉，然后为君子。立体有义矣，而孝为本；处丧有礼矣，而哀为本；战阵有队矣，而勇为本；政治有理矣，而能为本；居国有礼矣，而嗣为本；生才有时矣，而力为本'"（《孔子家语·六本》略同）。子居谓："《说苑·建本》将《墨子·修身》的修身内容改变为'六本'以'孝'为首的'父子之亲，君臣之义'内容，其晚出非常明显。"《修身》此段的版本比《建本》所收更能反映其原貌固然有可能，然依笔者之见，《修身》的三本亦完全与孔门"本立而道生"的道理相符，其源自孔门的可能性颇高。《论语·八佾》第四章记"林放问礼之本"而子曰"大哉问！礼，与其奢也，宁俭；丧，与其易也，宁戚"，亦正此之谓也。

② 刘信芳《安大简〈仲尼之端诉〉释读（四则）》则谓《修身》'务言'至'不图'，暗用本例孔子语，引经也。'慧者'以下，墨子自说也"。

③ 郭店本（第十七章）作"子曰：'言从行之，则行不可匿。'故君子寡（/顾）言而行，以成其信，则民不能大其美而小其恶"（此以通行字列之）；上博本同。

曰：'其不伐则犹可能也，其不弊百姓者则仁也。诗云："恺悌君子，民之父母。"'夫子以其仁为大也"，是亦孔门以"业功不伐"为美德之例。总之，本条是否确为孔子言论实录尽管难知，然其与孔子思想相符则无疑。①

（25）中（仲）尼曰："敓（夺）不敓（夺）亙=（恒，恒）炇（侮）▲人。"

本条于传世文献无征，如何释读、断句也颇为费解。今疑或与《周易·恒卦》九三爻辞"不恒其德，或承之羞，贞吝"相关。句意或谓：凡是强取某事某物，若不获得其恒道（或不以其恒道取之），则经常将承人之羞（简文"人"字或误抄，详释文注；或亦可理解为"炇（侮）"后省略了"於"字）。②《荀子·王制》曰"王夺之人，霸夺之与，强夺之地"，此"夺"亦或有善恶之分也。孔子语录偶见其以"有恒"为美德之章节，如《论语》中的《述而》篇第二十五章"子曰：'善人，吾不得而见之矣；得见有恒者，斯可矣。亡而为有，虚而为盈，约而为泰，难乎有恒矣'"；《子路》第二十二章"子曰：'南人有言曰："人而无恒，不可以作巫医。"善夫！''不恒其德，或承之羞。'子曰：'不占而已矣'"；《礼记》本《缁衣》末章亦云"子曰：'南人有言曰："人而无恒，不可以为卜筮。"古之遗言与？龟筮犹不能知也，而况于人乎？……《易》曰："不恒其德，或承之羞。恒其德侦，妇人吉，夫子凶"'"，是其例。然本条的确切含义难测，因而其与其他孔子语录的关系暂且不当过论。

中（仲）尼之耑（短）誎（语）也。僕（僕［楼］）快（/慧）周恆（/極）。

整理者将"仲尼之端语也"当某种全编的总说明，或是，然将"仲尼之端语"当书于篇末的篇题似亦无不可。③本篇各条既短且均属正言，因而读"仲尼之短语"抑或是"仲尼之端语"固皆有理。④《论语》类的语录，其短且扼要即其本质，而《仲尼曰》似又将其间许多章节加以进一步减缩而从中取精，因而本篇目为《仲尼之短语》实乃更加合适。至于"僕快（/慧）周恆（/極）"四字，即使实为评价语，然亦不属于本篇内容，今且于此不另加讨论。⑤

---

① 子居反而认为"由这段话的内容来看，其更符合墨家宗旨而与儒家不合的情况是非常明显的，墨家相对于言辩更重视身体力行"，笔者实在未见其然。

②"炇"或亦可以考虑如同前条"炇"字一样而读为"务"，则"恆务"或是针对前条的"务言""务行"而言；然整句具体读法仍是待考。

③ 此点，整理者实亦考虑过，参第455页注⑧。

④ 侯乃峰释读"耑誎"二字为"短訐（谏）"而谓"今传本《论语》几乎没有很长的章节，多是孔子的只言片语，但所选章节大都属于孔子的嘉言隽语，正符合'短''谏'二字之义"。然即使读为"短语"亦未曾不符合此种形容。

⑤ 简背上的许多所谓"练习字"亦看似更加与内容无关，本文亦不放在释文范围之内。近日，刘刚、王芸辉则对"练习字"之说提出质疑，疑这些字与"僕快周恆"四字为同时书写而同样皆有评点的性质；详情见其《安大简〈仲尼曰〉简背简文"习字说"质疑与释文解读》。

四、结　语

　　笔者《初探》一文，对《仲尼曰》前十三条之分析所得出的初步结论是《仲尼曰》乃一种战国中期的摘录本，多半章节并不反映各章的原貌。有的章节似是有意从原章摘取最核心之句，以集成某种辅助记忆的备忘录，其间亦有由于编排用意、摘录过略或受到后世思潮影响等因素而引起改动之例，亦有两条传世文献引作曾子所云而《仲尼曰》则当作仲尼之语。固然，也有与《论语》（及《礼记》等文献）相应之章节大同小异甚至较《论语》所记为清楚且深切者焉，然总体而言，《仲尼曰》各条几乎一律比传世文献相应之章更为简略而扼要。[①]凡是这些摘录的章节，似是从不同的文本节选而成，其中之一或即已初步形成的《论语》（或其前身）或某种相类的孔子语录集。至于其在传世文献无征的章节，多半亦与《论语》所记录风格相类，然亦有杂入后期诸子思想成分之例。再加上各条均冠以"仲尼曰"而非"子曰"，因而似或可视为孔门之外的某种次级辑录。

　　本文经过对其后半十二章的进一步分析，可大致肯定这些初步结论而稍作补充。后半篇有节引迹象的章节，包括第18及第21两条：前者的来源未可知，然似被省略到意义完全不明的地步；后者则较《论语》相应之句清晰而扼要，似亦为节引而取要的结果，其中一句亦有由误解原文而错改之疑。然而今可以补充说明的是，亦有几章与《论语》的版本迥异，而其中或是由于《论语》所收者经过后世的增补与修改，或则是两者源自孔子相近言语的不同记录。前者或如第21条，《论语》本似有后人加句以期求反衬的效果，反而弄巧成拙以导致历代学者误分为两章；后者则如第15条，与《论语》行文稍异而与其思想完全相符，实似另有所本原始记录。又如第19条，与其他"季康子问政"章节主题性质相同，然叙事方式相对戏剧化，似为某种后期的故事而与《论语》所收章节并无直承关系。最有趣的则是第20条，与《论语》（《雍也》）行文不同而与王家嘴《孔子曰》（第四例）一致，然《论语》该章相对清楚，若非来自不同记录则当是修改与润色的结果。[②]从此，亦足以证明《仲尼曰》的章节尽管多经摘录而或不反映其原貌，然实亦皆

---

　　① 周翔《从安大简〈仲尼曰〉谈论孔子语录类文本的相关问题》及陈民镇《论安大简〈仲尼曰〉的性质与编纂》亦已得出大致相类的结论，详情参拙著《安大战国竹简〈仲尼曰〉初探》末注。徐在国、顾王乐则认为《仲尼曰》"可能是早期《论语》的一个摘抄本"，同时谓其"源出的《论语》文本与今本《论语》有异，说明今本《论语》的篇章经后人增补删定"，似认为《仲尼曰》反而较能反映各章的原貌；见其《安徽大学藏战国竹简〈仲尼〉篇初探》，页78。

　　② 又如前面已述，《孟子》（《离娄下》第29章）节用其文则显是依据《论语》的版本，而其另外一章（《离娄上》第十四章）则与《论语》（《先进》）相异而与王家嘴《孔子曰》（第二例）一致，情形恰好相反。然则《孟子》除了收进《论语》的若干孔子语录章节之外亦另有所本。

是渊源有自，与传本《论语》（或其前身）并无直接的袭承关系。①

在《论语》或其他源自先秦的儒家文献无征的章节当中，除了归属难定者或含义难明者如第 17、18、25 等条外，有的仍与孔门思想完全相符，然其间有见于孔门之外的诸子书籍中者，如第 15 条虽似或确为孔子所云过，然于清华简《管仲》篇反出自管仲之口，而是《管仲》作者将孔子之语伪托给管仲，抑或是孔子实曾传述管仲之语，皆难以论定；又如第 24 条，内容亦与孔子思想浑然相合，然未见于儒书而反为《墨子》一篇所借用，因而此若非源自学派间的互动关系，则或意味着该篇被收进《墨子》实乃误置。亦有汉、魏间儒书所收而后代失传者，如第 14 条另见于《孔丛子》、第 22 条见于《中论》两段文之内，可见当时学者尚能见到后已失传的别本孔子语录集而该两书所载的孔子话语并非全部伪托。另外有如第 16、23 两条，其中思想虽亦符合孔子言论，然尚有未见于《论语》等早期儒书的成分，似已受到战国中期论述的影响，尽管并未发展到战国后期思潮模样。在编辑方面，《仲尼曰》后半篇也出现有意编排的痕迹，如第 21 至 24 四条似显现某种主题相同的安排即是。②

总之，《仲尼曰》确当视为一种战国中期的孔子语录摘本，尽管其所采取或节引的章节多是渊源有自而与《论语》等传世文献所收者多无直承关系。其性质与王家嘴《孔子曰》不同，因为除了当作某种精要的节本之外，亦沾染了一些战国中期的思想成分，当是从不同文本节选而成，均为《孔子曰》所未见的现象。然王家嘴《孔子曰》九成以上的内容尚未公布。等到其全部问世之后，或将发现其与《仲尼曰》间更有趣的异同，届时乃可借以进一步了解《仲尼曰》的确切性质及《孔子曰》《论语》等孔子语录文集的成书情况。

参 考 文 献

[1] 安徽大学汉字发展与应用研究中心编，黄德宽、徐在国主编：《安徽大学藏战国竹简（二）》，上海：中西书局，2022 年 4 月。

[2] 抱小（一）：《据安大简〈仲尼曰〉校〈论语〉一则》，复旦大学出土文献与古文字研究中心网站，2022 年 8 月 31 日。

---

① 于近日刊登的一文当中，李锐说《仲尼曰》"应该是选择某些孔子之言，集为一篇"，而其中"一些语句的同源语录，被纂辑进了《论语》。有一些则没有被选入《论语》"；见其《安大简〈仲尼之端语〉的思想史价值》，《中国史研究动态》2023 年第 3 期，页 75。李氏虽似并不同意《仲尼曰》可视为某种摘录本，然他认为《仲尼曰》与《论语》有同源关系而非直承关系此点，则与笔者之结论亦有相近之处。

② 此外，以整篇而言，亦可见到若干偏重的主题。在近日发表的一文当中，代生认为《仲尼曰》是"多以'君子—小人''善—不善''仁—不仁'等对比方式呈现"的"一种围绕孔子言论进行的主题凝聚的文献摘引"，亦已有见于此。见其《安大简〈仲尼曰〉文本、主题与性质研究》，《燕山大学学报（哲学社会科学版）》第 24 卷第 3 期（2023 年 5 月），页 38。

[3] 抱小（二）：《安大简〈仲尼曰〉小札一则》，复旦大学出土文献与古文字研究中心网站，2022 年 9 月 6 日。

[4] 陈民镇（一）：《安大简〈仲尼曰〉补说》，安徽大学汉字发展与应用研究中心网站，2022 年 9 月 5 日。

[5] 陈民镇（二）：《论安大简〈仲尼曰〉的性质与编纂》，《中国文化研究》2022 年冬之卷，页 58-72。

[6] 代生：《安大简〈仲尼曰〉文本、主题与性质研究》，《燕山大学学报（哲学社会科学版）》第 24 卷第 3 期（2023 年 5 月），页 33—39。

[7] 单育辰：《安大简〈仲尼曰〉札记三则》，安徽大学汉字发展与应用研究中心网站，2022 年 8 月 19 日。

[8] 顾史考（一）：《安大战国竹简〈仲尼曰〉初探》，收入《第三十四届中国文字学国际学术研讨会论文集》，台北：中国文字学会、逢甲大学中国文学系，2023 年 6 月，页 171-188。

[9] 顾史考（二）：《王家嘴楚简〈孔子曰〉初探》，《中国文化研究》2023 年第 3 期，页 20-37。（原在 2023 年 8 月 26 日发表于郑州大学哲学学院、北京大学哲学系、郑州大学老子学院、《道家文化研究》编辑部主办的"出土文献：文本、文字和思想多维透视"国际学术研讨会。）

[10] 侯乃峰：《读安大简（二）〈仲尼曰〉札记》，复旦大学出土文献与古文字研究中心网站，2022 年 8 月 20 日。

[11] 李锐：《安大简〈仲尼之端语〉的思想史价值》，《中国史研究动态》2023 年第 3 期，页 74-80。

[12] 梁静（一）：《安大简〈仲尼曰〉献疑一则》，武汉大学简帛网站，2022 年 10 月 1 日。

[13] 梁静（二）：《"中尼之端艻（从言）"补议》，武汉大学简帛网站，2022 年 10 月 4 日。

[14] ［清］刘宝楠撰：《论语正义》，高流水点校，北京：中华书局，1990 年 3 月。

[15] 刘刚、王芸辉：《安大简〈仲尼曰〉简背简文"习字说"质疑与释文解读》，《湖北文理学院学报》第 44 卷第 7 期，页 41-46。

[16] 刘信芳（一）：《安大简〈仲尼之端诉〉释读（四则）》，武汉大学简帛网站，2022 年 9 月 12 日。

[17] 刘信芳（二）：《安大简〈仲尼之端诉〉释读（五～八）》，复旦大学出土文献与古文字研究中心网站，2022 年 9 月 27 日。

[18] 尚贤：《据安大简〈仲尼曰〉用"堇"为"隐"说〈周易〉的"利艰贞"和〈老子〉的"勤能行之"》，复旦大学出土文献与古文字研究中心网站，2022 年 9 月 5 日。

[19] 王永昌：《读安大简〈仲尼曰〉札记两则》，武汉大学简帛网站，2022 年 9 月 11 日。

[20] 王勇（一）：《安大简〈仲尼曰〉臆解数则》，武汉大学简帛网站，2023 年 5 月 16 日。

[21] 王勇（二）：《读安大简〈仲尼曰〉札记》，武汉大学简帛网站，2023 年 5 月 18 日。

[22] 王勇（三）：《安大简〈仲尼曰〉再读》，武汉大学简帛网站，2023 年 6 月 14 日。

[23] 武汉大学简帛研究中心简帛网论坛："安大简《仲尼曰》初读"。

[24] 徐在国、顾王乐：《安徽大学藏战国竹简〈仲尼〉篇初探》，《文物》2022 年第 3 期，页 75-79。

[25] 徐在国：《谈安大简〈仲尼〉的"造赵""蹟跋"》，安徽大学汉字发展与应用研究中心网站，2022 年 8 月 17 日。

[26] 杨蒙生：《读安大简第二册〈仲尼曰〉丛札》，安徽大学汉字发展与应用研究中心网站，2022 年 8 月 19 日。

[27] 张瀚文（一）：《安大简〈仲尼曰〉"老讫"之"讫"新解》，武汉大学简帛网站，2023 年 3 月 2 日。

[28] 张瀚文（二）：《安大简〈仲尼曰〉"钩产"新考及所属文句新释》，武汉大学简帛网站，2023 年 3 月 17 日。

[29] 张瀚文（三）：《安大简"仲尼之端芋（从言）"再考》，武汉大学简帛网站，2023 年 4 月 21 日。

[30] ［宋］朱熹撰：《四书章句集注》，北京：中华书局，1983 年 10 月。

[31] 子居：《安大简二〈仲尼曰〉解析（下）》，中国先秦史网站，2022 年 10 月 1 日。

A Second Exploration of the Anhui University Bamboo Manuscript "Zhongni (Confucius) said"

Scott Cook

Abstract: The Anhui University Warring States bamboo manuscript "Zhongni (Confucius) said" is a relatively complete Warring States bamboo text comprising twenty-five short passages, nearly all of which begin with the three-character phrase "Zhongni said." Most of its contents correspond to passages from such texts as the *Analects of Confucius*, "Black Robes," "Doctrine of the Mean," and the "Great Learning," while it also contains a number of passages that have not been transmitted to us. Previously, this author published an article analyzing each passage and sentence from the first half of this manuscript and their forms of divergence with corresponding passages in the received tradition, so as to further explore the nature of this manuscript and the significance it might hold for the early development of the Confucian canon. The present article continues this work through to the conclusion of the second half of the manuscript, after which it offers a reassessment and reevaluation of the entire manuscript in light of this analysis.

Key words: "Zhongni yue"; *Lunyu* (*Analects*); Recorded Conversations of Confucius; "Ziyi" ("Black Robes"); "Zhongyong" ("Doctrine of the Mean"); "Daxue" ("The Great Learning"); Anhui University Bamboo Manuscripts

长沙五一广场新出东汉简牍与中古汉语词汇史研究初探

郭伟涛

（清华大学出土文献研究与保护中心
"古文字与中华文明传承发展工程"协同攻关创新平台）

摘要： 2010 年，湖南长沙五一广场附近出土了 7000 枚左右的文书简牍。这些简牍时代在东汉早中期，乃当时之人用当时之语言记录当时之事，保留了丰富鲜活的第一手语言资料，对中古汉语史研究具有不可替代的重要价值。文章从词语训诂、词源追溯、常用词更替、语言地域性、白话语料等几个方面试加讨论，以抉发这批简牍对于中古汉语词汇史研究的重要作用，期待汉语史学界早日重视并利用这批宝贵资料。

关键词： 五一广场东汉简牍；中古汉语；词汇史；白话语料

五一广场东汉简牍（以下简称五一简），是 2010 年在湖南省长沙市五一广场附近出土的，总数近 7000 枚，纪年集中在和帝永元二年（90）至安帝永初五年（112）[①]，属于东汉早中期。这批简牍以狱讼司法案件为主，内容都是叙事连续的事件和案情记录（当然并非所有卷宗都完整保留下来了），与典籍简近似，而与以各种格式固定的簿籍为主的西北汉简、里耶秦简等文书简不同。传统的中古汉语史研究往往依靠的是佛道经书、小说杂著、史部文献、吐鲁番文书等资料[②]，而五一简的出土为中古汉语史研究增添了丰富鲜活的语料，无疑具有重要价值。这批简牍目前约有半数已经出版[③]，开展较多的是东汉历史方面的研究[④]，而汉语史学界关注较少[⑤]，

---

① 长沙市文物考古研究所：《湖南长沙五一广场东汉简牍发掘简报》，《文物》2013 年第 6 期，第 16 页。

② 关于汉语史的分期，学界向来有不同说法，目前倾向于以先秦至西汉为上古汉语，东汉至隋朝为中古汉语，唐宋以下为近代汉语。相关梳理，可参董志翘：《汉语史的分期与 20 世纪前的中古汉语词汇研究》，《合肥师范学院学报》第 29 卷第 1 期，2011 年，第 22-24 页。

③ 长沙市文物考古研究所、清华大学出土文献研究与保护中心、中国文化遗产研究院、湖南大学岳麓书院编：《长沙五一广场东汉简牍选释》，上海：中西书局，2015 年；长沙文物考古研究所、清华大学出土文献研究与保护中心、中国文化遗产研究院、湖南大学岳麓书院编：《长沙五一广场东汉简牍》（壹、贰、叁、肆、伍、陆），上海：中西书局，2018、2019、2020 年。本文引用这批资料，仅注明整理号，不再注出考古号。

④ 相关综述，可参吴方浪：《长沙五一广场出土东汉简牍研究综述》，载《简帛研究》2021 年秋冬卷，第 352-374 页。

⑤ 卫梦姣：《长沙出土三种东汉简牍文书研究综述》，陕西师范大学硕士学位论文，2019 年；缪恺然：《长沙地区所见东汉简牍词汇专题研究》，华东师范大学硕士学位论文，2020 年。

甚至许多主题与之密切相关的文章都未加以考虑，十分可惜。有鉴于此，本文试从词汇史的角度加以初步讨论，期待引起学界对这批简牍的重视。

一、新词汇和新词义的出现

五一简出现了不少新词汇或新义项，本节对"轻微""阴微""起居""为难""蒙绝"等进行考辩，据以补充辞书所收词汇，或订正传统训释。

首先来看"轻微"一词，该词传统上无疑都理解为细小、微贱，《汉语大词典》所收五个义项均与此相关，但五一简出现的词例不能做此理解。如下：

饥，当案验沓召轻微，耗扰妨夺民时，其复假期，须收秋，毋为烦苛。书谨到，牧、躬、鲔、种惶恐叩头死罪死罪敢言之　402+417

去年水雨过多，谷当以期尽，案验沓召轻微，耗扰妨夺民时，其复假期，须收秋。□诏书谨到，尽力奉行如诏书，向、汛惶恐叩头死罪死罪敢言之　2661

两简所述内容相同，都是在农忙之际进行调查抓捕，朝廷担心因此而耽误农时，故下诏推迟到秋收以后。其中的"案验沓召轻微耗扰妨夺民时"，可有不同点断方式，但结合下简，无疑应在"轻微""耗扰"之间断开。

送往来使，吏阳知诏书忧劳百姓，不得烦扰夺其时。亭自有法卒，而阳擅调奴为直使传送，非法，妨夺农业，小民叩心称冤。疑如阳等辈非一，书　1680

该简前段内容是皇帝忧劳百姓，下诏不要耽误农时，"不得烦扰夺其时"无疑应连读。从这一点看，前举"案验沓召轻微耗扰妨夺民时"，无疑应该点作"案验沓召轻微，耗扰妨夺民时"。若此不误，则"轻微"与"沓召"连读，无疑有调查审讯的意思。

实际上，与"轻微"相似的还有"阴微"，《汉语大词典》引《红楼梦》第二七回"不过是那阴微下贱的见识"，解释为"谓短浅的，说不出口的"。实际上，五一简多处出现，且意思完全不同。暂举三例如下：

宝谨巳劾，尽力广设方略，阴微求捕嵩，必得为故，推辟何、充、仓等，还实核，辞有增异，正处复言，奉、配、宝惶恐叩头死罪死罪敢言之。　528

廷谒言府，移书广信、洮阳、鄐、湘南、醴陵、罗、下隽，考实县界中船刺，洮阳、鄐实核扶、讳自将妻子行不。尽力广设耳目，阴微起居高，必得，有异复言，敬、永、晖　1448+1387

奉得书，辄寻择推求何人，未能得，期日迫尽，不能趋会，愿复假期，尽力辟切，阴微起居逐捕何人，必发立主名，捕得考实，正处复言，冯、苍、元职事惶恐叩头死罪死　881+927

三例简文，不难看出"阴微"均与抓捕有关。比照前面"轻微"，可知两者意思非常接近。实际上，"微"有伺察之意，如《史记》记载"（窦太后）使人微得赵绾等奸利事"，裴骃《集解》引徐广注"纤微伺察之"[1]，又如《汉书》记载"（郭）解使人微知贼处"，颜师古注"微，伺问之也"。[2]从这点看，"阴"和"轻"都是用来修饰"微"的，应表示周密调查之意。后两简"阴微"后所接之"起居"，也表示调查的意思，这也是过去所不了解的。"起"有调查追查之意不用多说，"居"则表示处置的意思，见于《周礼·考工记·弓人》"居干之道"，孙怡让即训"犹言处置也"。[3]末简出现的"辟切"一词，从文意上看，无疑也是推求调查的意思，五一简出现的推求（619、881+927）、推起（520、1099）、推辟（612、1108）等意思也与之相近。

"为难"，《汉语大词典》列出"发难""作对""难以应付"等三个义项，而这三个义项都不能适用于五一简出现的"为难"。如下：

> 从广成亭部耒州丘男子张少文舍，御门亭长王广捕得顺，复解纵。案：顺所犯无状，而近展转出入城郭，不以部吏为难，咎在宫等執足闻知，垂头未忍绳正 2673+2871

与该简有关的简牍还有很多，据大致复原的册书[4]，周顺逃亡后多次返家，而实施抓捕的御门亭长王广多次行动无果，故而上级发文切责。简文提到周顺"不以部吏为难"，"为难"一词明显不能用上引《汉语大词典》的三个义项加以解释。实际上，这句话应该结合前面的"不以"进行理解，"难"在古代常用作"患"或"惮"，如《国语·晋语》记载骊姬对优施说："君既许我杀太子而立奚齐矣，吾难里克，奈何？"徐元诰训释"难，犹惮也"[5]，这里的"吾难里克"即是"以里克为难（患/惮）"。类似的还有《孟子·离娄篇》"于禽兽又何难焉"，《左传》昭公十六年"君子非无贿之难"等。[6]套用在前引五一简"不以部吏为难"上，就是不拿官吏当回事的意思，因而上级震怒。顺带指出，简末"垂头"当指不闻不问，与《后汉书·殇帝纪》"刺史垂头塞耳，阿私下比"含义相同。[7]

五一简另出现"蒙绝"一词，表示什么反应都没有，相关文例如下：

> 廷书曰：故贼捕掾殷宫等逐捕贼伤乡佐区辅贼李高、张巷等，蒙绝不言，何□？高、巷等所犯无状，咎在□等不以为意。记到，趣推起掩捕高、巷及妻 1783+1855

① 《史记》卷一二《孝武本纪》，点校修订本，北京：中华书局，2013年，第570页。

② 《汉书》卷九二《游侠传·郭解》，北京：中华书局，1962年，第3702页。

③ 孙怡让：《周礼正义》，王文锦、陈玉霞点校，北京：中华书局，1987年，第3534页。

④ 详参周海锋：《长沙五一广场东汉简牍（伍、陆）初读》，简帛网：http://www.bsm.org.cn/?hanjian/8431.html，2021年8月22日。

⑤ 徐元诰：《国语集解》，王树民、沈长云点校，北京：中华书局，2002年，第275-276页。

⑥ 相关研究，可参王引之：《经义述闻·左传下》，"非无贿之难"条，虞思征、马涛、徐炜君校点，上海：上海古籍出版社，2018年，第1120-1121页。

⑦ 《后汉书》卷四《殇帝纪》，北京：中华书局，1965年，第198页。

殷宫受命抓捕李高、张巷两人，但却"蒙绝不言"，故而县廷下令催促。推敲起来，"蒙绝不言"表示的是毫无动静，没有进展，且未向上级报告。"蒙"当理解为混混沌沌，"绝"表示绝灭。这里的"蒙绝"，似未在传世文献中出现过，《汉语大词典》未收。

通过上述考辨，不难发现五一简出现了不少前所未见的疑难词汇。除了本文所论外，还有"隐切"一词（446+332、619、5880），含义也不显豁。在这方面，五一简值得学界予以充分关注。

二、可与东汉或魏晋文献合证的词汇

五一简所见词语，不少可与同期的东汉文献或稍晚的魏晋文献合证，可提前相关词语的初始例，有利于探索词源。下面以"消息""上头""自首""散略""单特""死狗""穷核""困"等为例加以辨析。

首先来看"消息"，该词有一个义项是休养休息，不过多出现在魏晋南北朝，如《汉语大词典》所举两个例子，《晋书·谢玄传》"诏遣高手医一人，令自消息，又使还京口疗疾"和《魏书·彭城王勰传》"人挽而进，宴于禁中，至夜皆醉，各就别所消息"。五一简显示，东汉早中期"消息"即已出现休养的含义。相关简文如下：

> 弃人意叩头言：足下廼孙坐前，顷别不复相见，舍内主母侍者加飡食，消息，悉为平安。甚善善，想思不忘。 3266A

> 永初元年十二月戊戌朔卅日丁卯，广亭良叩头死罪敢言之：谨移拘系大男黄玉病所苦爰书一椟，尽力消息，有异复言。良惶 2649A

第一条是一封私人信件，内中提到"舍内主母侍者加飡食，消息，悉为平安"，其中的"消息"无疑解作"休养"。第二条乃是广亭长雷良向上级报告被拘系的黄玉病重之事，而"尽力消息，有异复言"则是作为接下来的措施，推测起来应是让黄玉养病，一旦有情况立即上报。这两个例子都表明东汉早中期，"消息"已有休养之意。

再来看"上头"，传世文献最早见于著名的古乐府诗歌《陌上桑》"东方千余骑，夫婿居上头"，其中的"上头"无疑是等级高的意思。不过《陌上桑》成书年代向有争议，东汉还是魏晋难有定论①，而五一简已出现"上头"一词。如下：

> 钱十五万。到其十五年中，壬与覆买竹遽里宅一区，直钱四万六千。不处年

---

① 可参刘庆华：《〈陌上桑〉写定于魏晋时期新论》，《文史杂志》2006年第1期，第32-35页；王青：《从汉魏舆服官制得变化看〈陌上桑〉的创作年代》，《文学遗产》2007年第2期，第117-118页；陈祥谦：《〈陌上桑〉撰成年代新考》，《学术论坛》2009年第1期，第148-151页。

中，仲昌买上头缯肆一孔，直钱十二万，复买下头缯肆一孔，直钱八万。有大奴柱、婢益。益产　《选释》99

简文提到仲昌分别买了上头和下头缯肆。其中的上头、下头，有学者推测表示地名或市场中的某个位置[1]，从简文内容看，"上头""下头"之前没有范围更大的地名，因此将之解释为地点或位置显得非常突兀，反不如理解为等级的高低。对照《陌上桑》的记述，更可见这一理解的贴切。若这一推测不误，则《陌上桑》的时代上限不能排除掉东汉早中期。值得一提的是，量词"孔"也是首次出现，此前未见。

　　五一简还出现了"自首"一词，如下：

　　当必禽得，县又不处宏、博、吉月日，所争散略，何？记到，辄逐捕吉必得，考实正处言。誧、亲、况叩头死罪死罪，辄诡课吉，吉今月十三日自首，考问吉、宏、知状吉兄汎及□中游徼乐旧　　1311

　　八日废与男弟斗、楪、充迎华还，明十日殷将华归谢海还，华、海不肯，华即还所取衣被缴但，未还钱，闻海自言，厚谷华，废来下，欲诣县自首，未得，诣县为吏所得　　3335

前简讲到名叫吉的人"自首"，后简名叫废的人打算到县廷"自首"，两处词例无疑都是投案的意思。传世文献所见，《太平御览》所引成书较早的《东观汉记》，记载汉末灵帝时赵娥为父报仇，"遇于都亭，刺杀之，因诣县自首，曰'父雠已报，请就刑戮'"。[2]而南朝范晔所撰《后汉书》载录"自首"多处，较早者见东汉初期，如《后汉书·郅恽传》载"（恽）将客遮仇人，取其头以示子张。子张见而气绝。恽因而诣县，以状自首"。[3]结合看来，"自首"一词至少在东汉早中期即已出现，成书较晚的《后汉书》中的词例极可能承袭自其所取材的早期史书，不可完全视为晚期产物。

　　前引简1311中的"散略"一词，还见于下简：

　　书，不处完犯法矛刀所，左应当没入不，散略。记到，明正处言。龙、旷、固叩头死罪死罪，奉得书，谨案文书：完犯法钢矛一枚，长二尺七寸，广一寸一分，木枰并长八　　1145

两处简文都是说相关情况不清楚，要求查清查实。"散略"的这一用法，也见于传世文献，范晔《后汉书》载章帝末年下诏"此制（指叔孙通《汉仪》十二篇）散略，多不合经"，李贤注"散略犹疏略也"。[4]

① 孙瑞：《长沙五一广场东汉简牍所见临湘县经济生活研究》，郑州大学硕士学位论文，2020年，第37页。
② 李昉等：《太平御览》卷四八一《人事部·仇雠》，北京：中华书局，1960年影宋本，第2203-2204页。
③《后汉书》卷二九《郅恽传》，第1027页。
④《后汉书》卷三五《曹褒传》，第1203-1204页。

五一简出现的"单特",情况也与"自首""散略"相似。如下：

庾门亭长详叩头死罪白：故邮亭掾选勑详兼庾亭，视事南亭，监税□掾收击男子殷元大奴英富，时详与贼捕掾傅则、游徼张鲔俱于传舍考避劫人贼尹褒，府掾俗遣吏诘问元未讫，详未敢送元、富县。八月廿三日庾亭卒赵河与女子苏禺争言，左贼掾志、史胜出收河，见元、富在亭，以为详不白，适出卒二人作官寺。详叩头死罪死罪，详单特，所部亭卒余户皆诸主吏家，昼夜专（博）专（博），畏禁不敢解施（弛）。又元所犯在南亭部，今猥当适，家贫无人居作，饮泣惧惶，恩唯　2971A

明廷，愿蒙壹切，原察其后。详恩戆触死瞽言，罪当万坐，惶恐叩头死罪死罪九月八日白　2971B

简文提到，庾门亭长详之前因未押送男子殷元到县而被罚"出卒二人作官寺"，详自陈"单特"，"家贫无人居作"，且"所部亭卒余户皆诸主吏家"，可见"单特"应是表示门户单薄的意思。这一词汇，见于《三国志·高柔传》"夫少单特，养一老妪为母"，又见于《后汉书·苏不韦传》东汉中后期郭泰的评论"岂如苏子单特子立"，都是孤身子立的意思。

前引简牍背面还出现了一个词"壹切"，下述两简也有这个词例：

左贼史式助史呈宗白：庾门亭长详言：前亭次兼庾亭，府监
税掾毄略卖央柱奴富者殷元，南亭长茣主，详未及白，贼曹
掾史觉得，适详出卒二人作官寺，愿乞适。案：元等有罪，无不得
君教诺　　久毄，详不辄举白，当诡卒以治下亭，烦剧，详以亭次领，
　　　　丞优兼掾重·议，蒙壹切，赏详卒，属录事勿复录

延平元年九月十五日己丑白　2931+3238

左贼史式兼史顺助史条白：逢门亭长德言：追杀
君教　　　人贼区抚，不得赍居诣曹，失会，适出卒一人，愿乞适，
　　　　守丞　掾　议如德言　有解，请壹切，赏，勑改后。

延平元年三月九日丙戌白　2497

这三例都出现在文书末尾，从文意上看，意在请求上级开恩。"壹切"既有全部的意思，也表示临时、权宜。后者较为罕见，但也有相关辞例，如《汉书·匈奴列传》记载侯应上奏"臣恐议者不深虑其终始，欲以壹切省繇戍"[1]，以及《汉书·王莽传》载新莽地皇元年下诏"惟设此壹切之法以来，常安六乡巨邑之都，枹鼓稀鸣，盗贼衰少，百姓安土，岁以有年，此乃立权之力也"[2]，两处明显是权时的意思。"壹切"即"一切"，表示全部的义项流传更久，而权时的义项后世较少出现。汉末仲长统《政论》"安官乐职，图累久长，而无苟且之政。吏民供奉亦竭忠尽节，

---

[1] 《汉书》卷九四《匈奴传》，第3804页。
[2] 《汉书》卷九九《王莽传》，第4163页。

而无壹切之计",“壹切"与“久长"相对,明显也是权时的意思,时代距五一简不远,此后就很少再出现于文献中了。

再来看骂人之语“死狗"。传世文献较早见于陈寿《三国志》,魏将刘整被吴军抓获,继而诱降,史载“(刘)整骂曰:‘死狗,此何言也!'"①又,同书裴松之注引《华阳国志》载吴军抓获晋将毛炅,“面缚炅诘之,曰:‘晋贼!'炅厉声曰:‘吴狗,何等为贼?'吴人生剖其腹,允割其心肝,骂曰:‘庸复作贼?'炅犹骂不止,曰:‘尚欲斩汝孙皓,汝父何死狗也!'"②这一骂人之词,也出现于五一简。如下:

> □推排巨,巨骂伍死狗□□　2843

可见骂人为“死狗",东汉早中期即已出现。前引《华阳国志》不仅有“死狗",还有“吴狗"之语,可见“狗"也是骂人之语。“狗"这一用法,较早见于《墨子·耕柱》,载“言则称于汤文,行则譬于狗豨",“狗豨"明显是贬低之词。但这一用法,此后的传世文献较少见到,到了东汉魏晋则出现颇多。除了前引《华阳国志》外,南朝宋刘义庆《世说新语》载:“温(峤)劝庾(亮)见陶(侃),庾犹豫未能往。温曰:‘溪狗我所悉,卿但见之,必无忧也。'"③,六朝文献如《三国志》裴松之注引鱼豢《魏略》及《南史·胡谐之传》等也有记载,不赘。五一简也有骂人为狗的用法,如下:

> 弟两人,何如骂嘉狗者?即呼谓福:来,与若语。福曰:何为?麃谓福曰:因兄呼若,欲分,当何为耶?辅闻麃言,恚恨,谓麃曰:死婢,竟当杖杀!取所有矛刺麃右乳上,创一所,衰八分广二分　1059

这枚简牍不仅骂人为狗,而且还有一句骂词“死婢"。后者还见于另外一枚简牍:

> 中报宛男子陈冯。耳谓敬:卿令范随仓色行,卿非能往也。敬谓耳曰:死婢,汝等知!语绝,敬即令范往之仓舍别泰,暮还,范得一大矛,敬谓范曰:若何从得此矛?范曰:仓持与我为兵。敬　2231

看来,以“死"字作为修饰语骂人,在东汉较为流行。南朝宋范晔《后汉书》载“死公"的骂人话,“后黄祖在蒙冲船上,大会宾客,而(祢)衡言不逊顺,祖惭,乃诃之,衡更熟视曰:‘死公!云等道?'"④“狗"“死"作为骂人之语,早在东汉流行起来。五一简还有骂人为“死盗"的用例(3178、4232)。值得注意的是,“死狗"“死婢"都是官方调查文书所录的民众口语。从文书体例看,这类文书记录的

---

① 《三国志》卷四《魏书·齐王芳传》,北京:中华书局,1982 年,第 127 页。

② 《三国志》卷四八《吴书·三嗣主传》,第 1169 页。

③ 徐震堮:《世说新语校笺》卷下《容止》,北京:中华书局,2001 年,第 339 页。

④ 《后汉书》卷八〇《文苑传·祢衡》,第 2657-2658 页。

个人言辞，都是当时的白话，对于研究中古白话与文言的异同具有弥足珍贵的价值（详第五节）。

又如"穷核"一词，陈荣杰曾指出，该词首见于三国时代的走马楼吴简中，后世文献沿用其意义和用法。如下：

录事掾潘琬叩头死罪白：过四年十一月七日，被督邮勒，考实吏许迪。辄与核事吏赵谭、都典掾烝若、主者史李珠，前后穷核考问……

意思是彻底核查追索。[①]实际上，"穷核"也见于五一简，如下：

姓为明即郴妻，何故复姓赵？意状散略，明等区处，当必发立，章等劫杀与不？事当穷核，书到案成文书，先分别明正处，吏马言，会月十五日。　4796

上级要求调查章等杀人的案件，"穷核"的用法与前举走马楼吴简相同，可见该词在东汉早中期就已出现。

再如"困"字，汪维辉分析《论衡》《三国志》《世说新语》等传世文献，认为汉魏六朝时存在一个常用义项，即（病）重、（病）危。[②]这一看法是对的，五一简也出现了相关用法。如下：

不如故，置固病发，五月三日加困物故。庞、庐、焦叚置，积十三　1722

爰书令建给与调中小草丸，除热止泄行解七首药，案縻谷□穷，消息养视，不为知差。其月廿四日平旦时，刿所苦加困物故，左　516

发羸瘦，不能饭食，到监亭部上桐渚，加困物故。失不并结秉罪，讯新，辞实当从今，前失不分别处，唯　467

三处简文，都是生病后"加困物故"，"物故"即死亡，"加困"就是病情加剧的意思。

从上述分析可以看出，很多魏晋以后的词汇，其源头确实在东汉。汉语史学界将东汉与魏晋放在一起考察，是很有道理的。

三、常用词更替演变的再考察

此前有学者对中古时期常用词的更替演变做了深入系统的考察[③]，但传世文献，特别是典籍类文献中的语言往往有一定的滞后性，甚至仿古的倾向，容易影响结论的可靠性。当时五一简、东牌楼简、尚德街简等东汉简牍尚未出土，而这些简牍往往更能够真实反映当时的语言状况，对于常用词更替演变的研究，能起

---

① 陈荣杰：《论走马楼吴简词语的时代性和地域性》，《出土文献》第十二辑，2018 年，第 311 页。

② 汪维辉：《论词的时代性和地域性》，《语言科学》第 26 卷第 2 期，2006 年，第 86 页。

③ 可参王力：《汉语史稿》第四章《词汇的发展》，1958 年初出，北京：中华书局，2015 年，第 470-570 页；汪维辉：《东汉—隋常用词演变研究（修订本）》，北京：商务印书馆，2017 年。

到补充或纠正的作用。下面以"寝/卧""旁/边""内/里""目/眼""足/脚""居/住"为例，进行考察。

表示睡觉这一义项的词，汪维辉调查发现，先秦使用"寝"和"寐"，西汉以后主要用"卧"，"寝"已极少出现[1]，而蒋绍愚认为存在"寝（先秦）—卧（西汉）—寝（东汉）—卧（魏晋南北朝）"的循环演变，"寝"字复用于东汉。[2]从五一简已经公布的近半数简牍看，表示睡觉、躺卧等语义的词都是"卧"。暂举三例如下：

父母，虽产子不成人，妻与若和奸。及华取钱衣物亡，以华、海相与俱居，有通财义，不应盗。废即华从弟，废虽送华，道宿庐，华奸时，废得卧，出不觉件，不知情　93

与滕及男子周贪、邓虑等俱债为男子乐骏休田人，直禾二斗。其日暮，罢，俱归，行道俱过女子烝奈舍，虑先到，卧樿上。贪以扇墨殴虑左脾一下，无疚痛虑　377

我。语绝，建直去，番建见建去时，著黑帻衣，白布单衣，空手无所赍持，不见有吏卒以惠劝呼建者。其日暮，惠得头身寒热，归所治处三门亭中卧。龙从都亭归部，便归家私舍，新道上北入里中。　　1420

三处"卧"，都是睡觉或躺卧休息的意思。此外，343、948、3241、4180+4183、4231等简也都用"卧"，无一例使用"寝"，也没有"眠"和"睡"。

汉魏时期表示脚掌的词，汪维辉推测是"足"而非"脚"，"脚"指脚掌要到元代以后。[3]验以五一简，这个说法是正确的。五一简出现三例"足"，如下：

冯、祝、商等问康杀人贼刘宝所在，康曰：昨暮行取薪，见宝在崇渚下洗足，当在崇舍。延、山将康在前，冯、祝、商、昭等将敝在后，相次属。时乡晨，鸡已壹鸣　517

张永也，若急解李游，不者我复射若。举即将明、尊追逐永，永射举不中，中明右足踝上，创一所，袤广各五分，深至骨。永走入草中，时天雨，窦迹绝不知　614

左贼史式兼史顺详白：前部左部贼捕掾笃等考实

君教若 南乡丈田史黄宫、趣租史李宗殴男子邓官状，今笃等书言解如牒，又官复诣曹，诊右足上有殴创一所，广袤五寸，不与解相应。守丞护掾普议：解散略，请却实核，白草　429+430

---

① 汪维辉：《东汉—隋常用词演变研究（修订本）》，第144-161页。

② 蒋绍愚：《汉语历史词汇学概要》，北京：商务印书馆，2015年，第411-417页。

③ 汪维辉：《东汉—隋常用词演变研究（修订本）》，第39-58页。

前两处无疑是指脚掌，末简"足上有殴创"不确定是脚掌还是小腿。五一简未见"脚"字。

表示居住意思的词语，汪维辉调查发现，汉魏主要用"居"或"止"而非"住"，"住"在这一时期主要表示停留、驻扎、站立等含义，直到东晋才主要使用"住"表示居住的意思。①这一看法是有道理的，五一简所见的"住"多数是住立、停留的意思，如下：

后延、山、康到崇舍南乡屋前廷（庭）中，皆北乡视崇舍中，康住在延、山等旁，冯、祝、商、敞在崇舍屋东头，相去三步所。时天雾昧冥，未能旸晓，康西乡望见一人，徒偊被发　2890

府告兼贼曹史汤、临湘：临湘言攸右尉谢栩与贼捕掾黄忠等别问傲赵明宅者完城旦徒孙诗，住立，诗畏痛，自诬南阳新野男子陈育、李昌、董孟陵、赵□□等劫杀明及王得等。推辟谒舍、亭例、船刺，无次公等名，县不与栩等集问诗，诗自诬，无检验。又诗辞：于其门闻不处姓名三男子言渚下有流死二人，逐捕名李光、陈常等，自期有书。案□移汤书，诗辞：持船于湘中籴米，见流死人。县又不绿汤书而末杀，不塞所问，巨（距）异不相应，何？咎在主者不欲实事。记到，汤、县各实核不相应状，明正处言，皆会月十五日。勿徇毅无罪，殴击人。有府君教。　4411+4298

文书来问王皮。郢住惠、元下津碛上，炊一石米，乃命王屯长来问惠、元府廷书何在。惠辄以书付王屯长持视。郢饭顷，王屯长还，言皮不可得，时郢与《选释》　56

前两简"住"当表示住立的意思。其中简4411+4298"住立"之"立"，据文意应为某种刑罚，《后汉书》载章帝元和元年（84）诏书引律文"掠者唯得榜、笞、立"，李贤注"立谓立而考讯之"。②末简名叫郢的人"住"在下津碛上（"惠元"二字疑为"衍文"），从后接"炊一石米"及"饭顷"看，此处"住"当表示临时性的停留而非居住。五一简所见，居住的意思绝大多数都用"居""解止"两词，有时也单用"止"。各举一例如下：

见高出入邑下，到十月不处日，定复傲圣珠宅居，定、汉、世、昌等不见高，不相识知。匡不解止胡裕宅中，以胡均转相临汉匡世定等非高入所解民舍平者，以胡均等辞相参验，谨牒别　401

小刀各一，曲蘑长襦一领，算一，盛镜栉橐刷，并直钱三千四百册。俱之宜春县下，解止市南门外道东北入第五不处姓名舍，留二宿。恶谓承：若当　2556

<hr>

① 汪维辉：《东汉—隋常用词演变研究（修订本）》，第291-304页。

② 《后汉书》卷三《章帝纪》，第146页。作为刑罚的"立"，极可能与《隋书·刑法制》所载南朝梁"测立"之法相似。详参姚远：《长沙五一广场东汉简牍释译》，《出土文献与法律史研究》第四辑，2015年，第324-325页；刘鸣：《秦汉时期规范刑讯的法律条文》，《秦汉研究》第九辑，2015年，第212-213页。

卿市缯当有主名。寿墨不应。明廿七日,赵寿与未央俱去初舍,不雇初笼僦直。初谓寿、未央:卿来止,出入一月,不当雇樵薪直?寿曰:我亡物,非能复谢卿。寿移止曲平亭部 736

末简赵寿与未央在名叫初的人的客店里住宿了一个月,因为物品在店里失窃而不付房租,住宿就用"止"来表示。粗略统计,使用"居"表示居住意思的还有93、137、339、403+416、474、598、649、880、1064、1081、1504、2037、2199、3153、3477+5632、4045+4546+1426、4330+1431+1266 等简,使用"(解)止"者还有91、346、362、383、401、464(寄止)、502、702、926、1014、1155、2074、2171+5780+231、2230+2498、2415、3185(留止)、4231 等简。

表示"在某物里面"的方位词,汪维辉推测从先秦开始,存在中—内—里的演变,而"里"约于魏晋时才大量出现。[1]这一看法是对的,五一简所见,绝大多数都使用"中",少数为"内",而无一例使用"里"。暂举"中""内"书证各一例如下:

大怒,呼尼归,语绝,斗去。臭、斗未复还视夜、护、恚,夜将尼去。即持所有木枪矛一,之山草中,追求尼。到旱山中,见尼与夜俱在舍下,未到廿步 130+131+122

永初五年七月丁未朔十八日甲子,直符史奉书佐谭敢言之:直月十七日,循行寺内狱、司空、仓、库,后尽其日夜无诣告当举劾者。以符书属户曹史陈躬书佐李宪。敢言之。 《选释》97

两处简文提到的"草中""山中""寺内",其方位词在后世无疑都可以替换为"里"。使用"中"表示方位词者,还有80、83(亭中)、94、121(界中)、228、301、336(道中)、343、362(舍中)、395(船中)、401(宅中)、438(门中)、466、478、504、529、543(笼中)、589、612、614、643+685、653、661、676、765、876、919、948(水中)、970、1102、1121(溏中)、1132、1408(家中)、1719(竹中)、1771+1775(冢中)、5748+2510、2890(廷中)等简牍。使用"内"者,还有3241、《选释》55 等简。

表示在"某物旁边"的方位词,汪维辉认为先秦用"侧",偶尔用"旁",东汉佛经多用"边"。[2]验以五一简,绝大多数都用"旁",暂举四例如下:

绝,俱还卧。明日,有复为翕、冉作食。其日中时,冉、翕决去,有送到门外。翕谓有曰:央人将母弟兄妻子十一人,在北首田旁山中匿,今往迎之,还当于何所匿?有曰:我有空舍在央西平,往我 343

---

① 汪维辉:《东汉—隋常用词演变研究(修订本)》,第98-108 页。

② 汪维辉:《东汉—隋常用词演变研究(修订本)》,第91-97 页。

闲无事，宁可俱行于樊爱丘，求债□小筭。请可。即持所有解刀与当、非，俱行。其日昼时，到樊爱丘。求债不得，即俱前到横溪桥下浴，事已，俱于水旁倨。当谓请、非　923+1474

男子伏在道旁草中，详苛问不应。详谓顺：往捽男子头。顺即往男子走，顺追搤男子背衣，男子拔所持解刀刺顺右腋下，贯衣，不中肉。顺还呼曰：人杀我。详追逐，谓　1279+1272

李伯舍，俱卧火旁。其夜厚复与华奸。十二月一日，厚、废、华到郡解止市东英舍，英谓厚：是妬女谁？何故来？厚伿谓英曰：楪家女，寡，来为藤市买缯作衣，数日当有　4231

四简出现了"田旁""水旁""道旁""火旁"等。此外，595、1081、1132、1260、1853、2106、5748+2510、2629、2890等简，表示方位时也用"旁"。至于"边"的用例，仅见于下简：

船人乞丐勿杀之。赣等曰：可。赣、赦、叔三人持栱邀遮林等船前，叔、敬、厚止岸边碛上，赦以厚所持弩，与叔、敬各以箸箭，射林等船，前后各二发，皆无所中。　3877+1513

此处"岸边"跟前引简923+1474"水旁"用法相同，可见"边""旁"意义相通，只不过五一简尚延续早期的做法，主要用"旁"，而用"边"较少。

关于"目"和"眼"的替代关系，汪维辉发现东汉佛经从一开始就较多使用"眼"而很少使用"目"，并推测前者更贴近口语，不迟于汉末已取代后者。[1]不过，五一简所见，三处用词都是"目"而非"眼"，如下：

语绝各别。东念受敦言，不目见，恐不实，不敢爰书，恚曹吏留东，即诣府诬言，纡以钱谢东，曹吏令断竹箭。纡不以钱三千赎与东，曹吏不令东断竹箭。固亭旁有李树，固令　593

月二日演谓幼：幸为作一笔可用者。幼可，即归作笔一枚，直钱卅，与演，受，后自雇直，幼别去，未及用笔。其月十一日，南门亭部女子马明失火，鞍鸣，幼不捄火。演召幼，令卒李成收缚，傅两目，竹杖殴　1681

赴地亡钱，巾不目见解、怒盗钱，过行县诣明（？）言去□明（？）归家，圣问明：卿何素为吏所毄？明伿圣曰：我见解、怒盗不知何人船钱一千，告亭长周沇，沇殴我，折央齿，各□□　3161

无论是表示亲眼所见的"目见"，还是作为名词的眼睛，用的都是"目"。不过，就秦汉文书类文献而言，西北地区出土的居延汉简中存在"眼"的用例。如下：

---

① 汪维辉：《东汉—隋常用词演变研究（修订本）》，第23-31页。

呼之行垂眼，时怒时喜，半趋走。丈人怒之，大诃狗（詢）。披物器，诸户分之，鱼肉怒不取。　EPT65:42A

　　八　EPT65:42B

此简"垂眼"之"眼"，无疑当指眼睛，而非先秦时期的眼球。不过，这枚简牍的文献性质不详，不清楚是实际行用的文书，还是传抄的早期典籍文献。从简背的编号"八"看来，极可能属于典籍类文献，但作品形成于何时亦不详。联系到居延汉简的绝大多数时代属于西汉中期至东汉光武早期，这枚简牍可以证明作为"眼睛"讲的"眼"，在东汉之前已经出现了。

　　又如表示"用眼睛看"，汪维辉认为先秦主要用"视"字，而从东汉开始，佛经和诗词歌赋显示"看"的用例逐渐多起来，有观看、观赏、观察、窥伺、看望、照看、检查、阅读、提示等诸多义项。[①]不过，检视五一简，无一例用"看"，而"视"字颇多。暂举两例如下：

　　知何人所盗，谒本与而厚善，数出入崇舍候视而。到永初元年中，谒得病，犬疑崇亡，被抑诅。谒、犬常独恚恨崇。元年十二月一日，都子男项得病，其二日物故。项即　514

　　竞、干俱见草中放牛，皆著芒索，时无人守视。勿谓竞、干曰：有善事。竞、干曰：何等事也。勿曰：草中有放牛，无人守视，俱盗，持去卖之，得钱共分之。竞、干曰：宁可邪？勿曰：非有人　2920

前简"候视"当为看望之意，后简"守视"当为照看的意思。此外，"视"字用例者还有 83、130+131+122、478、516（养视）、948、959（诊视）、1743+1749+1747、2503、5748+2510、2873、2890、3471、4798、《选释》56、《选释》105 等简。

　　从上述情况看来，五一简等出土文献的用词与传世文献相比，有相符者，也有不符者。不相符的原因，是多方面的，有可能是书写者的个人用字、用词习惯不同，也有可能是传世文献生成与流传的复杂性导致的。当然，也要考虑到语言的地域性问题。

四、出土文献语言地域性的再思考

　　关于语言的地域性问题，单从学理上讲是很好理解的，如同今日有方言一样，古代因为交通交流的不畅，各地的语言势必存在更大的差异。不过，受限于资料的不足，这一课题尽管有不少学理上的分析[②]，但实际操作起来让人颇费踌躇。下

---

① 汪维辉：《东汉—隋常用词演变研究（修订本）》，第122-128页。

② 汪维辉：《论词的时代性和地域性》，第85-90页；张玉金《出土战国文献虚词研究》，北京：人民出版社，2011年，第45-46页；黄德宽：《汉语史研究运用出土文献资料的几个问题》，《语言科学》2018年第5期，第238-240页。

面以"不处""君教诺""追""少""央""石"为例，针对词汇的地方性问题进行分析。

关于"不处"，五一简多见，暂举两例如下：

近知习，各以田作为事。贪、祉、熊以故吏给事县。熊元兴元年十二月不处日署长赖亭长；祉延平元年十月廿日，贪其年十二月十日，各署视事。阳、陶前各给桑乡小史，成以永元八年五 90

广亭部董上丘；旦，桥丘，与男子烝愿、雷勒相比近知习；辅、农以田作莫旦绩纺为事；普以吏次署狱掾；董良家子，给事县，备狱书佐；不处年中，良给事县。永初元 126

从两简看，"不处"明显是不清楚具体哪一日（年）的意思，"处"即审处、调查清楚。"处"的这一含义，文献有征，《国语·鲁语》载"夫仁者讲功，而智者处物"，《吕氏春秋·有始》载"平也者，皆当察其情，处其形"，都是这个意思。不过，有学者认为"不处"是长沙简牍中的惯用词，具有地域特色。[①]实际上，"不处"一词早期见于秦代，岳麓秦简《为狱等状四种》中的案件《癸、琐相移谋购案》记载，县廷对涉案人做出判处之后，上级的郡监御史不予认可，"监御史康劾以为：不当，钱不处，当更论"[②]，意思就是钱的问题没搞清楚。如果说这一案件发生在秦代南郡，与长沙尚同属楚地，那么下述出自西北地区的词例就很能说明问题了。如下：

长代樊志卅二日，当得奉，衣数诣县自言，讫不可得。记到，正处言状，会月十五日，有 EPT49:47

以为因卖不肯归，以所得就直牛偿，不相当廿石。书到，验问治决言。前言解，廷却书曰：恩辞不与候书相应，疑非实，今候奏记府，愿诣乡爰书是正。府录令明处 EPF22:30

隧内中，明十日驹死，候长孟宪、隧长秦恭皆知状。记到，验问明处言 EPF22:191

☑书到，拘校处实，牒别言，遣尉史弘赍☑ 317.6/A8

三简的"处"无疑都是调查清楚的意思，与前引五一简所见的"正处""明正处言"（459、922、1293、528、881+927、1311、1145、4411+4298等）用法相同。考虑到EPF22:30、EPF22:191两案皆发生于建武三年（27），因此，"处"的这一用法可能从东汉初开始使用，并延续下来，以致西北、东南两地都出现了相关辞例。在此之前，西北汉简多用"不审"而非"不处"，如EPT59:2（不审名字）、EPS4T2:69（不审毄所）、124.25+13.6（不审日）、159.23（不审里）等，而在五一简里也有少

---

① 缪恺然：《长沙地区所见东汉简牍词汇专题研究》，第204-205页。

② 朱汉民、陈松长主编：《岳麓书院藏秦简（叁）》，上海：上海辞书出版社，2013年，简号014/1466-1。

量"不审",如 3186（不审郡县）、3683（不审里）等。"不审""不处"的更替演变，其原因值得研究，但绝不能认为"不处"具有地域性。

与"处"类似的，还有"君教（诺）"的用语和书式，如前引五一简 2931+3238、2497、429+430 等，而这一用词实际上也见于西北简。如下：

教：若　以候长素精进故财适五百来	EPF22:574A
教：若　到官议罚	EPF22:558
教：若	EPF22:559
教：令翔思念如实事，具白	EPT4:6

三简"若（诺）"字原释为"等曰"，由仲山茂改释[①]，验以五一简所见的"诺"字，这一改释是非常正确的。跟五一简相比，"教"之前无"君"字，但下面的"若（诺）"及附有相关指示，都是一致的。从这里可以看出，"君教"简应从两汉之际发展出来，然后延续至东汉三国时期（走马楼吴简也多见），因此也不能说这类格式的简牍就具有地域性。同理，还有作为官文书的"解（书）"，学界留意到其多见于长沙地区出土的东汉三国简牍中[②]，实际上西北简也不乏其例（如 143.10+104.25、110.6、430.4+430.1、71.16 等）。追根溯源，"解（书）"当是由秦汉简牍中常见的作为动词使用的"何解""解何"（如里耶秦简 8-314、8-691，张家山汉简《奏谳书》案例一、二、三等，居延汉简 EPT51:73、EPT59:357，玉门关汉简 II98DYT2:1、II98DYT5:79 等）发展而来的。

像前举"处""君教""解"这些官方文书用语，因为在古代国家的文书行政中广泛使用，算是官方的公共用语，因此大约都会延续很久，一般不会突然消失。又比如战国时代的睡虎地秦简有所谓的"追书"，如下：

行传书、受书，必书其起及到日月夙莫（暮），以辄相报殹（也）。书有亡者，亟告官。隶臣妾老弱及不可诚仁者勿 184 令。书廷辟有曰报，宜到不来者，追之。行书　185

从文意上看，"追之"明显是说未收到对方机构的回复时，继续发文要求对方回复。"追"的这个用法见于时代接近的里耶秦简以及时代较远的西北汉简，各举一例如下：

卅三年三月辛未朔戊戌，司空腾敢言之：阳陵下里士五（伍）不识有赀余钱千七百廿八。不识戍洞庭郡，不智何县署。今为钱校券一，上，谒言洞庭尉，令署所县责，以受阳陵司空，司空不名计，问何县官计付，署计年名为报。已訾其

---

① 仲山茂：《漢代における長吏と属吏のあいだ》，《日本秦漢史學會會報》第 3 號，2002 年，第 27-28 页。

② 侯旭东：《长沙东牌楼东汉简〈光和六诤田自相和从书〉考释》，黎明钊主编：《汉帝国的制度与社会秩序》，香港：牛津大学出版社，2012 年，第 261-262 页。

家，家贫弗能入。有物故，弗服。毋听流辞以环书，道远。报署主责发。敢言之/
四月壬寅，陵陵守丞恬敢言之：写上，谒报，署金 9-3A 布发。敢言之。/堪手

卅四年七月甲子朔辛卯，阳陵邀敢言之：<u>未得报，谒追，敢言之</u>/堪手

卅五年四月己未朔乙丑，洞庭叚尉觿谓迁陵丞：阳陵卒署迁陵，以律令从事，
报之/嘉手。以洞庭司马印行事。　　敬手　　9-3B

五月戊辰，丞相光下少府、大鸿胪、京兆尹、定陶相：承书从事下当用者；
京兆尹以道次传，别书相报，不报者<u>重追之</u>，书到言。　EPT48:56

前简说的是秦代洞庭郡阳陵县司空，在始皇帝三十三年（前 214）三月向县廷报
告士伍欠赏钱未还，请求县廷向洞庭郡发文追查，阳陵县向郡府上报后未获回应，
于是在次年七月再次上报郡府，反映"未得报，谒追"，也就是请求郡府回复文书。
后简说的是朝廷往地方下发文书，要求"以道次传，别书相报，不报者重追之"，
也就是按照邮路路线传递文书，另文回报，未回报者再次行文追索回文。从这些
例子可以看出，公文书制度中的"追（书）"[1]，应是通行全国的普遍现象，且从
秦延续至汉，因此不能轻易认定某些词汇具有地方色彩。

当然，五一简也出现了一些十分罕见的词语，推敲起来，极可能属于地方用
语。譬如"少""央"，在五一简中的用法就极为特别，值得重视。暂节引较为完
整的简册"女子雷旦自言书佐张董取旦夫良钱假期书"如下：

不处年中，良给事县，永初元 126 年不处月日，为广亭长，<u>债醴陵男子夏防
为少，月直六百</u>。今年二月不处日，左贼史连阳、邓脩白属狱毂良，坐桑乡游徼
帛豫书言：良送杀人贼黄玉，道物故，良 523 当适效亭长；逐捕所负，便盗玉刀，
结良主守盗。其月不处日，<u>良少仲</u>，仲名防，防到狱门外呼董曰："为我报雷督，
我欲去。"董即到南牢门外，呼良曰："防在狱门欲去，使我来 489 汝。"良曰："我
有万余钱在外舍，恐防盗持去，我寄囷处。"董谓良："恐防不付我。"良即令董将
防入，与良相见狱南牢门所。良谓防："汝持钱付是张史。"5552+2207……良乘马，
良问董："汝从来？我这（适）过若二人。"董曰："□下津□□。"良 371 曰："汝
何时当复出乎？<u>我欲取央钱</u>。"董曰："汝欲取钱者，我旦日暮当出。"明日暮时事
毕，董从县出，归主人苏到舍。其日暮，<u>良乘马到董所取钱</u>，皆以钱著马 408[2]

先看下画波浪线的"少"。简文记载广亭长雷良"债醴陵男子夏防为少"，"债"在
五一简中常用作"赁"（321、377、383、543、692、2199、3186 等），也就是雇
佣的意思，因此简文是说雇佣醴陵县夏防作为"少"，"月直六百"乃是报酬。"少"

---

[1] 关于秦代"追书"，也可参看刘自稳：《里耶秦简中的追书现象——从睡虎地秦简一则行书律说起》，《出土文献研究》第十六辑，2017 年，第 147-164 页。

[2] 完整册书，可参杨小亮：《长沙五一广场东汉简牍册书编联复原研究》，清华大学博士学位论文，2021 年，第 128-129 页。本文改动了个别标点，敬请留意。

的这一用法还见于其他简文（341、427、489、561、1553、1807+8、2625+2553等）。从文意看，"少"当为一种雇佣性的身份，大概承担一些体力工作，其雇主既有官员亦有商贩，可见较为灵活，应当广泛存在。不过，"少"的这一用法此前从未出现过，传世文献没有，其他批次简牍中也没有，目前看来极可能属于地方性词汇。

再看与下画直线内容相关的"央"。据文意，雷良押解的杀人贼死于路上，因此雷良被弹劾入狱，而在狱中又担心钱被其"少"夏防卷走，故让夏防把钱交给狱书佐张董寄存；雷良出狱后向张董讨要寄存之钱，后者答应，于是次日雷良到张董那里取钱。观取钱过程中雷良、张董二人之对话，雷良说"我欲取央钱"，张董答"汝欲取钱者"，"央"字没有着落，显然不具有特别明确的意义，而官方文书对取钱之描述"良乘马到董所取钱"，亦无"央"字，整个案件也未涉及名叫"央"的人。除了前引简343外，还可再举一例如下：

> 渚上，高之秉所，伫谓秉曰：我贾人，前卖船，责得钱，逐侣人，在汋口塞寄止。秉可，即上钱置秉所。其日之广舍，谓广曰：我盗央船师钱去亡，故来。广曰：若盗钱多少？何不远去？近于是！高曰：我欲于汋口求　464

名叫高的人对广说盗窃了船师的钱，其中"央"在"船师"之前，而五一简所见，名字往往放在身份之后，似未见相反者，因此这里的"央"无疑不是船师的名字。前引简343名叫翁的人对名叫有的人说"央人"带着亲人藏匿在山中，问回来之后藏在哪里，有回答说他有闲置的房子在"央"西。如果前面的"央人"尚可勉强视作人名，后面"央"是断无可能作为人名的，因为如果是人名，这里应该说我的房子在"央舍"的西边。更何况，简343中"央人""央"并列出现，颇怀疑含义基本相同。

结合前引简册"女子雷旦自言书佐张董取旦夫良钱假期书"看来，两简的"央"和"央人"应该也非实指。与之相同者，还有683、1806、2931+3238、3178、3348+3441等简的"央"。考虑到这些文例多出自调查文书所录的白话，"央"极可能是地方性的白话语词，因使用广泛而在无意中写入官方文书。不过，其含义难有确解。最近，肖海华联系许慎《说文》所载"姎，女人自称我也"[①]，认为"央"是南方地区用作领格的第一人称代词[②]。这一看法，放在简册"女子雷旦自言书佐张董取旦夫良钱假期书"、简683、简1806、简3161、简3178等中可以讲得通，但放在简464"我盗央船师钱去亡"、简343"我有空舍在央西"中似乎难以讲通。因此，五一简中的"央"虽然极可能是地方词，但具体含义还要进一步考察。

---

① 许慎撰，徐铉校定：《说文解字》，北京：中华书局，2013年，第264页下栏。

② 肖海华的意见，尚未正式发表，见于任攀：《五一广场东汉简牍所见赦赣等人劫持诗林等案复原》，《国学学刊》2022年第3期，第100页。

同在长沙五一广场附近出土的东牌楼东汉简，有一份著名的"光和六年诤田自相和从书"，在提到田产数量时，表述为"母延有田十三石""有余财田八石种""分田，以上广二石种与张，下六石悉界还建"，田地的计数单位不是"亩"而是"×石种"。据学者调查，在湖南及南方其他地区，民间用播种种子的数量来表示田地面积的习俗，即使到了清代和民国时期依然存在①，可见东牌楼东汉简的"×石种"的表述其来有自，由民间而入于官方文书。从这一点来说，出土文献所见的一些词语，不能排除其具有地域色彩。

五、白话语料的识别与意义

研究中古汉语史，最重要的无疑是利用白话或接近白话的资料，过去学界往往利用东汉翻译的佛经。然而，这一时期的佛经总计约 30 部，才 40 多卷，数量不多，且主要是东汉晚期的作品，不足以全面考察东汉的语言发展。东汉早中期的五一简，因其主要是诉讼案卷，里面记录了不少当事人的口供，多有白话资料，重要性不言而喻。

这类白话资料，前面分析"死狗""死婢"和"央"等词语之时（1059、2231、408、464 等），已经约略提及，其实主要就是官方调查文书中记录的民众口语。以前举简册"女子雷旦自言书佐张董取旦夫良钱假期书"为例：

不处年中，良给事县，永初元 126 年不处月日，为广亭长，债醴陵男子夏防为少，月直六百。今年二月不处日，左贼史连阳、邓脩白属狱彀良，坐桑乡游徼帛豫书言：良送杀人贼黄玉，道物故，良 523 当适效亭长；逐捕所负，便盗玉刀，结良主守盗。其月不处日，良少仲，仲名防，防到狱门外呼董曰："为我报雷督，我欲去。"董即到南牢门外，呼良曰："防在狱门欲去，使我来 489 汝。"良曰："我有万余钱在外舍，恐防盗持去，我寄因处。"董谓良："恐防不付我。"良即令董将防入，与良相见狱南牢门所。良谓防："汝持钱付是张史。"5552+2207……良乘马，良问董："汝从来？我这（适）过若二人。"董曰："□下津□□。"良 371 曰："汝何时当复出乎？我欲取央钱。"董曰："汝欲取钱者，我旦日暮当出。"明日暮时事毕，董从县出，归主人苏到舍。其日暮，良乘马到董所取钱，皆以钱著马 408

引文中下画波浪线的语句，都是当时民众的口语，而其他部分则是官方的书面用语。

五一简中的这类资料，尽管零散，但数量并不少，对于研究中古时期白话与文言的异同有特别的意义。蒋绍愚指出，上古汉语白话与文言基本一致，从东汉

---

① 冯尔康：《清代的押租制与租佃关系的局部变化》，《南开学报》1980 年第 1 期，第 66 页；侯旭东：《长沙东牌楼东汉简〈光和六诤田自相和从书〉考释》，黎明钊主编：《汉帝国的制度与社会秩序》，第 273-274 页。

初期开始，文言与白话逐渐分离，其区别主要体现在词汇和语法两方面。①胡敕瑞比较东汉晚期支谶（《道行般若经》）和三国时期支谦（《大明度经》）对同一部佛经的不同翻译，归纳出文言与白话的区别特征，其中一条指出，文言的人称代词多用"吾""予""尔""若"，白话多用"我""汝"，文言指示代词多用"斯""兹"，白话多用"是""此"。②验以五一简，有些说法是对的，有些说法则需要调整。

首先来看第一人称代词，五一简全部都用"我"，没有见到"吾""予"的用例。前面引用的不少简文都出现了"我"，除了"女子雷旦自言书佐张董取旦夫良钱假期书"简册之外，2231、614、736、343、1279+1272、3161、464 等简的口语中也多次出现了"我"。不仅如此，此前刊布的西北汉简中，极少量的白话资料也出现了"我"。比如居延新简中著名的"候粟君责寇恩事"简册：

> 后二、三日当发，粟君谓恩曰：黄牛 EPF22:23 微瘦，所将育牛黑、特、虽小，肥，贾直俱等耳，择可用者持行。恩即取黑牛去，留黄牛，非从粟君借牛。……EPF22:24……恩与业俱来到居延，后恩 EPF22:25 欲取轴器物去，粟君谓恩：汝负我钱八万，欲持器物？怒，恩不敢取器物去。…… EPF22:26

甲渠候粟君指责寇恩，就说"汝"欠"我"八万钱，也是用"我"。此事发生在西北地区，时在东汉建武三年（27）。两相比较，地域上一个西北一个东南，时间上相隔七八十年，口语中的用词却保持了一致性和延续性。由此可见，第一人称代词的使用，确如胡敕瑞所言，出现了"吾""予"和"我"的分别。

再来看第二人称代词，居延新简"候粟君责寇恩事"简册和五一简"女子雷旦自言书佐张董取旦夫良钱假期书"简册确实用了"汝"，不过后者也出现了"若"的用例。除此之外，前举 1059、2231、614、2556、464 等简的口语中也出现了"若"，可见东汉时期白话中第二人称代词，"汝"与"若"并列使用，并没有白话与文言的分别。

再来看指示代词"斯""兹"和"是""此"。五一简所见，确实没有出现"斯""兹"，不过"是""此"的用法较为复杂，并非如胡敕瑞所言都用于白话。前举"女子雷旦自言书佐张董取旦夫良钱假期书"简册中，雷良就指着书佐张董，对夏防说"汝持钱付是张史"，意思是把钱交给这位张史。③前举 464 简"近于是"，"是"也是指示代词，表示"这里"的意思。除此之外，431+2630+3084、661、683、5736 等简的口语中也出现了"是"的用例。官方文书的书面语中，只有一例疑似用"是"者，如下：

---

① 蒋绍愚：《汉语史的研究和汉语史的语料》，《语文研究》2019 年第 3 期，第 4 页。

② 胡敕瑞：《汉译佛典所反映的汉魏时期的文言与白话——兼论中古汉语口语语料的鉴定》，冯胜利主编：《汉语书面语的历史与现状》，北京大学出版社，2013 年，第 174 页。

③ "史"和"掾"，原本是官吏职级，但在民众观念和用语中已经演变为尊称。

具服得所劫臧绛诸于，孝偆黄鲜支幕、白纾幣縢、白鲜支幕，及所与巨云青绲一，并五种。窦盖识是鱼所，辄封付窦盖。还归，以验嗛思等。余钱物皆散用尽。孝偆、叔异所劫盗　1768+1380

简文中"是鱼"无疑表示"这条鱼"，"是"是指示代词。不过，这里的语句到底是官府调查文书的书面用语，还是录自当事人的口语，现在还难以判断。即使是官方文书，从使用数量上看，指示代词"是"也多用于口语白话，而较少用于官方书面语。

官方书面语中，指示代词较多的还是用"此"。比如官府用于标识案卷的楬，多写作某某"在此中"（70、220、660、995、999+1002、1136、1275+1428、1292、1447、1515+1516、1546、1762、1852+1863、2159、2211、2501+3160、4368、4422、4820、4990 等）。除此之外，常见的官府文书书面语也有用"此"者，如君教诸木牍4812"欲以渐晓告民利害，十至廿户为一丘，作周落，署都师伍长，此欲遏绝盗贼之原也"。

当然，民众口语中也有不少用"此"的例子。前举简2231，就有"若何从得此矛"的用例。除此之外，还有不少用例，暂举两简如下：

持鸡一只，直八十，之演私舍。时演不在，幼与姜相见，幼佁谓姜曰：我伍长杜幼属，持此鸡望督，督令我持来。姜即受。其日暮演还归，姜以幼持鸡状报语演。演墨无言。幼以作笔为事，到六　471

六七尺，不得冢户。当、非曰：此冢殊深，非可得开，更复发他冢。请可，俱复发叔冢。冢去亲家，可卌余步。请等掘，深可四五尺，得延门，当拔墼。请于冢上菅　1057

此外，1257、6741+5938+3091、5559+5557 等简，指示代词也用"此"，不赘。由此可知，民众口语中，指示代词混用"是"和"此"，而官府文书中的书面语多用"此"，极少甚至不用"是"。

从对"是""此"的讨论中也可以看出，在东汉早中期，口语与书面语已经有所分别，至于其分别能在多大程度上代表白话与文言的区别，还需要全面的比对和系统深入的考察。这一初步讨论，也显示出五一简白话语料对于中古汉语史研究的重要价值。

六、结　　语

综上所述，五一简出现颇多前所未见的新词汇和新词义，对于传统的词语训诂有重要价值；五一简中出现的不少可与东汉或魏晋文献合证的词汇，能够提前相关词汇的起源，同时有助于补充或纠正学界对中古时期常用词更替演变情况的认识；五一简出现的大量零散的白话语料，对于考察文言与白话的分离，以及两者在中古汉语开端之际的异同及演变，具有特别重要的意义。

汪维辉在考察汉语史的语料时，曾提出"以典型语料赅非典型语料"的观点，即在典型语料能够证明某一事实的情况下，可以忽略或无视那些非典型语料中的反证。[①]这一说法值得充分重视。以五一简而言，这批材料是当时之人记录当时之事，且在当时埋藏地下，未经后人转写或传抄刊刻，无疑可作为东汉早中期的典型语料，极具代表性。利用这批资料从事词汇史研究，无疑要比单纯依靠来源复杂的史书和时代不明的汉译佛经更为直接，所得结论也更为可靠。

当然，如同汪维辉利用西汉王褒《僮约》出现的"目泪""鼻涕"论证早在西汉后期口语中已经使用"泪"代替先秦时期的"涕"和"泗"，但被质疑《僮约》"目泪"属于方言词，因而不具有代表性一样[②]，五一简所出现的语言资料及其所反映的与传统看法不同的新认识，是否也可视为地域性因素在起作用呢？通过第四部分的分析，笔者认为这一问题要慎重对待，不可轻易认定某些词汇具有地域性，但同时也不能否认存在地方词语的可能性。当然，这一问题的进一步考察，还有待其他地方同时期文书简牍的出土。可喜的是，单就长沙地区而言，目前已知的就有西汉中叶的走马楼汉简、东汉早中期的五一简、东汉晚期的东牌楼简和尚德街简，以及三国孙吴时期的走马楼吴简，目前大致可构成时段相连的语料，足以借此考察两汉长沙地区的语言变化。其中，走马楼西汉简跟五一简内容相类，也都是叙事连续的司法案件，且数量达两千多枚，这两批资料纵横比较应有不少新发现。与之相似的还有益阳兔子山简，出土了数千枚从秦至东汉不同时期的简牍，亦可上下连属左右比较。

通过上述分析，相信学界一定能够高度认可五一简在中古汉语词汇史研究上的重要价值。不过，认识是一回事，实践又是一回事。大概十年前，方一新、王云路等呼吁，中古汉语词汇史研究应该加强对出土简帛资料的利用。[③]彼时可供研究的只有东汉晚期的东牌楼汉简和西北汉简中散见的东汉早期简牍，数量非常有限，而今天随着多达七千枚的五一简的问世，这一建议无疑更具急迫性，也更值得学界重视，并及早行动起来。当然，其价值绝不仅仅局限于词汇史，也一定能够在中古语法等其他方面的研究上发挥突出作用。

---

① 汪维辉：《汉语史研究中的语料使用问题》，《中国语文》2013 年第 4 期，第 362-364 页。

② 汪维辉文章的匿名审稿人指出，汪维辉所举《僮约》"目泪"有可能是方言词。参见汪维辉：《汉语史研究中的语料使用问题》，脚注⑤，第 363 页。

③ 方一新、郭晓妮：《近十年中古汉语词汇研究的回顾与展望》，《古汉语研究》2010 年第 3 期，第 33 页；王云路、黄沚青：《本世纪以来（2000—2011）中古汉语词汇史研究综论》，《浙江社会科学》2012 年第 10 期，第 118 页。

Exploring Newly Discovered Eastern Han Wooden and Bamboo Slips from Changsha Wuyi Square and Their Implications for the Historical Study of Medieval Chinese Vocabulary

Guo Weitao

Abstract: In 2010, around 7,000 wooden and bamboo slips were unearthed near Wuyi Square in Changsha, Hunan. These documents date back to the early to mid-Eastern Han Dynasty and were written by people of that time, using the language of the period to record contemporary matters. As such, they preserve a wealth of vivid and firsthand linguistic data, offering invaluable and irreplaceable insights for the study of the history of Middle Chinese. This article attempts to explore the importance of these materials for the study of Middle Chinese vocabulary history from several perspectives, including word interpretation, etymology, changes in common vocabulary, linguistic regionalism, and colloquial language usage. The aim is to highlight the significance of this batch of documents and to encourage scholars of Chinese historical linguistics to take note of and make use of this precious resource at the earliest opportunity.

Key words: Wuyi Square Eastern Han Wooden and Bamboo Slips; Middle Chinese; History of Vocabulary; Colloquial Language Usage

新见战国玺印研究二题

蒋鲁敬

（荆州博物馆）

摘要： 河南登封双庙墓地出土的一件战国铜玺，印文应释为"中（忠）身（信）"，即常见的格言玺。湖北荆州七星堰墓地 M5 出土的一枚铜玺，应是一件二合玺，文字锈蚀；M110 出土的一枚铜玺，从残画来看，有一字可释为"鈢（玺）"。这些考古发掘出土的玺印均有确切的埋葬位置与同出器物，为探讨战国时期铜玺的埋葬习俗提供了资料。

关键词： 战国玺印；忠信；二合玺

我们在工作过程中查阅相关考古发掘报告时，偶然发现四件战国玺印，今不揣浅陋，略陈我们的意见，恳请方家指正。

一、铜玺的形制与释文

1. 双庙 M124 铜玺

河南登封双庙墓地 M124 出土铜玺一方（M124:5），印面正方形，盝顶，桥形纽，通高 0.9 厘米、边长 4 厘米、印厚 0.3 厘米（图 1），印面阳文，发掘报告未对印文作释读。[1]通过观察发掘报告所附图版中铜印的照片[2]，我们认为印文应释为"中（忠）身（信）"，属于战国印里常见的格言玺。李家浩先生指出，"忠信"印，是以"中"为"忠"，借"身"为"信"。[3]

此"忠信"印文的读序与《古玺汇编》2700 等印文读序相同[4]，自右向左。"中"字竖笔的下端向右弯曲，也与《古玺汇编》2700 的"中"字相同。

---

① 河南省文物考古研究院、武汉大学考古学系：《登封双庙战国秦汉墓地》，北京：科学出版社，2019 年，第 178 页。

② 河南省文物考古研究院、武汉大学考古学系：《登封双庙战国秦汉墓地》，北京：科学出版社，2019 年，图版四六.1。

③ 李家浩：《从战国"忠信"印谈古文字中的异读现象》，《北京大学学报（哲学社会科学版）》1987 年第 2 期。

④ 故宫博物院：《古玺汇编》，北京：文物出版社，1981 年，第 259 页。

2. 七星堰 M5 铜玺

湖北荆州七星堰墓地 M5 出土的一枚铜玺（M5:5），印面呈大半圆形，背面有一执手，印面绘有图案（图2）。[①]

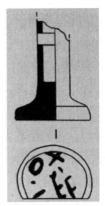

图 1　登封双庙 M124 "中（忠）身（信）" 铜玺　　　图 2　七星堰 M5 铜玺

包山简有"漾陵之厽（叁）玺"，整理者认为，叁玺即三合之玺。[②]长沙发现有三合玺，只是现存三合玺之二，或复原为"邡菱（陵）鉩"[③]，肖毅先生认为印文当作"邡菱（陵）□鉩"四字。[④]《珍秦斋藏印·战国篇》收录有两方半圆玺，整理者认为均属于二合玺，释文分别为"藏室""□府"，属于楚官玺。[⑤]除了这些印面为圆形的二合或三合玺，长沙战国楚墓还出土有一件印面为长方形的二合玺[⑥]，或将印文释为"□□大瘝"。[⑦]根据楚简记载和出土的楚玺印实物，并结合铜玺形制来看，M5 出土铜玺是圆柱形纽，印面呈大半圆形，很可能与《珍秦斋藏印·战国篇》收录的两方半圆玺类似，也是二合玺的一半，完整的铜玺应该还有另一半。M5 未遭盗扰，可能下葬时玺印的另一半就未埋葬。按照黄盛璋先生的看法[⑧]：

> 二合或三合之印，乃楚印特有之形制与特殊用法，二合三合就是把一个全印分为二块或三块，合起来才能成为印文全文。如此必须二人或三人共同合作使用，目的就是为防奸伪。

① 荆州博物馆：《湖北荆州市七星堰战国楚墓发掘简报》，《考古学集刊》第 23 集，北京：社会科学文献出版社，2020 年，第 113 页。

② 湖北省荆沙铁路考古队：《包山楚简》，北京：文物出版社，1991 年，第 41 页。

③ 湖南省博物馆：《湖南省文物图录》，长沙：湖南人民出版社，1964 年，第 59 页。

④ 肖毅：《古玺文分域研究》，武汉：崇文书局，2018 年，第 687 页。

⑤ 萧春源：《珍秦斋藏印·战国篇》，澳门：澳门基金会，2001 年，第 16-17 页。

⑥ 李正光、彭青野：《长沙沙湖桥一带古墓发掘报告》，《考古学报》1957 年第 4 期，第 44 页。

⑦ 施谢捷：《古玺汇考》，安徽大学博士学位论文，2006 年，第 151 页。

⑧ 黄盛璋：《包山楚简中若干重要制度发覆与争论未决诸关键字解难、决疑》，《湖南考古辑刊》第 6 集，《求索》增刊，1994 年，第 188 页。

M5 出土的二合玺，显然也是此功用。既然 M5 出土铜玺是二合玺的一半，参照黄盛璋先生上述看法，很可能此二合玺的另一半并不被墓主所拥有，故未在墓葬内发现。如果这种推测可信，那么像上举长沙发现的"郱菱（陵）鈢"三合玺和"□□大廐"二合玺，也可能只是下葬了墓主所拥有的那一部分。

3. 七星堰 M110 铜玺

湖北荆州七星堰墓地 M110 出土的一方铜玺（M110:5），印面方形，桥形纽，印面刻有"田"字样。边长 1 厘米、通高 0.8 厘米（图 3）。[①]

楚国玺印中的"金"旁多作"金""金"[②]，M110 出土的铜玺与此类似，即整理者描述的印面刻有"田"字样，可能就是"鈢"字的"金"旁，释文可能为"□鈢（玺）"。如楚玺有"鱼（渔）玺""畋玺""廩玺"（《古玺汇编》的编号依次为0347、0270、0348）。

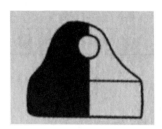

图 3　七星堰 M110 铜玺

4. 七星堰 M114 铜玺

湖北荆州七星堰墓地 M114 出土的一方铜玺（M114:3），印面方形，桥形纽，印面图案已模糊，边长 1.2 厘米×1.3 厘米、通高 0.9 厘米（图 4）。[③]可惜印文锈蚀模糊，阙疑。

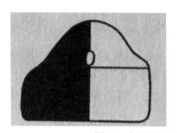

图 4　七星堰 M114 铜玺

---

① 荆州博物馆：《湖北荆州市七星堰战国楚墓发掘简报》，《考古学集刊》第 23 集，北京：社会科学文献出版社，2020 年，第 113 页。

② 曹锦炎：《古玺通论》（修订本），杭州：浙江大学出版社，2017 年，第 94 页。

③ 荆州博物馆：《湖北荆州市七星堰战国楚墓发掘简报》，《考古学集刊》第 23 集，北京：社会科学文献出版社，2020 年，第 113 页。

二、铜玺的埋葬习俗

1. 同出器物特点

双庙 M124，同出器物有陶盒、陶壶、陶罐、铜带钩各 1 件。

七星堰三座楚墓，与玺印同出的器物均有陶鼎、陶壶各 1 件（表 1）。此外，M5 和 M114 还均有 1 件铜带钩，这与双庙 M124 相同，也同出有铜带钩。

表 1　七星堰出土玺印的三座楚墓同出器物与墓葬年代

墓号	出土器物	墓葬年代
M5	陶鼎 1、壶 1、铜带钩 1、滑石璧 1	战国中晚期
M110	陶鼎 1、壶 1、铜剑 1、矛 1	战国中晚期
M114	陶鼎 1、壶 1、铜带钩 1、箭镞 1	战国中晚期

2. 铜玺埋葬位置

登封双庙 M124 是一座竖穴墓道土洞墓，葬具不详，侧身屈肢葬，铜玺在洞室内墓底中部。从墓葬随葬器物平面图来看，铜玺位于人骨的腰部。[①]这为格言玺的出土位置提供了参照。整理者认为，M124 的时代大致在战国晚期，从陶器反映的文化属性来看，具有秦和郑两种文化性质。

茅坡邮电学院两座秦墓的时代与双庙 M124 相当，大致属于战国晚期[②]，也出土有玺印，均为私印。我们曾关注过这两座墓中私印出土的位置，M49 的玺印出土于棺内西端头骨上方，M110 的玺印出土于棺内人骨腿部右侧。[③]这两座墓中私印的出土位置，与双庙 M124 格言玺的出土位置均不同。双庙 M124 的铜玺位于人骨的腰部，需要留意的是与同出的一件铜带钩位置相同。

七星堰三座楚墓的年代在战国中晚期，均未遭盗扰，由于棺椁及人骨腐朽，铜玺出土位置只能根据同出器物的位置判断。M5 的铜玺与陶鼎、陶壶、铜带钩和滑石璧都位于墓坑的同一端，并且与陶鼎和铜带钩的位置较近。M110 的铜玺与陶鼎、陶壶、铜剑都位于墓坑的同一端，只是铜玺靠近右侧，陶鼎、陶壶和铜剑靠近左侧。M114 的铜玺与铜带钩位于墓坑的一端，而陶鼎和陶壶位于墓坑的另一端。根据楚墓随葬器物的位置特点，陶器和铜器多位于头箱来看，M5 和 M110

[①] 河南省文物考古研究院、武汉大学考古学系：《登封双庙战国秦汉墓地》，北京：科学出版社，2019 年，第 30 页。

[②] 西安市文物保护考古所：《西安南郊秦墓》，西安：陕西人民出版社，2004 年，第 352 页。

[③] 蒋鲁敬：《西安南郊秦墓出土的铜印文字》，《印学研究》第十四辑，北京：文物出版社，2019 年，第 162-163 页。

的铜玺与同出器物处于墓坑同一端，可能属于头端。M114 的铜玺与陶鼎、陶壶的位置相反，分别位于墓坑的两端，参照出土陶器多位于头端来看，显然 M114 的铜玺应该不是在头端。这是根据同出器物位置的一般规律推断所得铜玺的出土位置。沅水下游楚墓出土的官玺"噩邑大夫玺"（M575:35），位于内棺腰部。"郢室畏户之鉥"（M1568:2），由于葬具和人骨架腐朽无存，铜玺大致在头端左侧部。①由于七星墩墓地出土的三件铜玺印文锈蚀严重，从铜玺形制推断，M5 出土的二合玺的一半可能为官玺，与沅水下游楚墓出土的"郢室畏户之鉥"的埋葬位置相同，均位于头端。

尽管七星墩墓地三座楚墓出土的铜玺印文锈蚀严重，但是，难能可贵的是三座墓葬均未遭盗扰，保存相对完整，为考察楚墓铜玺的出土位置提供了重要参照。尤其是 M5 出土的二合玺的一半，与沅水下游楚墓出土的官玺"郢室畏户之鉥"的埋葬位置相同，也为我们推断此玺属于官玺提供了出土位置上的佐证。期待以后有更多的楚玺出土信息的发现与公布，为考察楚玺乃至战国时期铜玺的埋葬习俗提供更多的资料。

Two Studies on Newly Discovered Warring States Seals

Jiang Lujing

Abstract: A bronze seal from the Warring States period was unearthed at the Shuangmiao cemetery in Dengfeng, Henan. The inscription on the seal should be interpreted as "中(忠)身(信)," which corresponds to a commonly seen adage seal. Another bronze seal, excavated from tomb M5 at the Qixingyan cemetery in Jingzhou, Hubei, appears to be a two-piece seal, although the inscription is corroded. Additionally, a bronze seal from tomb M110 has a discernible character that can be interpreted as "鉥(玺)." These seals, with their precise burial contexts and associated grave goods, provide valuable material for investigating burial customs involving bronze seals during the Warring States period.

Key words: Warring States Seal; *Zhong Xin*; Two-piece Seal

---

① 湖南省常德市文物局、常德博物馆、鼎城区文物管理处、桃源县文物管理处、汉寿县文物管理处：《沅水下游楚墓》，北京：文物出版社，2010 年，第 819 页。

《礼记·儒行》"来者不豫"新证*

（安徽大学汉字发展与应用研究中心
"古文字与中华文明传承发展工程"协同攻关创新平台）

摘要：《礼记·儒行》"来者不豫"之"豫"旧多训为"预备"，安大简《子贡问孔子》对应文句作"不怿来者"。结合上下文及楚文字用字习惯，"怿"应训为悦、乐义。《儒行》"豫"与简文"怿"是一组音义皆近的异文，在相关文句中均表悦、乐义。

关键词：安大简；子贡问孔子；儒行；来者不豫；怿

　　《礼记·儒行》借孔子之口，阐述了儒者应具备的各种品行，树立了儒者的崇高形象，是《礼记》中的名篇。其后世地位虽不及《大学》《中庸》，但亦为世所重。[①]本文尝试利用安大简《子贡问孔子》的一处异文，就《儒行》"来者不豫"句中"豫"字的训释略陈浅见，不当之处祈请方家指正。

　　《儒行》第七章云：

　　儒有委之以货财，淹之以乐好，见利不亏其义；劫之以众，沮之以兵，见死不更其守；鸷虫攫搏，不程勇者；引重鼎，不程其力；<u>往者不悔，来者不豫</u>；过言不再，流言不极；不断其威，不习其谋。其特立有如此者。

　　此条言儒者当具备多重"特立"的品质，包括面对利益诱惑、武力威胁能不改初衷、遇到困难则能迎难而上等。[②]这与《孟子·滕文公》"富贵不能淫，贫贱不能移，威武不能屈"之论可谓异曲同工。《大戴礼记·曾子立事》有与"往者不悔，来者不豫"相近的文字：

　　君子不绝人之欢，不尽人之礼。<u>来者不豫，往者不慎也</u>。去之不谤，就之不赂，亦可谓忠矣。

　　上引《曾子立事》文句中与《儒行》"悔"对应之字作"慎"。清代学者或训

───────────────

　　* 本文是国家社科基金青年项目"秦文字字用综合研究"（21CYY019）的阶段性结果。本文已发表于《出土文献综合研究集刊》（第十九辑），2024年。

　　① 如《宋史·张洎传》载宋太宗曾"令以《儒行篇》刻于版，印赐近人及新弟举人"。

　　② 此条亦见于《孔子家语·儒行解》，二者文字大体一致。参看高尚举、张滨郑、张燕：《孔子家语校注》，北京：中华书局，2021年，第47-48页。

慎为"忧""思"等义，或将"慎"校改为"嗔"，训为"怒"。①俞樾云：

> 《礼记·儒行》篇"往者不悔，来者不豫"文与此同。此文"慎"字疑即"悔"字之误，襄二十九年《公羊传》"尚速有悔于予身"，何休注曰："悔，咎。"然则往者不悔，言不追咎也。盖不推度未来，不追咎已往，皆与人相接忠厚之道，故下文曰"亦可谓忠矣"。②

俞氏将两处文句综合起来考虑，疑"慎"为"悔"字之误，当可信从。郑玄注"往者不悔，来者不豫"云：

> 虽有负者，后不悔也，其所未见，亦不豫备，平行自若也。

"豫"在文献中有预先、预备之义。《淮南子·说山》"知者善豫"，高诱注："豫，备也"。③《孙子·军争》"不能豫交"，杜牧注："豫，先也"。④因此豫、预常通用。⑤如《礼记·学记》"禁于未发之谓豫"，《说苑·建本》引此句"豫"作"预"。⑥郑玄注训"豫"为"豫备"在文字上较为顺从，因此学者历来多信从之。如孔颖达疏：

> 往者不悔者，言儒者有往过之事，虽有败负，不如其意，亦不追悔也。来者不豫者，谓将来之事其所未见，亦不豫前防备。言已往及未来平行自若也。⑦

清孙希旦《礼记集解》引宋方慤云：

> 往者不悔，非有所吝而不改也，为其动足以当理而无所悔。来者不豫，非有所忽而不防也，为其机足以应变而不必豫。⑧

此解则是依郑、孔注疏加以进一步发挥。

学者对《曾子立事》"来者不豫"句的理解亦多从《儒行》郑玄之说。如孔广森《大戴礼记补注》训"豫"为"未来而推度之也"。⑨上引俞樾之说亦训"豫"为"推度"。不过学者对此亦有不同意见，如王聘珍《大戴礼记解诂》就引《尔雅》将"豫"训为"乐"，便与郑玄注不同。⑩黄怀信亦云《曾子立事》中的"来""往"是就交友而言，大意是"有来者不为之乐"，亦训"豫"为"乐"。⑪

---

① 黄怀信主撰：《大戴礼记汇校集注》，西安：三秦出版社，2004年，第466-467页。

② 俞樾著，王其和整理：《群经平议》，南京：凤凰出版社，2021年，第593页。

③ 何宁：《淮南子集释》，北京：中华书局，1998年，第1129页。

④ 孙武撰，曹操等注，杨丙安校理：《十一家注孙子校理》，北京：中华书局，2018年，第176页。

⑤ 高亨纂，董治安整理：《古字通假会典》，济南：齐鲁书社，1989年，第842页。

⑥ 刘向撰，向宗鲁校证：《说苑校证》，中华书局，1987年，第62页。

⑦ 阮元校刻：《十三经注疏·清嘉庆刊本》，北京：中华书局，2009年，第3624页。

⑧ 孙希旦撰，沈啸寰、王星贤点校：《礼记集解》，北京：中华书局，1989年，第1402页。

⑨ 孔广森撰，王丰先点校：《大戴礼记补注》，北京：中华书局，2013年，第87页。

⑩ 王聘珍撰，王文锦点校：《大戴礼记解诂》，北京：中华书局，1983年，第72页。

⑪ 黄怀信主撰：《大戴礼记汇校集注》，第466-467页。

《儒行》与《曾子立事》的语境虽有不同，但"来者不豫"句的本义应当是一致的，然上文提到"豫"的两种解释，即"预备"与"乐"究竟哪个正确呢？安大简《子贡问孔子》篇中的一则材料对我们理解这一问题或有帮助。

《子贡问孔子》主要记子贡与孔子的问对，孔子通过对伯夷、叔齐德行的推崇，阐释了儒家"仁之为上""尊仁安义"等思想观念。篇中有如下一节文字（文中引出土材料释文尽量用宽式）：

> 子贡曰："奚（简 5）若而可以比伯夷、叔齐？"孔子曰："尊仁而安义，率初而行信，忠恕而顺于道。（简 6）……见其前，不顾其后。不悔往者，不悆来者。不可喜也，不可惧也。难进也，易退也。（简 8）……如是者，可以比伯夷、叔齐矣。"（简 9）

简文记孔子就如何向伯夷、叔齐看齐作了详细的论述，凸显了夷、齐的"圣人"之行。篇中"不悔往者，不悆来者"与《儒行》"往者不悔，来者不豫"表述的内容显然是一回事，都是对儒者品行的一种肯定描述。除语序上下调整外，两句的差异便是"悆""豫"这一对异文。

"悆"原篆作**釡**，从心臭声，"臭"即"睪"字异体（下文统作"睪"）。"悆"即"怿"字，习见于包山简、郭店简、新蔡简、齐陶文等战国文字资料。[1]"怿"上古音在喻母铎部，"豫"在喻母鱼部，二字音近。文献中"予""睪"二声的字可相通假。[2]如以《儒行》郑玄注为据，将简文"怿"读为"豫"，训为"预备"，于文义似亦通顺。但结合上下文及楚文字字用情况来看，我们认为将"怿"如字读应更为合理。

传世文献中"怿"可训为"悦"。《说文·心部》："怿，说也。"《诗·大雅·板》"辞之怿矣"，郑笺："怿，说也"。目前楚简所见"怿"的用例主要如下：

（1）长屡（沙）正弇（龚）怿   包山 59[3]

（2）郾右司马彭怿   包山 133

（3）史怿   包山 168

（4）小臣成敢用解过怿（释）忧   新蔡甲三 21、61[4]

---

① 有关字形参看李守奎、贾连翔、马楠：《包山楚墓文字全编》，上海：上海古籍出版社，2012 年，第 405 页；徐在国、程燕、张振谦：《战国文字字形表》，上海：上海古籍出版社，2017 年，第 1496 页；滕壬生：《楚系简帛文字编（增订本）》，武汉：湖北教育出版社，2008 年，第 924 页。

② 高亨纂，董治安整理：《古字通假会典》，第 843-844 页。

③ 所引包山简三条释文见湖北省荆沙铁路考古队：《包山楚简》，北京：文物出版社，1991 年，第 20、26、30 页。

④ 例 4 与例 8 新蔡简释文见武汉大学简帛研究中心、河南省文物考古研究所编：《楚地出土战国简册合集（二）·葛陵楚墓竹简、长台关楚墓楚简》，北京：文物出版社，2013 年，第 5、22 页。

（5）涣乎其如怿（释）　　　　　　　　　　　郭店《老甲》9①

（6）君子曰：从允怿（释）过，则先者余，来者信。　郭店《成之闻之》36

（7）《诗》云："服之无怿（斁)。"　　　　　　　　郭店《缁衣》41

（8）公子见君王，尚怡怿，毋见▨　　　　　　　新蔡乙四110、117

例（1）至（3）中"怿"用为人名，例（4）至（6）中读为"释"，例（7）中读为"斁"。例（8）则是"怿"训"悦"的实例。宋华强云：

《说文·心部》："怿，说（悦）也。""怡""怿"义近，《尔雅·释诂》："怡、怿……乐也。"《史记·五帝本纪》："舜让于德不怿"，《集解》引徐广曰："怡，怿也。"古书也有"怡怿"并言之例，如《楚辞·大招》："血气盛只"，王逸注："面貌怡怿。"《文选·舞赋》："严颜和而怡怿兮"。②

此外，楚文字中"睪"及从"睪"的"𤅣""瘝"等字都有读为"怿"的用例：

（9）以君不𥇙（怿）之故，就祷陈宗一𤝗。　　　新蔡乙一4、10、乙二12③

（10）以君不𥇙（怿）之故，就祷三楚先屯一牂。　新蔡乙一17

（11）以坪夜君不瘝（怿）　　　　　　　　　　　新蔡乙二37

（12）宰夫无若，雍人孔睪（怿）。　　　　　　　《铭图续》518—519④

例（9）至（11）中的"不怿"即"不乐"，乃墓主人平夜君身体有疾的委婉说法。例（12）曾伯克父盨"雍人孔睪"之"睪"，谢明文读为"怿"，训为"乐"。⑤而楚文字中"怿"以及从"睪"得声的相关字尚未见读为"豫备"之"豫"的用例。因此，从文字使用的实际情况来看，将简文"怿"训为"悦""乐"是十分合适的。

简文中，孔子将"见前"与"不顾后"、"不悔往者"与"不怿来者"、"不喜"与"不惧"、"难进"与"易退"四组对立概念并列，作为儒者应当具备的修养。不难看出，"见"与"不顾"、"难进"与"易退"均为意义相反的行为或状态。"喜""惧"则是表心理活动的一对反义词。与之相类，"悔"与"怿"也应是一对表心理活动的反义词。因此将"怿"训为与"悔"相反的"悦""乐"在文义上十分合适。简文"不悔往者，不怿来者"是说儒者不要追悔过去，对未来的事也不要乐观。如从《儒行》郑玄注出发，将"怿"读为"豫"训为"预备"的话，"不悔往者，不怿来者"的对比语气显然会削弱不少。

① 郭店简三条释文详武汉大学简帛研究中心、荆门市博物馆编：《楚地出土战国简册合集（一）·郭店楚墓竹书》，北京：文物出版社，2011年，第2、29、75页。

② 宋华强：《新蔡葛陵楚简初探》，武汉：武汉大学出版社，2010年，第371页。

③ 新蔡简三条释文见武汉大学简帛研究中心、河南省文物考古研究所编：《楚地出土战国简册合集（二）·葛陵楚墓竹简、长台关楚墓楚简》，第17、29页。

④ 吴镇烽：《商周青铜器铭文暨图像集成续编》，上海：上海古籍出版社，2016年，第281-286页。

⑤ 谢明文：《曾伯克父甘娄盨铭文小考》，《出土文献》2017年第2期，第36-44页。

既然"不悔往者，不怿来者"本意是说君子不追悔过去、不乐观未来，那么《儒行》《曾子立事》对应文句所表达的也应是这一层意思。两篇中"豫"亦应训"悦""乐"，而这也正是"豫"的常见义之一。①简言之，《儒行》《曾子立事》"来者不豫"与简文"不怿来者"含义相同，"豫""怿"是一组音义皆近的异文，在相关文句中均表"悦""乐"义。

在先秦文献尤其是诸子类文献中，相同或相近的语句往往见于不同的文献，学者或称之为"言公"。而这些语句往往因为用字以及文本语境的差异而形成不同的解释。本文所讨论的"怿""豫"便是这样的实例。因"怿""豫"音义皆近，故而在《子贡问孔子》《儒行》中形成异文。而后人已不见"怿"这一较早的用字，便结合语境从"豫"的"预备"义来作训释，虽然文字通顺，但实际上已经偏离了文句的本义。由此可见，出土文献的用字情况差异在开展文献对读时的价值之一就是能帮助我们还原相关文句的早期面貌及原始含义。

An Explication of Laizhe Buyu (来者不豫) in *the Book of Rites · Ru Xing* (儒行)

Jiang Weinan   ZhangYing

Abstract: The character yu (豫) in the sentence Laizhe Buyu (来者不豫) in the *Ru Xing*(儒行), which is a chapter of *the Book of Rites,* was often interpreted as preparation, the corresponding sentence in *Zigong Wen Kongzi* (子贡问孔子) of *the Warring States Bamboo Slips Collected by Anhui University* is Buyi Laizhe (不怿来者). In the light of the context and the Chu-person's habits of usage of character in Chu bamboo slips, the meanings of yi (怿) should be indicated to joy and pleasure. The character yu (豫) in the *Ru Xing* (儒行) is one of the variants of yi (怿) in the bamboo manuscript. In relevant sentences, both of them have similarity in the pronunciation and the meaning of pleasure.

Key words: *The Warring States Bamboo Slips Collected by Anhui University*; *Zigong Wen Kongzi* (子贡问孔子); *Ru Xing* (儒行); Laizhe Buyu (来者不豫); yi (怿)

---

① 宗福邦、陈世铙、萧海波主编：《故训汇纂》，北京：商务印书馆，2003 年，第 2167 页。

胡家草场汉简《日书》卷整理举隅[*]

刘国胜[1] 赵翠翠[2] 李志芳[3]

（[1,2] 武汉大学简帛研究中心"古文字与中华文明传承发展工程"协同攻关创新平台
[3] 荆州博物馆）

摘要： 本文选取正在整理中的胡家草场汉简《日书》卷中的《心》《反支》《蚕》及《失》等篇试作讨论。胡家草场《心》篇在抄写形式上与睡虎地《心》篇接近，秦汉日书《心》篇的篇题有"心""学"两种。从胡家草场《反支》篇等内容看，秦汉日书中的反支日的特点有二：一是反支日利出、失，不利入、得；二是反支日做事，其结果往往与所为之事的性质相反。胡家草场《蚕》篇不仅提到入蚕、出蚕的宜忌，还讲了"别蚕"及曲蚕、浴蚕时间的吉凶，反映出桑蚕养殖是秦汉时期较为重要的农业生产项目。胡家草场《失》篇侧重解咎，讲如何解除人死后"失"带来的灾害。

关键词： 胡家草场汉简；日书；整理；反支

湖北荆州胡家草场汉墓 M12 出土的简牍包含 5 卷日书文献[①]，其中一卷为《日书》。该卷原无卷题，其内容大体不超出学界一般称作"日书"的秦汉日书的范围，故将该卷书题拟以"日书"。[②]经整理，该卷现存竹简约 68 枚，少数残断。完整简长约 30.3 厘米，三道编绳。主要篇目有建除、丛辰、心、时、反支、亡、帝、行、急行、祠大父母、祠灶、祠门、祠尚行、畜、田主、伐木、裁衣、盖吉日、鸡吉日、犬吉日、彘吉日、马日、蚕良日、人良日、牝牡月、牡日、失等。

《日书》卷抄写不太工整，部分内容是分栏书写。该卷原本一册，出土时散乱。我们依据简文文意的关联，参考已公布的其他日书简牍相关内容及利用该卷发掘出土位置剖面图提供的简序信息，对《日书》卷进行了初步整理。以下我们选取其中的《心》《反支》《蚕》及《失》等篇试作讨论。

---

　* 本文为国家社科基金重大项目"荆州胡家草场 12 号西汉墓出土简牍整理与研究"（20&ZD255）阶段性研究成果。

　① 荆州博物馆：《湖北荆州市胡家草场墓地 M12 发掘简报》，《考古》2020 年第 2 期。李志芳、蒋鲁敬：《湖北荆州市胡家草场墓地 M12 出土简牍概述》，《考古》2020 年第 2 期。

　② 参看李志芳、李天虹主编：《荆州胡家草场西汉简牍选粹》，北京：文物出版社，2021 年。刘国胜：《〈荆州胡家草场西汉简牍选粹〉日书管窥》，《简帛》第 23 辑，上海：上海古籍出版社，2021 年。

一、《心》篇

《心》篇书写占用 13 枚简，位在第一栏，其下第二栏写有《时》及《反支》篇。"心"是原有的篇题，写在简首天头处，其上还标有起提示作用的小圆点 "·"。《心》篇是秦汉日书常见的内容，睡虎地秦简日书甲、乙种以及孔家坡、周家寨汉简日书均见。刘乐贤先生指出，《心》篇中各月下列出的日子是各月心宿所值日期。[①]全篇释文如下：

  ·心（简 3827+596+3848+1520 壹）

  十月，朔日心。（简 3827+596+3848+1520 壹）

  十一月，二旬六日心。（简 1490 壹）

  十二月，二旬四日心。（简 1489 壹）

  正月，二旬一日心。（简 1492 壹）

  二月，甸〈旬〉九日心。（简 1493 壹）

  三月，旬七日心。（简 1476 壹）

  四月，旬五日心。（简 1464 壹）

  五月，旬二日心。（简 1462 壹）

  六月，旬日心。（简 1460 壹）

  七月，八日心。（简 1463 壹）

  八月，五日心。（简 1517 壹）

  九月，三日心。（简 1519 壹）

  ·心，不可杀。（简 1514 贰）

需要说明的是，简 1514 的全简简文作："☑二日皆为灼=（灼，灼）日不可歓（饮）食、入客。·心，不可杀。"该简上部残断，缺失一小段文字。从现存的简文看，前一部分是讲"灼日"所在及其宜忌，后一部分在"心"字上有提示分段的小圆点 "·"。对照孔家坡、周家寨汉简日书《心》篇，简文"心，不可杀"应与《心》篇关联，暂将其归入《心》篇。为便于讨论，我们将睡虎地秦简日书甲、乙种及孔家坡、周家寨汉简日书《心》篇的内容抄录于下。

1. 睡虎地秦简日书甲种《心》篇[②]

入正月，二日〈旬〉一日心。（简 83 背肆）

入二月，九日直心。（简 84 背肆）

---

① 刘乐贤：《简帛数术文献探论》，武汉：湖北教育出版社，2003 年，第 74 页。

② 陈伟主编：《秦简牍合集（壹）》，武汉：武汉大学出版社，2014 年，第 489 页。晏昌贵：《楚地出土日书三种分类集释》，武汉：武汉大学出版社，2020 年，第 113-114 页。

入三月，七日直心。（简 85 背肆）

入四月，旬五日心。（简 86 背肆）

入五月，旬二日心。（简 87 背肆）

入六月，旬心。（简 88 背肆）

入七月，八日心。（简 89 背肆）

入八月，五日心。（简 90 背肆）

入九月，三日心。（简 91 背肆）

入十月，朔日心。（简 92 背肆）

入十一月，二旬五日心。（简 93 背肆）

入十二月，二日〈旬〉三日心。（简 94 背肆）

2. 睡虎地秦简日书乙种《心》篇①

入正月，二日〈旬〉一日心。（简 95 贰）

入二月，九日直心。（简 96 贰）

入三月，七日直心。（简 97 贰）

入四月，旬五日心。（简 98 贰）

入五月，旬二日心。（简 99 贰）

入六月，旬心。（简 100 贰）

入七月，八日心。（简 101 贰）

入八月，五日心。（简 102 贰）

入九月，三日心。（简 103 贰）

入十月，朔日心。（简 104 贰）

入十一月，二旬五日心。（简 105 贰）

入十二月，二日〈旬〉三日心。（简 106 贰）

3. 孔家坡汉简日书《心》篇②

【十月，朔日心。十一月，廿六】日心。十二月，廿四日心。正月，廿一日。二月，十九日。三月，十七日。四月，十五日。五月，十二日。六月，十日。七月，八日。八月，五日。九月，三日心。凡月心，利初学【史，不可】祠及杀。（简残 40、202、203、残 6、237）

---

① 陈伟主编：《秦简牍合集（壹）》，第 534 页。晏昌贵：《楚地出土日书三种分类集释》，第 113-114 页。

② 湖北省文物考古研究所、随州市考古队：《随州孔家坡汉墓简牍》，北京：文物出版社，2006 年，第 154 页。李天虹，罗运兵：《秦汉简〈日书〉"学"篇的定名：兼谈孔家坡汉简〈日书〉"学"篇的复原》，《新语文学与早期中国研究》，上海：上海人民出版社，2018 年，第 321 页。

4. 周家寨汉简日书《心》篇①

学

十月，朔心。十一月，廿六日心。十二月，廿四日心。正月，廿一日。二月，十九日。三月，十七日。四月，十五日。五月，十二日。六月，十日。七月，八日。八月，五日。九月，三日心。凡月心，利初学书，不可祠及杀。（简 313、382）

孔家坡《心》篇，因竹简残断简文有缺失。王强、李天虹先生等在原释文基础上进一步缀合、补释，李先生等还结合周家寨《心》篇订正了释文，孔家坡《心》篇几近完整复原。②

对照看，在抄写形式上，胡家草场《心》篇与睡虎地《心》篇接近，都是按月份分栏抄；在内容上，胡家草场《心》篇与孔家坡、周家寨《心》篇接近，特别是三者都是起首以"十月"开头，又在列出十二个月每月直心日后有一段"心"日的宜忌之辞，这与睡虎地《心》篇有较大差别。胡家草场《心》篇抄写较规范，每月直心日下均未省写"心"字，而孔家坡、周家寨《心》篇则在大多数的月份下省去"心"字，而且省写的位置竟出奇地一致，表明此两册日书抄写的《心》篇在文本来源上很可能就是同一底本。

关于篇题，刘乐贤先生将睡虎地《心》篇的篇题拟以"直心"③，李天虹先生等依据周家寨《心》篇自有的篇题"学"，认为秦汉日书《心》篇的篇题应当名之为"学"，"学"即其主题。④从胡家草场《心》篇自有篇题写作"心"看，《心》篇的篇题有"心""学"两种。这类同篇异名的现象，在日书文献中不乏其例，如睡虎地秦简日书甲种的《星》篇自有篇题"星"⑤，睡虎地秦简日书乙种却写作"官"；⑥睡虎地秦简日书乙种《嫁子时》篇自有篇题"嫁子时"⑦，属同篇的孔家坡汉简日书《徙时》篇写作"徙时"。⑧对于"嫁子时"与"徙时"为何可用作同一篇的篇名，冯西西博士认为，嫁子意味着该女子脱离原居住地并更换户籍，可看作一种

---

① 参看李天虹、罗运兵：《秦汉简〈日书〉"学"篇的定名：兼谈孔家坡汉简〈日书〉"学"篇的复原》，《新语文学与早期中国研究》，第 318 页。

② 王强：《孔家坡汉墓简牍校释》，吉林大学硕士学位论文，2014 年，第 8 页。李天虹、罗运兵：《秦汉简〈日书〉"学"篇的定名：兼谈孔家坡汉简〈日书〉"学"篇的复原》，《新语文学与早期中国研究》，第 321 页。

③ 刘乐贤：《睡虎地秦简日书研究》，台北：文津出版社，1994 年，第 284 页。

④ 李天虹、罗运兵：《秦汉简〈日书〉"学"篇的定名：兼谈孔家坡汉简〈日书〉"学"篇的复原》，《新语文学与早期中国研究》，第 321 页。

⑤ 陈伟主编：《秦简牍合集（壹）》，第 388-389 页。

⑥ 陈伟主编：《秦简牍合集（壹）》，第 530-532 页。

⑦ 陈伟主编：《秦简牍合集（壹）》，第 556 页。"嫁子时"之"时"的释读，从晏昌贵、刘国胜，见晏昌贵：《简帛〈日书〉岁篇合证》，《湖北大学学报（哲学社会科学版）》2003 年第 1 期，第 73-78 页；李天虹：《孔家坡汉简中的"徙时"篇》，《简帛研究二〇〇二、二〇〇三》，南宁：广西师范大学出版社，2005 年，第 208 页注释 2。

⑧ 湖北省文物考古研究所、随州市考古队编著：《随州孔家坡汉墓简牍》，第 139 页。

变相的移徙。[1]由于《徙时》篇可以用来占测娶妻嫁女时女子徙家的方位吉凶，因此，《徙时》篇就可以用"嫁子时"作为篇题。同理，《心》篇可以用来占测初学书时间的宜忌，因此冠以"学"为篇题，也不算奇怪。结合日书中的相关篇目看，"徙时"之名要比"嫁子时"名合适，《心》篇以"心"为篇题亦较"学"之名似更宽泛，毕竟嫁子为徙中的一类，初学书是属于"心"日占验的事项之一。出现同篇异名现象的原因，可能是不同占派对同一篇目的篇题取名不一所致，还可能是日书在流传过程中，篇目的篇题有意发生更改，也不排除是不同的编撰者取名较随意造成的。

二、《反支》篇

《反支》篇书写占用 8 枚简。该篇内容可分两部分，第一部分是讲如何推算反支、解衔所在日，第二部分是讲反支日的宜忌。第一部分写在 6 枚简的第二栏，第二部分使用了 2 枚简不分栏书写。全篇释文如下：

• 反支（简 1464 贰）

亥、子朔，巳反，亥解。（简 1464 贰）

丑、寅朔，午、子反。（简 1462 贰）

卯、辰朔，丑反，未解。（简 1460 贰）

巳、午朔，寅、【申】反。（简 1463 贰）

未、申朔，卯反，酉解。（简 1517 贰）

酉、戌朔，辰反，戌解。（简 1519 贰）

• 凡反支以徙官，必十徙。以受忧，必十喜。以财、畜产、人，出得十，亡一得十，以得一，必亡十。以毂（系），亟出。以受贺喜，必忧。以杀，见血，必有一人死之。可歌乐、鼓无（舞）。以亡，自得。（简 1486、1488）

《反支》也是秦汉日书比较流行的篇目。对照其他日书《反支》篇，简文"解"即睡虎地汉简及孔家坡汉简日书《反支》篇中的"解衔"[2]。我们主要讨论《反支》篇的第二部分。已公布的《反支》篇第二部分的释文如下。

1. 放马滩秦简日书《反支》[3]

是胃（谓）反只（支）。以徙官，十徙。以受忧者，十喜。以亡者，得十。毂（系）囚，亟出。不可冠带、见人、取（娶）妇、嫁女、入臣妾。不可主歌乐、鼓舞。

---

① 冯西西：《汉代移徙研究》，武汉大学博士学位论文，2021 年，第 172 页。

② 伊强、熊北生：《睡虎地汉简〈丛辰〉与〈反支〉初探》，《江汉考古》2023 年第 2 期。白军鹏：《秦汉简牍所见日书相关问题的考察》，《简帛研究二〇一三》，南宁：广西师范大学出版社，2014 年，第 141-142 页。

③ 陈伟主编：《秦简牍合集（肆）》，武汉：武汉大学出版社，2014 年，第 84 页。

杀畜生（牲），见血，人死之。利以出，不利以入，得一失十。以受贺喜，十忧。以去入官者，必去。以欧（殴）治（笞）人者，必蓐（辱）。（简 128、309、367）

2. 香港中文大学文物馆藏汉简日书《反支》①

出一得十。亡人，环（还）反（返）。以受忧者，得憙。去官，十迁。（简 53）

3. 孔家坡汉简日书《反支》②

反支：反支日，入一出百，出一入百。求反支日，先道朔日始，数其雌也。从亥始数，右行雄也。从戌始，先〈左〉行。前禺（遇）其日为反【支，后遇其日为解】衎。前自得，为有事；后自得，为事已。（简 135 壹～137 壹）

4. 睡虎地汉简日书《反支》③

凡反支、解衎：利出财、畜、奴婢。受忧，出一得十。闻忧，十得憙。去官，十迁。毄（系），环（还）出。不可笞人，罪。免人，人环（还）报。不可歌乐、闻憙。（简 7 贰～8 贰）

秦汉日书中的反支日的特点，一是反支日利出、失，不利入、得；二是反支日做事，其结果往往与所为之事的性质相反，或所为之事会反加于身。例如反支日做喜庆的事，结果却有忧。

对照看，诸篇的行文用字互有差异，但基本意思多相一致。据胡家草场《反支》"以亡，自得"，知港中大简《反支》所言"亡人，环（还）返"是指逃亡的人自返的意思。据放马滩《反支》"杀畜生（牲），见血"，知胡家草场《反支》所言"以杀，见血"是指杀畜牲。放马滩《反支》的"以亡者，得十"，是对应胡家草场《反支》"以财、畜产、人，出得十，亡一得十"的"亡一得十"，是说反支日丢失了钱财、畜产、奴婢，反而会加倍得到。简文"出得十"应是漏写了"一"，应作"出一得十"。胡家草场《反支》说"可歌乐、鼓舞"，而放马滩、睡虎地《反支》篇谓不可"歌乐、鼓舞"或不可"歌乐、闻喜"，疑简文"可歌乐、鼓舞"前漏写了"不"字。

三、《蚕》篇

《蚕》篇占用 3 枚简，内容包括"蚕良日""别蚕良日"及"蚕忌"等。释文如下：

---

① 陈松长编著：《香港中文大学文物馆藏简牍》，香港：香港中文大学文物馆，2001 年，第 29、31 页。释文中的"受"，原书释作"史"，不确，当改释为"受"。

② 湖北省文物考古研究所、随州市考古队：《随州孔家坡汉墓简牍》，第 143 页。晏昌贵：《楚地出土日书三种分类集释》，第 152 页。

③ 伊强、熊北生：《睡虎地汉简〈丛辰〉与〈反支〉初探》，《江汉考古》2023 年第 2 期。赵翠翠：《秦汉日书〈反支〉篇对读札记》，简帛网 2023 年 6 月 11 日。

蚕良日：以壬辰入之。以壬、丑、壬酉及庚午曲之、浴之。（简 1472）

蚕良日：甲寅、庚午、戊午利出、入。别蚕良日：乙未、己未、辛未。（简 1481）

蚕忌：五子、卯、辰、戌，不可出、入蚕及别之，皆凶。（简 1482）

此篇原无篇题，据文意拟定作《蚕》。需要说明的是，写在简首的"蚕良日""蚕忌"的抄写较不寻常。三处的"蚕"字顶格写在了天头处，而"良日""忌"分别与"蚕"字空开写在了天头下的第一道编绳内，即通常正文起首的位置。按理说，此三"蚕"字，应该也写在第一道编绳内，即分别与"良日""忌"连写。单独将"蚕"字顶格写在天头处，应当是突出"蚕"字，其目的可能是为醒目，便于查阅，这与日书常将篇题写在天头处的作用差不多。胡家草场《日书》卷中，类似的情况还有，这一定程度反映了日书特有的写本特征，对于我们探究日书的篇题制作也是值得参考的。

《蚕》篇内容与养殖桑蚕有关。睡虎地秦简日书甲种有同类性质的篇目，内容如下：

蚕良日：庚午、庚子、甲午、五辰，可以入。五丑、五酉、庚午，可以出。（简 94 正贰）

汪桂海先生认为，这里的"可以入""可以出"似指可以从蚕室取出蚕种和将蚕种送入蚕室。①晏昌贵先生指出，《新刻趋避检》卷上"出蚕吉日"："宜甲子、庚午、癸酉、庚辰、乙酉、甲午、乙巳、甲申、壬午、乙未、癸卯、丙午、丁未、戊申、甲寅、戊午，生、旺、开日。"②桑蚕养殖是秦汉时期较为重要的农业生产项目，秦汉日书中列有关桑蚕养殖方面的宜忌。胡家草场《蚕》篇不仅提到了入蚕、出蚕的宜忌，还讲了"别蚕"及曲蚕、浴蚕时间的吉凶。在周家台秦简《病方及其它》简 368—370 中讲到"浴蚕"，即是育蚕选种，其文云"今日庚午利浴蚕""浴蚕必以日纔始出时浴之，十五日乃已"等。③简文"别蚕"疑指挑选、分拣蚕种。"曲"蚕疑指为蚕置备蚕箔。《礼记·月令》"（季春之月）具曲、植、籧筐，后妃齐戒，亲东乡躬桑"，郑玄注："时所以养蚕器也，曲，簿也。"

四、《失》篇

《失》篇有 2 枚简，自有篇题"失"，写在简首天头处。全篇释文如下：

---

① 汪桂海：《秦汉时期桑蚕业、禽畜养殖及狩猎活动中的信仰习俗》，《简帛研究二〇一二》，南宁：广西师范大学出版社，2013 年，第 82 页。

② 晏昌贵：《楚地出土日书三种分类集释》，第 186 页。

③ 陈伟主编：《秦简牍合集（叁）》，武汉：武汉大学出版社，2014 年，第 74 页。

失。室西有死者，以盛火置西垣上。居室北，盛土置北垣上。居室东，盛斧置东垣上。居室南，盛水置南垣上。须已葬乃去之，失不敢入其室。 （简1470、3801+1518）

"失"即屡见于秦汉日书中的"死失"，是一种人死后作祟的死煞。有学者指出，"失"即"魅"。[①]本篇与其他日书中的《死失》篇内容有所不同。《死失》篇主要讲"死失"每月出来或不出来的日子及其所处位置吉凶情况。《失》篇似是侧重解咎，即讲如何解除人死后"失"带来的灾害。具体来说，是运用了五行相克原理，即火胜金，土胜水，金胜木，水胜火，使"失"不出来作祟。

The Discussion of the Daybook Volume Found in the Han Bamboo Slip Manuscript from Hujia Caochang

Liu Guosheng   Zhao Cuicui   Li Zhifang

Abstract: This paper selects and discusses the "Xin" (心), "Fanzhi" (反支), "Can" (蚕), and "Shi" (失) chapters of the Daybook volume found in the Han bamboo slip manuscript from Hujia Caochang (胡家草场). The "Xin" chapter of Hujia Caochang manuscript has a similar lay-out to the "Xin" chapter of Shuihudi (睡虎地) manuscript. The titles of the "Xin" chapter in the Qin and Han Daybooks have two variations: "Xin" (心) and "Xue" (学). The contents of the "Fanzhi" chapter of Hujia Caochang manuscript indicate two characteristics of Fanzhi days in the Qin and Han Daybooks: first, Fanzhi days are auspicious for going out and losing, but not for entering and obtaining; second, the results of actions taken on Fanzhi days often contradict the nature of the actions themselves. The "Can" chapter of Hujia Caochang manuscript not only mentions the favorable and unfavorable aspects of taking in and taking out silkworms, but also discusses the auspicious and inauspicious times for selecting and identifying silkworms, setting up the silkworm room, and bathing the silkworms, reflecting that sericulture was a relatively important agricultural activity during the Qin and Han periods. The "Shi" chapter of the Hujia Caochang manuscript focuses on exorcism, explaining how to eliminate the disasters brought by "Shi" after a person's death.

Key words: Hujia Caochang Han bamboo slip manuscript; Daybook; Collation; Fanzhi

---

① 参看陈炫玮：《孔家坡汉简日书研究》，清华大学（新竹）硕士学位论文，2007年，第170页。刘乐贤：《悬泉汉简中的建除占"失"残文》，《文物》2008年第12期。

"有方"补释

罗卫东

（北京语言大学文学院）

摘要："有方"一词，出现在《墨子》《韩非子》等传世文献中，也出现在周家台、敦煌等地出土秦汉简牍中。王国维认为"有方"是一种形制不可考的兵器。毕沅、孙诒让、洪颐煊等认为"有方"一词形体有误。出土汉简中的"有方"形体，证明该词形无误。已有研究分析"有方"或是兵器，或是农具，或是执军旗的人等，也有学者认为"有方"对应的事物不明。商周铜器铭文中有"耒"字，由"又（手）"加"方"构成。复音词"有方"由"耒"字析文而成，《汗简》《古文四声韵》《集篆古文韵海》中有"铼"字，由"金"加"又（手）"加"力"或"方"构成。"有方"可能是长铼，是由农具发展而来的一种兵器。

关键词：汉简；有方；耒；兵器；农具

"有方"出现在《墨子》《韩非子》等传世文献中，在出土文献中，也有"有方"一词，它在甘肃居延遗址、敦煌玉门关、敦煌马圈湾、居延遗址地湾城故址、敦煌悬泉置、肩水金关，内蒙古额济纳河流域及江苏尹湾等遗址出土的汉简上都有。王国维在《流沙坠简·屯戍丛残考释》中指出："右简皆云'有方一'，'有方'亦兵器也。"[①] 他引用 《墨子》《韩非子》中"有方"语句，证明"有方"是兵器， 王国维认为"唯其形制则不可考矣"。传世文献中的"有方"，毕沅、孙诒让、洪颐煊等已有分析，他们认为"有方"的"方"是误字。汉简"有方"，前贤时彦已有很好的研究，他们各抒己见，尚无定论。有的学者认为是武器，有的学者认为是农具，有的学者将"有方"归入"不明类"器物。本文尝试在已有研究基础上，考证、辨析"有方"的形体与意义。

一、"有方"的形体

传世文献中"有方"一词，写作"有方"。

《墨子·备水》："并船以为十临，临三十人，人擅弩，计四有方。"

---

① 罗振玉、王国维编著：《流沙坠简》，王国维撰《流沙坠简·屯戍丛残考释》，1914 年京都出版社初版，北京：中华书局，1993 年，第 179 页。

毕沅《墨子注》："旧作'方'，以意改。"①他认为"有方"应改为"有弓"。

孙诒让《墨子间诂》："《备蛾傅篇》云令一人操二丈四矛，'矛'误作'方'。则此'方'亦'矛'之误。'有'疑当为'酋'，音近而误。《韩非子·八说篇》云：'摺笋干戚不逮有方铁铦。''有方'亦'酋矛'之误，与此正同。"②

毕沅、孙诒让在注释《墨子》时都改订了"有方"的词形，毕沅将"有方"改为"有弓"，孙诒让认为"有方"当为"酋矛"。今本《墨子》，确实存在错讹之处，于省吾《双剑誃墨子新证·序》就曾指出："墨子于诸子中最号难读。以其讹语衍挩，更见迭出。既无旧注，又无明以前刊本。明本之传于今者，亦不多见。自孙氏《间诂》行世，而是书始稍稍可读。"③

洪颐煊也认为"有方"的形体有误。

《韩非子·八说》："摺笋干戚不适有方铁铦。"

洪颐煊《读书丛录》："案《诗·公刘》，干戈戚扬，郑笺：干，盾也。然则有方非盾也。有方当是'有刃'之讹。"④

那么《墨子》《韩非子》中的"有方"，是否如毕沅、孙诒让、洪颐煊等所分析的，是错讹之形呢？我们在西北师范大学"简牍学术资源数据共享平台"⑤，查找西北汉简中的"有方"，排除非复音词的"有"加"方"，例如《肩水金关汉简》73EJT30：134 号简记载："……□作者见廿一人半日初事　有方卿急遣诸亭封传之须服兵。""有方"一词在《居延新简》中出现 23 次，例如简号 EPT20：3 记载："队长一人、铁鞮瞀五、弩幅四、服二、有方一、藁矢铜鍭二百五十。"其中"有方"写作【图】。《玉门关汉简》有 1 例"有方"，《地湾汉简》有 3 例，《敦煌马圈湾汉简》有 5 例，《悬泉汉简》有 5 例，《肩水金关汉简》有 22 例，《居延汉简》有 23 例，"简牍学术资源数据共享平台"所集汉简共有"有方"82 例。上列汉简中的"有方"形体结构与居延新简 EPT20：3 写法相同，"有"为"又"加"月（肉）"的合体字，"方"为独体字。这 82 例"有方"，有的在书体上有差异，例如《居延新简》EPT51：209 写作【图】，是草书，并非隶书。《居延新简》EPT51：20 有一例写作"右方"："当曲隧长茅同右方一冉不事用今已成。"除西北汉简外，江苏尹湾出土的汉简《武库永始四年兵车器集簿》也有"有方"，共 3 例。例如编号41-YM6D6-Z-5："有方七万八千三百九十二。"⑥写作【图】。其他时代的简牍材料，在湖北荆州关沮周家台秦简《病方及其它》中也出现了"有方"一词："段（瘕）

① [清]毕沅校注：《墨子》，乾隆四十九年毕氏灵岩山馆刊本，第十四卷。

② [清]孙诒让：《墨子间诂》，清光绪三十三年（1907 年）刻本，第十四卷第 36 页。

③ 于省吾：《双剑誃诸子新证·墨子新证》，1938 年初版，北京：中华书局，1962 年影印。

④ [清]洪颐煊撰《读书丛录》第十四卷，清道光二年富文斋刻本，1822 年。

⑤ 西北师范大学简牍学术资源共享平台（https://jdsjk.nwnu.edu.cn），2024 年 6 月 30 日上线。

⑥ 初师宾、胡平生主编《中国简牍集成》第 19 册《安徽省（下）江苏省卷》，《东海尹湾汉墓出土简牍》，兰州：敦煌文艺出版社，2005 年，第 1954 页。

者，燔剑若有方之端，卒（淬）之醇酒獂獂中。女子二七，男子七以（饮）之，已。"①

上述出土简牍材料证明：传世《墨子》《韩非子》中"有方"的形体无误，并非"有弓""酋矛"或"有刃"的误写。

二、"有方"的意义

我们在前文提及，王国维（1914）认为"有方"是兵器，此后有多位学者赞同、论证此观点。劳干《居延汉简考释·释文之部一》第三卷"簿录"器物类收录了"有方"的释文，例如"口年三十一有方"（三九二）四·二七②，其《居延汉简考证》指出："兵刃之属刀剑而外有称曰有方者……有方与长兵之矛同用于战船，则有方应亦为长兵矛戟之属"③，劳干认为"有方"是汉代特有的、指称戈戟的名称："戈戟在汉仍常用，汉画亦屡画之，惟汉简所记则有弓弩，有刀剑，而不见戈戟，若有方为戈戟之属，则汉简中非无戈戟，特其名异耳。……有方者，即矛刃之上铁横方，亦即是矛头之戟"④。当然，后来出土的尹湾汉简、悬泉汉简中记载有戈、戟，例如《武库永始四年兵车器集簿》⑤："乘与铜戈五百六十三。""戟（戟）六千六百三十四。"沈刚（2008）汇集了当时所见已有观点，所列七种观点都认为"有方"是武器。⑥聂丹（2022）列出有关观点，也都是兵器。⑦已有多篇硕博学位论文，综述了相关的研究。⑧关于"有方"词义，现有多种观点，为了便于讨论，我们将主要观点分述如下：

---

① 湖北省荆州市周梁玉桥遗址博物馆：《关沮秦汉墓简牍》，图版三十九，简号323，北京：中华书局，2001年，第49页。

② 劳干：《居延汉简考释·释文之部一》，上海：商务印书馆，1944年，第399页。

③ 劳干：《居延汉简考证》，四川南溪石印初版，1944年；"中央研究院"历史语言研究所集刊》第三十本上册，1959年，第433-434页。

④ 劳干：《居延汉简考证》，第434页。

⑤ 初师宾、胡平生主编：《中国简牍集成》第19册《安徽省（下）江苏省卷》，《东海尹湾汉墓出土简牍》，兰州：敦煌文艺出版社，2005年，第1954页。

⑥ 沈刚：《居延汉简语词汇释》，北京：科学出版社，2008年，第78页。

⑦ 聂丹：《〈金关汉简〉戍卒与武备词语研究》，北京：中国社会科学出版社，2022年，第258-265页。

⑧ 黄登茜：《汉简兵簿与汉代兵器论考》，硕士学位论文，西北师范大学，2001年。毛玉兰：《对汉简所见器物及其历史文化意义的几点探讨》，硕士学位论文，安徽大学，2007年。李黎：《额济纳汉简语词通释》，硕士学位论文，华东师范大学，2010年。张伟：《敦煌汉简中的兵器》，硕士学位论文，西北师范大学，2011年。刘钊：《汉简所见官文书研究》，博士学位论文，吉林大学，2015年。郑雯：《敦煌地区所见汉简词汇研究》，硕士学位论文，华东师范大学，2018年。田佳鹭：《西北屯戍汉简词汇专题研究》，博士学位论文，西南大学，2020年。陈婧：《西北汉简所见烽隧兵器与守御器研究》，硕士学位论文，郑州大学，2022年。郭嘉楠：《敦煌汉简名词研究》，硕士学位论文，西北师范大学，2022年。史童欣：《西汉兵物类簿籍简牍词汇研究》，硕士学位论文，陕西师范大学，2022年。程瑞杰：《悬泉汉简（壹）（贰）名物词研究》，硕士学位论文，西北师范大学，2023年。

（一）武器类

"有方"是武器，学者们的观点又可细分为进攻型武器、防御型武器等。

（1）进攻型武器

多位学者赞同劳干（1944）的观点："有方"是矛戟类进攻型武器。陈槃（1971）分析："戟有枝旁出，'有方'，犹言'有旁'也。"[①]初师宾（1984）区分了传世文献与汉简中的兵器、斗具、守具，认为"汉简所记兵器，单指刀剑弩矢等杀伤性武器"[②]，他在该句注释中说明："居延汉简所见边塞兵器，有弓、弩、矢、刀、剑、有方（戟），弓弩附件的兰、幡、服、犊丸、承弦、盔甲类的铠、鞮鍪。此外，靳干、幡有时也列入兵器簿。"[③]连邵名（1987）认为"有方应是带有横出利刃的一种兵器，确切地说，就是戟"。[④]饶宗颐、李均明（1995）指出："有方，类似矛的长兵器，汉简屡见……"[⑤]李均明（1999）分析"有方"是戟，同时分析了"有方"命名之源："有方，戟类长兵，旁枝伸出又上翘为钩刺，戟刺与旁枝及上翘之枝之间经三折，成近似方形的两个直角，故称。"[⑥]李均明（2009）又详细分析了"有方"作为常用兵器的形制。[⑦]宋琪（2009）则详细分析了"有方"为戟，并非戈。[⑧]张显成（2002）[⑨]，张显成、周群丽（2011）赞同李均明的观点。[⑩]张小锋（2008）也认同李均明对"有方"功能的分析，戟利于钩拉与横击，"有方"利于前刺及叉击，它们是两种不同的兵器，但是有内在联系。[⑪]张伟（2011）依据形制推论"有方"是"鸡鸣戟"。[⑫]张德芳（2013）分析"有方"指类似戟的长兵器。[⑬]陆锡兴（2014）从器物形制角度，用大量图片论证戟到有方的发展，判断"有方为卜字铁戟的专用名称"。[⑭]

[①] 陈槃：《汉简剩义再续》，"中央"研究院历史语言研究所集刊编辑委员会：《"中央研究院"历史语言研究所集刊》第四十三本第四分，1971年，第783-784页。

[②] 初师宾：《汉边塞守御器备考略》，甘肃省文物工作队、甘肃省博物馆编《汉简研究文集》，兰州：甘肃人民出版社，1984年，第143页。

[③] 初师宾：《汉边塞守御器备考略》，第221页。

[④] 连邵名：《居延汉简中的有方》，《考古》1987年第11期。

[⑤] 饶宗颐、李均明：《敦煌汉简编年考证》，台北：新文丰出版公司，1995年，第48页。

[⑥] 李均明：《尹湾汉墓出土"武库永始四年兵车器集簿"初探》，连云港市博物馆、中国文物研究所编《尹湾汉墓简牍综论》，北京：科学出版社，1999年，第106-107页。

[⑦] 李均明：《秦汉简牍文书分类辑解》，北京：文物出版社，2009年，第266-267页。

[⑧] 宋琪：《居延汉简所见长兵器考释》，《广州文博》（三）第103-104页，北京：文物出版社。

[⑨] 张显成：《从〈武库永始四年兵车器集簿〉看尹湾汉简在历史词汇学上的价值》，西北师范大学文学院历史系、甘肃省文物考古研究所编《简牍学研究》，兰州：甘肃人民出版社，2002年，第25页。

[⑩] 张显成、周群丽：《尹湾汉墓简牍校理》，天津：天津古籍出版社，2011年，第51页。

[⑪] 张小锋：《"有方"考论》，《历史教学（高校版）》2008年第6期。

[⑫] 张伟：《敦煌汉简中的兵器》，硕士学位论文，西北师范大学，2011年。

[⑬] 张德芳：《敦煌马圈湾汉简集释》，兰州：甘肃文化出版社，2013年，第532页。

[⑭] 陆锡兴：《论戟到有方的发展》，《南方文物》2014年第4期。

李天虹（2003）指出“有方也许是一种有刃的长兵”①，王震、庄大钧（2008）提出一个新观点，认为“有方”是短兵器钺戟。②王震（2009）重申此观点：“先秦的有方即钺戟的前身，亦即上古锛、矛结合的戟类短兵，而汉代的有方当即钺戟”。③他认为“有方”是便于掘土的钺戟。聂丹（2022）分析“‘有方’是有‘刃’的兵器”，“据《金关汉简》及同质简看，‘有方’多为戍卒随身携带。方便携带的武器，想来不会太长”。④

（2）防御型武器

王先慎（1896）注释《韩非子·八说》“搢笏干戚不适有方铁铦”，将“方”释为“楯”。⑤吴毓江（2006）赞同这一观点，将“有方”解释为盾。⑥

（二）农具

《通典》记载水战装备及水战过程：“速造舡一二十只，简募解舟楫者载以弓、弩、锹、镢，每舡载三十人，自暗门衔枚而出，潜往斫营，决彼堤堰。”⑦岑仲勉（1958）据此认为水战中需要毁堤掘土的工具，不需要携盾，他提出“有方”是锹、镢一样的工具，即锄头。“考粤俗常呼锄为‘铈’，邦、方古音甚相近，方即锄也，毁堤先锄土，故‘方’为必携之用具”。⑧

（三）执军旗的人

陈奇猷（1974）提出“方”和军旗相关，“有方”是执军旗的人：“今考凡旗旒字皆从方，可见方实为旗旒之属。……‘有方多士’即为执旗之诸事，是有方二字转为一专名。”⑨当然，“方”与“㫃”并不相同，所以这一观点没有得到学界认可。陈奇猷（2000）在新著中校注“有方”时删除了这段分析。⑩

（四）不明类

顾广圻（1896）认为：“‘有方’，未详。旧注全讹。”⑪陈直（1962）将“有方”归入形制不明的兵器：“另外常见有‘有方’的名称，亦屡见于敦煌简，王国维

① 李天虹：《居延汉简簿籍分类研究》，北京：科学出版社，2003年，第95页。
② 王震、庄大钧：《有方训释辨正及其形制发展》，《江汉考古》2008年第4期。
③ 王震：《古兵器“有方”考证》，《内蒙古社会科学（汉文版）》2009年第1期。
④ 聂丹：《〈金关汉简〉戍卒与武备词语研究》，第263、264页。
⑤ 王先慎：《韩非子集解》卷十八，光绪二十二年刻本。
⑥ 吴毓江：《墨子校注》，北京：中华书局，2006年，第837页。
⑦ [唐]杜佑：《通典》卷一百五十二兵五，清武英殿刻本。
⑧ 岑仲勉：《墨子城守各篇简注》，北京：中华书局，1958年，第50页。
⑨ 陈奇猷：《韩非子集释》，上海：上海人民出版社，1974年，第983页。
⑩ [战国]韩非著，陈奇猷校注：《韩非子新校注》，上海：上海古籍出版社，2000年，第1030页。
⑪ [清]王先慎：《韩非子集解》，清光绪二十二年刻本。

先生考证有方之名，见于《墨子·备水篇》，西汉时仍用有方，则为古籍所未详，其形式现不可知，始终亦未见有方之出土的。"①十七年后，陈直（1979）重申了这一观点："今据敦煌居延两简，在西汉仍盛行有方，其形制既不能详，又从未见有出土者，在汉代古籍，亦绝无记载，殊为可异。"②李天虹（2003）也认为："有方，形制不明"。③姚磊（2023）将"有方"归入不明类兵器，他说明戍卒的装备"另有有方、大刀等近距离格斗武器"。④

裘锡圭（1980）指出"有方的问题尚未彻底解决，但是我们对于有方的认识比起孙诒让等人来已经进了一步"，裘先生评述了关于"有方"的研究："孙诒让尚未见到汉简，他把有方解释为酋矛的论文，是可以理解的。奇怪的是，陈奇猷在解放后出版的《韩非子集释》的《八说》篇注中，不仅没有提到汉简里的有关资料，反而还别出心裁地提出了'有方'是执军旗的人的奇说，比起清人来反而退了一大步。"⑤

"有方"一词的意义，目前学界还没有定论，还可讨论。

三、"有方"形义辨析

前述已有研究成果，从形体与意义两方面研究"有方"，前贤时彦依据兵器的形制、功能以及上下文语境、事理等方面考证"有方"为戟、矛、戈、盾等，例如王震（2009）引用《汉语大字典》解释："'方'象耒，而耒是下端尖锥形的翻土农具，上文既言'方'有掘土之义，当由其本义'耒'引申而来。又锸（斤）与锄相类，锄亦用于耕地翻土　则耒（方）、锸（斤）必有关联。且'方'字象耒，'斤'字象锸，二字金文、篆文字形皆甚近似。'方''斤'既为同类耕具，古字形近辗转互讹必是常有之事，故古之结合者可称为'有方'。"⑥王震的论证思路很好，不过他分析"方"是"斤"的讹字，"有方"是锸（斤）、矛的结合体，没有举证论述。

我们认为，如果因为卜形戟、鸡鸣戟等兵器，器物形制部分是方形，就论证"有方"是这几类戟类兵器，尚需更多的实物证据，在文字形体分析方面，尚未落实。

徐中舒（1930）以金文为例，说明"男""勒"等字中的"力"像耒形，徐先

---

① 陈直：《居延汉简概述》，《历史教学》1962 年第 4 期。

② 陈直：《居延第一批汉简与汉史的关系》，《西北大学学报（哲学社会科学版）》1979 年第 4 期。

③ 李天虹：《居延汉简簿籍分类研究》，北京：科学出版社，2003 年，第 93 页。

④ 姚磊：《西北汉简整理及考释》，北京：中国社会科学出版社，2023 年，第 280 页。

⑤ 裘锡圭：《考古发现的秦汉文字资料对于校读古籍的重要性》，《中国社会科学》1980 年第 5 期。

⑥ 王震：《古兵器"有方"考证》，《内蒙古社会科学（汉文版）》2009 年第 1 期。

生又以《兮甲盘》等器物为证，说明"方"像耒形。[1]孙常叙（1956）在徐中舒《耒耜考》基础上，分析了世界范围内由尖头木棒发展到歧头农具的过程。孙先生用图来表示其演变（见图1）。

图1　尖头木棒到耒字的演变
（图片采自孙常叙《耒耜的起源和发展》第113、118、122页）

孙常叙赞同徐中舒的观点，认为"耤"所从的"耒"，即"方"，它是一种"尖端分歧的双尖耒"。它的发展过程为："最初是尖头木棒。在尖头木棒的下部尖端的上部加上踏脚横木改造成直尖耒。直尖耒改造成斜尖耒。在斜尖耒的基础上改造成歧头的'方'，由'方'发展成'镈'。这是一系。在斜尖耒的下部通过踏脚横木接插上'锹头'，改造成'耜'，就它的通体来说，叫'耒耜'。这又是一系。"[2]

我们认为"有方"即是由这种歧状尖头分叉农具发展来的守御器中的兵器一类。"有方"的形体与耒有关。《商金文编》[3]列出耒的两类形体：一作![img](08070《𤔲𤔲耒爵》，商代晚期）；一作![img]（03426《耒簋》，商代晚期）。历代金文著录文献对![img]形有不同隶定，例如西周中期00868《耒父己鼎》，耒写作![img]，该器物收录于多种金文著录资料，该字刘心源（1905）未释；[5]罗振玉（1937）隶定为"聿"[6]，丁麟年（1941）隶定为"聿方"[7]，释为"手持兵形"；《殷周金文集成》（1986）隶定为"耒"[8]，《商周青铜器铭文暨图像集成》（2012）也隶定为"耒"[9]，铜器铭文"聿"写作![img]（《聿鼎》）、![img]（《聿尊》）等形，不从"方"。![img]形体是"又（手）"加"方"，此字形在《金文编》中列在附录[10]。刘钊（1990）认同高鸿缙（1960）观

① 徐中舒：《耒耜考》，《"中央研究院"历史语言研究所集刊》第二本第一分，第24、32页。

② 孙常叙：《耒耜的起原和发展》，《东北师范大学科学集刊》1956年第2期。

③ 严志斌编著：《商金文编》，北京：中国社会科学出版社，2016年，第132页。

④ 本文所用金文拓片均来自吴镇烽先生研制的《商周金文资料通鉴》（4.0版）。

⑤ 刘心源：《奇觚室吉金文述》卷一·五·一，1905年石印，参见刘庆柱、段志宏、冯时主编《金文文献集成》第13册，北京：线装书局，2005年，第143页。

⑥ 罗振玉：《三代吉金文存》卷二·二四·四，1937年初版，北京：中华书局，1983年重印本，第195页。

⑦ 丁麟年：《栘林馆吉金图识》，参见《金文文献集成》第8册第508页。

⑧ 中国社会科学院考古研究所：《殷周金文集成》第四册01618号，北京：中华书局，1986年。

⑨ 吴镇烽编著：《商周青铜器铭文暨图像集成》，上海：上海古籍出版社，2012年，第2卷第159页。

⑩ 容庚编著，张振林、马国权摹补：《金文编》，北京：中华书局，1985年，第1140页。

点，刘先生认为此字是简体的"耤"[①]。林沄（2016）列举韩国国立博物馆的农耕纹青铜器藏品，分析该青铜器上图像 ，与殷墟甲骨文"耤"形十分接近，林先生认为甲骨文"耤"字形体 、、，"所表现的双手持耒而一脚踩耒的耕作方式"，记载了"耤"的动词意义"翻耕农田"。而手持农具的字，是"耒"，林先生梳理了商代青铜器铭文中的"耒"到楷书"耒"的演变，认为"耒"由"握耒柄的手形演变而成"。他判断："耒是一种最古老的翻挖土地的农具，曾在东亚地区广泛使用。"[②]

《说文解字·耒部》："耒，手耕曲木也，从木推丰。古者垂作耒耜以振民也。凡耒之属皆从耒。"

林先生指出《说文解字》对汉字造字的解释大多是正确的，但是依据出土文物与古文字字形，"耒"是头部为双齿形的翻挖土地的工具，"耤"字所从"耒"，把持耒操作的人形，后来演变为手形。

我们认为，铜器铭文中的 字即"耒"字。 字可以析为"又（有）方"，由"又（手）"加工具"方"构成，战国时期文字，例如《郭店楚墓竹简·穷达以时》"舜耕于鬲（历）山"的"耕"，写作 [③]，所从之"耒"也是"又（手）"加"方"。这种在物体上加"又（手）"形构成的汉字，不只"耒"字，战国晚期《新造矛》（17615）自名 ，在矛字形外，也加构件"又（手）"。

古文字中有合文，例如甲骨文"立中"写作 （《屯3764历组》）[④]。与之相反的是"分文"：一形可以析为两字。陈梦家分析甲骨文中有合文"物"，也有分文"勿牛"。[⑤]裘锡圭也指出甲骨卜辞中 """"，"大概多数应该分别读为'陷麋''陷鹿''陷 （麇）'。"[⑥]"耒"字也如此，一形分读为"有方"。

耒从尖头木棒发展为歧状农具，还有一系发展为兵器，"有方"即是一个例证。古文献中有关农具与兵器关系的记载有很多，例如：

《管子·禁藏》："故耕器具则战器备，农事习则功战巧矣。"

《国语·齐语》："时雨既至，挟其枪、刈、耨、镈，以旦暮从事于田野。"

《六韬》："武王问太公曰：天下安定，国家无争，战攻之具，可无修乎？守御之备，可无设乎？太公曰：战攻守御之具，尽在于人事，耒耜者，其行马蒺藜也。"

上列文献记载说明农具在太平时代是耕种用具，在战争时可以是武器。当然，

---

① 刘钊：《释甲骨文耤、羲、蟺、敖、栽诸字》，《吉林大学社会科学学报》1990年第2期。

② 林沄：《耒：东亚最古老的农具》，《经济社会史评论》2016年第1期。

③ 详见滕壬生：《楚系简帛文字编》（增订本），武汉：湖北教育出版社，2008年，第432页。李守奎编著：《楚文字编》，上海：华东师范大学出版社，2003年，第272页。

④ 详见刘钊等编纂：《新甲骨文编》（增订本），福州：福建人民出版社，2014年，第869页。

⑤ 陈梦家：《殷虚卜辞综述》，北京：科学出版社，1956年初版；中华书局，1988年，第82页。

⑥ 裘锡圭：《甲骨文字考释（八篇）》，《古文字研究》第四辑，北京：中华书局，1980年，第163页。

武器也可以由农具发展而来。《后汉书》："耒耜有籣。"这与汉简"有方"有盛放的楶是吻合的[1]，"有方"有用于保护它的尖刃的刀室（套）。

《武库永始四年兵车器集簿》上列"有方"多达 78392 件。但是除《墨子》《韩非子》等书，"有方"在传世文献中没有更多的记载。我们分析认为这种兵器用"铩"字记录，《墨子》《韩非子》中无"铩"，《史记》《汉书》等书中有。试证明如下。

传抄古文[2]中的"铩"在《汗简》中的形体写作𨫌、《古文四声韵》中写作𨬍，《集篆古文韵海》写作𨭉、𨫢，左边是金字，右边由"又（手）加"力"或"方"构成。"铩"的构件"杀"，已有很多学者撰文讨论。

李零（1985）分析楚帛书上的"杀"[3]，何琳仪（1998）分析了战国时期的"杀（衰）"[4]，陈剑（2012）释读甲骨文及西周早中期金文中的"杀"[5]，刘云（2012）详列甲骨文、金文"杀"及其相关的字。[6]这些学者讨论了"杀"在甲金文及战国文字中的形体演变，"杀"在《说文解字》中有多个古文字形，有一个写作𤔔，该字形中间构件与汉碑"耒"字相似，例如 ，校官碑"诛"写作 ![诛]。𤔔由人形加攴加耒构成。上溯商代金文字形，现藏北京故宫博物院的 00227《𢼊鼎》，原定名《杀鼎》，"杀"写作 ![杀]，由武器和跪踞的人形构成。传抄古文中的"杀"，其左旁也与"耒"相近。例如：《汗简》收录《古尚书》"杀"，写作𣏔；《古文四声韵》写作𣏔。它们与"杀"的另一古文形体𤕬有别。

曾宪通（1992）从商金文入手，在徐中舒"笔误说"、于省吾"'又'变说"基础上，分析"耒的构形乃像手所握持的木制农具"[7]，一直演变到"耒"形，是"又"与"力/方"的黏合，"耒"并非从草生散乱之"丯"。手握持歧状的农具或兵器，可耕可杀，"杀"也不局限于杀人、杀犬等，取动物性命，也可以指用工具截取、砍掉植物，例如山东济南方言"杀树"即保留"杀"的古义。[8]

汉简中有"铩"，《武库永始四年兵车器集簿》A 面第五栏："铩二万四千一百七十。"写作 ![铩]，"铩"通"铩"。

那么"有方"还是不是"铩"呢？我们认为汉代的兵器，不仅种类丰富，而且有的种类还分长兵器、短兵器。例如马王堆三号汉墓出土简记载[9]：

① 花友娟：《〈方言〉"爉丸"考》，《辞书研究》2021 年第 3 期。

② 徐在国编：《传抄古文字编》，北京：线装书局，2006 年，第 1401 页。

③ 李零：《长沙子弹库战国楚帛书研究》，北京：中华书局，1985 年，第 74 页。

④ 何琳仪：《战国古文字典—战国文字声系》，北京：中华书局，1998 年，第 940-941 页。

⑤ 陈剑：《试说甲骨文的"杀"字》，中国古文字学会、复旦大学出土文献与古文字研究中心编：《古文字研究》第二十九辑，北京：中华书局，2012 年，第 9-19 页。

⑥ 刘云《释"杀"及相关诸字》，复旦大学出土文献与古文字研究中心（fdgwz.org.cn），2012 年 11 月 21 日。

⑦ 曾宪通：《"作"字探源—兼谈耒字的流变》，《古文字研究》第十九辑，北京：中华书局，1992 年，第 415 页。

⑧ 钱曾怡：《济南方言词典引论》，《方言》1995 年第 4 期。

⑨ 湖南省博物馆、湖南省文物考古研究所编著，何介钧主编：《长沙马王堆二号、三号汉墓》（第一卷 田野考古发掘报告），北京：文物出版社，2004 年，第 49 页。

简 21:"执短鏖（铩）六十人，皆冠画。"

简 25:"卒介胄，操长鏖（铩）、应（膺）盾者百人。"

马王堆三号汉墓没有"有方"，我们认为"长铩"即"有方"。

《汉书》第三十一卷:"鉏櫌棘矜，不敌于钩戟长铩。"

颜师古注:"铩，铍也。"

《说文解字·金部》:"铩，铍有镡也。"

陈昌治本《说文解字》讹作"铎"。①徐锴修订为"镡"。

徐锴《说文解字系传》:"铩，铍有镡也。"

《说文解字注》:"镡，剑鼻也。言铍有镡者，则知铍有不为鼻者矣。"

《说文解字义证》:"铍有镡者，李善注《西京赋》引同。"又有"一曰鋋，似两刃刀"七字。

汉代的铩大多是铁制兵器，加有两端上翘成锐尖状的镡。

汉画像石上有一种兵器，剑鼻处具有两端上翘呈尖锐状的镡。如图 2 兰锜（兵器架）从下往上数第 6、7、8 件兵器。

图 2　徐州汉画像艺术馆藏兰锜图
（图片源自徐州博物馆）

杨泓（1982，2007）把这种形制的兵器称为矛。他分析下图 3:"竖直插放五件长柄兵器，两侧各有一戟，中间是三件长矛。"②

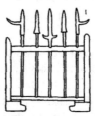

图 3　江苏徐州青山泉白集画像石兵兰
（图片源自《汉代物质文化资料图说》）

---

① [汉]许慎撰:《说文解字》，北京:中华书局，1963 年，第 295 页。

② 杨泓:《武库和兰锜》，《文物》1982 年第 2 期，第 79-80 页;《中国古兵器论丛》（增订本），北京:中国社会科学出版社，2007 年，第 380-381 页。

其实中间三件长矛，形制有两类。正中间的和左、右两边的有别。孙机（1991，2020，2023）分析上图："江苏徐州白集画像石中的一例，将长铩插在兵兰正中，反映出对它的重视。""《说文解字·金部》记载说：'铩，铍有镡也。'指在铍矛头的下部安装有类似剑的镡。据马王堆汉墓出土的相关实物可以知道，铩在汉代是分作短铩和长铩两种类型的，比较而言，似乎更偏重长铩。"①

这种形制的兵器，有出土实物，在多个汉墓中出土。例如图4出土于西安财政干部培训中心汉墓，发掘简报这样描述："铩，6件。均已残。尖状两面刃，扁体，不起脊。镡为铜质，其两侧向前弯曲带尖状刃。"②

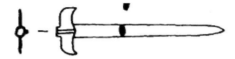

图 4　汉代铁铩

（图片源自《文博》1997年第6期第17页）

从"有方"形体、"长铩"实物分析，由尖头木棒到歧状的农具"方"，再到以手持方的"有方（长铩）"，也是汉语词汇在秦汉时期双音化的实证。

四、余　论

因现在还没有发掘出自名为"有方"的兵器，所以汉简"有方"的考释，我们结合古文字学、文献学和古器物学进行分析。研究"有方"，不仅有益于辨析名实，也将为讨论《墨子》《韩非子》等书的成书过程提供更多证据。同时也可以将研究成果应用到工具书的修订、编写中，例如《汉语大词典》"有方"有三个义项③：❶犹四方，各方。有，词头。❷有一定的去向，处所。❸有道；得法。《辞源》"有方"也有三个义项④：㈠四方。有，助词。㈡有一定的去向，处所。㈢有道，得法。如果增加汉简"有方"的意义，那么辞书中该词条的意义会更完善。⑤

---

① 孙机：《汉代物质文化资料图说》，上海：上海古籍出版社，1991年，第183页；《汉代物质文化数据图说（修定本）》，北京：中华书局，2020年，第126页；《孙机文集》第2册，北京：商务印书馆，2023年，第178-179页。

② 西安市文物考古保护考古所：《西安财政干部培训中心汉、后赵墓发掘简报》，《文博》1997年第6期。

③ 罗竹风主编，中国汉语大词典编辑委员会、汉语大词典编纂处编纂：《汉语大词典》第6卷，上海：汉语大词典出版社，1990年，第1144页。

④ 何九盈、王宁、董琨主编，商务印书馆编辑部编：《辞源》，北京：商务印书馆，2015年，第1947页。

⑤ 有多位学者论及汉简词语补充辞书义项的价值，例如马克冬，张显成：《〈居延新简〉军备用语及其价值研究》，《河北北方学院学报（社会科学版）》2013年第6期。

Supplementary Interpretation of the Chinese Bamboo Slips from the Han Dynasty "Youfang"

Luo Weidong

Abstract: The term "Youfang 有方" appears in historical documents such as Mozi and Han Feizi, as well as in Han bamboo slips unearthed in Dunhuang and other places. Wang Guowei believes that "Youfang 有方" is a weapon whose form cannot be determined. Bi Yuan, Sun Yirang, and Wang Xianshen believed that the word's form of "Youfang 有方" was incorrect, and the Han bamboo slips with the word's form of "Youfang 有方" proved that the word's form is correct. Previous studies have analyzed that "Youfang 有方" refers to weapons, agricultural tools, and people holding military flags, while some scholars believe that the corresponding objects of "Youfang 有方" are unclear. According to ancient Chinese characters and literature, "Youfang 有方" evolved from the character "Lei 耒" and is composed of "You 又" and "Fang 方". "Youfang 有方" is a weapon developed from agricultural tools.

Key words: Han bamboo slips; Youfang 有方; Lei 耒; weapon; agricultural tools

楚国史记名"梼杌"考*

任　攀

（复旦大学出土文献与古文字研究中心
"古文字与中华文明传承发展工程"协同攻关创新平台）

摘要：《孟子·离娄》说楚国史记名"梼杌"，其得名之由引起古今学人的广泛关注和讨论，异说达十数种之多。近年湖南长沙新出的五一广场东汉简牍为考察该问题提供重要线索。一份名为"守史勤言调署伍长人名数书"的文书中用"梼楬"指称一种登录身份信息的木楬。"梼楬"跟楚国史记名"梼杌"（又作"桃左""梼柮"）当是一回事。根据东汉简牍中的"梼楬"一词提供的音义定点来看，"梼杌"的"杌"应有"楬"一类读音。结合古文字中刖足人形讹变为兀、介的情况以及"乘""桀"的分化关系来看，表断木义的"杌/柮"字的右旁很可能就是从古文字中象无头木形的"不（檗、檅）"讹变而来的。

关键词：梼杌；梼楬；桃左；梼柮；不（檗、檅）

《孟子·离娄》说晋、楚、鲁三国的史记分别名"乘""梼杌""春秋"。楚国史记取名"梼杌"的含义引起古今学人的广泛关注和讨论，异说达十数种之多。①新近出土的简牍资料为考察该问题提供重要线索，本文结合出土文献、古文字资料解说楚史取名"梼杌"的缘由及其形体来源。

一、"梼楬"解读

近年湖南长沙新出的五一广场东汉简牍中有一份名为"守史勤言调署伍长人名数书"的文书，包含 11 枚竹简和 3 枚木牍，竹简上罗列伍长的人名和统计数字，1022+1021 二枚木牍书写文书的呈文，1042 号木牍书写标题，文书呈文有"尽力赦录，悉令住梼楬，有增咸（减）复言"一段话，周海锋据《说文》和居延汉简

---

* 本文为国家社科基金冷门绝学和国别史等研究专项"汉晋简牍名物词整理与研究"（批准号：19VJX091）、国家社科基金冷门绝学研究专项学术团队项目"中国出土典籍的分类整理与综合研究"（批准号：20VJXT018）的成果。

① 陈建梁：《"梼杌"古义之探讨》，《四川大学学报（哲学社会科学版）》1995 年第 1 期；徐文武：《〈梼杌〉与〈桃左春秋〉辨》，《楚国思想与学术研究》，武汉：湖北教育出版社，2012 年，第 274-280 页；彭忠德：《〈梼杌〉书名含义：编年史》，罗运环主编《楚简楚文化与先秦历史文化国际学术研讨会论文集》，武汉：湖北教育出版社，2013 年，第 613-620 页；董芬芬《晋〈乘〉、楚〈梼杌〉、鲁〈春秋〉名称考》，赵逵夫主编《先秦文学与文化》（第十辑），上海：上海古籍出版社，2022 年，第 274-283 页。

所见巡逻士卒所用的身份证明"迹梼"来解释其中的"梼楬",认为它也是一种登录身份信息的木楬,"住"由止意引申为记录下来。①周说大体可从,不过对"住"的解释似可商榷。"住"当读为"註/注",其记载义或是从注入义引申而来的。《汉语大词典》在"註""注"二字下均列有"记载"这个义项,书证如《后汉书·律历志》论曰:"皇牺之有天下也,未有书计。历载弥久,暨于黄帝,班示文章,重黎记註。"唐无名氏《南岳魏夫人传》:"虚皇鉴尔勤感太极,已注子之仙名于玉札矣。"宋洪迈《容斋三笔·宗室参选》:"吏部员多阙少,今为益甚,而选人当注职官簿尉,辄为宗室所夺。"元王实甫《西厢记》第五本第四折:"今朝三品职,昨日一寒儒。御笔亲除,将名姓翰林註。"②"住梼楬"的"住"跟"註/注"的用法应是一致的。

五一广场东汉简出土于故楚地,指称文字载体的"梼楬"跟楚国史记名"梼杌"极可能是一回事。

西北汉简中屡见自名"梼"的木牍(见图1),如"第六迹梼"(居 EPT49.23)、"第六日中梼"(居 EPT48.131)、"第六日中迹梼"(居 EPT49.25)、"第十候史日迹梼"(额 99ES16SF2:4,四面文字相同)、"第一梼"(敦 1394)。这些"日迹梼"有的是四面觚(如额 99ES16SF2:4、肩 73EJT23:286、肩 73EJD:320、肩 73EJT27:44),有的在简上端有穿孔以便穿绳(如居 EPT49:23、25),有的在简上端一面或两面有凹槽以便系绳(如敦 1394—1398、居 EPT49:22、24);除了系绳外,有的简首修治成梯形(如居 EPT49:1—2),有的在上端或上下两端画墨线(如肩 73EJT23:286、肩 73EJT27:44)。

额 99ES16SF2:4　　居 EPT49:23　　　　居 EPT49:25　　　肩 73EJT23:286
（四面文字相同）　　　　　　　　　　　　　　　　　　　　（四面文字相同）

图 1　西北汉简中的"梼"

---

① 周海锋:《〈长沙五一广场东汉简牍〉文书复原举隅(二)》,简帛网,2020 年 4 月 17 日。

② 罗竹风主编:《汉语大词典》第 5 卷,上海:汉语大词典出版社,2001 年,第 1094 页。罗竹风主编:《汉语大词典》第 11 卷,上海:汉语大词典出版社,2001 年,第 116 页。

敦 1398　　　　居 EPT49:24　　　　居 EPT49:2　　　　居 EPT49:1

图 1　西北汉简中的"梼"（续）

对于这类木牍的用途，学者意见颇有分歧。薛英群认为它们是烽燧结合部标志巡迹终点的木桩。[①]中国简牍集成编辑委员会认为"梼"读为"筹"，日迹梼（筹）就是日迹时所持的符、筹。[②]特日格乐、白音查干认为这些日迹梼是"汉代边郡戍卒、官吏日迹的记录牌，每日迹一日保留一枚日迹梼，作为日后赐劳、夺劳的依据"。[③]土口史记举出汉简中有关日迹的相关规定（如居 EPF22:167 说"檄到，恭等令隧长旦备迹，士吏候长常以日中迹"）以及迹符（居 EPT44:21、22）、刻券（敦 2296，敦 1392A、B）等，认为前揭观点均不可信。[④]

《说文·木部》云："楬，楬橥也。"《周礼·天官·职币》云："皆辨其物而奠其录，以书楬之，以诏上之小用、赐予。岁终，则会其出。"郑司农云："楬之，若今时为书以著其币。"贾公彦疏云："谓府别各为一牌，书知善恶价数多少，谓之楬。"孙诒让按："此云'以书楬之'，犹《典妇功》云'物书而楬之'，《泉府》云'物楬而书之'，并谓书其名数于杙，以为表识，而附著之其物之侧也。"[⑤]《周礼·秋官·职金》云"辨其物之娓恶与其数量，楬而玺之"，郑玄注："既楬书揣其数量，又以印封之。今时之书有所表识，谓之楬橥。"[⑥]楬是在杙上记录物品的主管部门、名称、数量、质量、种类、价值、用途以及出入时间等内容，年末可据此进行统计。[⑦]"楬""揭"在揭示、标示义上应是同源的。

出土简牍中有一类起标示、说明作用的木牌，其上端多修治成半圈形、三角形或梯形，并画网格纹或涂黑，有穿孔或侧面缺口以便系挂在与其上文字内容对应的实物或文书上，学者公认这就是"楬"，如马王堆一号、三号汉墓出土百余枚木楬（部分还系在竹笥上），海昏汉墓出土百余枚木楬（内容包括随葬的衣物、容器以及典籍等）[⑧]，洛阳西高穴曹魏大墓出土三百余枚石楬。这些楬不单起到标示作用，还有账簿的作用[⑨]，可作为进一步统计的基础。

出土资料中的楬大致可分为实物楬和文书楬，实物楬一般说明物品的名称、归属、数量、尺寸、颜色、价值、重量、制造以及效验等情况，文书楬一般说明文书种类、主要内容和数量等情况。[⑩]海昏西汉简中还有一些记载典籍篇名的木楬，

① 薛英群：《居延汉简通论》，兰州：甘肃教育出版社，1991 年，第 139 页。

② 中国简牍集成编辑委员会：《中国简牍集成》第十册，兰州：敦煌文艺出版社，2001 年，第 5 页。

③ 白音查干、特日格乐：《额济纳汉简概述》，魏坚主编：《额济纳汉简》，桂林：广西师范大学出版社，2005 年，第 28 页。

④ ［日］冨谷至著，张西艳译：《汉简语汇考证》，上海：中西书局，2018 年，第 223-227 页。

⑤ 孙诒让：《周礼正义》，北京：中华书局，2013 年，第 489-490 页。

⑥ 孙诒让：《周礼正义》，北京：中华书局，2013 年，第 3444 页。

⑦ 韩艺娜：《〈周礼〉中的楬文书》，《通化师范学院学报》2017 年第 7 期。

⑧ 韦心滢：《海昏木楬初论》，朱凤瀚主编：《海昏简牍初论》，北京：北京大学出版社，2021 年，第 319-329 页。

⑨ 恩子健：《海昏侯墓"第廿"木楬释文补正——兼谈签牌的性质》，《秦汉研究》2021 年第 1 期。

⑩ 李均明：《秦汉简牍文书分类辑解》，北京：文物出版社，2009 年，第 456-465 页。李均明：《汉简所见木楬与封检在物资管理中的作用》，中国文化遗产研究院编：《出土文献研究》第 19 辑，上海：中西书局，2020 年，第 327-341 页。

还在一个装有奏牍、书牍与诗文牍的漆箱旁发现一个内容为"札一廪，第五十一"的木楬。①文书、典籍所附的楬相当于目录。②

中国典籍之有目录，余嘉锡认为当以《易传·十翼》中的《序卦传》最早，其中条列六十四卦之名，与刘向著录"条其篇目，撮其旨意"之例同。③出土战国秦汉简牍中有不少书写在简背或简首（天头）的篇题，也有的是在文末，用方或圆形墨块与正文隔开。④还有用单独的简牍书写一种或多种典籍篇目的，如银雀山汉简《守法守令等十三篇》的篇题木牍，腰部两侧有缺口并有系绳。里耶秦简中有一类简首涂黑的木牍，记载的多是对应文书的年代、发文机构、事项等简要提示，李彦楠认为它们是文书收到方根据对应一份或一组文书所作的提要或总结。⑤这些单独记载篇题或提要的木牍都当是"楬"。

五一广场东汉简中"梼楬"连用，其功能、形制当有相近之处。从出土实物来看也确实如此，譬如简首或修治成梯形，或涂墨线，或有缺口以系绳。将二者结合来看，过去不明其用途的日迹梼极可能就是一组日迹符、刻券等日迹记录的标识牌，提示所属机构、身份、时间等信息。

二、关于"梼杌"的旧说

《孟子·离娄》云："孟子曰：'王者之迹熄而诗亡，诗亡然后《春秋》作。晋之《乘》，楚之《梼杌》，鲁之《春秋》，一也。'"赵岐注："此三大国史记之名异。《乘》者，兴于田赋乘马之事，因以为名。《梼杌》者，嚚凶之类，兴于记恶之戒，因以为名。《春秋》，以二始举四时，记万事之名。"⑥

"春秋"是各国史记的通称，其得名之由是有公认的。杜预《春秋序》云："记事者，以事系日，以日系月，以月系时，以时系年，所以纪远近、别同异也。故史之所记，必表年以首事，年有四时，故错举以为所记之名也。"⑦

晋史名"乘"，孔颖达《春秋正义》云："乘是兵车之名，《管子》书亦有《乘马》《臣乘马》《乘马数》《问乘马》等篇，本以一乘四马，广及阴阳地里农耕国策之事，晋史之名《乘》，或亦同之。"朱熹《孟子集注》引或说："取记载当时行事

---

① 韦心滢：《海昏木楬初论》，朱凤瀚主编：《海昏简牍初论》，北京：北京大学出版社，2021 年，第 323、327 页。杨博：《战国秦汉简帛所见的文献校理与典籍文明》，《中国社会科学》2022 年第 9 期。

② 杨博：《战国秦汉简帛所见的文献校理与典籍文明》，《中国社会科学》2022 年第 9 期。

③ 余嘉锡：《目录学发微 古书通例》，上海：上海古籍出版社，2013 年，第 69 页。

④ 程鹏万：《简牍帛书格式研究》，上海：上海古籍出版社，2017 年，第 309-343 页。

⑤ 李彦楠：《里耶出土首部涂黑简探研》，《国学学刊》2019 年第 2 期。

⑥ [清]焦循：《孟子正义》卷十六，北京：中华书局，1987 年，第 574 页。

⑦ [春秋]左丘明撰，[晋]杜预集解：《春秋左传集解·序》，南京：凤凰出版社，2010 年，第 1 页。

而名之也。"①清代吴承志《横阳札记》对赵岐说提出异议，认为乘马之事掌于地官，非史职，"乘"当为"年"字之隶变，为"记年"之省。②

至于楚史"梼杌"之得名则异说颇多。

东汉赵岐说"梼杌"属于嚚凶之类，史书之所以以此为名，是取义于记录恶人恶行以为警戒。其说盖本之《左传》。《左传·文公十八年》载季文子使大史克对鲁宣公的话中提到浑敦、穷奇、梼杌、饕餮四凶，其中"梼杌"指颛顼氏之不才子。唐代孔颖达等《春秋左传正义》引服虔按："《神异经》云：'梼杌状似虎，毫长二尺，人面虎足，猪牙，尾长丈八尺，能斗不退。'"③《史记·五帝本纪》载其事，《集解》引贾逵云："梼杌，顽凶无畴匹之貌，谓鲧也。"④杜预注《左传》与贾说同。又《左传·昭公九年》云："先王居梼杌于四裔，以御螭魅。"⑤宋代朱熹《孟子集注》以为"梼杌"是恶兽名，因用为凶人之号。⑥日本竹添光鸿认为楚史名"梼杌"取兽之强大有力者。⑦是以"梼杌"为恶兽、猛兽、凶人之号。

宋代罗愿《尔雅翼》认为梼杌是能预知未来的灵兽。⑧明清两代多有从此说者，如明代张萱《疑耀·梼杌》说："梼杌，恶兽，楚以名史，主于惩恶。又云，梼杌能逆知未来，故人有掩捕者，必先知之。史以示往知来者也，故取名焉。亦一说也。"⑨

大徐本《说文解字·木部》："檮，断木也。从木、晷声。《春秋传》曰'檮柮'。"⑩段玉裁《说文解字注》补作"檮柮，断木也"，注曰："谓断木之干，榾头可憎者。"他指出"檮柮"即"梼杌"（出声、兀声同部）。⑪徐锴《说文解字系传》"檮"字下解释晋史名"乘"者谓其无所不载也，楚史名"梼杌"者谓其为恶木而主于记恶以为戒也。⑫按：断木成为"可憎"的"恶木"云云，很可能是取《左传》杜预注、《孟子》赵岐注以"梼杌"为恶人或恶兽名而附会的。

清代洪亮吉认为《说文》无"杌"字，当以作"柮"为是。李富孙举《易》

① [宋]朱熹：《四书章句集注·孟子集注》，北京：中华书局，1983年，第295页。

② [清]吴承志：《横阳札记》卷十《距年竖年相年》，徐德明、吴平主编：《清代学术笔记丛刊52》，北京：学苑出版社，2006年，第166页。

③ [清]阮元校刻：《十三经注疏·春秋左传正义》卷二十，北京：中华书局，2009年影印清嘉庆刊本，第4043页。

④ 《史记》卷一，北京：中华书局，2013年，第43-44页。

⑤ [清]阮元校刻：《十三经注疏·春秋左传正义》卷四五，北京：中华书局，2009年影印清嘉庆刊本，第4466页。

⑥ [宋]朱熹：《四书章句集注·孟子集注》，北京：中华书局，1983年，第295页。

⑦ 竹添光鸿：《左氏会笺》卷二三，成都：巴蜀书社，2008年，第1847页。

⑧ [宋]罗愿：《尔雅翼》卷二一，北京：中华书局，1985年，第240页。

⑨ [明]张萱：《疑耀》卷四，北京：商务印书馆，1939年，第76页。

⑩ [汉]许慎：《说文解字》，北京：中华书局，2013年，第120页。

⑪ [清]段玉裁：《说文解字注》，南京：凤凰出版社，2015年，第473页。

⑫ [南唐]徐锴：《说文解字系传》，北京：中华书局，1987年，第119页。

"于觥觥"《说文》引作"鞩鼬",证出声与兀声古通。① 《说文》:"柮,断也。从木出声。读若《尔雅》'貀无前足'之'貀'。"徐锴《说文解字系传》以为"柮"之言兀也。② 段玉裁《说文解字注》将"断也"改为"梼柮也",说:"今人谓木头为榾柮,于古义未远也。"③

清代焦循《孟子正义》据《说文》"顽,楣头也""楣,梡木未析也""梡,楣木薪也""析,破木也"的说解,认为:"薪有析者有不析,其未析者名梡,即名楣。纵破为析,横断为梼杌,断而未析其头则名顽,是梼杌即顽之名。因其顽,假断木之名以名之为梼杌,亦戒恶之意也。"④

清代俞樾疑《韩非子·备内》提到的《桃左春秋》中"桃左"的"左"为"兀"字之误,"桃兀"即"梼兀",楚史亦名《春秋》,所以也可以叫《梼兀(杌)春秋》。⑤ 清代胡澍看法与俞樾相同,并提出"梼兀"作"梼杌"犹凤皇作凤凰。⑥

清代吴承志认为"梼杌"当作"梼柮",即"桃左春秋"之"桃左","桃""梼"字通,"柮"借作"屈",草书作"屈",再误为"左","梼柮"即"梼柮春秋"之省;"梼柮"本义即为断木,作为史记名当指木牒,以"梼柮"指称牒大概是楚地方言。⑦

丁山亦认为"梼杌"盖本荆楚方言,指以断木做成的简牍,记载国家大事。⑧ 杨柳桥亦认为"梼杌"即"筹策",是记事的简书。⑨

姜亮夫认为"梼杌"是楚之先人,其书盖多突兀怪迂之说,缙绅先生难言之。他也认为"桃左春秋"之"左"为"柮"形近而误,"桃左"当作"梼柮",因"杌""柮"音义相近,而"梼柮"又少见,遂误作"梼杌";"梼柮"本指断木,以它为名是形容史如断烂朝报。⑩

徐文武又进一步认为"兀""左""氏"三字形近易讹,"桃左"之"左","梼兀(杌)"之"兀"可能是"氏"的讹字,"桃""梼"音近可通,"桃氏""梼氏"是一回事,是用"作者姓氏+史书通名"作为史书的书名。⑪

---

① [清]刘文淇:《春秋左氏传旧注疏证》,北京:科学出版社,1959年,第605页。

② [南唐]徐锴:《说文解字系传》,第119页。

③ [清]段玉裁:《说文解字注》,第473页。

④ [清]焦循:《孟子正义》卷十六,北京:中华书局,1987年,第572-576页。

⑤ [清]俞樾:《俞樾全集3·诸子平议》卷二十一《韩非子》,杭州:浙江古籍出版社,2017年,第453页。

⑥ [清]俞樾:《俞樾全集31·附录一:袖中书》,杭州:浙江古籍出版社,2018年,第16-17页。

⑦ [清]吴承志:《横阳札记》卷十《距年竖年相年》,徐德明、吴平主编:《清代学术笔记丛刊》52,北京:学苑出版社,2006年,第166页。

⑧ 丁山:《中国古代宗教与神话考》,上海:上海书店出版社,2011年,第289页。

⑨ 杨柳桥:《"梼杌"正义》,《文史》(第二十一辑),北京:中华书局,1983年,第100页。

⑩ 姜亮夫:《三楚所传古史与齐鲁三晋异同辨》,《姜亮夫全集·八·楚辞学论文集》,昆明:云南人民出版社,2002年,第125-126页。

⑪ 徐文武:《楚国思想与学术研究》,武汉:湖北教育出版社,2012年,第279页。

魏平柱以为"梼杌"指伐木后留下的树桩子，因其上有树木年轮，一年一圈，如历史一年年记载，引申指史书。①彭忠德在其说基础上认为"梼杌"作为楚史名，是由断木截面有年轮引申指年，再引申指逐年记事的编年史书。②

姚益心对楚史名"梼杌"有两个推论，一是孟子杜撰，二是楚人用神兽梼杌作为自己民族的象征。③

唐善纯举《山海经》中的"梼过之山，浪水出焉。其中有虎蛟，其状鱼身而蛇尾"，认为"过""杌"同音，"梼过之山"即"梼杌之山"，认为"梼杌"源于苗语，指鳄鱼，是楚人的图腾，进而以图腾名史书。④

王晖将四川广汉三星堆出土青铜人头像和立人像跟楚史名"梼杌"联系起来，认为"梼杌"是长江流域巴蜀楚地以断木做成的先祖祭主，青铜立人像是其仿制品，青铜人头像则是套在断木之上的先祖祭主。⑤

杨振和认为"梼杌"之"梼"是湘西苗语中的"书"和"字"，"杌"按字形看是木做的案桌，"梼杌"意即"案书"，反映楚史的书是伏在案桌上写就的。⑥

三、"梼杌"与"梼楬"

结合五一广场东汉简牍中的"梼楬"一词以及出土实物来看，过去学者对楚史名"梼杌"的解释中，只有以"梼杌"指断木做成的记事简牍者近是。以此为基点，结合旧说可取之处以及古文字资料，可探讨"梼杌"的由来。

《韩非子·备内》提到的《桃左春秋》之"桃左"与楚史名"梼杌"应是一回事。《说文》"楬"字下引《春秋传》中的"楬柣"跟"梼杌"也应是一回事。现在又知道它们跟"梼楬"也是一回事，这就在音义上有了一个定点。

战国楚简中有"楬（梼）"字。包山二号楚墓所出楚简258简有"楬（梼）旮"，首字原形作🔲。⑦刘国胜举出该墓东室出土2:54号竹笥系挂的8号签牌上写有"楬（梼）旮"，与简文所记相同，但据报告，竹笥内盛放的是六节莲藕。⑧整理者疑

① 魏平柱：《楚史〈梼杌〉之"梼杌"辨正》，《襄樊学院学报》2003年第6期。

② 彭忠德：《〈梼杌〉书名含义：编年史》，罗运环主编：《楚简楚文化与先秦历史文化国际学术研讨会论文集》，武汉：湖北教育出版社，2013年，第613-620页。

③ 姚益心：《鯀·梼杌·楚史》，《江汉论坛》1982年第10期。

④ 唐善纯：《释"梼杌"》，《文史知识》1989年第9期。

⑤ 王晖：《楚史书〈梼杌〉的名源与三星堆青铜人头像性质考》，《史学史研究》2007年第4期；王晖：《三星堆青铜人头像性质与楚史书〈梼杌〉名源考》，《考古与文物》2008年第5期。

⑥ 杨振和：《楚之〈梼杌〉即苗语楚书》，《苗侗文坛》1999年第1期。

⑦ 湖北省荆沙铁路考古队：《包山楚墓》，北京：文物出版社，1991年，图版202。

⑧ 刘国胜：《楚丧葬简牍集释》，北京：科学出版社，2011年，第47、77页。

258 简“梼”为“桃”字，刘信芳读为捶捣之“捣”，刘国胜从之。[①]朱晓雪从整理者说读为“桃”。[②]

“檮”所从的声符“𠷎”是田畴之“畴”的表义初文，本作“𠯈”，古文下加饰“口”形，出土战国古文字中多加饰“甘”形。同声符的“祷”古文或作、（禂）。[③]“梼”之右旁也或可如此，因形、音皆近讹作“桃”是完全可能的。

“梼杌”，《说文》引作“檮（梼）柮”，“杌”“柮”异文跟李富孙举出的“鼿”“鼬”异文是平行的。

《说文》无“杌”字。“柮”在先秦古文字中也尚未见到。

《说文》也无“鼿”字，《说文・出部》下收“（鼬）”字，解释说：“槷鼬，不安也。从出臬聲。《易》曰：‘槷鼬’。”段玉裁《说文解字注》云：

槷，一本作“埶”，非也。《困》：“上六，于臲卼。”《释文》云：“臲，《说文》作劓；卼，《说文》作鼬。云：鼬，不安也。”陆云《说文》作劓，与今本不同。小徐本作“《易》曰：劓鼬，困于赤芾”。劓字与陆氏合，而多“困于赤芾”四字，则为九五爻辞，又不与陆合。锴注仍引上六爻辞，恐四字浅人所增也。“九五劓刖”，荀、王作“臲鼿”，郑云：“劓刖当为倪伬。”则两爻辞义同矣。许作“槷鼬”，盖孟《易》也。《尚书》：“邦之杌陧”。槷与陧、臲、劓、倪同，鼬与杌、鼿、卼、伬同。杌、鼿、卼、伬，皆兀声。以《说文》“梼杌”作“梼柮”例之，则出声、兀声同，鼬当是从臬、出声，五忽切，因不立臬部，误谓从出、臬声耳。臬声，则与槷同音五结切，非也。许书有扤无杌。[④]

“臲卼”“臲鼿”“槷鼬”“劓鼬”“劓刖”“倪伬”同义，或倒作“杌陧”。

《说文・手部》：“扤，动也。”《诗经・小雅・正月》：“天之扤我，如不我克。”《周礼・冬官・轮人》：“辐广而凿浅，则是以大扤，虽有良工，莫之能固。”郑玄注：“扤，摇动貌。”[⑤]《方言》：“（舟）伪谓之仡。仡，不安也。”戴震《方言疏证》改作“㒓谓之扤”，云：“‘㒓’各本讹作‘伪’，‘扤’亦作‘仡’。曹毅之本作‘扤’。”华学诚《扬雄方言校释汇证》按：“船行不安、左右晃动，《方言》谓之‘仡’，《说文》谓之‘𦨶’，今江淮方言区如兴化、东台一带所呼音似‘崴’，盖即古语之遗音乎？”[⑥]《说文》以为“𦨶”从舟，从刖省，读若兀。《广韵》收有“𦨶”之俗体作“舡”。

① 湖北省荆沙铁路考古队：《包山楚简》，北京：文物出版社，1991 年，第 61 页。刘信芳：《包山楚简解诂》，台北：艺文印书馆，2003 年，第 266-267 页。刘国胜：《楚丧葬简牍集释》，北京：科学出版社，2011 年，第 47、77 页。

② 朱晓雪：《包山楚简综述》，福州：福建人民出版社，2013 年，第 696 页。

③ 刘建民：《传抄古文新编字编》，复旦大学博士学位论文，2013 年，第 29 页。

④ [清]段玉裁：《说文解字注》，南京：凤凰出版社，2015 年，第 482 页。

⑤ [清]孙诒让著：《周礼正义》卷七十五《冬官・轮人》，北京：中华书局，2015 年，第 3817 页。

⑥ 华学诚汇证：《扬雄方言校释汇证》第九，北京：中华书局，2006 年，第 624 页。

上揭从"兀""乞""出"等字的异文关系，似不能简单拿读音相近来解释。东汉简牍中的"梼楬"提示"梼杌""梼柮"的第二字很可能还有"楬"一类的读音。如何沟通这些字的形、音、义诸方面的关系，还要从"兀"字入手。

裘锡圭先生早就怀疑小篆的"兀"字有两源，一是"元"之变体（髡—髨），一是刖足人形讹变（甲骨文中有"刖/跀/䠊"之初文写作 𠤎、𠂤、𠂤、𠂤 等形，象用锯断人足）；并举出《庄子》书中兀、介互讹，疑这种"介"字是刖足人形的另一种讹体。他还指出，"兀"及从"兀"之字的危或动摇义也许就是从刖足义引申而来的。[1]

《庄子·养生主》："是何人也？恶乎介也？"唐陆德明《释文》云："介，音戒，一音兀。司马云'刖也'。向、郭云'偏刖也'。崔本作'兀'，又作'跀'，云'断足也'。"[2]《庄子·德充符》"鲁有兀者王骀"，唐陆德明《释文》云："'兀者'，五忽反，又音界。李云'刖足曰兀'。案篆书兀介字相似。"[3]表刖足义的"介""兀"均有二音，用它们皆从古文字中的刖足人形讹变而来是很好解释的。

"刖/跀/䠊"是断足之义，《说文》拿"断木也"解释"梼"或"梼柮"，也许本是拿来解释"杌"的。"梼杌"跟"梼楬"的对应关系提示"杌"可能有"介"一类读音。"介""匃（曷的声符）"二声字通用在上古汉语中是很常见的。[4]

《左传·僖公二十九年》有人名"介葛卢"，"介"字魏三体石经作 𣎴，王国维指出石经古文为"叔"字。[5]安大简《诗经·干旄》简98有 𣏌 字，《毛诗》对应字为"孑"，整理者隶作"㩮"，认为从"兀（元）"声。[6]郭永秉指出安大简此字即见于三体石经古文的"敊（叔）"字。[7]"敊（叔）"所从的"尗"是由"㭉"变来的[8]，"木"旁讹混为"出"在古文字中也很常见。按：𣎴、𣏌 的左下偏旁似亦有变形音化为"介"的可能。

《说文·木部》有"櫱，伐木余也。从木献声。《商书》曰：'若颠木之有由櫱。'"，有或体作"㭂"，有古文作"𣎴"（不，从木无头）、"枿"（栉）。"𣎴"盖是将"木"字上端的笔画去掉而保留象根部的笔画，表示伐木之余的意思。[9]

① 裘锡圭：《甲骨文中所见商代五刑》，《裘锡圭学术文集·甲骨文卷》，上海：复旦大学出版社，2012 年，第 1-3 页。
② [清]郭庆藩：《庄子集释》，北京：中华书局，1961 年，第 125 页。
③ [清]郭庆藩：《庄子集释》，第 187 页。
④ 张儒、刘毓庆：《汉字通用声素研究》，太原：山西古籍出版社，2002 年，第 633 页。
⑤ 王国维：《魏石经残石考》，《王国维遗书》第四册，上海：上海古籍出版社，1983 年，第 34 页。
⑥ 安徽大学汉字发展与应用研究中心编，黄德宽、徐在国主编：《安徽大学藏战国竹简（一）》，上海：中西书局，2019 年，第 134-135 页。
⑦ 参见郭理远：《谈安大简〈诗经〉文本的错讹现象》，《中国文字》二〇二一年冬季号（总第六期），台北：万卷楼图书股份有限公司，2021 年，第 217-218 页。
⑧ 林沄：《读包山楚简札记七则》第七则，《林沄学术文集》，北京：中国大百科全书出版社，1998 年，第 21 页。
⑨ 李春桃：《古文异体关系整理与研究》，北京：中华书局，2016 年，第 336 页。

战国古玺中有"✕"（《古玺汇编》5446）字，何琳仪释为"不"，认为是姓氏。[①] 学者或从之。[②]可惜是孤例，难以考证。

张学城认为甲骨文"乘"字从大从"櫗"之初文"不"。[③]"乘"字商代甲骨文写作✕、✕、✕、✕，西周文字中作✕、✕、✕、✕等形，象人登上树木之形。[④]需要注意的是，"乘"下所从的木形跟一般"木"字写法有别，张学城将它看作"不"可谓卓识。秦文字中"乘"下讹作"桀"，《说文》就认为"乘"从入、桀。"桀"目前最早见于战国文字，陈炜湛怀疑它由"乘"字分化而来，所谓从入、桀是由甲骨金文字形讹变而来，《诗经·王风·君子于役》"鸡栖于桀"，《毛传》云"鸡栖于杙为桀"，亦取在木上之义。[⑤]"桀"之形义皆与"乘"相关，由后者分化是有可能的，它的读音很可能就来源于"乘"下所从的"不"。"桀""匄"二声字也多通用。

基于上述形、音、义诸方面的分析来看，"梼杌/柮"之"杌/柮"的右旁"兀/出"以及"桃左"之"左"最可能就是由"不"讹变而来的；也有可能"不"先讹变为"介""兀""左"其中一个，再递相讹变出另外两个。如此，甲骨文中的刖足人形（象断足之形）和无头木形（象断木之形）都可能讹变出"介""兀"形，其音义也可能互相影响。

动摇不安义的"嵹峗""嵹硊""槷輗""劓輗""劓刖"等很可能由两个同义或近义的词组成，如"劓"是断鼻，"刖"是断足。上古汉语中"劓""刖""刘""不（櫗）"均为疑纽月部字，在割断义上应是同源的。那么，"嵹"就可以分析成从危、劓（劓）省声，"峗"是从危、刖（刖）省声。与"峗""硊"对应的字又作"輗"，似可看作"兀"讹变为"出"，也可能"兀""出"二者分别由断足人形或无头木形讹变而来。

贾逵解释"梼杌"为顽凶无畴匹之貌，学者或认为"畴匹"义来源于"梼"（假借为"畴"），但"无畴匹"之义似无着落，知道"杌"有"介""桀"一类音就可解释了。汉人喜用声训，利用同音或音近的另一个词来解释词义，"介"有特立、孤独等义，"桀"亦有特立、过人等义，所谓"无畴匹"也是这类意义。

四、总　结

"梼杌""梼楬"本当指断木而成的短木（或木牌），在其上书写提示语用作标示物可起到提要、总结的作用。楚史名"梼杌"盖取书写载体之名，不过梼杌上

---

① 何琳仪：《战国古文字典》，北京：中华书局，1998年，第909页。

② 参见曾宪通、陈伟武主编，林志强、胡志明编撰：《出土战国文献字词集释》卷六，北京：中华书局，2018年，第2880页。

③ 张学城：《〈说文〉古文研究》，上海：上海古籍出版社，2017年，第143页。

④ 刘钊主编：《新甲骨文编（增订本）》，福州：福建人民出版社，2014年，第355页；季旭昇：《说文新证》，台北：艺文印书馆，2014年，第483页。

⑤ 陈炜湛：《爬树英雄——由乘说到桀》，《古文字趣谈》，北京：文化艺术出版社，2010年，第234-237页。

书写的也可能并非具体详细的内容，而是对一组或多组内容所作的提要总结。

古书中的"梼杌""梼柮""桃左"跟东汉简牍中的"梼楬"应是一回事，根据后者提供的音义定点来看，"梼杌"的"杌"应有"楬"一类读音。结合古文字中刖足人形讹变为兀、介的情况以及"乘""桀"的分化关系来看，表断木义的"杌/柮"字的右旁"兀/出"以及"桃左"的"左"很可能就是从古文字中象断木的无头木形"不（櫱、檗）"分别或递相讹变而来的。

2023 年 10 月初稿
2024 年 6 月改定

Research on the Name of Chu's History Book "TaoWu (梼杌)"

Ren Pan

Abstract: The *Li Lou* (离娄) in the book of *Mencius* (孟子) said that the name of Chu's history book is called *TaoWu* (梼杌). The reason for the name was widely discussed. In recent years, the newly unearthed slips of the Eastern Han Dynasty in Wuyi Square in Changsha of Hunan Province provide important clues for examining this issue. In a document called *The Book of Names and Numbers of Military Commissioners*, "TaoJie (梼楬)" is used to refer to a kind of identity information registration slips. "TaoJie (梼楬)" is the same as "TaoWu (梼杌)", which also known as "TaoZuo (桃左)" or "TaoZuo (梼柮)". According to the phonetic meaning fixed point provided by the word "TaoJie (梼楬)" in the bamboo slips of the Eastern Han Dynasty, the pronunciation of the Chinese character "Wu (杌)" should have a historical relationship with "Jie (楬)". Combined with the glyphs of ancient characters, we think that the radical on the right side of the Chinese character "Wu (杌)" which means "broken wood" may be the erroneous glyphs of "nie(不)", which represented a wood pile without the upper.

Key words: TaoWu (梼杌); Taojie (梼楬); Taozuo (桃左); Taozuo (梼柮); nie (不)

战国时期的"相邦"与兵器生产*

夏玉婷（Maria Khayutina）

（路德维希-马克西米利安-慕尼黑大学）

摘要：本文旨在通过战国时期的带铭兵器，考察战国时期的"相邦"在各国兵器生产及管理中的角色。基于"中研院"殷周金文及青铜器资料库，本文追溯了"相邦"监督兵器生产这一制度在各邦国的起源与传播过程，并分析了该制度在各邦国间传播的可能次序及历史背景。研究表明，自公元前4世纪末起，秦、赵两国的"相邦"开始直接负责兵器的生产。有时由"丞相"负责协助"相邦"，有时"相邦"一职由两人或两人以上同时担任。宋国亦曾在较短时期内将兵器生产的管理权委托给"相邦"，以试图增强军事实力，参与争霸。通过出土文献与传世文献的比勘，可知"相邦"这一头衔在汉代因避讳而被改写为"相国"，两者具有相同含义。此外，本文考察了"属邦"（传世文献中为"属国"）制度，认为秦国在不晚于秦王政第五年时建立了该制度，其他诸侯国则也有可能在它们的边疆地区建立相似的附属小邦。最后，本文探讨了上述发现对于理解战国相关政治概念的更广泛意义，尤其是使用"邦"来表示国家这一制度和地缘政治实体。本文不仅可为战国时期政治运作的研究提供新视角，亦有助于理解早期中国的治国理政及军事组织方式。

关键词：相邦；相国；属邦；属国；兵器铭文

据《史记》记载，"相国"①是负责处理朝政和管辖军队的官员，在战国时期（约前453—前221）的韩、魏、赵、齐、燕、秦、楚各诸侯国，以及周王室中均

---

* 本研究属于我的研究项目"从公元前1—8世纪的青铜礼器铭文看亲属关系、婚姻和政治（Kinship, Marriage and Politics in the Light of Ritual Bronze Inscriptions from 1-8c. BCE）"，项目得到德国科学基金会（Deutsche Forschungsgemeinschaft）的支持（2014—2018年，资助Nr.KH286/3-1, 2）。本文初稿已于2023年10月21日至23日在清华大学举行的"古文字与中华文明"国际论坛上发表。我非常感谢Lisa Herzog通过"中研院"数据库完成数据的提取和组织工作，同时也感谢李梓豪协助将本文翻译成中文。我还要感谢赵埔燊博士，他向我推荐了许世和博士最近的博士答辩论文，该论文对战国兵器铭文进行了全面、系统的研究（许世和：《战国有铭兵器的整理与研究》，吉林：吉林大学博士学位论文，2023年）。许博士的著作中引用了大量我无法获得的文献，通过这些，我得以验证我的假设并纠正一些错误。

① 通常被译为"Chancellor of the State"。

曾出现。①然而，已出土的战国时期青铜器铭文中多次提到"相邦"这一官职名称，而"相国"却未在任何类型的出土文献中得到印证。20 世纪 80 年代，随着大量刻有铭文的战国青铜器、《云梦睡虎地秦简》以及马王堆汉墓中两个版本的《老子》的出土②，历史学者们逐渐意识到，因汉高祖刘邦的名字中带有"邦"，为了避讳，所以汉人有意将传世文献中的"相邦"改成"相国"。③此后，结合传世文献与出土文献，多项研究对秦国的"相邦"制度进行了讨论。④不过，虽然在 20 世纪 70 年代出土了许多提及赵国"相邦"的铭文，一些研究也对新出土的铭文武器进行了探讨，但"相邦"这一称谓在赵国何时出现，却未得到研究者重视。⑤之后的数十年里，有关"相邦"的公开铭文数量几乎翻了一番，截至今日，在"中研院"殷周金文及青铜器资料库中，已收录七十余件载有此类铭文的器物。⑥该数据库包括：完整的《殷周金文集成》（以下简称 JC），《新收殷周青铜器铭文暨器影汇编》（收录铭文截至 2006 年，以下简称 NA），以及 2006 年之后出版的铭文（以下简称 NB）。随着有关"相邦"的出土铭文数量不断增加，有必要对这些铭文展开新的研究。

由于大多数涉及"相邦"的铭文都出现在兵器上，这表明管理国家的军工业是"相邦"的一项重要职能。为了厘清史实，本文针对以下问题追溯了一些出土兵器的来源：

"相邦"自何时开始监督秦国和赵国的军工业，监督了多久？

"丞相"或"守相"什么时候接过这个责任？

除秦国、赵国之外，还有哪些国家引入了"相邦"监造兵器的制度？

将兵器制造的管理权交给"相邦"的制度是如何在各诸侯国之间推广的？

"相邦"是否也监督其他行业？

---

① 《史》中有 154 处提到"相国"。可见，这个官职存在于周（《史记·周本纪》，北京：中华书局，1959 年，第 168 页）、韩（同上，第 164 页）、秦（《秦本纪》，第 219 页）、楚（《秦始皇本纪》，第 227 页）；《六国年表》，第 746 页；《赵世家》，第 1826 页）、齐（《六国年表》，第 737 页；《六国年表》，第 1502 页；《赵世家》，第 1871 页）、赵（《赵世家》，第 1797 页）、燕（《燕召公世家》，第 1559 页；《绛侯周勃世家》，第 2058 页）、魏（《魏豹彭越列传》，第 2592 页）和一些较小的诸侯国。

② 参见 William G. Boltz, "Manuscripts with Transmitted Counterparts", In *New Sources of Early Chinese History: An Introduction to the Reading of Inscriptions and Manuscripts*, edited by Edward L. Shaughnessy, Berkeley: Institute of East Asian Studies, 1997, pp. 253-285.

③ 王国维在《匈奴相邦印跋》中表达了这一假设（见王国维：《观堂集林》，北京：中华书局，1959 年，第 914-915 页）。20 世纪 80 年代，历史学家对王国维的见解重新进行了评价。可参韩养民：《秦置相邦丞相渊源考》，《人文杂志》1982 年第 2 期；韩连琪：《春秋战国时代的中央官制及其演变》，《文史哲》1985 年第 1 期；李玉福：《战国时代两种相制简论》，《史学月刊》1986 年第 3 期；刘翔："相国""丞相"官称考》，《人文杂志》，1987 年第 4 期；田炜：《论秦始皇"书同文字"政策的内涵及影响——兼论判断出土秦文献文本年代的重要标尺》，"中研院"历史语言研究所编著：《历史语言研究所集刊》第 89 本第 3 分，2018 年 9 月，第 403-450 页。

④ 参见韩养民：《秦置相邦丞相渊源考》，《人文杂志》1982 年第 2 期；聂新民、刘云辉：《秦置相邦丞相考异》，《人文杂志》1984 年第 2 期；刘翔："相国""丞相"官称考》，《人文杂志》1987 年第 4 期；黄盛璋：《秦俑坑出土兵器铭文与相关制度发复》，《文博》1990 年第 5 期。

⑤ 参见黄盛璋：《试论三晋兵器的国别和年代及其相关问题》，《考古学报》1974 年第 1 期。

⑥ 最近访问"中研院"殷周金文及青铜器资料库的日期为 2024 年 5 月 15 日。

此外，本文还研究了带有"属邦"（在《史记》之后的传世文献中，也称作"属国"）一词的兵器铭文，并探讨哪些"属邦"曾经设立"相邦"一职。最后，本文讨论带有"邦"字的铭文的含义，以明晰战国时期"邦"的政治概念。通过研究，可以发现"邦"是战国时期的标准术语，这意味着"邦"既是一种机构，也是一个地缘政治实体。

一、"相邦"监督生产的铭文兵器来源

目前，"中研院"数据库中收藏的 75 件战国文物上出现了"相邦"一词。除两件礼器外，其余皆为兵器。[①]"相邦"通常与个人信息相连，例如"字""氏"或"封号"等，未见与国家名称相连的例子。根据铭文中的个人身份以及其他特征，例如机构和官员的名称、地名、特定词语、铭文的用字、物件的材料等，几乎所有带有铭文"相邦"的兵器来源都可以确定。

出自秦国"相邦"监制的兵器有 26 件。另外，有 6 处铭文提到了"丞相"（表1）。

表 1　秦国的"相邦"与"丞相"监制的铭文兵器[②]

铭文中的身份信息	传世文献中的身份信息[③]	传世文献中的任期[④]	兵器生产日期（年）	兵器生产日期	兵器类型		
					戈	戟	矛
秦惠文君/惠王（前337—前324/310在位）							
相邦张仪，相邦仪	张仪，相	前328—前322，前317—前313	13；2，4	前325，前323，前321	3		
相邦樛斿	乐池，相[⑤]	前318—前317	4	前320	1		

① 其中，JC 收录了 41 件，NA 收录了 17 件，自 2006 年以来公开的有 15 件（NB）。

② 表中的铭文按其时间顺序列出。相邦（Chancellors）：张仪：十三年相邦仪戈（JC11394），王二年相邦义戈（NB1116），王四年相邦张仪戈（NA1412）；樛斿：四年相邦樛斿戈（JC11361）；疾：元年相邦疾戈（NB1249）；相邦冉：二十年相邦冉戈（JC11359），二十一年相邦冉戈（JC11342），廿一年相邦冉戈（NB1251），卅二年相邦冉戈（NB1254），吕不韦：三年相邦吕不韦矛（NA1390，NA1405），三年相邦吕不韦戈（NB0722），三年相邦吕不韦戟（NB0719），四年吕不韦戈（JC11308），四年相邦吕不韦矛（NA1391），四年相邦吕不韦戟（NB0720），五年相邦吕不韦戟（NA0644），五年相邦吕不韦戈（JC11380，11396，NB1043），七年相邦吕不韦戟（NA0645，NB0728），八年相邦吕不韦戈（11395），九年相邦吕不韦戟（NA1398），□年相邦吕不韦戈（NB1246）。丞相（Assistant Chancellors）：丞相奂、殳：七年丞相奂殳戈（NB1311）；丞相触：丞相触戈（JC1194）；丞相启、颠：十二年丞相启颠戈（NB1698）；丞相启、状：十七年丞相启状戈（JC11379）；丞相守□：廿六年武库戈（NB845）；丞相斯：元年丞相斯戈（NA1404）。

③ 如无特别说明，身份及日期均以《史记·六国年表》或相关人物传记为依据。

④ 同上。

⑤ 参见韩养民：《秦置相邦丞相渊源考》，《人文杂志》1982 年第 2 期。该铭文提到栎阳工上造。栎阳是秦献公时期（前400—前362在位）和秦孝公（前361—前338在位）初期的都城（参见《史记·秦本纪》，第201-202页）。

续表

铭文中的身份信息	传世文献中的身份信息	传世文献中的任期	兵器生产日期（年）	兵器生产日期	兵器类型		
					戈	戟	矛
秦昭襄王（前306—前251在位）							
相邦疾	樗里疾；严君疾，相	前306	1	前306	2		
丞相奂、㲋	n/a		7	前300	1		
丞相触	n/a		n/a	n/a	1		
相邦冉	穰侯魏冉/冉	前300，前295—前292，前281—前271	20, 21, 32	前287，前286，前275	4		
秦王政，秦始皇（前246/221—前210在位）							
相邦吕不韦	吕不韦，相邦，相国	前249—前237	3, 4, 5, 7, 8, 9	前244—前242，前240—前238	7	6	3
丞相启、颠			12	前235	1		
丞相启、状			17	前230	1		
丞相守□			26	前221	1		
秦二世（前210—前207在位）							
丞相斯	李斯，丞相	前214—前208	1	前210	1		

从表1可以看出，《史记·秦本纪》及《史记·六国年表》中提到的大多数秦国"相国"的名字都可以在兵器铭文中找到。《史记》记载的"相"一词既可以作为动词（例如"张仪相秦"），也可以作为名词（"严君疾为相"）。但是，在铭文中，"相"一词从未单独使用，而只是作为"相邦"或"丞相"称号的一部分。①凡是被司马迁认定为"相"的人，实际上都有"相邦"的头衔。其中，吕不韦（前235卒）是唯一被司马迁称为"相国"的人。不过，出土兵器的铭文可以证实，吕不韦和他的前辈一样，是"相邦"而不是"相国"，这表明"相国"在汉代之前并不存在。据《史记》记载，秦武王在位时期（前310—前307）首次设立"丞相"一职，

---

① 韩养民在《秦置相邦丞相渊源考》一文中将"相邦"和"丞相"解释为同一官职的两个名称，认为"相邦"一职可以同时由两个人担任（该文第34页）。但秦铭文中提到的"丞相"会成对出现，而"相邦"从未重叠出现（赵国的情况略有不同）。因此，"相邦"与"丞相"之间存在地位差别的可能性更大（见陈治国：《秦相邦与丞相之关系及相关问题辨析》，《咸阳师范学院》2009年第1期）。"丞"应理解为"助手"（见刘翔：《"相国""丞相"官称考》，《人文杂志》1987年第4期）。

由两人分别担任左、右"丞相"。①两件刻有铭文的戈反映了秦昭襄王时期曾有过一到两名"丞相",之后兵器制造的控制权又集中到了"相邦"魏冉手中。②其他提及"丞相"的铭文,可追溯到秦王政建立秦朝前后,再次证实秦国在吕不韦之后,没有人被任命为"相邦"这一论断。

秦朝建立后,度量衡得到统一。一些铜权、石权、铜量,以及一些附属于木质工具的青铜标签,上面刻有始皇帝二十六年(前221)的铭文。这些铭文记载的诏书内容包括:诏令"丞相"状、绾负责规范度量衡。③可见,除了督造武器外,"丞相"还负责监督度量衡工具的生产,这些工具有助于国家的行政管理和财政控制。此外,陕西宝鸡出土的一件戈,年代同为始皇帝二十六年,上面刻有"丞(?)相守□之造"字样,表明在同时期,秦朝可能存在另一位掌管兵器生产的"丞相"。但"相"字字迹不清,因此,能否作为证据尚不能确定。④秦二世(前210—前207在位)元年的一件戈上刻有"丞相"李斯(前208卒)的名字,由于未提及其他人也担任这一职位,这段铭文或许可表明李斯曾单独担任"丞相",督造军工业则是他的职责之一。⑤

陕西西安附近秦东陵出土的带铭文漆豆对青铜器铭文的资料是一个很好的补充。该漆豆由"相邦"薛君、"丞相"殳监造,年代为八年(秦昭襄王八年,前299)。⑥据《史记》记载,薛君是齐国公子孟尝君(卒于前279),他曾在秦昭襄王八至九年(前299—前298)担任秦国"相邦"。秦昭襄王七年的青铜戈铭文中则提到了"丞相"殳。⑦漆豆上的铭文可追溯到前299年,这表明在秦昭襄王统治时期,秦国同时存在"相邦"和"丞相"两个职位,且两者的职能之间存在联系。⑧这段铭文提供了"相邦""丞相"参与监督兵器制造以外其他行业的直接佐证。

"中研院"数据库中,有44处提到"相邦"、6处提到"守相"的铭文,可追溯其来源于赵国(表2)。

① 被称为秦国第一任"相邦"的商鞅(卒于前338),是否拥有这个头衔目前尚不清楚。据《史记·商君列传》记载,"商君相秦十年"(《史记·商君列传》,第2232页)。然而,《秦本记》和年表中都没有记载商鞅被任命为"相"。根据记载,商鞅于前352年(《史记·六国年表》,第722页)被任命为"大良造",铭文证实至少在前343年之前,他一直拥有这个头衔(十九年大良造鞅戟镈,NA737)。

② 见丞相触戈(JC11294);七年丞相殳戈(NB1311)。

③ 见商鞅量(JC10372)、北私府量(NB819);廿六年始皇诏书权(NB1281)。

④ 参见许世和:《战国有铭兵器的整理与研究》,吉林:吉林大学博士学位论文,2023年,第345-346页。

⑤ 这一点同样得到北私府量(NB819)上铭文的证实,重申了有关"丞相"状、绾的规定。

⑥ 王辉、尹夏清、王宏:《八年相邦薛君、丞相殳漆豆考》,《考古与文物》2011年第2期。

⑦ 七年丞相殳戈(NB1311)。

⑧ 王辉、尹夏清、王宏:《八年相邦薛君、丞相殳漆豆考》,《考古与文物》2011年第2期。

表2　赵国"相邦""守相"监制的带铭文武器①

铭文中的身份信息	传世文献中的身份信息	传世文献中的任期②	兵器生产时间（年）	兵器生产时间	戈	矛	铍	剑
赵武灵王（前325—前299在位，前295卒）								
相邦赵豹	赵豹，相 阳文君，自前272 平阳君	前325	29	前297	1			
赵惠文王（前298—前266在位）								
相邦阳安君	李兑（？），司寇③		7	前292		1		
武城相邦畋	n/a		7	前292	1			
相邦蔺相如	蔺相如，上卿	前279	20	前279	1			
邦相邱皮	n/a④		23	前276	1			
赵孝成王（前265—前245在位）								
安平相邦司徒田子	齐安平君田单，相⑤	前264	1	前265	1			
春平相邦	见春平侯		4	前261				1
〈守?〉相〈武〉襄君	武襄君乐乘，大将，假相⑥	前252	n/a					1

① 阳安君：七年相邦阳信君铍（JC11712）；武城相邦：七年武城相邦戈（NB1884）；蔺相如：蔺相如戈（NA1416）；邱皮：廿三年邦相邱皮戈（NA1492）；相邦赵豹：二十九年相邦赵豹戈（JC11391）；安平相邦：元年安平相邦戈（NB1082）；春平相邦：四年春平相邦铍（JC11694）；春平侯：相邦春平侯铍（JC11688），元年相邦春平侯矛（JC11556），二年相邦春平侯铍（JC11682），三年相邦春平侯铍（JC11683），四年相邦春平侯铍（JC11707，NA0776），五年相邦春平侯矛（JC11557），五年相邦春平侯剑（JC11662），十五年相邦春平侯铍（JC11691），十五年相邦春平侯剑（JC11709，NA1779），十七年相邦春平侯矛（JC11558），十七年相邦春平侯剑（JC11684），十七年相邦春平侯铍（11689—11690，11699，11708，11713—11716，NB1185），十七年春平侯铍（NA1810），十八年相邦春平侯剑（JC11710）；守相春（？）平侯：十六年守相铍（NA1832）；守相廉颇：守相廉颇铍（JC11670），十五年守相廉颇剑（11700—11702）；〈守〉相〈武〉襄君：相邦铍（JC11635）；建信君：元年相邦建信君铍（NA1548），三年相邦建信君铍（JC11687），三年建信君铍（NA1988），四年相邦建信君剑（JC11695），四年相邦建信君剑（JC11619），六年相邦建信君剑（NA1778），八年相邦建信君剑（JC11677—11678，11706），八年相邦建信君铍（JC11679—11681），十二年相邦建信君剑（NA1777），十八年建信君铍（NC11717），廿年相邦建信君剑（NA1775）；相邦平国君：十八年平国君铍（NA1811）。

② 如未特别说明，身份及日期均以《史记·六国年表》或相关人物传记为依据。

③《新唐书》卷70（北京：中华书局，1975年，第1956页）载，唐朝称李兑为始祖，号为阳安君。据《史记》记载，公元前295年，李兑被任命为赵国"司寇"（《史记·赵世家》，1815页）。然而，《战国策》的注释者鲍彪认为，李兑的头衔是奉阳君（《战国策校注》第21卷，第736页）。

④ 传世文献中未提及。苏辉（《赵惠文王时期的纪年兵器研究》，《南方文物》2012年第2期）认为这件戈产于赵国。根据其年份，结合铭文的其他信息，可知这件戈的历史能追溯到惠文王统治时期（参见许世和：《战国有铭兵器的整理与研究》，吉林：吉林大学博士学位论文，2023年，第144页）。

⑤ 参见《史记·赵世家》，第1824页。

⑥ 参见《史记·赵世家》，第1828页。乐乘与乐毅同族，惠文王十四年任相邦（同上，第1816页）。

续表

铭文中的身份信息	传世文献中的身份信息	传世文献中的任期	兵器生产时间(年)	兵器生产时间	戈	矛	铍	剑
守相廉颇	廉颇,将军,假相国,信平君①	前251	15	前251			1	3
相邦建信君	n/a②		12, 18, 20	前254,前248,前246			1	2
相邦平国君	n/a③	n/a	18	前248		1		
相邦春平侯	n/a④		15, 17, 18	前251,前249,前248		1	11	3
守相春(?)平侯			16	前250				1
赵悼襄王(前244—前236在位)及赵王迁(赵幽缪王,前236—前228在位)								
相邦建信君	同上		1, 3, 4, 6, 8	前244,前242,前241,前239,前237			5	3
相邦春平侯	同上		1, 2, 3, 5	前244—前242,前240或前236—前234,前232		2	6	2

表 2 显示,在赵国,"相邦"自公元前三世纪初就开始被委任监造兵器。⑤这

---

① 《赵世家》提到廉颇自惠文王十六年(前283)起任赵国大将军。孝成王十五年,"封相国廉颇为信平君"(《史记·赵世家》,第1828页)。《廉颇蔺相如列传》补充称,他被封为"假相国"(《史记·廉颇蔺相如列传》,第2448页),由于廉颇监造的大部分兵器年代为十五年,所以其官衔"守相"很可能对应司马迁所说的"假相国"。

② 这位赵国政治家以及朝廷宠臣在《战国策》中多次被提及,但关于他的更多细节却无法得知(《战国策》,上海:上海古籍出版社,2011年,第627页)。参见黄盛璋:《试论三晋兵器的国别和年代及其相关问题》,《考古学报》1974年第1期;韩养民:《秦置相邦丞相渊源考》,《人文杂志》1982年第2期。

③ 铍为赵国兵器的这一说法,见黄盛璋:《关于加拿大多伦多市安大略博物馆所藏三晋兵器及相关问题》,《考古》1991年第1期。

④ 春平侯仅在《战国策》(第767页)中被提及。宋人鲍彪认为这是赵国继承人的称号,即赵孝成王(前265—前245在位)的长子。黄盛璋则不同意这种说法,指出春平侯在孝成王、悼襄王在位期间,是一名活跃于政坛的"相邦"(见黄盛璋:《试论三晋兵器的国别和年代及其相关问题》,《考古学报》1974年第1期)。

⑤ 《史记》提到了一位曾为赵烈侯(前408年—前400年在位)效力的"相邦"(参见《史记·赵世家》,第1798页)。

些铭文对《史记》的记载做了非常有价值的补充，但部分内容与《史记》的记载不一致。例如，在赵武灵王时期（前326—前299在位）担任"相邦"的赵豹，他所监造的戈产于武灵王第二十九年（前297），这一年，武灵王传位给儿子赵何，史称"赵惠文王"，并任命肥义为新"相邦"。①但是，从铭文中可以看出，这位退位后的"主父"仍然活跃于朝政之中，并通过"相邦"维持着自己的权力，而且，这是赵国第一位被委任督造武器的"相邦"。铭文中提到的几位"相邦"与传世文献中提到的历史人物"相"一致，尽管其中一些人，比如李兑、蔺相如，是因其担任其他职务而闻名。此外，铭文中亦可看出，在赵国和秦国，"相邦"代表着特定的官职名称，"相"字从未单独使用。除"相邦"之职外，还存在官衔"守相"。"守相"可能对应《史记》中提到的"假相国"或"假相"。②据称，当未任命"相邦"时，由"假相"代替"相邦"行事。③但目前尚不清楚为何春平侯（前251—前249）能够在三年期间，来回使用"相邦"和"守相"的称号。前251年，春平侯为"相邦"，廉颇任"守相"。在赵孝成王和悼襄王统治时期，存在两个"相邦"或三个"相邦"同时任职（前248），这表明赵国权力的集中程度低于秦国（直到前238年吕不韦去世）。有铭文佐证，赵国的"相邦"可追溯到前232年，可见这一职位一直实行到大约秦灭赵时期。

在多数情况下，官衔"相邦"后面要么是姓名，要么是封号。不过，还有两种特殊情况，"相邦"的前面有地名"安平"和"武城"：

七年武城相邦畋，工（师）□，啬夫□□，冶妾执齐（剂）④
元年安平相邦司徒田子，左库锻工师赵晏，冶余执剂。⑤

人们可能会思考这样一种可能：安平和武城在当时作为半自治政体，拥有自己的"相邦"。⑥尽管这种"属邦"很可能存在，但根据参与生产过程的官员头衔，结合相关青铜铸造词语，可以明晰这些戈产于赵国。⑦通过下文的分析可以证明，

---

① 《史记·赵世家》，1812页。

② 参见《史记·赵世家》，第1828页；《史记·廉颇蔺相如列传》，第2448页。假："虚假的"，"伪造的"。

③ 董珊：《论春平侯及其相关问题》，北京大学考古文博学院编辑：《考古学研究》（六），北京：科学出版社，2006年，第449-450页。

④ 见NB1884。

⑤ 见NB1082。

⑥ 参见董珊：《五年春平相邦葛得鼎考》，李宗焜主编：《古文字与古代史》第3辑，台北："中研院"历史语言研究所，2012年，第288-289页。该文参考了裘锡圭的一篇文章（此篇文章为《商周青铜兵器》的序文，台北：古越阁，1993年，第23-24页），笔者暂无法获得该文献。

⑦ 中山王嚳墓出土的67件青铜器、乐器和兵器上的铭文中，最突出的是"啬夫"。虽然"啬夫"参与监造青铜器生产的例子比较罕见，但可以追溯到不同的诸侯国，特别是魏（安邑下官锺，JC9707，陕西咸阳塔尔坡）；韩（荥阳上官皿，NA1737）；秦（右使库啬夫鼎，JC2707，陕西凤翔）。然而，专业术语"执齐（剂）"，多出现在赵国制造的武器上（例如，二十九年相邦赵豹戈，JC11391；渔阳剑，铍，JC11673，4；四年相邦春平侯铍，NA0776），参见许世和：《战国有铭兵器的整理与研究》，吉林：吉林大学博士学位论文，2023年，第39页。

这些铭文中提到的两位"相邦"都是赵国的东邻——齐国的贵族,他们曾在赵国担任客卿。

《史记》记载,安平最早是齐平公(前481—前456在位)赐予"相邦"田常的封地①,位于今山东省青州市附近。②田氏家族是陈国公子(前672逃往齐国)的后裔,在前386年取代了齐国原来的姜姓君主的家族,正式统治齐国。③前284年,燕国攻打齐国,占领齐国都城临淄,攻陷齐国,俘虏了齐湣王(前323—前284在位)。齐国远房宗室田单,原籍安平,任职于临淄,逃回安平,组织抗燕。最终,燕军大败,撤出齐国,齐湣王的儿子田法章在田单的支持下,被立为齐襄王(前283—前265在位)。于是,襄王将安平赐予田单,并册封其为安平君。④前265年,田单受邀前往赵国,被委托指挥赵国军队攻打燕国,并于孝成王二年(前264),正式被任命为赵国"相邦"。⑤这件戈的年代是孝成王元年⑥,比《史记》的记载早一年。众所周知,《史记》常有年代记载错误,这种微小的差别或许可以忽略不计。因此,说"安平相"是田单是可以说通的。铭文中称该"相邦"为田子,或许亦可佐证他与田氏家族之间的关系。⑦铭文中还称器主为"司徒",暗示他的军事职能。不过,"相邦"和"司徒"这两个称号的组合则令人感到费解,虽然有可能一人兼任数职,但我倾向于"司徒"田子是安平"相邦"的下属。"元年安平相邦戈"的铭文格式与"四年春平相邦铍"颇为相似,亦可与"春平五年相邦葛得鼎"的内容相比照。春平是春平侯这一封号的一部分,春平侯在赵国担任"相邦",很可能是赵国的公子。⑧与安平不同,春平很可能不是一个地名。⑨依据刘泽华、刘景泉归纳的封号分类来看,"春平"可以理解为"雅号"。⑩因此,葛得并不是春平邦的"相邦"(因为并不存在这样的自治单元),而是春平侯的属下,他要

① 《史记·齐太公世家》,第1512页。

② 据《史记·齐太公世家》,第1512页。其位于临淄东十九里,原名鄋邑。关于鄋的具体位置,见戴均良:《中国古今地名大词典》,上海:上海辞书出版社,2005年,第3312页。

③ 见Mark Edward Lewis(陆威仪),*Writing and Authority in Early China,* Albany: State University of New York Press, 1999, pp.598-599.

④ 《史记·田单列传》,第2453-2455页。

⑤ 《史记·赵世家》,第1824页。

⑥ 参见许世和:《战国有铭兵器的整理与研究》,吉林:吉林大学博士学位论文,2023年,第158-159页。

⑦ 此铭文中提及田氏,暗示田氏与安平之间的联系。另文,在《史记·赵世家》中,田单被称为"齐安平君",以区别于赵成(公子成),赵成在惠王四年(前296)被任命为"相邦",封为安平君(公子成为相,号安平君,见《史记》,第1815页),他的称号与安平这个地点无关。

⑧ 春平侯就是《赵世家》中所说的春平君。他与赵王室的密切关系从"春平君者,赵王甚爱之"中就可见一斑(见《史记》,第1830页)。

⑨ 在先秦或秦汉文献中均未提及该地。董珊认为,不排除存在这种可能性,见董珊:《论春平侯及其相关问题》,北京大学考古文博学院编辑:《考古学研究》(六),北京:科学出版社,2006年,第459-460页。

⑩ 见刘泽华,刘景泉:《战国时期的食邑与封君述考》,《北京师范学院学报(社会科学版)》1982年第3期。该文作者认为楚"相邦"春申君(卒于前238)这一头衔可算作"雅号"之一。

么是听从春平侯的命令，要么是利用春平侯的青铜器铸造设施为自己铸造了青铜器。同样，"司徒"田子亦有可能是安平"相邦"的下属亲属。①

如表 2 所示，公元前三世纪上半叶，赵国"相邦"监督了戈的铸造，自此之后，提及"相邦"的铭文只出现在矛、铍和剑上。这时，早期普通青铜兵器戈在赵国已停止生产。由此可见，武城戈的年代很可能属于赵惠文王时期②，铭文中提到的七年应对应前 292 年。③

赵国控制两个名为武城的城镇：一处在今河北磁县，位于邯郸与安阳之间；另一处在今河北清河县，也称东武城，与山东省接壤。④据《史记》记载，东武城是平原君赵胜（卒于前 251）的封地，他曾三度担任赵国"相邦"。⑤《战国策》记载，早些时候，武城被封给齐国公子——孟尝君田文（卒于前 279），当时他在为赵国效力。⑥

就任赵国之前，孟尝君已经在齐国、秦国担任过"相邦"（前 299—前 294），也曾短暂地在魏国担任。⑦虽然无法确认孟尝君在赵国担任的具体职位以及就任时间，但有一种可能性是，他也被任命为赵国的"相邦"，即使是很短的时间，理论上，这种可能是存在的，而前 292 年是他最有可能被任命的时间。⑧考虑到武城"相邦"的名字是畋（"田"的异形同音词），那么推论他的身份是田氏是合理的。这两段铭文具有以下相似性：两位"相邦"都有齐王室血统，他们没有在赵国获得新封号，因此，要么通过齐国的封地（安平），要么通过赵国的封地（武城），来表明其身份。

目前已公开的铭文显示，在秦国、赵国以外的国家，亦有"相邦"监督生产兵器的情况。例如，三件出土的战国时期戈是在一位被称作"卯"（或者"痤""瘤/廇"）的"相邦"的监督下制作的。⑨其中两件，年代分别为十七年和十九年，对应的公元年份暂未确认。第三件是十九年生产的，出土于秦末期或汉早期的墓中，位于今西安北郊，其形状与前两件戈相似，三者有着几乎相同的铭文，但它却显示出楚国书法的特征；而且，上面有一个美丽的银镶鸟形尖顶饰。该戈最初被认

---

① "元年安平相邦戈"是战国时期唯一跟"司土（徒）"有关的铭文。虽然"司土（徒）"在西周军政中地位显赫，但春秋时期委任给"司土（徒）"监造的器物却寥寥无几。这些器物来自山东的政体，包括鲁、滕、乐（陈氏的一支，见乐大司徒瓶，JC9881；关于乐与陈的关系以及在山东的位置，见陈乐君瓶，NA1073）。乐虽然只是一个小政体，但其大司徒及其子孙却享有很高的地位。

② 参见许世和：《战国有铭兵器的整理与研究》，吉林：吉林大学博士学位论文，2023 年，第 152 页。

③ 这件戈的形状与同年的"相邦"阳安君戈相似。

④ 参见戴均良主编：《中国古今地名大词典》，上海：上海辞书出版社，2005 年，第 1678 页。

⑤《史记·平原君虞卿列传》，第 2365 页。

⑥ 见《战国策》，第 621 页。有评论认为这是东武城。

⑦ 见《史记》，《秦本纪》，第 210 页；《六国年表》，第 737-738 页；《孟尝君列传》，第 2358-2359 页。

⑧《史记》没有提到田文曾在赵国任职。

⑨ 十七年相邦卯戈（NB1269）；相邦痤戈（NB1980）。

为是秦国生产的，但多数学者反对这种说法，目前，学界对该戈的来源有魏国、韩国和宋国三种说法[1]，属于宋国的假设似乎是合理的[2]，其来源可能是宋王偃统治时期。宋王偃（前 328/318—前 286 在位），他试图与邻国争霸，但最终失败。如果这些戈被证实来自宋国，那么这一发现将为"战国时期各诸侯国治理经验互鉴"的研究提供新线索，下文将针对此问题进行讨论。

二、属　邦

目前，有两件"相邦"吕不韦监造的戈的铭文中提到了"属邦"（"属"的字面意思是"从属"）。[3]该词也出现在其他几件秦兵器上，它无疑对应着传世文献中的"属国"。"属国"是西汉的一种制度，用以处理边远地区，特别是西北和南方的行政与民族事务。[4]《汉书》记载秦设有"典属国"这一官职，其职责是管理归降的少数民族[5]，不过，传世文献中在汉代以前未见"典属国"的记载。然而，1975年睡虎地秦墓出土的"属邦律"残片显示，"属邦"在前 217 年之前就已作为一种制度存在。[6]青铜兵器上的铭文亦表明，"属邦"最早于前 242 年在秦国建立[7]，可能是由吕不韦创立的。另有兵器铭文显示，秦王政十二年（前 235 年，吕不韦卒以后），"丞相"启、颠负责督造"属邦"的兵器，一年后，转由少府、武库接管。[8]此外，广东罗岗墓葬中发现的秦"属邦工"制作的戈反映了该官职曾参与开拓南方的遥远地区。[9]河北易县燕都遗址出土的矛，委托给"属邦"的武库和少府督造，这表明"属邦"参与了秦在东方的军事征战。[10]可见，凡是刻有"属邦"铭

① 参见李卓、权敏：《再谈"十九年相邦瘤"戈的考释》，《文博》2015 年第 5 期；许世和：《战国有铭兵器的整理与研究》，吉林：吉林大学博士学位论文，2023 年，第 305-306、675 页。

② 魏、韩、赵三国常被称为"三晋"，其相互之间往来密切，但由于某些原因，"三晋"往往采用不同的组织结构。"三晋"的兵器种类众多，如果只有一套密切相关的兵器是由魏或韩的"相邦"监造的，则显得奇怪。尽管已知的带有铭文的宋国兵器非常罕见，但宋国兵器与这些戈之间的一些联系，支持了这些戈来源于宋国的说法。

③ 五年相邦吕不韦戈，JC11936；八年相邦吕不韦戈，JC11395.

④ 参见 Michael Loewe, "The Structure and Practice of Government", In *The Cambridge History of China, Volume I: The Ch'in and Han Empires, 221 B.C.-A.D. 220*, edited by Dennis Twitchett and Michael Loewe, Cambridge: Cambridge University Press, 1986, p.474；Michael Loewe, *Records of Han Administration*, Cambridge: Cambridge University Press, 2002, pp.61-63.

⑤《汉书》，北京：中华书局，1962 年，第 735 页。

⑥ 见睡虎地秦墓竹简整理小组编：《睡虎地秦墓竹简》，北京：文物出版社，1990 年，第 65 页。

⑦ 见孙言诚：《秦汉的属邦和属国》，《史学月刊》1987 年第 2 期。

⑧ JC1150，JC1152；咸阳戈，JC2002。

⑨ 十四年属邦戈，JC11332。

⑩ 少府武库矛，JC11532；寺工武库矛，JC11533；十三年少府矛，JC11550；十二年丞相启颠戈，NB1698（前 235）。

文的兵器，都与秦国有关。①目前尚不清楚"属邦"制度是否只在"蛮夷"（现代历史学著作中称为"少数民族"）地区实行，或者是在与邻国（例如魏国、楚国）疏离并与秦国结盟的国家中实行。除兵器之外，其他器物上的几处铭文表明，秦国可能不是唯一试图在争端地区建立"属邦"的政治单元，而且这些"属邦"具有不同的性质。

来源不明的印章上有"匈奴相邦"字样，它有可能是赵国制造的，这一字样曾引起王国维对"相邦"与"相国"互换使用的关注。②它可能是赵国颁发给匈奴一位首领的，以彰显他的地位③，这与《史记》记载的前342年魏王授予中山王"相邦"封号④的情况相类似。⑤颁发此印的赵王视归顺的匈奴为"邦"。虽然它没有使用术语"属邦"，但印章表明"匈奴邦"在政治上隶属于赵，如此看来，赵国建立了一种"属邦"制度，它所管辖的群体是所谓"少数民族"，这个情况与汉代很相似。

另一个例子是1978年在河南省泌阳县发掘的战国晚期墓葬。该墓葬出土的一件铜鼎外表面刻有不同时期的铭文，在二十八年（统治者不详），负责度量衡的"平安邦"官员记录了其容量和重量，三十二年，另一位官员从"平安君"那里接收了该铜鼎。⑥此外，同一墓葬中出土的一个漆盒上刻有"平安侯"二字。⑦平安，也作"坪安"，在传世文献中没有留下任何记载，而且受泌阳地区的战争影响，其政治归属也存在争议。⑧这些带铭兵器的来源可能是魏国，年代可定为前249年和前245年，在不久之后，魏国被秦吞并。⑨平安有自己的"少府"，同时，该地区出土的漆器和镶银青铜器都反映了它曾经经济繁荣，这一切可能均随着秦的征伐而

---

① 这一说法中，有关卅年诏事戈（NB1253）的情况不太确定，其最高的年份刻有"30"。目前还没有前221年（始皇帝二十六年）之后的类似铭文，能够证实他最初的纪年在秦朝建立后仍在继续实行。一方面，戈的历史可以追溯到秦昭襄王时期（前277）。这就将"属邦"制度的起源推得更早，即秦攻伐楚国西部时期。另一方面，秦的制度被邻国尤其是魏国复制的可能性仍然存在。

② 见王国维：《观堂集林》，第914-915页。

③ 见黄盛璋：《"匈奴相邦"印之国别、年代及相关问题》，《文物》1983年第8期。黄氏根据铭文的古文字和其他因素分析其起源为"赵国"。

④ 中山国由赤狄人建立。

⑤ 见《史记·六国年表》，第723、725页；《韩世家》，第1869页；《魏世家》，第1845页。

⑥ 见平安少府鼎足，NA1818。

⑦ 参见驻马店地区文管会、泌阳县文教局：《河南泌阳秦墓》，《文物》1980年第9期。见廿八年平安君鼎，JC2793；卅二年平安君鼎，JC2764。

⑧ 见平安少府鼎足，NA1818。

⑨ 这些器皿的出现可以追溯到三世纪。在此期间，只有两位战国统治者——秦王和魏王的统治时间超过32年。秦、魏交战，争夺包括泌阳地区在内的诸多地区。李学勤（见《秦国文物的新认识》，《文物》1980年第9期）认为它们属于秦国，年代为前297年和前288年。然而，另一种更大的可能性是，它们来自较晚的日期，而且可能与魏国有关（见何驽：《泌阳平安君夫妇墓所出器物纪年及国别的再考证》，《中原文物》1992年第2期）。泌阳位于今平顶山与信阳之间，大致靠近楚长城的东南端。约前350年，魏国初步重建，将楚魏边界移至泌阳以北，因此这地区被视为楚国的一部分（见谭其骧主编：《中国历史地图集》，上海：上海地图出版社，1982年）。不过，这种重建的说法可能并不准确。

结束。①平安被定为一个"邦",这表明它有一定程度的政治和军事自主权,但它还不够强大,不足以独立。②这种"邦"可以比作在秦边境地区所设的"郡邦"(秦统一后变称为"郡")。《里耶秦简》中有秦调整地方行政区划命名以适应新情况的记载,如:

> 郡邦尉为郡尉。邦司马为郡司马。③

这项规定可能涉及平安这样的下属小型政体;除了秦以外,其他大国可能在边境地区也有相似情况。

如果匈奴印出自赵国和泌阳墓是魏国遗址的认定是正确的,这意味着秦、赵、魏大约在同一时间建立了"属邦"制度。④

三、讨 论

战国时期是数万甚至数十万军队大规模战争的时代。军队是从平民中招募的,由国家提供食物和装备。⑤为此,中央政府专门设立了各种生产军事装备的作坊,包括生产多种青铜兵器,如戈、戟、矛、铍和剑(较少)。这些武器通常刻有铭文,标明监督其生产的机构,以及负责监督其质量的铸造工人。这些铭文对于研究官方生产工艺和官职名称是非常有价值的原始文献。⑥它们表明,管理者对兵器生产的态度随着时间的推移而变化,并且因国家而异。

一种观点认为,战国时期在武器上刻字主要是为了控制质量、标准化生产和问责。已知最早的此类实用型铭文并非出现在兵器上,而是出现在铜权上,该铜权现藏于中国国家博物馆,制作于前500年左右的齐国。从那时起,此类制造者标签被广泛用于标记国家作坊生产的陶器、漆器和金属制品。⑦

---

① 三件镶银铜足平安少府鼎足,NA1818,由埃斯卡纳齐收藏,饰有夸张的异族五官和凶猛的人脸面具,属于早期中国最具造型艺术表现力的作品。镶嵌技术的运用表明其与魏国有关。可以肯定的是,缺失的地方最初有上漆。这也印证了平安是一个漆器生产中心。

② 平安君监造这些器物的时间更早。将器物测量并刻上具体的尺寸,这表明了其国库性质,同时表明公元前三世纪各地度量衡得以统一,便于征税。

③ 见杨振红:《从秦"邦""内史"的演变看战国秦汉时期郡县制的发展》,《中国史研究》2013年第4期。

④ 在这种情况下,卅年詔事戈(NB1253)则与魏有关。

⑤ 见陆威仪 (Mark E. Lewis), *Sanctioned Violence in Early China*. Albany, NY: State Univ. of New York Press, 1990, pp. 61-67.

⑥ 见 Xiuzhen Janice Li, "Standardisation, Labour Organisation and the Bronze Weapons of the Qin Terracotta Warriors." UCL Institute of Archaeology, 2011; Xiuzhen Janice Li, Andrew Bevan, Marcos Martinón-Torres, Thilo Rehren, Cao Wei, Xia Yin, and Zhao Kun. "Crossbows and imperial craft organisation: the bronze triggers of China's Terracotta Army," *Antiquity*, 2014, 88(339), pp. 126-140; Ondřej Škrabal, "Where There Is Unity, Order Results: Manufacturers' Labels and the Creation of Standards in the Late Warring States Period." *T'oung Pao*, 2022, 108(3-4), pp. 319-368.

⑦ 见 Škrabal, "Where There Is Unity, Order Results: Manufacturers' Labels and the Creation of Standards in the Late Warring States Period," pp. 323-325.

在一些诸侯国中，尤其是越国和燕国，兵器铭文既显示了国名，也显示了在位君主的名字，但这并不意味着它们是为了供君主使用而制造。例如，有二十把剑和一支矛上均刻有越王州句（或朱句，前 448—前 412 在位）的名字①，还有近四十件刻有"燕王职"（燕昭王，前 311—前 279 在位）的戈、矛和剑。②此外，各地还发现了多件刻有越国和燕国其他统治者名字的兵器，亦可表明它们是供各地的将士所使用，而非君主本人。③越剑上的铭文，巧妙地设计成"鸟书"，可能是最早采用铸印方法而成的铭文之一。④燕国的兵器铭文同样采用铸印法，字形工整，字迹清晰。这些铭文可能不仅仅具有实用功能，同时还具有礼仪作用。与祭器和钟上的铭文不同，它们与祖先崇拜无关，但是很可能用于军事仪式。刻有铭文的兵器可以奖励给战士以表彰他们的成就，或者是作为社会和军事地位的象征，同时还能展示君主的权威，以培养他们对君主的忠诚度。此外，使用各地区的特有书法也可以增强使用者对该地区的文化与政治认同感。

与南方和北方邻国相比，官僚制的中部诸侯国和秦国，均认为没有必要使用兵器铭文来展示君主权威（或者他们认为兵器铭文具有潜在的危险而拒绝使用，例如缴获的兵器可能会被敌国用来炫耀或表演巫术）。他们将监督军工的权力下放给指定官员，并要求参与生产的所有管理人员和工匠都必须记录在案。如，在韩国，"令"负责兵器制造和监督"库"，之后由"司寇"协助工作。韩国兵器上的铭文进一步记录了工匠（工师）和铸匠（冶）的名字。⑤魏、赵两国的铭文格式、中央行政结构颇为相似⑥，兵器上通常刻有参与制造的人员名字，有时也使用铸印法，这些铭文的主要作用很可能是为了控制质量。⑦

---

① 越王州句剑，JC11579，11622—11632；越王州句矛，JC11535。关于州句为越王州句的认定，见李家浩：《越王州句复合剑铭文及其所反映的历史——兼释八字鸟篆钟铭文》，《北京大学学报（哲学社会科学版）》1998 年第 2 期。

② 燕王职矛（JC11480，11483，11514—11527）；燕王职戈（JC11003，11110，11187—11191，11224—11236，11304，NA1040，NA1152，NA1286）；燕王职剑（JC11634，11643，NA1170）。有关"职"就是燕昭王的说法，见张震泽：《燕王职戈考释》，《考古》1973 年第 4 期；张龙海，张爱云：《山东临淄齐国故城发现郾王职剑》，《考古》1998 年第 6 期。

③ 参见沈融：《燕兵器铭文格式、内容及其相关问题》，《考古与文物》1994 年第 3 期；毛波：《吴越系铜剑研究》，《考古学报》2016 年第 4 期。

④ 见Škrabal, "Where There Is Unity, Order Results: Manufacturers' Labels and the Creation of Standards in the Late Warring States Period," p. 332.

⑤ 见Škrabal, "Where There Is Unity, Order Results: Manufacturers' Labels and the Creation of Standards in the Late Warring States Period," pp. 334-335, 338.

⑥ 参见许世和：《战国有铭兵器的整理与研究》，吉林：吉林大学博士学位论文，2023 年，第 177-178 页。

⑦ 参见 Xiuzhen Janice Li 等，"Crossbows and imperial craft organisation: the bronze triggers of China's Terracotta Army," pp. 126-140；Xiuzhen Janice Li, *Bronze Weapons of the Qin Terracotta Warriors: Standardisation, Craft Specialization and Labour Organisation,* Oxford: BAR publishing, 2020；Škrabal, "Where There Is Unity, Order Results: Manufacturers' Labels and the Creation of Standards in the Late Warring States Period," pp. 319-368.

通过对"中研院"数据库兵器铭文的分析可知，自《殷周金文集成》出版以来，已发表的兵器铭文数量增加了近一倍。新资料可以证实，铭文上提到"相邦"的兵器通常可以追溯到秦国或赵国。然而，最近发现的"瘤/瘤（或痤）相邦铜戈"表明，宋国同样将其军械监造权下放给了"相邦"。

据《史记》记载，韩、魏、齐、燕、楚也有"相国"之职。然而，却并未发现有关这五个诸侯国的"相邦"的铭文佐证，但这并不意味着"相邦"在这些诸侯国不存在。或许由于兵器监管体系的不同，在这些诸侯国中不需要"相邦"参与兵器质量控制，这很可能是导致相关铭文缺失的原因。"相邦"的铭文偶尔出现在为君主制造的器皿上，例如上述前 299 年的秦漆盘，或十四年（前 314），由中山王𰯽（前 327—前 309 在位）委托制造的青铜瓶。[1]后者的铭文记载，君主命"相邦贮"从燕国缴获的战利品中挑选金属铸造此器。然而，这并不意味着"相邦"会定期监督制造过程。与秦漆器铭文中反映的情况类似，这件器皿可能说明"相邦"会参与管理君主礼器的生产。《五年春平相邦葛得鼎》上的铭文表明，赵孝成王时期，从事兵器制造的工匠在"相邦"的监督下，可为"相邦"的下属铸造礼器。[2]"相邦"是否也监督工匠为其他重要人物制造器皿，这一点尚不可知。出土的赵国、秦国的青铜礼器大多没有铭文，而有铭文的往往是来自其他国家的战利品。因此，有关其礼器生产部门的信息仍然有限。

秦、赵两国的兵器铭文都带有"相邦"字样，表明这两个国家有着相似的兵器生产监管体系。由于把兵器生产委托给"相邦"的做法并不普遍，那么，值得深思的是，谁最先执行这一新政策？之后又在哪里率先被采用？

中部诸侯国设置"相邦"这一官职的时间早于秦国。[3]目前尚不清楚"相邦"官衔从何时正式出现。《史记》虽然提到了春秋时期的"相"，但各诸侯国是否定期任命"相"、正式名称是"相"还是"相邦"，目前无法证实。[4]值得注意的是，《春秋经》中从未提及"相"，而《史记》中春秋时代的"相"在《左传》中则都用其他头衔来称呼。[5]在《左传》中，"相"一词有时意味着"顾问"或"大臣"，但这并不意味着权力集中在战国时期的"相"的手中。[6]司马迁很可能将战国时

---

① 见中山王𰯽壶，JC9735。

② 见 NB1186。

③ 韩养民（《秦置相邦丞相渊源考》，《人文杂志》1982 年第 2 期）认为，"相邦"这一职位最早是在"三晋"设立的，至于秦国设立"相邦"，则是在张仪到达秦后，效仿"三晋"的官僚机构建立了"相邦"制，由此，张仪成为秦的第一任"相邦"。

④《十二诸侯年表》提到了六位早期的相邦：郑国（蔡仲，前 743 年）、宋国（华督，前 710 年；目夷，前 650 年）、楚国（太子宅，前 625 年）、鲁国（孔子，前 500 年）和齐国（田常，前 481 年）。见《史记·十二诸侯年表》，第 543、555、586、600、668、679 页。

⑤ 华督被认为是大宰（《左传·桓公二年》）、荀溪为大夫（《春秋·僖公十年》）、田乞（《春秋》《左传》称陈乞）为齐大夫之一（《左传·哀公六年》）。

⑥ 这一点在《左传·文公十八年》中已载明："……舜，以为天子，以其举十六相。"

的官名术语"相"应用于描述春秋时期的史实，尽管这个名称在当时可能并不存在。①

《史记·六国年表》中提到"相"的文字记载称，前398年，郑人弑了自己的"相"，前397年，郑人弑了韩"相"。②大约五十年后（前351），申不害（前337卒）被任命为韩"相"；前342年，中山君成为魏国的"相"。③申不害以维护韩国的利益而著称，而中山君是一个可资利用的政治盟友，支持他可能与魏赵之间的争端密切相关，因此，授予他这样的头衔可以彰显其地位，这与上文讨论的"匈奴相"的例子有异曲同工之妙。由于这些记载的年代稍早于前328年魏人张仪被任命为秦国"相邦"的时间（经铭文证实），因此，到公元前4世纪中期，"三晋"可能已经存在正式的"相邦"头衔，而张仪很可能将这一官职系统引入了秦国。大约在同一时间，中山国在借鉴魏国前统治者经验的基础上，将"相邦"的头衔授予了一位有权位的贵族，这点在中山王厝壶的铭文中得到了体现。

让国家的最高官员负责管理军工业，则是秦国在其他国家"相邦"官职制度上的创新，这可能是商鞅（前338卒）变法的成果。自秦孝公（前362—前338在位）十三年（前350）起，商鞅以"大良造"和"庶长"的身份，开始以自己的名义督造武器。④张仪以及后来的秦国"相邦"都延续这一政策。兵器督造权无疑是秦相权力的重要组成部分。

新出土的带有铭文的宋国兵器表明，宋国效仿秦国的做法，将其兵器生产的控制权委托给了"相邦"。"瘤/瘝（或瘙）相邦"十七年和十九年器物的铭文对应前312年和前310年，或者，如果从前318年宋颜公称王时重新开始纪年，则分别对应前302年和前300年。一件宋制、饰有奢华鸟形银顶饰的戈，怎么会出现在陕西西安北郊呢？这可能与前296年"齐、韩、卫、赵、宋、中山五国"联合攻秦有关。⑤由于战役中断，聚集在魏国境内盐湖附近的联军撤退。⑥尽管《史记》没有解释为什么联军改变了主意，但可能的情况是，冲突是通过外交手段解决的，且双方交换了包括兵器在内的礼物。刻有铭文的武器反映了宋国的军事抱负，但这些武器是从距离宋国较远的地方出土的，说明它可能是外交礼物或他国的战利

---

① 最早表明"相"可能是正式官衔的是上述的齐国贵族崔杼和庆封，前者"立而相之"，后者自前548年起"为左相"（《左传·襄公二十五年》）。然而，尽管司马迁认为他们被任命为左右"相"，但在接下来的一年里的记载中提到了另一个人，国景子——执掌过国氏、辅佐过齐公（《左传·襄公二十六年》），这使得司马迁的解释令人疑惑。

② 《史记·六国年表》，第711页。

③ 见《史记·六国年表》，第723、725页；《魏世家》，第1845页；《韩世家》，第1869页。

④ 十三年大良造鞅戟（JC11279）；十六年大良造庶长鞅镦（JC11911）；十六年大良造庶长鞅钺（NB1310）；十九年大良造鞅殳鐏（NA0737）；□造庶长鞅鐏（NA1560）。

⑤ 由于中山隶属于赵国，所以不属于五国之一。

⑥ 《史记·秦本纪》，第210页。

品，其历史可以追溯到赵人仇郝在宋担任"相邦"期间（前298—前295在任）。包括木弓青铜弦弧口，宋国的带铭铜器"悍距末"，从不同地方出土的这三件物品，很可能是仇郝委托制作的，铭文只有仇郝的名字"悍"，而省略了其头衔。[1]尽管如此，这仍然是宋国委任"相邦"监造兵器，通过铭文显示权力的有力证据。

如果说宋国将其军工业的控制权委托给了"相邦"，那么，尚不清楚这一决定是其独立做出的，还是向秦国学习的结果，传世文献并没有记载秦与宋之间存在直接接触。赵国很可能将秦国或宋国视为榜样。赵国人楼缓，被赵武灵王派往秦国充当间谍，并于前297年和前295年担任秦"相邦"，之后回到赵国。[2]仇郝在前298年至前295年在宋国担任间谍，这也是有可能的。赵国最早的兵器委任给"相邦"监督可追溯到前297年，这可能是赵国统治者与客卿之间沟通的结果。

显然，秦、赵的武器并非全部由中央机构督造。[3]此外，并非所有由中央机构生产的兵器铭文上面都提到了"相邦"。也许，"相邦"只亲自监督了部分兵器的制造，或者这些铭文是在"相邦"亲自视察兵器制造的时候所刻。

总之，与传世文献的记载不同，出土铭文显示，秦国和赵国最高官员的实际名称是"相邦"。"邦"一词也出现在其他官方头衔中，例如"邦司寇"（主要负责刑狱事务的官员）[4]，以及赵国的国家机构"邦府"[5]和"邦库"。[6]魏国也有"邦司寇"的官职，负责监督该国的官方武器制造。[7]韩国也有兵器作坊（"邦库"）。[8]这意味着，在魏国、韩国，"邦"一词也应用于行政机构。可见，同时代行政机构广泛使用的通用名称是"邦"而不是"国"，这些机构共同构成了我们所认识的"国家"。此外，秦国（或许还有赵国和魏国），都将其周边的附属政体视为"邦"。这或许意味着"邦"在地缘政治上也存在"国家"的含义。

尽管"国"字偶尔出现在战国器物（包括一些武器）的铭文中，但它从未被用来当作行政机构的名称。"国"有时也包含"天下""四国之一""世界的一部分、领土、地区、首都"的意思，例如，在"相邦平国君"这一称号中，表示"国家"的标准用词肯定是"邦"，这是他官衔的一部分，而"平国君"雅号中的"国"则代表"天下"或"四国之一"。这同样清楚地表明，包括《战国策》《左传》和《国语》在内的汉代以前文献，之所以没有出现"邦"字，是因为它们在汉代都经过

---

① JC11915；NA1380；NA1882。参见李家浩：《悍距末铭文研究》，李宗焜主编：《古文字与古代史》第2辑，台北："中研院"历史语言研究所，2009年，第204页。在弓的两端装上的青铜距末可以增强弓弦的张力，这种兵器构件非常少见。

②《史记·穰侯列传》，第2324页；《秦本纪》，第210页；《平原君虞卿列传》，第2373页。

③ 参见许世和：《战国有铭兵器的整理与研究》，吉林：吉林大学博士学位论文，2023年。

④ 例如，十二年邦司寇赵新剑；JC11676；七年邦司寇富胜矛，JC11545；二年邦司寇赵或铍，NB1261。

⑤ 邦府赵间戈，JC11390（赵）。

⑥ 守相廉颇铍，JC11670；蔺相如戈（赵）。

⑦ 见许世和：《战国有铭兵器的整理与研究》，吉林：吉林大学博士学位论文，2023年，第177页。

⑧ 十八年冢子韩增戈，JC11376；六年冢子韩政矛，NB1742。

了大量的文本编辑。通过与出土器物上的铭文进行比较使人想到，避讳词的替换可能只是众多变化之一。^①

Warring States' Chancellors and Arms Industries

Maria Khayutina

Abstract: The present study examines how Chancellors, referred to as *xiangbang* (相邦), engaged in the supervision of arms industries in various kingdoms of the Warring States period, as evidenced by inscriptions on bronze weapons from that era. Based on a systematic analysis of inscriptions housed in the Academia Sinica's database, the study traces the origins and spread of this practice across different states, considering possible directions and circumstances of the transfer of governance methods between these states. It demonstrates that Chancellors directly controlled the production of weapons in Qin and Zhao starting from the late fourth century BCE. In some instances, they were assisted by Vice-Chancellors, or the position of Chancellor was shared by two or more individuals simultaneously. Song likely entrusted its Chancellor with control over its arms industry during a brief period when it attempted to compete for hegemony before being eliminated by Qi. The paper also discusses the interchangeability of the titles *xiangbang* in excavated texts and *xiangguo* (相国) in transmitted texts, corroborating that the latter was a Han Dynasty modification resulting from the tabooing of Liu Bang's name. Furthermore, it explores the institution of *shu bang* (属邦), known as *shu guo* (属国) in transmitted texts, suggesting that apart from Qin, this institution may have existed in other large kingdoms of the Warring States period. Additionally, the study explores the broader implications of these findings for understanding the political concepts of the period, particularly the use of the term *bang* (邦) to denote both a state as an institution and as a geopolitical entity. This research offers new insights into the administrative practices of the Warring States period and contributes to the understanding of early Chinese statecraft and military organization.

Key words: Chancellor; Xiang guo; dependent states; Shu guo; Weapons' inscriptions

---

① 见 William G. Boltz, "Manuscripts with Transmitted Counterparts", pp. 253-285.

首届"古文字与中华文明"国际学术论坛闭幕词

黄德宽

（清华大学）

尊敬的各位先生、各位女士；老师们、同学们：

经过两天的讨论和交流，首届"古文字与中华文明"国际学术论坛顺利完成了各项议程，马上就要闭幕了。借此机会，作为本次论坛承办单位的代表，我谨向各位专家学者和朋友们表示由衷的敬意和谢意！本次论坛有 120 多位中外专家学者参会，9 位先生为论坛做了大会报告，75 位先生在分会场或线上报告了论文。特别是裘锡圭先生对本次论坛寄予厚望，向论坛提供了他的最新研究成果，令我们十分感动！正是有赖于各位学者的大力支持、积极参与和共同努力，论坛才取得了令人满意的效果！

本次论坛，各位专家学者围绕"古文字与中华文明"这一主题，从不同的领域、以不同的学术视角，共同探讨了古文字与中华文明的相关问题，发表了各自的最新研究成果和真知灼见，体现了古文字、出土文献和中华文明研究的前沿水平。通过大会报告以及四位先生刚才对各个分会场交流讨论情况的介绍和会议论文集，大家对论坛已有了总体了解，这里我谨对本次论坛的主要收获，简单谈几点认识：一是在古文字与早期中国历史文明研究方面，本次论坛有多篇论文依据最新古文字资料，探讨诸如夏史重建以及商周战国秦汉的社会历史、政治和文化等问题，提出了许多值得重视的新观点，推进了对古代中国文明的研究和认识；二是关于清华简研究，这是本次论坛的一个热点，有 20 多位学者提交了有关清华简研究的论文，报告了在字词释读、文本构成以及思想文化等方面的研究成果，尤其是对新近发布的《五纪》《三不韦》的结构和思想观念的讨论，对我们下一步深入开展清华简的整理和研究工作颇有启迪意义；三是在甲骨文、商周金文、战国秦汉简牍资料的整理、字词释读以及与传世文献字词互证等方面发布了一批新成果，这些成果展示了出土文献整理方法的创新和古文字释读取得的进展；四是在出土文献文本研究方面，涉及青铜器铭文和简书文本的制作、构成、性质和传播等方面，有些论文根据新揭示的一些文本现象所展开的讨论，对出土文献文本研究的理论提升和具体研究实践，都是很值得重视的。这几点只是个人初步的印象，还说不上是严谨的总结。总体来说，本次论坛上中外学者从不同的学术视角，相互切磋，彼此启迪，对古文字与中华文明的研究将会产生积极的影响。

中国古文字与中华文明的研究是一个既充满魅力也富有挑战的学术领域。中华文明作为一种古典文明，在人类文明史上不仅源远流长且"其命维新"。中华文明的形成、发展和演进，吸引了一代代中外学者进行了长期探索，取得了许多有影响的成果，更留下了许多未解之谜；从"信古""疑古"到"释古"，近现代以来随着中国新史学的崛起和一系列重大考古新发现，中华历史文明的研究日益进步，成绩斐然。但毋庸讳言，在中华文明形成以及早期中国历史研究的一些重要问题上，中外学者还存在明显的认识分歧，即便是中国学者之间也往往见仁见智。由于历史窅远，文献不足征，古代中国的历史面貌往往难以确切知晓，古文字与出土文献新发现则有可能为这方面的研究带来希望的曙光，如甲骨文、西周金文作为商周时代的文字记录，为当时的社会历史研究提供了一手资料；战国秦汉简牍帛书文献的发现，则极大丰富了我们对这一时期的历史认知。但古文字和出土材料多为残章断简，内容庞杂，释读困难，使得古文字研究之路荆棘丛生，不仅解决已有的疑难问题不易，而且古文字的释读成果要随时接受新知识和新材料的检验，"今是而昨非"，对每位从事古文字研究的学者而言是司空见惯的。古文字与中华文明的研究，正因为其众多未解之谜而魅力无穷，也因其存在种种争议而激发代代学人求索的兴致和欲望。对我们来说，这也是一种内在的动力，推动我们在清华开辟本论坛，为中外相关学者交流切磋、携手合作提供一个平台！本次论坛各位的报告和发表的新成果，让我们获益匪浅，尤其是关于清华简讨论的多篇论文，对我们认真检视已发布的研究报告和今后的整理研究工作都是很有意义的。

论坛开幕式上，组委会主席邱勇书记不仅对各位莅临论坛表示感谢，更表示要将这个论坛持续办下去，并对各位学者出席下次论坛发出诚挚邀请！各位的积极参与和高水平的成果发表，激励我们要继续努力，争取把论坛办成中外学者发布古文字与中华文明研究最新成果的一流讲坛！本次论坛即将闭幕，我们欢迎各位今后随时来本中心交流访问，期待各位的再次光临！

最后，要感谢国家有关部委、古文字工程各建设单位、学校领导和有关部门对本次论坛的支持；感谢各新闻媒体、网络平台对本次论坛的关注和传播；感谢中心的同仁和同学们为论坛所做的服务；再次感谢各位专家学者出席本次论坛，祝各位返程平安顺利！谢谢！

附　　录

附录 1　首届"古文字与中华文明"国际学术论坛纪要

　　2023 年 10 月 21—22 日，由清华大学主办，古文字工程秘书处、清华大学出土文献研究与保护中心承办的首届"古文字与中华文明"国际学术论坛在清华大学召开。21 日上午，论坛在清华大学主楼接待厅开幕。清华大学党委书记邱勇，全国哲学社会科学工作办公室主任洪大用，教育部语言文字信息管理司司长田立新，达慕思大学教授、清华大学杰出访问教授艾兰（Sarah Allan），北京大学博雅讲席教授朱凤瀚出席开幕式并致辞。来自中国、美国、俄罗斯、英国、法国、日本、德国等 13 个国家 40 多所高校、科研院所的 120 余位专家学者参加开幕式。清华大学副校长彭刚主持开幕式。

　　邱勇在致辞中向长期关心支持清华大学发展、清华人文学科建设的各界朋友致以衷心感谢。邱勇表示，近日召开的全国宣传思想文化工作会议首次提出并系统阐释了习近平文化思想，为在新起点上继续推动文化繁荣、建设文化强国、建设中华民族现代文明提供了强大思想武器和科学行动指南。中国的大学作为中华优秀文化传承弘扬的重要载体，要努力成为促进中华优秀传统文化创造性转化、创新性发展和人类文明繁荣进步的重要力量。清华自建校之初就非常重视对"冷门绝学"的研究工作，近年来，学校通过成立出土文献研究与保护中心、培养高水平研究人才、积极推动古文字跨学科研究等，取得一批重要学术成果。相信此次论坛定会深化和拓展古文字研究的国际学术交流合作，促进中华文明与世界各文明交流互鉴，清华古文字研究也定会秉承"中西融会、古今贯通、文理渗透"的办学风格，赓续历史文脉，谱写时代华章。迈上新征程，清华大学将深刻理解"坚持把马克思主义基本原理同中国具体实际相结合、同中华优秀传统文化相结合"的重大意义，深刻把握"明体达用、体用贯通"的理论内涵和实践要求，与社会各界同仁一道，努力筑牢人类文明新形态的文化根基，为中华文明重焕荣光、世界文明交相辉映作出新的更大贡献。

　　洪大用表示，习近平总书记高度重视语言文字与中华文明的传承发展，强调中国字是中国文化传承的标志，这种传承是真正的中华基因。清华大学举办此次论坛，邀请国内外古文字和传统文化研究领域的名师大家相聚清华园，以古文字和中华文明传承发展为题开展深入交流研讨，是古文字研究界的一件喜事、盛事、要事。洪大用介绍了国家社科基金多年来在资助古文字研究方面所做的工作，表示国家社科基金高度重视支持古文字研究工作，今后将在原有工作基础上持续稳定加强支持力度，推动汉字文明研究不断取得新进展新突破。围绕深入推进古文字研究领域的学科体系、学术体系、话语体系建设，洪大用提出四点希望：一是着力提升古文字学科群整体发展水平，形成与数字时代相适应的古文字研究的新方法、新范式；二是着力推出代表国家水准的原创性标志性成果，为推进文化复兴、建设中华民族现代文明贡献更大的学术力量；三是着力推动建立德才兼备、学术精湛的人才队伍，为不断推进学术创新提供坚实的人才支撑；四是着力加强国际学术合作、深化文明交流互鉴，为人类文明发展贡献中华民族的元素、智慧和力量。

田立新表示，在习近平总书记提出共建"一带一路"倡议 10 周年背景下举办此次论坛意义重大、影响深远，对推动古文字与中华文明研究发展具有重要意义。习近平总书记高度重视以甲骨文为代表的中华优秀传统文化的传承发展，多次发表重要论述指出，殷墟甲骨文的重大发现在中华文明乃至人类文明发展史上具有划时代的意义。中国的汉文字非常了不起，中华民族的形成和发展离不开汉文字的维系。国家大力支持开展相关研究，2020 年启动"古文字与中华文明传承发展工程"，全面系统开展甲骨文、金文、简帛文字等古文字研究，揭示古文字在中华文明乃至人类文明发展史上的重要作用，取得显著成效。要进一步深化相关领域的国际交流合作，加强古代文明比较研究，推动海外古文字资料调查、研究成果外译等，立足世界角度阐释中华文化精神的当代价值和世界意义。她倡议海内外专家学者作为融通中外的使者，携手共进，为沟通中外文化、增进理解友谊合作作出更加积极的努力，以语言文化为纽带促进文明交流互鉴。

艾兰在致辞中充分肯定了清华大学对入藏竹简的修复、保护、整理、出版付出的努力，介绍了西方早期中国研究的发展历程，强调了合作互动的重要性。她表示，西方学者严谨写作，多是供同专业的学者阅读，同时还要考虑吸引更多受众，这样的需求催生了新的视角，东西方学者视角的不同在交流互动中可以互相裨益。

朱凤瀚表示，清华大学举办这样一场高规格、大规模的学术会议，特别选取古文字为主题，充分说明古文字对于发扬和传承中华优秀传统文化、推进中华文明与世界文明交流互鉴的重要意义。

在第一场主旨报告环节，复旦大学教授裘锡圭请会务组代为发布了主旨文章。芝加哥大学教授夏含夷（Edward Louis Shaughnessy），牛津大学教授麦笛（Dirk Meyer），香港恒生大学中文系讲座教授、清华大学名誉教授张光裕分别作主旨演讲。

裘锡圭在题为《涵义与"马那"类似的"精"这个词在殷墟卜辞和西周较早青铜器铭文中已经出现》的文章中认为，"精"出现很早，只不过不用"精"而用"晶"表示。夏含夷通过《想要与致使：四论周代"甶"字用法和意思》的演讲，强调了出土文献中的"思"字大多时候表示的词义是"想要"，而非通常认识中的"致使"。麦笛发表了题为《论安大简〈论语〉为一篇基于论述的文本：制造作为"哲学制度"的孔子》的演讲，认为与我们今天所知道的收录孔子及他的弟子零散言论的《论语》不同，安大简《仲尼曰》呈现出一致的语言和概念逻辑，或可将《仲尼曰》视为代表战国时期"孔子"经典化的实证之一。在《新见清华简"谦""诚"二字形构的沉思》的演讲中，张光裕认为"谦""诚"二字形构理应晚出，复因辞例显示其词性隶属之印证，进而推测，清华简中部分简文书写年代或有可能隶属战国晚期偏晚。

开幕式及第一场主旨报告通过学堂在线等平台进行了全球直播，累计近45万人次观看。21日下午与22日上午，论坛分4组进行了小组讨论。

第一会场的报告主题是"中国早期国家与社会"，王素、刘钊、王进锋、黄益飞、杨勇、杜勇、小寺敦（Atsushi Kotera）、葛觉智（Georgiy Grebnyev）、刘光胜、阿列霞（Olesia Volkova）、陈永生、洪飏、陈立强（Charles Theodore Sanft）、陈侃理、郑伊凡、史达（Thies Staack）、张淑一、罗小华、谢广普19位学者围绕该主题依次报告了论文。文章涵盖经典文献、早期礼俗、社会结构等方面，类型多样，视角开阔。本场报告的最大特点是许多与会学者在探讨中国早期国家社会的基础上，特别注重中外对比，这恰恰说明学术创新需要建立在交流的基础上，而这也是本次国际论坛的办会目标之一。

第二会场的报告主题是"清华简专题研究"，季旭昇、梅林（Maddalena Poli）、范丽梅、黄冠云、苏建洲、徐建委、肖芸晓、武致知（Rens Krijgsman）、石小力、魏栋、石从斌、夏德安、马克（Marc Kalinowski）、曹峰、程薇、裴彦士（Jens Østergaard Petersen）、邓国军、刘国忠、马楠、陈伟武20位学者围绕该主题依次报告了论文。涉及的清华简篇目既有出版超过十年的《祭公》《楚居》《系年》等篇目，也有即将出版的清华简第13辑中的内容；既有涉及字词考释的文章，也有以其为基础所衍生出的"历史考据""文本结构研究""经学思想义理"等方面的探讨；追踪新热点与解决旧问题并重，基础研究与思想推阐共见。尤为突出的是学者对以《五纪》为代表的数术类内容的关注，讨论激烈，引得主持人李零先生特地在讨论间隙即兴报告了题为《〈五纪〉与"数术革命"》的演讲，参与到讨论中间。

第三会场的报告主题是"商周文字研究"，黄天树、张玉金、沈培、林志强、王子杨、来国龙（Guolong Lai）、孙亚冰、赵爱学、杨杨、韩宇娇、崎川隆（Takashi Sakikawa）、风仪诚（Olivier Venture）、石安瑞（Ondřej Škrabal）、李春桃、刘丽、韩巍、李运富、何景成、王磊19位学者围绕该主题依次报告了论文。内容大致分为以下三个方面：一是商周文字形体、字词用法的考证；二是商周青铜器及铭文制作的研究；三是商周古文字研究的方法与理论。关注的重点不限于文字本身，而是延及青铜器本身以及研究的方法和理论上。

第四会场的报告主题是"战国秦汉文字研究",蒋鲁敬、蒋伟男、赵晓斌、袁金平、蔡一峰、陈伟、夏玉婷(Maria Khayutina)、罗卫东、马增荣、郭伟涛、任攀、曹锦炎、顾史考(Scott Bradley Cook)、李博威(David Joseph Lebovitz)、乔伊文(与陈致合写)、李天虹、刘国胜、范常喜、李洪财 19 位学者围绕该主题依次报告了论文。该会场的论文以战国楚简和秦汉简为主要研究材料,涉及战国楚简的有 6 篇,古玺及兵器铭文研究 3 篇,秦汉简研究 7 篇,古书训解与新证 3 篇。内容多样,异彩纷呈。

22 日下午的第二场主旨报告环节,普林斯顿大学教授柯马丁(Martin Kern)、中国社会科学院古代史研究所研究员卜宪群,达慕思大学教授艾兰,耶路撒冷希伯来大学教授尤锐(Yuri Pines),北京大学教授朱凤瀚作主旨演讲。

柯马丁发表了题为《在简帛书与〈毛诗〉之间:出土文献能证明什么》的演讲,从安大简《诗经》一个词有不同写法的现象出发,否认了过去"先有一个文本,然后有一个阐释"的观点,认为文本的写法随着它的阐释而变化,一个词没有一个固定的写法,原因在于没有一个稳定的阐释。卜宪群发表了题为《两汉文化中的乡里认同与家国情怀》的演讲,阐明了乡里认同与家国情怀的关系,认为两汉在乡里所塑造的一种内心信仰、价值观念和国家主流意识形态是高度一致的。艾兰发表了题为《蛇与龙:从商代艺术母体的观点看甲骨文字》的演讲,从艺术角度分辨了商代的两种蛇纹图案,认为它们分别对应《说文解字》中的"它"和"虫"字。尤锐发表了题为《论原始史料及其传承、整理和调整:从清华简〈系年〉看先秦史学作品的可信度》的演讲,通过对比《左传》《系年》等不同材料的历史书写,认为必须走出"一刀切"(one size fits all)的态度,必须认识到每一篇文献、每一章节甚至每一句话都可能具有完全不同的历史可信度。在"走出疑古时代"的同时,要避免矫枉过正地进入"信古时代"。朱凤瀚发表了题为《是加嬭钟,还是曾侯钟》的演讲,辨析了几处与作器者有关的钟铭,认为枣树林 M169 出土的四组一套编钟,作器者应是曾侯宝,而不是嬭加,但鉴于钟铭未出现曾侯宝名,可将其称为"曾侯钟"。

经过两天的交流讨论,论坛于 10 月 22 日下午圆满闭幕,清华大学出土文献研究与保护中心教授刘国忠主持闭幕式,刘光胜、苏建洲、李春桃、范常喜四位学者对所在分论坛的学术报告进行了总结。

清华大学出土文献研究与保护中心主任黄德宽做闭幕致辞。他认为,本次论坛各位专家学者从不同的领域、以不同的学术视角,共同探讨了古文字与中华文明的相关问题,发表了最新研究成果和真知灼见,体现了古文字、出土文献和中华文明研究的前沿水平,有以下主要收获:一是在古文字与早期中国历史文明研究方面,提出了许多值得重视的新观点,推进了对古代中国文明的研究和认识;二是关于清华简研究,是本次论坛的一个热点,对清华简字词释读、文本构成以及思想文化等方面的研究成果，对深入开展清华简的整理和研究工作颇有启迪意义；三是在甲骨文、商周金文、战国秦汉简牍资料的整理、字词释读以及与传世文献字词互证等方面发布了一批新成果，展示了出土文献整理方法的创新和古文字释读取得的进展；四是在出土文献文本研究方面，涉及文本的制作、构成、性质和传播等问题，对一些文本现象展开了讨论，有助于出土文献文本研究的理论提升和具体研究实践，都是很值得重视的。他表示，中华文明的形成、发展、演进这些问题吸引了一代代中外学者进行了长期的探索，取得了许多有影响的成果，也留下了许多未解之谜。在中华文明形成以及早期中国历史研究的一些重要问题上，中外学者由于学术背景、观察角度、思考问题的方法以及所具理论的差异产生了一些分歧，然而这种分歧恰恰能推动我们加深对中国历史文明的讨论、探究，来寻求中华历史文明的发展演进历史渊源和真相。古文字与中华文明的研究存在的无穷魅力和种种需要解决的问题推动我们开辟了本论坛，为中外学者交流切磋、携手合作提供一个平台。清华大学出土文献中心希望和各位学者共同携手努力，争取给古文字和中华文明研究办一个发布最新、最高水平的代表作的平台。

本次论坛旨在深入发掘甲骨文等古文字的思想文化内涵，发扬和传承优秀中华传统文化，推进中华文明与世界文明的交流互鉴。在为期两天的论坛中，百余位学者围绕以上主题展开深入交流研讨。论坛同时在主楼大厅展出了国家重大文化工程"古文字与中华文明传承发展工程"建设以来的实施成效和学术成果。论坛举办期间还开放了李学勤先生纪念室，并提供部分清华简原简供学者们参观。

附录2　会议议程

2023 年 10 月 21 日（星期六）上午

开幕式（09:00—09:40）　　主楼接待厅	
内　　容	主持人
09:00—09:08　论坛组委会主席、清华大学邱勇书记致辞	
09:08—09:16　全国哲学社会科学工作办公室洪大用主任致辞	
09:16—09:24　教育部语信司田立新司长致辞	彭刚
09:24—09:32　达慕思大学教授、清华大学杰出访问教授艾兰致辞	
09:32—09:40　北京大学朱凤瀚教授致辞	

合　影（09:40-10:00）　　主楼外台阶

第一场主旨报告（10:00—12:00）　　主楼接待厅 每人报告 30 分钟			
时　间	报告人	报告题目	主持人
10:00—10:30	裘锡圭 复旦大学教授	涵义与"马那"类似的"精"这个词在殷墟卜辞和西周较早青铜器铭文中已经出现	
10:30—11:00	Edward L. Shaughnessy 夏含夷 芝加哥大学教授	想要与致使：四论周代"由"字用法和意思	
11:00—11:30	Dirk Meyer 麦笛 牛津大学教授	论安大简《论语》为一篇基于论述的文本：制造作为"哲学制度"的孔子	黄德宽
11:30—12:00	张光裕 香港恒生大学中文系讲座教授 清华大学名誉教授	新见清华简"谦""诚"二字形构的沉思	

参观清华简（12:30—13:30）　　蒙民伟人文楼

10 月 21 日（星期六）下午：13:30—17:30
每篇论文报告及讨论 20 分钟

第一会场：中国早期国家与社会		蒙民伟人文楼 441 会议室	
时间	报告人	报告题目	主持人
13:30—13:50	王素	试论《归藏》与殷商母系社会遗留	罗新慧
13:50—14:10	刘钊	《尚书·洪范》篇名新解	
14:10—14:30	王进锋	商代的聚落"丘"及其管理形态	
14:30—14:50	黄益飞	商周救日礼考论	
14:50—15:10	杨勇	疾病有数：战国秦汉一种新的疾病观及其医疗实践	
15:10—15:30		茶歇	
15:30—15:50	杜勇	清华简与夏史重建	窦兆锐
15:50—16:10	Atsushi Kotera 小寺敦	关于清华简《邦家之政》的政治思想（线上报告）	
16:10—16:30	Georgiy Grebnyev 葛觉智	清华简《治政之道》《治邦之道》中的社会改造蓝图	
16:30—16:50	刘光胜	清华简与早期治国理论的三种类型	
16:50—17:10	Olesia Volkova 阿列霞	中国商朝文字与古埃及第一王朝文字中祭祀仪式与军事并用纪年的比较研究	
17:10—17:30	陈永生	谈古汉字与圣书字意音结合表词法的异同	

第二会场：清华简专题研究		蒙民伟人文楼 440 会议室	
时间	报告人	报告题目	主持人
13:30—13:50	季旭昇	清华玖《迺命》释读二则	李守奎
13:50—14:10	Maddalena Poli 梅林	清华简《迺命》研读札记	
14:10—14:30	范丽梅	清华简《赤鹄之集汤之屋》疑难字词考释	
14:30—14:50	黄冠云	如何重读《赤鸠之集汤之屋》	
14:50—15:10	苏建洲	说清华简《祭公》简 13 "广宴方邦"	
15:10—15:30		茶歇	

续表

时间	报告人	报告题目	主持人
15:30—15:50	徐建委	从清华简《系年》看中国早期历史叙事的缘起	陈伟武
15:50—16:10	肖芸晓	清华简所见战国时代"书同文"的尝试	
16:10—16:30	Rens Krijgsman 武致知	《郑武夫人规孺子》的文学特征	
16:30—16:50	石小力	清华简第十三辑中的新用字现象	
16:50—17:10	魏栋	清华简《楚居》"为郢"性质略论	
17:10—17:30	石从斌	楚简词汇的古义整理与传世文献校读—— 以"归""逾""宾"为例	

第三会场：商周文字研究		蒙民伟人文楼 B202 会议室	
时间	报告人	报告题目	主持人
13:30—13:50	黄天树	《甲骨拼合六集》序	曹锦炎
13:50—14:10	张玉金	出土先秦文献"作"意义的历时考察	
14:10—14:30	沈培	说"夷"的一种特殊用法	
14:30—14:50	林志强	"射"字的演变及其阐释理据	
14:50—15:10	王子杨	"睪"的文字学解释——兼释古文字"睯"	
15:10—15:30	茶歇		
15:30—15:50	Guolong Lai 来国龙	从比较的观点看商代甲骨文字的考释	莫伯峰
15:50—16:10	孙亚冰	甲骨文"菁"字一种特殊用法	
16:10—16:30	赵爱学	国家图书馆藏甲骨所见部分新见字	
16:30—16:50	杨杨	故宫甲骨整理的理念与创新——浅谈故宫甲骨定 名的实践	
16:50—17:10	韩宇娇	故宫院藏甲骨卜辞中祖庚时期日食	
17:10—17:30	Takashi Sakikawa 崎川隆	浅论晚商时期青铜器铭文的几种不同制作方法	

第四会场：战国秦汉文字研究		蒙民伟人文楼 B201 会议室	
时间	报告人	报告题目	主持人
13:30—13:50	蒋鲁敬	新见战国玺印研究二题	李迎春
13:50—14:10	蒋伟男	《礼记·儒行》"来者不豫"解	
14:10—14:30	赵晓斌	王家嘴楚简《孔子曰》与郭店楚简《语丛》对读五则	
14:30—14:50	袁金平	信阳长台关楚简"炭镶"新考	
14:50—15:10	蔡一峰	上博藏楚竹书新释四篇	
15:10—15:30		**茶歇**	
15:30—15:50	陈伟	彭家湾楚简"私厉"及相关问题	陈红彦
15:50—16:10	Maria Khayutina 夏玉婷	从兵器铭文及器型看秦、赵相邦与战国时期军事工业	
16:10—16:30	罗卫东	"有方"形义考释	
16:30—16:50	马增荣	秦汉时代的文字销毁与废弃（线上报告）	
16:50—17:10	郭伟涛	五一广场东汉简与中古汉语词汇史研究刍论	
17:10—17:30	任攀	楚国史记名"梼杌"考	

10 月 22 日（星期日）上午：9:00—12:00
每篇论文报告及讨论 20 分钟

第一会场：中国早期国家与社会		蒙民伟人文楼 441 会议室	
时间	报告人	报告题目	主持人
9:00—9:20	洪飏	从《张家山汉简》看《说文》所引汉代律令	张淑一
9:20—9:40	Charles Theodore Sanft 陈立强	The Xuanquanzhi "Monthly Ordinances for the Four Seasons" in Light of Some Other Han Texts（线上报告）	
9:40—10:00	陈侃理	《史记》与出土文献中的秦二世	
10:00—10:20	郑伊凡	秦汉时期的"畴官"新识	
10:20—10:40		**茶歇**	

续表

10:40—11:00	Thies Staack 史达	Bindings of Ancient Chinese Bamboo and Wood Scrolls	
11:00—11:20	张淑一	胡家草场墓地历日简与汉初历法	陈侃理
11:20—11:40	罗小华	西汉时期的"中府"	
11:40—12:00	谢广普	秦汉历本定名研究综理	

第二会场：清华简专题研究		蒙民伟人文楼 440 会议室	
时间	报告人	报告题目	主持人
9:00—9:20	Donald Harper 夏德安	圆圈文本结构和数字：《五纪》文本结构浅析	李 零
9:20—9:40	Marc Kalinowski 马克	从五纪到五德：探论清华简《五纪》的叙述体裁和互相关联性思维（correlative thinking）	
9:40—10:00	曹峰	清华简《五纪》德观念研究	
10:00—10:20	程薇	《五纪》十八群神方位与凌家滩玉版图形对比研究	
10:20—10:40	茶歇		
10:40—11:00	Jens Østergaard Petersen 裴彦士	清华简《参不韦》的书写过程与文本构成探析	程 浩
11:00—11:20	邓国军	释字观史：清华简《参不韦》所载"中"观念的文化史建构	
11:20—11:40	刘国忠	据清华简《畏天用身》谈《度训》的两处阙文	
11:40—12:00	马楠	从清华简《大夫食礼》再论礼经礼记关系及成篇先后问题	

第三会场：商周文字研究		蒙民伟人文楼 B202 会议室	
时间	报告人	报告题目	主持人
9:00—9:20	Olivier Venture 风仪诚	法国赛努奇博物馆所藏先秦有铭青铜器简介	严志斌
9:20—9:40	Ondřej Škrabal 石安瑞	由曾公畎、小邾国铜器铭文错乱现象论制铭时所用的写本形态	
9:40—10:00	李春桃	青铜鼎、簋断代与人工智能交叉研究带来的几点启发	
10:00—10:20	刘丽	西周册命铭文文本编纂相关问题研究	
10:20—10:40	茶歇		
10:40—11:00	韩巍	横水、大河口新出铜器铭文所见恭王初年南征	王子杨
11:00—11:20	李运富	论"文""字"职用的异同	
11:20—11:40	何景成	哀成叔鼎新解	
11:40—12:00	王磊	释春秋文字中的"赙"	

第四会场：战国秦汉文字研究		蒙民伟人文楼 B201 会议室	
时间	报告人	报告题目	主持人
9:00—9:20	曹锦炎	"列侯府鉨"印小考——兼说"列""梨"字	刘波
9:20—9:40	Scott Bradley Cook 顾史考	安大战国简《仲尼曰》续探（线上报告）	
9:40—10:00	David Joseph Lebovitz 李博威	安大简《秦风》《毛诗序》篇次对照小记	
10:00—10:20	陈致、 乔伊文	据郭店楚简再论《道德经》成书年代	
10:20—10:40	茶歇		
10:40—11:00	李天虹	谈谈甘肃静宁党家塬汉墓出土的两枚木牍	刘绍刚
11:00—11:20	刘国胜	胡家草场汉简《日书》卷整理举隅	
11:20—11:40	范常喜	汉代遣册名物"筥"与"缯方缇"合证	
11:40—12:00	李洪财	金关汉简 T23：919+917 校释	

2023 年 10 月 22 日（星期日）下午

第二场主旨报告（13:30—16:00） 蒙民伟人文楼 413 报告厅 每人报告 30 分钟			
时间	报告人	报告题目	主持人
13:30—14:00	Martin Kern 柯马丁 普林斯顿大学教授	在简帛书与《毛诗》之间：出土文献能证明什么	刘 钊
14:00—14:30	卜宪群 中国社科院古代史研究所研究员	两汉文化中的乡里认同与家国情怀	
14:30—15:00	Sarah Allan 艾兰 达慕思大学教授 清华大学杰出访问教授	蛇与龙：从商代艺术母体的观点看甲骨文字	
15:00—15:30	Yuri Pines 尤锐 耶路撒冷希伯来大学教授	论原始史料及其传承、整理和调整：从清华简《系年》看先秦史学作品的可信度	
15:30—16:00	朱凤瀚 北京大学教授	是加嬭钟，还是曾侯钟	
闭幕式（16:00—16:50） 蒙民伟人文楼 413 报告厅			
	内容		主持人
16:00—16:40	分论坛学术报告总结（刘光胜、苏建洲、李春桃、范常喜）		刘国忠
16:40—16:50	黄德宽教授闭幕致辞		
16:50	论坛闭幕		

附录3　参会人员名单

1. 国际参会人员（按姓氏首字母音序排列）

姓名	工作单位
Sarah Allan 艾兰	Dartmouth College 达慕思大学
Erica Brindley 钱德梁	The Pennsylvania State University 宾夕法尼亚州立大学
Scott Bradley Cook 顾史考	Yale-NUS College 耶鲁—新加坡国立大学学院
Christopher Foster 傅希明	Liberty of Congress 美国国会图书馆
Georgiy Grebnyev 葛觉智	北京师范大学珠海校区
Donald Harper 夏德安	University of Chicago 芝加哥大学
Marc Kalinowski 马克	École Pratique des Hautes Études 巴黎高等研究实践学院
Martin Kern 柯马丁	Princeton University 普林斯顿大学
Maria Khayutina 夏玉婷	Ludwig-Maximilians-Universität München 路德维希-马克西米利安-慕尼黑大学
Atsushi Kotera 小寺敦	The University of Tokyo 东京大学
Guolong Lai 来国龙	西湖大学
David Joseph Lebovitz 李博威	Hong Kong Polytechnic University 香港理工大学
Julia Lovell 蓝诗玲	University of London 伦敦大学
Dirk Meyer 麦笛	University of Oxford 牛津大学

续表

姓名	工作单位
Jens Østergaard Petersen 裴彦士	University of Copenhagen 哥本哈根大学
Yuri Pines 尤锐	The Hebrew University of Jerusalem 耶路撒冷希伯来大学
Maddalena Poli 梅林	Pomona College 波莫纳学院
Takashi Sakikawa 崎川隆	吉林大学
Charles Theodore Sanft 陈立强	University of Tennesse 田纳西大学
Edward L. Shaughnessy 夏含夷	University of Chicago 芝加哥大学
Ondřej Škrabal 石安瑞	University of Hamburg 汉堡大学
Thies Staack 史达	University of Hamburg 汉堡大学
Olivier Venture 风仪诚	École Pratique des Hautes Études 巴黎高等研究实践学院
Olesia Volkova 阿列霞	复旦大学

2. 港澳台地区参会人员（按姓氏拼音首字母音序排列）

姓名	工作单位
范丽梅	"中研院"中国文哲研究所
黄冠云	捷克科学院亚非研究所台北中心
季旭昇	郑州大学文学院
马增荣	香港理工大学中国历史及文化学系
沈培	香港中文大学中国语言及文学系
苏建洲	台湾彰化师范大学国文系
张光裕	香港恒生大学中文系

3. 内地/大陆参会人员（按姓氏拼音首字母音序排列）

姓名	工作单位
卜宪群	中国社会科学院古代史研究所
蔡一峰	中山大学博雅学院
曹峰	中国人民大学哲学院
曹锦炎	中国美术学院汉字文化研究所
陈红彦	国家图书馆古籍馆
陈侃理	北京大学中国古代史研究中心
陈朗	中国文化遗产研究院古文献研究室
陈伟	武汉大学简帛研究中心
陈伟武	中山大学中文系
邓国军	湖南大学岳麓书院
窦兆锐	中国历史研究院历史研究杂志社
杜勇	天津师范大学历史文化学院
范常喜	中山大学中文系
冯峰	中国国家博物馆馆刊编辑部
韩巍	北京大学历史系
韩宇娇	故宫博物院研究室
何景成	吉林大学考古学院·古籍研究所
贺占哲	中国国家博物馆新闻传播处
洪飏	辽宁师范大学文学院
黄益飞	中国社会科学院考古研究所考古编辑室、《考古学报》编辑部
蒋鲁敬	荆州博物馆
蒋伟男	安徽大学汉字发展与应用研究中心
李爱辉	首都师范大学文学院
李春桃	吉林大学考古学院·古籍研究所
李洪财	湖南大学岳麓书院
李零	北京大学中文系
李天虹	武汉大学简帛研究中心

姓名	工作单位
李迎春	西北师范大学历史文化学院
李运富	郑州大学文学院
林志强	福建师范大学文学院
刘波	国家图书馆古籍馆
刘光胜	山东大学儒学高等研究院
刘国胜	武汉大学简帛研究中心
刘丽	中国社会科学院古代史研究所
刘影	首都师范大学甲骨文研究中心
刘钊	复旦大学出土文献与古文字研究中心
罗卫东	北京语言大学汉字研究所
罗小华	长沙市文物考古研究所
罗新慧	北京师范大学历史学院
马晓稳	中国人民大学文学院
莫伯峰	首都师范大学甲骨文研究中心
任攀	复旦大学出土文献与古文字研究中心
孙家洲	中国人民大学历史学院
孙亚冰	中国社会科学院古代史研究所
王进锋	华东师范大学历史学系
王磊	山西大学语言科学研究所
王素	故宫博物院研究室
王旭东	南开大学历史学院
肖芸晓	普林斯顿大学
谢乃和	东北师范大学历史文化学院
徐建委	中国人民大学文学院
杨坤	北京大学历史学系、出土文献与古代文明研究所
杨杨	故宫博物院古文献研究所
杨勇	湖南大学岳麓书院

姓名	工作单位
袁金平	安徽大学汉字发展与应用研究中心
张淑一	华南师范大学历史文化学院
张天宇	北京大学历史学系、出土文献与古代文明研究所
张玉金	华南师范大学文学院
赵爱学	国家图书馆古籍馆
赵晓斌	荆州博物馆
郑伊凡	加州大学伯克利分校
朱凤瀚	北京大学历史学系、出土文献与古代文明研究所

4. 清华大学校内参会人员（按姓氏拼音首字母音序排列）

姓名	职务职称
蔡文鹏	清华大学出土文献研究与保护中心副主任
陈永生	清华大学出土文献研究与保护中心高级访问学者
程浩	清华大学出土文献研究与保护中心副教授
程薇	清华大学出土文献研究与保护中心教师
郭伟涛	清华大学出土文献研究与保护中心副教授
黄德宽	清华大学出土文献研究与保护中心教授
黄天树	清华大学出土文献研究与保护中心教授
Rens Krijgsman 武致知	清华大学出土文献研究与保护中心副教授
李守奎	清华大学出土文献研究与保护中心教授
刘国忠	清华大学出土文献研究与保护中心教授
刘绍刚	清华大学出土文献研究与保护中心研究员
马楠	清华大学出土文献研究与保护中心副教授
马银琴	清华大学中文系教授
沈建华	清华大学出土文献研究与保护中心副研究员
石小力	清华大学出土文献研究与保护中心副教授

姓名	职务职称
王子杨	清华大学出土文献研究与保护中心教授
魏栋	清华大学出土文献研究与保护中心副教授
严志斌	清华大学出土文献研究与保护中心教授
赵桂芳	清华大学出土文献研究与保护中心研究员
赵平安	清华大学历史系教授
张赪	清华大学中文系教授
胡霖	清华大学出土文献研究与保护中心博士后
胡其伟	清华大学出土文献研究与保护中心博士后
李卿蔚	清华大学出土文献研究与保护中心博士后
谢广普	清华大学出土文献研究与保护中心博士后
张驰	清华大学出土文献研究与保护中心博士后
石从斌	清华大学出土文献研究与保护中心博士